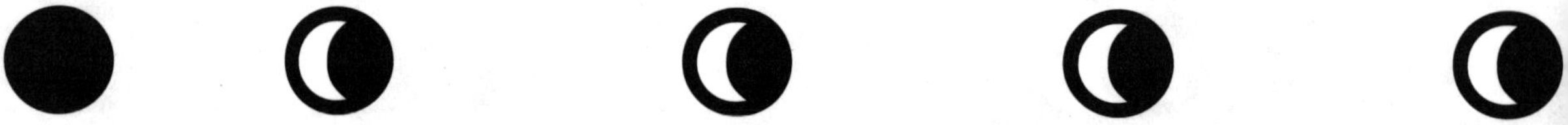

Das Mordsbuch

Alles über Krimis

Herausgegeben von Nina Schindler

Claassen

Gestaltung: Max Bartholl, Frankfurt am Main
Satz: Uhl + Massopust, Aalen
Druck: Gerstenberg Druck, Hildesheim
Gedruckt auf chlorfrei gebleichtem, säurefreiem Papier
Printed in Germany
ISBN 3-546-00122-2

Inhalt

Als ich mich fröhlich und unbekümmert an die Zusammenstellung dieses Buchs machte, wußte ich nicht, daß u. a. auch detektivische Fähigkeiten gefordert sein würden, was das Aufspüren von Titeln, bibliographischen Anmerkungen, Adressen, Telefonnummern etc. betrifft. Doch durch tatkräftige Mithilfe, nützliche Hinweise, bereitwillig aufgeschlagene Adreß- und Telefonbücher gelang es mir, die hier versammelten Krimimenschen zur Mitarbeit zu bewegen. Besonderer Dank gebührt Thomas Przybilka, Regula Venske, Reinhard Jahn und der Bremer Versandbuchhandlung Missing Link für ihre Unterstützung und – natürlich – meiner Lektorin Nicola T. Stuart.

Und ich bedanke mich bei meiner Familie für die Geduld und Nachsicht, mit denen sie mich monatelang beschenkte.

Ein Vorwort ganz ohne Leiche

Du mußt dich entscheiden! Entweder – «, der Blick meiner Mutter wanderte von dem Stapel Klamotten am Fußende meines Bettes zu dem Stapel Bücher auf dem Fußboden, » – oder!« Sechs Wochen Campingferien, eine siebenköpfige Familie und nur ein Auto: Das reduzierte das erlaubte Gepäck aufs allernotwendigste. Da die Mode zu jedem Rock damals mindestens fünf gestärkte Petticoats vorschrieb, war der Kleiderstapel entsprechend umfangreich. Aber... da lagen sie, die roten Taschenbücher, die ich gerade für mich entdeckt und zu allem Überfluß auch noch in mannigfachen Exemplaren geliehen bekommen hatte – Agatha Christie, Victor Gunn, Mignon G. Eberhardt, Edgar Wallace: eben das, was Goldmann in den sechziger Jahren so zu bieten hatte.

Ich rang mit mir. Ich seufzte. Und dann hängte ich die Kleider und Petticoats wieder in den Schrank. Krimis waren wichtiger.

Was ich zu diesem Zeitpunkt noch nicht ahnen konnte: Die süchtig machenden, zerfledderten Taschenbücher sollten mich in eben den nämlichen Ferien an der Kanalküste auch noch um eine veritable Liebesgeschichte bringen! Filmreif hatte ich mit einem ortsansässigen Knaben Bekanntschaft geschlossen, als ich, versteckt in den Dünen, völlig weggetreten in meinem Krimi schmökerte, und er mich mit seinem Fjordpferd fast in den Sand gestampft hätte. Am nächsten Tag kam er mit einem zweiten Pferd, und wir galoppierten am Strand entlang – ich war bereit, mich mit aller Begeisterung meiner fünfzehn Jahre zu verlieben. Doch dann lag ich im Zelt – denn zwischen die Seiten gewehter Flugsand ließ die Bücher um das Doppelte ihres Formats anschwellen – und begleitete Ironside, Poirot, Sarah Keate oder wen auch immer bei ihren aufregenden Ermittlungen, während der Pferdefreund mich suchte und nicht fand – wie mir später hohnlachend von meinem Brüderchen gesteckt wurde. Als ich verzweifelt Pläne schmiedete, wie ich ohne Kenntnis von so schnöden Dingen wie Nachna-

men oder gar Adresse das abgerissene zarte Band wieder knüpfen konnte, beschloß der Familienrat gegen meine Stimme die Abreise in wärmere Gefilde. Seither grübele ich darüber nach, ob die Krimileseleidenschaft mich damals um DAS Erlebnis meines Lebens und den Mann meiner Träume gebracht oder vor einer Enttäuschung bewahrt hat...

Die Krimis blieben mir jedenfalls genauso treu wie ich ihnen: Die ungeheure Spannung bei der Jagd nach dem Täter oder der Täterin ließ mich immer wieder alles um mich herum vergessen. Ich kam zu Verabredungen zu spät oder fuhr mit der Straßenbahn bis zur Endstation, ich ließ Essen anbrennen oder hörte die Türklingel nicht – ganz zu schweigen von den Nächten, als ich morgens um vier erst die wahre Identität von Mördern erfuhr und dann selbst als halbe Leiche zur Arbeit wankte...

Die Leselust an Kriminalromanen hat mich seither nicht mehr losgelassen, und zu dem Spaß an einzelnen Titeln und Reihen kam das nähere Kennen- und Schätzenlernen eines Genres, das offensichtlich viele Leserinnen und Leser in seinen Bann zieht, und zwar meistens für immer: einmal Krimifan, immer Krimifan!

Für sie wurde dieses Buch hier gemacht: zum Schmökern, Rätseln, Kichern, und dazu gibt es noch jede Menge Lesetips.

Leider ist es nicht komplett – weder konnten alle Facetten des gigantischen Themas ausgeschöpft werden, noch haben die AutorInnen der vielen Beiträge die einzelnen Bereiche akribisch komplettiert (sollten sie auch nicht). Natürlich wird es Aufschreie geben, weil jemand das wichtigste Buch zum Thema unerwähnt findet oder nur unzureichend oder gar mit anderer Bewertung erwähnt – jedenfalls nach Meinung der KennerInnen... Doch dies ist kein Nachschlagewerk und kein wissenschaftlich ambitioniertes Œuvre: Es ist das Buch von leidenschaftlichen Fans für ebensolche.

Für Hinweise und Ratschläge wegen solcher und anderer Nebenwirkungen schauen Sie bitte nicht auf irgendwelche Beilagen, sondern schreiben Sie mir!

Nina Schindler

Ninas Hitliste
❶ John le Carré: Unser Spiel
❷ Agatha Christie: Das krumme Haus ❸ Loriot: Advent
❹ Antonia Byatt: Possession ❺ Sjöwall/Wahlöö: Verschlossen und verriegelt
❻ Trevanian: Stribumi
❼ Amanda Cross: No Word from Winifred
❽ Umberto Eco: Der Name der Rose
❾ Edmund Crispin: Der Mond bricht durch die Wolken
❿ P. D. James: The Skull beneath her Skin

Das kleine Krimiwörterbuch

AGENTENROMAN
SPIONAGEROMAN
Krimi, in dem das Auskundschaften oder Unterwandern fremder Geheimdienste im Mittelpunkt steht. Seit einigen Jahren geht es auch vermehrt um Wirtschaftsspionage.

AMATEURDETEKTIV
Jemand fühlt sich qua Beziehung zu dem Mordopfer/den Hinterbliebenen/Beruf/Gerechtigkeitsgefühl dazu berufen, den Fall zu lösen.

ARMCHAIR DETECTIVE
Der Detektiv, der vom Sessel aus den Kriminalfall löst. Meistens hat er einen Helfer (Laufburschen), der *the leg work* (die Laufarbeit) erledigt.

COZY ODER HÄKELKRIMI ODER LANDHAUSKRIMI ODER RÄTSELKRIMI
Klassische Form des gewaltfreien Whodunit, in dem die Regeln befolgt werden, durch die die Leserschaft alle wichtigen Informationen im Hinblick auf die Person des Täters erhält – allerdings auch falsche Fährten gelegt werden.

DETEKTIVROMAN
Krimi, in dem ein Detektiv oder eine Detektivin die Umstände des Verbrechens untersucht, Schlußfolgerungen zieht und den Täter entlarvt.

DICK
Amerikanisch, bedeutet Detektiv und leitet sich nicht etwa von dem englischen Synonym für Penis ab, sondern bezieht sich auf Dick Tracy, eine von Chester Gould 1931 erfundene Comicfigur.

GERICHTSKRIMI
Krimi, in dessen Mittelpunkt eine Gerichtsverhandlung steht und der wahre Täter meist in einer eindrucksvollen Schlußszene vor Gericht überführt wird.

HARDBOILED DICK
Der hartgesottene (ausgekochte, mit allen Wassern gewaschene) Profi-Detektiv zeichnet sich weniger durch den Gebrauch seiner »grauen Zellen« als durch körperlichen Einsatz aus. Oft versteckt sich in dem Zyniker ein sentimentales Herz.

HOWCATCHEM
Krimi, bei dem das Verbrechen und der Täter bekannt sind und die Spannung darin besteht, ob und wie der Täter entlarvt wird.

INVERTED MYSTERY
Auch hier werden der Mord und die Täterschaft gleich zu Anfang offenbart. Es gibt eigentlich kein Rätsel mehr, der Spaß erwächst aus dem Zuschauen beim allmählichen Entwirren der Handlungsstränge durch den Detektiv.

LOCKED ROOM MYSTERY
Der Mord geschah in einem nach außen hin völlig abgeschlossenen Raum. Wie ist es dem Mörder oder der Mörderin gelungen, hier einzudringen und die Tat zu vollbringen bzw. hier herauszukommen?

P. I.
Private Investigator = Privatdetektiv.
Lautspielerei I = Eye führte zum Begriff *Private Eye.*

POLIZEIROMAN
Krimi, der mehr oder weniger realitätsgetreu schildert, wie mit polizeilichen Mitteln ein Verbrechen aufgeklärt und Täter gefaßt werden.

PULP FICTION
Pulp ist der Papierbrei, aus dem billiges Druckpapier hergestellt wird. Pulps bezeichnen die gesamte Pulp-Heftchenproduktion.

SUSPENSE
Hitchcock hat als Modell für Suspense die Szene definiert, in der ein Mensch zu sehen ist, der auf einem Kanapee sitzt, unter dem eine Bombe tickt. Eine simple Action-Szene, wenn der Betreffende von dieser Bombe weiß, purer Suspense, wenn er es nicht weiß, aber wir genau darüber informiert sind, daß sie in drei Minuten losgehen wird.

THRILLER
Auf emotionale Spannungseffekte angelegte, actionreiche Abenteuerkrimis, mit denen das Publikum in die Handlung einbezogen werden soll.

WHODUNIT (AUCH: WHODUNNIT, WHODONEIT ODER WHO-DONE-IT)
Krimi, der seine Spannung aus dem Aufspüren des Täters oder der Täterin bezieht.

Der Krimibaukasten

ZUR TYPOLOGIE DES KRIMINALROMANS

Von Reinhard Jahn

Warum sind Krimis so beliebt? Wie haben sie es geschafft, sich in den letzten 150 Jahren als eines der beständigsten Genres der populären Literatur zu behaupten? Wahrscheinlich, weil wir durch die Mordgeschichten, die sie uns erzählen, wie durch ein Schlüsselloch einen Blick auf die dunkle Seite des menschlichen Wesens werfen können. Und weil sie immer etwas über die Welt sagen, in der wir leben.

Krimis sind spannend und aktuell, obwohl es im Grunde immer nur um die gleiche Sache geht: das Gute und das Böse. In jeder Zeitungsmeldung über ein Verbrechen steckt die Grundgeschichte – der Plot – eines Krimis. Nehmen wir also einfach einmal solch einen klitzekleinen Plot:

A bringt B um. Zunächst gerät C in Verdacht, doch es gelingt ihm mit Hilfe von D, seine Unschuld zu beweisen.

Und sehen wir uns einmal an, was für Kriminalromane man daraus machen kann.

KRIMIBAUKASTEN:
DIE PSYCHO-VARIANTE »DAS LEERE VERBRECHEN« (ENGLAND, AB 1970)

Nach Ruth Rendell, Barbara Vine und Minette Walters

1 *Erster Satz:*

Die Türklingel hatte diesen schrillen, ungemütlichen Klang, der bei Colin jedesmal eine Gänsehaut erzeugte.

Was passiert:

Der 28jährige Colin lebt noch immer bei seiner despotischen Mutter, die ihn bisher stets daran gehindert hat, eine Beziehung zu einer anderen Frau aufzubauen. Das Unglück beginnt, als die Witwe Laura und ihre Tochter Sue ins Nachbarhaus einziehen. Zwischen Sue und Colin beginnt eine zarte, romantische Freundschaft, die bei Colin jedoch Schuldgefühle erzeugt, weil er glaubt, seine Mutter zu verraten. Als er dann einmal mit Sues Mutter Laura allein ist, versucht Laura, ihn zu verführen. Colin ermordet Laura in einem Anfall panischer Angst. Die Polizei hält Sue für die Mörderin ihrer Mutter und verhaftet sie, worauf Colin in seiner Verzweiflung den Mord seiner Mutter gesteht, die wiederum zur Polizei geht und sich als Mörderin von Laura bezichtigt, um ihren Sohn zu retten. Sue wird freigelassen, Colins Mutter wird vor Gericht gestellt und verurteilt, und Colin heiratet Sue. Er ist allerdings so tief traumatisiert, daß er nur jedes Jahr einmal, und zwar an dem Tag, an dem er den Mord beging, mit Sue schlafen kann. Als seine Mutter nach zehn Jahren vorzeitig, wegen guter Führung, aus dem Gefängnis entlassen wird, bringt Colin Sue um, um wieder mit seiner Mutter zusammenzuleben.

✂ *Letzter Satz:*

Er preßte sich an sie und spürte ihre Wärme, die seinen Körper durchströmte. »Du bist ein guter Junge«, sagte sie.

1.

GEDRUCKTE LEICHEN

Mord in der Literatur

1. Es sind drei Vögel in A und zwei in B.
2. Die Farben der Segelboote sind umgedreht.
3. Das Flugzeug verwandelt sich in ein Wasserflugzeug.
4. In B fehlt der Rettungsschwimmer auf dem Turm.
5. Der Rettungsring in B hat einen Flicken.
6. Statt LIFE steht in B TIME.
7. In B fehlt ein Schuh.
8. Das Fußkettchen ist am anderen Fuß.
9. Der Nagellack ist ab.
10. Die Zitronenscheibe wurde zu einem Zitronenschnitz.
11. Ein Strohhalm fehlt.
12. Der Ohrring fehlt.
13. Der Schal um den Kopf ist jetzt um den Hals gebunden.
14. Die Handtuchaufschrift ändert sich von »Joe's« zu »Moe's«.
15. Die Bügel der Sonnenbrille sind einmal zusammengeklappt, einmal gespreizt.
16. Das Sonnenöl wurde durch eine Zigarettenkippe ersetzt.
17. Es fehlt eine Muschel.
18. Die Schuhabdrücke wurden zu Fußspuren.

Die schlafende Schönheit

Wilbur Unisex, ein bekannter Lepidopterologe, entdeckte seine große Begabung zum Detektivspielen, als er bei der Verfolgung einer Motte (Actius Luna) auf einen Tatort stieß, kurz nachdem sich das Verbrechen ereignet hatte. Er machte sich sofort an die Untersuchung und fand dann heraus, daß er nicht nur sehr schnell war, sondern daß er auch immer recht hatte.

Als Ergebnis dieser herausragenden Leistung gründete er eine Schule für besonders begabte Menschen. Da sein erstes Lernziel Beobachten heißt, gibt er allen Anwärtern diesen Test. Er nimmt nur diejenigen auf, die die achtzehn Unterschiede zwischen beiden Zeichnungen finden können. Schaffen Sie das auch?

Am Anfang stand der Mord. Zu den Ursprüngen des Kriminalromans

Von Jon L. Breen

Der Ursprung der Detektivgeschichte wird allgemein an den drei Erzählungen festgemacht, die Edgar Allan Poe Anfang der vierziger Jahre des letzten Jahrhunderts über C. Auguste Dupin schrieb: *Der Mord in der Rue Morgue, Das Geheimnis der Marie Roget* und *Der Brief*. Es gibt zahlreiche Beispiele für »prähistorische« Kriminalliteratur sowohl in Europa als auch in Asien, doch es ist am sinnvollsten, mit Poe zu beginnen, da er so viele der Standardelemente und Kniffe dieses Genres entwickelte. Allen voran natürlich den exzentrischen Amateurdetektiv und dessen bewundernden Freund und Berichterstatter, das Geheimnis des verschlossenen Raums, die Beschuldigung eines verdächtigen Unschuldigen und die Falle für den wahren Täter *(Rue Morgue)*; die literarische Bearbeitung eines wahren Kriminalfalls, die Einführung eines Serienhelden und die »Lehnstuhl-Detektiv-Lösung« des Falles *(Marie Roget)*; die dermaßen offensichtliche Erklärung, daß sie übersehen wird *(Purloined Letter)*, und die Entlarvung der am wenigsten verdächtigten Personen als Täter in einer Erzählung außerhalb der Dupin-Serie *(Thou art the Man)*.

Doch läßt sich nicht die gesamte zeitgenössische Kriminalliteratur von Poe herleiten. Die Privatdetektive und Geheimagenten unserer Tage haben ihre Ursprünge wenigstens zum gleichen Maß in der Heftchenliteratur des 19. Jahrhunderts. Der romantische Thriller kann zumindest teilweise von den Werken der RomanautorInnen des 18. Jahrhunderts wie Ann Radcliffe *(The Mysteries of Udolpho)*, Horace Walpole *(The Castle Otranto)* und Matthew Gregory Lewis *(The Monk)* als auch von den Romanen des 19. Jahrhunderts wie etwa Charlotte Brontës *Jane Eyre* abgeleitet werden.

Elemente von Kriminal- und Detektivromanen gab es auch in vielen »Three-Decker-Novels« des 19. Jahrhunderts und in einigen Romanen aus dieser Zeit; besonders Wilkie Collins *Moonstone*, Charles Dickens' *Bleak House* sowie die Werke von Emile Gaboriau werden heute als bedeutende Meilensteine dieser Literatur angesehen. Anna Katherine Green begann mit ihrem Roman *The Leavenworth Case* nicht nur ihre erfolgreiche Laufbahn als Schriftstellerin, sondern schuf damit auch das Modell für Kriminalgeschichten in Buchlänge. Aber die meisten Vorläufer der reinen Detektivgeschichte hatten die Form der Kurzgeschichte, begonnen bei Poe, und erreichten neue Beliebtheit mit Arthur Conan Doyle, dessen erste Detektivgeschichte *A Study in Scarlet* Romanlänge hatte, der aber seine größte Beliebtheit mit Kurzgeschichten wie in *Adventures of Sherlock Holmes* und anschließenden Bänden erreichte. Zu Beginn des 20. Jahrhunderts kamen noch andere Paare aus Autoren und Protagonisten hinzu wie R. Austin Freeman und sein Dr. Thorndyke, Arthur Morrison und Martin Hewitt, G. K. Chesterton und Father Brown und Jacques Futrelle mit *The Thinking Machine.*

In den Jahren zwischen 1880 und 1920 wurden viele Detektivromane verfaßt: Fergus Humes' *The Mystery of a Hansom Cab* war einer der ersten dieser Bestseller, Gaston Leroux' *The Mystery of the Yellow Room* besitzt sogar für einige Kritiker den Status eines Klassikers, der seinem berühmteren Roman *The Phantom of the Opera* gleichkommt oder ihn vielleicht noch übertrifft. Trotz Conan Doyles *The Hound of Baskerville,* und obwohl auch Freeman und Futrelle gelegentlich Romane schrieben, Amerikaner wie Burton E. Stevenson und Carolyn Wells vor dem 1. Weltkrieg ebenfalls Romane beisteuerten, blieb doch die Kurzgeschichte die dominierende Form des Genres.

E. C. Bentleys Roman *Trent's Last Case,* der ironischerweise wenigstens teilweise als Parodie auf das Genre beabsichtigt war, wird heute als Meilenstein des modernen Detektivromans angesehen. 1920 schrieben Agatha Christie mit *The Mysterious Affair at Stiles* und Freeman Croft mit *The Cask* ihren jeweils ersten Roman, drei Jahre später folgte Dorothy L. Sayers' erster Lord-Peter-Wimsey-Roman *Whose Body?,* und es begann das Goldene Zeitalter des Detektivromans. Obwohl Kurzgeschichten immer noch gern gelesen wurden, war nun der Roman die Form, in der die meisten bedeutenden Werke erschienen.

Dieses Goldene Zeitalter wird allgemein den Briten zugestanden. Neben Christie, Sayers und Croft erfreuten sich auch Autoren wie Philip MacDonald, Anthony Berkeley, H. C. Bailey und John Rhode zunehmender Beliebtheit. Die einzigen amerikanischen Autoren von vergleichbarer Bedeutung waren Earl Derr Biggers, der den beliebten, später umstrittenen Charlie Chan mit *The House without a Key* einführte, und S. S. van Dine, der seine Serie um Philo Vance mit *The Benson Murder Case* begann.

Doch am Ende dieses Jahrzehnts waren auch die Amerikaner imstande, der literarischen Herausforderung zu begegnen. Ellery Queen (Pseudonym Frederic Dannay und Manfred B. Lee) startete zu einer langen, abwechslungsreichen Karriere mit *The Roman Hat Mystery*. Ellery Queen und John Dickson Carr, dessen Roman *It Walks by the Night* 1930 erschien, wurden zu den dominierenden Autoren des reinen Fairplay-Romans. Dashiell Hammett und Caroll John Daly führten in gewisser Weise die Tradition der *Dime-Novels* fort und kreierten mit ihrem rauhen, knappen Stil eine neue Art des Detektivromans. In den dreißiger Jahren entwickelte sich die Schule der Hardboiled Detectives weiter und erreichte ihre Blütezeit mit Clyde B. Clason, C. Daly King, Clayton Rawson, Stuart Palmer und Clifford Knight. Eine Mischform aus dem hardboiled-Stil mit dem des *Golden Age* begann sich ebenfalls zu entwickeln, die berühmtesten Autoren waren Rex Stout, Erle Stanley Gardener und George Harmon Coxe. Am Ende dieser Dekade betrat auch Raymond Chandler mit Marlowe die Arena der Privatdetektive.

Der reine Kriminalroman in England, angeführt von Francis Iles (ebenso wie A. Berkeley ein Pseudonym des Humoristen A. B. Cox), mied zunehmend das Whodunit-Element und konzentrierte sich immer mehr auf die Psychologie des Täters. In den vierziger Jahren gab es einige bemerkenswerte Entwicklungen, als nämlich der reine Kriminalroman und die psychologischen Thriller immer mehr in den Vordergrund rückten, während der einzig auf Verbrechensaufklärung bedachte Kriminalroman des *Golden Age* in seiner Dominanz langsam zurückging. Wie schon zu Beginn des Jahrhunderts erwachte bei Ausbruch des Weltkriegs erneut das Interesse an Spionage und Agenten, und einiges davon schlug sich in den Detektiv-Serien nieder. *Dark Suspense* war zentrales Element der Romane von Cornell Woolrich, Jim Thompson und David Goodis, gleichzeitig wurden im Kino die ersten Filme der Schwarzen Serie/Film Noir/Série Noire gezeigt, die sowohl in den USA als auch in Frankreich den Beginn eines neuen Filmgenres ankündigten. Der erste Kriminalroman, in dem die polizeiliche Aufklärung des Verbrechens detailliert geschildert wird, erschien 1945: *V as in Victim* von Lawrence Treat. Die Romane um Privatdetektive wie Marlowe oder Spade hatten ebenfalls Konjunktur, ergänzt durch den Erfolg Mickey Spilanes mit seinen Mike-Hammer-Romanen.

Der Trend zum psychologischen Thriller, zu hartgesottenen Privatdetektiven und Polizeiromanen setzte sich auch in den Fünfzigern fort, als Isaac Asimov in seinen beiden Roboter-Romanen *The Caves of Steel* (Heyne) und *The Naked Sun* (Heyne) zum ersten Mal der Versuch gelang, Kriminalliteratur mit Science-fiction zu mischen. Eine neue Generation von Kriminalschriftstellern wie John D. Macdonald, Charles Williams und Donald Hamilton wuchs in Original-Taschenbuchromanen heran, deren Titelbilder meist mehr Brutalität und Sex vermuten ließen, als der Inhalt wirklich bot. Die Schriftsteller waren mit Ausnahme von Vin Packard mit ihren Kriminalromanzen ausschließlich männlich, ansonsten dominierten im Hardcover-Bereich Dorothy Salisbury Davis, Charlotte Armstrong und Margaret Millar zusammen mit männlichen Kollegen.

In den Sechzigern hatten die Umwälzungen im politischen und gesamtgesellschaftlichen Bereich auch die größten Erschütterungen in der Kriminalliteratur zur Folge. Zu dem weltweiten Erfolg von Ian Fleming und James Bond kam der der ernsthafteren Autoren des Kalten Krieges wie John le Carré und Len Deighton hinzu, und es schien, als ob die Spione ein für allemal die Detektive vertrieben hätten. Romantik-Thriller feierten ungeahnte Erfolge, allen voran die von Mary Stewart, Victoria Holt und Phyllis A. Whitney. Zum ersten Mal tauchten nun auch Autorinnen auf den Titeln von Taschenbüchern auf. Da viele Autorinnen (und Autoren mit weiblichen Pseudonymen) den Markt mit Schauerromanen überfluteten, war auf dem Titelbild meist ein großes altes Gemäuer mit der flackernden Kerze im Fenster zu sehen. Polizeiromane erfreuten sich in den Sechzigern ebenfalls großer Beliebtheit, der klassische Detektivroman war in erster Linie durch altbekannte Meister wie Queen, Carr, Marsh und Christie vertreten, doch die Privatdetektive drohten auszusterben.

Obwohl in den siebziger Jahren die Spionage- und die Romantik-Thriller noch große Erfolge verbuchten, feierten die traditionellen Kriminalromane und die Privatdetektive ein kleines Comeback, häufig als Nostalgie-Zitate. Zwar hatte es in den vergangenen Jahrzehnten hin und wieder auch Beispiele für den historischen Kriminalroman gegeben (einige Romane von Carr, Lillian de la Torres' Kurzgeschichten und Robert van Guliks Romane um den chinesischen Dichter Di), doch eigentlich war der Kriminalroman fast schon per definitionem in seinen Szenarien modern. Nun wurden auf einmal Kriminalfälle mit historischen Schauplätzen beliebt, dazu gehörten die 1970 begonnene Serie von Peter Lovesey um Sergeant Cribbs mit *Wobble to Death*, Elisabeth Peters' Abenteuer um Amelia Peabody, beginnend mit *Crocodile on the Sandbank*, Francis Selwyns Sergeant-Verity-

Serie mit *Cracksman on Velvet* und der mittelalterliche Mönch Cadfael, der seinen ersten von bislang zwanzig Auftritten in *A Morbid Taste for Bones* hatte. Gleichzeitig waren nostalgische Kriminalromane sehr gefragt, Privatdetektive eingeschlossen, und klassische Dreißiger-Jahre-Detektivromane, die vor zeitgenössischer Kulisse spielten wie Kingsley Amis *The Riverside Villas Murder*.

Die achtziger Jahre erlebten einen Boom von bislang nie gesehenen Ausmaßen für den Kriminal- und Detektivroman in all seinen Formen, der zum Ende des Jahrzehnts hin sogar eher zunahm und auch in den neunziger Jahren noch andauert. Sowohl der traditionelle Kriminal- als auch der Detektivroman feierten ein Comeback, und viele neue Talente erschienen auf der Bildfläche. Obwohl Kriminalautorinnen schon seit den Anfängen dieses Genres immer sehr erfolgreich gewesen waren, wurden sie in den späten Siebzigern und frühen Achtzigern zurückgedrängt, weil die hardboiled-Detektiv- und Agentenromane eindeutig männlich dominiert wurden. Doch jetzt standen die Crime-Ladies im Vordergrund. Im Hinblick auf die Tatsache, daß der größte Teil des Publikums Frauen sind, schufen mehr und mehr Autorinnen starke weibliche Charaktere als Hauptfiguren.

Es wird zwar niemals zu einer Einigung zwischen denjenigen kommen, die der Überzeugung sind, daß momentan das Goldene Zeitalter der Kriminalliteratur herrscht, und denjenigen, die sehnsüchtig auf die Klassiker längst vergangener Zeiten zurückblicken, doch an einigen Tatsachen der gegenwärtigen Krimiproduktion läßt sich sicherlich nicht rütteln. Die AutorInnen vor vierzig und fünfzig Jahren wurden durch eine große Anzahl von Regeln und Übereinkünften behindert, die vom Thema bis zu seiner Gestaltung reichten. Die SchriftstellerInnen von heute sind – wenn man von einem manchmal etwas übertriebenem Anspruch auf Political Correctness absieht – in der Wahl und Gestaltung ihres Gegenstands völlig frei und können gesellschaftliche Themen und Subkulturen einbeziehen, an die man früher nicht einmal im Traum zu denken gewagt hätte. Ganz egal, welches Genre in der Kriminalliteratur besonders geschätzt wird – vom Cozy bis zum härtesten Macho-Thriller, vom realistischen Roman bis zum märchenhaften –, irgend jemand schreibt so, und zwar gut. Wenn sich Literatur im allgemeinen nicht gerade bester Gesundheit erfreut, so kann das der Kriminalliteratur nur nützen, wo Talente am wirbeln sind, die sonst vielleicht in den *Mainstream* zurückgelockt werden könnten.

Wie sich aus dem bereits Gesagten schon ersehen läßt, ist es in den letzten Jahren zu einem Verschwimmen der Grenzen zwischen den einzelnen Genres gekommen. AutorInnen möchten nicht mehr in eine bestimmte Schublade gesteckt werden. Seitdem mehr und mehr Kriminalromane den Weg auf die Bestsellerliste gefunden haben und die Länge der Romane gewachsen ist (was ihnen nicht immer zum Vorteil gereichte), wurde die Grenze zwischen Kriminalliteratur und der allgemeinen Belletristik immer mehr verwischt. Beststellerautoren wie Stephen King und Dean R. Koontz bedienen sich bei allen beliebten Genres und ihren Versatzstücken und bauen sie in ihre Romane ein. Gleichzeitig haben immer mehr »ernsthafte« AutorInnen wie z. B. Joyce Carol Oates, Don DeLillo, Walker Percy, Dinane Johnson, Norman Mailer, Paul West und viele andere bestimmte Elemente von Kriminalliteratur in ihre Werke einbezogen, manchmal – aber nicht immer –, um sie zu unterlaufen. Wenn man Neuerscheinungen betrachtet –, und ganz bestimmt bei den Bestsellerlisten – stellt man fest, daß da Themen wie Verbrechen und die Aufklärung desselben eher die Regel als die Ausnahme sind. Gleichzeitig neigen manche Schriftsteller, die ihre Karriere als Kriminalautoren begonnen haben, immer häufiger dazu, die Elemente des Kriminalromans oder der Detektivgeschichte in ihren Romanen herunterzuspielen, und benutzen den Kriminalfall eher als Vorwand für Gesellschaftsbetrachtung, Charakteranalysen oder dramatische Szenen. Prominente Vertreter dieser Spezies sind Sharyn McCrumb und Robert B. Parker. Ein anderer Trend ist das Überhandnehmen von Sekundärliteratur: Fachzeitschriften wie *The Armchair Detective* und *Mystery Scene*, wissenschaftliche Untersuchungen durch bekannte Autoren, Bücher wie das, welches Sie in der Hand halten. Sollten diese Wucherungen, auch wenn sie für den Fan und Wissensdurstigen erfreulich sind, uns nicht Grund zum Erschrecken geben? Wenn eine Literaturart so viel kritische Aufmerksamkeit erhält, könnte sie sich dann nicht bereits ihrem Untergang nähern?

Breens Hitliste ❶ **Joseph Hansen: Keine Prämie für Mord** ❷ **Ross Macdonald: Geld zahlt nicht alles** ❸ **Robert B. Parker: Kerins Weg ins andere Leben** ❹ **Bill Pronzini: Shackeles** ❺ **Paco Ignacio Taibo II: Eine leichte Sache**

Ein Pessimist findet immer Gründe für trübe Prophezeiungen. Warum soll sich noch jemand die Mühe machen, Kriminalromane zu drucken? Oder überhaupt Bücher? Wissen wir nicht alle längst, daß heute niemand mehr liest, daß ganze Lesergenerationen durch die Ausbreitung des Fernsehens zerstört wurden? Aber wenn wir uns die Ladenregale ansehen, finden wir dort den Beweis, daß immer noch genug Menschen Kriminalromane und andere Bücher lesen, denn Verleger sind nicht aus Liebe zur Menschheit in ihrem Beruf, sondern wegen des Gewinns, und sie drucken heutzutage Auflagen von nie gekannten Ausmaßen. Während die Ikonen der Vergangenheit – Hammett und Chandler, Christie und Sayers – immer noch treue Verehrer verdienen, müssen auch viele Traditionalisten zugeben, daß das allgemeine Qualitätsniveau der Kriminalliteratur der ersten Hälfte der Neunziger weit höher ist als in den Dreißigern oder Vierzigern. Was immer auch die Zukunft hier bringen wird, die zeitgenössische Krimiszene ist ein aufregender Ort für LeserInnen genauso wie für AutorInnen, wie der Inhalt dieses Buches beweisen wird. *Aus dem Englischen von Nina Schindler*

Wer war Abels Mörder?
Genre und Megagenre am Beispiel Kriminalfilm

Von Georg Seeßlen

Das Kriminalgenre, dieses späte Kind der Aufklärung, ist ein Bastard von Melodrama und Rationalisierung und hat von Beginn seiner Entwicklung an in der populären Literatur, und mehr noch später in den audiovisuellen Medien, eine Tendenz zur Diversifikation, zur Aufsplitterung in diverse Subgenres mit sehr unterschiedlichen Erzählstrategien, sehr unterschiedlichen Perspektiven, sehr unterschiedlichen Heldenkonstruktionen und Ambientes. Wer einen knalligen Actionfilm mit Sylvester Stallone als schießfreudigen Cop mag, muß sich nicht für einen altmodischen Whodunit interessieren und umgekehrt. Agatha Christie wurde zur erfolgreichsten Schriftstellerin der Welt, weil sie ganz gezielt für ein definierbares Publikum schrieb. Kriminalromane und Kriminalfilme sind, mehr als andere Genres wie z. B. der Western, zielgruppenorientiert und abhängig von Zeitstimmungen. Sie verhandeln moralische, juristische und politische Probleme in Form eines Gedankenspiels, das sich das eine Mal mehr als Denksportaufgabe, das andere Mal mehr als mythische Nachtphantasie zeigt. Das Megagenre des »Krimis« hat neben dem Mainstream Platz für die Konstruktion dissidenter Helden, Subkulturen, Minderheiten. Es läuft nicht, wie der Western, auf den Gründungsmythos hinaus, auf die große Erzählung des nationalen und kulturellen Werdens, sondern es reflektiert sehr genau die Uneinigkeit, die Zerrissenheit, das Fragmentarische und Vorläufige der bürgerlichen, kapitalistischen Gesellschaft. So macht es seismographisch auch die Krisen der Selbstidentifikation dieser Gesellschaften, ihrer Klassen und Kulturen durch und ist zuzeiten von rettungsloser Melancholie, zuzeiten von einer kritischen Heftigkeit bestimmt, wie es zu anderen Zeiten und an anderen Orten der populären Mythologie als narzißtische Spiegelung oder als ideologische Krücke dient. Der Krimi ist ein zerfallendes Genre über eine zerfallende Welt.

Wenn wir versuchen, die verschiedenen Genres des Megagenres Kriminalfilm zu bestimmen, werden wir uns wohl darauf einlassen müssen, auch in Widersprüchen und Paradoxien zu denken. Denn obwohl zumindest einige der Kriminalgenres, wie der Polizei- oder der Detektivfilm, auf besondere Weise Handlung immer auch als Konstruktion, als logisches Spiel erkennen lassen, führen sie doch gleichzeitig in ungeahnte moralische und mythologische Tiefen. Das kriminalistische Rätsel eines Whodunit ist in der Bilderwelt des Filmes noch mehr als in der linearen Konstruktion des Kriminalromans mit archaischen und symbiotischen Wahrnehmungen verbunden. Ein Kriminalfilm, gleichgültig, welchem Genre er schließlich angehört, ist immer beides zugleich: ein intellektuelles Rätsel, bei dem es auf ein mehr oder weniger faires Spiel zwischen den Autoren und den Konsumenten ankommt, und eine soziale, historische und – in unserem Kulturkreis nicht überraschend – christlich bestimmte religiöse Metaphorik. Wenn man den Western als ein Nationalepos als *work in progress* bezeichnen kann, so kann man das System der Kriminalgenres gewiß als so etwas wie eine ewig währende Verhandlung der Verhältnisse von Macht und Moral in einer kapitalistischen Gesellschaft verstehen. Unser täglicher Krimi bedient nicht nur unsere Sensationsgier, sondern klärt auch ständig aufs neue die Verhältnisse zwischen Recht und Unrecht, mehr noch, das Verhältnis zwischen Recht und Gerechtigkeit, zwischen dem Gesunden und dem Kranken, dem Guten und dem Bösen. Und wenn das Melodrama die erste demokratische Kunstform war, so hat gewiß der Krimi in all seinen Erscheinungsformen seine Nachfolge angetreten. Er ist der Moralkodex einer demokratischen, kapitalistischen, medialisierten Gesellschaft als *work in progress.*

Beinahe jede Geschichte des Kriminalromans und des Kriminalfilms beginnt hierzulande mit der Geschichte von Kain und Abel. Der eine Sohn der ersten Menschen, Adam und Eva, ermordete seinen Bruder und wurde daraufhin von Gott mit einem Zeichen, dem Kainsmal, gebannt und dem gewaltsamen Tod überantwortet. Das heißt: Gott tötete ihn nicht, sondern warf ihn ohne Schutz unter die Menschen. Diese Geschichte führt uns tatsächlich an einige der Urgründe des kriminalistischen Erzählens überhaupt.

Wir haben zum einen die Konstruktion des Verbrechens: einen Mörder, ein Opfer, ein emotionales und/oder familiäres Band zwischen beiden und schließlich ein Motiv. Und vielleicht lohnt es sich, dieses Motiv genauer anzusehen. Im biblischen Kontext, so wie wir es im Religionsunterricht lernen, geht es darum, daß Gott das Rauchopfer von Abel gnädig annahm, während er das von Kain ablehnte. So wäre das Motiv also eine ins Metaphysische gespiegelte Variante des neben Habgier bedeutendsten Tatmotivs des Krimis, der Eifersucht. Warum sich aber Gott so – höflich ausgedrückt – undiplomatisch verhalten hat und diese Eifersucht geradezu provozierte, wird erst deutlich, wenn man die beiden Lebensformen von Kain und Abel genauer betrachtet: der eine nämlich ist seßhafter Bauer, der andere nomadisierender Hirte. Das sind sozusagen die historischen Primärerfahrungen, die als Widerspruch zwischen der territorial gebundenen und der nomadisierenden Lebensform unsere gesamte Kulturgeschichte durchziehen. Der Konflikt zwischen dem Seßhaften und dem Nomaden, das gegenseitige Mißtrauen und der endliche (wenn auch tragische und widersprüchliche) Sieg des Seßhaften, durchzieht, unter vielem anderen, auch die Geschichte des Kriminalplots. Die meisten von uns sind aufgewachsen mit kriminalistischen Kinderbüchern, in denen immer wieder clevere Kinderdetektive Landstreicher und Zigeuner als Diebe überführen, und der Nichtseßhafte gerät auch im politisch korrekten deutschen Serienkrimi erst einmal ins Zwielicht, bevor man den wahren Schuldigen, nämlich den sozialen Nomaden, der die Grenze der Stände, Kulturen und Klassen nicht respektiert, durch den guten Beamten enttarnen läßt.

Hinter dem metaphysischen Motiv von Kains Tat und all seiner Nachfolger steckt also das emotionale Motiv, hinter dem emotionalen Motiv steckt das historische Motiv, hinter dem historischen Motiv steckt das ökonomische Motiv, hinter dem ökonomischen Motiv steckt das persönliche, das Bruderdrama, und hinter dem persönlichen Motiv steckt wiederum das metaphysische, wenn der den Zwist zwischen den Brüdern erzeugende Vater zugleich ein Gott ist. In der melodramatischen, also gottlosen Konstruktion der Welt tut es dann auch das Schicksal, die Gerechtigkeit oder einfach die Gesellschaft.

Wir können also an die Stelle der klassischen Kausalkette, die der traditionalistische Kriminalroman für sich in Anspruch nimmt, nämlich

TÄTER → MOTIV → OPFER

ein komplexeres und aufregenderes Modell setzen, indem wir an die Stelle eines eindeutigen Motivs einen Motivkreis stellen, den man durch einiges Geschick bei der Konstruktion der Handlung in eine ausgesprochen heftige Bewegung versetzen kann. Ein Motiv ist dabei immer im anderen verborgen, eines generiert und verschärft das andere, und diese Verknüpfung der Motive macht die Beziehung zwischen Täter und Opfer reicher, als es allein der Logik zugänglich ist. Nicht erst seit Kommissar Maigret und Patricia Highsmith wissen wir, daß jeder Fall komplexer und reicher ist, als er sich jemals durch rationalistische, kriminalistische und forensische Aufklärung darstellen läßt. Weshalb im übrigen der Krimi, im einen Genre mehr, im anderen weniger, zugleich in der geistigen Tradition der Aufklärung steht und sehr melancholisch auf ihre Grenzen reagieren kann.

Wenn wir uns nun den Motivkreis, der zwischen den Personen von Täter und Opfer vermittelt, noch einmal genauer ansehen, erkennen wir darin schon die Anlage zur Aufsplittung der Kriminalstory in verschiedene Genres mit einer jeweils anderen Konstruktion dieser Beziehung, vor allem aber mit einer sehr unterschiedlichen emotionalen Ansprache. Daß sich verschiedene Genres, Subgenres und dann wieder Crossover-Variationen zwischen ihnen herausgebildet haben, liegt offensichtlich daran, daß keine noch so komplexe Plot-Konstruktion in der Lage ist, alle verschiedenen Beziehungen der Motivkreise zu behandeln, und es liegt auf der anderen Seite daran, daß wir zur Grundkonstruktion der Täter-Opfer-Aufklärungssituation ganz unterschiedliche mentale und psychologische Bedürfnisse entwickelt haben. Mal möchten wir die alles verstehende, alles regelnde gesellschaftliche Instanz am Werk sehen, das andere Mal unsere anarchischen und antizivilisatorischen Impulse bestätigen, ein drittes Mal suchen wir Bilder für die unlösbaren Widersprüche der demokratischen, kapitalistischen und medialisierten Gesellschaft; und auf all das haben Krimis eine Antwort, nur eben nicht zur gleichen Zeit. Dirty Harry und Inspektor Derrick sind nicht nur durch einen Ozean voneinander getrennt, sie sind zugleich verwandt und konstruieren gegensätzliche Konzepte von Recht und Gesetz.

Je nachdem, welche der im Motivkreis vorhandenen Impulse betont werden, ohne daß deswegen die anderen restlos ausgeblendet werden müssen, definiert sich die Beziehung zwischen Täter und Opfer auf einer Skala zwischen Rationalität und Emotionalität, wobei sich die Kunst des Drehbuches etwa darin zeigen mag, den einen Aspekt als Subtext in den anderen zu schachteln und dabei die Wahrnehmung des Zuschauers so zu lenken, daß er sich nicht als hinters Licht geführt empfindet. Wenn er sich also, in einem klassischen Whodunit, sozusagen virtuell auf einer Jagd nach dem Täter befindet, so werden ihn abwechselnd vielleicht emotionale und ökonomische Hinweise auf dessen Spur – oder aber auch auf falsche Spuren – führen.

Jedes Genre des Kriminalfilms läßt sich also einmal ganz grob schon über bestimmte Verbindungen nach dem Motivkreis definieren:

• Gangsterfilme definieren die Beziehung zwischen Tätern und Opfer am ehesten historisch und ökonomisch; sie konstruieren und dekonstruieren einen Mythos der sozialen Dissidenz;

• Thriller zeigen eine metaphysisch-emotionale Beziehung; sie konstruieren und dekonstruieren einen Mythos der persönlichen Dissidenz;

• Detektivfilme bilden in der Regel eine Beziehung zwischen ökonomischen und persönlichen Impulsen; sie konstruieren und dekonstruieren einen Mythos der Rationalität;

• Polizeifilme können, wo sie nicht dem Muster des Detektivfilms folgen, das Historische mit dem Emotionalen verbinden, sie konstruieren und dekonstruieren einen Mythos der sozialen Sicherheit usf.

Hier wird freilich schon deutlich, daß die Trennung zwischen den Genres nur in einigen besonderen Fällen als scharfe Grenzziehung vorgenommen werden kann, im allgemeinen aber nur durch die Konvention bestimmt ist, die immer wieder Crossover-Aspekte zuläßt. Ikonographisch, mythologisch und narrativ werden Genres um so stabiler, je mehr sie sich der Vergangenheit und der Zukunft zuwenden, und um so dynamischer, je mehr sie sich als gegenwärtig verstehen. Während etwa der Western eine so langsame wie dann freilich radikale Überprüfung des Gründungsmythos entwickelt hat, reagieren die Genres des Kriminalfilms seismographisch auf Veränderungen der gesellschaftlichen Praxis. Und dabei sind durchaus gegenseitige Beeinflussungen von Fiktion und Wirklichkeit zu beobachten, die über die mythisierende Abbildung hinausgehen; es gibt Untersuchungen darüber, wie sehr sich etwa das Selbstverständnis von Mafia-Gangstern im Kino gebildet hat, und man muß nicht erst in die USA gehen, um zu erkennen, wieviel Kinodramaturgie ein Justizprozeß enthalten kann. Wenn etwa ein deutscher Tourist in die Vereinigten Staaten kommt, ist er überzeugt, daß ihm am meisten Gefahr von einem jungen, schwarzen Mann der Unterschicht droht und am wenigsten von einem weißen, älteren Oberschichtler, und er »weiß« das, weil er eine ausreichende Anzahl von amerikanischen Fernsehkrimis gesehen hat, in denen nämlich der schwarze Ghettobewohner *innocent bystanders*, der weiße Geschäftsmann aber immer nur ökonomische Konkurrenten und Familienmitglieder bedroht. Einen italienischen Touristen, der Deutschland vor allem durch seine Version von *L'Ispettore Derrick* kennt, muß ein furchtbares Grauen vor Vorstadtvillen, Nadelstreifenanzügen und leicht überschminkten Frauen im kleinen Schwarzen überkommen. Ein Film wie Katheryn Bigelows *Blue Steel* etwa revoltiert nicht nur gegen solche Phantasien einer sozialen Prädestination von Tätern und Opfern, sondern es gelingt ihm auch, diese Phantasien zugleich zu untersuchen und sie zum Teil eines neuen kriminalistischen Plots zu machen. Das Genre konstruiert soziale Klischees, kann aber auch immer wieder Gegenmodelle entwerfen.

Versuchen wir nun das Basismodell für die Konstruktion einer Kriminalhandlung zu erweitern, indem wir neben Täter, Motiv und Opfer die beiden anderen wichtigen Figuren einführen, eine scheinbar sehr einfache und eine scheinbar sehr komplizierte.

Die scheinbar einfache Figur ist die des Verfolgers, Aufklärers, Richters oder Rächers. Ihre Aufgabe ist es, allgemein gesprochen, die Tat zu rekonstruieren, die Rollen von Täter und Opfer aufzudecken und ihre Beziehung zu klären sowie am Ende das durch die Tat gestörte System der Gerechtigkeit wiederherzustellen, entweder, wie der gute Polizist, im offenen, oder, wie etwa der Gangster mit der Moral eines Volkshelden, aber auch wie der schäbige Detektiv à la Humphrey Bogart, im verborgenen Konsens der Gesellschaft.

Wir können diese Figur sehr unterschiedlich definieren:

1. Als Detektiv, also als einen Menschen, der berufsmäßig und in der Regel im Auftrag eines anderen, der aus dem Umkreis des Opfers stammt oder sich selbst als Opfer sieht, diese Beziehungen klärt, in die er im allgemeinen darüber hinaus nicht persönlich, ökonomisch oder emotional involviert ist. Aber ganz kann er sich dieser Involvierung nur selten entziehen, z. B. hat der Detektiv einen Hang dazu, sich in seine Klientin zu verlieben oder bei seiner so rational begonnenen Recherche zunehmend auf Elemente zu stoßen, die sein eigenes Leben, seine Vergangenheit, seine familiären oder freundschaftlichen Beziehungen betreffen.

2. Als Polizist, der die Beziehungen zwischen Täter und Opfer im Dienste der Gesellschaft zu klären hat und dabei, wie der Detektiv, neben dem Fall auch seinen eigenen Status zum Problem hat. Während der Detektiv im Verlauf einer Recherche an seiner eigenen Objektivität zu zweifeln hat, zweifelt der Polizist nicht selten im Verlauf einer Recherche an seiner eigenen Institution: Die Korruption kann bis in die eigenen Reihen reichen, der Polizist kann seine soziale Absurdität empfinden, nämlich einen Reichtum zu schützen, von dem er selber ausgeschlossen ist, oder er kann seine eigene Arbeit von einer spitzfindig und unmoralisch agierenden Justiz oder von einer unverständigen Öffentlichkeit, der Presse allzumal, in Frage gestellt sehen. Noch mehr als der Detektiv tendiert also der Polizist dazu, eine im Grunde tragische Figur zu sein, die auf besonders heftige Weise einen Kurzschluß zwischen dem historischen Auftrag und der emotionalen Verstrickung erlebt. Sein Haß auf die Täter ist daher nicht selten dadurch definiert, daß Freunde oder Familienmitglieder Opfer geworden sind. Genauer als jeder andere kann der Polizist erkennen, wie sehr der Besitzer der Bank der Meta-Täter zu dem ist, der die Bank überfällt, und brutaler stellt sich für ihn die

Frage, ob er sich in dieser Situation zu einem Rechten oder zu einem Linken, zu einem Zyniker oder zu einem Heiligen entwickeln soll, zu einem Anarchisten oder zu einem Faschisten. Dirty Harry oder Schimanski sind so wirkungsvoll, weil sie von alledem etwas in sich haben.

So verwandt Detektive und Polizisten also sein mögen, so große Unterschiede gibt es auch. Die Aufgabe des Detektivs ist eine subjektive und temporäre, die des Polizisten eine soziale und institutionelle. Selbst wenn es beide mit den gleichen Arten von Verbrechen zu tun haben, als Gegensatzpaar wohl

DER PSYCHOPATHISCHE EINZELTÄTER → DAS ORGANISIERTE VERBRECHEN,

so handeln sie doch kontrovers zueinander. Der Detektiv nämlich bekämpft das Verbrechen nur, insoweit es die Interessen seiner Mandanten betrifft, für das System ist er nicht verantwortlich; der Polizist dagegen bekämpft es als gesellschaftliches Phänomen und tendiert dabei beinahe konsequenterweise zu einer Mentalität der »Säuberung«. Polizist und Detektiv bilden daher im allgemeinen ein Gegensatzpaar; in einem Detektivfilm ist der Polizist in der Regel ein stümperhafter Wichtigtuer, der im entscheidenden Moment durch falsche Schlußfolgerungen alles vermasselt, im Polizeifilm ist der Detektiv umgekehrt ein korrupter Miesling, der Beweismittel fälscht oder Indizien unterschlägt.

3. Der Aufklärer und Rächer kann auch, statt von außen zu kommen, durch den Motivkreis zwischen Täter und Opfer sozusagen selbst erzeugt worden sein, etwa als ein Mensch, der unschuldig unter Verdacht geriet und nun, um sich selbst zu retten, den wirklichen Täter überführen muß, als Beschützer oder Familienangehöriger eines präsumtiven Opfers, als Kraft einer dunklen Vergangenheit usw. Natürlich ist unter solchen Umständen die emotionale Beteiligung des Helden wie bei uns Zuschauern erheblich gesteigert; Züge des Aufklärers sind vermischt mit solchen des Opfers wie auch des Täters. Der Kreis der Motive ist noch heftiger in Bewegung geraten.

4. Diese vierte Perspektive, die schon ein wenig aus dem moralischen Basismodell der Kriminalplots hinausfällt, ist die des Täters oder der Täter. Das beginnt mit der Konstruktion des Gangsters als tragischem Volksheld in den amerikanischen Gangsterfilmen der dreißiger Jahre oder dem *film noir* der französischen Cinematographie der Siebziger, die zwar allesamt scheitern müssen, denn einen so eklatanten Verstoß gegen den Konsens des *»Crime Does Not Pay«* lassen wir uns erst seit den achtziger Jahren im Kino gefallen, aber gerade durch ihr Scheitern bleibt ihre spezifische Würde erhalten. Eine andere Perspektive ist die des Täters, der zur Tat gezwungen ist, etwa ein Einbrecher, der nach dem großen Coup von seinen Mittätern ver-

raten wurde. Und schließlich haben wir in neueren Filmen wie *Henry – Portrait of a Serial Killer* als Wahrnehmungsangebot nichts anderes als die, wenn auch schmerzhaft trostlose, Perspektive des soziopathischen Killers selbst. Der Detektiv, der Polizist, der Rächer in eigener Sache, ja selbst noch der Täter in seinem mehr oder minder tragischen Scheitern haben jeweils drei miteinander verwobene Funktionen:

• Sie sind die dramaturgische Instanz für die Klärung der Täter-Opfer-Beziehung;

• sie werden in dieser Funktion und über sie hinaus als eigenständige Personen interessant (jeder Polizist hat sein mehr oder weniger kaputtes Privatleben, jeder Detektiv eine mehr oder weniger interessante Vorgeschichte. Orson Welles etwa hat in *Touch of Evil* das wohl faszinierendste Porträt eines zum Täter gewordenen Aufklärers geliefert, ein Film, der sehr genaue Gesellschaftskritik mit einer Annäherung an den Grundmythos des Genres verbindet);

• und schließlich haben sie eine metaphysisch-emotionale Funktion, die über das Schaffen von Gerechtigkeit und die Auszeichnung des Täters mit dem Kainsmal von öffentlicher Überführung und Verhaftung hinausgeht: Sie sind in mehrfacher Hinsicht mit dem Opfer verbunden, durch das Mitleid, durch die moralische Identifikation, durch das *revivre* ihrer Situation. So läßt sich der Detektiv oder Polizist in dieser Identifikation auch als so etwas wie eine Wiederkehr des Opfers, individuell oder institutionell, das Wirken des Meta-Opfers als Instanz der Weltordnung sehen, die keineswegs so rational ist, wie es uns Sherlock Holmes glauben machen möchte. Das Meta-Opfer ist z. B. die vom Bösen bedrohte Gesellschaft und deren Vertreter, die sich gegen diese Bedrohung zur Wehr setzen.

Scheinbar komplizierter ist dagegen die Funktion einer anderen Figur, die wir in Anlehnung daran den Meta-Täter nennen können, nämlich eine Person, eine Institution, vielleicht sogar ein Stoff oder ein Objekt, das die eigentliche Schuld trägt, während der Täter nur ausführendes Organ ist. Der eigentliche Schuldige, das ist nicht immer so einfach wie bei *Derrick*, wo die eigentlichen Schuldigen immer die Mütter in ihren Grünwalder Villen sind, deren Söhne irgendwie durchdrehen müssen, nicht immer so einfach wie im Gangsterfilm, wo die Härte des Ghettolebens an der kriminellen Karriere schuld ist, nicht so einfach wie im klassischen Erbschafts-Mörderspiel, wo neben den Mördern auch der schreckliche Erblasser Schuld am brutalen Treiben der Erben hat, die er nicht selten, wie in den deutschen Wallace-Filmen, mit boshafter Absicht in ihre blutigen Intrigen gehetzt hat. In den Bereich des Meta-Schuldigen kann das Rauschgift gehören oder, wie in Fritz Langs *M – eine Stadt sucht einen Mörder*, sogar das verführerische Blinken von Stahl in der Auslage eines Messergeschäftes. Und als letzte Konsequenz kann sogar das Opfer zumindest partiell in den Bereich der Meta-Schuldigen gehören, an dessen vollständige Unschuld wir sowieso nur unter ganz bestimmten Voraussetzungen glauben. Bei Kommissar Maigret oder in Filmen von Claude Chabrol suchen wir zunächst die Schuld des Opfers, um den Täter zu erkennen. Ermordet werden in deutschen Fernsehkrimis vorzugsweise Menschen, von denen wir annehmen müssen, daß sie es durch ihren unmoralischen Lebenswandel oder durch ihren sozialen Status »irgendwie« doch verdient haben. Natürlich läßt Derrick so etwas trotzdem nicht durchgehen. Der Meta-Täter ist z. B. wiederum die Gesellschaft, die nun freilich das Böse produziert, und ihre Repräsentanten, die ihm nicht widerstehen können.

Unser Basismodell für einen Kriminalplot sieht nun also schon etwas komplizierter aus.

Es verdankt dies nicht nur der dramaturgischen Fülle, sondern auch unserer Wahrnehmung von Schuld und Sühne, daß in kaum einem Kriminalplot der Täter ohne Meta-Täter, das Opfer ohne Meta-Opfer auftaucht, und wenn es doch geschieht, so tendieren wir dazu, uns die fehlenden Instanzen einfach hinzuzudenken. Denn noch einmal ist der Kriminalplot darin Erbe des Melodrams, daß er sozusagen auf der Suche nach einem eigentlichen Schuldigen ist, der an die Stelle der theologischen Erklärung des Bösen treten kann. Es geht immer zugleich um den konkreten bösen Menschen und um das Böse als Kategorie.

Das tückische der kriminalistischen Urerzählung, der Geschichte von Kain und Abel eben, ist es, daß beide Instanzen, der Meta-Täter und das Meta-Opfer, der eigentliche Anstifter des Verbrechens und die nach der Tat Gerechtigkeit schaffende Kraft, denselben Namen haben, nämlich Gott. Als Meta-Täter hat er die Nomaden von den Seßhaften getrennt und von ihnen im Opfer eine Konkurrenz verlangt, die zwangsläufig zur Gewalt führen mußte; als Meta-Opfer hat er durch das Kainsmal und durch die Vertreibung das Prinzip der Schuld und das der Sühne in die Welt gebracht. So kann man für ihn als Meta-Täter auch Geschichte sagen und als Meta-Opfer auch Recht. Mit anderen Worten: Jeder Kriminalplot handelt auch von einer historischen Situation der Entzweiung, auf die mit einer Anwendung oder Modifikation oder Schaffung von Recht geantwortet wird, und wenn das geschriebene Recht nicht ausreicht, was es eher selten tut, dann nimmt der Detektiv oder Polizist die Gerechtigkeit in die eigenen Hände oder läßt sich zumindest von einem nur einerseits gnädigen Schicksal dabei helfen.

Mit dem Modell haben wir so etwas wie eine innere Topographie, mit der wir im Grunde alle Figuren und Beziehungen in einem Kriminalplot konstruieren oder analysieren können. Auf welche Art wir die Beziehungen verfolgen, das wiederum wird uns vorgeben, welches Genre, welche Helden, welche emotionale Grundstimmung gewählt sind.

Um aber diese innere Topographie – die ja so ähnlich in jeder Erzählung funktioniert, in der es um Verbrechen geht, also auch in einem Western oder in einem Melodram – in einen Kriminalplot zu verwandeln, müssen noch einige Elemente zusätzlich definiert werden. Dazu gehört zum einen die Bewegung der Erzählung. So wie sie in der Bibel erzählt wird, ist die Geschichte von Kain und Abel noch keine Kriminalhandlung, denn diese setzt als zweite Grundausstattung neben der inneren Topographie signifikante Verschiebungen von Informationen beim Text wie beim Bild voraus. In der biblischen Erzählung erfahren wir eben genau das, was geschieht, wir haben dieselben Informationen, die der Text liefert, die seine Protagonisten erhalten und die in den Bildern stecken, die der Text in uns evoziert. Im Kino können wir diese Erzählweise als »episch« bezeichnen, und am verbreitetsten ist sie im Western (was nicht heißen soll, dieses Genre müßte auf die Konstruktion von Kriminalplots ganz verzichten).

Man könnte die Geschichte aber auch auf eine ganz andere Weise erzählen, etwa in einer Umkehrung der Information. Die Leiche von Kain wird gefunden. War es ein Unglücksfall oder ein Verbrechen? Wer kann ihn erschlagen haben? Und warum hat er das getan? So werden die Spuren gesichert, die Beteiligten werden Verhören unterzogen, Kombinationen aus beidem werden unternommen. Aber um die Geschichte auf diese Weise erzählen zu können, muß eine Reihe von zivilisatorischen (oder auch weniger zivilisatorischen) Schritten unternommen werden. Jemand muß auf die Idee gekommen sein, und zwar innerhalb wie außerhalb des Textes, als sein Protagonist und als sein Autor, daß es noch etwas anderes als eine allgemeingül-

tige objektive Wahrnehmung gibt, daß das, was ich sehe, nicht unbedingt die Wahrheit sein muß, und daß ich erzählend nicht nur offenbaren, sondern auch verbergen kann. Und zum anderen muß es eine Instanz geben, die wiederum ein Interesse daran hat, das Verborgene zu offenbaren, und auch diese Instanz muß es sowohl innerhalb als auch außerhalb des Textes, als Protagonist wie als Leser, geben. Es stimmt daher also wohl beides: Der Kriminalplot ist so alt wie die Menschheitsgeschichte, und: Der Kriminalplot ist erst in der bürgerlichen Gesellschaft möglich. Genauer gesagt: Um zum Kriminalplot zu gelangen, benötige ich nicht nur die sündige Tat und das Element der Sühne dafür, sondern auch die Lüge, die die Tat verbirgt, und das Element der Erkenntnis der Lüge, das sowohl den Täter als auch seine gesamte Welt betrifft. Spätestens seit Edgar Allan Poe wissen wir, daß sich das Verräterische am besten im Offensichtlichen verbergen läßt, der größte Gangster ist der, der sich vom ehrbaren Bürger am wenigstens unterscheiden läßt. Die Meta-Botschaft des Kriminalplots ist es, daß die Welt, in der wir leben, ein Lügengeflecht ist.

Mit der Konstruktion der Kain-und-Abel-Geschichte vom Fund der Leiche her haben wir also das Modell des klassischen Whodunit, als jener Kriminalerzählung, deren roter Faden durch die Frage nach der Identität des Mörders gebildet wird. Das heißt: Der klassische Kriminalplot erzählt nicht in der mythischen Form des »Es war einmal und es wird immer sein«, sondern er betont die Zeitachse der Erzählung, indem er sozusagen in die Vergangenheit hinein erzählt; er ist Rekonstruktion des Vergangenen in der Gegenwart und damit vielleicht so etwas wie eine Parodie dessen, was wir Bewußtsein nennen, eine mehr oder weniger unterhaltsame Imitation wissenschaftlichen Denkens.

Aber ganz analog kann der Kriminalplot auch in die Zukunft hinein erzählen. Vielleicht kennen wir, um bei unserem Beispiel zu bleiben, den Mörder auch schon – um die Wahrheit zu sagen, waren zur Zeit unseres Beispiels ganz einfach nur drei Menschen als Täter zu verdächtigen, nämlich die beiden ersten Menschen, Adam und Eva, und ihr überlebender Sohn, Kain. Dann aber ginge es, wie zu unserer Zeit in einem *Columbo*-Krimi, darum, ihm die Tat nachzuweisen, indem man sie in eine lückenlose Kette innerer und äußerer Ursachen und Wirkungen stellt, also in der Offenlegung der Motive und in der Rekonstruktion des Tathergangs, also ein Howcatchem, ein Krimiplot, dessen Hauptspannung darin liegt, ob und wie der Täter entlarvt wird. Sowohl beim Whodunit als auch beim Howcatchem ist die Behandlung der Tat eine Form der nachträglichen Rationalisierung. Was den Kriminalplot anbelangt, könnte man sagen: Auf das furchtbare, chaotisierende, schockierende Bild einer menschlichen Leiche folgt ein eher gemächlicher, ordnender, beruhigender Vorgang der Reflexion. Anders gesagt: Auf das heftige Bild, dem Eindruck auf der Ebene des visuellen Codes, folgt der logische Text, das Reglementieren auf der Ebene des linearen Codes. Im Grunde ist also der traditionelle Kriminalplot nichts anderes als eine in kleine, Spannung und Entspannung dosierende Portionen zerlegte Version der Zivilisationsmetapher vom Sieg der Sprache über das Bild, des Logos über die Vision oder, metaphysisch gesprochen, der Sieg der Ordnung über das Chaos.

Der traditionelle angelsächsische Kriminalroman hat sich stets seine Verwandtschaft mit der intellektuellen Denkaufgabe zugute gehalten; er wird daher auch gern als Problemroman bezeichnet, weil ein »Problem«, in der Regel ein unaufgeklärter Mord, von einem emotional unbeteiligten Detektiv allein aufgrund seiner logischen Schlußfolgerungen gelöst wird. Der prototypische Held dieses Problemromans ist der Armchair Detective, also jener Detektiv, der zur Lösung seines Falles eher selten seinen bequemen Sessel am Kaminfeuer verläßt. Und dieser Detektiv befindet sich in gewisser Weise in einem sportlichen Wettkampf mit dem Leser, denn alle Hinweise auf die Lösung des Falles, die dem Detektiv zur Überführung des Täters dienen, sind, wenn auch hier und dort verborgen, irgendwo im Text vorhanden. Diese Konstruktion des Plots, in der es ganz buchstäblich um den Sieg des Textes über die Aktion, um einen Vorgang lust- und ein wenig auch angstbesetzter Abstraktion geht, ist nicht nur eher unfilmisch, sie ist vielmehr antifilmisch – nicht nur in der beliebten Form des *Closed Room Mystery* (im Gegensatz zum *Locked Room Mystery*, wo der Mord in einem scheinbar hermetisch abgeschlossenen Zimmer geschieht). In einer Ge-

meinschaft von Menschen an einem abgeschlossenen Ort wird einer von ihnen zum Mörder und muß in dieser klaustrophoben Situation überführt werden. Detektivfilme haben also seit ihrer Entstehung gegen die Regeln dieser Gattung verstoßen, ja verstoßen müssen, indem sie immer wieder dem visuellen Code zu ihrem Recht verhalfen und sozusagen heimlich Denkvorgänge wieder in Aktionen übersetzt haben. Liebhaber des klassischen Detektivromans mögen im allgemeinen Filmversionen ihrer Lektüre nicht, sie stehen dem Visuellen, wen wundert es, überhaupt skeptisch gegenüber.

Um den Detektiv überhaupt in eine filmische Konzeption zu bringen, griff das Genre des Detektivfilms, das in den frühen dreißiger Jahren mit dem Beginn des Tonfilms seine erste Blüte erlebte, zu einer Reihe von Tricks:

• Die Figur des Detektives, die im klassischen Kriminalroman nur einer mit ein paar Schrullen besetzter Chiffre der kriminalistischen Logik selber diente, wurde interessanter gemacht, erhielt Starappeal oder eine interessantere innere Biographie;

• die Filmdetektive traten vor allem in Serien auf, für die die Wiederkehr immer gleicher Standardsituationen bezeichnend ist – so verliert die Standardsituation im Genre ihren Schrecken und wirkt schon durch kleine Variationen;

• mangelnde Aktionen durch die Hauptfiguren selber werden durch Sidekicks, komische oder sportliche Nebenfiguren, ausgeglichen, die sich an der Stelle der Protagonisten auch in filmüblichen Auseinandersetzungen wie dramatischen Verfolgungen, Schießereien, Verstecken herumtreiben;

• der ganz in der Manier eines *Closed Room Mystery* überführte Täter unternimmt im Augenblick seiner Enttarnung stets noch einen dramatischen Fluchtversuch, wobei er vor Geiselnahme nicht zurückschreckt. In der Regel kostet es ihm das Leben und bringt uns die eine oder andere Außenaufnahme;

• das schlimmste Sakrileg gegenüber der literarischen Vorlage schließlich begeht der Detektivfilm, wenn er Elemente des Humors, gar der Selbstironie miteinbezieht, und die Regeln, die aus der Literatur stammen und die der Film gar nicht erfüllen kann, ausgerechnet in die Ideologie der Bösewichte spiegeln, die von Dick Tracy bis Batman gerade deshalb besiegt werden können, weil sie sich so manisch an die Regeln halten;

• die notwendige visuelle und mythische Faszination, die der Protagonist des Detektivplots nicht haben kann, wird den Schurken und Nebenschurken übertragen, mit dem gelegentlichen, unerwünschten Nebeneffekt, daß sie klammheimlich zu den wahren Helden des Geschehens werden;

• der Schauplatz, der im literarischen Whodunit nur funktionalen Charakter hat, wird im filmischen Pendant zur eigenen Attraktion ausgebaut; in den Hercule-Poirot-Filmen mit Peter Ustinov etwa spielt neben dem Großaufgebot der Stars und der Nostalgie der Ausstattung der exotische Schauplatz schon eine Hauptrolle, während der Fall selber im wesentlichen eher peripher ist.

Im Grunde bestehen die meisten Kriminalserien des Fernsehens nach wie vor aus solchen mehr oder weniger geglückten Versuchen, die literarische Konstruktion des Whodunit mit filmischen Mitteln attraktiver zu machen. In der Regel lassen auch sie den Text in Form des Dialoges über den visuellen Code siegen. Wir sehen eine attraktive Leiche, und dann wird etwa eine Stunde lang vor allem geredet.

Hercule Poirot

Der Kriminalplot von Literatur und Film kam zur Kongruenz eigentlich erst in den hardboiled-Romanen der amerikanischen Handlungsliteratur und ihren filmischen Varianten. Hier war nicht nur der Armchair Detective durch einen Mann der Tat ersetzt, die Schlußfolgerung durch ein manchmal ausgesprochen brutales Spiel von *Trail and Error*, Verkleidungen und Intrigen, sondern auch das Sichtbare wieder ins Recht gerückt. Die Beantwortung der Whodunit-Frage war dabei nicht mehr das Ende des Plots, sondern trieb ihn in der Regel nur um eine Umdrehung weiter; zwischen den Täter und den Meta-Täter traten nun eine Reihe von Zwischeninstanzen, die Spur des individuellen Eifersuchtsmörders führte ins organisierte Verbrechen und von dort in die Politik und in die Strukturen der ökonomischen Herrschaft. Und der Detektiv hat nicht mehr die geringste Chance, seinen distanzierten Beobachterblick zu bewahren, er ist Jäger und Gejagter zugleich, und in dieser Funktion ist er immer wieder auch Täter und Opfer.

Entscheidend ist dabei unter anderem, daß der Schauplatz von der exotischen Bühne zu einer inneren Landschaft der Befindlichkeit wurde; von der ebenso bedrohlichen wie synthetischen Stadt im *film noir* führte der Weg zu Filmen, die neben ihrem kriminalistischen Plot verstanden, Porträts von Städten zu liefern. Der kriminalistische Plot muß nun nicht einmal mehr der eigentliche Inhalt, das Ziel der Erzählung, sein, sondern eher durch eine soziale Architektur, durch einen moralischen Abgrund, sogar in die Seelen von Detektiven, von Tätern und von Opfern zu führen imstande sein. Das heißt, die Frage des Whodunit wird in der Entwicklung des Genres immer mehr vom linearen auf den visuellen Code verlagert.

Die Geschichte von Kain und Abel kann aber nicht nur in der erwähnten

Form des Rationalismus erzählt werden, also beginnend mit dem Fund der Leiche und endend mit der Überführung des Täters, zu der sich nun allerlei visueller Schnickschnack ausdenken läßt, sondern auch in der genauen Umkehrung des Informationsdefizits beim Whodunit. Wie wäre es, wenn die Story nicht mit einem Mangel an Information, sondern mit einem Zuviel an Information begänne? Wir sehen den armen Abel, wie er nichtsahnend an seinem Opferfeuerchen sitzt, und wie sich Kain ihm nähert. Während Abel sich noch über den Besuch des Bruders freut, ihm womöglich arglos einen Platz am Feuer anbietet, sehen wir, was dieser ruchlos vor ihm verbirgt, nämlich die Keule, mit der er seinem Bruder gleich darauf den Schädel einschlagen wird. Und schlimmer kommt es noch, wenn sich der schurkische Täter zur Flucht wendet, denn indem wir ihn flüchten sehen, können wir gar nicht umhin, uns zu einem Teil mit ihm zu identifizieren, und wir haben Gottes Stimme vernommen – aber nicht Kain –, die sein Schicksal besiegelt, sein Verfolgtsein auf der ganzen Welt. Ganz offensichtlich würde mit dieser Konstruktion der Story etwas erzeugt, was wir als Thrill oder als Suspense bezeichnen können. Hitchcock hat ja als Modell für Suspense die Szene definiert, in der ein Mensch zu sehen ist, der auf einem Kanapee sitzt, unter dem eine Bombe tickt. Eine simple Action-Szene, wenn der Betreffende von dieser Bombe weiß, purer Suspense, wenn er es nicht weiß, aber wir genau darüber informiert sind, daß sie in drei Minuten losgehen wird.

Im Fall des Rationalismus also eilen wir der Information des Protagonisten sozusagen hinterher, im Fall des Suspense können wir umgekehrt nur inständig hoffen, den Protagonisten möge unsere Information erreichen. Und wenn der Suspense im Genre des Thrillers zum eigentlichen Inhalt, zum Erzählziel wird, dann heißt dies, der Sieg des Textes über das Bild im klassischen Kriminalplot wird umgekehrt, das Bild setzt den Text außer Kraft.

Im Kriminalplot konstruiert der Held die Ordnung der inneren Topographie, wie wir sie am Anfang kennengelernt haben, im Thrillerplot dagegen wird er in sie hineingezogen. Zum einen geht es im Thriller ganz einfach darum, daß jemand, dem wir Sympathie und Identifikation nicht ganz verweigern möchten, in eine tödliche, für ihn selbst nicht vollkommen durchschaubare Gefahr gerät. Da haben wir eine sehr deutliche Unterscheidung zum Western wie zum Gangsterfilm: In diesen Genres geht es um die Auseinandersetzung zwischen Menschen, die einander sehr genau kennen und die diese Auseinandersetzung nach einem verbindlichen Kodex regeln. Das heißt nicht, daß es im Western und im Gangsterfilm keine Thrill-Elemente gäbe – schließlich gibt es ja immer Leute, die sich nicht an die Regeln halten –, aber sie erhalten keine zentrale Bedeutung, schon weil dadurch sowohl der Erzählrhythmus als auch die Mythologie des Genres gefährdet wären.

Damit wir die Gefahr überhaupt empfinden, in der sich der Held oder die Heldin eines Thrillers befinden, müssen wir mehr wissen als diese selbst. Aber unser Informationsvorsprung darf auch nicht so groß sein wie in einem Howcatchem-Columbo-Krimi, wo uns nicht die Suche nach dem Täter, sondern die Technik seiner Entlarvung interessiert. Diese Differenz der Information unterscheidet sich in mehrerer Hinsicht von Informationsdifferenzen etwa im Whodunit. Der klassische Filmdetektiv, den es vor und nach den schäbigen *Private Eyes* in der Schwarzen Serie gibt, weiß immer ein bißchen mehr als der Zuschauer. Was in den Detektivromanen im Text versteckt ist, nämlich eindeutige und rationale Hinweise auf Täter und Motiv, das ist im Detektivfilm im Bild zugleich vorhanden und versteckt. Selbst die Besetzung einer Rolle mit diesem oder jenem Schauspieler, denken wir an das Typenreservoir der deutschen Wallace-Filme, ist ein Spiel mit der Enträtselung. Thrill dagegen bedeutet mehr zu wissen als der Protagonist; so ist es durchaus möglich, aus beidem eine Ideologie zu gewinnen: Der männliche Held in einem Wallace-Film ist der, der mehr weiß als der Zuschauer, die Frau, die er zu beschützen und früher oder später zu heiraten hat, weiß dagegen immer weniger als der Zuschauer. Anders gesagt: Der männliche Protagonist verhält sich wie in einem Detektivfilm, der weibliche dagegen wie in einem Thriller. Und noch einmal anders gesagt: Der Wallace-Film bekämpft das chaotisierte Bild der Weiblichkeit mit dem männlichen Text.

»Inspector Columbo«

Wir können aus alledem ein kleines Modell der Erzählhaltungen entwickeln:

- das Epische: Ich weiß genausoviel wie der Protagonist auf der Leinwand;
- der Rationalismus: Ich weiß weniger als der Protagonist, hätte aber, wenn der Film fair mit mir umgeht und ich aufmerksam bin, genausoviel wissen können;
- das Phantastische: Ich weiß genausowenig wie der Protagonist und werde vom Einbruch des Phantastischen genauso überrascht wie er;
- und schließlich der Thrill: Ich weiß mehr als der Protagonist, aber zu wenig, um seine Situation zu rationalisieren.

Thrill entsteht aber nicht nur durch meinen Vorsprung von Wissen im

Augenblick der Gefahr für den Helden oder die Heldin, sondern auch durch meinen Mangel an Wissen, nämlich dann, wenn ich meine Sympathie und meine Identifikation bereits vergeben habe und schließlich in Zweifel über die Integrität meines Helden geführt werde. In *Shadow of a Doubt* weiß ich vor Teresa Wright und ihrer Familie, daß Joseph Cotton ein Mörder ist, und Teresa Wright ahnt und weiß es dann, bevor es die anderen wissen. In *Notorious* weiß ich, daß Ingrid Bergman in Gefahr ist und außerdem moralisch o. k., aber ich sehe, wie Cary Grant das nicht weiß, und daß es gar den Anschein hat, daß er es nicht wissen will. So entsteht sozusagen auch Thrill zweiten Grades, eine Wissensdifferenz zwischen mir und der Leinwand über eine Wissensdifferenz auf dieser Leinwand selber. In *Suspicion* weiß ich, daß Joan Fontaine ihren Mann, Cary Grant, für einen Mörder hält, und sehe, wie die Indizien für diese Annahme sprechen, ich habe aber weder filmische Evidenz für die eine noch für die andere Möglichkeit – weshalb es im übrigen ziemlich gleichgültig für meine emotionale Beteiligung ist, welche Lösung der Film am Ende anbietet. Denn im Thriller ist eben nicht die Frage »War er's oder war er's nicht?« von Bedeutung, sondern die Reibung von Identifikation und Wissen.

Man könnte also sagen, daß im Horrorfilm das Empfinden über das Wissen siegt (das Dämonische ist deswegen auf seine filmische Art »wahr«, weil es so eindeutig den Ängsten der Protagonisten entspricht) und im Detektivfilm das Wissen über das Empfinden (am Ende ist alles auf Intrige, Inszenierung und Interesse reduziert), im Thriller aber Empfinden und Wissen ein unentschiedenes Rennen gegeneinander ausführen. Da wir im traditionellen Gangsterfilm das Wissen mit dem Helden teilen, ist er in der Regel einem Western verwandter als einem Kriminalplot, während umgekehrt der Polizist in seinem Genre in der Regel schon von Anfang an im Kampf um ein Wissen, und meistens damit verbunden seiner Rehabilitierung, gezeigt wird, das ihm von seiner Referenzgröße, seinem Apparat, aber auch der Politik, die ihrerseits wiederum Meta-Täter und Meta-Opfer zugleich ist, spürbar vorenthalten wird. Der Gangster zettelt eine Intrige an, deren Opfer er früher oder später werden muß; der Polizist revoltiert in einer Intrige, von der er früher oder später erkennen muß, daß sie eine Nummer zu groß für ihn ist, weil die Intrige die ganze Gesellschaft erfaßt hat. Bemerkenswerterweise also haben Polizist und Gangster dieselben Meta-Täter, nämlich die bürgerliche Gesellschaft, und nicht nur deshalb sind sie einander innerlich verwandter als

etwa der Polizist und der Detektiv, die sich freilich wiederum in der Methodik annähern mögen.

Schließlich könnte man sagen, daß etwa der Western, aber auch der Gangsterfilm einen Gründungsmythos beschreiben, der Detektivfilm einen konservativen Impuls, der Thriller aber eine Krise. Was zur Disposition steht, ist in der Regel das, was man die bürgerliche Identität nennt, also etwas, das die Westernhelden und Gangster noch gar nicht errungen haben, und etwas, über das sich die Abenteurer und Weltraumfahrer schon hinweggehoben haben. Ein Thriller beschreibt sozusagen in einem Impuls von Lust und Angst zugleich die Auflösung einer bürgerlichen Biographie – nur ein paar Beispiele:

1. als Verdoppelung: Ein Mensch hat einen Zwilling, einen brüderlichen oder schwesterlichen Schatten, einen Menschen, der seine Form annimmt, der ihm einen Teil seiner Biographie raubt, ihn unter falschen Verdacht geraten läßt und ihm doch – anders als im Zwillingsmotiv des Horrorgenres – innerlich fremd bleibt;

2. als Verlust der Vergangenheit: Ein Mensch wacht aus irgendeinem tiefen Schlaf auf und weiß nicht mehr, wer er ist, andere Menschen bieten ihm eine Legende an, die er als seine Biographie annimmt, bis sich die Hinweise mehren, daß sie gefälscht ist;

3. als Verlust des sozialen Ortes: Ein Mensch wird von seiner Familie, von seinem Arbeitsplatz, aus seinem Land und aus seiner Kultur vertrieben und ist auf einer beständigen Flucht, zugleich auf der Suche nach Beweisen für seine verlorene Integrität;

4. als Anklage: Ein Mensch gerät unter falschen Verdacht, sieht aber vor seinen Augen alle Beweise für seine Unschuld verschwinden;

5. als Beziehungsfalle, nicht zuletzt im Subgenre des Romantic Thriller: Ein Mensch heiratet einen anderen und muß feststellen, daß dies ganz und gar nicht der ist, für den er sich ausgegeben hat;

6. Thrill – das bedeutet also die letzte Steigerung des Kriminalplots: die Internalisierung des Verbrechens, der Zuschauer selbst wird Meta-Opfer und Meta-Täter.

Auch die topographische Konstruktion des Helden unterscheidet sich in den einzelnen Genres. Ein Held oder eine Heldin ist in der Regel jemand, der in einer bestimmten Zeit eine bestimmte Strecke zurücklegen oder ein bestimmtes Territorium verteidigen muß, dabei eine bestimmte Anzahl von Prüfungen überstehen und eine bestimmte Anzahl von Feinden bezwingen muß. Thrill entsteht unter anderem dann, wenn die einzelnen Elemente der heroischen Topographie sozusagen im Reinzustand hervortreten. Wenn ich einen Film *Zwölf Uhr mittags* nenne, dann weiß ich, daß die Handlung auf einen Punkt zulaufen muß, erst langsam, dann immer schneller; eine

Lösung, so oder so, ist aber vorgegeben. Wenn ich einen Film *Nur 48 Stunden* nenne, dann weiß ich, daß ich die Helden von Anfang an unter Druck setze und die Möglichkeit der Lösung bis zuletzt offenbleibt.

Thrill, das bedeutet, daß sich Zeit und Raum verdichten. Während der epische Held einen langen Weg zurücklegen muß, sieht sich der Protagonist des Thrillers stets in immer engeren Räumen eingesperrt. Je enger der Raum, desto größer der Thrill, weshalb ein Aufzug oder ein Eisenbahn-Gepäckabteil ideale Thrillerräume sind. Umgekehrt aber kann auch die Weite zu einer phobischen Situation der Ausweglosigkeit führen; *The Lady Vanishes* zum Beispiel wirkt so heftig, weil beides etwa gleich schrecklich ist: die Enge der Eisenbahn, in der sich alles Verschwörerische zusammenzieht, und die Weite draußen, in der man nur verschwinden kann. Und noch allgemeiner ausgedrückt befindet sich der Held eines Thrillers stets ungefähr so sehr zur falschen Zeit am falschen Ort, wie sich der Held des klassischen Detektivfilms stets zur rechten Zeit am rechten Ort befindet. Dieses Am-falschen-Ort-Sein setzt nicht nur in ihm und in uns einen heftigen Adrenalinschub frei, sondern auch seine und die Phantasie des Films in Bewegung. Auch auf diese Weise wird schließlich Angst in Lust verwandelt, so wie im Detektivfilm Chaos in Ordnung verwandelt wird.

Szene aus »Eine Dame verschwindet«

Thrill kann man also auf zwei sehr unterschiedliche Arten, nämlich eine innere und eine äußere, konstruieren. Der Thrill, der von außen kommt, ist allgemein gesprochen eine Verknappung der Zeit, auf die die Protagonisten mit Beschleunigung reagieren müssen – und in einer Variante wie *Speed*, sozusagen der Prototyp des neuen äußeren Thrillers, verdichtet sich nicht nur die Zeit, sondern auch der Spielraum für Geschwindigkeit selbst. Ein innerer Thrill entsteht indes aus Mißverhältnissen von Wahrnehmung und Information. So ist zum Beispiel ein immer wieder aufgegriffenes Thrillerthema die Bedrohung eines blinden Menschen; aber natürlich können solche Wahrnehmungsdefizite auch künstlich erzeugt werden, durch Desinformation etwa. Schließlich ist das Gefühl selbst die Wahrnehmungsfalle; der Protagonist kann blind vor Liebe, genausogut aber auch blind vor Mißtrauen sein,denn anders als im Detektivfilm geht es im Thriller darum, daß zuwenig Skepsis ebenso gefährlich ist wie ein Übermaß an Mißtrauen. Und die letzte Konsequenz im Genre schließlich ist, daß das Wahrnehmungsdefizit nicht bloß die Außenwelt betrifft, sondern auch die eigene Person. Der Protagonist weiß nicht mehr, wer er ist, er verliert seine Person. Solche Thrill-Elemente können als Spurenelemente auch in anderen Genres eingesetzt werden. In dem Polizeifilm *Tight Rope* etwa ist Clint Eastwood ein Cop auf der Spur eines Mörders, aber dieser Mörder weiß offensichtlich so viel von ihm, ist ihm so ähnlich, daß der Held für einige Augenblicke selber nicht mehr ausschließt, mit dem Mörder auf irgendeine Art identisch zu sein.

Thrill bedeutet also:

a) die Veränderung der Parameter der Außenwelt bis an den Rand der Wahrnehmungsparameter des Protagonisten oder

b) die Veränderung der Wahrnehmungsparameter der Innenwelt der Protagonisten bis an den Rand der Wahrnehmbarkeit der Außenwelt.

Dabei steckt die Perspektive des Zuschauers immer sozusagen dazwischen: – Er weiß mehr als der Protagonist, kennt aber nicht die ganze Wahrheit; – er weiß, was er über einen der Protagonisten weiß, nur aus der Perspektive des andern Protagonisten; – er weiß nicht mehr als der Protagonist, wohl aber weiß er, daß der Protagonist Fehlinformationen oder Wahrnehmungstäuschungen unterliegt; – der Zuschauer weiß nicht, was der Protagonist weiß, ja, im Extremfall müßte der gar die Gegenwart des Zuschauers ahnen; der Protagonist kann seine Bewegungen auch so anlegen, daß er sozusagen bewußt den Zuschauer täuscht. Das heißt auch, daß ein Thriller den Zuschauer und die Zuschauerin mehr einbezieht als ein episches Filmgenre.

»Dirty Harry«

In einem Western sind alle Objekte Ausweis einer bestimmten Station des mythischen Zivilisationsprozesses. An der Form eines Hutes kann ich den Grad von Freiheit oder Verbürgerlichung einer Figur ebenso absehen, wie ich den Gebrauch der Waffe als Metapher der Kapitalisierung verstehen kann. Das Repetiergewehr, das den Indianern auf keinen Fall in die Hände fallen darf, ist Symbol der eigenen technologisch-ökonomischen Zukunft, in der die horizontale Codierung des Konfliktes aufgehoben ist. Im Detektivfilm ist das Objekt ein Hinweis, mein Scharfsinn soll die bedeutenden von

Alfred Hitchcock

den konventionellen Objekten unterscheiden: den Ring an der Hand der Toten, auf dem die Kamera für eine Sekunde länger verweilt, als beiläufig zu erwarten wäre. Das Melodram kennt das Objekt nur als Spiegelung der inneren Zustände, alles wird unter seinem Blick zum Symbol von Liebe oder Haß, der Ring steht für das Bild einer Liebesgeschichte. Im Thriller dagegen geht die wahre Gefahr vom Objekt aus. Sie sind das Normale, das aus den Fugen gerät, ein Messer ist ebenso bedrohlich wie ein Glas Milch, ja, eigentlich verwandelt sich im Thriller alles in eine Bedrohung, eine Abwandlung jener Bombe, von der Hitchcock spricht, und jeder Schauplatz erweist sich gerade da als bedrohlich, wo er seinem eigenen Klischee entspricht. Im Horrorfilm werden die Helden wie manisch von den Orten der Gefahr angezogen, sie hören einfach nicht auf, die Friedhöfe zu durchqueren, in die verwunschenen Häuser zu dringen, die verbotenen Türen zu öffnen. Im Thriller dagegen erscheint die Gefahr gerade dort, wo man sie am wenigsten erwartet, sie steigt aus den Bildern der Konvention, des Gewöhnlichen. In der Schweiz gibt es Schokolade, Berge und Uhren, und genau das wird dem Helden eines Thrillers, der in der Schweiz spielt, beinahe zum Verhängnis. Das eigene Heim des guten Bürgers wird im Thriller zur tödlichsten aller Fallen. Ein guter Thriller unternimmt alles andere, als Klischees zu vermeiden; er sprengt Klischees in die Luft oder vergiftet sie.

Was den Thriller zu einem so bemerkenswerten Genre macht, ist der Umstand, daß sein Gegenstand die Dekonstruktion dessen ist, was die bürgerliche Literatur und der Film als Sprache neben der Mythologie der jeweiligen Genres zum Ziel haben, den psychologischen Realismus, in dem sich die bürgerliche Person sozusagen erst versteht. Der Thriller beschreibt einen Zustand, in dem sich diese Person in der einen oder anderen Weise aufzulösen droht; das ist nur zum einen der Horror der bürgerlichen Gesellschaft schlechthin, zum anderen aber ist dieser Vorgang durchaus mit Lust besetzt, denn es steckt darin auch die Chance, das Gefängnis der Identität von innerer Biographie und äußerem Status zu verlassen. Das Erotische an Alfred Hitchcocks englischen Filmen ereignet sich, wenn ein Mann und ein Frau durch äußere Umstände gezwungen sind, ihre bürgerliche Existenz aufzugeben und auf der Flucht unterschiedliche Rollen zu spielen. Als in den achtziger Jahren der Yuppie zugleich Ideal und Schreckbild wurde, entstand eine ganze Reihe von Thrillern, die den Yuppie aus seiner Designerwohnung und seinem Großraumbüro auf die Straße, in die Ghettos oder ins Hillbillyland jagten, wo er seine so erfolgreich wie mühsam erworbene Identität gründlich verlieren durfte.

In Frage gestellt ist auch eine Einheit von Erzählung, Protagonist und Adressat. In einem Thriller kann die Perspektive der Erzählung eine andere sein als die des Helden oder der Heldin, und die wiederum kann sich von der unterscheiden, die der Zuschauer oder die Zuschauerin einnimmt. Einladungen zur Identifikation können sich als Fallen erweisen. Einen ganzen Film lang identifizieren wir uns mit einem Menschen, der sich schließlich als kranker Mörder erweist. Oder, noch schlimmer, die Grundkonstellation des Thrillers: Ein Mensch in Gefahr, die er nicht vollständig definieren kann, zwingt uns zumindest zu einer partiellen Identifikation mit einer Figur, die moralisch ganz und gar nicht akzeptabel ist. Fritz Langs *M – eine Stadt sucht einen Mörder* ist dafür ein grandioses Beispiel, vor allem auch, weil er eine Gegenidentifikation mit den Instanzen der Verfolgung verweigert.

Das heißt also, um ein Kriminalgenre zu definieren, kann nun ein ganzer Katalog an Parametern zusammengestellt werden, der für die Konstruktion des Drehbuches ebenso wie für die Analyse herangezogen werden kann:

1. Die Blick- und Bewegungsrichtung innerhalb der inneren Topographie der mythischen Darstellung von Verbrechen: • Perspektive des Opfers (Thriller), Perspektive des Täters (Gangsterfilm), Perspektive des Meta-Opfers (der Polizist als tragischer Held), Perspektive des Meta-Täters (melodramatischer Mafiafilm); die Bewegung von innen nach außen, von der Entwicklung des Motivs bis zur Tat (wie etwa im Psychokrimi), oder von außen nach innen, von der Entdeckung der Tat bis zur Entlarvung des Täters (Whodunitkrimi); • das Erleben des Verlustes von Identität, moralischer Gewißheit und Wahrnehmung (der subversive Kriminalplot) und das Erleben des Gewinns von Identität, moralischer Gewißheit und Wahrnehmung (der konservative Kriminalplot).

2. Die Definition von Helden und Schurken, wie zum Beispiel: • der unbeteiligte Rationalisierer und Profi (der sich freilich, wie Inspektor Derrick, schon einmal einen Stoßseufzer über die Schlechtigkeit der Welt im allgemeinen abringt); • der ambivalente Held zwischen Opfern und Tätern; • der zum Opfer oder Täter gemachte Held; • die *thrill seeking personality* (der geborene Held); • die *thrill fearing personality* (der Held wider Willen); • das Konzept des *Hero with Problems* (der Held, dem immer wieder Widersprüche in seinem Privatleben in seine Fälle spuken); • das Konzept des *Hero with a Handicap* (der Held im Rollstuhl, der blinde Held); • das Konzept des *Hero with Sidekicks* (der Held hat Helfer und Mitarbeiter, die ihm einerseits ergänzend zur Seite stehen, seine Schwächen ausgleichen, ihn andererseits aber

immer auch wieder behindern oder in Nebenprobleme verwickeln oder gar seine Position in der inneren Topographie des Verbrechens in Frage stellen, etwa wenn sie selbst in Verbrechen oder Korruption verwickelt sind), und nicht zuletzt: • der brave Bürger, der aus erlittener Unbill zur Waffe greift und sich den Bösewichtern statt einer machtlosen Polizei stellt und um so gründlicher das Geschäft des Aufräumens besorgt.

Schurken sind schließlich

• materielle Rationalisten, die teuflische Intrigen spinnen und Morde begehen, ausschließlich zum Zweck von Bereicherung oder Machtgewinn; • Bewohner einer in sich strukturierten Unterwelt wie der Gangster, der Berufskiller etc., die sich in einem Loyalitätsverhältnis zu ihrer Organisation befinden; • Opfer eines psychotischen Familien- und Erziehungsromans, die nur als Mörder gegen ihre Unterdrückung rebellieren können; • seelisch leere Serienmörder, deren absolut böses Verhalten sie an den Rand der Metaphysik bringt, als Vertreter des absolut Bösen; • Menschen, die durch eine Beziehungsfalle auf die Seite des Bösen gezogen werden, Opfer von anderen Menschen zwischen ihnen und den Meta-Tätern; • politische Verbrecher wie Agenten, Mitglieder von Verschwörungs- und Terroristengruppen, aber zum Beispiel auch kryptofaschistische Todesschwadronen in der Polizei selber, Ku-Klux-Klan-Gruppen; • gewöhnliche Straßenkriminelle, Junkies und Obdachlose, Zuhälter und Dealer, die durch einen Zufall in die Situation des Täters geraten; • als genaues Gegenteil der kalt-ästhetische Superverbrecher, der im Bösen weniger das Ziel und weniger die Befriedigung etwa sadistischer oder soziopathischer Impulse verwirklicht, als sich vielmehr am Ausmaß seiner Intrige und an der ästhetischen Form seiner Verbrechen selbst berauscht.

Szene aus »Blue Steel«

Die Wirkung der nun recht zahlreichen Möglichkeiten der Gegenüberstellung läßt sich steigern, wenn es eine innere Verwandtschaft zwischen Täter und Helden gibt, wie etwa in *No way to Treat a Lady*, wo der unter seiner tyrannischen Mutter leidende Polizist George Segal sich mit dem notorischen Frauenmörder Rod Steiger auseinandersetzen muß, der in ihm vermutlich nicht zufällig einen Geistesverwandten sieht, oder Jamie Lee Curtis als Polizistin in *Blue Steel*, die bei ihrem allerersten Einsatz gleich an das Schreckbild böser Männlichkeit gerät, dem sie in der Uniform zu entkommen sucht und dem sie dann doch zu verfallen scheint.

Umgekehrt entzünden sich Methoden und Absichten von Helden und Bösewichtern in den entsprechenden Kombinationen auch aneinander; daß es der so erfolgreiche wie in seinen Methoden umstrittene Polizist Dirty Harry nicht mit dem organisierten Verbrechen, sondern mit einem ebenso genialischen wie semiotisch-chaotischen Psychopathen zu tun hat, der ebenso Züge eines durchgeknallten linken Studenten wie Züge eines wahnsinnig gewordenen Vietnam-Heimkehrers trägt, bestätigt seine weder rechtsstaatlichen noch rationalistischen Methoden. Ganz offensichtlich also ist die Balance zwischen dem Helden und dem Täter nicht nur eine Voraussetzung für das dramaturgische Gelingen eines Kriminalplots, sondern definiert neben Bewegungsform und Bewegungsradius auch die ideologische Grundkonstruktion in der inneren Topographie. Während zum Beispiel die Macht des organisierten Verbrechens beim Polizisten in der Regel zur Resignation führt, löst das Auftreten des soziopathischen Killers einen Amoklauf bei ihm aus, weil er hier weiß, daß er einer Aufgabe gegenübersteht, die er zu Ende führen kann und wird.

Meine fünfzehn liebsten Kriminalfilme ❶ Double Indemnity (Billy Wilder) ❷ Psycho (Alfred Hitchcock) ❸ The Maltese Falcon (John Huston) ❹ Touch of Evil (Orson Welles) ❺ The Big Sleep (Howard Hawks) ❻ The Killing (Stanley Kubrick) ❼ Blue Steel (Katheryne Bigelow) ❽ Pulp Fiction (Quentin Tarantino) ❾ The Devil in Blue Dress (Carl Franklin) ❿ Tirez sur le pianiste (François Truffaut) ⓫ Little Caesar (Mervyn LeRoy) ⓬ Bloody Mama (Roger Corman) ⓭ GoodFellas (Martin Scorsese) ⓮ Salvatore Giuliano (Francesco Rosi) ⓯ Light Sleeper (Paul Schrader)

Der Sieg des Textes über das Bild im Rationalismus des Whodunit und der Sieg des Bildes über den Text im Suspense des Thrillers bilden schließlich die beiden Extreme der emotionalen Grundstimmung des Kriminalplots, zwischen einer sehr kalten und einer sehr heißen Erzählweise.

Das Whodunit tut alles, um die durch das Bild der Gewalt erzeugte Angst abzuwehren und einem rationalen oder mythischen Sinn (der Gerechtigkeit) zu unterwerfen, der Thriller tut alles, um die durch die Bilder der Gewalt erzeugte Angst in Lust umzuwandeln, in die Lust der Bewegung und in die Lust der Transgression: Die Gewalt, die dem Protagonisten des Thrillers als Opfer und als mutmaßlichem, früher oder später irgendwie auch tatsächlichem Täter widerfährt, führt dazu, daß er ein wenig von dem unternimmt, was der Mörder des Whodunit anstrebt, nämlich seinen sozialen, familiären und ökonomischen Ort zu verlassen, wenngleich zunächst in die umgekehrte Richtung, nämlich nach unten, seine gesellschaftliche, kulturelle, sogar rassische und nicht zuletzt erotische Identität zu verlieren, um an Orte der Freiheit zu gelangen, die er ohne das Einwirken der Gefahr und des Verbrechens auf seine Biographie nie erreicht hätte. Kain hat Abel gar nicht erschlagen, aber die Jahre seiner Verfolgung haben ihn zu einem anderen Menschen gemacht:

Das Objekt der Erzählung, das zum Subjekt wurde, revoltiert gegen den

Text. Welche Möglichkeiten bieten sich? Abel ist gar nicht tot, sondern hat sich nur verstellt. Nicht Kain, sondern Adam, vielleicht sogar Eva waren die Mörder. Oder, furchtbarster Gedanke: Gott ist der wahre Mörder. Damit aber hätte sich der kriminalististische Plot endgültig selber aufgehoben. Wenn nämlich das fundamentalistische Whodunit das rückwärts erzählte Märchen ist, dann ist der Thriller das nach rückwärts erzählte Whodunit. Das heißt: Er muß wieder an seine Ursprünge gelangen. So hat sich ein letzter Kreis um die Beziehung zwischen Täter, Motiv und Opfer geschlossen.

Verbrechen mit Esprit

Von Gisbert Haefs

In der deutschen Literatur ist das überall flüchtige Element *esprit* besonders rar. Das braucht uns nicht zu verwundern; die simple Tatsache, daß man gemeinhin nur das denken kann, was sich auch sagen läßt, und daß *esprit* ein Fremdwort ist, könnte einen schon wimmern lassen. Wenn wir uns an »Witz« als Entsprechung versuchen, stellen wir traurig fest, daß es da keine Chance gibt, einen Unterschied zwischen Voltaire und Klein-Erna zu machen.

Betrachtet man die Verwendung von *esprit* auch noch in einem ebenfalls fremden, importierten Gewerbe wie der Erzeugung und Lektüre von Krimis, mag einem zwar gruseln, man darf aber nicht verblüfft sein, daß in diesem unserem Lande Krimi irgendwas zwischen Edgar Wallace und Agatha Christie bedeutet, verfallen zu *Derrick* und verfeinert zum *Tatort* (sofern letzterer nicht wegen gelegentlicher Anfälle von Realismus abgelehnt wird).

Wenn es den »typischen« Krimileser bei uns gäbe und wenn man versuchte, seine Vorlieben zu ermitteln, käme man vermutlich auf die Idealfigur einer Person, die den Krimi als Gesellschaftsspiel liebt, mit festen Regeln und ohne störende Einflüsse aus der Wirklichkeit: Die kosmische Ordnung, gespiegelt in einer englischen (genauer: britischen) Pfarrhausbibliothek, wird durch eine Leiche besudelt, ein scharfsinniger Detektiv löst den Fall, und der Kosmos ist wieder heil. All dies unter Wahrung der Spielregeln, die S. S. van Dine, Dorothy Sayers und andere ausgeheckt und verbindlich gemacht haben. Die ErfinderInnen (Poe, Doyle, Leroux u. a.) hatten die Grundregeln vorgegeben; systematisiert wurden sie erst von den Diadochen (oder Epigonen), die das Spiel verfeinerten und sterilisierten. In anderen Ländern mag der Krimi Teil der normalen Gegenwartsliteratur sein und sich mit der Realität befassen, die chaotisch ist und in der Verbrechen keine kosmische Ausnahme, sondern »normal« sind; diese Krimis gibt es auch bei uns, übersetzt, wie von hiesigen AutorInnen gepflogen, aber sie haben nie den »typischen« deutschen Krimileser erreicht, der seine Insel der Ordnung in einem wirren Kosmos eisern verteidigen möchte.

Die feineren Unterschiede sind, wie esprit, Fremdwörter geblieben: detection, mystery, puzzle, thriller...

Eine eigentümlich deutsche, zum Glück weitestgehend obsolete Bastardvariante war der *Soziokrimi*, in dem der erigierte Zeigefinger einer gesellschaftlichen Moral (meist sozialdemokratischer bis sozialistischer Observanz) die Personen, die Dialoge und die Handlung des Textes finster überschattete: ein Gesellschaftsspiel der progressiven Art, in dem ein behauptheter progressiver Kosmos gegen atavistische bzw. reaktionäre Umtriebe zu verteidigen war. Dieser Variante fehlte (anders als der britischen Spielerei) jeglicher *esprit.* Meistens fehlte ihm auch jegliche Spannung, da man wußte, der Böse konnte nur eine der reaktionären Pappfiguren sein.

Spannung ist aber das, was angeblich jeder Krimi zuallererst zu liefern hat. Dazu müssen keine Blutströme fließen, keine Städte ausradiert werden – Krimis unterscheiden sich im Prinzip nicht von anderen literarischen Werken, auch nicht in den Mitteln zur Erzeugung jenes magischen Spannungsfelds, das dem Leser die Kollaboration mit dem/der AutorIn ermöglicht, die *willing suspension of disbelief,* wie Coleridge den poetischen Glauben definierte. Spannung, die nur aus dem Plot kommt, ist eindimensional; auch die Personen, Dialoge, Szenerien und ganz allgemein die Sprache müssen »spannen«, wenn es mehr als Schall und Rauch sein soll.

Für mich war immer die Verwendung von *esprit,* »Witz«, ein wesentliches Spannungselement. Ehe ich ein (vermutlich) atypischer Autor wurde, war ich ein sicher untypischer Leser, weil ich mich lieber von Personen mit Witz und einer Handlung mit *esprit* spannen ließ als von Leichenbergen. Und als ich zu schreiben begann, gab es Witz im deutschen Krimi noch weniger als in der deutschen »Hochliteratur«. Das hat sich geändert, den Musen sei Dank; inzwischen gibt es wunderbar groteske Polizisten in Bremen, schräge Privatdetektive im Ruhrpott, marodierende Gorillas in Ossiland, Ermittler mit scharfen Dialogen und Hautkrankheiten, nicht zu vergessen jene, die die Häupter ihrer Lieben zählt. Das soll keine Liste werden, da aufgenommene oder weggelassene Namen in jedem Fall die Schmähung »Kollegenlob/Kollegenschelte« verdienen; deshalb möchte ich einige Dinge, die mir als witzig im Kopf geblieben sind, lieber an importierten Werken als an heimischen aufzeigen.

Eine tabellarische Aufzählung der Möglichkeiten von *esprit* in Plot, Charakteren, Dialogen, Hintergründen, Struktur usw. wäre öde und zwangsläufig lückenhaft; ich hoffe, die ausgewählten Beispiele können jene Belesenheit und Vollständigkeit vorgaukeln, die uns allen theoretisch teuer und praktisch unbillig ist. Beginnen wir mit dem Besten, was ich kenne: »Sechs Aufgaben für Don Isidro Parodi« (in: *Mord nach Modell,* Fischer) von Jorge Luis Borges und Adolfo Bioy Casares. Die argentinischen Weltliteraten haben ihren Detektiv Parodi mit dem letztmöglichen Handicap eines Ermittlers ausgestattet: Er sitzt unschuldig in einer Zelle, die er nicht verlassen kann. Schräge Typen, jeder mit der eigenen, parodistisch überdrehten Sprache, besuchen ihn und tragen ihm ihre subjektiv (und sprachlich) entstellte Version eines Problems vor, und Parodi ist allein auf seinen Scharfsinn und seine Menschenkenntnis angewiesen. Der *parodi*stische Name und die zahllosen glänzenden Übertreibungen von Borges und Bioy lassen einen erst nach und nach begreifen, daß unter all dem ironischen Aufwand, unter all den literarischen Tricks und Feinheiten klassische, perfekte Meisterwerke der Detektiverzählung stecken, obwohl oder weil alles verdreht ist: Der inhaftierte Ermittler, bewußt banal gehalten im Vergleich zu seinen exorbitanten Klienten, scheint ebenso wie die Plots, die alle zunächst eine übernatürliche Lösung suggerieren, sämtliche Spielregeln zu brechen und wendet sie dabei wunderbar ironisch an. Hier ist *esprit* auf allen Ebenen, von der Struktur über die Figuren bis zu den Dialogen; wenn in der letzten der Erzählungen ein Chinese die Zelle betritt und sich so vorstellt: »Mein tadelnswerter Name ist Shu T'ung, und ich übe, zu einmütigem Hohn, das Amt des Kulturattachés der chinesischen Botschaft aus, dieser übelbeleumundeten und gesundheitsschädlichen Höhle«, dann weiß man, daß einem hier Banalitäten nach Art von »Es war wieder ein harter Tag für Kommissar Y.« erspart bleiben.

Ähnlich perfekt, ähnlich getreu den Spielregeln, dabei fast bizarr amüsant sind die Detektivromane des Briten Edmund Crispin. Sein Professor Gervase Fen ist nicht der einzige ermittelnde Akademiker in der britischen Krimitradition, aber kein anderer hat derart gut durchkomponierte Fälle mit derart skurrilem Personal und Nebeneffekten zu lösen. Crispins bemerkenswertestes Buch ist für mich *Der Mond bricht durch die Wolken*. Darin taucht der abgetrennte Kopf einer Leiche immer wieder an den unmöglichsten Stellen auf, ehrbare Ladies haben keine Hemmungen, eine abgerissene und bisweilen sprühende und zischende Stromleitung »Pisser« zu nennen, was zu subtilen Verwerfungen in gestelzten Dialogen führt, und wer bei den Ausführungen eines biederen Filmkomponisten über die Musik, mit der er in Westminster Abbey amoklaufende Dinosaurier garniert, nicht Bauchschmerzen vor Lachen kriegt, dem ist diesseits der Marx Brothers nicht zu helfen.

Daß *esprit* nicht barock-üppig sein muß, zeigen die lakonischen Romane des großen Ross Thomas, der in eine scharfgezeichnete Person und einen sarkastischen Dialog mehr Witz steckt als mancher Hochliterat in sein Lebenswerk. Nicht zu reden vom *esprit* der boshaft ausgeheckten Plots wie *Am Rand der Welt* (Ullstein), wo bis zum Schluß offenbleibt, wer schließlich wen aufs Kreuz legen wird, oder *Letzte Runde in Mac's Place* (Ullstein), wo die

Unauffindbarkeit der Memoiren eines Mannes, der Drecksarbeiten für die CIA erledigt hat, für ein teuflisches und blutiges Durcheinander sorgt – wohlgemerkt die Unauffindbarkeit, nicht das Manuskript selbst.

Ebenfalls mit Abwesenheit und Mangel (statt Überfluß, z. B. an Blut oder Indizien oder Leichen) und makaber-groteskem Witz geht Pierre Magnan in seinen bisher unübersetzten Provence-Krimis zu Werk, die zumeist in der ersten Jahrhunderthälfte im unwegsamen Hinterland spielen. Sein bizarrstes Buch, *Les charbonniers de la mort*, in Handlung, Durchführung und Charakteren beinahe düster, verdreht mit bösem Witz einen Wunschtraum zum Nachtmahr: Die Honoratioren der Provinzstadt wollen eine nette Orgie feiern; ein Köhler aus den Bergen liefert das überlieferte Aphrodisiakum, aber bei der Zubereitung hat man ein Ingrediens vergessen – jenes, das für ein Nachlassen der Wirkung, ein Abschwellen nach dem Aufschwellen sorgt. Und die hochehrbaren, hochkatholischen Provinzhonoratioren werden wahnsinnig, bringen einander (oder sich selbst) um, niemand weiß etwas, keiner darf reden, und der ermittelnde Beamte findet zunächst nur hermetische, vollkommen abstruse Rätsel.

Ein schräges Beispiel: *Hammerschläge* (Elster), ein Roman von Andreu Martín. Besonders witzig für Leute, die vom weiland Soziokrimi mit zuverlässig-guten Proletariern angeödet waren: Eine miese Ratte, asozialer Abschaum, der letzte Dreck von Barcelona, gewinnt in der Lotterie, kauft sich ein Domizil in einem feinen Viertel und sorgt durch seine Tätlichkeiten dafür, daß die edlen Nachbarn zu immer mieseren Mitteln greifen, je nobler er sich gebärdet. Martín läßt ihn derart gnadenlos vor die Hunde gehen, daß seine schiere Fallgeschwindigkeit für atemloses Lesen sorgt, mit wahnsinnigen Situationen, die *comic relief* bringen. Kein Mitleid, weder mit den Figuren noch mit dem Leser, aber unendlich viel böser Witz.

Eine ganz andere Form von Witz erfüllt die australischen Krimis von Arthur W. Upfield. Sein Protagonist (»Bony«) ist Detective Inspector und Abo-Mischling, der sich fast immer mit dem Fall und gleichzeitig mit den rassischen Vorurteilen der Umgebung befassen und oft inkognito arbeiten muß, z. B. als Farmarbeiter; Upfield verwendet auf diese Maskenspiele einiges an *esprit.* Manche Fälle sind herrlich verdreht, am schönsten vielleicht *Der streitbare Prophet* (Goldmann): Zwei alte Männer ziehen sich seit Jahrzehnten einmal pro Quartal zu gründlichem Saufen zurück, und da sie Erfahrung mit allen Schnäpsen haben, wissen sie, daß jeder Schnaps eine spezifische Sorte »weiße Mäuse« erzeugt (im Original *heebees* bzw. *heebeegeebees*; dem Übersetzer fielen dazu »Hujahs« ein, schon fast genial) – Teufelchen, die z. B. hinten an den Nackenhaaren ziehen, aber verschwinden, wenn man sich nach ihnen umdreht. Einer der alten Gentlemen stirbt beim jüngsten Gelage; der Überlebende behauptet, es müsse Gift im Spiel gewesen sein, denn zuletzt habe der andere gelacht und auf seine Zehen gezeigt, und Hujahs, die einen an den Füßen kitzeln, passen nicht zum konsumierten Schnaps. Der Mischling Bony ist der einzige mir bekannte Kriminalist, der so etwas als Hinweis auf ein mögliches Verbrechen ernst nehmen kann, ohne selbst albern zu wirken, und nur ein sehr gerissener Autor kann Personen, Hintergründe, Landschaft und Dialoge so zusammenfügen, daß alles zueinander paßt.

Witz in Plot, Struktur, Dramaturgie, Charakteren, Szenerie, Dialog, Haupt- und Nebensträngen, Motiven, in der Sprache des Erzählers (wie in Chandlers unvergleichlichen Vergleichen oder in den Argot-Orgien von *San Antonio*), in unentwirrbaren Hintergründen (wie bei den aus lauter schrägen Vögeln bestehenden *pied-noir*-Sippen in Jean Mazarins »Puntacavallo«-Romanen), am besten in allem zusammen (wie in den grotesken Farcen *Froschmaul, Hongkong Roadshow* [Rotbuch] etc. von William Marshall) – und bei all diesen beliebig zu vermehrenden Beispielen ist Witz kein überflüssiges Beiwerk, sondern Teil des Plots, und der Plot ist immer ein überzeugender Krimi. All das so hinzukriegen, daß dem kichernden Leser immer noch der poetische Glaube, *willing suspension of disbelief*, möglich ist, verlangt erheblich mehr Handwerkskunst, als der gewöhnliche Hochliterat in die Beschreibung des eigenen Nabels zu stecken pflegt.

Ja, dann gibt es natürlich die Forderung nach Realismus – der Kriminalroman habe die Gesellschaft abzubilden, der normale Polizeialltag sehe anders aus usw. Nun ist aber traditionelles fiktionales Erzählen die Darstellung von etwas, das sich in einer realistisch gezeichneten Umgebung ereignen *könnte*, nicht unbedingt von etwas, das jeden Tag überall passiert; der Alltag schottischer Fürsten sah sicher nicht pausenlos so aus wie in *Macbeth*, und die Menge deutscher Gelehrter, bei denen es immer zugeht wie im *Faust*, dürfte ebenfalls begrenzt sein. Was aus der Vielzahl beschreibbarer Delikte und ihrer Behandlung durch europäische Kripoleute »normal« ist, zwischen belgischen Kinderschändern und bosnischen Massenmördern, weiß ich nicht. Das hier soll ja auch keine Dogmatik sein; in den Regalen ist Platz genug für jede erdenkliche Art von Krimis. Von mir aus darf der »normale« Krimi ruhig einen normalen Kommissar bei der normalen Arbeit an einem normalen Verbrechen ganz normal und möglichst langweilig schildern; ich bitte mir nur aus, das Ergebnis nicht lesen zu müssen.

Die top eleven (alphabetisch): ❶ Lawrence Block: Viele Wege führen zu Mord ❷ Jorge Luis Borges & Adolfo Bioy Casares: Sechs Aufgaben für Don Isidro Parodi in: Mord nach Modell ❸ James Lee Burke: Black Cherry Blues ❹ Raymond Chandler: Der lange Abschied ❺ Edmund Crispin: Der Mond bricht durch die Wolken ❻ Jorge Ibargüengoitia: Zwei Verbrechen ❼ Juan Madrid: Der Schein trügt nicht ❽ Pierre Magnan: Les charbonniers de la mort ❾ William Marshall: The Faraway Man ❿ Ross Thomas: Umweg zur Hölle ⓫ Arthur W. Upfield: Ein glücklicher Zufall

KRIMIBAUKASTEN:
DIE SOZIOKRIMI-VARIANTE »SCHLAF NICHT MIT DEN SPEKULANTENKINDERN« (DEUTSCHLAND, AB 1968)

Nach -ky, Michael Molsner und Irene Rodrian

Erster Satz:

Ich wollte ihn nicht umbringen, bestimmt nicht. Aber dann ist alles anders gekommen. Trotzdem kann ich nichts dafür.

Was passiert:

Horst Mannschorek, Lokaljournalist mit Autoritätsproblemen, angestellt bei einer westdeutschen Großstadtzeitung, bekommt Beweise zugespielt, daß Max Messer, steinreicher und skrupelloser Immobilienspekulant und Vorsitzender der Mehrheitsfraktion im Stadtrat, eigenhändig eines seiner heruntergekommenen Mietshäuser abgefackelt hat, um die Bewohner loszuwerden. Bei seinen Recherchen zu dieser Story wird Mannschorek immer wieder von seinem Chefredakteur behindert, doch trotz aller widrigen Umstände stößt Mannschorek schließlich auf Maria P. (23), alleinerziehende Mutter, deren Lebensgefährte, ein arbeitsloser Lehrer, bei dem Brand ums Leben kam. Als Max Messer kurz darauf ermordet in den Trümmern des abgebrannten Hauses aufgefunden wird, hält Mannschorek, genau wie die Polizei, Maria P. für die Mörderin. Als Maria P. in die Redaktion kommt, um bei Mannschorek ihre Unschuld zu beteuern, ruft der Chefredakteur die Polizei. In Panik geraten, nimmt Maria P. den Chefredakteur als Geisel. Durch Marias Aussage und seine bisherigen Recherchen durchschaut Mannschorek jetzt alles: Der Chefredakteur war ein Parteifreund von Max Messer und hatte, über seine Frau, Anteile an Messers Firma. Er brachte Messer um, um sich dadurch in den Besitz der gesamten Geschäftsanteile zu bringen und Messers Stellung als Fraktionsvorsitzender einzunehmen. Gerade als das klargeworden ist, stürmt das herbeigerufene SEK die Redaktion, um den Chefredakteur zu befreien. Maria P. erschießt den Chefredakteur in Panik und wird von SEK-Kugeln getroffen. Sie stirbt im Krankenhaus. Desillusioniert bleibt Mannschorek zurück.

Letzter Satz:

Hinter den Dächern der Häuserzeile ging die Sonne auf.
Glutrot.

2.

ES GESCHAH IN DER BIBLIOTHEK

Zur Geschichte des Kriminalromans

Der alte Stänkerer Simeon Höllenfeuer, durch Gottes Gnade ohne direkte Nachkommen geblieben, tat schließlich das, was alle tun: Er legte sich hin und starb. Er teilte sein Geld ganz ungerecht unter seinen sieben Neffen und Nichten auf, aber er spielte ihnen einen allerletzten Streich. Er versteckte zwei äußerst wertvolle Briefmarken in seiner Bibliothek in einem der fünfzehntausend Bücher, die dort standen, und vermachte sie dem- oder derjenigen, der/die aus der folgenden rätselhaften Botschaft oder den Indizien erraten konnte, wo sie sich befanden. »Der Gewinner soll sich höllisch schnell davonmachen. Alle Flüchtlinge aus Haiti rufen nach dem Gold von Kalifornien.«

»Welch alberne Frisur, diese Glitzerlocken! Da will ich lieber einen Kopfschutz, dazu aber Minnas Verlobten ohne Zuhause. Denn dort, wo sich alle entzweien, kurz vor Ende des Kataraktes, wartet das Ziel eurer Wünsche.«

Wilbur Unisex warf einen Blick darauf und bemerkte: »Ach, wäre ich doch nur einer von Simeons Neffen! Man braucht doch nur ein Synonym für die Wörter oder Sätze zu finden. Nichts leichter als das!«

Leicht? Das finde ich nicht. Und Sie?

Glitzerlocken stehen für Schillerlocken, und »will Kopfschutz« bedeutete Willhelm. Minnas Verlobter ist zweifellos Major von Tellheim, doch da dessen Zuhause nicht gewünscht wird, bleibt es bei Tell. In »entzweiten sich« steckt »zwei« und »kurz vor Ende des Kataraktes« bezieht sich auf »Aktes«. Die Briefmarken steckten in Schillers Drama »Wilhelm Tell« kurz vor Ende des zweiten Aktes. Die zwölfjährige Imogen löste das Rätsel und gewann die Briefmarken. Früher hatte man sie für ein stumpfsinniges Gör gehalten, jetzt fand man sie genial.
Die zwei Briefmarken erzielten beim Verkauf 118000 Dollar und achtzehn Cents, nach Abzug aller Unkosten und Steuern. Imogen war ein gutерzogenes Kind und behielt für sich nur die 118000 Dollar, die achtzehn Cents spendete sie für wohltätige Zwecke.
Glitzerlocken = Schillerlocken = Schiller
Will Kopfschutz = Helm = Willhelm
Minnas Verlobter = Major von Tellheim,
ohne Zuhause = Tell kurz vor Ende des zweiten Aktes

Exlibris

Zwei oder drei Dinge, die wir über die englische Kriminalliteratur wissen sollten. Eine erhellende, unkritische Betrachtung

Von Maxim Jakubowski

Es gibt KennerInnen, die behaupten, daß die moderne englische Kriminalliteratur bis heute immer noch im Schatten des eindrucksvollen Erbes von Agatha Christie und der anderen beiden mächtigen Damen des Traditionskrimis, Dorothy L. Sayers und Margery Allingham, steht. Ngaio Marsh als geborene Neuseeländerin lasse ich hier tunlichst aus, obwohl sie aus Gründen historischer Genauigkeit bestimmt dazugerechnet werden müßte.

Die Vertreter dieser Theorie haben sowohl recht als auch unrecht. Einerseits beeinflussen die Regeln, Richtlinien und Vorschriften dieser kriminellen Dreieinigkeit immer noch viele AutorInnen der Gegenwart, und manch ein Archetyp des *Goldenen Zeitalters* läßt sich in den Büchern auch der jüngeren AutorInnen wiederfinden. Selbst amerikanische Autorinnen wie Martha Grimes oder Elizabeth George sind hiergegen nicht immun. Erst kürzlich sah sich Michael Dibdin, ein profilierter moderner Autor, bemüßigt, mit *Dying of the Light* (*Sterben in der Dämmerung*, Rowohlt) einen Roman zu schreiben, der sich ganz im Stil dieser Tradition bewegt – vielleicht als Stilübung oder als Exorzismus, um den Geist von Christie und Co. ein für allemal zu vertreiben. Aber selbst in diesem Roman war die Ironie eher gedämpft. Die beste Parodie dieser Art bleibt ein Theaterstück, kein Buch, nämlich das amüsante und witzige *The Real Inspector Hound* von Tom Stoppard.

Andererseits wird der erdrückenden Last der Krimitradition auf vielfältige Art Widerstand entgegengebracht. Im Lauf der Jahre wandelte sich das Krimimodell vom Landhaus, zu dem der Inspektor gerufen wird, der dann grübelt und den Fall löst, zu einer spezifischen Form des britischen Polizeikrimis, bei dem das Hauptgewicht auf der Charakterisierung der Detektivfigur liegt und der von ihm gesuchte Täter im Laufe der Jahre immer mehr an psychologischer Tiefe gewann. Der Inbegriff dieses Subgenres, das die gesamte britische Fernsehszene erobert zu haben scheint, findet sich in

Colin Dexters Inspector-Morse-Geschichten. Diesen »intelligenten« Polizeikrimis folgten allmählich grimmigere Formen des Polizeikrimis, in denen das gewalttätige Innenleben der britischen Gesellschaft in allen Abstufungen an Genauigkeit widergespiegelt wird – eine Vorgehensweise, die amerikanischen Kollegen schon seit langem geläufig ist. Die jüngere Autorengeneration strebt überdies nach jedweder Form von brutaler Wirklichkeit, und in den letzten Jahren sahen wir eine milde Renaissance des »Policier Noir«, als dessen Speerspitze und jüngster Sechzigjähriger des Genres der exzentrische Derek Raymond gilt.

Weibliche Detektive, psychologische Thriller, historische Krimis und andere Kategorien boomen alle gleichermaßen in der zeitgenössischen britischen Krimiszene, aber den entscheidenden Einschnitt an der Krimifront können wir auf keiner Landkarte, sondern nur instinktiv in den verschiedenen Abstufungen »erfühlen«: den Gegensatz zwischen der alten Tradition des Landhauskrimi und der Realität der Welt heutzutage.

Es wurden in der Vergangenheit immer wieder Argumente angeführt, daß der traditionelle Krimi, der »Cozy«, auch nicht das England der dreißiger Jahre widerspiegelt, sondern eine Phantasiewelt, die es niemals gab, ein mythisches Land der grünen Äcker, des imperialistischen Britanniens und einer antiquierten Klassengesellschaft. Mag sein. Dann ist es aber um so erstaunlicher, daß dieses künstliche Feld noch heute mit solcher Meisterschaft von vielen zeitgenössischen AutorInnen bestellt wird. Immer noch spielen ihre Krimis in einer Welt, die sich seither nicht um ein Jota verändert hat und absichtlich allen Kontakt mit der historischen und sozialen Wirklichkeit meidet. Dies ist die Domäne des ultrabritischen Cozys: die Miss-Seeton-Erzählungen von Heron Carvic (*Miss Seeton kann's nicht lassen*, Econ, *Miss Seetons erster Fall*, Econ), ihnen folgte für kurze Zeit James Melville als Hampton Charles (acht Titel bei Ullstein) und nach ihm Sarah J. Mason als Hamilton Crane, dann erschienen der Inbegriff des klassischen Landhauskrimis *The Killings at Badger's Drift* (*Das Rätsel von Badgers Drift*, Goldmann) und später die Barnaby-Romane von Caroline Graham, die satirisch überspitzten Abenteuer einer Gruppe von Rechtsanwaltsdetektiven von Sarah Caudwell *Adonis tot in Venedig* (DuMont) und ein Teil der Bücher von Robert Barnard (*Emilys Erbe*, Schoeffling) können ebenfalls dazugerechnet werden.

Diese hochbegabten KrimiautorInnen werden manchmal als die »Mayhem Parva School« bezeichnet. Für sie ist der Plot genauso wichtig wie der Humor und ihre mit leichter Hand gezeichneten Charaktere. Zwischen den Zeilen und Seiten spürt man das ironische Lächeln der SchriftstellerInnen auf sich gerichtet, die die Phantasie der Leser herausfordern, während er oder sie ein kompliziertes Netz aus Verdächtigen, falschen Fährten und verwirrenden Alibis webt. Ihre Bücher gleichen oft einem Spiel: Sie haben die klassischen Rezepturen von Christie/Sayers/Allingham weniger modernisiert, sondern haben die Methode entstaubt und mit einem glänzenden Überzug aus Humor und professionellem Geschick versehen.

Diese Klassizisten sind die Massenunterhalter, deren einziger Wunsch es ist, die Leser zu unterhalten. Manchmal genügt das.

Die bekanntesten unter ihnen sind (Reihenfolge zufällig) die bereits erwähnten Caroline Graham, Sarah Caudwell (beide von frustrierend geringer Produktivität) und ein großer Kreis von Cozy-ErzählerInnen wie Ann Granger, C. F. Roe (mit dem schottischen Arzt Dr. Jean Montrose), Ann Quinton, Catherine Aird (Cozy-Polizeikrimis in der erfundenen Grafschaft Calleshire), Marian Babson (eine seit Urzeiten in London lebende Amerikanerin, Bastei-Lübbe), Janet Laurence (bei Econ) (eine Unterhaltungsspezialistin mit oft äußerst appetitanregenden Gastronomiekrimis), M. C. Beaton (ebenfalls vor schottischer Kulisse), Pat Burden, June Thomson (bringt auch als falsche Sherlock-Holmes-Chronistin erfreuliche Ergebnisse), Kate Charles (ebenfalls eine Ex-Amerikanerin, deren Krimis alle in der anglikanischen Kirche spielen), Ann Cleeves (ihre Erfindung sind Krimis um Vogelbeobachter), Ruth Dudley-Edwards, Anthea Fraser, Barbara Whitehead, John Buxton Hilton, Elizabeth Ferrars, Marjorie Eccles, Clare Curzon, Gwen Moffat, Anna Clarke usw....

Natürlich ist das Etikettieren von SchriftstellerInnen eine gefährliche Verallgemeinerung und sollte vermieden werden. Die meisten von ihnen sind jedoch gerissen genug, um die Einschränkung durch solch künstliche Kategorien zu erkennen und zu merken, daß sie ihnen auch aus geschäftlichem Kalkül heraus aufgenötigt werden, und deshalb unternehmen sie ab und zu Ausflüge in andere Bereiche. Einige der eben erwähnten SchriftstellerInnen trifft man auch in

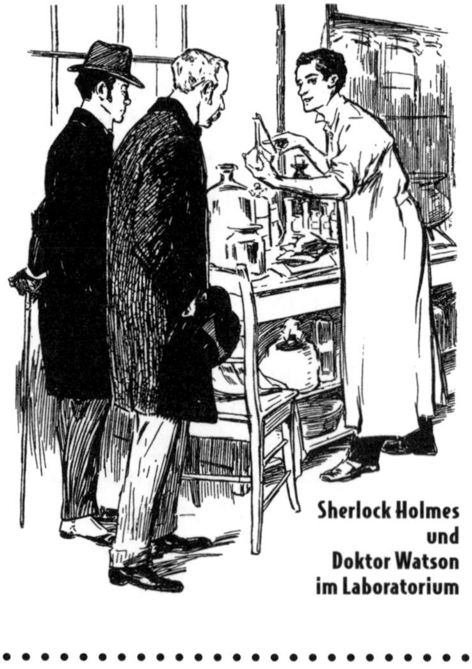

Sherlock Holmes und Doktor Watson im Laboratorium

manch anderen Subgenres an, deshalb sollten solche Klassifizierungen nicht allzu ernst genommen werden. Doch es ist äußerst unwahrscheinlich, daß sie im *Genre noir* wiedergefunden werden. Möglich wären jedoch der historische Krimi oder die Krimiromanze. Überraschungen sind jederzeit willkommen.

DIE MÄNNER BEI DER LÖSUNG DES FALLES

Jetzt bewegen wir uns von dem heldenhaften Amateurdetektiv des Goldenen Zeitalters zu den Helden unserer Tage: dem Polizisten und Profi, der die kriminalistischen Ermittlungen führt.

Während der amerikanische Polizeikrimi sich sehr um den Ort des Geschehens und seine Kulissen rankt, und die Stadt gleichsam wie ein Protagonist fungiert, wird das beim britischen Krimi nicht so betont. Andererseits setzen die AutorInnen ihren ganzen Stolz in die vielschichtige Charakterisierung, und viele ihrer erdachten Detektive sind wahre Juwelen an Menschlichkeit, Widersprüchen und überhaupt. Wo die Damen des Cozy vor den Altären von Christie und Konsorten ihre Verehrung darbringen, knien diese AutorInnen vor dem Altar von Conan Doyle, dem Erschaffer des Urdetektivs Sherlock Holmes. Oder in geringerem Ausmaß vor John Creasys heldenhaften Polizisten des Heftchenromans.

Dieser Bereich strotzt nur so von Talenten, es gibt einen festgelegten Verbrechenstyp und eine kriminalliterarische Bearbeitung, die dem britischen Fachmann sehr zusagen. Man könnte mit Fug und Recht behaupten, daß viele dieser Bücher die moderne Kriminalliteratur hervorragend repräsentieren. Eine ergänzungsbedürftige Liste der erwähnenswertesten: Peter Loveseys viktorianische Polizisten Cribb und Thackeray (*Ring frei für Sergeant Cribb*, Knaur) haben mittlerweile Platz gemacht für seine zeitgenössische Serie *Last Detective*, aber ohne an Pathos und Menschlichkeit verloren zu haben. Außerdem schreibt er an einer Serie mit Bertie, dem damaligen Prince of Wales, als Protagonisten (*Seine Hoheit der Detektiv*, Knaur, *Seine Hoheit und die sieben Leichen*, Knaur).

Sowohl Bill James als auch Peter Turnbull haben sich knurrige schottische Polizisten als Helden ausgedacht, die sehr an ihre amerikanischen Kollegen erinnern. Vielleicht hat das etwas mit der Freudlosigkeit von Schottland zu tun? Keith Wright hat bislang nur drei Romane herausgebracht, aber er hat sich schon unverkennbar als zukünftiges Talent zu erkennen gegeben. Er arbeitet bei der Polizei von Nottingham und ist somit einer der wenigen britischen AutorInnen mit eigener Berufserfahrung.

Ian Rankins schottischer Inspector Rebus ist einer der üblichen Außenseiter, der häufiger die Gesetze bricht als befolgt, doch der Schwung von Rankins flotter Scheibe ist ansteckend und weist ihn als künftigen Publikumsliebling aus. Was ist an Italien so Besonderes dran, daß drei bekannte englische AutorInnen sich italienische Polizisten als Protagonisten ihrer Serien aussuchten? Michael Dibdin macht in verschiedenen Romanen Inspector Aurelio Zen zum Helden seiner Romane (Goldmann), während Magdalen Nabb dem schwitzend hintrottenden Maresciallo Guarnaccia durch Florenz folgt (Diogenes) und Timothy Holme seinen Polizisten ebenfalls in dem Land der Spaghetti und des Chianti auf Spurensuche schickt (DuMont).

Obwohl er in Kanada lebt, kann Peter Robinson sein heimatliches Yorkshire nicht vergessen: Seine Serie um den mürrischen, aber einfühlsamen Inspector Banks nimmt langsam die Form eines größeren kriminalliterarischen Werks an (Rowohlt).

Die Veteranin Gwendoline Butler hat zwei Hauptfiguren. Unter ihrem eigenen Namen folgt sie den Unternehmungen von Coffin, während sie unter dem Pseudonym Jennie Melville die Polizeikommissarin Charmian Daniels erfand.

Bis zum Tod seines Autors Mark Hebden war Inspector Pel von der Pariser Sûreté die beste Lösung für die fehlenden Neuerscheinungen von Maigret-Romanen. Hebdens Tochter Julie führt inzwischen die Reihe fort.

Michael Pearce ist ebenfalls ein kriminalistischer Auswanderer. Inspector Van der Valk (inzwischen verblichen, doch die zuvor erschienenen Folgen erlauben einen gewissen Spielraum) löst seine Fälle in Holland und Kommissar Castang in Frankreich.

Reginald Hills Dalziel und Pascoe, zwei nur mühsam kompatible Polizeikommissare, arbeiten nun schon seit vielen Jahren und Romanen zusammen und erfreuen sich großer Beliebtheit. Vor kurzem hat Hill auch noch eine Privatdetektivserie gestartet.

Robert Richardsons Maltravers ist ein anderer weltmännischer, beharrlicher Ermittler der klassischen Prägung (*Bretter, die den Tod bedeuten*, Volk & Welt).

Polizisten, die ihre Fälle lösen, sind auch die Protagonisten von Roy Hart, Alan Schofield, John Brady, James McClure (die Serie um die Südafrikaner Kramer und Zondi), Peter Whalley, John Wainwright, Roger Ormerod, Jonathan Ross, Miles Tripp, Roy Lewis, Alan Hunter, Michael Kenyon etc....

Die eindrucksvolle Aufreihung von Detektiven reicht vom Mitglied der königlichen Familie (Peter Lovesey) bis zum witzelnden, hartnäckigen Dichter (Kenyons Peckover). Obwohl die meisten AutorInnen dieser dehnbaren Kategorie sich innerhalb realistischer Handlungsspielräume bewegen, fehlt es ihren Figuren an Härte, um zu den hardboiled-Detectives gezählt werden zu können. Doch es gibt auch noch völlig andere Schnüffler – Profis und Amateure –, die ganz entschieden zu den Detektiven mit weichem Herzen zählen – und damit soll nicht nur auf ihre Abenteuer mit dem anderen Geschlecht angespielt werden...

AMATEURE UND PROFESSIONELLE

Der vielleicht beste Vertreter der Softie-Helden ist Colin Dexters Inspector Morse, dessen Bezirk in Oxford zu den statistisch gesehen gefährlichsten von ganz England gehört, wenn man die regelmäßig um ihn herum anfallenden Leichen in Betracht zieht (Rowohlt)!

Der mürrische Biertrinker und Liebhaber von Kreuzworträtseln leidet oft unter der nicht erwiderten Zuneigung von schönen Verdächtigen und wurde mittlerweile zur unsterblichen Ikone des Fernsehens als beliebtester britischer Detektiv aller Zeiten seit Miss Marple – denn schließlich war Poirot ja ein Belgier, nicht wahr?

»Pater Brown« in »Das schwarze Schaf«

Andere Softies sind W. J. Burleys Polizist Wycliffe aus Cornwall (Scherz), R. D. Wingfields Inspector Frost (Goldmann), James Melvilles japanischer Kommissar Otami aus Osaka (Ullstein), Tim Healds Firmendetektiv Simon Bognor, David Williams' Banker Mak Treasure, H. R. F. Keatings indischer Inspector Ghote, Dorothy Simpsons Detective-Inspector Luke Thanet mit seinem kunterbunten Familienleben im Hintergrund, Robert Barnards selten in Erscheinung tretender Perry Trethowan, Staynes & Storeys Bone, die so verschiedenen Detektive der Ex-Amerikanerin Paula Gosling (DIE, Scherz und Rowohlt). Allesamt sind sie Softies, obwohl Sylvester Stallone über die Kinoleinwand flimmert...

All diese Detektive, ganz egal, ob Profis oder nicht, operieren in einer leicht stilisierten Welt, die nicht ganz das Britannien unserer Tage ist (mit einer Tochter an der Universität in Oxford kann ich Ihnen versichern, daß die Stadt längst nicht so gefährlich ist, wie man das aus Dexters Romanen entnehmen könnte).

Diese Sorte von Detektiven gehört wohl eher in den Bereich des Cozy als in den des Polizeikrimis. Doch vielen dieser AutorInnen gelingt es hervorragend, die Cozy-Tradition zu erneuern, sie vom Dorf und der abgedroschenen Landhauskulisse weg in die Stadt zu führen, ohne zu jäh in die Wirklichkeit zu platzen. Ein angenehmer Hauch an Vornehmheit umgibt all diese Verbrechen und untertourigen Jagden und Ermittlungen. Außerdem gibt es noch eine besondere Spielart von britischer Kriminalliteratur, wo detektivische Ermittlungen im Sportmilieu ein eigenes Subgenre bilden. Dick Francis und seine ungemein beliebten Pferderennenthriller gehören dazu. Detailreich, scheinbar zeitgemäß, doch in Wirklichkeit Abkömmlinge des Goldenen Zeitalters, sind Francis und seine Kollegen hervorragende Unterhalter mit einem beruhigenden Akzent. Wenn man etwas über Mord lesen und eine Menge über einen interessanten Lebensbereich lesen will, ohne deshalb von unangenehmeren Einzelheiten eingeholt zu werden, dann sind diese Romane das Richtige (Diogenes).

Als Gefolgsmann im weltweiten Erfolg von Dick Francis hat sich Ex-Jockey Mark Daniel als ein anderer Thrillerspezialist etabliert.

Und wenn Sie etwas über das Leben an Bord von Yachten auf hoher See mit einem gewissen Maß an Verbrechen oder Geheimnissen und Spannung lesen wollen, dann finden Sie das bei Sam Llewellyn. Golf? Schauen Sie nach bei Keith Miles (auch Martin Inigo). Botanik? John Sherwood (Scherz).

VIELE DAMEN DER HOCHSPANNUNG UND EIN EINZIGER MANN

Aber was ist mit den unangefochtenen Königinnen des Krimis: P. D. James und Ruth Rendell? Wo passen sie in die rätselhafte zehnteilige Landkarte, die ich skizziert habe?

Eins ist klar: Sie stammen von der Christie-Schule ab, abgewandelt durch einen gehörigen Touch an Psychologie und einen ernüchternden Ausblick auf die Wirklichkeit. Viele der Verfasserinnen der britischen Psycho-Hochspannungskrimis begannen als Erzählerinnen von schlichten Detektivgeschichten und wandten sich dann Psychokrimis voll feingezeichneter Charaktere und Atmosphäre zu, die höchst erfolgreich Aspekte des traditionellen Cozy mit dem Polizeikrimi (meistens Berufspolizisten anstelle von Amateurdetektiven), Detektivroman und dem Thriller mischen. Dies hat sich zu einem wahrhaft britischen Genre entwickelt, das sich von seinem amerikanischen Gegenstück mit dessen ständiger Demonstration von gefährdeten Kindern und Familien stark unterscheidet.

Obwohl sie Amerikanerin war (aber in Europa lebte), lieferte Patricia Highsmith in ihren besten Romanen äußerst gelungene Beispiele für diesen höchst erfolgreichen Zweig der Kriminalliteratur (Diogenes).

P. D. James (Rowohlt) hat selbstverständlich ihren dichtenden Adam Dagliesh und Ruth Rendell den Familienvater Wexford. Aber sie beschränken sich nicht auf Serien und meistens sind ihre abtrünnigen Romane die beeindruckendsten. Rendell teilt ihre Romane mittlerweile zwischen den mehr traditionellen Kriminalerzählungen der Ruth Rendell (Goldmann, Rowohlt) und den düstereren psychologischen Studien von Barbara Vine (Diogenes) ein.

Als relative Newcomerin hat die ehemalige Anwältin Frances Fyfield sich sehr rasch einen guten Ruf erworben. Sie verfolgt die bittersüßen Entwicklungen im Liebesleben ihrer Protagonisten, der Staatsanwältin Helen West und dem Detective Superintendent Geoffrey Bailey. Fyfield erforscht daneben auch die dunkleren Seiten des Lebens in eigenständigen Romanen unter ihrem richtigen Namen Frances Hegarty (Goldmann).

Immer noch unterschätzt wird die Altmeisterin dieses Genres, Margaret Yorke, die stets eiskalt die dunklen Seiten des ach so gemütlichen Familienlebens und der Verbrechen in feinen Kreisen sezierte. Schriftstellerinnen wie Celia Dale (Droemer), Celia Fremlin (Diogenes), Sheila Radley (Rowohlt) und Maureen Duffy schürfen ebenfalls in ähnlichem Territorium mit kaltblütiger Genauigkeit. Wer die Spannung bei der Aufdeckung eines Verbrechens und den intellektuellen Genuß bei der Lösung eines Rätsels sucht, kommt bei diesen Autorinnen vielleicht nicht so auf seine Kosten, aber sie alle bieten faszinierende Einblicke in die menschliche Natur. Auch wenn der soziale Hintergrund nur schwach angedeutet wird, so hat man doch den Eindruck, daß sie der Wahrheit sehr nahekommen, daß sie einen klaren Blick auf das Ausmaß menschlicher Schwächen in uns allen besitzen.

Auf der Grenzlinie zwischen Psychothriller und dem traditionellen Whodunit befindet sich Jill McGown, eine geschickte Zeichnerin vielschichtiger Charaktere, möglicherweise eines der vielversprechendsten Talente in dieser Truppe von Autorinnen, der es vielleicht beschieden ist, diese Literatur entscheidend zu beeinflussen.

Bisher hatten wir hier nur Damen – was ist mit den Herren? Genießen sie nicht die grausame Zerlegung von menschlichen Charakteren und die Verbiegungen der menschlichen Natur angesichts des Untergangs? Nur wenige betreten dieses Territorium, da sie das Genre des *Noir* im allgemeinen vorziehen, wo die Launen der menschlichen Seele besser unter dem Deckmantel von Gewalt und Wirklichkeit analysiert werden. Aber Michael Dibdin, mit einem Fuß im Whodunit und mit dem anderen im Polizeikrimi, ist darin der augenblickliche Meister mit Romanen wie *A Rich Full Death*, *Dirty Tricks* (*Schmutzige Tricks*, Econ) und *The Tryst*, die unter der glatten Decke des englischen Alltags wie geschickte Chirurgen die eitrigen Geschwüre aufspüren. Wie Dexter stammt er ebenfalls aus Oxford. Liegt es vielleicht am Trinkwasser?

FRISCHES BLUT

Gegen Ende der achtziger Jahre fand eine zunehmende Anzahl jüngerer britischer KriminalschriftstellerInnen, daß ihre Zeitgenossen nicht tief genug bohrten, und nach und nach hatte das einen wohltuenden Ausbruch von starken, hartgesottenen *Neonoir*-Texten zur Folge.

Der interessanteste Aspekt dieses Phänomens ist, daß er ohne merkliche Beeinflussung von zeitgenössischen amerikanischen Widerparten erfolgte (Leonard, Willeford, Parker). Ermutigt: ja, beeinflußt: nein.

Der englische Mainstream-Roman besaß seit jeher eine starke sozialrealistische Komponente, und viele dieser neu Dazugekommenen (von denen einige sich in der amorphen »französischen Blutgruppe« zusammentaten) folgten in Wahrheit dieser Tradition und relativierten den Realismus, indem sie ihm eine tüchtige Portion Kriminalrätsel beimischten. In dieser Hinsicht sind sie direkte Nachfahren von Dickens über die Wegbereiter Patrick Hamilton (*Cocktail für eine Leiche*, Video), John Lodwick, Gerald Kersh und andere düstere Londoner SchriftstellerInnen aus der Zeit direkt nach dem Krieg. Mit der Ausnahme einiger vereinzelter Versuche in den siebziger und achtziger Jahren durch Autoren wie G. F. Newman, Ted Lewis (die Carter-Romane: *Schwere Körperverletzung G. B. H.*, *Black Lizard*), Julian Barnes' (Dan Kavanaghs) bisexueller Duffy war den *Noir*-Romanen kein richtiger Erfolg beschieden, bis Derek Raymond (in Europa besser bekannt unter seinem richtigen Namen Robin Cook) seine Factory-Serie begann.

Mit ihrem namenlosen, stets pessimistischen Erzähler ist die Factory-Serie auf fünf Romane angewachsen (außerdem schrieb er noch *The Hidden Files*, der faszinierende Versuch einer Autobiographie und gleichzeitig eines *Noir*-Romans). Sie evoziert das düstere Panorama einer Hölle auf Erden, beleuchtet von Einfühlungsvermögen und Moralität, worin London fast zur Grube der Verzweiflung wird, beinahe wie ein Gemälde von Hieronymus Bosch. In Frankreich schon zu Kultbüchern geworden, zeichnet sich die Factory-Serie durch die gnadenlose Beobachtungsschärfe aus: Kriminalliteratur vom Feinsten – und zeigt schon erste Wirkung auf die jüngeren AutorInnen.

John Harveys Resnick-Serie vermischt den Provinzkrimi *(Schauplatz Nottingham)* mit hardboiled-Elementen und erreicht eine große Wirkung (Goldmann), während der schwarze britische Autor Mike Phillips einen schwarzen Amateurdetektiv in London und den Midlands agieren läßt. Beide Autoren schildern saftigen Gossenrealismus, den man bislang in der britischen Kriminalliteratur so nicht kannte.

Obwohl er seit einigen Jahren kein Buch mehr herausgebracht hat, erweisen sich die Jenner-Romane von John Milne als ein anderes seltenes Beispiel für knallharten britischen Realismus (*Schattenspiele*, *Tote Vögel*, Rotbuch), wohingegen Mark Timlin, ein produktiver, aber zwanghafter Südlondoner Spillane, in seinen Nick-Sharmen-Romanen Tempo und Dialoge in der Umgangssprache bietet (*Die Frau im Rollstuhl*, Rotbuch). Andere erwähnenswerte Neuzugänge sind die Computerjournalistin Denise Danks, deren vier Georgina-Powers-Abenteuer die Vielfalt der weiblichen Ermittler um eine neue Variante bereichern (in ihrem dritten Roman *Frame Grabber* [*Die Spiele des Computerkillers*, Econ] begnügt sie sich nicht mit der Einführung von Virtual-Reality-Sex, sondern läßt ihre Protagonistin Georgina auch noch in eine zweifelhafte sadomasochistische Affäre mit dem Täter schlittern), der Nordengländer Chaz Brenchley, der sich manchmal bis an die Grenze zum Horror wagt, Paul Buck, der Verfasser von *The Honeymoon Killers* und Erforscher von Perversionen, der preisgekrönte schottische Autor William McIlvanney - der Erfinder des grüblerischen, eigensinnigen Russell James -, der eine Art Verzweiflungsgefühl à la David Goodis mit seinen düsteren Erzählungen von Kleinkriminellen verbindet. Viele dieser jungen AutorInnen, die sich der Realität stellen, haben weiter nichts gemeinsam, als daß sie auf dem spannenden Schnittpunkt zwischen den alten Traditionen und der Erneuerung des englischen Kriminalromans für das Cyber-Punk-Zeitalter stehen. Doch sie bilden eine interessante Bewegung, die in Zukunft viel zu einem höchst andersartigen Schreiben beitragen könnte.

DIE SCHNÜFFLERINNEN

Obwohl sie sich gut verkauft, war die Neuerscheinung der Privatdetektivin, die einhändig (na ja, ehrlich gesagt: Hand in Hand mit den Serienkillern) über dem amerikanischen Markt hereinbrach, bisher keine großartige Inspiration für die britischen Autorinnen.

Während Marcia Muller für die Bestsellerautorinnen Sue Grafton und Sara Paretsky ab 1977 den Weg bereitete, stellte 1980 in England Liza Cody ihre verschmitzte Ex-Polizistin Anna Lee in *Dupe* vor. Diese sympathische Serie hat jetzt den sechsten Band erreicht (und das Fernsehen), während Cody bereits eine andere Serie *(Bucketnut)* mit einem weiblichen Wrestler als Hauptfigur begonnen hat (*Schwesternkrieg*, Goldmann).

Sind wir in Britannien sexistischer, oder ist der britische Leser den weiblichen Ermittlern nicht besonders geneigt? Es gibt nur wenige Kolleginnen von Cody und leider noch weniger - wenn überhaupt - talentierte.

Ein rascher Überblick zeigt Hannah Wolfe, die sich die TV-Moderatorin Sarah Dunant (Fischer) ausdachte, einige von Lesley Grant-Adamsons Heldinnen, Susan Moodys *Schwarze Penny Wannawake* (Heyne), Joan Smiths' neugierige Akademikerin Loretta Lawson (dtv), Janet Neels Francesca Wilson und Val McDermids politisch linksgerichtete Kate Brannigan aus Manchester (Fischer, Argument). Minette Walters (Goldmann) verzichtete bis-

lang auf eine Serienheldin zugunsten komplexer weiblicher Charaktere, die Verbrechen von und um Frauen aufklären wie in ihrem 1992 erschienenen *The Ice House* (*Im Eishaus*). Nicht ausschließlich, aber meistens fest im feministischen Lager zu Hause ist auch Helen Zahavi, deren *Dirty Weekend* die heftige Rache einer unterdrückten Frau beschreibt – die britische Antwort auf das amerikanische *Psycho* – und damit in Großbritannien eine kleinere Sensation bedeutete.

GESCHICHTE UND ANDERE BESONDERHEITEN

Andere besonders beliebte Varianten des gegenwärtigen britischen Kriminalromans sind der historische und der Kunstkrimi – Domänen, in denen sich Briten offensichtlich gern tummeln. Schließlich haben wir nicht nur eine Vergangenheit, sondern auch Geschmack!

Unter allen historischen Kriminalschriftstellerinnen ragt Ellis Peters mit ihren Chroniken um den mittelalterlichen Mönch Cadfael hervor. Hierbei handelt es sich um Ultra-Cozys, wo das Detektivspiel sich übergangslos mit dem Reichtum der angesammelten historischen Details vermischt und damit erfolgreich die Vergangenheit zu neuem farbenprächtigen Leben erweckt (Heyne).

Die meisten Epochen der britischen und der Weltgeschichte werden Stück um Stück mit Enthusiasmus von den zeitgenössischen britischen AutorInnen ausgewertet. Edwardianische, viktorianische Epoche oder die der Renaissance: Anne Perry (DuMont, Goldmann) oder Molly Brown (zwei weitere nicht gebürtige Engländerinnen), der unermüdliche Paul Doherty als P. C. Doherty (Lübbe), Paul Harding (Droemer, Eichborn), Michael Clynes (Lübbe) und C. R. Grace (Heyne, Eichborn), Edward Marston (ein Pseudonym des Golf-Krimispezialisten Keith Miles), Amy Myers (Aufbau), Keith Heller, Elizabeth Eyre (alias das oben erwähnte Duo Staynes & Storey, Droemer), Alanna Knight und D. M. Greenwood: Sie alle tragen zu diesem florierenden Subgenre bei.

Kultivierte Kunstkrimis von John Malcolm, Iain Pears (Piper), Anthony Oliver und Peter Watson (Econ) haben ebenfalls viel Erfolg.

Eine ebenfalls neue Variante des historischen Krimis fügt fremde Länder fernen Zeiten zu: Lindsey Davis' hoffnungslos verliebter Zenturio Marcus

Falco spaziert die humorvoll beschriebenen Straßen des antiken Rom entlang (Eichborn, Droemer), während Anton Gills altägyptischer Schreiber Huy sich mit seltsamen Verbrechen zur Zeit vor und nach Echnaton herumschlägt (Eichborn, Droemer). Das brachte mich auf eine Idee, die ich hier zum Nutzen des Kriminalromans beisteuere: nach Rom, Ägypten und Griechenland - wohin nun? Ich schlage eine Wiederbelebung der prähistorischen Tage von dunnemals vor... in die ferne böse Steinzeit, dahin muß ein Neandertaler gehen! Aber was danach? Das liegt bei Ihnen!

DIE MÄNNER, DIE DRAUSSEN IM KALTEN BLEIBEN

Damit es nicht vergessen wird: John le Carré begann seine Schriftstellerlaufbahn (und die des unvergleichlichen George Smiley) mit ein paar Kriminalromanen der eher traditionellen Sorte (Knaur, Rowohlt). Das sollte uns daran erinnern, daß die AutorInnen britischer Agententhriller ohne ihresgleichen sind und daß die Wurzeln ihrer Erzählungen in der Detektivgeschichte stecken. Ganz anders zum Beispiel ist es bei der Mehrzahl der amerikanischen Techno-Thriller-Autoren, die eine innovative Mischung von Wissenschaftsjournalismus und rückschrittlicher Science-fiction-Literatur bieten. Wieder einmal stößt man bei der Suche nach den Quellen der Inspiration auf Conan Doyle und seine Geschichten um den Brigadier Gerard und dessen Agententätigkeit, Kämpfe und Abenteuer in Europa oder später auf Erskine Childers *Riddle of the Sands* (*Das Rätsel der Sandbank*, Diogenes) und John Buchanans Erzählungen um Richard Hannay (Diogenes). Vielleicht fallen den Briten Falschheit und Verrat besonders leicht, aber mit der Ausnahme von Charles McCarry (Ullstein) und Robert Littell (Goldmann) kenne ich keine amerikanische Autoren, die den meisten britischen das Wasser reichen können.

Le Carré ist immer noch der Topmann mit dem Meisterwerk der Smiley-Saga *A Quest for Karla*, mit der er das Genre zu neuen literarischen Höhen führte. Obwohl die Ära des kalten Krieges vorbei ist, hat er nach wie vor großen Erfolg mit Romanen wie *The Night Manager* (*Der Nachtmanager*, Kiepenheuer) und *Our Game* (*Unser Spiel*, Kiepenheuer), die durch Einfühlungsvermögen und hervorragende Charakterisierungen bestechen.

Nur eine Stufe unterhalb des Throns sitzt Len Deighton, ein anderer Chronist der Tricks im Kalten Krieg und ein Meister des Fabulierens, obwohl seine jüngeren Titel abseits der Spionagethriller nicht mehr so überzeugten (Knaur, Heyne, Econ).

Dann gibt es noch eine Truppe von erstklassigen Thriller-Experten wie Colin Forbes, Tim Sebastian, Craig Thomas, Ted Allbury, Frederick Forsyth, John Gardner (wenn er nicht gerade die James-Bond-Nachfolger fabriziert) – sein Herbie Kruger kommt als Spionagechef fast an Smiley heran, der Altmeister Eric Ambler, Julian Rathbone (Piper), Gavin Lyall (Ullstein), Anthony Price (der sich jetzt vom Journalismus zurückgezogen und anscheinend auch nicht mehr am Romanschreiben interessiert ist, was Massen von Fans sehr enttäuscht), Brian Freemantle (Ullstein, Heyne) und Adam Hall. Und das sind nur die Anführer. Zu diesem Bereich zählen wir auch eine Gruppe von beeindruckenden Abenteuerthriller-Autoren wie Alastair MacLean, Hammond Innes, Desmond Bagley, Philip McCutchan (Ullstein) usw.… Hier sind die Spionageelemente zwar nicht so deutlich oder gar nicht vorhanden, die Lust am Fabulieren ist jedoch überschäumend. Sie sind genaugenommen keine Kriminalschriftsteller, doch auch in ihren Romanen geht es immer um Verbrechen und um die Jagd auf den oder die Täter.

DIE JOKER IM SPIEL

Ein anderes britisches Markenzeichen – hat man mir immer versichert – ist unser Sinn für Humor. Der kommt gerade in der Kriminalliteratur oft sehr gut zur Wirkung, wo Gespür für das Lächerliche und das Understatement einen wirksamen Kontrast zu den Schrecken des wirklichen Verbrechens bilden. Diese Eigenschaft überschneidet sich häufig mit den unterschiedlichen Subgenres, z. B. sind viele der besten Kriminalromane aus dem Theatermilieu ausgesprochen witzig. Schriftsteller wie Simon Brett und sein clownartiger Schauspieler Charles Paris oder Simon Williams, Autor und Schauspieler zugleich, und Simon Shaw sind die besten Beispiele für diese gelungenen Ausrutscher auf den Bühnenbrettern.

Dann gibt es noch die Anwaltskomödien von John Mortimer um den unvergleichlichen *Rumpole of the Bailey*, die komischen Anwälte von Sarah Caudwell (DuMont), die Kapriolen des liebenswerten Antiquitätenhändlers und Schufts Lovejoy von Jonathan Gash (Scherz), Mike Ripleys besserwisserischer Taxifahrer und Detektiv Angel (Gash und Ripley leben beide in demselben Dorf in Ostanglia – wieder einmal muß es wohl am Wasser liegen), die Kochkunststückchen von Michael Bonds Monsieur Pamplemousse (Zabert Sandmann), den Übermut à la Sherlock von M. J. Trows Inspector Lestrade (Rowohlt), die heiteren, romantischen Abenteuer von Dorothy Dunnett (Ullstein) usw.…

SELTSAME AUSSENSEITER UND GROSSE ALTE MÄNNER

Schließlich bleiben noch die AutorInnen übrig, die in keine Kategorie passen: Entweder sind sie zu innovativ oder zu einzigartig oder sie überschreiten so viele Grenzen, daß sie sich einfach nicht einordnen lassen. Oft sind das Überraschungserfolge mit einem einzigen besonderen Buch, das einen festen Eindruck in der weichen Landschaft der Kriminalliteratur hinterläßt, bevor ihre Schöpfer sich in andere Gefilde wagen. Doch würde ich gern zwei solcher Überflieger erwähnen, denn beide kommen seltsamerweise aus der Filmwelt, und ich hoffe sehr, daß sie sich noch länger auf kriminalistischem Terrain bewegen werden.

Paul Mayersberg war ein erfolgreicher Drehbuchverfasser für berühmte Regisseure wie Nicolas Roeg und Nagisa Oshima und saß auch bereits selbst als Regisseur hinter der Kamera *(Captive, Nightfall).* Da ihm die Zeit zwischen Drehbuchschreiben und dem Verfilmen zu lang dauerte, schrieb er zwei Romane (und ein dritter soll folgen) mit starken Krimielementen: *Homme Fatale* und *Violent Silence* (*Bedrohliches Schweigen*, Heyne). Hierbei handelt es sich um äußerst erotische Geschichten und dunkle Taten vor amerikanischer Kulisse, die stark an Filme erinnern. Sehr beunruhigend und provozierend.

Christopher Petit begann seine Laufbahn als Filmkritiker und wurde später Regieassistent bei Wim Wenders, bevor er seine eigenen Features drehte. Sein erster *Noir*-Roman *Robinson* erzählt von zwielichtigen Geschehnissen in Londons Soho und bietet eine merkwürdige Mischform, die manchmal an Derek Raymond erinnert (den Petit sehr bewundert) und manchmal an J. G. Ballard.

Peter Dickinson ist einer der vielseitigsten Schriftsteller Großbritanniens, der sich elegant und mit müheloser Leichtigkeit zwischen dem traditionellen Krimi und ernsten Detektivgeschichten, Kinderbüchern (Sauerländer), Fantasy und anderen Genres bewegt. Obwohl er einen ausgezeichneten Ruf genießt, könnte es gerade an dieser Beweglichkeit liegen, daß er in der Kriminalliteratur keinen so großen Eindruck hinterlassen hat.

Ein anderer Außenseiter, und das Verlagsphänomen von 1992, ist Victor Headley, ein schwarzer Londoner Autor, dessen erster Kriminalroman *Yardie* (Rowohlt) inmitten Südlondons schwarzer Bevölkerung spielt und ein Bestseller war, obwohl er anfänglich im Eigenverlag erschien und selbst vertrieben wurde. Kraß realistisch, so daß die verwendete Sprache häufig Untertitel erforderte, war dies das erste authentische Beispiel einer hauseigenen Kriminalliteratur eines neuen Typus. Der folgende Roman *Excess*

(Rowohlt) zeigte, daß es sich bei dieser aufregenden neuen Stimme um keine Eintagsfliege handelte.

Aber die Ehre des letzten Platzes gebührt den beiden Altmeistern der britischen Kriminalliteratur: Michael Gilbert und Julian Symons (Goldmann).

Beide sind jetzt über achtzig, aber immer noch äußerst aktiv, Erben der Aura des Goldenen Zeitalters, die in den Augen der Kritiker durch ihre solide Erzählkunst, ihre Charakterisierungen und durch ihre Klugheit überlebt haben. Die aristokratische Welt des Verbrechens ihrer Romane, weltmännisch und kultiviert zugleich, ist meilenweit entfernt von den zeitgenössischen *Noir*-Wirklichkeiten.

Die Hitliste von Maxim Jakubowski
❶ Robert Barnard: The Case of the Missing Brontë ❷ Sarah Caudwell: The Sirens Sang of Murder ❸ Liza Cody: Bucketnut ❹ Denise Danks: Frame Grabber ❺ Lindsey Davis: The Silver Pigs ❻ Len Deighton, Hook: Line and Sinker trilogy ❼ Colin Dexter: Last Seen Wearing ❽ Sarah Dunant: Fatlands ❾ Frances Fyfield: Deep Sleep ❿ Caroline Graham: The Killings at Badger's Drift ⓫ John Harvey: Wasted Years ⓬ Reginald Hill: Bones and Silence ⓭ P. D. James: Devices and Desires ⓮ Dan Kavanagh: Duffy ⓯ Philip Keer: Berlin Noir trilogy ⓰ John le Carré: The Quest for Karla trilogy ⓱ Peter Lovesey: The Last Detective ⓲ William McIlvanney: Laidlaw ⓳ Paul Mayersberg: Homme Fatale ⓴ Janet Neel: Death Among the Dons ㉑ Ellis Peters: A Morbid Taste for Bones ㉒ Derek Raymond: I Was Dora Suarez ㉓ Ruth Rendell (as Barbara Vine): Gallowglass ㉔ Julian Symons: The Three Pipe Problem ㉕ Mark Timlin: Take the A-Train

Michael Gilbert bewegt sich mühelos zwischen Anwaltskrimis, Detektivgeschichten und Thrillern, er ist ein meisterhafter Erzähler, dessen Zauber nie veraltet und der unerreichbar für Anachronismen scheint.

Julian Symons hingegen hält stolz an der Tradition des Detektivromans fest (er ist einer der Gründer des erzkonservativen Detection Club), äußerst angenehm durchsetzt mit Splittern von düsterer Psychologie, die nie einen Rückschluß auf sein Alter zuließen.

Beide sind Meister ihres Handwerks, ihr Schatten schwebt über der Landschaft der heutigen Kriminalliteratur, so wie es der von Christie und ihren Hofdamen bis zu den fünfziger Jahren tat, und das kann uns nur nützen, da Großbritannien trotz seiner Widersprüche ein ausgezeichneter Komposthaufen für das Wachstum und die Entwicklung alles Kriminellen ist – literarisch gesprochen, versteht sich.

Aus dem Englischen von Nina Schindler

Mein Leben mit dem Verbrechen
Klassische Kriminalromane aus den USA

Von Lawrence Block

Manche Romandetektive werden älter. Manche bleiben ewig jung (oder mittleren Alters oder alt). Manche sterben. Agatha Christie hinterließ zwei Manuskripte, die erst nach ihrem Tod veröffentlicht werden sollten, darin ließ sie ihre zwei ausdauerndsten Detektive sterben: Hercule Poirot und Miss Marple. Nicholas Freeling wartete nicht erst, bis er starb, um seinen Inspektor van der Valk das Zeitliche segnen zu lassen. Er legte ihn auf eine bemerkenswert ritterliche Art einfach um, riß ihn mitten aus seinem Berufsleben – und verprellte dadurch die meisten seiner Leser. Conan Doyle versuchte es ebenfalls und ließ Holmes die Reichenbach-Fälle hinunterstürzen, auf dringenden Wunsch seiner Leser hin erweckte er ihn aber wieder zum Leben.

Im Gegensatz dazu gibt es Romandetektive, die ihre Schöpfer überleben. Eine ganze Anzahl von SchriftstellerInnen erhielt Holmes am Leben und verbandelte ihn bisweilen sogar mit historischen Persönlichkeiten. In einem der erfolgreicheren unter diesen Büchern erleben wir Holmes und Sigmund Freud beim gemeinsamen Kokainschniefen. Robert Goldsborough schrieb nach dem Tod von Rex Stout einen Nero-Wolfe-Krimi, um seiner Mutter eine Freude zu machen. Seither hat er eine ganze Reihe weiterer Wolfe-Krimis veröffentlicht. Vor ein paar Jahren gab eine Reihe von AutorInnen eine Anthologie mit neuen Geschichten über Philip Marlowe heraus, als Hommage an den hundertsten Geburtstag von Raymond Chandler. Dagegen ist eigentlich nichts einzuwenden, vorausgesetzt, sie tun so was nur alle hundert Jahre.

Wie jeder weiß, gibt es auf der Welt zwei Sorten Menschen: diejenigen, die die Welt in zwei Sorten Menschen unterteilen, und diejenigen, die das nicht tun. Die Krimiwelt läßt sich ebenfalls in zwei Kategorien aufteilen. Bei Kriminalromanen unterscheidet man zwei Kategorien: einmal die abgebrühten, knallharten Gossenkrimis, die wie eine Ohrfeige wirken, und dann die netten, saft- und kraftlosen britischen Krimis mit der Leiche in der Bibliothek vom Herrenhaus, die man Cozys nennt.

Wie es das Stereotyp fordert, ist der hardboiled-Krimi aus Amerika. Im Mittelpunkt steht der Privatdetektiv, der die Geschichte wahrscheinlich auch erzählt: ein versoffener, weichherziger Zyniker, der ein bißchen wie Humphrey Bogart aussieht, wenn er nicht Robert Mitchum ähnelt. Der hardboiled-Krimi wird von einem Mann geschrieben und von Männern gelesen. Er ist bitter, düster, voller Gewalt und kommt direkt zur Sache.

Der Cozy hingegen ist englisch und wird von Frauen für Frauen geschrieben. Der Detektiv darin ist meist ein genialer Amateur, männlich oder weiblich, und alle Protagonisten mit Ausnahme des liebenswerten Sonderlings sind sprachgewandt, höflich und bildschön anzusehen – sogar als Leiche. Die Gewalt findet hinter den Kulissen statt und wirkt nicht bedrohlich, die Mörder bevorzugen seltene Gifte und erfinderische Mordmethoden. Der Detektiv bringt alles wieder ins Lot, indem er den kniffligen Fall löst, und die Ordnung wird wiederhergestellt in einem Universum, das durch und durch geordnet ist.

Diese Stereotypen sind zweifellos ganz praktisch, aber sie haben auch ihre Nachteile. Die Regeln werden in einem Buch nach dem anderen gebrochen. Britische AutorInnen zerren die Leser durch die Gossen von London, während Amerikaner ihren Plot vor der Kulisse eines Herrenhauses inszenieren. Frauen schreiben Krimis mit hartgesottenen DetektivInnen, und andere Frauen lesen diese Bücher, während Männer zu den feingesponnenen Cozys greifen.

Mal ganz ehrlich: Die Stereotypen trivialisieren die Bücher beider Subgenres. Danach ist der Cozy belanglos, da wird etwas aufgebauscht, das den Mord zur Nebensächlichkeit werden läßt, und manche Vertreter dieser Spezies erfüllen dieses Klischee auch hervorragend. Doch die herausragendste Vertreterin der Cozy-Autorinnen ist Agatha Christie mit ihren genial gestrickten Plots und ihren gemütlichen Dorfkulissen. Ihre beste Erfindung, Miss Jane Marple von St. Mary Mead, ist der Inbegriff der Amateurdetektivfigur, eine zierliche alte Dame in Puschen mit einem messerscharfen Verstand. Die Bücher sind amüsant, gewiß. Aber dennoch sind sie todernst. Christies Anliegen in all ihren Romanen, und besonders in denen um Miss Marple, sind die Natur und der Ursprung des Bösen im Menschen. Möglicherweise liest man diese Romane aufmerksam, ohne es zu bemerken, aber da gibt es keinen Zweifel: Alle handeln von nichts anderem.

Eine der herausragenden Eigenschaften der Kriminalliteratur und einer der Hauptgründe, warum diese Literatur seit Generationen so beliebt ist, scheint mir die schier endlose Bandbreite an Möglichkeiten, die sich hier auftut. Das Krimihaus hat viele Wohnungen, und es gibt wohl kaum eine LeserIn, die hier nicht in dem einen oder anderen Zimmer etwas nach ihrem oder seinem Geschmack findet. Ab und zu treffe ich auf jemanden, der sich als Kriminichtleser darstellt, und ich finde solche Leute genau so seltsam wie die, die nur Krimis lesen. Das sind meistens Leute, die für sich nie das Lesen als Freizeitvergnügen entdeckt haben, oder einige wenige, die einmal einen Krimi lasen, ihn nicht mochten und daraufhin schlußfolgerten, daß alle Krimis so wären.

Als Leser habe ich bislang noch immer einen Krimi nach meinem Geschmack gefunden, auch wenn der sich im Lauf der Zeit änderte und anspruchsvoller wurde. Als Autor sehe ich, daß die weitgefaßten Grenzen dieses Genres mir erlaubten, alles zu schreiben, ohne mich ins Aus zu katapultieren. Im Lauf der letzten Jahre habe ich Romane mit vier verschiedenen Protagonisten geschrieben.

Evan Tanner ist in den sieben Bänden eine Art freischaffender Abenteurer, dem ein Granatsplitter das Schlafzentrum im Hirn zerstörte. Er spricht zahllose Sprachen, nimmt sich scheinbar unlösbarer Fälle an (wie etwa der Inthronisierung der Stuarts auf dem englischen Thron) und schlüpft allein oder mit anderen über internationale Grenzen: alles im Interesse des Friedens und der Freiheit.

Bernie Rhodenbarr ist tagsüber Buchhändler und nachts Einbrecher. Logischerweise muß er immer wieder schwierige Mordfälle lösen, um sich von dem Verdacht reinzuwaschen, unter den er auf der Diebestour geraten ist. Er ist ein belesener Mann von Welt, ein netter Kerl mit Wohnsitz in der West Side, der in der East Side klauen geht. Whoopie Goldberg spielte ihn im Film (ich schweige dazu!). Seine beste Freundin ist eine lesbische Hundesalonbesitzerin.

Matthew Scudder ist Alkoholiker und Ex-Bulle, geschieden, lebt allein in einem billigen Hotel auf der East Side und überlebt schlecht und recht als Privatdetektiv ohne Lizenz. Er treibt sich in Kirchen rum (und neuerdings auch auf AA-Treffen in Kirchenkellern), führt ein Leben in Angst und Schrecken und marschiert so manche finstere Straße entlang.

Dann gab es da noch Chip Harrison, der eine Zeitlang den sexbesessenen Archie Goodwin für Leo Haigs Variante eines Nero Wolfe spielte.

Das ist der Beweis: Die Serien unterscheiden sich gewaltig voneinander – in der Art, der Sprache, der Absicht. Ich habe auch noch eine Reihe von Einzelromanen geschrieben, und die folgen überhaupt keinem bestimmten Typ. Doch alle Bücher bewegen sich irgendwie innerhalb der Grenzen der Kriminalliteratur. Nicht alle meine Leser mögen mich in allen meinen Spielarten. Ein echter Privatdetektiv zum Beispiel ist ein großer Scudder-Fan, er liest meine Bernie-Rhodenbarr-Romane nicht, weil er meine Glorifizierung dieses Kerls nicht gutheißen kann, der ja letzten Endes ein charakterloser Gesetzesbrecher ist. Einige von Bernies Fans finden Scudders Welt zu gnadenlos düster. Eine ganze Reihe von Lesern fand Tanners Unternehmungen zu exotisch, um sie ernst zu nehmen, andere wiederum liebten ihn.

Jetzt muß ich aber erst mal was zu den Fans sagen. Verglichen mit der Science-fiction-Literatur haben Krimis kaum wahre Fans. Science-fiction-Freaks halten jährlich zahllose Tagungen ab, lesen alles aus ihrem Spezialgebiet und sonst nichts, veröffentlichen unzählige Fan-Fachzeitschriften (*Fanzines*) und sind nach Aussage eines führenden Verlegers in diesem Bereich alle fünfzehn Jahre alt und etwas verhaltensgestört. Krimifans treffen sich jährlich bei einer einzigen Tagung, dem *Bouchercon*, benannt nach dem seligen Anthony Boucher, der nicht nur als Schriftsteller berühmt war, sondern auch als der bedeutendste Kritiker dieses Genres. Der *Bouchercon* wird jedes Jahr in einer anderen Stadt abgehalten, und dort treffen sich ab fünfhundert Krimifreaks aufwärts. Ein Schriftsteller wird zum jährlichen Ehrengast gekürt und bekommt seine Spesen vom Festkomitee erstattet, aber mindestens fünfzig andere Autoren bezahlen den vollen Preis für die Ehre, in irgendwelchen Podiumsdiskussionen zu quasseln, Bücher zu signieren und mit Buchhändlern und Lektoren herumzuhängen und bis zum Morgengrauen zu pokern.

Der *Bouchercon* ist immer ein Riesenerfolg, und das beruht meiner Überzeugung nach zum größten Teil auf der angenehmen Persönlichkeit der Teilnehmer. Krimileser sind ein ungewöhnlich belesenes Völkchen, denen es stets mehr um Qualität als um Show geht. (Es ist immer spannend rauszukriegen, was sie sonst noch lesen. Viele Krimibuchläden führen hin und wieder auch Nichtkrimis im Angebot, weil die Ladenbesitzer wissen, daß ihrer Kundschaft das gefällt. Die meisten dieser Bücher, aber längst nicht alle, drehen sich um Katzen.)

Die Krimibuchhandlungen treten vor allem während der letzten zehn Jahre gehäuft auf. BuchhändlerInnen sind ja im allgemeinen eine fanatische Truppe, und die Besitzer der Krimibuchhandlungen hätten sich nie solche Läden ans Bein gebunden, wenn sie diese Literatur nicht lieben würden. Ihre Läden wirken oft mehr wie Clubhäuser, und viele ihrer Kunden kommen sowohl wegen der Bücher als auch wegen eines Pläuschchens vorbei. Schon die Namen der Läden sind ein Beweis für den Erfindungsreichtum der Leute, die darin arbeiten: *Murder Ink., Grounds for Murder, Sherlock's Home, Rue Morgue, Foul Play, The Butler Did it, Once Upon a Crime* oder *Alibi, Die Wendeltreppe* und *Tatort.*

Auch KrimiautorInnen sind meistens nette Leute. Bei einem *Bouchercon* in Philadelphia saßen vor ein paar Jahren ein paar von uns zusammen, und einer beklagte sich bitterlich über einen anderen Autor. »Das Irre an dem Typen ist«, sagte ein anderer, »daß er das einzige richtige Arschloch unter den Kollegen ist. Ich könnte euch zwar ein paar nennen, die ich nicht gerade supertoll finde, aber er ist der einzige echte Mistkerl.«

Ich könnte vielleicht noch einen anderen nennen, wenn ich unbedingt müßte, aber wenn man das übliche Autorenego und das Temperament von Künstlern berücksichtigt, ist es doch wirklich höchst erstaunlich, daß nur so wenige faule Äpfel in einem so großen Korb sind. Ich überlasse lieber den Psychiatern des Rätsels Lösung, warum Männer und Frauen, die ihr Leben lang über blutrünstige Morde schreiben, sich so gut miteinander verstehen.

Außerdem gibt es solche Organisationen wie die *Mystery Writers of America* und *Private Eye Writers of America*. Ich bin bei einem relativ jungen Verein Mitglied, nämlich der *International Association of Crime Writers* mit Mitgliedern auf beiden Seiten von dem, was wir mal den Eisernen Vorhang nannten. Im Sommer 1988 war ich bei einer Tagung dieses Vereins in Gijon an der Nordküste Spaniens. Dabei waren etwa sechzig AutorInnen aus aller Welt, und die meisten von uns wußten wenig über die Bücher der anderen. Die Mehrheit sprach nur Englisch, und die gesamte Teilnehmerschaft war ein Beweis für die weitreichenden Auswirkungen des babylonischen Sprachgewirrs. Eine Japanerin wurde von einem Übersetzer begleitet, und selbst der konnte sie kaum verstehen, da ihre Muttersprache irgendein exotischer Inseldialekt war, fremdartiger noch als Baskisch.

Egal. Wir waren alle KrimiautorInnen. Alle fühlten sich sauwohl.

Tja, so weit, so gut. Ich sollte ja eigentlich was zu meinen Favoriten sagen.

Dauernd verfassen irgendwelche Leute Listen. Ein englischer Krimischreiber veröffentlichte vor kurzem ein Buch mit zwei Seiten langen Begründungen für jeden einzelnen seiner hundert Favoriten. (Ich würde ja seinen Namen nennen, aber er hat mich auch nicht erwähnt, deshalb kann er mir gestohlen bleiben.) Meine Liste hat eine Reihe von Besonderheiten, auf die ich noch mal eingehen möchte. Als erstes enthält sie nur amerikanische Autoren. Schließlich haben wir da auch ein reiches Erbe zu verteidigen.

Wahrscheinlich sind die meisten der unten aufgeführten Autoren deshalb auch Vertreter der hardboiled-Sorte. Die hardboiled-Krimis entstammen schließlich der Heftchenliteratur um die Jahrhundertwende, und die ist eine überwiegend amerikanische Erfindung.

Sherlock Holmes

Nach Poe übernahmen für die nächsten Jahrzehnte die Engländer die Vorherrschaft in der Kriminalliteratur. Wilkie Collins

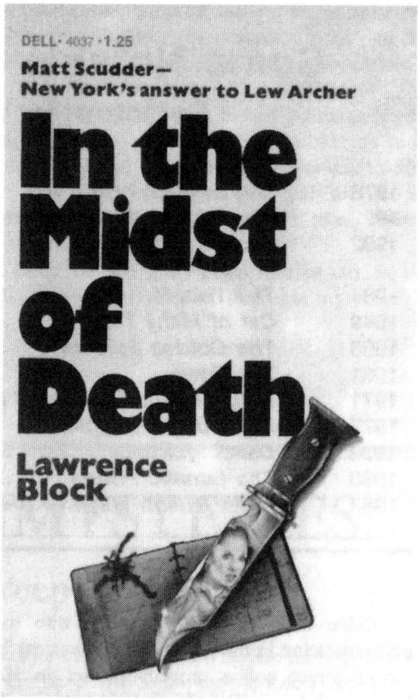

schrieb *Der Monddiamant* (Engelhorn), Sir Arthur Conan Doyle erschuf Sherlock Holmes, R. Austin Freedman schrieb über Dr. Thorndyke, und eine große Anzahl britischer SchriftstellerInnen beschäftigte sich mit der Entwicklung der Detektivgeschichte zu einem spannenden Abenteuer, einem intellektuellen Rätselspiel mit einem Blick in die schwarzen Winkel der menschlichen Seele.

Einige AmerikanerInnen folgten diesen britischen Spuren mit mehr oder weniger Erfolg. Aber in der Heftchenliteratur der *Pulp Magazines* entstand ein anderes Genre. Rauh, gewalttätig, ungeschliffen, zynisch und häufig antiautoritär ertönte aus diesen *Pulp Magazines* eine neue Stimme, die den Zeitgeist in den USA nach dem Ersten Weltkrieg einfing.

Eine Autorengruppe rund um das *Black Mask Magazine* schmiedete diese hardboiled-Romane in etwas Ehrliches und Kraftvolles um, und unter diesen ragten Chandler und Hammett heraus, die etwas schrieben, das die Bezeichnung Kunst verdient. Noch so viele Jahre nach ihrem Tod schreiben wir US-Amerikaner diese Art Bücher noch immer besser als irgendwer sonst. Die Franzosen haben einen unstillbaren Appetit auf den *roman noir* und beehren dieses Genre mit großem kritischen Respekt – manchmal denke ich mit mehr, als es das in Wirklichkeit verdient. Aber nur wenige der hardboiled-Kriminalromane in Frankreich stammen aus dem eigenen Lande.

Die Briten können hardboiled-Krimis zwar schreiben, aber manche der besten AutorInnen in diesem Genre verlegen den Schauplatz ihrer Bücher nach Amerika, als ob ein hardboiled-Krimi unbedingt die amerikanische Kulisse bräuchte. James Hadley Chase und Peter Chambers – letzterer ein großer Bewunderer von Chandler – sind zwar im eigenen Land ziemlich berühmt, aber sie sind nie viel gereist, und nur wenige ihrer Bücher erscheinen hier. Ihre amerikanischen Schauplätze und Dialoge kommen den britischen Lesern vielleicht völlig authentisch vor, aber in amerikanischen Ohren klingen sie entsetzlich. (Diese Dinge funktionieren in beiden Richtungen. Eine Amerikanerin schreibt Cozys mit englischen Schauplätzen und erfreut damit eine riesige Masse amerikanischer Fans, von denen die meisten sie für eine Engländerin halten – ein Fehler, den bestimmt kein Engländer machen würde. »Sie kennt sich überhaupt nicht aus und verdreht alles«, erzählte mir ein englischer Fan. »Ich finde es unglaublich, daß sie bei euch drüben ernst genommen wird.«)

Gleichzeitig muß ich zugeben, daß das Übergewicht an hardboiled-Krimis auf meiner Liste mein eigenes Vorurteil widerspiegelt. Ich ziehe sie (man könnte diese Romane auch einfach realistisch nennen) meistens vor, weil sie mir von größerer Wichtigkeit erscheinen als die sanfteren, freundlicheren Bücher.

Außerdem ist zu bemerken, daß in meiner Liste Frauen fehlen. Das könnte man für krudesten Sexismus halten, und vielleicht ist es das auch. Ich möchte dagegen anführen, daß Christie und Sayers bestimmt auf meiner Liste wären, wenn sie keine Engländerinnen wären. Und auch einige amerikanische Autorinnen wären noch drauf, doch glücklicherweise sind sie noch am Leben. Denn ich habe hier nur Autoren aufgelistet, die schon zum großen *Bouchercon* im Himmel gegangen sind. Ich habe schon erwähnt, wie sympathisch und liebenswert KrimiautorInnen sind, und daß ich mich gern in ihrer Gesellschaft aufhalte, weil wir uns meist so gut verstehen, und deshalb werde ich den Teufel tun und mir selbst einen reinwürgen, indem ich eine Liste von Lieblingautoren aufstelle und dann irgend jemanden auslasse - das kann ja wohl keiner von mir erwarten. Noch eine letzte Bemerkung: Dies ist keine Liste von Lieblingsbüchern, sondern von Lieblingsautoren, obwohl ich ab und zu einen Titel erwähne, den ich besonders gern habe. Und außerdem habe ich statt der erwarteten zehn auf einmal sechzehn Lieblinge gefunden. Die Reihenfolge war auch kein Problem - ich nahm einfach das Alphabet.

ANTHONY BOUCHER (1911-1968)

Bouchers Ansehen beruht zum großen Teil auf seinem Einfluß als Kritiker, denn der war gigantisch. Von 1951 bis zu seinem Tod schrieb er für die *New York Times* die wöchentliche Kolumne *Criminals at Large* und erwähnte dabei buchstäblich alles, was an bemerkenswerten Krimis erschien. Er rezensierte Taschenbuchoriginale bereits zu einer Zeit, als noch niemand Notiz von ihnen nahm, er entdeckte und ermutigte vielversprechende junge AutorInnen und erweiterte den Geschmack seiner Leser, während er ihre Kritikfähigkeit weiterbildete. Während vieler Jahre schrieb er auch Theater- und Opernkritiken, rezensierte Science-fiction, erschien in Radio- und Fernsehsendungen und gab eine Science-fiction-Zeitung und eine Anzahl von Anthologien heraus. Er starb jung, nachdem er viele Jahre gekränkelt hatte.

Außerdem schrieb er acht Romane und eine Reihe von Kurzgeschichten. Bestimmt kann man sagen, daß er als Schriftsteller berühmter geworden wäre, wenn er nicht soviel Energie in seine anderen Tätigkeiten gesteckt hätte. Seine Bücher sind leichte Kost, aber ihr Zauber und die stilistische Perfektion machen sie zu einer lebendigen und anregenden Lektüre. Mein liebstes Buch darunter – obwohl ich mich nur noch schwach daran erinnern kann – war *Nine Times Nine*, ein *Locked Room Mystery*, in dem Schwester Ursula vom Orden Martha von Bethany die Untersuchung führt. (Als Kritiker und Herausgeber war Boucher immer hinter allen Büchern her, in denen eine Katze oder eine Nonne mitmischte.)

Es erschien unter dem Namen H. H. Holmes, dem Pseudonym eines Massenmörders aus dem 19. Jahrhundert. Auch Anthony Boucher war ein Künstlername, mit richtigem Namen hieß er William Anthony Parker White.

FREDRIC BROWN (1906–1972)

Ich entdeckte Brown zu der Zeit, als ich anfing, Geschichten an *Pulp Magazines* zu verkaufen, und ich las von ihm alles, was ich nur kriegen konnte. Nach einer Woche harter Arbeit in einer Literaturagentur, wo ich für wenig Geld unverlangt eingesandte Manuskripte prüfte, las ich *Murder Can Be Fun*, wo gleich zu Beginn vor den Augen von Dutzenden von Zuschauern ein Mord geschieht – der Mörder ist als Weihnachtsmann verkleidet. Ich hatte eine Flasche Bourbon auf dem Tisch stehen, und jedesmal, wenn Browns Held etwas trank, genehmigte ich mir auch einen Schluck. Wenn man sich in der Gesellschaft eines Brownschen Protagonisten befindet, ist das ganz schön riskant und – so habe ich inzwischen erfahren – wäre auch in Browns Gesellschaft gefährlich gewesen. Als ich mit dem Lesen fertig war, war ich es auch in anderer Hinsicht.

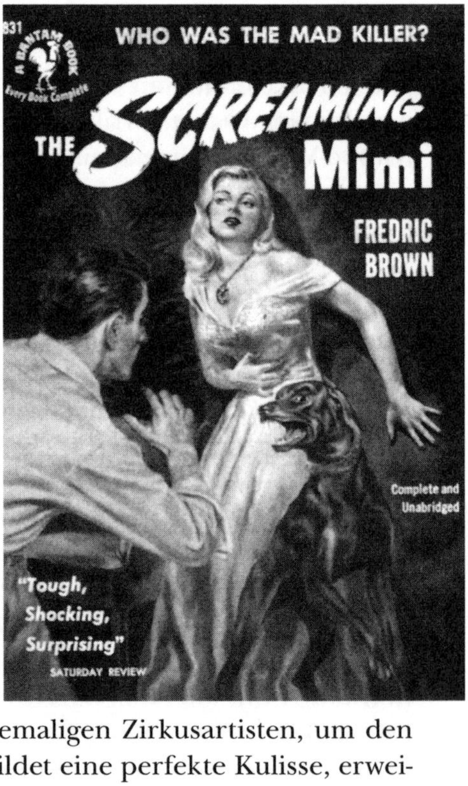

Brown war ein spielerischer, erfindungsreicher, sehr produktiver Autor. Sein erster Roman *The Fabulous Clipjoint* (*Der Tod in Chicago*, Lübbe) erhielt den Edgar und ist vielleicht sein bestes Buch. Darin verbündet sich der junge Ed Hunter mit seinem Onkel Ambrose, einem ehemaligen Zirkusartisten, um den Mord an Eds Vater aufzuklären. Chicago bildet eine perfekte Kulisse, erweitert durch die Zirkusfolklore. *The Screaming Mimi* und *Night of the Jabberwock* sind ebenfalls Klassiker. Mein Lieblingsroman von ihm ist *The Wench is Dead* um einen Soziologieprofessor, der im Namen der Forschung ins Pennerviertel von L. A. abtaucht.

JAMES M. CAIN (1892–1977)

Obwohl er als einer der schöpferischsten hardboiled-Autoren gilt, wollte Cain nichts davon wissen. »Ich gehöre zu keiner Sorte, weder hardboiled noch sonstwas«, pflegte er zu sagen.

Na gut. Der Autor merkt es immer als letzter. Zwei Bücher – *Wenn der Postmann zweimal klingelt* (*Die Rechnung ohne den Wirt*, Heyne) und *Den Haien zum Fraß* – sicherten ihm seinen Platz. Er schrieb knapp und überzeugend von ganz gewöhnlichen, im Grunde ihres Herzens anständigen Leuten, die durch sexuelle Leidenschaft und Gier zum Mord getrieben werden. Eine ganze Generation herausragender US-amerikanischer Romane, die archetypischen, preisgekrönten Romane von Charles Williams, Gil Brewer und anderer, lassen sich direkt zu diesen beiden Romanen zurückverfolgen.

Nicht alle bewunderten ihn. »Alles, was er anfaßt, stinkt ein bißchen nach Ziegenbock«, klagte Raymond Chandler. »Er gehört genau zu der Sorte Schriftsteller, die ich verabscheue, ein vorgetäuschter Naivling, ein Proust im öligen Overall, ein kleiner, schmieriger Bengel mit einem Stück Kreide vor einem Holzbrett, wenn keiner hinsieht.«

Ich denke immer an Cain, wenn es um Verfilmungen geht. Eine Reihe seiner Romane wurde verfilmt, und er wurde oft gefragt, was er von den Hollywood-Verwurstungen seiner Bücher hielte. »Aber sie haben sie doch gar nicht verwurstet«, antwortete er dann. »Sie stehen da drüben im Regal, genau wie ich sie schrieb.«

RAYMOND CHANDLER (1888–1959)

Chandler ist schon lange der Liebling der Intellektuellen, ein Kriminalromanautor für Leute, die keine Krimis mögen. Einerseits holte er den Mord aus dem englischen Salon und verlegte ihn in die Straßen, wo er hingehörte. Andererseits verbrachten seine Helden erstaunlich viel Zeit in den Villen und Restaurants der reichen Kalifornier, einer West-Coast-Variante des Schlosses im Moor. Für mich besteht seine Bedeutung weniger darin, daß er den Landhauskrimi in die Hinterhöfe und in die Gosse verlegte, sondern daß er der Pulp-Tradition von *Dime Detective* oder *Black Mask* einen entscheidenden Anstoß bezüglich literarischer Qualität gab. Seine Romane sind erste Sahne, außer *Playback* (Diogenes), einer lahmen und wirren Anstrengung, die ein Jahr vor seinem Tod erschien. Wahrscheinlich ist mein Favorit *The Long Goodbye* (*Der lange Abschied*, Diogenes), in dem mehr über Chandlers Detektiv Philip Marlowe ausgesagt wird als in allen anderen. In der Auslotung von Marlowes Freundschaft zu Terry Lennox ist der Roman sowohl eine Charakterstudie als auch ein Krimi. Damit entspricht *Der lange Abschied* in letzter Konsequenz der Romandefinition von Randall Jarrell: eine längere Prosaerzählung, in der irgendwas nicht stimmt.

STANLEY ELLIN (1916–1986)

Stanley Ellin war ein Perfektionist, er arbeitete langsam und sorgfältig. An einem guten Tag schaffte er eine getippte Manuskriptseite. Nach seiner Aussage schrieb er die Einleitung zu einer Kurzgeschichte vierzigmal, bevor er zum nächsten Absatz überging, und feilte so immer wieder an jeder Seite herum, bevor er weiterschrieb.

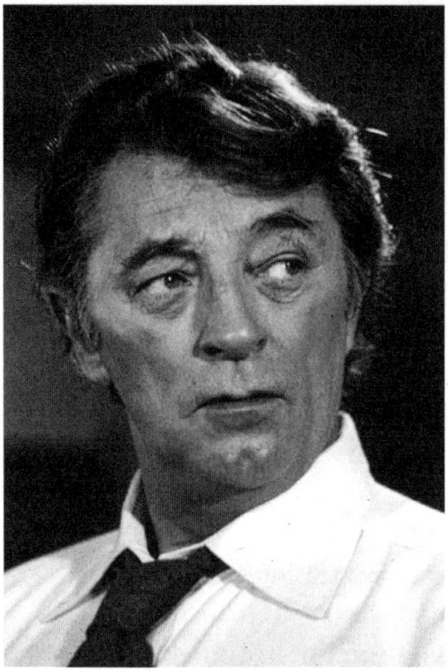

»Detective Philip Marlowe«

Auf diese Art kann man Kurzgeschichten schreiben, und Ellin schrieb zuverlässig die besten Kurzgeschichten seiner Zeit. *The Speciality of the House* (*Die Spezialität des Hauses*, Schumm) war die erste, die veröffentlicht wurde, obwohl sie die LeserInnen heute wohl nicht mehr so vom Hocker reißt, weil so ein Tamtam deswegen gemacht wurde. Aber all seine Geschichten sind wunderbar. Er schaffte pro Jahr nur eine, schickte sie immer ans *Ellery Queen's Mystery Magazine*, und niemals wurde eine abgelehnt. Seine Romane brachten ihm zwar Geld, aber kein Kritikerlob. (Er schrieb sie nicht mit der gleichen Langsamkeit wie die Kurzgeschichten. So was geht nicht.) *The Eighth Circle* (*Der Acht-Stunden-Mann*, Scherz), einer seiner ersten Romane um einen Privatdetektiv, beeindruckte mich vor vielen Jahren. Seine späteren Romane gefielen mir dann nicht mehr so, aber die Kurzgeschichten sind zeitlos, ein nationaler Schatz.

ERLE STANLEY GARDNER (1889–1970)

Zweiundachtzig Romane über Perry Mason. Neun über den Staatsanwalt Doug Selby. Neunundzwanzig (unter dem Namen A. A. Fair) über das Detektivduo Donald Lamb und Bertha Cool. Wenn Stanley Ellin mit Schneckengeschwindigkeit schrieb, dann schrieb Erle Stanley Gardner, als ob sein Hemd brennen würde.

Ich entdeckte Perry Mason mit zwölf Jahren und weiß nicht mehr, wie viele Romane mit ihm ich in den nächsten drei, vier Jahren las. Sie waren alle nach dem gleichen Muster gestrickt, und wenn man einen gelesen hatte, kannte man alle. Doch wenn einem einer Spaß gemacht hatte, machten einem alle Spaß.

Der Erzählstil war schlampig, die Beschreibungen klischeehaft. Gardner brachte das ruckzuck hinter sich und die Leser ebenfalls. Aber die geschliffenen Dialoge gelangen ihm scheinbar mühelos – sie waren glänzend geschrieben, und die Gerichtsszenen waren vielleicht unrealistisch, doch auf dem Papier wirkten sie mitreißend.

Mason änderte sich im Lauf der Jahre. In den frühen Romanen war er selbst ein etwas zweifelhafter Charakter, bereit, die Gesetze zu umgehen oder zu brechen, wenn es seinen Klienten nutzte. Als er älter wurde und seine meisten Fälle als Serien in der *Saturday Evening Post* erschienen, wurde er respektabler und später dann langweilig und bieder.

Nachdem er eine Weile von den Lesern vernachlässigt wurde, erfreut sich Perry Mason im Augenblick wieder ihrer Gunst. Versuchen Sie einen Vorkriegs-Mason – *The Case of the Sulky Girl* ist gut – oder einen der A. A. Fair-Romane. Wenn Donald Lamb unbekümmert erzählt, ist das was ganz anderes und viel besser geschrieben als die Masons.

DASHIELL HAMMETT (1894–1961)

Hammetts gewaltige Reputation als Autor rührt von einem relativ schmalen Werk her. Nachdem er einige Jahre für die Pulps gearbeitet hatte, veröffentlichte er fünf Romane in genausoviel Jahren, und in den anschließenden siebenundzwanzig Jahren schrieb er buchstäblich nichts mehr. Und der letzte der Romane, *Der dünne Mann* (Diogenes), ist noch nicht mal gut. Egal. Die anderen sind hervorragend und beeindrucken heute noch genauso wie vor mehr als einem halben Jahrhundert. Bevor er mit dem Schreiben loslegte, war Hammett ein Detektiv bei Pinkerton, und diese Erfahrung floß in seine Bücher ein. Doch seine Größe besteht längst nicht nur darin, kenntnisreich über Verbrechen und Verbrecher zu schreiben. Sowohl sein literarischer Stil als auch seine künstlerische Vision werfen ein gnadenloses Licht auf die Jahre der Prohibition in den USA. In einfachen, knappen Sätzen und ohne Urteile zu fällen machte er etwas ganz Ähnliches wie Hemingway. Meiner Meinung nach machte er es besser.

Mein Lieblingsroman ist *Der Malteser Falke* (Diogenes), und der Bogart-Film verdirbt einem nicht mal die Freude daran, denn das Buch ist buchstäblich John Hustons Drehbuch.

CHESTER HIMES (1909–1984)

Wenn Hammett die besondere Wahrnehmung eines Detektivs in seine Romane einbaute, so brachte Chester Himes die Erfahrungen von der anderen Seite ein. Er fing mit dem Schreiben am Ende einer siebenjährigen Haftstrafe in einer Strafvollzugsanstalt in Ohio an. Die ersten Bücher reflektierten seine Erfahrungen als Schwarzer, wurden von den Kritikern gelobt, aber nicht viel gelesen. 1957 schrieb er seinen ersten Kriminalroman mit dem Harlemer Detektivpaar Grave Digger Jones und Coffin Ed Johnson, die noch in weiteren acht Büchern auftreten sollten.

Diese wilden, gewalttätigen und wahnsinnig komischen Romane waren in Frankreich erfolgreicher als in den USA, wo er ab 1953 bis zu seinem Tod lebte. Ich weiß nicht, wie es heute wäre, aber als ich sie damals las, waren seine Bücher wahnsinnig gut, besonders *Cotton Comes to Harlem.*

JOHN D. MACDONALD (1916–1986)

Der Erfinder von Travis McGee, dem Gammler auf dem Segelboot und Rettungsspezialisten von eigenen Gnaden, hatte ein Universitätsdiplom von der Harvard Business School. Wahrscheinlich kommt das noch nicht ganz an Wallace Stevens heran, der bei einer Versicherungsgesellschaft arbeitete und gleichzeitig *Peter Quince at the Clavier* schrieb, aber es ist auf jeden Fall eine völlig andere Voraussetzung für eine Autorenkarriere als das, was Hammett und Himes mitbrachten.

Wahrscheinlich wird McGee, der Held von zweiundzwanzig temporeichen Romanen, immer als MacDonalds wichtigste Schöpfung angesehen werden. Als er 1964 seinen ersten Auftritt in *The Deep Blue Goodbye* hatte, hatte MacDonald bereits mehr als vierzig Bücher herausgebracht, die meisten waren Taschenbuchoriginale. Fast alle sind Krimis, und fast alle sind hervorragend.

Die französischen Connaisseurs von unserer dunklen literarischen Seite kennen MacDonald nicht, und mittlerweile verstehe ich auch, warum. Trotz all der ökologischen Vorahnungen in den McGee-Romanen ist die Weltsicht MacDonalds auf den ersten Blick nicht *noir.* Seine Einfühlsamkeit war immer die eines Durchschnittsamerikaners, und schwierigen Situationen näherte er sich mit der Problemlösehaltung eines Ingenieurs. Aber es gibt bei ihm auch eine dunkle Seite, sie äußert sich in seiner unvergleichlichen Fähigkeit, einen Psychopathen zu schildern, wie zum Beispiel in seinem zu Unrecht in Vergessenheit geratenen Roman *One More Sunday.* Aber es ist nicht die knieschlotternde Dunkelheit der *noir*-Weltsicht, sondern die irgendwie noch beängstigendere Dunkelheit von Licht, das versagt hat.

Einige der späteren McGee-Romane sind schwach, na und? Fangen Sie mit dem ersten an, und lesen Sie sie der Reihe nach. Von den anderen erinnere ich mich besonders gern an *The End of the Night* und *One Monday We Killed Them All.* Jeder Roman ist auf seine Weise dunkel genug, um *noir* wie eine Lichtershow wirken zu lassen.

ROSS MACDONALD (1915–1983)

Er wurde als Kenneth Miller geboren und schrieb unter diesem Namen auch seine ersten Kriminalromane. Dann schrieb er einen unter dem Pseudonym John Macdonald und fünf unter John Ross Macdonald. Doch dann ließ er das John weg, um nicht mit John D. MacDonald verwechselt zu werden.

Er fing als erklärter Imitator von Hammett und Chandler an, und die ersten Lew-Archer-Romane sind auffallend chandleresk, wenn Archer wie Marlowe seine flotten klugen Sprüche klopft.

Mit *The Doomsters* 1958 und ein Jahr später mit *The Galton Case* (*Der Fall Galton*, Diogenes) fand er sich selbst und schrieb eine Reihe von Romanen, wie man sie bislang noch nicht kannte. Vor dem Hintergrund der südkalifornischen Metastasen im Ökosystem wurden seine Bücher zu Zeugen der Mühlen Gottes, die mahlen und mahlen und längst vergangene Sünden auf Heller und Pfennig heimzahlen.

Vor ein paar Jahren waren meine Frau und ich drei Wochen in Westafrika. Uns fehlte es nicht an Luxus wie Essen und Wasser, aber wir hatten nichts zu lesen, und es gab nur französische Bücher und Illustrierte. Dann entdeckte ich in unserem Hotel in Lomé fünf zerfledderte Lew-Archer-Taschenbücher, die in Indien schludrig gedruckt worden waren. Der Händler forderte den unverschämt hohen Preis von zehn Dollar pro Stück, und ich zahlte gern. Sie halfen uns, den Rückweg bis New York zu überstehen.

Natürlich hatten wir sie alle schon mal gelesen, manche sogar zwei- oder dreimal. Das war nicht wichtig. Ross Macdonalds Romane zeichnen sich einzigartigerweise dadurch aus, daß man zehn Minuten nach dem Lesen der letzten Seite alles, jedes Detail der Handlung, total vergessen hat.

Die Handlung ist ohnehin in jedem Buch ziemlich dieselbe. Irgend jemand hat vor zwanzig oder dreißig oder vierzig Jahren irgendwas angestellt – vielleicht während des Krieges oder in Kanada. Jetzt stürzt plötzlich alles ein, und obwohl Archer herbeigeeilt kommt, um das Desaster abzuwenden, versinken die Schuldigen und die Unschuldigen in einer Art freudianischem Urschleim. Herrliche Bücher. Lesen Sie zuerst ein paar der Archer-Romane aus den Jahren nach 1958. Und werfen Sie sie bloß nicht weg, wenn Sie damit durch sind. In ein paar Jahren können Sie sie wieder lesen, als wäre es das erste Mal.

ELLERY QUEEN
(FREDERIC DANNAY 1905–1982, MANFRED B. LEE 1905–1971)

Die Zeit der Prohibition muß die Entdeckung des eigenen Ichs sehr gefördert haben. Als die US-Amerikaner entdeckten, daß sie hart und zäh und zynisch waren und diese Entdeckung durch die Romane von Hammett und Chandler bestätigt sahen, wachten einige von uns auf und merkten, daß wir schlau waren und uns bei Kreuzworträtseln über unsere geistige Beweglichkeit freuten. Wir spielten Kontraktbridge und wiederholten die Gespräche um den *Round Table* im *Algonquin* von der Clique um Dorothy Parker. Und wir lasen verwickelte Detektivromane und versuchten, die Lösung herauszufinden.

Auf den Büchern der beiden Cousins Dannay und Lee aus Brooklyn stand als Co-Autor Ellery Queen, und sie handelten von einem Detektiv mit demselben Namen. (Es waren jedoch keine Ich-Erzählungen, Ellery Queen schrieb in der dritten Person über sich.) Sie führten die intellektuellen Rätsel von S. S. van Dines unerträglichem Philo Vance zu neuen Höhenflügen. Die alten Ellery-Queen-Krimis wie *The Greek Coffin Mystery* (*Der Sarg des Griechen*, DuMont) und *The Chinese Orange Mystery* stellen eine enorme Herausforderung an den Leser dar, wenn er alle Hinweise erhalten hat, die er zum Lösen des Falles braucht. Die Bücher waren immer fair und teuflisch klug.

Während der vierziger Jahre reifte Ellery Queen, was seine literarische Qualität betrifft, und die Bücher wurden durch eine Fülle von Protagonisten, Schauplätzen und Stimmungen zu mehr als bloßen Denkspielen. *Calamity Town*, *Ten Days' Wonder* und *Cat of Many Tails* sind besonders gelungen.

Allein die Bücher bilden ein gigantisches Werk. Dazu kommen noch ein Haufen von erstklassigen Kurzgeschichten, zahllose Hörspiele und vier Jahrzehnte Herausgeberschaft der bedeutendsten Krimizeitschrift – und nun wird das Ausmaß der Leistung von Lee und Dannay langsam sichtbar.

JACK RITCHIE (1922–1983)

Jahrelang machte ich immer das gleiche, wenn ich eine Ausgabe von *Ellery Queen's* oder *Alfred Hitchcock's Magazine* in die Hand bekam: Ich sah nach, ob darin eine Geschichte von Jack Ritchie war. Wenn ja, las ich die als erstes.

Zu einer Zeit, als man SchriftstellerInnen danach bewertete, wie viele Bäume für ihre Bücher gefällt werden mußten, war Ritchie ein Minimalist. Er schrieb nur Kurzgeschichten, und er bemühte sich darum, jedes überflüssige Wort wegzulassen. Sein Werk war frisch, voller Überraschungen und immer mitreißend, und niemals schrieb er einen schiefen Satz oder eine schlaffe Dialogzeile. Dann starb er plötzlich, seine Geschichten erschienen noch einige Monate lang, und dann gab es keine mehr, und seither greife ich mit weniger Vorfreude zu den *Magazines*. Jetzt sehe ich nach, ob sie eine seiner Geschichten wieder drucken. Wenn ja, lese ich die als erstes.

REX STOUT (1886–1975)

Ich kenne einige Frauen und Männer, die immer und immer wieder die Nero-Wolfe-Romane lesen. Sie lesen natürlich auch andere Bücher, aber alle paar Wochen nehmen sie sich wieder einen von Stouts Romanen vor. Da er vierzig Bücher schrieb, dauert es so vier oder fünf Jahre, bis sie alle durchhaben, und dann fangen sie wieder von vorn an. Das tun sie nicht wegen der Plots, die sind ganz nett, oder wegen der Spannung, die ist minimal, selbst beim erstmaligen Lesen. Die Romane verhelfen auch zu keinen neuen Einblicken in die menschliche Natur. Nein, sie lesen diese Bücher aus dem gleichen Grund, der viele von uns zum Lesen bringt: aus Freude, ein paar Stunden in dem angenehmsten Haushalt zu verbringen, den es in der amerikanischen Sprache gibt, in dem Brownstone-Gebäude in der 35. Straße West, wo Nero Wolfe und Archie Goodwin wohnen.

Die Beziehung zwischen diesen beiden – dem Genie Wolfe und dem Zuarbeiter Archie – ist unendlich faszinierend. Schließlich sind es weniger Wolfes Exzentrizitäten wie die Orchideenzucht, die Agoraphobie, die ausgesuchten Speisen und die gelben Pyjamas als die Nuancen der Charaktere, die uns so faszinieren. Stout schrieb diese Romane mit leichter Hand, jeweils in wenigen Wochen, und wenn die ersten Fahnen an den Drucker gingen, mußte der nicht ein einziges Komma ändern. Auch heute noch erscheinen sie makellos und völlig zeitlos.

JIM THOMPSON (1906–1976)

Thompson veröffentlichte während seines Lebens neunundzwanzig Bücher, und alle waren Taschenbuchoriginale. Mehr als die Hälfte erschien in den fünfziger Jahren, 1953 und 1954 jeweils fünf Romane. Die meisten kamen bei Lion Books heraus, einem drittklassigen Verlag. Sie erhielten kaum Kritiken und hatten nie eine große Lesergemeinde. In den späten Sechzigern schrieb Thompson Romane nach ein paar Skripts für das Fernsehen, um über die Runden zu kommen. Als er starb, waren seine Bücher längst vergriffen.

Sechzehn Jahre nach seinem Tod ist Jim Thompson plötzlich ein brandheißer Tip. Seine Romane um zum Untergang verurteilte Versager und leichtfertige gesellschaftliche Außenseiter werden alle neu aufgelegt, und eine ganze Reihe von Filmen basiert auf seinen Büchern, darunter der Hit *The Grifters* (*Grifters*, Ullstein), für dessen Drehbuch sein Autor Donald E.

Westlake eine Oscar-Nominierung erhielt. Jahrelang wurde Thompson ganz zu Unrecht vernachlässigt. Jetzt bekommt er vermutlich mehr Aufmerksamkeit, als er verdient. Seine Bücher sind hin und wieder wunderbar, betrachten mit äußerst kühlem Blick das Leben und Sterben und zeichnen ein gänzlich unschmeichelhaftes Bild der menschlichen Schwächen. Hin und wieder sind sie aber auch gräßlich, schludrig geschrieben, ohne Charakterentwicklung und mit langweiligen Plots.

The Killer Inside Me (*Der Mörder in mir*, Diogenes), *Pop. 1280* (*Zwölfhundertachtzig schwarze Seelen*, Diogenes) und *The Getaway* (*Getaway*, Diogenes) zeigen Thompson von seiner besten Seite. Er ist bestimmt ein bedeutender Schriftsteller, und man sollte ihn unbedingt lesen, aber man sollte dabei im Hinterkopf haben, daß er nicht Shakespeare ist.

CHARLES WILLEFORD (1919–1988)

In einem seiner Hoke-Mosely-Krimis lieferte Charles Willeford einen Protagonisten, der in Rente ging, nachdem er ein Leben lang Nadelstreifen auf Autotüren gemalt hatte. Darauf lebte er in einer Siedlung in Florida, wo er gern in der Nachbarschaft spazierenging, mit einem freundlichen Wort und einem fröhlichen Lächeln für jeden Nachbarn. Er hatte einen Spazierstock dabei, der innen hohl und mit vergifteten Kügelchen gefüllt war: Der nette alte Knabe brachte mit Vergnügen jeden Hund um, der seinen Weg kreuzte.

Mir fällt niemand sonst ein, der sich diesen kleinen Mann hätte ausdenken können, ganz zu schweigen von seiner glaubwürdigen Charakterisierung. Willeford war ein Spezialist für schrullige Gestalten und verpackte sie in schrullige Geschichten. Der ehemalige Berufssoldat und hochdekorierte Panzerkommandant aus dem Zweiten Weltkrieg schrieb in all den Jahren viele verschiedene Bücher, und in jedem versorgte er uns mit einem schrägen Blick auf das Leben rund um uns herum.

Mit den Hoke-Mosely-Romanen – der erste war *Miami Blues* (Rowohlt) – erreichte Willeford den Höhepunkt seiner Schriftstellerkarriere. Er schrieb vier Romane, einer besser als der andere, und war gerade dabei, eine große Lesergemeinde und die verdiente Anerkennung der Kritiker zu gewinnen, als er sich hinlegte und starb. Das war genau die Sorte Witz, die er schätzte.

Mir wurde erzählt, daß er den Rohentwurf für einen fünften Mosely-Roman hinterließ – unglaublich düster, zu düster, um ihn zu veröffentlichen –, in dem Hoke die Sache abschließt, indem er seine eigenen Töchter ermordet. Wenn es dieses Manuskript irgendwo gibt, will ich es lesen. In der Zwischenzeit sollten Sie die anderen vier lesen. Willeford verfaßte auch eine zweibändige Autobiographie: *I Was Looking for a Street* (*Ein Leben auf der Straße*, Rowohlt) und *Something About a Soldier.* Beide sind ein Genuß.

CORNELL WOOLRICH (1903–1968)

Vor ein paar Jahren las ich eine Kurzgeschichte von Woolrich, in der ein Pulp-Autor sich in ein Hotelzimmer einschließt und die ganze Nacht durcharbeitet, um seine Arbeit rechtzeitig fertigzukriegen. Als er fertig ist, schläft er erschöpft ein, und als er aufwacht, sieht er zu seinem Entsetzen, daß alle Seiten leer sind. In der Schreibmaschine war kein Farbband. Der Autor hat also jede Seite aus der Maschine genommen, ohne zu merken, daß da kein Wort draufstand.

Solche Plots dachte sich Cornell Woolrich aus. Offene Enden, unlogische Entwicklungen und Wendungen kommen reichlich vor, aber das tut nichts zur Sache. Für mich liegt seine große Stärke in seiner einzigartigen Fähigkeit, aus Alpträumen Romane zu machen. Woolrichs Protagonisten drücken sich in schäbigen Tanzsälen und verkommenen Gassen herum. Sie kiffen in fremden Wohnungen, schlucken Drinks, in die jemand was reingetan hat, und laufen, gequält von Wahnvorstellungen, durch unbekannte Straßen. Die Spannung ist gnadenlos, über allem schwebt die Drohung des nahenden Untergangs.

Woolrich schrieb seine besten Bücher ganz zu Anfang, es begann 1940 mit *Die Braut trug Schwarz.*

Meine Hitliste enthält nur US-amerikanische hardboiled-Autoren. Schließlich haben wir da ein reiches Erbe zu verteidigen. Und dies ist keine Liste von Lieblingsbüchern, sondern von Lieblingsautoren. ❶ Anthony Boucher ❷ Fredric Brown ❸ James M. Cain ❹ Raymond Chandler ❺ Stanley Ellin ❻ Erle Stanley Gardner ❼ Dashiell Hammett ❽ Chester Himes ❾ John D. MacDonald ❿ Ross Macdonald ⓫ Ellery Queen ⓬ Jack Ritchie ⓭ Rex Stout ⓮ Jim Thompson ⓯ Charles Willeford ⓰ Cornell Woolrich

Das Bemerkenswerteste an meiner Liste scheint mir die Anzahl der Autoren, die ich weglassen mußte. Ich hätte leicht noch ein ganzes Dutzend aufzählen können. Wenn ich so dumm wäre und lebende dazunehmen würde, müßte ich ein ganzes Buch schreiben. Denn trotz allem, was man so über die klassischen Krimizeiten hört, werden die besten Kriminalromane heute geschrieben. Das hier sind in Wahrheit die guten alten Zeiten, und der Grund für die riesengroße Beliebtheit dieser Literatur ist die Tatsache, daß sie sich in ihrem *Golden Age* befindet. Viele der besten SchriftstellerInnen heutzutage schreiben Kriminalromane und denken sich immer wieder faszinierende neue Sachen aus, die sich vor ihnen noch niemals jemand zu schreiben getraut hat.

Bei viel Weizen hat man auch viel Spreu. Wahrscheinlich sind neunzig Prozent von der gegenwärtigen Krimiproduktion nichts Besonderes – aber war das jemals anders? Die guten Romane, seien Sie versichert, sind wirklich sehr gut.

Sie werden es mir hoffentlich nicht verübeln, wenn ich Ihnen das nicht noch ausführlicher darstelle. Aber denken Sie nur mal an den Genuß, mit dem Sie diese Bücher selbst entdecken werden!

Aus dem Amerikanischen von Nina Schindler

»Lily im Gegenlicht ...« Kriminalromane und die »Bundesprüfstelle für jugendgefährdende Schriften« in den 50er Jahren

Von Alf Mayer-Ebeling

Sechs Jahre nach dem Zweiten Weltkrieg stand Deutschland wieder am Abgrund. Der Gefahr klar ins Auge sah mutig der Volksbibliothekar Otto Eckert. Er warnte 1951: »Der Kriminalroman als Gattung... kann heute als eine ausgesprochene Lektüre der Massen angesehen werden. Die Gründe für die Beliebtheit liegen vor allem in unserer schnellebigen, technisierten, mechanisierten und rationalisierten Zeit, in welcher der gehetzte, von Sorgen bedrängte und mit Arbeit überlastete Mensch, vor allem der Großstädter, der in der Regel die natürlichen Bindungen zu den tiefen und innerlichen Werten des Lebens nur selten verspürt, nach einer Entspannung verlangt, die ihn den Alltag vergessen läßt... Selbst die Romane der Dorothy L. Sayers, Agatha Christie, Erle Stanley Gardner, Stephen Ransome kommen trotz ihrer oft trefflich realistischen Seelendiagnostik nicht ohne jenen gefährlichen Schuß Sensation aus. Der Nimbus eines großen Namens sollte jedenfalls das sachliche Urteil nicht beeinflussen. Schon allein das Problem des Mordes, der zu den erschütterndsten und ernstesten Grenzbezirken unseres zivilierten Daseins gehört, wird durch den Kriminalroman mit einem mehr oder weniger gekonnten Raffinement in der gedanklichen Konstruktion und sprachlichen Gewandtheit bestenfalls auf eine Ebene hinabgezogen, die nur der Unterhaltung und Spannung dient. Durch die Flut der Kriminalromane wird das Amoralische und das Verbrechen bagatellisiert. Sie erhalten dabei den Anschein, als seien sie eine Normalität der Menschheitsgeschichte unserer Zeit. Eine solche gefährliche Entwicklung erfährt auch keine Änderung durch die Richtlinien zur Selbstkontrolle, welche sich neuerdings die österreichischen Kriminalromanverleger gegeben haben, und in denen es heißt, daß in jedem Roman nur ein Mord und keine besonderen Grausamkeiten vorkommen dürfen, und daß am Schluß des Buches der Sieg des Guten zu stehen hat...«

Dies war nicht der sanfte Warnruf eines Feingeistes – sondern eine Kampfansage.

Eckerts Gesinnungsfreund Viktor Zifreund diagnostizierte, ebenfalls 1951 im Mitteilungsblatt *Bücherei und Bildung* des Deutschen Büchereiverbandes und in seinem Aufsatz »Der Widerstreit formaler und stofflicher Grundsätze als das eigentliche Problem der unteren Grenze«, bereits deutschlandweite, eindeutige »Entartungs- und Verfallserscheinungen«. Er hielt fest: »Darstellerische Mängel können in der anspruchslosen Schönliteratur in Grenzen hingenommen werden. Für die Bildung des Intellekts vermag die Literatur der ersten Stufe kaum etwas zu tun. Wohl aber kann sie zur Herzensbildung, zur Bildung des Gemüts beitragen oder zum mindesten dabei helfen, daß dasjenige Schrifttum nicht gelesen wird, das Gefühlsroheit, Zügellosigkeit, die Unterhöhlung und Zersetzung der sozialen Ordnung und noch schlimmeres begünstigt... wo Treue, Würde, Glauben, Liebe, Achtung dadurch entwertet werden, daß Roheit, Gewalttätigkeit, Charakterlosigkeit, Frivolität gewissermaßen zur Selbstverständlichkeit werden, und wo dergleichen mit schriftstellerischem Können dargestellt wird...«

»Lesen«, befanden die Buchzensoren, sei »nicht Selbstzweck. Es ist behilflich, das Leben besser zu verstehen und es dann in reicherer und reiferer Art zu genießen.« Durch Kriminalromane sahen sie »das Amoralische und das Verbrechen bagatellisiert; sie erhalten den Anschein, als seien sie eine Normalität der Menschheitsgeschichte unserer Zeit.« Nein, der Kriminalroman war für sie ein ganz und gar untaugliches Mittel der »Volksbildung«, sei doch »außerdem heute ein Schwund der Menschenschicht zu bemerken, die stark genug ist, sich dem Massenmenschentum entgegenzustellen«. Die Leiter der

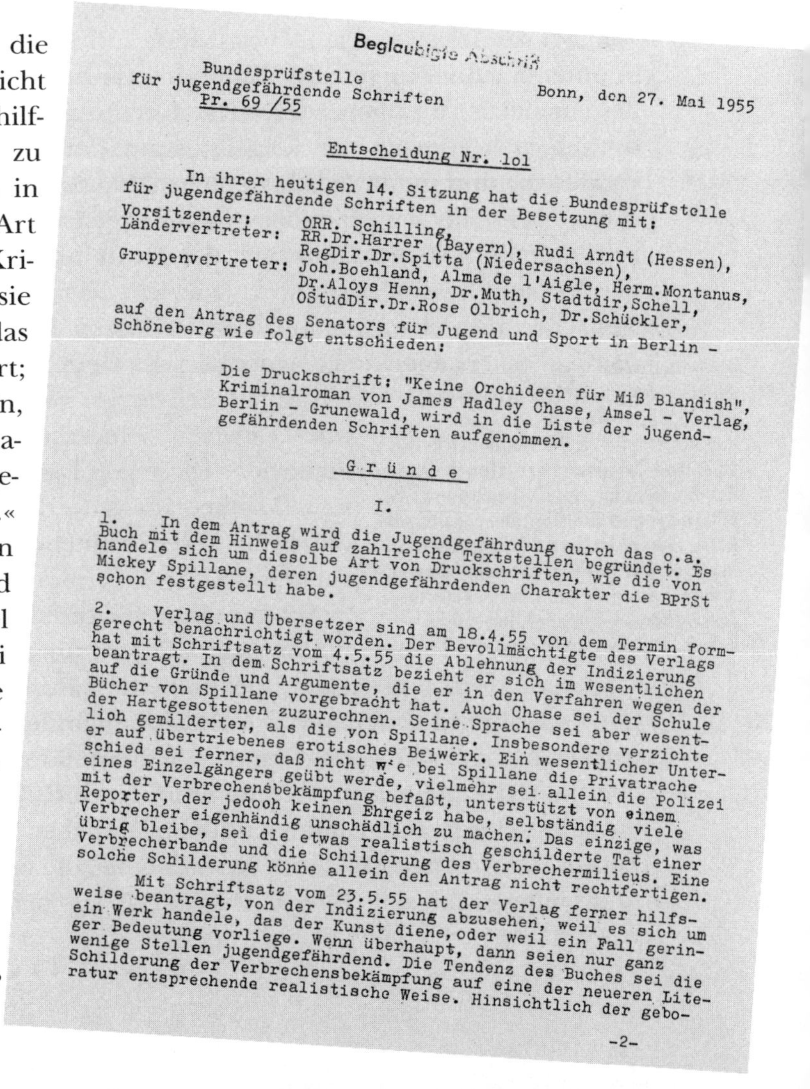
Beglaubigte Abschrift

Bundesprüfstelle
für jugendgefährdende Schriften
Pr. 69 /55

Bonn, den 27. Mai 1955

Entscheidung Nr. 1o1

In ihrer heutigen 14. Sitzung hat die Bundesprüfstelle
für jugendgefährdende Schriften in der Besetzung mit:
Vorsitzender: ORR. Schilling,
Ländervertreter: RR.Dr.Harrer (Bayern), Rudi Arndt (Hessen),
RegDir.Dr.Spitta (Niedersachsen),
Gruppenvertreter: Joh.Boehland, Alma de l'Aigle, Herm.Montanus,
Dr.Aloys Henn, Dr.Muth, Stadtdir,Schell,
OStudDir.Dr.Rose Olbrich, Dr.Schückler,
auf den Antrag des Senators für Jugend und Sport in Berlin -
Schöneberg wie folgt entschieden:

Die Druckschrift: "Keine Orchideen für Miß Blandish",
Kriminalroman von James Hadley Chase, Amsel - Verlag,
Berlin - Grunewald, wird in die Liste der jugend-
gefährdenden Schriften aufgenommen.

Gründe

I.

1. In dem Antrag wird die Jugendgefährdung durch das o.a.
Buch mit dem Hinweis auf zahlreiche Textstellen begründet. Es
handele sich um dieselbe Art von Druckschriften, wie die von
Mickey Spillane, deren jugendgefährdenden Charakter die BPrSt
schon festgestellt habe.

2. Verlag und Übersetzer sind am 18.4.55 von dem Termin form-
gerecht benachrichtigt worden. Der Bevollmächtigte des Verlags
hat mit Schriftsatz vom 4.5.55 die Ablehnung der Indizierung
beantragt. In dem Schriftsatz bezieht er sich im wesentlichen
auf die Gründe und Argumente, die er in den Verfahren wegen der
Bücher von Spillane vorgebracht hat. Auch Chase sei der Schule
der Hartgesottenen zuzurechnen. Seine Sprache sei aber wesentlich gemilderter, als die von Spillane. Insbesondere verzichte
er auf übertriebenes erotisches Beiwerk. Ein wesentlicher Unterschied sei ferner, daß nicht wie bei Spillane die Privatrache
eines Einzelgängers geübt werde, vielmehr sei allein die Polizei
mit der Verbrechensbekämpfung befaßt, unterstützt von einem
Reporter, der jedoch keinen Ehrgeiz habe, selbständig viele
Verbrecher eigenhändig unschädlich zu machen. Das einzige, was
übrig bleibe, sei die etwas realistisch geschilderte Tat einer
Verbrecherbande und die Schilderung des Verbrechermilieus. Eine
solche Schilderung könne allein den Antrag nicht rechtfertigen.

Mit Schriftsatz vom 23.5.55 hat der Verlag ferner hilfs-
weise beantragt, von der Indizierung abzusehen, weil es sich um
ein Werk handele, das der Kunst diene, oder weil ein Fall geringer Bedeutung vorliege. Wenn überhaupt, dann seien nur ganz
wenige Stellen jugendgefährdend. Die Tendenz des Buches sei die
Schilderung der Verbrechensbekämpfung auf eine der neueren Literatur entsprechende realistische Weise. Hinsichtlich der gebo-

-2-

»Volksbüchereien« wollten »auf keinen Fall die Gewöhnung an Sensationen fördern«. Leser »gepfefferter Literatur«, und dazu zählte man sogar die von Graham Greene (sein *Orientexpreß* galt als »mit einer Sphäre von schwüler Erotik und Perversion umgeben«), waren den verkappten Volkspädagogen »für das gute Buch von literarischem Wert verloren«.

Hans Harald Breddin diagnostizierte in »Über Wertung und Wirkung der Unterhaltungsliteratur«: »Die Gefahr des Spannungsbuches liegt darin, daß der Leser, hat er sich einmal daran gewöhnt, von ihm nicht wieder loskommt. Diese Gefahr ist um so größer, je primitiver das einzelne Buch ist, je mehr es sich der Schablone bedient. Um so ausschließlicher nämlich ist die ganze Aufmerksamkeit des Lesers auf die Spannung selbst gerichtet. Um so fanatischer sucht er von Buch zu Buch nur noch die immer stärkere Spannung... Für das Lesen der Frau dürfte die Identifikation im allgemeinen eine größere Bedeutung haben als für das Lesen des Mannes. Aber solche Lesestufen lassen sich nicht schematisch festlegen und bestimmten Lebensaltern zuordnen. Das Lesen ist ein *Lebens*vorgang, an dem der *ganze* Mensch beteiligt ist...«

Auch ein Bericht von der Bibliothekars-Landesgruppe Baden-Württemberg meldete Alarmierendes: »Die Gefahren, die dem jungen Menschen drohen, sind – neben der Sexualisierung – die Brutalisierung, die Gemütsverhärtung und die Vermittlung eines falschen, verzerrten Weltbildes... Wir sollten aber ein entschiedenes ›nein‹ sagen zu allen Unterhaltungsromanen, die mit dem Bösen und mit der Erotik bzw. mit der Sexualität nur um der Wirkung willen spielen – nach dem Vorbild gewisser amerikanischer Bestseller, die leider von unseren Verlegern nur zu bedenkenlos und geschäftstüchtig übernommen worden sind. Hier sind die Buchfabriken am Werk, denen es gleich ist, was ihre Bücher anrichten, wenn sie nur hohe Auflagen erreichen. Diese Art Literatur ist die geschäftstüchtige ›Mache‹, die ›Afterliteratur‹ unserer Tage, für die es in unseren Büchereien keinen Raum geben sollte.«

Die Reihen nannten sich: Zack, Die Welt der Abenteuer, Geschichten, die das Leben schrieb, Lupus-Romane, Die grüne buntkarierte Reihe, Die spannende Reihe, Alpenland-Kriminalroman, Club-Roman, Rot-Blaue, Gelbe, Rot-Gelbe, Grüne Reihe, Gloria. Der gute Kriminalroman, Kriminal-Kurier, Spinne im Netz, Der Sensations-Reporter, Das Schlüsselloch oder Camping-Kriminalroman. Es gab Amsel-, Kranich-, Zebra-, Bären-, Spinnen-, Ibis-, Drei Raben-, Panther- und Krähen-Bücher.

Mit beinahe priesterlichem Sendungsbewußtsein, hinter dem sich viel an zipfelmützigem Obrigkeitsstaat verbarg, kämpften die Büchereileiter für eine neue (alte) Lebensordnung – während draußen das Wirtschaftswunder wild und bunt und grell wucherte. Über 60 Verlage und Schriftenreihen brachten in den frühen 50er Jahren Kriminalromane und Krimigeschichten auf den Markt.

Während der Markt immer unübersichtlicher wurde, formierte sich die Zensurlobby. Es gab die *Aktion Schmökergrab*, die vor allem Material sicherte, und, neuerstarkt, den *Volkswartbund*. 1927 als privater katholischer Verein gegründet, überstand er die Nazi-Zeit unbeschadet. Seit 1951 nannte er sich *Bischöfliche Arbeitsstelle für Fragen der Volkssittlichkeit*, wurde stark vom Erzbischof der Adenauer-Stadt Köln kontrolliert und übernahm im Auftrag der Fuldaer Bischofskonferenz »vor allem die Wahrnehmung des literarischen Jugendschutzes und die Bekämpfung der öffentlichen Unsittlichkeit«. (1965 organisierte der *Jugendbund für entschiedenes Christentum* in Düsseldorf gar eine Bücherverbrennung, der *Die Blechtrommel* von Günter Grass, *Der Fall* von Camus, Nabokovs *Lolita* und Kästners *Herz auf Taille* wegen Unsittlichkeit zum Opfer fielen.)

Am 9. Juni 1953 war es soweit. Der Bundestag beschloß das *Gesetz über die Verbreitung jugendgefährdender Schriften* (GjS). Darin heißt es: »Schriften, die geeignet sind, Jugendliche sittlich zu gefährden, sind in eine Liste aufzunehmen. Dazu zählen vor allem unsittliche sowie Verbrechen, Krieg und Rassenhaß verherrlichende Schriften... Zur Durchführung dieser Aufgaben wird eine Bundesprüfstelle errichtet...« Der *Volkswartbund* bezeichnete sich stolz als Initiator der Bundesprüfstelle. Ihr erster Leiter war Staatsanwalt Dr. Robert Schilling, der zwölf Jahre amtierte.

1956 berichtete er über den Stand des Kampfes gegen jugendgefährdende Schriften: »In Kreisen der Freunde der Jugend gibt es eine andere Meinung, die dahin geht: Nicht das Schlechte verbieten, sondern das Gute fördern! Ich halte diese Alternative für töricht, für ebenso töricht, wie ich einen Gärtner halten würde, der sagte: ›Ich will kein Unkraut jäten, ich will nur die Kulturpflanze pflegen!‹ In kürzester Zeit wäre sein Garten verwildert und seine Blumen wären vom Unkraut erstickt... Das Schlechte hat nicht nur die besseren und erfolgreicheren Vertriebsmethoden. Es ist stets auch anreißerischer und daher attraktiver. Die Gewöhnung an Schmutz und Schund führt zu einer suchtähnlichen Haltung, sie verseucht und verdirbt. Seine Verbreitung vermehrt die Reihen derer, für die Schönes und Gutes keine Begriffe mehr sind, die sich an überpfefferte Kost und an Reizlektüre gewöhnt haben. Wer durch Schundlektüre nachhaltig verdorben ist, der ist für das gute Buch verloren... Dies gilt besonders für eine verrohende, sozialwidrige Art von Leihbuchromanen...«

Die Verfasser des Gesetzes über die Verbreitung jugendgefährdender Schriften lernten aus der partiellen Ohnmacht, die das *Reichsgesetz zur Bewahrung der Jugend vor Schmutz und Schund* von 1926 den staatlichen Sittenwächtern aufgebürdet hatte. Die Nachkriegsjuristen vermieden bewußt die Begriffe »Schmutz und Schund«, handelte es sich dabei doch, so der Bundesprüfstellenvorsitzende Schilling, »um eine *literarische* Bewertung, man ließ nur solche Schriften unter das alte Gesetz fallen, die in ethischer Hinsicht minderwertig und literarisch völlig wertlos waren... Das neue Gesetz ist dagegen auf eine *pädagogisch-psychologische* Bewertung abgestellt und bezieht sich auf ›Schriften, die geeignet sind, Jugendliche zu gefährden‹. Es soll nur auf solche jugendgefährdenden Schriften nicht angewendet werden, die ›der Kunst oder der Wissenschaft ... dienen‹.« Die Romane von Pitigrilli zum Beispiel, bedauerte Schilling, entgingen in der Weimarer Republik der Zensur, »obwohl sie in höchstem Maße jugendgefährdend, sogar ausgesprochen moralisch zersetzend und sozialgefährlich, aber literarisch nicht völlig wertlos seien und daher nicht dem ›Schund‹ zuzuordnen wären«. Die Gesetzesneufassung erfasse nun aber endlich »die Schriften von Pitigrilli – mit der Begründung, sie seien sittlich jugendgefährdend, ohne zu den Schriften zu gehören, die der Kunst dienen. Damit hat das Gesetz heute einen wesentlich anderen Charakter ... Diese Definition ist zwar sehr weit«, räumte Schilling ein, »und ihr geradezu unübersehbares Ausdehnungsgebiet ist bei den Beratungen auch kritisiert worden.« Doch gäbe es genügend Grenzziehungen und Bagatellregelungen. Außerdem könne die Bundesprüfstelle »nicht von sich aus gegen Schriften vorgehen, eine Tatsache, die in der Öffentlichkeit noch immer häufig verkannt wird. Sie ›überwacht‹ nicht den Markt, sondern sie wird nur tätig, wenn wegen einer bestimmten Schrift ein Antrag gestellt wird. Und antragsberechtigt ist nicht jedermann, sondern nur der Bundesminister des Innern und die obersten Jugendbehörden der Länder ... Dieses Antragssystem wirkt wie ein Sieb.« Über einen Antrag mußte und muß die Bundesprüfstelle (BPrSt) in einer Verhandlung entscheiden, und zwar nach Anhörung der Betroffenen (AutorInnen, VerlegerInnen, ÜbersetzerInnen). Entscheidungen fallen in einem zwölfköpfigen Ausschuß, der monatlich einmal zusammenkommt und dem, neben dem hauptamtlichen Vorsitzenden Schilling, elf ehrenamtliche Beisitzer angehören, die aus Pädagogik, Jugendwohlfahrt, Kunst und Literatur, Buchhandel und Kirchen kommen. Beschlüsse brauchen eine Zweidrittelmehrheit, für die Gegenwehr gibt es drei Instanzen, von der Anfechtungsklage beim Landgericht bis zur Berufung und dann Revision beim Bundesverwaltungsgericht.

In die Liste jugendgefährdender Schriften aufgenommen wurden vom Beginn der Tätigkeit im Mai 1954 bis zum 31. 12. 1955 aufgrund von insgesamt 210 Anträgen im ganzen »150 Einzelschriften, und zwar: 81 Kriminalreißer, 36 Comics, 11 Nummern von Zeitschriften für Homosexuelle, 11 Aktbildmagazine, 6 Sittenromane ... Es gab 19 gerichtliche Anfechtungen ...« Der Kölner Bahnhofsbuchhändler Ludwig sorgte für kurzzeitiges Aufsehen, als er unter Protest sein Beisitzeramt niederlegte.

Staatsanwalt Schilling sah in seiner Jahresbilanz 1955 »zwei ganz unverkennbare Schwerpunkte: die Comics und die Kriminalreißer mit minderwertigem Stoff und entartetem Stil... Die Leihbuchverlage geben monatlich rund 75 Romane turbulenterer Art heraus, und es ist nach bisherigen Erfahrungen zu hoch geschätzt, wenn *25–30 dieser Titel als jugendgefährdend* angesehen werden. Jeder Titel wandert in einer Auflage von rund 2000 Stück in die Leihbüchereien, wo sie mindestens 20mal verliehen werden (12 Verleihungen decken erst die Buchkosten). *Das bedeutet eine mindestens 120 000fache Verbreitung dieser verbrecherischen Monatsproduktion bzw. eine 40 000fache Verbreitung eines jeden einzelnen Titels.* (Hervorhebungen im Original.) Das bedeutet ferner eine ununterbrochene Berieselung breitester Kreise – darunter zweifellos ein erhebliches Kontingent an sogenannten Halbstarken – mit fortgesetzten Einflüssen, die zur Roheit verführen, und mit ähnlichen Einflüssen sozialwidriger Art.« Bis 1957 war eine stolze Summe von 790 Büchern, Heftreihen, Einzelnummern von Zeitschriften und anderen Gegenständen auf die Liste gesetzt worden, »davon 325 automatisch wegen unzüchtigen Inhalts (gemäß § 184 StGB) und 465 aufgrund antragsgemäßer Entscheidung«.

Nach drei Jahren Tätigkeit kommentierte Schilling seine Arbeit auf folgende Art: »Die Kommission kommt einmal monatlich zusammen. Bis zur Entscheidung über einen eingereichten Antrag ist im günstigsten Fall mit einem Zeitraum von sechs Monaten zu rechnen. Bis dahin hat ein solches Werk (Auflage in der Regel 2000) rund 20 000 Leser erreicht. Auch ist das Niveau dieser Bücher so eindeutig niedrig, daß man sich fragen muß, ob ein solcher Aufwand zu ihrer Überprüfung überhaupt lohnt, da ja auch die Aufnahme in die Verbotsliste sich praktisch kaum auswirkt. Von rund 20 000 gewerblichen Ausleihstellen sind nämlich nur etwa 2000–3000 organisiert. Der größte Teil erhält also keine Kenntnis von einem Verbot. Die Polizeibehörde sieht sich nicht in der Lage, eine Kontrolle auszuüben. 50 Verlage dieser Art bringen im Jahr rund 200 Titel in 2000 Exemplaren = 400 000 Bände heraus. Bei 20 Entleihungen pro Band stehen wir damit vor dem erschreckenden Resultat, daß 8 000 000 Leser an diese Literatur herankommen. Man schätzt das jährliche Ausleihergebnis der Volksbüchereien auf 60 000 000, das der gewerblichen Leihbüchereien dagegen auf 600 000 000 Bände!«

Schillings »Hauptfeinde« waren »Kriminalreißer übelster Art«. In einem Vortrag malte er 1957 einem schaudernden Publikum einen Steckbrief aus, der sich in den Einzelheiten auf den Roman *Ich, der Richter* von Mickey Spillane und in seiner pauschalisierenden Verdammung mehr oder minder auf die gesamte US-amerikanische hardboiled-Schule bezog (die bekanntermaßen als Reflexion gesellschaftlicher Veränderungen entstand).

So gut wie jeder heute hochangesehene hardboiled-Autor landete damals bei der Bundesprüfstelle. Schilling begründete auch, warum: »Es handelt sich dabei nicht um Kriminalromane herkömmlicher Art, bei denen die Aufklärung von Verbrechen und die Auseinandersetzung mit den Tätern und mit ihrem Milieu der Gegenstand der Darstellung ist und die im wesentlichen die freie Phantasie und den Verstand der Leser ansprechen. Sondern es handelt sich um Schunderzeugnisse neuerer Prägung, für deren minderwertigen Stoff und entarteten Stil die Bezeichnung Kriminalroman viel zu ehrenwert ist. Der Gegenstand dieser Schriften ist ausschließlich die minutiöse Schilderung gemeinster und schwerster Verbrechen – zum Teil bis zum Wert einer Gebrauchsanweisung –, rohester und brutalster Grausamkeiten und sadistischer Folterungen, meist um Aussagen zu erzwingen, fast immer in einem dem Jargon der Gasse angepaßten Stil und mit sadistischer Freude an der Ausmalung grauenerregender Einzelheiten, z. B. der Schreie der Mißhandelten und Gequälten, der Geräusche des Knochenbrechens usw. Auch Sittlichkeitsverbrechen fehlen nicht in der Thematik, und wo sie fehlen, wird vielfach eine rohe sexuelle oder sexuell-sadistische Note auf andere Weise hineingebracht, meistens dadurch, daß entkleidete Frauen gequält werden, daß Frauen mit exhibitionistischen oder perversen Zügen auftreten, oder daß die Handlung ins Bordellmilieu verlegt wird... Jedoch kann eine Beschreibung demjenigen, der solche Romane nicht kennt, nur eine ungenügende Vorstellung von dem abgrundtiefen Grade der Gemeinheit und der Sozialwidrigkeit dieser Art Veröffentlichungen vermitteln. Um ihn restlos zu überzeugen, müßte man einen solchen Roman ausführlich analysieren, wie das in den Entscheidungen der BPrSt – schon aus kulturhistorischen und sozialkundlichen Gründen – meist geschieht.«

EINIGE FÄLLE

James M. Cains heute klassischer Kriminalroman *Die Rechnung ohne den Wirt*, 1950 bei Rowohlt erschienen und besser bekannt als *Wenn der Postmann zweimal klingelt*, wurde schon 1951 in der Bibliothekars-Zeitschrift *Bücherei und Bildung* – trotz gegenteiliger Meinung von Thomas Mann und Dos Passos auf dem Umschlag, die das Buch zu den »hundert besten zeitgenössischen amerikanischen Büchern zählen« – als Machwerk abgetan:

»Auf den Normalleser kann die Wirkung des ganzen Buches nur abstoßend sein. Beide Mörder sind ausgesprochene Triebmenschen. Sie können in keiner Phase die Teilnahme des Lesers in Anspruch nehmen, die man auch einem verbrecherischen Liebespaar nicht verweigern kann, wenn sie mehr als der nackte animalische Trieb miteinander verbindet.« Auf Antrag des niedersächsischen Kultusministeriums gelangte das Buch dann 1959 zu der 62. Sitzung der Bundesprüfstelle. Der Verlagsanwalt argumentierte, der Titel sei schon 1950 erschienen, ohne seitdem jemals beanstandet worden zu sein. Er müsse als ein literarisches Kunstwerk bewertet werden, wofür auch die Übersetzung durch die bekannten Autoren Peter de Mendelssohn und Hilde Spiel spreche. Das half nichts, denn »die Schrift wurde als zweifellos und in einem erheblichen Maße jugendgefährdend beurteilt... wegen der suggestiv dargestellten Gesamthandlung, die auf Jugendliche einen sozialethisch verwirrenden Einfluß ausüben muß. Vorgeführt wird das Thema des ›perfekten Mordes‹, der begangen wird aus dem Motiv des beharrlich praktizierten und stellenweise (S. 35 ff.) geradezu verherrlichten Ehebruchs, und der sich ereignet in einer das ganze Buch beherrschenden schwülen Atmosphäre hemmungsloser sexueller Triebhaftigkeit..., die teils die sexuelle Phantasie jugendlicher Leser in erziehungswidriger Weise anregt (so z. B. S. 13, 16, 60/61, 116, 148)... Dieser charakterlich und sozialethisch depravierenden Gesamtatmosphäre steht nichts Positives gegenüber.«

»Ganz unzweifelhaft jugendgefährdend« war den Gutachtern auch der Roman *Das wandernde Ziel (The Moving Target)*, der als einer der besten von Ross Macdonald gilt. Schnapp, war er in der Schublade: »Es handelt sich um einen Kriminalreißer nach dem bekannten Spillaneschen ›Crime and Sex‹-Rezept... Die Schrift scheint zwar schon vor längerer Zeit erschienen zu sein. Erfahrungsgemäß stehen aber solche Leihbücher noch jahrelang in den Leihbüchereien aus. Auch verbot die Schwere der durch diese Schrift zu besorgenden Jugendgefährdung die Annahme eines Falles geringer Bedeutung.«

Haltet den Dieb! rief das Gutachtergremium am 27. 9. 1957 auch angesichts der Druckschrift *Haltet diesen Mann* von Peter Rabe, der als hardboiled-Autor erst heute Wiedergutmachung erfährt. »Jugendgefährdend« war sein Thriller, weil er »wegen der

Darstellung zahlreicher Grausamkeiten verrohend wirke, und weil durch die Schilderung von Begegnungen mit Frauen und durch die Beschreibung dieser Frauen auch das sexuelle Moment stark zum Ausdruck komme«. Zwischen Kinnhaken und Pistolengefuchtel »sind Schilderungen eingestreut, die die jugendliche Phantasie in sexueller Hinsicht aufzureizen geeignet sind, z. B. S. 41 (›Zigarettengirl mit hautenger Kleidung, die ihre Linien gebührend hervorheben‹; – ›seine Augen tasteten sich an ihrem Körper entlang‹), S. 44 (dasselbe Girl bei der Entkleidung), S. 52 (eine halbtrunkene Frau läßt sich von einem Mann entkleiden), S. 72 (eine ›Halbweltdame‹ beugt sich, so daß sich der Ausschnitt ihres Kleides öffnete; ›was sich da bot, fand Catell gar nicht übel‹), S. 96 (eine Frau in hautengem Kleid; ›das Kleid hat eine stärkere Wirkung als die Haut‹), S. 97 (Lily bei einem aufreizenden Tanz; ›das Heben und Senken ihrer Brüste war die einzige Bewegung‹) und S. 105 (Lily im Gegenlicht, das ›deutlich ihre Konturen abzeichnete‹)«.

Indiziert wurde 1956 auch Evan Hunters (i. e. Ed McBains) *Schlaf des Vergessens.* Der als Pantherbuch Nr. 43 erschienene Roman gehöre »in die Kategorie der seit Mickey Spillane entarteten ›harten‹ amerikanischen Kriminalreißer, die charakterisiert werden durch die beiden Eigenschaften ›Brutalität und Sex‹. Beide Elemente dieser Art von ›Thriller‹ sind in dem vorliegenden Taschenbuch reinrassig vertreten.« Anführungszeichen verwendete diese »Entscheidung Nr. 207« dabei lediglich für das Wort *harte* amerikanische Kriminalreißer, nicht für *entartet* und *reinrassig.* »Nicht wesentlich von den bereits in der Liste der jugendgefährdenden Schriften befindlichen 18 anderen Pantherbüchern« unterscheide sich Stephen Marlowes *In letzter Sekunde* (*Model for Murder*), befand Entscheidung Nr. 192 vom 18. Mai 1956.

»Selbst eine der wenigen sauberen Figuren erschien in einem schwarzen Samtrock, ›der sich eng um ihre Hüften schmiegte‹ und ›unter ihrer weißen Bluse hoben und senkten sich ihre Brüste in heftigen Atemstößen‹ (S. 48/49). Eine ausgedehnte Szene spielt in einem Photoatelier, in dem unzüchtige Bilder ›für Neurotiker‹ hergestellt wurden, was zu einer Beschreibung der entsprechend aufgemachten Mädchen Anlaß gab …«

Ihren schlechten – und heute guten – Ruf erwarben sich die Pantherbücher des Lehning-Verlags mit der Entscheidung Nr. 41 vom 15. Januar 1955, die gleich sieben Romane auf einen Streich »als schwer jugendgefährdend« einstufte, »weil sie durch die gehäufte Darstellung von schwersten Verbrechen und rohen Gewalttaten, die zynisch und mit brutaler Ausmalung aller Einzelheiten geschildert werden, in Verbindung mit aufpeitschenden sexuellen Szenen und Einzelbeschreibungen auf jugendliche Leser einen sittlich depravierenden Einfluß auszuüben geeignet sind«. Die sieben Missetäter waren *Und dann kam die Nacht* von Gil Brewer, *Hexenjagd* von Wade Miller, *Lockendes Dunkel* von Edward Ronns, *Verfluchte Hexe* von Don Stanford, *Teilhaber des Todes* von Richard S. Prather und mit *Der Tod ist schnell* und *Richte mich nicht* gleich zwei Bücher des längst weltweit geschätzten John D. MacDonald.

Die pauschalen Urteilsgründe: »Die geradezu elegante Selbstverständlichkeit, mit der Verbrechen und selbst Morde dargestellt werden, müsse die Vorstellungswelt und den Willen der Jugendlichen zwangsläufig in die Bahn erbarmungsloser Roheit lenken, ihr Ordnungsbild fehlorientieren, ihr den rücksichtslosen Amateurgangster als Leitbild aufdrängen, ihre sexual-ethischen Vorstellungen verwirren und ihre sittliche Entwicklung empfindlich stören. Diese blutrünstigen Kolportage-Romane – Übersetzungen erfolgreicher amerikanischer Pocket-Books – repräsentieren als typisch verrohende und aufpeitschende Schriften alle Merkmale einer schweren sittlichen Gefährdung, die noch dadurch verstärkt wird, daß die raffinierte Spannungssteigerung in Verbindung mit der anreißerischen Umschlaggestaltung den jugendlichen Leser mit geradezu suggestiver Kraft zum Erwerb immer weiterer Bücher dieser Reihe anreize.«

Meine Hitliste
❶ James Lee Burke: Blut in den Bayous ❷ Jerome Charyn: Paradise Man ❸ Richard Condon: Nur Geld zählt; Der Patriarch ❹ Alan Furst: Soldaten der Nacht ❺ Richard Hoyt: Castros Coup; Schweigegeld für Harry ❻ Nicolas Freeling: alles, besonders: Bluthund; Van der Valk muß schweigen; Der Himmel über Flandern ❼ Julian Rathbone: Grünfinger ❽ Derek Raymond: Er starb mit offenen Augen; Der Teufel hat Heimaturlaub; Wie die Toten leben; Ich war Dora Suarez; Roter Nebel ❾ Ray Ring: Die Frau des Richters ❿ Charles Willeford: Miami Blues; Seitenhieb; Auch die Toten dürfen hoffen; Bis uns der Tod verbindet; Hahnenkampf

Die Bundesprüfstelle blieb hart gegen die hardboiled-AutorInnen und befand: »Bei den eigentlichen Detektiv- und Kriminalromanen handelt es sich stets darum, daß der Kriminalist, sei er Kriminalbeamter, Detektiv oder Privatmann, ein oder mehrere Verbrechen mehr oder weniger geistreich der Aufklärung zuführt, wobei die Leser intellektuell angesprochen und zum Mitdenken und Kombinieren angeregt werden.« Wiederfinden konnten sich in einer solchen Harmlosigkeitsdefinition die Krimis von Edgar Wallace – und deren bekanntester Fan hieß damals Konrad Adenauer. Er war der Bundeskanzler dieser zensurfreudigen Republik.

Der Mann, der uns Chandler und Hammett brachte
Krimipionier Karl Anders und seine Krähen-Bücher

Von Alf Mayer-Ebeling

Kriminalromane sind die Literatur der Demokratie. »Der Kriminalroman und sein Detektiv sind nur in einer Welt möglich, die nicht der Allgewalt des Staates, der Gestapo oder des NKWD ausgeliefert ist. In einem Polizeistaat ist ein Sherlock Holmes selbst als literarische Figur undenkbar.« Solches Gedankengut versuchte nach dem Zweiten Weltkrieg – zum Beispiel 1951 bei einem Vortrag vor deutschen Bibliothekaren – ein Mann den Deutschen einzubleuen, dessen eigene Lebensgeschichte diese These auf das bildhafteste belegt. Der Mann, der nach dem Ende des Zweiten Weltkriegs die Kriminalromane von Raymond Chandler, Dashiell Hammett, Eric Ambler und anderen Autoren nach Deutschland brachte, der sein Bücherleben lang für das Ansehen der Kriminalliteratur kämpfte, dieser Pionier verkörperte als Person tatsächlich die oft so leichthin behauptete Verbindung von Kriminalroman und Politik.

Der Mann, in dessen englischem Paß »also known as Karl Anders« stand, hieß nicht immer so. Er hieß so, weil er – als Deutscher – damals anders war. Im Mai 1954 kam er mit diesem Namen in das vom Faschismus verwüstete Deutschland zurück. Wer ihn an seinem neuen Namen erkannte, war auf seiner Seite, hatte die »Feindnachrichten« der BBC im Radio gehört. Bis Karl Anders heimkehren konnte, war viel passiert. Geboren wurde er 1907 als Kurt Wilhelm Naumann in Berlin. Er wuchs in Armut auf, brachte sich seine Bildung selber bei, war »jugendbewegt«, links und Anarchist, »vorweggenommen 68er-bewegt«, wie er sagte. Nach dem »Blut-Mai« am 1. Mai 1929 trat er am nächsten Tag in die KPD ein. Als Deutschland begann, unter einem Namen – dem des »Führers« – zu firmieren, wechselte er den seinen. Am Tag der Machtergreifung Hitlers ging er endgültig in den Untergrund, kämpfte als KPD-Mitglied und Agitpropleiter gegen die Faschisten, wechselte seine Identität wie schmutzige Wäsche. Der Mann mit den vielen Namen war aktiv im Widerstand gegen die Nazis. Zwar manchmal mit einer Pistole im Hosenbund, waren seine Waffen doch eher geistige: Aufklärung,

Argumente, Flugblätter, Zeitungen, Öffentlichkeitsaktionen. Die Verhaftung eines Kontaktmannes verhinderte die Reise nach Moskau und damit das Studium an der Lenin-Akademie.

Zunehmend irritiert vom Machtkampf der Kommunisten untereinander, setzte er sich (»kündigen konnte man nicht«) in die Tschechoslowakei, dann, während des Einmarsches der Wehrmacht, nach Polen ab: mit Skiern über die Hohe Tatra. Erreichte, die Deutschen wieder auf seinen Fersen, per Flugzeug an der baltischen Küste entlang und mit 5000 (!) Nansen-Paßanträgen (Emigrierter und Juden) im Gepäck, England. Schrieb sich in Oxford ein. Der »Ungebildete« las und las, schrieb an einem Buch *Der Hunger als Waffe*, war vom Kommen des Zweiten Weltkrieges überzeugt. Inzwischen verheiratet, wurde er nach der Eroberung von Paris, wie alle nach England Emigrierten, von seiner Frau getrennt und interniert.

Der damals 33jährige kam auf der Isle of Man ins Lager und fand dort Anschluß an die Emigrantengruppe »Neu Beginnen!«, die eine verblüffend realistische Faschismusanalyse entwickelt hatte: Sie ging davon aus, daß die Nazis zwölf Jahre an der Macht bleiben würden, Widerstandsarbeit deswegen langfristig angelegt werden mußte. Mit Hilfe der Briten kam es zur Einrichtung des »Feindsenders« *Europäische Revolution*, der 1943 wegen Zensurstreitereien eingestellt wurde. Richard Löwenthal, Waldemar von Knöringen, der spätere SWF-Intendant Fritz Eberhard, Karl Anders und andere fanden, ganz die britische Art, Anstellung bei der BBC.

»Tam, tam, tam, tam, hier spricht England, hier spricht England«, mit einer konspirativ-dumpfen afrikanischen Trommel, dem Buchstaben »V« für *victory* im Morse-Alphabet nachgebildet, begannen diese »Feindsendungen«.

Karl Anders betreute dort bis Kriegsende die Sendungen für die deutschen Arbeiter. Unmittelbar nach der Kapitulation reiste er als erster Emigrationsheimkehrer in britischer Offiziersuniform und als Begleiter des BBC-Chefs Allan Bullock durch das zerstörte Deutschland. Kehrte kurze Zeit später endgültig zurück: als Deutschlandkorrespondent der BBC und – mit dem bis zu seinem Lebensende beibehaltenen Namen – als Karl Anders. Denn unter diesem *nome de guerre* kannten ihn die Radiohörer, daran knüpfte er bewußt an. Und ganz bewußt beobachtete er die Nürnberger Prozesse gegen die Nazi-Kriegsverbrecher vom ersten bis zum letzten Tag und berichtete davon seinen Landsleuten. Diese BBC-Berichte faßte er zu einem Buch zusammen, das nicht nur wegen seiner politischen Analyse zeitlos geblieben ist. Karl Anders fand damals den Mut, etwas Ungewöhnliches zu tun: Er differenzierte und versuchte, das Innenleben und den Mechanismus des Faschismus zu ergründen. Er ging mit den entsprechenden Kapiteln in die Gefängniszellen zu Speer, Papen, Schacht und dem Goebbels-Stellvertreter Fritzsche, brachte diese Gespräche über Schuld und Gewissen in den Text ein. Auch das Problem der *Kollektivschuld* (die er verneinte) registrierte der politisch wache Journalist schon im Gerichtssaal:

»Wenn man mit der Schuld nicht fertig wird, baut man die Zukunft Deutschlands auf ein Fundament der Lüge, der Selbstzufriedenheit, auf einen moralischen Morast, und das ist schlimmer, als sie auf Sand zu bauen... Wird es zur neuen Schuld des deutschen Volkes werden, aus der eigenen Vergangenheit nichts gelernt zu haben?«

Das heute noch erstaunliche (aber längst vergriffene) Werk veröffentlichte Karl Anders unter dem Titel *Im Nürnberger Irrgarten* (Control license US-E-149 1946) im eigenen Verlag. Es war der Nürnberger Nest-Verlag, gegründet 1946 zusammen mit dem ehemaligen KZ-Häftling und »Lizenzträger« Rudolf Zitzmann und dem Ex-Zuchthäusler Willi Geusendam. Der Verlag war erfolgreich, bot ein bemerkenswertes politisches und *reeducatives* Programm, war der Völkerverständigung gewidmet, der aktiven Vergangenheitsbewältigung und der neuen sozialistischen Politik. Kurzum: dem Versuch, zu trauern, und gleichzeitig Neues aufzubauen.

Als Herbst- und Weihnachtsprogramm annoncierte der Nest-Verlag in der Nr. 26/1948 zum Beispiel folgende Bücher: Theodor Plievier: Über die Freiheit ✚ James Parkes: Antisemitismus – ein Feind des Volkes ✚ Martin Wright: Machtpolitik ✚ Oda Olberg: Der Mensch – sein eigener Feind ✚ R. Hutchins: Eine freie und verantwortliche Presse ✚ Heinrich Fischer: Die Vergessenen. 100 ausgewählte Gedichte ✚ Victor Gollancz: Stimme aus dem Chaos ✚ Evelyn Anderson: Hammer oder Amboß. Zur Geschichte der deutschen Arbeiterbewegung ✚ Fred Marnau: Der steinerne Gang ✚ H. N. Brailsford: Voltaire ✚ Julian Huxley: Der Mensch in der modernen Welt ✚ L. White: Völker sprechen zu Völkern und andere

Absoluter Renner des Verlags war Paul Serings (i. e. Richard Löwenthals) Buch *Jenseits des Kapitalismus. Eine sozialistische Bestandsaufnahme*. Eine halbe Million Vorbestellungen gab es dafür im Frühsommer des Jahres 1948.

Und dann, am Montag, dem 21. Juni 1948, war (fast) all das vorbei: Die »Währungsreform«, allgemein erinnert als *das* positive Datum unserer Republik, trat in Kraft. Und veränderte den Buchmarkt, die politische Kultur und das Leben von Karl Anders entscheidend. In Washington geplant, organisiert und gedruckt, von Februar bis April 1948 in 11600 Kisten à 40 Kilogramm über Bremen verschifft, mit acht Sonderzügen nach Frankfurt transportiert und in den Kellern des alten Reichsbankgebäudes an der Frankfurter Taunusanlage gelagert, wurde der gebündelte Kisteninhalt zum Instrument einer erneuten »Stunde Null«. Die alte Währung »Reichsmark« wurde außer Kraft gesetzt. Jeder Deutsche erhielt lediglich 40 Deutsche Mark, einen Monat später nochmals 20 DM. Das Ergebnis dieser Radikalkur, noch heute gefeiert als Geburtsstunde des deutschen Wirtschaftswunders und Wurzel auch der politischen Stabilität, war für Verleger, vor allem solche wie Karl Anders, verheerend. »Politische Bücher gingen nicht mehr. Vorher hatte man zehn Mark ausgegeben für ein Buch. Das war ein Klacks. Ein Paket Tabak kostete 200 Reichsmark, ein Pfund Kaffee 400 und eine Zigarette zehn Reichsmark. Plötzlich waren zehn Mark ein Vermögen. Für zehn Mark konnte man nicht mal ein Ei auf dem Schwarzmarkt kaufen.« Die Vorbestellungen auf das Sering-Buch wurden selbst von Gewerkschaften zu Hunderttausenden storniert. Gleichzeitig fielen die Lizenzbeschränkungen, all die alten Verlage drängten mit Belletristik und mit Geschenkbüchern auf den Markt. Politische Bücher, beinahe das komplette Nest-Programm, »gingen von einem Tag zum anderen nicht mehr«. Karl Anders wurde von der freien Marktwirtschaft dazu gezwungen, zum »Gemischtwarenhändler, zum Tausendfüßler zu werden«. Aber er druckte auch weiterhin Politisches: den ersten Hinweis auf eine technische Revolution etwa, Diebolds *Die automatische Fabrik*, Bücher gegen die Atombombe oder 1952 die ökologische Brandschrift *Die Erde rächt sich!*, mit der damals kein einziger Rezensent etwas anzufangen wußte. Hartnäckig druckte er auch die Werke deutscher Autoren, die von den Nazis vertrieben worden waren. Von mir dazu befragt, sagte er darüber: »Das war ein Reinfall. Niemand wollte deutsche Autoren lesen, die Emigranten waren. Selbst Thomas Mann nicht! Ich hatte allen möglichen Leuten den Mund wäßrig gemacht: Wenn mein Verlag einigermaßen läuft, bringe ich euch raus. Aber es gab keinen Markt dafür.« Als Anders auch auf Oskar Maria Grafs *Flucht ins Mittelmäßige* sitzenblieb, entsann er sich seiner privaten Leidenschaft, seines englischen Bankkontos und des Rates und der Praxis seines britischen Verlegerfreundes Victor Gollancz – der sein progressives Programm mit Kriminalromanen finanzierte. Bis zu 80 Prozent der Auflage wurden von den öffentlichen Büchereien abgenommen. (In den Londoner Bombennächten waren sogar in den U-Bahn-Schächten Büchereien eingerichtet worden; entliehen wurden – meist – Kriminalromane ...)

Warum gute Kriminalromane nicht auch für Deutschland, dachte sich Karl Anders. Er hatte beste Beziehungen zu angelsächsischen AutorInnen, zu Literaturagenten und zu guten Übersetzern, Hilde Spiel und Peter de Mendelssohn zum Beispiel. Er wollte Kriminalromane genauso behandelt wissen »wie eine Übersetzung von Homer«. Zu den Krähen-Autoren zählte die *Creme* des angelsächsischen Kriminalromans: Eric Ambler, Anthony Berkeley, Vera Caspary, Raymond Chandler, The Gordons, William Irish, Helen McCloy, Raymond Postgate, J. B. Priestley, Dorothy L. Sayers (die ihm in London ausgezeichnete Suppen gekocht hatte), Margaret Scherf, Rex Stout.

Nur: Im Nationalsozialismus waren in Deutschland Kriminalromane (und Kriminalität) verboten gewesen, für Verbrechen hatten die Nazis das Staatsmonopol. Krimis, das war Schund. Und die deutschen Bibliothekare im

Nachkriegsdeutschland zeigten sich sperrig. Sie verwehrten der von Karl Anders in Aufsätzen und Vorträgen missionarisch propagierten »subversiv-demokratischen« Kriminalliteratur die Bibliothekstüren.

In ihrer Zeitschrift *Bücherei und Bildung*, der Fachzeitschrift des Vereins Deutscher Volksbibliothekare, schwadronierten sie hochnäsig über »Kitsch und Möglichkeit des Hinauflesens«, über »Schablonenromane und Grobreize« oder »die Beziehung zum Werthaften«. Die Rubrik »Empfehlungen« begann stets mit dem Satz: »Die folgenden Romane und Erzählungen wurden geprüft. Die Besprecher sind der Meinung, daß die öffentlichen Büchereien auf diese Bücher verzichten können.« In Heft 3/1955 gehört Raymond Chandlers *Der lange Abschied* in der Übersetzung von Peter Fischer – ein Krähen-Buch – zu den verbannten Romanen. Bereits 1952 war dort von Chandlers *Das hohe Fenster* abgeraten worden, weil der Detektiv den Mörder laufenlasse und das die menschliche Reife der Leser überfordere. 1954 galt das auch für Hammetts *Der Fluch des Hauses Dain*. Und auch bei Chandlers *Die kleine Schwester* hielten die Sittenwächter 1953 »Vorsicht bei der Ausleihe« für nötig.

Volkserzieher Wilhelm Müller schilderte 1951 seinen Gegner, die »blutige Flut«, bei einem Referat über *Die untere Grenze* so: »Ist er nicht unerhört bewaffnet, daß sich unsere eigene, der ›Bewirtschaftung‹ unterliegende Ausrüstung wie eine Scheintodpistole gegenüber der Atombombe ausnimmt?« Die Veranstaltung endete mit folgender Empfehlung der Bibliothekare: »Der literarisch belangvolle Kriminalroman könne sich z. B. durch gute Milieudarstellung, durch seine gesellschaftskritische Position, durch präzise psychologische Analyse oder durch ein starkes Charakterbild auszeichnen. Arbeitsgruppe und Plenum waren davon überzeugt, daß eine zureichende schriftstellerische Form – die ›gekonnte‹ Schilderung eines Verbrechens also – allein nicht genüge, um ein solches Buch den öffentlichen Bibliotheken zur Einstellung zu empfehlen.« Die Bibliothekare, so vereinbarten sie, wollten »den Kriminalroman allenfalls, sofern er sprachlich und handwerklich sauber und frei von Sex und Grausamkeit ist«, in ihren Beständen dulden. Schließlich sei es ihre Aufgabe, »den Fehlleistungen der Masse«, sprich der Leser, »durch Auswahl entgegenzutreten«. Also traf der Bannstrahl auch viele Krähen-Bücher. Begründungen wurden, da »es sich um Schablonenromane handelt«, nicht gegeben, die

Richtersprüche pauschal verkündet. Die deutschen Nachtwächter urteilten da oft im Unterschied zur Weltpresse oder zu Nobelpreisträgern, so etwa Gottlob Heckel 1952 über Raymond Chandlers Krähen-Buch *Das hohe Fenster*: »Die Geschichte wird – gut übersetzt – in der Alltagsprache erzählt und gibt einen interessanten Einblick in die amerikanische Mentalität. Und doch legt der kritische Leser, nachdem er das Buch gespannt zu Ende gelesen hat, es unbefriedigt aus der Hand. Er fühlt sich peinlich berührt von der Gefühllosigkeit, mit der drei Morde als Nebensächlichkeiten hingenommen werden, und von der Anmaßung des Privatdetektivs, der Gerechtigkeit ins Handwerk zu pfuschen und den Mörder laufenzulassen. So kann ich mich nicht entschließen, das Buch vorbehaltlos zu empfehlen, was bei Kriminalromanen einer Ablehnung gleichkommt.«

Szene aus »Tote schlafen fest«

Wilhelm Müller brachte 1951 die Stimmung dieser Erzieher und Zensoren auf den Punkt. In seinem wegweisenden Aufsatz *Zur Topographie der unteren Grenze* stellte er fest:

»Das Labyrinth des Büchermarktes ist keine so harmlose Gegend, daß wir uns den Respekt als Ariadnefaden wählen können; und an der Grenze, vor allem an der unteren, werden wir gewiß nichts damit ausrichten. Im übrigen sind es weder Conan Doyle... noch Agatha Christie und Zane Grey gewöhnt, mit einem Hofknicks empfangen zu werden. Und mit Leuten dieses Schlages haben es die Grenzer zu tun. Da nützen nur scharfe Waffen und eine strenge Kontrolle. Es soll aber doch da und dort vorgekommen sein, daß sie im kleinen Grenzverkehr durchschlüpften. Grenzer, die so etwas zulassen, sind entweder mit falschem Respekt vorgegangen oder sie sind bestochen oder sie zögerten, von der Waffe Gebrauch zu machen; aber dazu muß sogar der Pazifist entschlossen sein; es gibt in diesem Fall kein billiges ›Ohne mich‹ oder eine respektvolle Neutralität. Denn wir stehen einem bis an die Zähne bewaffneten Gegner gegenüber... Wir sind von einem tiefen Mißtrauen erfüllt gegen alles ›Literarische‹, das sich in der Massengesellschaft großer Beliebtheit erfreut, und wir dürfen zu keinen Konzessionen bereit sein, wenn es gilt, unsere untere Grenze diesseits der Dschungellandschaft des Thrillers zu legen.«

In dieser Zeit also und gegen diese Stimmung brachte Karl Anders seine Krähen-Bücher auf den Markt. Begonnen hatte seine Liebe zum Kriminalroman im englischen Exil und mit der feinen englischen Form einer Ohrfeige. Als (hungriger) Student zum Tee geladen beim Universitätspräsidenten von Oxford, bei George Douglas Howard Cole, dem Verfasser einer mehrbändigen Geschichte der englischen Gewerkschaften, wurde dort plötzlich über einen neuen Kriminalroman von Ronald Knox gesprochen. Und Coles Ehefrau Margaret fragte ihn: »Your opinion would be really interesting.« Anders antwortete stolz: »I don't read crime stories.« Niemand regte sich darüber auf, aber zum Abschied überreichte Mrs. Cole im Flur jedem Gast ein braun eingeschlagenes Leseexemplar, nur dem deutschen Besucher nicht: »Sorry, Mr. Anders, I know you don't read crime stories. My husband and I just published one. It will be out in three weeks time. It was nice to see you.« Anders war wie vom Schlag getroffen, ging am nächsten Tag in die größte Buchhandlung und verlangte das letzte Buch von Ronald Knox. Es hieß *Revelation* (*Offenbarung*) und war ein theologisches Werk. Ronald Knox war Monsignore, der höchste katholische Geistliche von Oxford, seine jüngste *crime story* war bereits drei Monate alt. »Und dann«, berichtete Karl Anders lakonisch, »war die Sache für mich gelaufen. Da fing ich an, mich nicht nur für Ronald A. Knox, den ich nicht sehr interessant fand, zu interessieren, auch für die Coles, die zusammen über 30 Krimis verfaßten, für viele andere. Und ich merkte, Kriminalromane faszinierten mich... Und dann hatte ich später das Glück, mit Heinrich Fischer, der die Gesamtausgabe von Karl Kraus herausgegeben hat und der auch ein Kenner der Kriminalliteratur war, zusammenzuarbeiten bei der BBC. Fischer war der Nachbar von Eric Ambler. So habe ich Ambler kennengelernt. Und dann kam der Verleger Victor Gollancz, der mein Freund wurde. Insofern war ich also ausgerüstet, als ich mir sagte, der Markt ist noch nicht da für Kriminalromane in Deutschland, aber du kannst dir diesen Markt schaffen. Und ich hatte allen deutschen Verlagen nicht nur Kenntnisse voraus, sondern hatte auch noch ein Bankkonto in London mit englischen Pfunden. Und ich kannte einen Literaturagenten sehr gut, bei Brown, der Erich Kästner übersetzt hatte, der Chandler und Hammett vertrat.«

Die von Karl Anders konzipierten Krähen-Bücher sind als Reihe bis heute eindrucksvoll, Übersetzungen werden heute noch wiederaufgelegt (z. B. bei Diogenes). Aber der kommerzielle Durchbruch für anspruchsvolle Krimis gelang damals nicht. Der Nest-Verlag blieb in den roten Zahlen. Für Karl

Anders, den Widerstandskämpfer, Journalisten und Verleger, begann der »Rückzug ins Politische«. Er, der in der Godesberger SPD und bei den Gewerkschaften seine Heimat fand, wurde von 1953 bis 1957 Geschäftsführer der *Frankfurter Rundschau*, beriet lange Jahre die »Büchergilde Gutenberg«. 1959 gab er seine Anteile am Nest-Verlag auf. Die drei Jahre, die er sich nicht um ihn gekümmert hatte, veranlaßten ihn, »den Nest-Verlag, mein Kind, nicht mehr als mein Geschöpf anzusehen. Da wurden viele Weichen falsch gestellt, schlechte Übersetzungen gemacht, Bücher amputiert.« Die Krähen-Bücher wurden vom West-Berliner Gebrüder-Weiß-Verlag übernommen und bis in die späten 60er Jahre weitergeführt, alte Lizenzen teilweise an andere Verlage verscherbelt. Es mag heute noch vorkommen, daß ein ehemaliges Krähen-Buch unter anderem Namen wieder in den Handel kommt – 1996 etwa *Das Biest* von Nicholas Blake in der Krähen-Übersetzung von 1954 als Hardcover bei Diogenes.

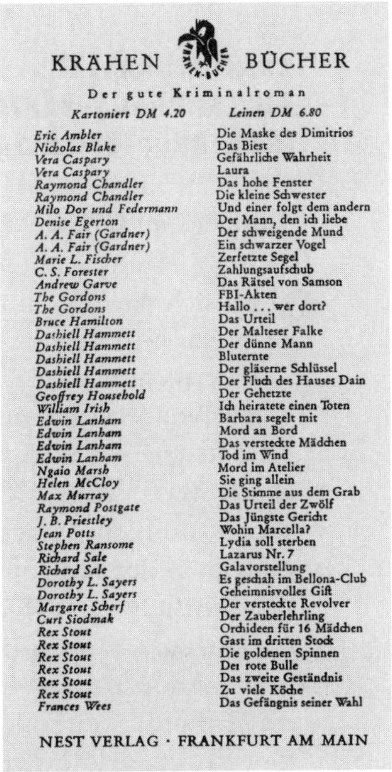

KRÄHEN BÜCHER

Der gute Kriminalroman

Kartoniert DM 4.20	Leinen DM 6.80
Eric Ambler	Die Maske des Dimitrios
Nicholas Blake	Das Biest
Vera Caspary	Gefährliche Wahrheit
Vera Caspary	Laura
Raymond Chandler	Das hohe Fenster
Raymond Chandler	Die kleine Schwester
Milo Dor und Federmann	Und einer folgt dem andern
Denise Egerton	Der Mann, den ich liebe
A. A. Fair (Gardner)	Der schweigende Mund
A. A. Fair (Gardner)	Ein schwarzer Vogel
Marie L. Fischer	Zerfetzte Segel
C. S. Forester	Zahlungsaufschub
Andrew Garve	Das Rätsel von Samson
The Gordons	FBI-Akten
The Gordons	Hallo ... wer dort?
Bruce Hamilton	Das Urteil
Dashiell Hammett	Der Malteser Falke
Dashiell Hammett	Der dünne Mann
Dashiell Hammett	Bluternte
Dashiell Hammett	Der gläserne Schlüssel
Dashiell Hammett	Der Fluch des Hauses Dain
Geoffrey Household	Der Gehetzte
William Irish	Ich heiratete einen Toten
Edwin Lanham	Barbara segelt mit
Edwin Lanham	Mord an Bord
Edwin Lanham	Das versteckte Mädchen
Edwin Lanham	Tod im Wind
Ngaio Marsh	Mord im Atelier
Helen McCloy	Sie ging allein
Max Murray	Die Stimme aus dem Grab
Raymond Postgate	Das Urteil der Zwölf
J. B. Priestley	Das Jüngste Gericht
Jean Potts	Wohin Marcella?
Stephen Ransome	Lydia soll sterben
Richard Sale	Lazarus Nr. 7
Richard Sale	Galavorstellung
Dorothy L. Sayers	Es geschah im Bellona-Club
Dorothy L. Sayers	Geheimnisvolles Gift
Margaret Scherf	Der versteckte Revolver
Curt Siodmak	Der Zauberlehrling
Rex Stout	Orchideen für 16 Mädchen
Rex Stout	Gast im dritten Stock
Rex Stout	Die goldenen Spinnen
Rex Stout	Der rote Bulle
Rex Stout	Das zweite Geständnis
Rex Stout	Zu viele Köche
Frances Wees	Das Gefängnis seiner Wahl

NEST VERLAG · FRANKFURT AM MAIN

Am demokratischen Wiederaufbau Westdeutschlands war Karl Anders von Anfang an dabei, leistete viele gesellschaftlich engagierte und oft unbezahlte Arbeit, etwa 1949 bis 1972 im Vorstand des »Verbands sozialistischer Verleger, Buchhändler und Bibliothekare«. Reich ist der Erfindungsreiche im Wirtschaftswunderland nicht geworden, hat keine Millionen gescheffelt. Ein Haus in Götzenhain bei Frankfurt, am Waldrand gelegen, war alles. Dazu ein Bundesverdienstkreuz am Bande, das er nur einmal trug: in Begleitung eines jüdischen Freundes bei der Wiedereinweihung der restaurierten Synagoge im hessischen Gelnhausen. Einen Sitz hatte er, der »Nichtstudierte«, unter ehemaligen Ministerpräsidenten, Oberbürgermeistern und Ex-Ministern im »Seniorenrat« der SPD. Längere Jahre verwitwet, wurde er mit 82 Großvater und bemerkte dazu trocken: »Da schaut man die Bäume doch wieder mit anderen Augen an.« Den neuen Dick Francis und jeden neuen Roman von Ross Thomas erwartete er ungeduldig, nutzte gar alte Kontakte zur Beschaffung von Druckfahnen. Einen Monat nach seinem 90. Geburtstag starb er im Februar 1997, so wie er es gewollt und so wie er immer respektvoll vom Tod geredet hatte: Nachts ging er hinüber in den »großen Schlaf«. Seine Todesanzeige zitierte aus dem großen Roman von Raymond Chandler: »... you were sleeping the big sleep, you were not bothered by things ...«

KRIMIBAUKASTEN:
DIE LANDHAUS-VARIANTE »UNBILL AUF FONTLEROY MANOR« (ENGLAND, 1930 BIS HEUTE)

Nach Agatha Christie, Dorothy Sayers, Martha Grimes und Elizabeth George

Erster Satz:
Es war ein diesiger, ungemütlicher Morgen.

Was passiert:
Die Vorbereitungen zum 50. Geburtstag von Montescue Fontleroy, dem despotischen Herrn von Fontleroy Manor, stehen unter einem unglücklichen Stern. Toby, der Haushund, wird vergiftet, und seine Hundehütte brennt ab. Am Morgen des Festtages findet man Montescue Fontleroy ermordet in der verschlossenen Bibliothek des Hauses. Zum Glück ist Meisterdetektiv Odysseus Mercator unter den Gästen und nimmt sich des Falles an. Im Gegensatz zu Inspektor Hannibal von der Grafschaftspolizei, der Fontleroys Adoptivtochter Helena als die Mörderin verdächtigt, weil sie durch die Ankunft von Fontleroys lange für tot gehaltenen leiblichen Sohn Jason um das erwartete Erbe gebracht worden wäre, glaubt Mercator an einen teuflischen Plan, mit dem Helena diskreditiert werden soll. Nach zahlreichen Verhören ruft Odysseus alle Verdächtigen in der Bibliothek zusammen und entlarvt den Mörder. – Es ist Jason Fontleroy, der die letzten Jahre unerkannt als Gärtner auf Fontleroy Manor verbracht hat. Der kam dahinter, daß Adoptivtochter Helena wegen ihrer Hundehaarallergie den Hund Toby vergiftet und die Hütte angezündet hatte. Darauf baute er seinen Plan auf, sie auch als Mörderin seines Vaters verdächtig zu machen, damit er dessen Erbe antreten konnte.

Letzter Satz:
»Gott sei Dank, daß jetzt alles vorbei ist«, sagte Helena erleichtert.

3.

DIE KAPITALISTEN SIND ALLE VERBRECHER

Der Krimi in der DDR

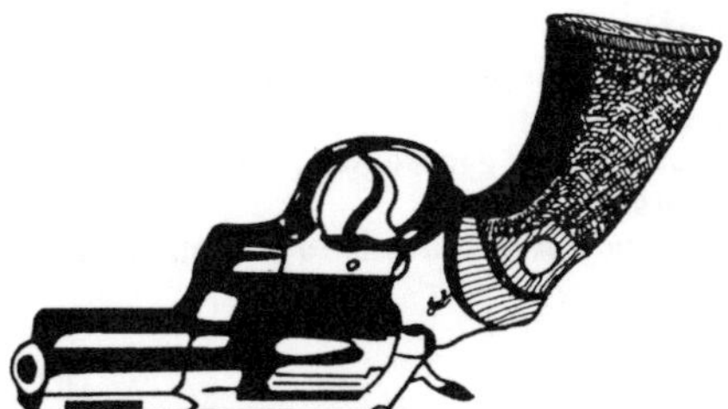

An einem Dezembermorgen um acht wurde der depressive Lastwagenfahrer Avrim C. Torrick – depressiv wegen allem und jedem, so war er nun mal – tot in seinem verschlossenen Ein-Zimmer-Appartement aufgefunden, in dem der Holzofen noch warm war. Um hinein zu gelangen, hatte die Polizei die Tür aufbrechen müssen. Avrims Freundin, die alle außer ihm Coochy nannten, sagte aus: »Wir hatten uns ein bißchen gestritten, und als ich gestern abend kurz vor neun zu ihm ging, redete er zwar mit mir, aber er machte die Tür nicht auf. Da ging ich wieder.«

Sein Freund Brutus sagte aus: »Wir tranken noch zusammen ein Bier, und dann bin ich so um halb acht gegangen. Aber mit ihm schien alles in Ordnung.«

Können Sie nach der Überprüfung des Zimmers sagen, was wahrscheinlich passiert ist?

FRAGEN

1. War es in der Nacht kalt? Ja… Nein…
2. Können Sie beweisen, daß Coochy nicht die Wahrheit gesagt hat? Ja… Nein…
3. Können Sie beweisen, daß etwas an Brutus' Aussage nicht stimmt? Ja… Nein…
4. Gibt es Anzeichen für Gewaltanwendung? Ja… Nein…
5. Gibt es einen Beweis dafür, daß sich nach acht Uhr abends noch eine andere Person in dem Raum aufhielt? Ja… Nein…
6. Sind Sie der Meinung, daß Avrim Suizid beging? Ja… Nein…
7. War Avrim zu Bett gegangen? Ja… Nein…
8. Kann man annehmen, daß er an einem Krampf starb? Ja… Nein…
9. Finden Sie irgendwelche Hinweise bezüglich der Todesursache? Ja… Nein…
10. Was nehmen Sie als Todesursache an:
a) Coochy ermordete ihn
b) Brutus ermordete ihn
c) Er starb an etwas anderem

1. Ja, denn Avrim war dick angezogen und außerdem war der Ofen an.
2. Nein, kann ich nicht. Können Sie's?
3. Auch nicht.
4. Ja. Der zerbrochene Teller, der umgefallene Stuhl und die umgefallene Lampe sind Beweise für Gewaltanwendung.
5. Nein, darauf gibt es keinen klaren Hinweis.
6. Nein. Selbstmörder machen sich meistens still und leise vom Acker und zerschlagen nicht die Möbel – außer sie haben Zuschauer.
7. Ja, denn die Decke ist zerwühlt.
8. Ja, diese Schlußfolgerung ist sicherlich erlaubt.
9. Ja, der Knick im Ofenrohr hat sicherlich tödliches Kohlenmonoxyd austreten lassen.
10. Die Indizien lassen nur die Schlußfolgerung zu, daß er an Krämpfen starb, die von der Kohlenmonoxydvergiftung herrührten. Solche Fälle sind bekannt, besonders in Verbindung mit Alkoholgenuß – nicht nur von einem Glas. Obwohl Sie nicht genügend medizinische Erfahrung besitzen, um eine Kohlenmonoxydvergiftung zu erkennen, sollten Ihnen der Knick und Riß im Ofenrohr Beweis genug sein. Das war auch die Meinung des Arztes, noch bevor er die Leiche untersucht hatte.

Armer alter Torrick

Es begann mit einer Heftreihe

Anmerkungen zur Kriminalliteratur in der DDR

Von Wolfgang Mittmann

Die Kriminalliteratur der DDR existiert nicht mehr. Als abgeschlossenes Kapitel der Literaturgeschichte ist sie wohl nur noch für Historiker, für Germanisten und allenfalls für passionierte Krimisammler von Interesse. Aber wer auch immer auf den Spuren des DDR-Krimis wandelt, der wird – um ihr Profil verstehen zu können – zu den Anfängen dieses Genres in der DDR-Literaturgeschichte zurückgehen müssen.

Nicht Wolfgang Schreyers Roman *Großgarage Südwest* – wie vielfach behauptet – signalisierte die Geburt des DDR-Krimis. – Es begann mit einer Heftreihe!

Obwohl die Kriminalliteratur aus der Sicht der offiziellen Kulturpolitik der sowjetischen Besatzungszone von 1945 bis 1947 mit dem Etikett der »trivialen Unterhaltungsliteratur, die kleinbürgerliche und faschistische Ideologie vermittelt« versehen war, wurden Kriminalromane veröffentlicht.

1947 druckten die *Berliner Zeitung* Edmund C. Bentleys Krimi *Trents letzter Fall*, die *Tribüne* Hans Hyans *Der Mann mit dem Iltiskopf*, und im Deutschen Filmverlag erschien die *Affäre Blum* von Robert A. Stemmle.

1949 veröffentlichte die *Berliner Zeitung Die sieben goldenen W* von Sture Appelberg.

Gewiß mögen bei der Auswahl dieser Romane Auflageninteressen der Zeitungsverlage im Vordergrund gestanden haben, dennoch zeichnete sich ab, daß man auf humanistisch gesinnte AutorInnen des bürgerlichen Kriminalromans zurückgriff.

Hans Hyans Roman wurde in der *Tribüne* mit folgendem Werbetext angekündigt: »Erstabdruck aus dem Nachlaß des vor der Nazizeit sehr bekannten Berliner Schriftstellers«.

Ein Trend, der mit der später verkündeten These, »den sozialistischen Kriminalroman der DDR auf den Traditionslinien der durch die bürgerliche Literatur vorgeprägten Gegenstände und Formen weiterentwickelt zu haben«, in Übereinstimmung steht.

So erscheint es auch nicht als Zufall, daß die ersten Diskussionen um die

Rolle und die Funktion der Kriminalliteratur in den Jahren 1946/47 entbrannten.

I. M. Lange forderte in seinem 1947 erschienenen Aufsatz *Von Kolportage, Kriminalromanen und Unterhaltungsliteratur*, »... eine gesellschaftlich wirksame Kriminalliteratur« zu schaffen, »die sich in den Dienst des Fortschritts stellt«. Lange visierte eine »Volkserziehung« an, die in die »Breite gehen und am antifaschistisch-demokratischen Umerziehungsprozeß in Deutschland teilhaben« sollte.

Hans Morgan wiederholte diese These 1953 im *Sonntag* unter der Überschrift *Wir brauchen gute Kriminalromane.* Morgans Erkenntnis lautete: Der bürgerliche Kriminalroman müsse zum Kampfmittel für Frieden und Fortschritt umfunktioniert werden!

Im Sommer 1949, wenige Wochen vor dem Gründungstag der DDR, erschien bereits der erste Krimitext, der eindeutige Züge jener Sujets trägt, wie sie auf viele Jahre hinaus für DDR-Krimis typisch wurden. Es war die Erzählung *polizeifunk meldet: mordfall lemke aufgeklärt* von Hannes Elmen, die als Heft 1 in der Heftromanedition *Geschichten, die das Leben schrieb* im Phönix-Verlag Berlin-Treptow herausgegeben wurde.

Hinter der Heftreihe stand Carl Preißner – besser bekannt unter dem Autorenpseudonym Peter Kast –, ein Mann aus der Gilde proletarisch-revolutionärer Schriftsteller, der als Kulturredakteur beim Berliner *Vorwärts* arbeitete und Leiter der Arbeitsgemeinschaft sozialistischer Schriftsteller und Journalisten (Vorläufer des DDR-Schriftstellerverbandes) war.

Das Anliegen dieser Heftreihe zielte in drei Richtungen:

1. *Gegengift* zur westlichen *Schund- und Schmutzliteratur* zu sein (Heftromaneditionen westdeutscher Verlagshäuser und von Vorkriegsverlagen fielen generell unter diese Termini)

2. Bedürfnissen nach Unterhaltung, Spannung und Informationen entgegenzukommen

3. Das *sozialistische Denken und Fühlen* der Leser zu entwickeln

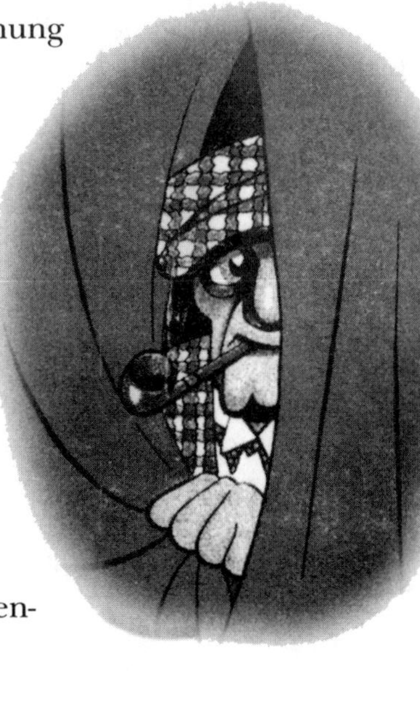

Edith Gaida, die 1975 die Heftreihenliteratur der DDR untersucht hat, formulierte das hochtrabende Fazit: »Als Teilbereich der sozialistischen Literatur, im engeren Sinne der sozialistischen Unterhaltungsliteratur, strebt sie danach, auf ihre spezifische Weise am gesellschaftlichen Prozeß des Aufbaus des Sozialismus in der DDR teilzunehmen.« (Potsdamer Forschungen, Reihe A, Heft 15)

Die Funktionalisierung sowohl der massenwirksamen Heftreihenliteratur als auch der damit eng verbundenen Kriminalliteratur war folglich von Anbeginn didaktisches Konzept in der DDR. Das Genre *Krimi* paßte in keine sozialistische Literaturtheorie, so daß es nur über eine ideologisch-didaktische Funktionalisierung etabliert werden konnte.

Die Heftreihe *Geschichten, die das Leben schrieb* erschien von 1949 bis 1951. Von den 14 Heften sind 7 Texte eindeutig dem Krimigenre zuzuordnen. Die Namen der Autoren: Hannes Elmen, Florian Brand, Fred Richard, Rotraud xxx, Jan Erik Herm und Frank W. Stahl. Es ist anzunehmen, daß es sich ausnahmslos um Autorenpseudonyme handelt. Lediglich in einem Fall war es Reinhard Hillich und Wolfgang Mittmann, den Herausgebern der Bibliographie *Die Kriminalliteratur der DDR 1949–1990* (Akademieverlag Berlin, 1991), vergönnt, ein Pseudonym zu lüften. Hinter dem Namen Florian Brand verbarg sich Franz Fabian, der die Erzählungen *Gold – Girls – Gangster* (Heft 2), *polizeifunk meldet: Gladow-Bande zur Strecke gebracht* (Heft 4) und *Von Westberlin in den Dschungel* (Heft 9) schrieb. Fabian Brand war Reporter beim *Vorwärts* und von seinem Kollegen Carl Preißner animiert worden, Texte für die Heftreihe zu verfassen. Die Suche nach Hannes Elmen war bislang ergebnislos. Weder Franz Fabian noch das Archiv der *Berliner Zeitung*, die 1951 Hannes Elmens Kriminalnovelle *Was geschah im D 121?* als Fortsetzungsroman im buchfüllenden Umfang druckte, waren aussagefähig. Allerdings war die Novelle schon 1949 in der Eisenbahner-Wochenzeitung *Fahrt frei* veröffentlicht worden, galt hier jedoch noch als *Kriminalreportage*. Das gleiche Wochenblatt hatte kurz zuvor *Der Mörderklub ›Weiße Krawatte‹. Ein Tatsachenbericht über die Berliner Unterwelt von 1949. Von unserem Sonderberichterstatter Hannes Elmen* abgedruckt.

Diese drei Titel sind sowohl die einzigen Kriminalprosatexte des Autors Hannes Elmen als auch die Pilotbeispiele für die jeweiligen Krimi-Editionsformen in der DDR.

Ohne Wolfgang Schreyers Verdienste um die Entwicklung des Krimis in der DDR schmälern zu wollen, ist sachlich festzustellen, daß Hannes Elmen der Begründer der DDR-Kriminalliteratur war! Sein Name ist in keinem Autorenlexikon zu finden. Sprache und Stilistik der Arbeiten lassen jedoch den Schluß zu, daß der Autor im Pressewesen der DDR zu Hause war. Für die Vermutung, daß der Herausgeber Carl Preißner, der 1951 als Peter Kast den Roman *Der Millionenschatz vom Müggelsee* und 1953 den Krimi *Jagd auf der Autobahn* vorlegte, hinter dem Elmen-Pseudonym stecken könnte, gibt es bislang keinen Beweis. Hannes Elmen schilderte in *polizeifunk meldet: mordfall lemke aufgeklärt* die Vorgeschichte eines Verbrechens an dem Westberliner Großkaufmann Heinrich Lemke und die nach dem Mord einsetzende Ermittlungsarbeit der Polizei. Die Recherchen waren kompliziert, der Berliner Polizeiapparat seit dem Frühjahr 1948 gespalten. Politische Interessen prägten auf beiden Seiten die Szene. Und so finden sich in dem ersten DDR-Krimi solche Textpassagen:

Kommissar Pätzold hielt einen Augenblick inne. Jedem einzelnen der vor ihm sitzenden Mitarbeiter in die Augen blickend, sprach er im tiefen Ernst weiter: »Als die Täter merkten, daß wir ihnen auf der Spur waren, bemächtigte sich ihrer eine begreifliche Angst. Bei ihrer Vernehmung durch die illegale Westberliner Polizei... merkten sie dann, daß der künstlich gegen uns erzeugte Haß die verantwortlichen Stummpolizisten stärker beherrschte, als das Pflichtbewußtsein, zur Aufklärung eines Mordes beizutragen... Dieser unglaubliche Vorfall zeigt nicht nur uns, welche verheerenden Folgen für die Sicherheit der Bevölkerung durch die verbrecherische Spaltung der Berliner Polizei bereits eingetreten sind. Die Öffentlichkeit aber wird der Volkspolizei dankbar sein, weil es ihr wieder einmal gelungen ist, im Kampf gegen das Verbrechertum einen großen Erfolg zu erringen.«

Professor Anselm Dvorak hat 1974 in seiner Monographie *Der Kriminalroman der DDR* (Selbstverlag H. F. Faltin, Marburg) auf die typischen Agitpropeinschübe im DDR-Krimi verwiesen. Was für die ab 1952 aufgenommene kontinuierliche Kriminalromanproduktion gilt, läßt sich als Stereotyp bereits in den ersten Texten der Heftreihe *Geschichten, die das Leben schrieb* ablesen.

Ein Hohelied auf die Volkspolizei finden wir auch in Florian Brands *polizeifunk meldet: Gladow-Bande zur Strecke gebracht*. Wieder diente ein authentischer Kriminalfall der Jahre 1948/49 als Vorlage. Der Autor schildert die spektakulären Verbrechen der Bande in der Viersektorenstadt Berlin und die Festnahme des 18jährigen Bandenchefs Werner Gladow nach einem Feuergefecht in der Schreinerstraße. Bezeichnend aber ist das Bild, das Florian Brand vom Leben im Westen und im Osten der Stadt für seine Leser entwirft:

»Amis ha'm wa noch... Schokolade, Ölsardinen!« Vor und in der Halle des Bahnhofes Zoo ertönt von morgens bis spätnachts ununterbrochen das monotone Gemurmel der Schwarzhändler, die jeden Reisenden, jeden Vorübergehenden mit ihren Anpreisungen belästigen.

Das ist Westberlin im Frühjahr 1948! Während ein unfähiger Magistrat die Stadthälfte dem sicheren Bankrott entgegenführt, blüht, vor allem unter Duldung der amerikanischen Besatzungsmacht, das Schieber- und Gangsterunwesen im größten Ausmaße. Amerikaner beliefern vielfach den schwarzen Markt. Amerikanische Schwarzmarktwaren überschwemmen Westberlin und locken der notleidenden Bevölkerung das letzte Geld aus der Tasche. Die um den Kurfürstendamm beheimateten Nichtstuer und durch den Krieg verwahrlosten Jugendlichen beiderlei Geschlechts aus allen Teilen der Stadt geben sich besonders an den S-Bahnhöfen ein Stelldichein. »Freiheit!« ist das Stichwort, das ihnen Westberliner Politiker in den Mund gelegt haben. »Freiheit!« ist ihre Parole. Freiheit von Ordnung, Arbeit und geregeltem Leben ...

Dagegen im Osten:

Unter den Linden geht es lebhaft zu. Autos und zahlreiche Fußgänger beleben das Bild. Überall wird gebaut. Man spürt, daß etwas Neues im Werden ist, daß wirklich etwas getan wird, seit der neue Magistrat im Ostsektor Berlins an die Arbeit gegangen ist.

Gruppen junger Studenten strömen, ihre Aktentaschen unter dem Arm, auf die Humboldt-Universität zu, an deren Fassade Gerüste kleben, auf denen Maurer und Zimmerleute mit Wiederinstandsetzungsarbeiten beschäftigt sind. Eine Schulklasse kommt, eifrig diskutierend, von einem Besuch des Hauses der Kultur am Festungsgraben ...

Unter den Bedingungen des Kalten Krieges zwischen Ost und West sind Geheimdienstsujets nahezu zwangsläufig mit den Anfängen der DDR-Kriminalliteratur verknüpft, ja, sie prägten sogar über viele Jahre hinweg als Agentenkrimis ihr Bild.

Das erste exemplarische Beispiel für einen *Sabogenten-Krimi* finden wir gleichfalls in der Heftreihe *Geschichten, die das Leben schrieb.* Das vierzehnte und zugleich letzte Heft erschien unter dem Titel *Im Schatten des Geheimdienstes* von Frank W. Stahl. Auch zu diesem Autor liegen keine Informationen vor. Die Namensähnlichkeit zu Richard Stahlmann, einem der Mitbegründer des MfS, könnte vielleicht ein Hinweis sein, in welcher Ecke der Autor beheimatet war. Stahl begann seine Story im nebeltrüben London. Scotland-Yard-Beamte nehmen den unter Diebstahlsverdacht geratenen Arbeitslosen Will Westfal fest. Will war 1940 mit seinem Vater aus Nazideutschland auf die Britische Insel emigriert. Der Vater ging 1946 nach Ostdeutschland zurück, wo er zum Direktor eines volkseigenen mitteldeutschen Stahlwerkes avancierte. Unbekannte Täter versuchen einen Überfall auf Vater Westfal. Sie wollen die Herausgabe der Produktionspläne erzwingen, scheitern aber bei ihrem Vorhaben. Nun erscheint ein Mitarbeiter des Ministeriums für Staatssicherheit (erstmalig personifiziert in

einem Krimitext!) und faßt seine Erkenntnisse zum Überfall wie folgt zusammen:

Das amerikanische Monopolkapital ist brennend an allen unseren Produktionserfolgen interessiert. Es geht dem Imperialisten um die Verhinderung unseres friedlichen Aufbaus, weil der nicht in ihre Kriegspläne paßt.

In London wird Sohn Westfal dem britischen Geheimdienst in die Hände gespielt und als Agent geworben. Er schreibt einen Brief an seinen Vater, mit dessen Hilfe der Direktor nach Westberlin gelockt und festgenommen wird. Während der Vernehmung erfährt der aufrechte Direktor, daß sein Sohn in die Vorbereitungen eines Sprengstoffattentats auf das volkseigene Stahlwerk verwickelt ist. Diesem schändlichen Treiben muß der Vater ein Ende setzen. Er schlägt den Vernehmungsoffizier nieder und flüchtet über die Sektorengrenze bei Klein-Machnow. Sohn Westfal hat unterdessen Arbeit im Stahlwerk gefunden. Gemeinsam mit dem Agenten John Lewis setzt er den Zeitzünder der Sprengladung in der Spezialofenanlage in Gang. Im letzten Augenblick verhindern die vom Vater alarmierten Volkspolizisten die Explosion. Will Westfal wird auf der Flucht von seinem Komplizen erschossen. Erschüttert steht Vater Westfal vor der Leiche seines Sohnes. Schlußzitat:

Und der Gedanke, daß es ihm gelungen ist, die Edelstahlanlage vor der sicheren Vernichtung zu retten, läßt ihn an der Bahre seines einzigen Sohnes ein Glücksgefühl empfinden.

Ein Kommentar erübrigt sich.

Eine Spionagegeschichte der gleichen Güte erzählt Hannes Elmen in *Was geschah im D 121?* Auf der Eisenbahnstrecke Jüterbog-Berlin wird während der Nachtfahrt des D 121 ein Reisender erstochen aufgefunden. Die Berliner Mordkommission kann den Fall zunächst nicht klären. Zu dieser Zeit wird auf dem Bahnhof Riesa ein Transportpolizist zwischen den Gleisen erschlagen. Sein Tod steht im Zusammenhang mit einem gescheiterten Anschlag auf einen Sonderzug des DDR-Wirtschaftsministeriums.

Tatverdächtig ist ein flüchtiger Eisenbahner, in dessen Wohnung man eine Rätselzeitung findet, die eine verschlüsselte Geheimdienstnachricht enthält. Als es den Riesaer Kriminalisten gelingt, den Code zu knacken, stellt sich die Verbindung zu dem Mord im D-Zug her. Die Lösung aller Fälle gelingt der Polizei aber erst nach der Festnahme eines Agenten in einer Leipziger Nachtbar. Er hatte in allen Fällen die Fäden gezogen, um seine Spionage- und Sabotageaufträge auszuführen.

Zwei Fakten sind bemerkenswert: die Einführung des an Edgar Allan Poe erinnernden Kryptogrammes und die Sachkenntnis des Autors bei der Schilderung der unterschiedlichen Polizeidienststellen, der Abgrenzung ihrer Zuständigkeiten und der Wirkungsweise der Zusammenarbeit. Der

Autor glänzt mit Fachwissen, das wiederum geeignet ist, die Glaubwürdigkeit seiner Story zu erhöhen. Die Vermutung, daß ein Journalist hinter dem Elmen-Pseudonym steckt, scheint auch deshalb nicht so weit hergeholt.

Die Bemühungen um die Belebung und Entwicklung einer Kriminalliteratur in der DDR war von Anbeginn in den Dienst der ideologischen Auseinandersetzung zwischen den politischen Systemen in Ost und West gestellt.

Beispiele für Politklischees oder verschlissene Alltagsformulierungen, die aus anderen Bereichen als der Literatur entlehnt sind, lassen sich nicht nur in den Werken bedeutungsloser Gelegenheitsautoren nachweisen, sie finden sich auch in den frühen Werken prominenter KrimischreiberInnen, so mancher möchte heute kaum noch etwas davon wissen.

In Wolfgang Schreyers *Großgarage Südwest* – 1952 im Verlag Das Neue Berlin – erhielt der Westberliner Kriminaldirektor Würzburg folgende Charakteristik:

Er besaß einen feinen politischen Instinkt und ahnte in prophetischer Vorausschau kommende Dinge. Nicht erst seit der Aufstellung der Polizeibereitschaften – einer Bürgerkriegstruppe – und der Einrichtung eines »Amtes für Verfassungsschutz« – der politischen Polizei – wußte er, daß auch die Kriminalpolizei reorganisiert werden würde, weil ihre Arbeitsweise noch keineswegs den Vorstellungen der Besatzungsmächte entsprach. Eine ganze Anzahl politisch unzuverlässiger Beamter mußte verschwinden.

Schreyers Agitpropeinschübe wirken freilich nicht so plump wie in vielen anderen Beispielen, die als Beweis aufzuzählen wären.

Dafür verzierte der Verlag seinen Roman mit einem Anhang, in dem ein Offizier der Volkspolizei Gelegenheit nahm, den Lesern klarzumachen, was er unter den »bedrohlich ansteigenden Bandenverbrechen in Westberlin« oder unter der »Lahmlegung des offiziellen Ost-West-Handels« bzw. der »Tätigkeit von Agentenzentralen in Westberlin« zu verstehen habe.

Erich Loest griff in seinem Roman *Die Westmark fällt weiter* (Mitteldeutscher Verlag, 1952) ebenfalls das Motiv der Gladow-Bande auf, verlegte die Handlung jedoch in das Jahr 1951. Während der Kommissar Pennkuven auf Westberliner Seite die Ermittlungen führt, ist der Volkspolizei-Kommissar Bornemann im Osten der Stadt mit den Aktivitäten der Bande konfrontiert. Natürlich untersagt man Pennkuven (laut Autorenwillen) ein gemeinsames Vorgehen mit dem Vopo-Kommissar, was den solchermaßen Reglementierten aber nicht hindert, den bei der Festnahme des Bandenchefs schwerverletzten Bornemann in einem Ostberliner Krankenhaus zu besuchen. Hier wird der Westkommissar Zeuge der Einlieferung verletzter FDJ-Mitglieder, die als Teilnehmer der zur gleichen Zeit stattfindenden Weltfestspiele nach Westberlin marschiert waren und dort von der Polizei zusammengeschlagen wurden. Sofort quittiert Pennkuven daraufhin seinen Dienst bei der Westpolizei. Und Loest beschreibt die Tätigkeit der FDJ so:

Daß Günther mit Aufklärungsmaterial und Abstimmungsscheinen über die Sektorengrenze schleichen muß, ist einem Umstand zu verdanken, der vielen Westberlinern die Schamröte ins Gesicht treibt: ihr Oberbürgermeister hat die Volksbefragung gegen die Remilitarisierung verboten. Entgegen der in Westberlin gültigen Verfassung! Entgegen jedem Recht. Deshalb also bringt Günther Pfaffner heimlich bei Nacht die Abstimmungsscheine über die Grenze. Deshalb geht hundert Meter hinter ihm Wolfgang Bienalt, deshalb folgen diesem zwei Jungen der FDJ aus dem Wedding, alle mit dicken Taschen.

Kräftige Entwicklungshilfe leisteten an der Wiege des DDR-Krimis auch Literaten, die bereits im NS-Reich als Autoren in Erscheinung getreten waren. 1938 hatte Edmund Sabott den Titel *Feuerwache Jungfernheide* publiziert, 1941 erschien *Kriminalgericht* und im Jahre 1943 *Schreck in der Morgenstunde* im Berliner Verlag Hermann Hillger.

1952 wurde Sabotts Kriminalroman *Die goldenen 13* als Band 1 der im Verlag Das Neue Berlin herausgegebenen Taschenbuchreihe *NB-Romane* gedruckt.

Der Plot ist rasch erzählt: In der westdeutschen Industriestadt Roedenscheid wird der Finanzier Gorseck erschlagen. Der Industriellenkreis *Die goldenen 13* kann aufatmen, denn Gorsecks Archiv, das Dokumente über unsaubere Geschäfte der Industriekapitäne enthielt, ist durch Feuer vernichtet worden. Eilfertig verhaftet der auf Karriere bedachte Kriminalrat Degenschütz einen Gymnasiasten als Tatverdächtigen. Aber Renate Gerbert, Angestellte in einer Anwaltskanzlei und ausgerechnet dem Sohn des Industriellen Steinbreck nahestehend, wittert Unrat. Mit Unterstützung linksorientierter Bürger gelingt es ihr, den wahren Täter zu entlarven, womit zugleich das Ende ihrer zarten Bande zu den Steinbrecks unausbleiblich wird.

Der bereits erwähnte Hans Morgan lieferte 1954 den Titel *Die Meteor läuft aus* als Band 11 der *NB*-Roman-Serie ab.

Ein ebenso eifriger Autor war Klaus Kunkel, der für die Reihe *Heißes Metall* (Band 2) und *Scotland Yard schweigt* (Band 10) als Krimis im sozialistischen Geiste beisteuerte. 1960 verließ Kunkel die DDR und schrieb fortan Jerry-Cotton-Romane in der Bundesrepublik.

Nicht uninteressant auch, daß das erste offiziell als Spionageroman bezeichnete Buch … *am anfang stand das ende …* (1954 im Kongreß-Verlag) den einstigen John-Kling-Romanautor Hans-Joachim Geyer als geistigen Urheber hatte, der sich zeitweilig als BND- und dann auch noch als MfS-Doppelagent versuchte.

Dieser Autorengruppe standen Schriftsteller mit antifaschistischen Lebensläufen wie Friedrich Karl Kaul, Peter Kast, Gerhard Hardel, Karl Reiche u. a. gegenüber. Kauls Romane *Morde im Grunewald* oder *Der Ring* (alle genannten Romane und Autoren beim Verlag Das Neue Berlin) sind typische Produkte jener Autorengilde mit antifaschistischem Background. Kauls Romane haben Verbrechen aus der Zeit der Weimarer Republik zum Gegenstand (Mord am Reichsaußenminister Rathenau oder die Fememorde in den Freikorpstruppen), sie können aber über eine gewisse Gestaltungsarmut und Spannungsschwächen nicht hinwegtäuschen.

Nicht unerwähnt darf der Journalist Günter Prodöhl bleiben, der mit seinen Kurzgeschichten, die nach Polizeiinformationen gestaltet waren, die Kriminalkurzprosa in der Unterhaltungszeitschrift *Das Magazin* ab 1955 belebte. Prodöhls tatsächliche Autorenleistung besteht vermutlich in der Tatsache, daß er mit seinem Kriminalistentrio Kriminalrat Bengsch, Oberkommissar Dittmann und Kommissar Schulz die ersten Serienhelden im DDR-Krimi etablieren konnte. Die meisten seiner Storys hat Prodöhl später für die Fernsehreihe *Blaulicht* verarbeitet – die Adlershofer Antwort auf die *Stahlnetz*-Reihe der ARD. Durch ihre Dokumentarnähe bilden Prodöhls Geschichten aus heutiger Sicht ein interessantes Kaleidoskop der Alltagskriminalität in der DDR der fünfziger und sechziger Jahre.

Tageszeitungen und Illustrierte druckten etwa ab 1952 regelmäßig Kriminalromane als Vorabdrucke, teilweise unter von den späteren Bucheditionen abweichenden Titeln. Lediglich ein Autor bildete eine Ausnahme. Der Journalist Hans Pollack schrieb unter dem Autorenpseudonym Hans Hagge Krimis, die als Fortsetzungsromane für die Zeitungen konstruiert waren. Action und Spannung entsprachen dem damaligen Publikumsgeschmack. Hagges Stoffe, die bis zum Jahre 1996 nie in Buchform erschienen sind, waren grundsätzlich im westlichen Ausland angelegt.

Die Illustrierten veröffentlichten Tatsachenberichte. Carl Martin berichtete 1952 in der *Neuen Berliner Illustrierten* über einen politisch bedeutsamen Mordprozeß in Berlin-Moabit. Michael Daal brachte in der *Deutschen Bauern-Illustrierten* die Tatsachenserie *Das Geheimnis der Schwarzen Spinne* über einen Schmugglerring, der Plauener Spitzen nach Westberlin verschob. Hans-Günter Sokoll erzählte 1956 in der Serie *Es begann in der Kufsteiner Straße* von einem *Volkspolizei-Kommissar X*, der Jagd auf Brandstifter machte, die selbstverständlich vom RIAS angestiftet waren.

Jener Atmosphäre des Kalten Krieges waren auch einzelne Hefteditionen angepaßt, die im Kongreß-Verlag herausgegeben wurden. Genannt seien die Berichte *Mord in Zelle 7* oder *Fälscherwerkstatt CRAMER-WERBUNG*. Hinter diesen Veröffentlichungen stand das Ministerium für Staatssicherheit, das von 1959 bis 1961 sogar eine eigene Heftreihe zu installieren versuchte. Beispiele: *Unternehmen Hochzeit findet nicht statt*, *Gefährliche Schatten* u. a.

Festzuhalten ist:

Der Kriminalroman in der DDR war in den Jahren von 1949 bis 1961 vom Kampf der Volkspolizei oder der Staatssicherheit gegen Agenten, Saboteure und kriminelle Schieberbanden geprägt.

In fast allen Texten lassen sich sogenannte Agitpropeinschübe nachweisen, die als ideologische Grundsatzbelehrungen angelegt waren.

Die Entwicklung des *sozialistischen Denkens und Fühlens* der Leser – also die Wertevermittlung – zeigte sich subtiler. Sie war häufig an die Person des Ermittlers gebunden. Seine Weltsicht, sein Verhalten (im Kollektiv, im Alltag) sollten normengebend im sozialistischen Sinne wirken.

Erst Mitte der sechziger Jahre lockerten sich die Sujets in der DDR-Kriminalliteratur auf. Nicht mehr das politisch motivierte Verbrechen stand im Vordergrund, sondern die Bekämpfung der Alltagskriminalität, die als *Störfaktor bei der Entwicklung der sozialistischen Gesellschaft* empfunden wurde. Einen wichtigen Schub erfuhr dieser Trend vor allem durch Fritz Erpenbeck, dessen *literarische* Leistung im Krimi umstritten sein mag, der aber ab 1964 eine *Hauptmann-Peter-Brückner*-Romanserie im Verlag Das Neue Berlin etablieren konnte. Serienhelden waren in der DDR-Literatur eigentlich verpönt, insofern war es schon beachtenswert, daß ein Autor sechs Romane und ein gutes Dutzend Kriminalgeschichten um einen Offizier der VP-Kripo kreieren konnte. Diese Scheu legte sich erst in den siebziger Jahren. Rundfunk, Fernsehen und Verlage verlangten jetzt geradezu nach Serienhelden in der Art *eines sozialistischen Sherlock Holmes*.

Etwa 35 Prozent der in der DDR verlegten Kriminalliteratur ist im Verlag Das Neue Berlin erschienen. Die Geschichte des Verlagshauses begann 1946 als kleiner Berliner Verlag, der auf Behördenliteratur, also Formulare, Lebensmittelkarten, ein Berliner Statistisches Jahrbuch u. ä., programmiert war. 1947 erschien als erste Buchedition Walter Dehmels Gedichtband *In der Wirrnis dieser Zeit*.

1948 begann der Verlag bereits die erste Buchreihe. Mit einem Umfang von 96 Seiten und im schlichten Pappband wurden *Berlinische Miniaturen* aufgelegt. In dieser Reihe ist 1951 als Band Nr. 9 das erste Büchlein erschienen, das der Kriminalliteratur zuzuordnen ist. Es war Dr. Heinrich Löwenthals Berlin-Pitaval mit dem Titel *Der goldene Galgen*, der 1952 mit *Der verschwundene Lord* eine Fortsetzung erfuhr.

1950/51 war das künftige Verlagsprofil entschieden. Das Neue Berlin wurde planmäßig zum führenden Verlag für Krimi-, Abenteuer- und utopische Literatur – wie es seinerzeit noch hieß – ausgebaut.

Im Frühjahr 1952 startete die Reihe *NB-Romane*, eine Taschenbuchreihe im bunten Gewand, deren erster Band der bereits besprochene Roman *Die goldenen 13* war.

Neben Krimiautoren wie Sabott, Kunkel, Paul Debler, Reiche, Kaul, Hardel tauchten neue Namen auf. A. G. Petermann oder Karlheinz Weber, Fred Unger, Hans Pfeiffer, Egon Günther, Dorothea Kleine, Heiner Rank und Hans Walldorf (ein Pseudonym, unter dem Erich Loest Kriminalromane schrieb). Die Mehrzahl der *NB-Roman*-Titel waren Kriminalromane. Bemerkenswert vor allem, daß hin und wieder AutorInnen aus dem »westlichen Ausland« präsentiert wurden. Conan Doyles *Der Hund von Baskerville* erschien 1955 mit einem romantisch-schaurigen Titelcover. Und der Verlag entdeckte Victor Gunn, Agatha Christie, Patrick Quentin, Paul McGivern, Harry Kemelmann, Raymond Chandler und Friedrich Glauser für die ostdeutschen Leser.

1952 begann der Verlag neben der Taschenbuchreihe eine großformatige, leinengebundene Reihe mit farbigen Schutzumschlägen für das Profil Krimi-, Abenteuer- und utopische Literatur.

Das erste Buch in dieser Reihe war Wolfgang Schreyers *Großgarage Südwest*. Insofern ist Schreyers Roman natürlich der erste DDR-Krimi, der in Buchform vorlag, aber Hannes Elmens Arbeiten waren ja schon 1949 erschienen.

Die großformatige Buchreihe war in gelbes Leinen gebunden, die Schutzumschläge zeigten in der Kopf- und Fußleiste einen gelben Streifen. Diese Ausstattung trug ihr die zunächst verlagsinterne Bezeichnung *Gelbe Reihe* ein, ab 1963 tauchte sie dann offiziell auf Waschzetteln und Werbematerialien auf. 1965 erschien die Reihe im Paperback und ab 1967 mit modernem Outfit und dem Reihensignet *GELBE REIHE*. Neben Schreyer stehen Autorennamen wie Fred Unger, Werner Toelcke, Fritz Erpenbeck, Werner Steinberg, Peter Adams u. a.

1969 stellte der Verlag die beiden Buchreihen ein. Ab 1970 brachte er eine neue Taschenbuchreihe *DELIKTE – INDIZIEN – ERMITTLUNGEN* heraus, die ausschließlich der Kriminalliteratur vorbehalten war. Zum Reihenprofil gehörten Erst- und Nachauflagen von AutorInnen der DDR und aus dem *sozialistischen Ausland und dem NSW-Gebiet.* (Für nichtgelernte DDR-Bürger: das nichtsozialistische Wirtschaftsgebiet; eine moderne Sprachschöpfung der SED-Nomenklatura für die westlichen Länder.) Zu den Verdiensten des Verlages Das Neue Berlin gehören die Anthologien klassischer Kriminalgeschichten aus aller Welt und die einheitlich gestaltete Pappbändchenserie *Die graue Reihe*, in der klassische KrimiautorInnen verlegt wurden.

Eine wichtige Verlagsleistung darf nicht vergessen werden. 1963 übernahm der Verlag die Heftreihe *Blaulicht* aus dem Verlag des Ministeriums des Innern und zugleich eine der Lekorinnen namens Ingeburg Siebenstädt, später unter dem Autorenpseudonym Tom Wittgen als »Agatha Christie der DDR« gerühmt. Wurden die Manuskripte für die *Blaulicht*-Reihe im MdI-Verlag in erster Linie unter didaktischen Gesichtspunkten ausgewählt, trat im Neuen Berlin die Unterhaltungsfunktion in den Vordergrund; selbstredend ohne den erzieherischen Auftrag zu vernachlässigen.

Die Krimis, die in der *Blaulicht*-Reihe entstanden, waren Geschichten, die in der DDR spielten. Sie waren realistisch angelegt, für den DDR-Leser problemlos nachzuvollziehen, und die Manuskripte wurden mit der gleichen Sorgfalt entwickelt und redigiert, wie es bei den Bänden der *DIE-Reihe* üblich war. Die Heftreihe wurde zu einem Experimentierfeld für Autoren, die sich im Krimi erproben wollten. Ob Tom Wittgen, Bernd Diksen, Hans Walldorf, Wolfgang Kienast, Jan Eik, Klaus Möckel, Hartmut Mechtel oder Heiner Rank – sie alle haben für die Reihe *Blaulicht* geschrieben. 1990 nahm der Verlag die Hefte aus dem Rennen.

Mit Beginn der sechziger Jahre hatten sich weitere DDR-Verlage um die Pflege des Krimis bemüht, so der Greifenverlag zu Rudolstadt, der die Reihe *GREIFEN-KRIMI* entwickelte. Der Mitteldeutsche Verlag Halle-Leipzig brachte eine Spannungsreihe in Paperback auf den Markt, die DDR-AutorInnen vorbehalten war. Und der Verlag Volk & Welt Berlin begann unter dem Signet K eine Krimireihe, die fremdsprachige AutorInnen aus Ost und West verlegte.

Einzig und allein die *DIE-Reihe* hat die Wende überstanden. Die *DIE-Reihe* war zwar auf DDR-Autoren eingestellt, aber man fand in ihr auch Krimis von

Frank Arnau, Eric Ambler, Chester Himes, von Richard Hey, Paul Henriks und Friedhelm Werremeier. Daneben AutorInnen aus dem osteuropäischen Sprachraum: Polen, Russen, Tschechen, Bulgaren, Ungarn und Rumänen. Betrachtet man zudem die Gesamtproduktion von 1970 bis 1990, so fällt auf, daß einzelne DDR-Autoren zu Beginn der achtziger Jahre einen zunehmend kritischeren Blick auf den DDR-Alltag boten. Was weder in den Zeitungen noch im Adlershofer Agitationsfernsehen zu erfahren war, in den Krimis der achtziger Jahre deutete sich der Verfall der DDR an. Eine neue Autorengeneration schrieb Kriminalromane, die zugleich Spiegel der DDR-Verhältnisse waren. Erinnert sei an Höpfners *Verhängnis vor Elysium*, an Kienasts *Ende einer Weihnachtsfeier*, Bergers *Sirenengesang*, Mechtels *Das geomantische Orakel* oder an Jan Eiks *Der siebente Winter*. Damit wird nicht behauptet, daß Krimiautoren grundsätzlich aus den ihnen belassenen Spielräumen ausbrechen konnten. Fachgutachten der Hauptabteilung Kriminalpolizei des Innenministeriums hielten nicht selten als Begründung her, einen Text in unverfänglicheres Fahrwasser zurückzudrängen oder gar die Ablehnung eines Manuskriptes zu empfehlen. Der Autor Hartmut Mechtel weiß ein Lied um die Entstehung seines Krimis *Unter der Yacht* zu singen. Mindestens zwei Jahre wurde der Titel auf solche Weise zurückgehalten.

Will man den DDR-Krimi allerdings mit westlichen Maßstäben messen, so führt das rasch zu pauschalisierenden Urteilen, wie »Der DDR-Krimi war altbacken, war hausgemacht. Er müffelte nach Kohlsuppe, nach Zweitaktgemisch« und ähnlichen Sprüchen.

Richard K. Flesch, der langjährige Herausgeber der Rowohlt-Thriller-Reihe, der ganz gewiß etwas vom Ost-Krimi verstand, schrieb 1985: *»Nachdem ich die ersten 25 oder 30 dieser Romane aufmerksam gelesen hatte, merkte ich, wie falsch mein pauschales Vorurteil gewesen war. Das waren gleichsam Miniaturen, die den real existierenden Sozialismus in den Pannen seiner Bürger und deren Behebung schilderten – nüchtern, ungeschönt, manchmal – punktuell – dezent kritisch und für den westlichen Leser in einem Nebeneffekt ›Schulfunk‹ im besten Sinne, ohne an Spannung oder literarischem Niveau zu verlieren.«* (Loccumer Kolloquien, Band 5)

Was im Jahre 1949 mit einer Heftreihe begonnen hatte, fand im Jahre 1990 sein jähes Ende. Die Kriminalliteratur in der DDR hat spannende, aber auch weniger interessante Kriminalromane hervorgebracht. Was sie alle eint, war ihre von den AutorInnen mehr oder minder bewußt mitgetragene Zielsetzung, die *»Entwicklung einer sozialistischen Gesellschaft«* fördern zu wollen. Der plötzliche Zusammenbruch der DDR im Jahre 1989 – nur von wenigen erahnt und herbeigesehnt – hat wohl jede/n AutorIn überrascht.

Krimi-Hitlisten sind Erfindungen der Werbebranche; will sagen: Ich halte sie für überflüssig. Es gibt ebenso viele gute wie schlechte Krimis. Entscheidend ist doch immer der Maßstab, den der Leser anlegt. Aber wenn es denn unbedingt sein soll ... Ich zähle u. a. zu den guten Krimis: ❶ Arthur Conan Doyle: Der Hund von Baskerville ❷ Agatha Christie: Zehn kleine Negerlein ❸ Besuglow/Klarow: Der Intrigant ❹ Friedhelm Werremeier: Der Fall Heckenrose ❺ Frederick Forsythe: Der Schakal ❻ Wolfgang Schreyer: Nebel

Jedes Buchmanuskript ist mit dem Engagement seines Autors geschrieben, diktiert vom individuellen Entwicklungsstand des Bewußtseins, das wiederum vom gesellschaftlichen Sein determiniert wird. Niemand schreibt gegen seine Überzeugungen an. Daß die Literatur im Sinne eines *»besseren oder sozialistischen Menschenbildes«* zu wirken vermag, ist wohl der größte Irrtum, dem viele AutorInnen in der DDR aufgesessen sind. Weder konstruierte *positive Helden* noch schönfärberische Volkspolizeimärchen können auf Dauer über objektive Realitäten hinwegtäuschen. Diesen Weg zur Erkenntnis sind manche AutorInnen früher, andere später und nicht wenige erst nach der Stunde Null, die das Ende der DDR brachte, gegangen.

Als Erkenntnis bleibt, daß vor jeglichem Mißbrauch der Kriminalliteratur im staatstragenden Sinne zu warnen ist. Auch in der Geschichte der westdeutschen Kriminalliteratur lassen sich Beispiele für antikommunistische Propagandaeinschübe finden. Der Themenkatalog des Kalten Krieges war gerade in Deutschland auf beiden Seiten des Eisernen Vorhangs weit genug. Erinnert sei nur an die Vermarktung nazideutscher Spionageaktionen in den Heften der *Tatsachen-Roman*-Serie des Zauberkreisverlages Rastatt oder an die Taschenbücher unter dem Serientitel *Mister Dynamit* um den heldenhaften BND-Agenten Bob Urban aus dem *Pabel-Verlag.*

Nehmen wir die Kriminalromane der DDR als Zeitzeugen, lesen wir sie mit einem weinenden und einem lachenden Auge, auf jeden Fall aber mit einer gehörigen Portion Nostalgie!

Nein, nicht *Ostalgie*, sondern *Nostalgie*!

Krimis aus dem Wilden Osten
Weitere Anmerkungen zur Kriminalliteratur in der DDR

Von Jan Eik

Das Wort *Endzeitkrimi*, erst lange nach der Wende für DDR-Krimis aus der zweiten Hälfte der achtziger Jahre verwendet, charakterisiert am ehesten die Veränderungen, die sich auch in der Kriminalliteratur der DDR angesichts des wirtschaftlich und politisch dahinsiechenden Landes abzeichneten. Eine Entwicklung allerdings, die auch die Krimiautoren – keineswegs klüger als fast alle Deutschen in Ost und West zu jener Zeit – erst nach den Ereignissen von 1989/90 in voller Konsequenz wahrzunehmen begannen. Kaum einer hatte den Gedanken zu Ende gedacht: In einem Land, in dem sich Zustände flächendeckend ausgebreitet hatten, wie sie Berger, Höpfner, Kienast, Mechtel und etliche andere in ihren Büchern schilderten, war mit einem ökonomisch wie ideologisch guten Ende nicht mehr zu rechnen.

Daß mit der freudig begrüßten Wende das geschützte Reservat *Leseland DDR* bald dem Konkurrenzdruck des internationalen Büchermarktes ausgesetzt sein würde, erkannten AutorInnen wie Verleger erst allmählich. Bald war abzusehen, daß die Verlagslandschaft der DDR samt ihren Krimihöchstauflagen (Startauflage der DIE-Reihe 100000 Exemplare, Nachauflagen 60000) früher oder später auf der Strecke bleiben mußte. Erste, völlig unzureichende Rationalisierungsmaßnahmen und Umstrukturierungen in den Verlagen trugen kaum zur Rettung der angeschlagenen Unternehmen und ihrer Programme bei, wobei der populäre Krimi fälschlicherweise vorerst als ein weniger betroffenes Genre galt. Noch im Frühjahr 1990 erschienen z. B. Hardcover-Ausgaben (z. T. Nachauflagen von bereits erschienenen Krimis) zu DDR-Preisen in Auflagen von 15000 Exemplaren – und vermochten sich gegenüber der einsetzenden Flut von Billigangeboten westdeutscher Verlage nicht mehr durchzusetzen. Die zumeist in der Sektion Kriminalliteratur des DDR-Schriftstellerverbandes organisierten ostdeutschen KrimiautorInnen hatten durch die Teilnahme ihrer Vertreter an den Exekutivtagungen der 1986 gegründeten AIEP – Internationale Vereinigung der Kriminalschriftsteller – in San Juan del Rio (Mexiko) 1987, Gijón (Spanien) 1988 und 1989 und Prag im Februar 1989 Kontakte zum bundesdeutschen

SYNDIKAT geknüpft, die im März 1989 zu einem ersten Treffen in Ostberlin und einer nachfolgenden Einladung von sieben Ostautoren zur *Criminale* in Westberlin geführt hatten. Der Plan eines »gesamtdeutschen« (zu DDR-Zeiten ein streng verpönter Begriff!) Treffens in Ostberlin fand wenige Wochen nach der Vereinigung der beiden deutschen Staaten seine Verwirklichung als unspektakuläre Vereinigungstagung des SYNDIKATS mit dem im März 1990 in Ostberlin vorsorglich gegründeten SYNDIKAT II, dem die meisten DDR-AutorInnen angehörten. Das SYNDIKAT war damit endgültig die einzige Autorengruppe deutschsprachiger Kriminalliteratur, zu der heute fast vierzig AutorInnen mit Wohnsitz in den neuen Bundesländern gehören.

Ein Jahr später, im November 1991, fanden AutorInnen aus Ost und West im Literarischen Colloqium Berlin zu einem Workshop unter dem Titel »Krimischreiben im ›neuen‹ Deutschland« zusammen, bei dem es in erster Linie um eine Bestandsaufnahme und um den Vergleich deutsch(sprachig)er Krimis ging. Kontrovers diskutierten vor allem die KrimischreiberInnen Ost, deren Zukunft zu dieser Zeit höchst ungewiß aussah, ihre in der DDR geschriebenen Bücher. Der Vorwurf einer ehemaligen Lektorin, sie hätten lediglich Gehorsams- und Durchhalteliteratur im Dienste des Staates fabriziert, traf sie kaum; er ließe sich nur mit wenigen Krimitexten der achtziger Jahre belegen. Der DDR-Leser hoffte – so die Autorin Bärbel Balke – im Krimi Subversives zu finden. Und das (für den Westleser kaum decodierbar) – lieferten ihm die AutorInnen. Hartmut Mechtel: »Die Zensur trug erheblich zum Unterhaltungswert unserer Bücher bei.« Mechtel war es auch, der in mehreren Funkessays für den RIAS eine provokante Analyse des Einheits-Krimis und der Veränderungen vornahm, die auf die einstigen DDR-AutorInnen zukamen. Im Gegensatz zu ihren Westkollegen waren die meisten von ihnen Freiberufler, denen der Krimi bis dahin eine gute Existenzgrundlage geboten hatte.

Der Literaturwissenschaftler Dr. Reinhard Hillich, der an der Akademie der Wissenschaften der DDR über Trivialliteratur gearbeitet und 1988 einen Band *Tatbestand. Ansichten zur Kriminalliteratur in der DDR 1947–1986* vorgelegt hatte, und der Krimiautor und -sammler Kriminalhauptkommissar a. D. Wolfgang Mittmann, publizierten 1991 im Akademie Verlag Berlin eine umfassende Bibliographie *Die Kriminalliteratur der DDR 1949–1990*, die einen vollständigen Überblick über dieses abgeschlossene Kapitel deutscher Literaturgeschichte bietet.

Während der bis dahin kriminalhörspielaktive DDR-Rundfunk und das

Fernsehen mit seinen Polizeiruf- und Staatsanwaltserien »abgewickelt« wurden, erkundeten AutorInnen letzte Möglichkeiten zur Installierung von Privatdetektivserien in beiden Medien. Inzwischen hatten mehrere Verlage die Aufbruchstimmung für eine Reihe von Krimiobjekten genutzt. Ursula Eichelberger gab den *Greif Literatur-Almanach* mit dem Schwerpunkt Kriminalliteratur heraus. Eine Krimiillustrierte und andere Vorhaben gelangten über das Planungsstadium nicht hinaus. Der Reiher Verlag als ein Subunternehmen des einstigen SED-Verlags Dietz publizierte 1990/91 sechs Titel einer Taschenbuchreihe *Reiher Crime* (darunter der für den Glauser-Preis nominierte Titel *Das zweite Sektglas* von Barbara Krause), einen Band mit Kriminalerzählungen und vier Ausgaben des internationalen Krimimagazins *underground* (Herausgeber: Manfred Drews [Ost] und Thomas Wörtche [West]). Drews' Hörfunk-Krimimagazin *Coup* scheiterte an der Rundfunkabwicklung. Ein obskurer westdeutscher Spurbuch Verlag druckte Bücher von Tom Wittgen aus der DIE-Reihe nach; Rotbuch übernahm das in der DDR zeitweise der Zensur verfallene *Ende einer Weihnachtsfeier* von Wolfgang Kienast; Bastei Lübbe übernahm u. a. *Der siebente Winter* von Eik, 1990 mit dem einmalig vergebenen Handschellenpreis der Sektion Kriminalliteratur für den besten Krimi des Vorjahres ausgezeichnet.

In Leipzig startete die junge edition monade 1991 eine Reihe *Leipzig Crime*, die es auf vier Titel brachte, bevor der Verlag ein Jahr später nach Berlin umzog, eine *Berlin-Crime*-Reihe auflegte und schließlich als Verlag Schwarzkopf & Schwarzkopf mit dieser Reihe (bisher 18 Titel) und einem vielseitigen Verlagsprogramm reüssierte, in dem Krimis noch immer einen Platz haben. Der Mitteldeutsche Verlag Halle-Leipzig schloß 1990 sein bis dahin erfolgreiches Krimiprogramm u. a. mit der Veröffentlichung des ersten gesamtdeutschen Krimis *Schau nicht hin, schau nicht her* von -ky (Berlin/West) und Steffen Mohr (Leipzig) und mit Gerhard Neumanns *Abgesang. Der angeblich letzte mögliche Kriminalroman im klassischen englischen Kamin- und Landsitzstil...* Neumann, ein erklärter Anhänger des klassischen Rätselkrimis, trat in der Folgezeit mit originellen Krimistoffen hervor, die im Berlin der goldenen zwanziger Jahre spielen (Hanns-H. Petermann, *Feuerspuren*, Reiher 1991; *Polnisches Gold*, DIE 1996).

Der Rudolstädter Greifenverlag, in der DDR das dritte wichtige Krimiunternehmen, verschwand sang- und klanglos; der Deutsche Militärverlag des Ministeriums für Nationale Verteidigung mutierte zum Brandenburgischen Verlagshaus der Dornier-Gruppe und druckte ebenfalls 1990 die letzten Krimimanuskripte.

Blieb der Verlag Das Neue Berlin, seit Jahrzehnten mit seinen Hardcover-Ausgaben und der DIE-Reihe ohnehin der führende und auflagenstärkste ostdeutsche Krimiverlag, der nach mancherlei Querelen mit Treuhand und Gesellschaftern in den Besitz des Ostberliner Literaturwissenschaftlers Dr. Mathias Oehme überging. In der traditionsreichen DIE-Reihe, in der zur Wendezeit etwa 130 Titel vorlagen, erschienen anfangs – wie bei Reiher und anderen Verlagen – die noch ausstehenden Überhänge aus der DDR-Produktion (wo ein Buch gewöhnlich zwei bis drei Jahre nach Manuskriptabschluß in den Buchhandel kam). 1991 folgte als Hardcover Karl-Heinz Jakobs *Die Frau im Strom*, der einzige »Schubladen-Krimi«, der dem Verlag bereits 1980 vorgelegen hatte, seiner Gesellschaftskritik wegen jedoch nur im Westen gedruckt werden konnte.

Immerhin erschienen bereits 1990 die ersten Kriminalromane, deren Personen und Handlungen die gravierenden politischen und ökonomischen Veränderungen der Wende reflektierten. Während in den Büchern einiger westdeutscher Autoren, in denen die DDR bis dahin keine oder allenfalls eine unbedeutende Rolle gespielt hatte, sich plötzlich vordergründig agierende Stasi-Seilschaften zu finsteren Verschwörungen zusammenschlossen, reagierten die OstautorInnen eher zögernd mit Geschichten, in denen die ansteigende Kriminalität und die Befindlichkeiten der Ostdeutschen unter den gänzlich veränderten Bedingungen der Einheit den Handlungsspielraum für klassische Whodunit-Krimis abgaben. Dabei wandten sich die bei monade/Schwarzkopf verlegten Bücher vornehmlich jüngerer AutorInnen eher an ein ebenso junges Publikum; häufig bietet die Szene in Leipzig oder im Berliner Kreuz- und Prenzlauer Berg den Hintergrund für die mitunter mit leichter Hand geschriebenen Krimis neuer AutorInnen, unter denen Frank Goyke sich als der fleißigste und vielseitigste profilierte. Von ihm liegt inzwischen fast ein Dutzend Titel (z. T. unter Pseudonymen) vor, und seine Schaffenskraft scheint ungehemmt.

Immerhin erschienen bereits 1990 die ersten Kriminalromane, deren Personen und Handlungen die gravierenden politischen und ökonomischen Veränderungen der Wende reflektierten.

Von ähnlicher Produktivität zeigte sich Tom Wittgen (Ingeburg Siebenstädt), die mit *Eine dreckige Geschichte* bei Reiher einen ersten Wendekrimi vorlegte. Darauf folgte in den nächsten Jahren eine ganze Reihe von Kriminalromanen bei verschiedenen Verlagen, die eine gewandelte Sicht der Autorin und ihres langjährigen Protagonisten Hauptmann (jetzt natürlich

Kommissar) Simosch präsentierten, neben dem nunmehr Hauptkommissare aus dem Westen agieren, wie in vielen Krimis ostdeutscher AutorInnen. Hauptkommissare stammen (auch in der Realität) immer aus dem Westen. Die beiden ersten (und einzigen) deutsch-deutschen Nachwendekrimis von

Leo P. Ard (d. i. Jürgen Pomorin, Hamburg) und Michael Illner (Ostberlin) – *Gemischtes Doppel* und *Flotter Dreiher* – machen da keine Ausnahme. Sie reflektierten auf beinahe satirische Weise die Berlin-Brandenburgische Kriminalität und die Tätigkeit der vereinten Polizei. Beide Krimis erscheinen im Dortmunder Grafit-Verlag, bei dem Ard u. a. auch eine Reihe von thematischen Krimianthologien publizierten, in denen sich Stories u. a. von Bärbel Balke, Dietmar Beetz, Jan Eik, Jan Flieger, Michael Illner, Klaus Möckel, Steffen Mohr, Gerhard Neumann, Hans Pfeiffer und Gert Prokop finden. Thomas Wörtches Sammlung *Mörderisches Berlin* (Simader) hingegen kommt gänzlich ohne OstautorInnen aus. Zu den von Heidemarie Schmidt 1993 bei Heyne herausgegebenen Geheimdienstgeschichten *Im Namen des Guten* steuerten Gabriele Gabriel, Eik, Flieger, Mechtel, Prokop und Wittgen Beiträge bei; eine ebenfalls bei Heyne geplante Anthologie der SYNDIKATS-Mitglieder aus den neuen Ländern, herausgegeben von Astrid Schumacher (Reinbek), kam schließlich im neugegründeten Eisbär Verlag zustande. Sie vereint 14 Autoren aus den neuen Ländern und aus Westberlin, darunter den Glauser-Preisträger und Jerry-Cotton-Autor Heinz Werner Höber (1931–1996), der sich in besonderer Weise mit seinen ehemaligen Landsleuten (er stammte aus dem Erzgebirge) verbunden fühlte. Gemeinsam mit Tom Wittgen verfaßte er ein *Tatort*-Drehbuch für den MDR, Wolfgang Kienast unterstützte er bei ersten Versuchen in der Cotton-Reihe, mit Jan Eik kamen ein Originalton-Hörspiel *Jerry Cotton – Born in Bärenstein* (1993) und der Erinnerungsband *Der Mann, der Jerry Cotton war* (1996) zustande.

Von Höber stammt, neben etlichen Kurzgeschichten, ein weiterer bemerkenswerter Beitrag zur Wendeliteratur: *Soldat in Deutschland*, der Roman eines jungen Sowjetsoldaten in den Wirren der Nachwendezeit (Reiher), in dem Höber sich erstaunlich gut in die Psyche der Ostdeutschen einzufühlen vermochte.

Auch -ky (Horst Bosetzky, Soziologieprofessor an einer Berliner Fachhochschule, die von West nach Ost verzog) ist mehrfach zusammen mit Kollegen aus dem Osten in Anthologien vertreten. Als beinahe einziger Westautor ließ er seinen Oberkommissar Mannhardt sofort nach der Wende vornehmlich in der nördlichen Berliner Umgebung, also im Bundesland Brandenburg, agieren und veröffentlichte seine Romane nicht nur, wie bisher, in der *rororo* Thrillerreihe (u. a. *Ein Deal zuviel*, *Blut will der Dämon* und bei Weitbrecht *Von oben herab*), sondern auch bei Schwarzkopf & Schwarzkopf *(Fendt hört mit)* und *Mit dem Tod auf du und du* in der DIE-Reihe beim Neuen Berlin, in der bereits 1977 und 1983 Lizenzausgaben seiner Krimis erschienen waren.

Der Nordberliner -ky, der aus seiner Liebe zu (Gesamt-)Berlin und Umgebung keinen Hehl macht, kann mit Recht als eine Integrationsfigur des nunmehr gesamtdeutschen Krimis gelten. Seit einigen Jahren ist er Sprecher des SYNDIKATS, eine Wahlfunktion, die seit der *Criminale* im Mai 1991 in Bremen in den Folgejahren jeweils paritätisch mit ihm und einem ostdeutschen Autor besetzt war. Nach erfolgreichen Regionalveranstaltungen (Sächsische Krimitage 1992 in Leipzig, Lausitzer Krimitage 1993 und Brandenburger Krimitage 1994) fand die *Criminale* 1995 in Potsdam und damit erstmals in einem neuen Bundesland statt; für 1998 ist sie in Berlin geplant. Auch das interne Informationsblatt *Secret Service* erscheint (mit einer Unterbrechung 1993/94) seit 1991 im nunmehr nur noch geographischen Ostberlin.

Neben -ky haben sich bisher wenige Autoren aus den alten Bundesländern glaubwürdig mit einer ost- oder gesamtdeutschen Thematik befaßt. Das Autorenpaar Georg R.(enate) Kristan aus Bonn wäre da mit mehreren Titeln bei Goldmann zu nennen, dazu unbedingt Doris Gerckes *Ein Fall mit Liebe*, auch Pieke Biermanns *Herzrasen* spielt in Berlin-Ost.

Trotz mancher Versuche bei westdeutschen Verlagen (u. a. Jens Bahre und Tom Wittgen bei Bastei Lübbe, Steffen Mohrs *Die Leiche im Affenbrotbaum*, Heyne, Tom Wittgens *Staatsjagd* und *Pilotenspiel*, Galgenberg) blieb die DIE-Reihe – mit unverändert auch internationalem Profil – die wichtigste Heimstatt für die AutorInnen in den neuen Bundesländern. Mit mehrfach modernisiertem Cover versucht die DIE-Reihe, endlich auch im Westen Fuß zu fassen. Die ersten DIE-»Wende«krimis legten 1991/92 Dorothea Kleine, *Rendezvous mit einem Mörder*, Barbara Neuhaus, *Der letzte Schlüssel*, Jan Eik, *Wer nicht stirbt zur rechten Zeit*, Hartmut Mechtel, *Tod in Grau*, Klaus Möckel, *Eine dicke Dame* und *Auftrag für eine Nacht*, und Hans Schneider, *Der Mauertänzer*, vor; 1993 folgten u. a. Titel von Hans Pfeiffer und Joachim Wohlgemuth. Pfeiffers Dokumentarberichte zur Gerichtsmedizin und zur Kriminalliteratur erscheinen inzwischen im Leipziger Militzke Verlag.

Die wohl wichtigsten Kriminalromane der unmittelbaren Nachwendezeit stammen von Wolfgang Schreyer, der mit *Nebel* (1991) einen anspruchsvollen Politthriller in der von ihm gewohnten Mischung von Fiktion und Fakten schrieb, und von Max D. Adam (d. i. Gerd Müller) *Yeti sei tot*, ein geschickt mit Krimihandlung verknüpfter Roman über die Stasi-Auflösung. 1994 und 1996 erschienen mit *Das Quartett* und *Der sechste Sinn* neue Krimis von Schreyer; Adam hat inzwischen mit drei weiteren Titeln in der DIE-Reihe zum üblichen Krimischema gefunden. Harry Thürk, nach Schreyer der andere Vertreter des politischen Abenteuerromans in der DDR, konzentrierte sich mit seinen Krimis auf südostasiatische Erfahrungen und veröffentlichte bisher sechs Titel mit exotischen Schauplätzen.

Gestandene KrimiautorInnen wie Jan Flieger, Gerhard Johann, Wolfgang Kienast, Dorothea Kleine, Barbara Neuhaus, Hartmut Mechtel, Klaus Möckel, Gerhard Neumann und Tom Wittgen schrieben auch in den Folgejahren weitere Krimis für die DIE-Reihe, in der 1997 als Nr. 203 *Im Höllenfeuer stirbt man langsam* von Jan Flieger und als Nr. 204 *Einmal Bulle, immer Bulle* von Wolfgang Kienast erschienen sind. Gert Prokop (1932–1994) beging kurz nach Erscheinen seines letzten Krimis *So blond, so schön, so tot* Selbstmord, im November des gleichen Jahres starb auch Karl Heinz Berger (1928–1994) – herbe Verluste für den ostdeutschen Krimi, nachdem schon 1990 Gerhard Scherfling verstorben war. Als neue AutorInnen (z. T. aus anderen Genres) kamen u. a. Monika Helmecke, Hans-Ullrich Krause, Manfred Rudolph und Joachim Wohlgemuth (1932–1996) hinzu. Die Lübecker Autorin Karen Meyer gab zwei Anthologien, *Deutschland einig Mörderland* (1995 zum 25jährigen Bestehen der DIE-Reihe) und *Mord light oder Es muß nicht immer*

Totschlag sein, heraus, an denen sich allerdings nur wenige AutorInnen aus den neuen Bundesländern beteiligten.

Zweifellos die bemerkenswerteste Neuerscheinung in der DIE-Reihe war Hartmut Mechtels *Der blanke Wahn*, einer der ungewöhnlichsten Thriller der letzten Jahre, in dem der Leser etwas über Terrorismus, Stasi und Geheimdienst in gänzlich unerwarteten Konstellationen erfährt.

Klaus Möckel entwickelte nach der Wende neben den Fällen für seinen Ostberliner Privatdetektiv Krey auch seine Vorliebe für den Kinderkrimi. Für die Rowohlt-Rotfuchs-Serie schrieb er *Bennys Bluff*, *Kasse knacken* und *Bleib cool, Franzi*, sämtlich Geschichten, die im wiedervereinten Berlin spielen und die aktuelle Zeitgeschichte aus der Sicht von Kindern reflektieren.

In einer neuen Reihe von Sachbüchern edierte Das Neue Berlin ab 1994 u. a. dokumentarische Texte von Bärbel Balke: *Frauen töten einsam. Begegnung mit weiblicher Gewalt*, Jan Eik: *Besondere Vorkommnisse. Politische Affären und Attentate*, Wolfgang Mittmann: *Fahndung. Große Fälle der Volkspolizei.*

In der Reihe *Ariadne Krimis* des Hamburger Argument Verlags erschien 1993 der in Ostberlin zur Wendezeit spielende Krimi *Die gefrorene Charlotte* von Dagmar Scharsich (1994 für den Glauser-Preis nominiert), für den die junge Autorin den Literaturförderpreis des Landes Brandenburg erhielt. In der z. T. von der ehemaligen DIE-Lektorin Gabriele Reinhold lektorierten *Zweiten Reihe* des gleichen Verlags überwiegen inzwischen die »Ost«-Krimis von Wolfgang Kienast, Waldtraut Lewin, Hartmut Mechtel und Tom Wittgen. Mechtel hat mit seinem Antihelden Martin Parr *(Der unsichtbare Zweite, Das Netz der Schatten)* eine Serienfigur geschaffen, die noch für manche Überraschung im »neuen« Deutschland gut ist. Waldtraut Lewin, in der DDR u. a. als Verfasserin historischer Romane bekannt, versucht ein gleiches mit ihrer Miss Marple-Quade aus dem Scheunenviertel *(Alter Hund auf drei Beinen)* und der Hobbydetektivin Aurora Lenssen in zwei weiteren Krimis.

Meine heutigen Lieblingskrimis
❶ Sjöwall/Wahlöö: Endstation für Neun ❷ Laurence Jough: There is a Goldfish bowl ❸ Doris Gercke: Weinschröter, du mußt hängen ❹ Tony Hillerman: The Ghostway ❺ Manuel Vázquez Montalbán: Carvalho und der Mord im Zentralkomitee

Es existiert also weiterhin eine lebendige Krimiszene in den neuen Bundesländern. Aufgegeben haben nur wenige AutorInnen; Gunther Antrak verschrieb sich wieder ganz dem Kabarett, Helfried Schreiter (Pseudonym Louis Martin) verschwand als dubioser Bankrotteur in den Wirren der Nachwende – eine Figur für einen der vielen noch ungeschriebenen Krimis aus dem Wilden Osten.

KRIMIBAUKASTEN: DIE SPIONAGE-VARIANTE »DER SCHATTENSPRINGER« (USA UND ENGLAND, 1950–80)

Nach Len Deighton, John le Carré, Ted Allbeury und Adam Hall

Erster Satz:

Es war ruhig, halb drei nachts, und Nebel waberte über der naßschimmernden Fahrbahn der Glienicker Brücke.

Was passiert:

Bernie Hampton, desillusionierter britischer Agent aus der Londoner Zentrale, wird von seinem Chef »Master« ins geteilte Berlin geschickt, um einen deutschstämmigen rumänischen Wissenschaftler in Empfang zu nehmen, der die Seiten wechseln will. Gleich nach Bernies Ankunft wird Arnie Dark, Chef der britischen Abwehr, auf offener Straße niedergeschossen. Allem Anschein nach steckt der KGB hinter dem Mord, auch wenn Major Stock, Leiter der KGB-Residentur in Berlin-Karlshorst, diesen Verdacht weit von sich weist, als Bernie ihn auf einem Botschaftsempfang der Amerikaner damit konfrontiert. Dort begegnet er auch Viola Grant, Botschaftssekretärin der Amerikaner und Geliebte von Zachary Hazelton, dem CIA-Repräsentanten. Bernie verliebt sich in Viola und vertraut ihr seinen Auftrag an. Schon bald erfährt er über seine Kontakte zum französischen Geheimdienst, daß Viola Bernies Enthüllungen an Hazelton vom CIA weitergegeben hat. Sofort meldet Bernie nach London, daß die Operation verraten wurde, und reicht seinen Rücktritt ein, weil er durch Violas Verrat an sich und seinem Job verzweifelt. Er zieht sich in sein Haus an der Küste Cornwalls zurück, wo Viola ihn schließlich aufsucht und ihm gesteht, daß alles eine geschickt von »Master« eingefädelte Operation war: Der Wissenschaftler wollte gar nicht überlaufen, die Nachricht sollte nur dazu dienen, Arnie Dark zu überführen, der als Doppelagent für die Russen entlarvt worden war. Daraufhin ließ die CIA, die man diskret informiert hatte, Arnie umbringen, was den Amerikanern gut paßte, weil sie den KGB mit diesem Mord belasten konnten, was wiederum den Falken im US-Verteidigungsministerium ermöglichte, eine Erhöhung des Rüstungsetats durchzusetzen. Viola, die diese Operation federführend geleitet hatte, war dadurch so desillusioniert, daß sie ihren Rücktritt einreichte, um bei Bernie zu bleiben und mit ihm gemeinsam eine Kaninchenzucht zu beginnen.

Letzter Satz:

Es war ruhig, nachts um halb drei. Viola stand auf der Terrasse und betrachtete den wabernden Nebel über den feuchten Weiden hinter dem Haus. Bernie legte ihr den Arm um die Schulter. »Komm herein«, sagte er.

4.

GRENZEN-LOSES MORDEN

Krimis aus aller Welt

Nachdem der kleine Sohn des verrückten Emilio Windergate verschwunden war, befahl ein Erpresserbrief Emilio, eine Million Dollar in Hundertdollarscheinen in einem Aktenkoffer von einer Brücke fallen zu lassen, nach Hause zu gehen und auf seinen Sohn zu warten. Emilio sollte auf keinen Fall die Polizei benachrichtigen und sich von der Übergabestelle entfernen, sonst würde sein Sohn ermordet werden.

Emilio schickte seine Haushälterin Faith Radiant mit dem Koffer zur Übergabestelle, und sie ging dorthin. Als der junge Windergate abends wieder heil zurückgekehrt war, untersuchte die Polizei die Übergabestelle, die hier so gezeigt wird, wie sie sich den Polizisten darbot. Sie erfuhren, daß ein Junge, ein Hund, ein Pflanzensammler und ein Angler unter der Brücke gesehen worden waren. Mit Ausnahme des Hundes verneinten alle, daß sie den Koffer angefaßt hätten.

Können Sie aufgrund der obenerwähnten Tatsachen und der Untersuchung des Terrains sagen, was geschehen ist?

FRAGEN

1. Ist es möglich, zehntausend Geldscheine in einen Diplomatenkoffer zu packen? Wieviel würde das Geld wiegen? 10 Pfund? 20 Pfund? 30 Pfund? 40 Pfund? 50 Pfund? Mehr?
2. Könnte man dieses Gewicht mit einer Angel aus dem Wasser fischen?
Ja – Nein
3. Könnte jemand auf der Brücke sich den Koffer geschnappt haben?
Ja – Nein
4. Wem gehörten diese Fußspuren?
a) die vom Wasser kommen
b) die nach rechts führen
c) die kleinen
5. Hat der Pflanzensammler Ihrer Meinung nach die Wahrheit gesagt, als er behauptete, er hätte den Koffer nicht berührt?
6. Hat der Angler die Wahrheit gesagt?
Ja – Nein
7. Hat der kleine Junge die Wahrheit gesagt?
Ja – Nein
8. Hätte der Hund den Koffer mit den Zähnen aufheben und dem Kidnapper bringen können?
Ja – Nein
9. Was ist Ihrer Meinung nach geschehen?

1. 20 Pfund, oder genauer gesagt 21 Pfund und 570 Gramm. Dazu kommt noch das Gewicht des Koffers.
2. Ja, das erfordert beträchtliche Kraft.
3. Ja, aber es hätte Geduld und Gewandtheit erfordert.
4. a) sind die des Anglers
b) sind die des Pflanzensammlers
c) sind die des Jungen
5. Nein, seine Fußspuren enden beim Koffer, als ob er ihn untersucht hätte und dann weitergegangen wäre.
6. Kann man nicht sagen. Vielleicht hat er in den Koffer geschaut, aber wahrscheinlich wäre er dann hingegangen und hätte ihn betrachtet, nachdem er ihn an Land gezogen hätte.
7. Nein, aus den gleichen Gründen wie bei 5.
8. Ja, aber das hätte Kratzer hinterlassen.
9. Faith muß das Geld an sich genommen und den Koffer fallen gelassen haben. Es ist höchst unwahrscheinlich, daß jemand einen geldgefüllten Koffer finden und sich dann die Zeit nehmen und das Geld in ein anderes Behältnis packen würde. Es stellt sich heraus, daß Faiths Vorhaben gelang. Nach ein paar Monaten kündigte sie bei Windergate und ging mit ihrem Geld nach Europa, wo sie sofort einen liebenswerten Ehemann fand, der sie tief und innig liebte. Sie lebt jetzt unter seinem Namen, und warum zum Teufel sollte man ihn verraten.

Fisch an der Angel

Verbrechen ohne Grenzen

Beobachtungen vom europäischen Krimimarkt

Von Jürgen Alberts

Eine nächtliche Szene: zwei Uhr morgens im Juli dieses Jahres. Der Ort: die Terrasse des Hotels Don Manuel im spanischen Gijon. Rund vierzig Personen singen in sieben Sprachen *Der Hahn ist tot* und versuchen herauszufinden, wer *Die kleine Nachtmusik* am längsten intonieren kann. Auftritt: zwei Polizisten. Was denn hier vorgehe? Die Nachbarn hätten sich schon beschwert. Einer der Vorsänger erhebt sich und antwortet, momentan sei die *Semana Negra*, und da versammeln sich KriminalschriftstellerInnen und AutorInnen der schwarzen Gattung. Ach so, alles Verrückte, sagt der eine Polizist, und dann noch, Entschuldigung, wir wollen nicht gestört haben.

Beim weltgrößten Treffen der Krimigattung im asturischen Gijon, nun schon zum neunten Male, Volksfest und Literatrubel zugleich, werden Kontakte geknüpft, internationale Projekte vereinbart, Diskussionsrunden veranstaltet. (Gesamtbesucherzahl in zehn Tagen: rund eine Million Menschen, die die geglückte Symbiose von Freimarkt und literarischer Debatte bestaunen.) Eines der diesjährigen Themen: Sollte man nicht für ein Jahr den Privatdetektiv aus unseren Krimis verbannen, eine ach so abgenutzte Figur, die gegen die mafiosen Strukturen allerorten nichts mehr auszurichten weiß. Staatliche Kriminalität und organisiertes Verbrechen nehmen überhand, und nicht selten sind Polizei und Justiz darin verwickelt.

Ortswechsel: Bergen in Norwegen. Ein Samstagmorgen im Mai, 12 Uhr mittags. Treffen der skandinavischen Fraktion der *International Association of Crime Writers*. Zwei Autorinnen und acht Autoren stellen in fünf verschiedenen Sprachen ihre neuesten Kriminalromane vor. Ein großes Publikum ist fasziniert von der Vielfalt, die dieses Genre bereithält. Nachmittags eine lehrreiche Diskussion unter den Teilnehmern. Welchen Einfluß hat der Krimi auf die sogenannte hohe Literatur? (Ein Blick auf die Bestsellerlisten in fast allen Ländern zeigt: überwiegend Krimistoffe.) Nichts ist mehr zu spüren vom mangelnden Selbstbewußtsein, daß Kriminalromane zu schreiben wohl eher der Regionalliga der Literatur oder gar dem trivialen Schund zuzurechnen sei.

Bleiben wir in Bergen, wo der Autor Gunnar Staalesen *(Gefallene Engel)* beheimatet ist, dessen Detektiv Varg Veum (der Name stammt aus dem Altnorwegischen und bedeutet wörtlich übersetzt: Schänder eines Heiligtums) schon so populär ist, daß Spaziergänge durch die Stadt auf seinen Spuren und zu seinen Ehren stattfinden. Bei meiner kleinen Umfrage unter Kollegen antwortet er auf die Frage, ob es neue Themen im norwegischen Krimi gebe, Verbrechen gegen Kinder seien in den letzten Jahren häufiger in den Mittelpunkt gerückt worden, ebenso die Situation der »neuen Landsleute«, politische Flüchtlinge und Immigranten. Mit einem ausgeklügelten System von Buchclubs erreichen Autoren wie Staalesen und Anne Holt 100 000er-Auflagen. In Norwegen hat sich der Trend umgekehrt, der in fast allen anderen Ländern vorherrscht: Zwar werden immer noch die meisten Titel aus dem angloamerikanischen Raum übersetzt, aber die einheimischen Autoren verkaufen sich wesentlich besser.

GELBE BLICKE, VOLLER NEID?

Eine abendliche Szene: Dinner in einer gemütlichen spanischen Sidra-Kneipe. Teilnehmer: zwei amerikanische Autoren und drei vom alten Kontinent. Das Menü ist exzellent, die Unterhaltung nicht minder. Der New Yorker Autor Thomas Adcock sagt voller Freude, daß er immer ein paar Anekdoten, die er bei den internationalen Treffen hört, in seinen Romanen verwende. Woraufhin die österreichische Krimispezialistin Helga Anderle mit folgender Replik aufwartet: »Dann kommen wir eben auf diese Weise auf den amerikanischen Markt, na servus!«

Es werden im englischsprachigen Bereich kaum Romane aus anderen europäischen Sprachen veröffentlicht, ganz selten gibt es Lektoren, die z. B. italienische oder niederländische Literatur im Original lesen können. Nach 1945 sind in den USA nur drei deutsche Romane aus dem »schwarzen« Genre übersetzt worden.

ÖSTERREICH UND DIE SCHWEIZ

»Der Krimi made in Austria lebt vom Milieu und dem Schmäh seiner Protagonisten«, schreibt Helga Anderle und beweist dies mit ihrem wundervollen Erzählband *Sag beim Abschied leise Servus*, der im letzten Jahr erschien. Helga Anderle ist zugleich die Vorreiterin des internationalen Frauenkrimis, denn sie gab die erste Anthologie *Da werden Weiber zu Hyänen* (Wilke Frauenverlag) heraus. »Leben kann hierzulande kein Autor vom Krimischreiben, die meisten haben einen Brotberuf.« So auch die Glauser-Preisträgerin Edith Kneifl, deren letzter Roman *Triestiner Morgen* (Heyne) von Milo Dor verfilmt werden wird. Sie ist Psychotherapeutin, vier Tage in der Woche.

Im Nachbarland Schweiz ist die Lage ähnlich, was die ökonomische Situation der AutorInnen angeht. Auch Peter Zeindler, der mit seinen Agententhrillern stets die landeseigene Bestsellerliste anführte, macht eine Mischrechnung: Romane, TV-Drehbücher, Theaterstücke und Journalismus nur auf Anfrage. »Schweizer KriminalschriftstellerInnen suchen ihre Themen erstaunlicherweise kaum dort, wo sie sich offensichtlich anbieten: im Wirtschaftsbereich, im Dunstkreis der Banken. Die meisten sind eher an der psychologischen Seite der Fälle interessiert, schließlich haben die Schweizer in Europa das größte Angebot an Psychologen pro Einwohner.« Mit seinem letzten Roman *Salon mit Seerosen* verläßt Zeindler zum ersten Mal das Feld seiner literarischambitionierten Agentenstoffe.

MAFIA, RUSSISCH ODER ITALIENISCH?

Die Nachrichten aus Osteuropa fließen eher spärlich. Wo es vor Jahren noch eine millionenstarke Krimileserschaft gab, handelt man momentan lieber mit romantischen Thrillern oder abgenudelten Klassikern von Edgar Wallace oder Agatha Christie, so jedenfalls sagt der junge russische Autor Nikita Filatov. *Top Secret* heißt die Zeitung, die vierzehntägig drei Millionen Exemplare im Straßenverkauf absetzt.

Nachrichten aus der Welt des Verbrechens. Als ich vor einigen Jahren einen der Herausgeber fragte, was sie denn mit den vielen verdienten Rubeln anfingen, antwortete er: »Wir investieren in Fünf-Sterne-Hotels am Schwarzen Meer und in den Aufbau einer arabischen Pferdezucht.« Einige der AutorInnen vermuten, daß ihre Bücher längst in Raubdrucken vorliegen. (Meinem Roman *Zielperson unbekannt* muß es so ergangen sein: Noch heute bekomme ich Briefe zu diesem Buch in einer Mischung aus Russisch und schlechtem Englisch.)

Schauplatzwechsel: La bella Italia. Marco Tropea, selbst Autor und Verleger, zeichnet ein eher düsteres Bild von einer Krimilandschaft, in der leider nur die Zitronen blühen. »Sieht man von Umberto Eco und dem Autorenpaar Fruttero/Lucentini ab, hat niemand andauernden Erfolg mit seinen *Gialli.*« Die *Gelben* – so nennt man in Italien die Krimis, weil die erste Serie bei Mondadori einen gelben Umschlag hatte. Auch wenn Leonardo Sciascia *(Die Macht und ihr Preis)* eine Bresche für den literarischen Krimi geschlagen hat, auch wenn Pino Cacucci *(Outland Rock. 5 starke Krimis*, Diogenes) und Laura Grimaldi (*Das Monster von Florenz*, Hoffmann und Campe), um nur zwei Namen zu nennen, exzellente Vertreter ihrer Gattung sind, die englischsprachigen Importe können sie nicht überflügeln. »In den letzten Jahren gibt es in Italien mehr Metropolen-Thriller und Romane mit politischen und sozialen Bezügen«, schreibt Marco Tropea, der sich darum bemüht, einige lateinamerikanische AutorInnen wie Rolo Diez, Paco Taibo II. und Daniel Chavarría zu publizieren.

DER NAME DER KRISE: SPANIEN

Schon vor einigen Jahren wurde im Land von Manuel Vázquez Montalbán, des wahren Giganten der »schwarzen« Literatur, festgestellt, daß sich Krimis nur noch schwer absetzen lassen. Vier Reihen dieses Genres sind eingestellt worden, nur noch selten erscheint auf einem Cover die Unterzeile *»novela negra«*. Neben den in kulturkritischen Betrachtungen hinlänglich geäußerten Begründungen für den Rückgang der täglichen Lesezeit (TV/Video/Computer) hat sich in Spanien auch ein anderes Phänomen gezeigt: Überproduktion und schlechte Übersetzungen. Die Edición Yucar zum Beispiel versuchte Ende der 80er Jahre, mit fast zweihundert Titeln (die heute noch in den Regalen verstauben) den Markt zu überschwemmen, und ließ schlechtbezahlte Übersetzer Ramschware fertigen. Andreu Martín *(Wasch dir nicht die Hände, Flanagan)*, der wie Montalbán in Barcelona lebt, muß sich mit einer Startauflage von 8000 Exemplaren zufriedengeben, und ihm erscheint das sogar viel. »Zukunftsängste und Besorgnisse um die tägliche Sicherheit gegenüber der zunehmenden Gewalt sind die Themen im spanischen Krimi wie überall in Europa, wo Kriminalität alles andere als Fiktion ist.« Bis jetzt scheint es für Autoren wie Fernando Martínez Laínez, Manuel Qinto oder Juan Madrid keinen überzeugenden Ausweg aus dieser andauernden Krimikrise zu geben, die mittlerweile auch andere Länder zu erfassen scheint.

DEUTSCH-FRANZÖSISCHER AUSTAUSCH

Ganz ohne die Hilfe von Staatspräsidenten und Bundeskanzlern hat sich zwischen den alten »Erbfeinden« ein Austausch entwickelt, der den jeweiligen Lesern einen Einblick in die Produktion im Nachbarland ermöglicht.

Arte ist es zu verdanken, daß vor einigen Jahren ein Krimiabend gesendet wurde, in dem es eine Diskussion über das Thema »Von der roten Fahne zum schwarzen Roman« gab. Drehort: ein weißgestrichenes Atelier in einem Pariser Vorort. Drehzeit: zwischen zehn Uhr abends und drei Uhr morgens. Teilnehmer: acht AutorInnen aus fünf Ländern. Mit Hilfe von mit dem Genre vertrauten ÜbersetzerInnen gelang eine Debatte über die Beweggründe der neuen Generation von KrimiautorInnen, für die die Auseinandersetzung mit den gegenwärtigen gesellschaftlichen Zuständen ein wichtiges Anliegen ihrer literarischen Arbeit ist. Am Ende summten die vom Whisky leicht angesäuselten KollegInnen die Internationale und nahmen die für die filmische Dokumentation drapierten Waffen dabei in die Hand.

(Für das deutsche Fernsehen eine nicht auszudenkende Szene!) Der in diesem Jahr verstorbene Jean-Patrick Manchette (*Herz aus Blei*, Lübbe), der Vater des *Polar*, wie in Frankreich der Krimi genannt wird, und Patrick Raynal (*Halbmond über Nizza*) waren zwei der französischen Vertreter.

Patrick Raynal gibt bei Gallimard die wohl renommierteste *Série Noire* heraus, in der immer wieder auch deutsche Autoren wie Lars Becker und Frank Göhre vertreten sind. »Die Amerikaner und Engländer sind zwar in Frankreich immer noch dominant in unserem Genre, aber die nationalen und europäischen Kollegen sind dabei, diesen Imperialismus aufzubrechen. Wir werden diese Bataille gewinnen«, schreibt Raynal, der alle Titel mit einer Startauflage von 10000 Exemplaren herausgibt, die meist im Laufe eines Jahres auch verkauft werden. Eine Vermischung von Science-fiction und *Polar*, wie sie zum Beispiel Maurice Dantec verfaßt, zeigt einen neuen Trend im Nachbarland an.

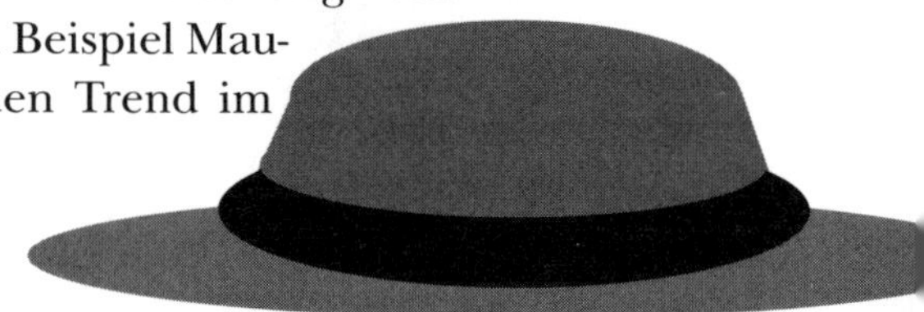

DAS WORT DEM PRÄSIDENTEN

Kehren wir zurück in den europäischen Norden, nach Lund in Schweden, wo Karl Arne Blom, der gegenwärtige Präsident der *IACW*, lebt und arbeitet. Er hat an die 50 Kriminalromane geschrieben, die in sechzehn Ländern erschienen sind, davon zwei auf deutsch: *Die Stunde der Wahrheit* und *Triumph der Gewalt.* Als Nachfolger des quirligen mexikanischen Autors Paco Taibo II. versucht der schwedische Organisator, die Verbindungen zwischen den einzelnen Kriminationen noch enger zu knüpfen. »In schwedischen Thrillern der letzten Jahre geht es immer häufiger um die Beziehungen zu den Nachbarstaaten in Nord- und Osteuropa, speziell nach dem Fall der Berliner Mauer.« Zwischen 30000 und 50000 Exemplaren kann eine gute Erstauflage in Schweden haben, rund fünf der dreißig AutorInnen leben ausschließlich von den Einkünften aus den Kriminalromanen. Karl Arne Blom und Jan Guillou (*Der demokratische Terrorist*, Piper) stehen in der Nachfolge des wohl in Europa bekanntesten Krimipaares Maj Sjöwall/Per Wahlöö, deren zehnbändige Serie über Stockholm eine europäische Tradition begründet hat, nicht nur was die Stadt- und Regionalkrimis angeht.

Meine Hitliste
1 Truman Capote: Kaltblütig 2 Agatha Christie: Crooked House 3 Elizabeth George: Gott schütze dieses Haus 4 Patricia Highsmith: Der Schneckenforscher 5 Peter Hoeg: Fräulein Smillas Gespür für Schnee 6 Anne D. LeClaire: Die Ehre der Väter 7 Ruth Rendell: Urteil in Stein 8 Dorothy L. Sayers: Aufruhr in Oxford 9 Sjöwall/Wahlöö: Endstation für neun. 10 Janwillem van de Wetering: Outsider in Amsterdam

Die *IACW*, die im November 1996 in Wien ihr zehnjähriges Bestehen feierte, hat weltweit an die tausend Mitglieder. Nach den USA ist die deutschsprachige Vereinigung DAS SYNDIKAT (mit rund 130 Mitgliedern) die zweitstärkste Fraktion, und das sollte hoffen lassen.

Krimistandort Berlin

Von Waldtraut Lewin

Sie haben es in sich, die großen Städte. Spätestens, seit wir mit Eugène Sue in den Bauch von Paris gekrochen sind, wissen wir, was für eine Menge pittoresken Gewusels und krimineller Farce sich in solchen Innereien befindet. Daß sich Berlin so relativ spät in den Reigen verbrechensschwangerer Metropolen einreihte, liegt einfach daran, daß diese Stadt so lange keine ernstzunehmende Metropole war. Mit Eckensteher Nante, Fischweib und Blumenmädchen läßt sich bestenfalls eine Lokalpresse inszenieren, und auch Spreewälder Ammen sind nicht a priori Personal des Grand Giugnol.

Da mußte schon gewartet werden, bis es in Preußen etwas weniger provinziell zuging.

Bevor es zu Mißverständnissen kommt – kein Gedanke, daß hier versucht werden soll, eine Historie des Berliner Kriminalromans darzulegen. Das mögen die tun, die wirklich kompetent sind. Mit dem Egoismus des Literaten suche ich eigentlich nur nach den Wurzeln für die eigene kriminalistische Plantage, um mich dann in deren Schatten um so genüßlicher ausbreiten zu können.

Kriminalistischer Humus entstand also erst, als der Berliner Mist kunstfähig geworden war. Er wurde es nicht sosehr durch die Literatur als vielmehr durch die Malerei. Anders behauptet: Ohne den genialen Heinrich Zille und seinem Auge für die Dinge, wie sie waren, gäbe es keinen Berlin-Krimi. Zille zeichnete nicht nur, sondern fotografierte auch. Das Nebeneinander von Abbild und Überbild, von Natur und Kunst, machte erst recht seine Leistung deutlich. Der »Pinselheinrich« schuf jene Stadtlandschaft mit Figuren, die wir seitdem als so typisch berlinerisch identifizieren und die gemeinhin mit Milieu bezeichnet wird.

Das Berliner Milieu ist mit nichts vergleichbar, weder mit Viktor Hugos Paris noch mit Charles Dickens' London. Es hat sein unverwechselbares Flair. Seine Neigung zur Groteske oder, in gemilderter Form, zur Komik ist singulär. Das hat etwas zu tun mit der vitalen Kraft seiner Protagonisten. Sie kommen hierher, staunen, bringen anderes mit, assimilieren, kommentieren, imitieren. Der echte Berliner, heißt es, ist ein Schlesier, Breslau die eigentliche Heimat von

Ede und Orje. Früher kamen sie aus Frankreich, später kamen sie aus Galizien und dazwischen zumindest aus Ostpreußen.

So bleibt der Mief frisch, die Sprache plastisch, witzig und immer von neuen Elementen durchsetzt.

Berlin wird zur Weltstadt, weil es ein Dorf bleibt – so wie auch jetzt der Kiez noch das latente Dorf ist, mit all den bornierten Verhältnissen um die Dorflinde herum, mit dem Klatsch und Tratsch, der Kleinkariertheit, die sich den Rock des Weltbürgers übergezogen hat, der Überheblichkeit des Ignoranten, der denkt, er weiß alles. Und wie wir wissen, wissen Berliner immer alles. Oder zumindest immer alles besser.

Noch einmal zu Zille. Die üppigen Ärsche seiner jungen Proletarierinnen, dieser Mädchen (»Meechen«), die keine Absätze an den Stiefeln haben, aber eine Schleife im Haar, sind das Wahrzeichen des Deftig-Sinnlichen dieser Population, ihrer ungebrochene Lebenskraft, die selbst für die Ultima ratio des Todes nicht das Pathos bereithält, sondern die Absurdität des makabren Witzes.

Ohne Zille kein Milieu. Ohne Milieu kein Berlin-Krimi. Darum konnte das Genre nicht starten, bevor dieser Nährboden bereitet wurde.

Adolf Sommerfelds Roman *Das Ghetto von Berlin* (Neues Leben Berlin) spielt in den zwanziger Jahren. Er thematisiert einen Lebensraum, den der »gebildete Leser« allerhöchstens von außen kennt, der ihm aber innerlich so fremd ist wie die Gebräuche bei den Antipoden. Das heißt, er transportiert Exotik in nächste Nähe. Dem Buch gebührte gewiß nicht so viel Beachtung, wenn es nur nach seinem künstlerischen Wert beurteilt werden würde. Sommerfeld trägt dick auf, er malt mit einem weitaus gröberen Pinsel als Zille, er hat keine Scheu vor dem Klischee, sondern sucht es sogar, er gibt seinem Affen Zucker, seine Figuren könnten in jenen Vorstadttheatern auftreten, die ein Jahrzehnt vorher das Bild des von ihm beschriebenen Scheunenviertels geprägt haben. Sie sind schrill, pathetisch, holzschnittartig gezeichnet, klar in Gut und Böse getrennt, und zum Schluß bekommt jeder, was er verdient.

Auch seine Bemühungen, die Bewohner dieses Ghettos jeweils in ihrem Jargon reden zu lassen, erregen heute mehr Zweifel an der Authentizität, als daß sie Zustimmung fänden:

Das Jiddisch der eingewanderten Galizier ist mehr ein »Mauscheln« im Sinne der Karikatur denn die kraftvolle und eigenständige Sprache, die es ja nun einmal war. Seine Berliner haben zwar manche recht plastische Wendung bereit, aber witzig sind sie nun mal nicht – Berliner sozusagen nur mit Schnauze, aber ohne Herz.

Nichts geht verloren. Aber nichts ist vergänglicher als das Milieu. Da es lebendig ist wie ein Organismus, ist es auch den Veränderungen des Seins unterworfen, Aufblühen und Welken, Werden und Vergehen.

Was das Buch für uns so bedeutungsvoll macht, ist, daß es versucht, etwas von einer Welt einzufangen, die tiefer versenkt wurde als die Titanic: ausgelöscht. Im Feuer vergangen.

Einhundertsiebentausend ausländische Juden wanderten laut amtlicher Statistik im Jahr 1925 nach Berlin ein – viele auf der Durchreise nach Amerika. Wer nicht weiterzog, wer hier in Deutschland blieb, wurde ausgelöscht, so wie das »Ghetto« von Berlin.

Adolf Sommerfeld war selbst Jude. Er starb vermutlich 1943, kein einschlägiges Lexikon verzeichnet ihn und sein belletristisches, historisches, journalistisches Werk, seine Arbeiten als Filmregisseur und Drehbuchautor. Der Verlag Neues Leben, der in seiner *Edition Scheunenviertel* den Titel verdienstvollerweise neu herausgab, konnte keinen Rechtsinhaber für den Text ermitteln.

Ein »Milieuroman« grober Machart. Ende der Spurensuche.

Im Jahr 1991 kam der amerikanische Fotograf und Projektkünstler Shimon Attie nach Berlin. In der einen Hand, so beschreibt er es selbst, einen Stapel alter Postkarten und Fotos, in der anderen einen historischen Stadtplan, so zog er durch das, was vom Scheunenviertel übriggeblieben war – den »historischen Kern« hatte man ja bereits 1906 platt gemacht, freien Raum geschaffen. Das wurde der Bülowplatz. Da steht jetzt Castorfs Volksbühne.

Aber was gebraucht wird, geht nur woandershin. Das Scheunenviertel zog ein paar Straßenzüge weiter nach Süden. Dem Rest hatten dann die Bomben und der Krieg noch einmal zugesetzt. Es war wenig da. Aber es war etwas da. Attie ging los und suchte. Und er fand.

Über die abbröckelnden Fassaden, über die müden Hauseingänge und ruinösen Fensterbogen legte er eine Langzeitprojektion der alten Dokumente. Dann fotografierte er.

Das Ergebnis seiner Suche liegt vor, als Bildband: *The Writing on the Wall. Die Schrift an der Wand*, Edition Braun.

Die Schrift an der Wand, ein geisterhaftes Erinnern. Die Bilder der Ermordeten, ihre für immer verschwundene Welt, spinnwebgleich ausgebreitet über den verrotteten Resten von gestern. Nichts geht verloren. Aber nichts ist vergänglicher als das Milieu. Da es lebendig ist wie ein Organismus, ist es auch den Veränderungen des Seins unterworfen, Aufblühen und

Welken, Werden und Vergehen. Die barbarische Liquidation ist das eine. Nur die Schrift überlebt. Die an der Wand und die auf den Seiten des Buchs. Aber nicht nur gegen das große Vergessen ist anzugehen. Auch der allmähliche Tod verwischt Spuren.

Krimis sind überall gleich, weil das Verbrechen ein universales Gesicht hat. Der Berlin-Krimi ist ein solcher durch das Milieu, dies fragile Zusammenspiel unterschiedlicher Komponenten.

Als ich anfing, Krimis zu schreiben, wußte ich, daß es, sollte es um Berlin gehen, einzig und allein darauf ankommen würde, so authentisch wie möglich das zu beschreiben, was ich kenne. Ich kenne Berlin-Mitte, und blicke von meinem Domizil auf den ehemaligen Bülowplatz, da, wo das erste Scheunenviertel situiert war und seine Schwingungen die Luft bewegen – nicht grundlos suchten die vertriebenen Wagenburgler aus Kreuzberg hier Asyl –, und in der Hirtenstraße bin ich mit hundert Schritten. Ich hänge am Scheunenviertel. Wieder einmal hat sich ein Milieu konstituiert. Ein ganz anderes. Aber vergänglich und einmalig und deshalb beschreibungswürdig. Das ging los nach der Wende. Als junge Leute aus Ost und West Witterung aufnahmen und spürten: Hier, in diesen vergammelten Gemäuern, war ein Potential von wohltemperierter Anarchie zu verwirklichen. Besetzte Häuser, alternative Cafés, Aktionen, Projekte, die Ruine jenes Kaufhauses, in dem sich jetzt der legendäre Komplex des Tacheles befindet. Das Selbstbewußtsein der Nachfahren der Scheunenviertel-Emigranten von einst, die den Horror der Schoa überlebten, manifestiert sich um die wiedererstandene große Synagoge. Touristen aus aller Welt lassen sich anlocken von der Nostalgie der Legenden und dem Flair der neuen Mischung – aber die wäre nicht möglich, wenn nicht ein kräftiges Potential von produktivem Durcheinander schon den Boden bereitet hätte. Die Wohnungspolitik der DDR war auf Durchmischung aus gewesen. Daß der Arbeiter mit dem Universitätsprofessor, der Maler mit dem Funktionär, der Ex-Knacki mit dem Studenten in einem Haus zu leben hatten, galt als ausgemachte Sache. So hatte der Kiez vor den staunenden Augen der Besucher aus anderen Ecken des Landes einen weitaus höheren Grad gegenseitiger Duldung, als man das sonst gewohnt war. Hier gab es keine säuberliche Trennung, hier hockte nicht dort die Schickeria und hier die Boheme, hier der Spießer und dort der Outlaw, sondern in erfreulicher Liberalität duldeten von Anfang an Punker die Spießer, Rentner die Neureichen, gutbürgerliche Muttchen brachten den Nutten einen Kaffee runter. Es war etwas entstanden. Ein Milieu. Die verdienstvolle Krimireihe *Berlin Crime* definiert es so: »Nur in Berlin leben sie in einem Kiez, nur in Berlin

Es war etwas entstanden. Ein Milieu. Nur in Berlin leben sie in einem Kiez, nur in Berlin wohnen sie Tür an Tür: polnische Autodiebe und schwäbische Kriminalkommissare, hamburgische Hasardeure und Ludwigsburger Luden …

wohnen sie Tür an Tür: polnische Autodiebe und schwäbische Kriminalkommissare, hamburgische Hasardeure und Ludwigsburger Luden... Jede Großstadt hat das Verbrechen, das sie verdient. Die Metropole: organisierte Kriminelle, organisierte Polizisten, organisierte Privatdetektive. Dazwischen die unorganisierte Realität.«

Es ist ja kein Zufall, daß sich in einem so starken Maße der Krimi in Berlin im Fernsehen konfiguriert. *Wolffs Revier* und *Liebling Kreuzberg*, vor allem dann, wenn er sich nach Mitte absetzt – das lebt vom Bild. Pinselheinrich läßt grüßen, in der einen oder anderen Form. Nirgendwo ist das Milieu so plastisch wie im visuellen Detail. Und nirgendwo wird so klar, daß die Fälle, bis auf wenige spezifische Exemplare, austauschbar sind. Krimi ist Krimi, und Berlin ist Berlin.

Marion Quade, meine Krimiheldin, ist Rentnerin und lebt in Berlin-Mitte. Was ihr zustößt, könnte jeder Beliebigen in jeder beliebigen Großstadt zustoßen: Mafiakriege, Drogensucht, krumme Geschäfte, Schiebereien mit Pässen und Aufenthaltsgenehmigungen, Bestechlichkeit, Mord und Totschlag. Das alles gehört zum internationalen Krimirepertoire. Berlinisch ist, wie die Quade darauf reagiert und wie sich ihr Umfeld verhält. Daß ein Hund mit einem implantierten Chip voller Gangsterinformationen geklaut wird, kann überall passieren. Daß ihn ein tierliebes Strichmädchen zurückbringt, das mit seinem Luden Weekend in der Datschenkolonie gemacht hat, gehört zu Berlin.

Die Quade ist keine Kriminalistin, nicht mal Amateurin. Sie ist keine Miss Marple des Scheunenviertels, obwohl ich die Bezeichnung nicht ungern höre. Sie schlittert einfach immer in was rein. Wie sie es löst, falls sie es denn löst, ist berlinisch: mit Improvisationstalent, mit Mutterwitz und jener Art von Courage, die jene besitzen, die nicht soviel zu verlieren haben. Oder: Manch einer und manch eine können jemand anderem eine Sache gründlich auseinandersetzen, erklären, beschreiben, darlegen, ausführlich auseinandernehmen. Nur Frau Quade kann uns diese Sache verkasematuckeln. Das ist, weil sie in Berlin lebt.

Ein Milieu kann jederzeit kollabieren. Dann ist aus und Schluß. Andere Zeiten, andere Mädchen, und mit Sicherheit keine Frau Quade. Wenn die Bevölkerungsmixtur hier entweder durch Überalterung oder durch den zielsicheren Eingriff von Leuten, die auf die »Filetstücke« spekulieren, ihre spezifische Struktur verändert, wenn die bunten Vögel und die Assis weggejagt werden und die Reichen und Schönen einziehen, wenn die ollen Buden zu Büroräumen hochsaniert werden und Berlin-Mitte statt einer Wohngegend ein Geschäftsquartier wird, wenn der Strich von der Oranienburger verschwindet, weil es sich für 'ne Hauptstadt nicht ziemt, so was im Zentrum zu haben, wenn das Tacheles einstürzt oder keinen Sponsor mehr findet – ja, wenn nur eine einzige dieser Komponenten eintritt, dann ist das Milieu tot. Und darauf müssen wir bestimmt nicht mehr so lange warten. Denn nichts auf der Welt währt ewig. Und schon gar nicht Berlin.

Wen wundert's also, daß die fruchtbare Landschaft des Augenblicks so dicht mit Krimis zugedeckt ist wie der Käse mit Schimmelpilzen? Die DIE-Krimis des Verlages Das Neue Berlin, der sich gleich in meiner Nachbarschaft befindet, haben sich zum Beispiel mit seinen AutorInnen made in GDR wie Wolfgang Kienast, Gert Prokop, Jan Eik eingebracht und fusionieren glücklich mit KrimischreiberInnen von ehemals jenseits der Mauer, wie -ky oder Kemal Kurt; die schon erwähnte Reihe *Berlin Crime* boomt bei Schwarzkopf & Schwarzkopf, der Rotbuch Verlag bringt neue Namen ins Spiel. Berlin ist in. Und das Nachwende-Berlin ein Nonplusultra an Exotik.

Einiges fällt auf. Nämlich daß die Kriminalkommissare mal wieder von außen reinkommen, um den verfremdeten Blick aufs Milieu zu gewährleisten.

Der Himmel bewahre mich vor Vollständigkeit. Ich bin ja eigentlich gar kein richtiger Krimifan. Oder doch nur einer am Rande. Und auch Gerechtigkeit kann man mir nicht abverlangen. Ich lese, was mir vors Auge kommt. Kann sein, daß mein Auge nicht immer aufs Rechte gefallen ist. Damit muß man leben.

Einiges fällt auf. Nämlich daß die Kriminalkommissare mal wieder von außen reinkommen, um den verfremdeten Blick aufs Milieu zu gewährleisten, egal, ob sie nun aus dem finstersten Provinzkaff stammen, wie dieser Mannhardt, der in den -ky-Büchern schnüffelt, oder aus einem Ort wie Hannover, wo Dietrich Kölling arbeitete, bevor er in Frank Goykes Romanen den Dienst antrat. Sie gucken befremdet, entgeistert, amüsiert, hilflos, wütend auf dies Berlin, diesen Schmelztiegel des Ungewöhnlichen, machen ihre ersten Erfahrungen mit Ossis, suchen Verbrecher in Laubenkolonien, die, will man den meisten AutorInnen glauben, noch immer ein Zentrum organisierter Kriminalität sind, drücken sich in Eckkneipen herum wie Bankel in Kienasts *Mord und Spiele*, erkundigen sich im Liebknecht-Haus bei der PDS nach Altlasten und kommen fast alle mal wieder nicht am Scheunenviertel vorbei.

Erstaunlich ist auch, wieviel Weibsbilder sich unter die Ermittlerinnen gemischt haben. Das fing schon vor zwanzig Jahren an, als in Richard Heys *Ein Mord am Litzensee* (Piper) Katharina Ledermacher ermittelte, ein Frauenzimmer, das beneidenswerterweise in all der Zeit kein Stück gealtert ist. Nur, wenn ich ihre Kindheitserinnerungen rezipiere, fällt mir auf, daß diese Dame inzwischen Rentnerin sein muß. Bei der potenten und milieugenauen Pieke Biermann sind es gleich zwei Frauen, Lietze und Schade, die sowohl in *Violetta* (Rotbuch) als auch in *Herzrasen* (Rotbuch) dem Verbrechen die Stirn bieten, und neu hinzugekommen ist in Maria Gronaus aufsehenerregender *Weiberwirtschaft* nun gar eine lesbische Kommissarin voller Saft und Kraft.

Es geht happig zu im kriminellen Berlin. Zerstückelte Frauenleichen scheinen zum Alltag zu gehören, bei Frank Goyke werden Kinder, vor allem Jungs, gefoltert und vergewaltigt, in Ebertowskis Aikido- und Kampfsportwelt wird für die einschlägigen Pillen gemordet. Da atmet man doch richtig auf, wenn es, wie in Hartmut Mechtels schönen Büchern um Martin Parr, hauptsächlich »bloß« um den Verlust der Identität und das Problem der Manipulierbarkeit des Menschen geht.

Für mich war immer eines der wichtigsten Kriterien für einen guten Krimi, daß man nicht aufhören kann mit dem Lesen. Daß für mich unter den Berlin-Krimis gleich drei sind, die von Frauen geschrieben sind, ist purer Zufall. Hier also meine Leseempfehlungen:

Dagmar Scharsich: *Die gefrorene Charlotte* (Ariadne Krimi)

In den letzten Wochen der sterbenden DDR erbt das Naivlein und Mauerblümchen Cora eine wertvolle Puppensammlung. Die Gier streckt die Hände nach den unbezahlbaren Stücken aus. Und Coralein ist so vertrauensselig. Ein milieugenaues Buch, das durch den unschuldsvollen Blick der Hauptperson von abgefeimtem Charme ist.

Maria Gronau: *Weiberwirtschaft* (Schwarzkopf & Schwarzkopf)

Lena Wertebach, die lesbische Leiterin der Mordkommission in der Keithstraße (wo es irgendwann eng werden muß, denn dort tummelt sich in Paralleluniversen schon eine ganze Reihe derselben), ist auf der Jagd nach einem perversen Frauenmörder, der die Schreie seiner gefolterten Opfer auf Band aufnimmt und ihr zuschickt. Als auch ihre Geliebte in seine Gewalt gerät, wird es brenzlig.

Das Buch, ein Debütroman einer pseudonymen Autorin, ist der ultimative Berlin-Thriller mit Herz, Leidenschaft und Exotik. Wie die Leute miteinander umgehen – auch die Wertebach mit ihrem zwölfjährigen Sohn –, das ist humorvoll, genau und herzerwärmend.

Pieke Biermann: *Herzrasen* (Rotbuch Verlag)

Schade und Lietze und ihr Team suchen – mit tatkräftiger Hilfe der Berliner Hurenvereinigung Migräne e.V., die gegen die Luden zu Feld zieht – nach einem Kindermörder und stoßen auf die Herzlosigkeit der Menschen im einst geteilten Berlin, was ihnen besagtes Rasen verursacht.

Die Biermann-Romane fangen sprachlich und geographisch sehr minutiös das Milieu ein. Sie sind manieriert und hoch anspruchsvoll. Und ihre HeldInnen leiden voller Zorn an der Kälte und Grausamkeit der Welt, auch außerhalb des zu bekämpfenden Verbrechens.

Meine Leseempfehlungen: ❶ **Dagmar Scharsich: Die gefrorene Charlotte** ❷ **Maria Gronau: Weiberwirtschaft** ❸ **Pieke Biermann: Herzrasen** ❹ **Frank Goyke: Ruf doch mal an** ❺ **Hartmut Mechtel: Das Netz der Schatten** ❻ **Richard Hey: Ein Mord am Lietzensee**

Frank Goyke: *Ruf doch mal an* (Berlin Crime)

Der schwule Autor Frank Goyke schickt seinen eher grobschlächtig arbeitenden Kölling auf die Jagd nach einem Mann, der Kinder anruft und sie mit Drohungen dazu bringt, sich oder ihren Geschwistern Gewalt anzutun. Das Buch basiert auf einem authentischen Kriminalfall.

Goykes Geschichten haben einen anderen Erzählbogen als die meisten Krimis, weil sie nicht nur aus der Perspektive der Ermittler auf die Tat, sondern auch von der Warte der Opfer und sogar der Täter auf die Wirklichkeit sehen. Sie sind eigentlich mehr als Krimis, sie haben die kryptische Neigung zum Gesellschaftsroman.

Hartmut Mechtel: *Das Netz der Schatten* (Ariadne Zweite Reihe)

Hier begegnen wir nun schon zum zweiten Mal Martin Parr, der nie weiß, wer er ist, und der ständig an der Realität scheitert. Auch diesmal ist er wieder Spielball in den Händen anderer, denen er glaubt, vertrauen zu können.

Mechtels Bücher sind komisch und atemberaubend spannend zugleich. Sie spielen in einer Welt, in denen gar nichts sicher ist und niemand mehr von sich sagen kann, daß seine Identität fest gegründet steht. Sie imponieren mir durch eine Reihe gekonnt gesetzter Brüche und atemberaubend jäher Wendungen und durch ihr Tempo.

Zum Schluß der liebevolle Hinweis auf einen Oldie:

Richard Heys: *Ein Mord am Lietzensee* ist bereits 1973 das erste Mal im Athenäum Verlag erschienen. Wie die zu ewiger Jugend verdammte (wir haben's nun 25 Jahre später!) Katharina Ledermacher der mörderischen Rockerbande nachspürt, die in Wirklichkeit eine Vereinigung krimineller Rentner ist, das hat noch immer Witz und Pfiff und verliert seine Originalität nicht so bald.

Natürlich kann ich mir nicht versagen, meine eigenen Berlin-Krimis beim Namen zu nennen. Es sind dies:

Alter Hund auf drei Beinen, nach Ersterscheinen im Verlag Neues Leben seit 1996 bei Ariadne Zweite Reihe, und *Frau Quade sprengt die Bank*, dortselbst 1997.

Französische Gauner und Kommissare

Von Virginie Brac de la Perrière

Sollte jemand auf die Idee kommen und einen französischen Kriminalroman kaufen wollen, bleibt offen, ob er oder sie eine kriminalistische Geschichte, einen Stimmungsroman oder eine »engagierte« Gesellschaftskritik lesen wird, denn in der hiesigen Kriminalliteratur sind die verschiedenen Subgenres nicht klar voneinander abgegrenzt.

Der gemeinsame Nenner dieser Romane besteht darin, daß sie »schwarz«, d. h. düster, leidenschaftlich und zynisch, manchmal auch gewalttätig, verzweifelt und witzig sind. Diese Stilmischung ist das Fundament der französischen Kriminalroman-Tradition.

Üblicherweise wird die Vaterschaft des Kriminalromans dem Nordamerikaner Edgar A. Poe mit seinem *Doppelmord in der Rue Morgue* zugeschrieben. Doch die Figur des Polizisten gibt es in der Literatur schon viel länger: Dieser erste Polizist – in Wirklicheit ein echter Häftling, der aus dem Gefängnis entkommen war und Leiter der Pariser Sicherheitsabteilung wurde – heißt Vidocq.

Während seiner Zeit als Polizeichef in Paris freundete sich Vidocq mit Balzac an, den er mit ausführlichen und authentischen Informationen über die Polizei und das Leben im Gefängnis versorgte. Balzac ließ sich von ihm für seine Figur Voutrin in den Romanen *Vater Goriot, Die verlorenen Illusionen* und *Glanz und Elend der Kurtisanen* inspirieren. Doch auch wenn Balzac Themen wie Verbrechen, Geldunterschlagung und polizeiliche Nachforschungen in seinen Romanen verarbeitete, kann man ihn nicht als Vorreiter der Kriminalliteratur hinstellen. Im übrigen sorgte Vidocq selbst durch die Veröffentlichung seiner Memoiren für seinen Ruhm bei der Nachwelt, auch wenn diese Memoiren ab 1842 durch eine Überarbeitung von fremder Hand großzügig geändert wurden. Auf diese Weise – wahrscheinlich zum ersten Mal in der Weltliteratur – wurden die Figuren des Polizisten, des Detektivs und des Richters eingeführt. Diese Memoiren hatten sofort großen Erfolg beim Lesepublikum, aber auch bei einigen bedeutenden zeitgenössischen SchriftstellerInnen. 1849 begegnete Vidocq Victor Hugo, der ihn in *Die Elenden* in zwei antagonistischen Figuren porträtierte: Javert (der Polizist) und Jean Valjean (der entkommene Häftling). Ein Jahr nach dem

Üblicherweise wird die Vaterschaft des Kriminalromans dem Nordamerikaner Edgar A. Poe mit seinem »Doppelmord in der Rue Morgue« zugeschrieben. Doch die Figur des Polizisten gibt es in der Literatur schon viel länger: Dieser erste Polizist heißt Vidocq.

Erscheinen von Vidocqs Memoiren veröffentliche Eugène Sue *Die Geheimnisse von Paris* als Fortsetzungsroman. Nun war es soweit: Alle Zutaten zum Kriminalroman waren vorhanden. Paris, das neue Babylon, in dessen Straßen eine Horde von Verbrechern, Gaunern und Entehrten spukte, war die morbide Bühne, auf der die soziale Ungerechtigkeit immer wieder inszeniert wurde. Die Kritik an der Gesellschaft und ihrer Ungleichheit blieb bis heute ein Leitmotiv zahlreicher *Romans Noirs* in der französischen Literatur, wie übrigens auch die schillernde Figur der Hauptperson: Ein Häftling, der Polizist geworden ist, oder ein Polizist, der seine Methoden von Verbrechern übernommen hat.

Wer ist also der Erfinder des Kriminalromans – der berühmte amerikanische Schriftsteller oder einer seiner Vorgänger?

Keiner von beiden, sondern ein neuer Vertreter des Genres: Emile Gaboriau, der als erster die logische Schlußfolgerung durch das Überprüfen von Indizien einführte. Fußabdrücke im Schnee? Sofort kann der Held den Verfolgten beschreiben: »Mittleres Alter, sehr groß, trägt einen Schlapphut und einen braunen Mantel, mit Sicherheit verheiratet«. ... Da kann man nur noch Beifall klatschen!

Diese Art von Logik wird ein Vierteljahrhundert später den Erfolg von Sherlock Holmes ausmachen; übrigens hat Conan Doyle nie verhehlt, was er Gaboriau verdankte.

Von Sherlock Holmes' Vorgängern sollte noch Maximilian Heller, der Held eines gewissen Henri Cauvain, erwähnt werden: Er ist reich, er leidet an einer Krankheit, die er – zu Recht – für unheilbar hält: Weltschmerz. Außer der berühmten deduktiven Methode teilt Heller mit Holmes die Liebe zu Katzen. Sherlock Holmes nimmt Heroin, Heller Opium. Wie Holmes hat Heller einen Vertrauten, der Arzt ist und die Geschichten erzählt. Und schließlich heißt eine der Hauptfiguren Dr. Wickson!

Fußabdrücke im Schnee? Sofort kann der Held den Verfolgten beschreiben: »Mittleres Alter, sehr groß, trägt einen Schlapphut und einen braunen Mantel, mit Sicherheit verheiratet.« ... Da kann man nur noch Beifall klatschen!

Da liegt der Verdacht nahe, daß Cauvain nicht nur Gaboriau, sondern auch Conan Doyle gelesen hatte. Doch Maximilian Hellers Geschichten erschienen 1884 und Holmes erste Abenteuer 1887. Daraus läßt sich nur eine einzige Schlußfolgerung ziehen: Die Zeit war reif für den Kriminalroman.

Während Conan Doyle dieser Literaturgattung in England zu großem Ansehen verhalf und unzähligen Nachahmungen den Weg bereitete, entstand in Frankreich mitten im »Detektivzeitalter« ein Antiheld: der sympathische Gauner und Einbrecher-Gentleman. Am 15. Juli 1905 wurde in der Zeitschrift *Je Sais Tout* die erste Abenteuererzählung unter dem Titel *Die Festnahme von Arsène Lupin* veröffentlicht. Der Autor hieß Maurice Leblanc.

Eine aufsehenerregende Entdeckung und über Nacht berühmt – die französischen Leser identifizieren sich sofort mit dem neuen Helden.

Arsène Lupin besitzt nämlich Eigenschaften, die das französische Publikum besonders schätzt: Er ist schlau, spöttisch, elegant, charmant. Allen und jedem fühlt er sich überlegen und macht sich sogar über die Polizei lustig! Dabei hatte sich sein Schöpfer zunächst einer klassischen literarischen Karriere verschrieben. Nachdem aber den ersten Romanen nur ein mäßiger Erfolg beschieden war, traf er einen Verleger, der bei ihm eine Kriminalerzählung für seine Zeitschrift bestellte. Der Erfolg war so groß, daß Arsène Lupins Abenteuer insgesamt 20 Bände füllen würden!

Zunächst war Arsène Lupin ein Dieb mit anarchistischen Neigungen, im Laufe seiner Abenteuer entwickelte er sich dann zum Helfer der Polizei, um später Geheimagent im Dienste Frankreichs zu werden. Maurice Leblanc war Gefangener seines Helden. Seine anderen literarischen Versuche wurden vom Publikum ignoriert. »Es ist hart«, seufzte Leblanc, »Lupin verfolgt mich überall. Er ist nicht *mein* Schatten, sondern ich bin seiner!«

Arsène Lupin, der Gentleman-Verbrecher.

Um ihn loszuwerden (genau wie Doyle es mit Sherlock Holmes versucht hatte), ließ Leblanc Arsène Lupin sterben. Die Kreatur erwies sich aber als stärker als ihr Schöpfer, der gezwungenermaßen Lupin wiederauferstehen lassen mußte!

Im französischen Stammbaum des Kriminalromans ist der Stamm also Gaboriau; der erste Hauptast ist Leblanc und der zweite ist Gaston Leroux.

Das Geheimnis des gelben Zimmers, erschienen 1907, gilt noch heute als eines der besten Beispiele für die gelungene Lösung eines Locked Room Mystery. In dem Roman lernen wir den jungen Reporter Rouletabille kennen, der sich seinen Weg durch »unlösbare« Rätsel bahnt, indem er die Fakten »mit etwas Vernunft« betrachtet. Anders als Maurice Leblanc verdankt Gaston Leroux seinen Erfolg nur seinen brillanten Plots. Seinem Helden konnte er nie zur Popularität eines Arsène Lupin verhelfen, denn Rouletabille, der tüchtige, kleine, listige Franzose – noch dazu ein Waisenkind –, ist eine durch und durch positive Figur. Ihm fehlt die Schattenseite, wie etwa die Schuftigkeit oder sogar Lasterhaftigkeit eines Arsène Lupin. Soll man darüber weinen oder lachen? Fest steht, daß das Lesepublikum Schurken mag.

Der kluge Gaston Leroux war sich wahrscheinlich der Tatsache bewußt, daß jeder Versuch, aus Rouletabille einen Gauner zu machen, ihm den Vorwurf eines Plagiats von Arsène Lupin einbringen würde. Aus seinem Protagonisten machte er also ein »Pariser Kind«, einen Jugendlichen ohne Familie, der statt auf eine gute Ausbildung nur auf seine Intelligenz und Tüchtigkeit zurückgreifen konnte. Während der Ruhm von Gaston Leroux (Sparte Problemromane) und von Maurice Leblanc (Sparte Witz- und Phantasiegeschichten) wuchs, verdunkelte ein beängstigender Schatten die Mauer von Paris: der Schatten von Fantomas. Mit 32 Bänden füllten Fantomas' Geschichten den Superlativ der Fortsetzungsromane. Sie wurden von zwei Zwangsarbeitern der Feder geschrieben – den ehemaligen Sportredakteuren Pierre Souvestre und Marcel Allain. Fantomas ist ein ganz und gar abscheulicher Verbrecher, der es immer wieder schafft, seinem Verfolger, dem Polizisten Juve, zu entkommen. Von Geschichte zu Geschichte steigt die Spannung: Fantomas versucht, Juve zu vernichten. Aber auch Fandor, ein Journalist, der dem Polizisten helfen will, und Fandors Verlobte Hélène sind in höchster Gefahr. Hélène, erfahren wir, ist niemand andere als Fantomas' Tochter (!) und Juve sein Bruder – dies wird uns in dem spannenden Moment eröffnet, als die Erzfeinde sich auf dem Dampfer »Gigantic« gegenüberstehen und unterzugehen drohen...

Rocambole

Wenn Fantomas einen Platz in der Kriminalliteratur verdient, dann verdankt er ihn gewiß nicht der literarischen Dichte seiner Geschichten: die sind voller Unstimmigkeiten, Widersprüche, Auslassungen – gerade wenn es um Wesentliches geht – und wimmeln von überflüssigen Nebensächlichkeiten. Doch nichts davon hinderte die Autoren daran, immer weiter zu schreiben. Für die Skizze einer Folge brauchten Souvestre und Allain drei Tage, drei weitere Tage waren nötig, um die Geschichte zu diktieren; es blieben ihnen dann zehn Tage, um das Ganze zu lesen und zu korrigieren...

Um einen Eindruck von diesen Widersprüchen zu erhalten, kann man sich zum Beispiel ins Gedächtnis rufen, daß die Autoren ihren Helden 1913 in *Fantomas' Ende* hatten sterben lassen. 1914 starb Pierre Souvestre an der spanischen Grippe. Auf die Bitte des Verlegers hin übernahm Marcel Allain allein die Fortsetzung. Wie? Ganz einfach: Fantomas, den man ertrunken wähnte, war von einem U-Boot gerettet worden, während Juve und Fandor auf einem Eisberg überwintert hatten. Kein Wunder, daß die Entfesselung von derart naiven und verrückten Einfällen die Intellektuellen während des Surrealismus eroberte und eine hypnotisierende Faszination auf das Publikum ausübte, ähnlich wie die heutigen Seifenopern im Fernsehen.

In der Zeit zwischen den Weltkriegen entwickelte sich die französische Kriminalliteratur mit Schwung und Vielfalt. Berühmte Autoren wie Pierre Véry, Claude Aveline, Vidry und Descrest folgten mit ihrem eleganten Schreibstil ganz der Tradition von Maurice Leblanc. Gaston Leroux' Tradition (Realismus und Atmosphäre) wurde von Pierre Boileau, Stanislas-André Steemann und einem Grandseigneur der Kriminalliteraur fortgesetzt: Georges Simenon. Wie sein Zeitgenosse Steemann war Georges Simenon Belgier. Doch nach seinem Militärdienst zog er 1922 nach Paris. Zunächst schrieb er Hunderte von erotischen Erzählungen und Geschichten, die großes Aufsehen erregten. Die Legende besagt, daß er 1924 seinen ersten Roman – *Le Roman d'une dactylo* – während eines einzigen Vormittags auf der Terrasse eines Cafés geschrieben hat. Es stimmt vielleicht nicht so ganz, aber zwischen 1925 und 1934 schrieb er 180 Bücher, d. h. alle drei Wochen einen Roman!

Das Rätsel zu lösen heißt für Maigret nicht, den Mörder zu finden, sondern die psychologische Krise nachzuempfinden, die zum Drama geführt hat.

Mit Simenon verdient der Kriminalroman in französischer Sprache zum ersten Mal seinen Namen. Maigret gehört zur Kriminalpolizei, er ist ein echter Kommissar, kein verkleideter Schurke. Doch seine Methode ist nicht deduktiv, er ist kein Meister der Schlußfolgerung aus Indizienketten. Das Geniale an Maigret ist, daß er sich von der Stimmung eines Ortes und von den Eigenschaften der Protagonisten beeinflussen läßt. Boileau-Narcajeac sagte von ihm: »Zuallererst ist er Arzt, Beichtvater: vor allem wiegt er Seelen ab.«

Das Rätsel zu lösen heißt für Maigret nicht, den Mörder zu finden, sondern die psychologische Krise nachzuempfinden, die zum Drama geführt hat.

Simenons Originalität besteht darin, daß er sich von Maigrets Erfolg nicht den Rest seines Werkes ersticken ließ. Der Wunderautor von mehr als 400 Romanen wollte oder konnte das Konzept seiner Bücher nicht erklären: deren Geheimrezeptur nahm er mit ins Grab. Heute ist er mit mehr als 600 Millionen verkaufter Bücher, die in 55 Sprachen übersetzt wurden, der meistgelesene französischsprechende Autor der Welt.

Wir sind also zwischen beiden Weltkriegen angekommen. Alles ist noch in Ordnung – im Krimi. Während in Frankreich 1600000 Menschen arbeitslos sind, Präsident Paul ermordet wird und überall im Lande Arbeiterrevolten aufflackern, ist davon in französischen Kriminalromanen nichts zu spüren: Nach wie vor ist Unterhaltung die Devise des Genres. In dieser vergleichsweise friedlichen Zeit maßloser Produktivität richten sich die Verleger ganz nach den Wünschen des Publikums und verlangen von ihren AutorInnen einzig und allein Unterhaltungsliteratur.

Nicht die blasseste Widerspiegelung der sozialen und wirtschaftlichen Realität findet sich also in der »schwarzen« Literatur jener Zeit – wenn man weiß, was sich dabei in der Welt anbahnt, erscheint dieses »Schwarz« sehr rosig...

Das Goldene Zeitalter des französischen Kriminalromans dauerte bis 1939. Danach kam eine traurige Phase der Leere. In Kriegszeiten hat jeder sein eigenes Leid zu tragen, und das Verbrechen verkauft sich schlecht... Aber mit dem Ende des Krieges und mit der Überflutung Europas durch amerikanische Truppen stieg in Frankreich wieder das Interesse am »Krimi«.

Gallimard begann 1945 die *Série Noire*, die von Anfang an ein Riesenerfolg war. Nur Bücher von englischen und nordamerikanischen AutorInnen wurden herausgegeben. Die einzige Möglichkeit für einen französischen Autor, in der *Série Noire* veröffentlicht zu werden, bestand darin, sich als glücklicher Übersetzer eines nordamerikanischen Manuskripts zu präsentieren, das er angeblich ganz zufällig entdeckt hatte.

Sogar Simenon haftete der Geruch von Mottenkugeln an, jedenfalls beim jungen Publikum; und Boris Vian schrieb das skandalöse *I'irai cracher sur vos tombes* (Ich werde auf euren Grabstein spucken) unter dem amerikanischen Pseudonym Vernon Sullivan.

Nicht die blasseste Widerspiegelung der sozialen und wirtschaftlichen Realität findet sich also in der »schwarzen« Literatur jener Zeit – wenn man weiß, was sich dabei in der Welt anbahnt, erscheint dieses »Schwarz« sehr rosig...

Die nordamerikanische Vorherrschaft auf dem französischen Krimimarkt kannte allerdings eine Ausnahme, nämlich Léo Malet, dessen Erfolg stetig wuchs.

Als Autodidakt übte Léo Malet viele Berufe aus. Er hatte Kontakt zu den Surrealisten und ließ seinen Helden Nestor Burma zum ersten Mal 1943 in seinem Roman *120, Quai de la Gare* auftreten.

Schon in diesem Roman, dessen Handlung in einem Stalag beginnt und in Paris weitergeht, ist alles vorhanden, was den Reiz von Malets Büchern ausmacht: die Atmosphäre der Stadt, Geheimnis, Humor und eine flotte Feder. Nestor Burma ist die erste französische Version des amerikanischen Privatdetektives. Diese gelungene Mischung aus Geheimnis und subtilem Spott wurde oft nachgeahmt, aber nie erreicht.

Nach der Sammlung von Nestor Burmas Abenteuern, die unter dem Titel *Nouveaux Mystères de Paris* (Die neuen Geheimnisse von Paris) veröffentlicht wurde, schrieb Léo Malet die großartige schwarze Trilogie *La Vie est Dégueulasse* (Das Leben ist zum Kotzen), *Le Soleil n'est pas pour nous* (Die Sonne scheint nicht für uns) und *Sueur aux Tripes* (Schweiß an den Eingeweiden).

Die französischen Autoren bemühten sich jahrelang um Anerkennung bei ihren eigenen Verlegern. Endlich gelang es ihnen 1953 bei der berühmten *Série Noire*.

Albert Simonin, Auguste Le Breton und José Giovanni entwarfen den Typ des echten französischen Ganoven – weder abgedroschen noch von dem amerikanischen Modell abgekupfert. Leider veraltet nichts so schnell wie der Argot, die jeweils aktuelle Umgangssprache! Der Reiz dieser Romane in den fünfziger Jahren beruhte auf der Sprache der Protagonisten, die sich herzlich wenig um den sogenannten guten Ton oder guten Geschmack kümmerten. Nach einer gewissen Zeit war diese Sprache eines bestimmten Zeitgeistes jedoch verstaubt, in ihrer Wortwahl peinlich oder gar lächerlich. Damals erschienen auch die ersten Abenteuer des famosen Kommissars San-Antonio. Zunächst waren es echte Kriminalromane, humorvoll, aber mit einem gut strukturierten Plot. Nachdem sie erfolgreich wurden, entwickelten sie sich zu einem reinen Sprachdelirium, ohne jegliche logische Handlung, so daß der Verdacht nahelag, daß der Autor Frédéric Dard seines ach so berühmten Helden von mindestens 70 Romanen mittlerweile überdrüssig geworden war. Seit den fünfziger Jahren schuf das Autorenduo Pierre-Louis Boileau und Thomas Narcejac ein gewaltiges Œuvre, darunter einige Romane, die zweifellos zu den Klassikern des Genres zählen, wie *Les Diaboliques* (Die Teuflischen). Die Suspense-Kriminalromane von Boileau/Narcejac konzentrierten sich meist auf das Opfer, das sich seiner verzweifelten Situation oft erst quälend langsam bewußt wird.

In den sechziger Jahren veröffentlichte Sébastian Japrisot seine Krimis, die die Vorlage für spannende Kriminalfilme abgaben, wie z. B. *Adieu, l'ami*, der mit Alain Delon und Charles Bronson in den Hauptrollen verfilmt wurde.

Außer den »Zugpferden« der 60er Jahre, wie Dard, Giovanni und Le Breton, gab es jemanden, dem die heutzutage erfolgreichen AutorInnen viel verdanken: Jean Amila. Obwohl seine Bücher in der *Série Noire* erschienen, deren Verleger vor allem an Argotgeschichten interessiert war, weigerte sich Amila, den Gangster zur Hauptfigur seiner Geschichten zu machen. Für ihn war der *Roman Noir* ein Spiegel, der die französische Gesellschaft zeigte.

In seinem Roman *Jusqu'à plus soif* geht es zum Beispiel um die Auswirkung eines Gesetzes auf die französischen Bauern, das seit der Gründung der Europäischen Gemeinschaft nicht mehr gültig ist. Dennoch hat das Buch kein bißchen von seiner Qualität verloren. Es ist witzig, es ist furchtbar und bleibt trotz des Zeitabstands schrecklich wahr.

Meine Hitliste
❶ **Alain Page: Ciao Pantin** ❷ **Alain Dubrieu: Le désert de l'Iguane** ❸ **Thierry Jonquet: Les Ortailleurs** ❹ **Daniel Pennac: La Fée Carabine** ❺ **Alix de Saint André: L'Ange et le Réservoir de Liquide à Freins** ❻ **Jacques Syregeol: Vendetta en Vendée**

Außerhalb jeglicher Modeströmung ist Amila der Vorreiter des »neuen Krimis«, der ab den siebziger Jahren im Trend war. Er vermied Allgemeinplätze und vorgefaßte Meinungen, die in den Veröffentlichungen der 80er Jahre sonst üblich waren.

Während dem »neuen Krimi« bald die Puste ausging, behielt Amilas Produktion die gleiche Qualität bei und blieb originell und authentisch.

Von den meisten Veröffentlichungen der siebziger Jahre ist nur Stagnation und Mittelmäßigkeit zu berichten. Angespornt durch die »sexuelle Revolution«, gründeten die Verleger zahlreiche Reihen, in denen sich Sexszenen mit Gewaltszenen abwechseln. Zu diesen uninteressanten und langweiligen Reihen gehören verschiedene »Brigaden« und sonstige »S. A. S.«. (Dies als Warnung für den ahnungslosen Leser!)

Als 1981 die Linken an die Regierung kamen, wurde der Wunsch nach Veränderungen in der französischen Gesellschaft deutlich. Anfang der achtziger Jahre spiegelte die Kriminalliteratur diese gesellschaftliche Veränderung wider: sie explodierte. Alle Verleger der »Klassiker« gründeten ihre »Krimireihe«. Die Qualität von einigen war ausgezeichnet, wie z. B. *Engrenage au Fleuve Noir* oder *Sanguine*. Ein neuer Erzählstil setzte sich durch, den die Kritiker als *Néo-Polar* (neuen Krimi) bezeichneten. Eigentlich war der Begriff nicht sehr vielsagend. Er bedeutete nur, daß die Kriminalliteratur sich ihrer Zeit anpaßte: Dies wurde als Leistung gefeiert, aber im Grunde zeugte dies nur von Überlebenswillen.

Auch die Verleger von Kinderbüchern gründeten nun entsprechende Krimireihen für jedes Alter. Die großen Verlagshäuser wie Le Masque und die *Série Noire* veröffentlichten nun ohne Minderwertigkeitsgefühle französische Autoren, und sogar der extreme Sexismus des Genres zeigte Anzeichen von Abschwächung. Das Buch einer Autorin, Sauvana Oriol, erschien, und da niemand daran starb, erschien das Buch einer zweiten Autorin, Marie de Joseph et Marie, in der *Série Noire*. Inzwischen gibt es ein Dutzend französischer Autorinnen, die alle unterschiedlich schreiben und deren Bücher in allen Verlagsreihen veröffentlicht werden.

Man kann unmöglich jetzt schon sagen, welche AutorInnen auch später noch Erfolg haben werden, aber die französische Kriminalliteratur erlebt heute einen schöpferischen Aufschwung, der sich in der Vielfalt der Veröffentlichungen widerspiegelt. Wenn – wie die französische Redewendung besagt – die Langeweile aus der Eintönigkeit entspringt, scheint das Risiko der Langeweile in der französischen Kriminalliteratur vorläufig ausgeschlossen.

Aus dem Französischen von Colette Mergeay und Nina Schindler

Venedig sehen und – mausetot!

Von Nina Schindler

Als im letzten Jahrhundert englische Dichter in Scharen nach Italien strömten, hatte das auf die Lyrik von Shelley, Keats, Barrett-Browning, Browning und anderen zweifellos eine erfreuliche Auswirkung. Eine ähnliche Autorenwanderung können wir auch bei der Kriminalliteratur des 20. Jahrhunderts feststellen: Immer öfter schreiben eingewanderte EngländerInnen und AmerikanerInnen Kriminalromane in und über Italien. Nicht ganz von ungefähr ist dabei sicherlich, daß sie fast alle Sprachwissenschaftler respektive Übersetzer sind oder eine diesen Berufen verwandte Tätigkeit ausüben. Allen gemeinsam ist die genaue Kenntnis des literarischen Genres und seiner verschiedenen Traditionen – Vorbilder sind mal mehr, mal weniger deutlich erkennbar –, viele arbeiten mit Zitaten und literarischen Anspielungen. Ob nun der Sonnenschein sie nach Italien lockte oder die südländisch andere Lebensart – darüber können nur Vermutungen angestellt werden. Eines jedenfalls ist gewiß: Italienische Villen, Gärten und bröckelnde antike Ruinen geben mindestens ebenso reizvolle Kulissen für Verbrechen aller Art ab wie Manor Houses oder nebelige Themseufer...

Vielleicht ist der liebevolle, manchmal etwas spöttische Blick von außen dem Erfassen der realen Welt sehr förderlich. Ganz bestimmt haben die Briten und Nordamerikaner »ihr« Italien sehr aufmerksam studiert, bevor sie es in Kriminalromanen porträtieren, aber niemals diffamieren. Gerade die Zuneigung zu ihrem temporären Exil verleiht ihren Romanen ein besonderes Fluidum – und wer möchte es ihnen verdenken, daß in all ihren Romanen mit Wonne gespeist und zum Espresso ein Grappa und zwischendurch öfter mal ein Glas Wein getrunken wird?

COMMISSARIO BRUNETTI TRINKT SOAVE

Die amerikanische Sprachdozentin Donna Leon lebte und arbeitete schon mehr als zehn Jahre in und bei Venedig, als ihr nach einem Besuch im berühmten Opernhaus La Fenice aus Ärger über den Dirigenten die Idee kam, ihn zu ermorden. Aus dieser Gedankenspielerei heraus entstand ihr erster Kriminalroman, dem bereits sieben weitere Bände folgten. Dazu greift sie jedesmal ins pralle italienische Leben, obwohl ausgerechnet Venedig die niedrigste Kriminalstatistik aller italienischen Großstädte hat. Das tut jedoch der Glaubwürdigkeit der von Leon aufgegriffenen Themen – Umweltverbrechen, Intrigen, Betrug, Doppelmoral,

Korruption, Kunstraub – keinerlei Abbruch. Einen Glücksgriff tat die Autorin mit ihrer Hauptfigur, dem außerordentlich sympathischen Commissario Guido Brunetti. Brunetti ist vor allen Dingen deshalb ein literarischer Volltreffer als Polizist, Ehemann und Vater, weil der italienische Macho tief in ihm von ihm selbst ständig reflektiert wird und weil er neben seiner hochwohlgeborenen und äußerst emanzipierten Gattin (die als Dozentin für Anglistik [sic!] selbst berufstätig ist) gar keine Chance hätte, sich als traditioneller Patriarch zu gerieren.

Auch als Vertreter der staatlichen Ordnung weicht er von vorgegebenen Richtlinien ab, wie etwa in *Venezianisches Finale* (alle Diogenes), wo er sich entsprechend seiner eigenen Auffassung von Gerechtigkeit verhält, denn er weiß nur zu gut, wie gering seine Möglichkeiten sind, innerhalb bestehender staatlicher Strukturen das Gesetz auf die Großkopferten anzuwenden, die es ständig brechen. In *Endstation Venedig* muß er zähneknirschend die Hilfe seines gräflichen Schwiegervaters in Anspruch nehmen, um einen Kollegen vor schlimmsten Sanktionen zu bewahren, die selbst einem hochgestellten Polizeibeamten drohen, wenn er sich mit der Staatsmafia in Sachen Giftmüll anlegt. Immer wieder geht es um moralische Positionen – sei es gegenüber Strichjungen in *Venezianische Scharade*, gegenüber ehrbaren Bürgern, die mit Gewaltpornos nicht nur handeln, sondern sie offensichtlich auch in Auftrag geben, wie in *Vendetta*, oder gegenüber einem lesbischen Liebespaar, das in einen Museumsdiebstahl verwickelt wird, wie in *Acqua Alta*.

Denn er weiß nur zu gut, wie gering seine Möglichkeiten sind, innerhalb bestehender staatlicher Strukturen das Gesetz auf die Großkopferten anzuwenden, die es ständig brechen.

Wie schon zuvor zeigt die Autorin auch hier wieder sehr realistisch die Grenzen juristischer Handlungsmöglichkeiten auf: Ein einflußreicher Mafiaboß wird für einen simplen Mord- oder Raubauftrag nicht ins Gefängnis müssen, schlimmstenfalls heilt er in einem Sanatorium den Schmerz über einen ermordeten Sohn, den es unversehens bei einem Mordversuch nun selbst erwischte: literarische »Gerechtigkeit«, zu der eine Autorin einen Verbrecher »verurteilen« kann. Was verwundern läßt, ist die Tatsache, daß die Autorin bisher die Übersetzung ihrer in vielen Ländern sehr erfolgreichen Kriminalromane ins Italienische nicht gestattet hat: Sie begründet es damit, daß sie ihr Gastland nicht beleidigen wolle, denn sie lebe sehr gern in Italien.

Für Donna Leon ist die Stadt Venedig nicht nur attraktive Kulisse ihrer Kriminalromane, sondern selbst eine Art handelnde Protagonistin – und das nicht nur, wenn, wie im fünften Brunetti-Roman, das alljährliche Hochwasser konstitutiver Bestandteil der Handlung ist. Was sie erzählt, kann sich nur in der Stadt des geflügelten Löwen und der von Taubenschiß bedeckten, verschimmelnden Palazzos ab-

spielen: Sie verwebt Stadt, Kanäle und die dort lebenden Menschen zu einer immer wieder spannenden Einheit aus Geschichte und Gegenwart, aus Farbe und Licht, aus Geräuschen und Bildern.

AURELIO ZEN BRAUCHT EINEN GRAPPA

Michael Dibdin hat vier Jahre in Italien gelebt und genau hingeschaut. Herausgekommen sind ungemein spannende Polizeiromane, und einer der Krimis um den römischen Vice-Questore Aurelio Zen spielt in Venedig, Zens Heimatstadt. In einer schwermütigen Mischung aus Nostalgie und Zynismus knüpft Zen an alte Beziehungen und Freundschaften in der Lagunenstadt an und spürt gleichzeitig einem dort verschwundenen reichen Amerikaner nach. Was sich beim Erscheinen von *Tödliche Lagune* (alle Goldmann) 1994 noch wie ein absurdes Politspektakel ausnahm, nämlich die Ausrufung einer unabhängigen Republik, wurde 1996 von der Realität eingeholt und beweist einmal mehr Dibdins Fähigkeit, sich in italienische Verhältnisse einzufühlen.

Anders als Brunetti begreift Zen sich als Teil eines durch und durch irreparabel korrupten Systems und gerät angesichts der Verlockung, davon ebenfalls zu profitieren, immer wieder in Versuchung, widersteht ihr letzten Endes aber und schlängelt so auf der Grenze zwischen fiktiver Gerechtigkeit und gesellschaftlicher Realität entlang. Die Beschreibung der Auswüchse eines staatlichen Selbstbedienungsladens Marke Italia driften manchmal ins Komische ab, z. B. wenn Zens Geliebte Tania ihm aus Angst vor den Konsequenzen nicht gestehen kann, daß sie die Polizeitelefonzentrale zur Organisation ihres erfolgreichen Vertriebs von regionalen kulinarischen Spezialitäten mißbraucht, oder wenn die Zivilwagen der Polizei von der obwaltenden Dienststelle als Privatmietwagen vermittelt werden und deshalb für Polizeieinsätze nur selten bereitstehen wie in *Himmelfahrt* mit Schauplatz Rom. Die Schauplätze wechseln von Perugia *(Entführung auf italienisch)* bis nach Sardinien *(Vendetta)*, die Desillusionierung und der Zynismus Aurelios Zens wachsen, während den Leserinnen und Lesern ein tiefer Blick hinter die bunte Fassade eines der attraktivsten Ferienländer gewährt wird.

Anders als Brunetti begreift Zen sich als Teil eines durch und durch irreparabel korrupten Systems und gerät angesichts der Verlockung, davon ebenfalls zu profitieren, immer wieder in Versuchung, widersteht ihr letzten Endes aber und schlängelt so auf der Grenze zwischen fiktiver Gerechtigkeit und gesellschaftlicher Realität entlang.

Dibdin gilt mittlerweile als einer der bedeutendsten Kriminalromanautoren der Gegenwart, obwohl er sich in keine Schublade einordnen läßt. »Ich erforsche die vielfältigen Möglichkeiten des Genres. Doch mein Spielen mit den verschiedenen Möglichkeiten – vom Christie nachempfundenen *Sterben in der Dämmerung* (Rowohlt) bis zum Thriller wie *Dark Spectre* – scheint die Leser zu verwirren, die von einem Schriftsteller erwarten, daß seine Produkte einander gleichen wie ein Egg McMuffin dem anderen; einige gingen sogar so weit und bezichtigten mich der Bauchrednerei und sahen darin einen Beweis für mein Unvermögen, einen eigenen Stil zu finden.«

Bleibt nur anzufügen, daß Dibdin trotz seines derzeitigen Wohnorts Seattle dem tiefgründigsten unter den anglo-italienischen Kommissaren hoffentlich auch weiterhin Fälle aufbürdet.

SEIT SEINEM LEHRGANG BEI SCOTLAND YARD TRINKT ACHILLE PERONI GERN CHIVAS REGAL

Timothy Holme wollte eigentlich nur die Ferien in Italien verbringen, doch dann heiratete er die Schwester seines Italienischlehrers und lebte von da an in Verona, was ihn offensichtlich dazu animierte und befähigte, Krimis zu schreiben. Deren Hauptfigur Commissario Peroni stellt im Gegensatz zu den Kollegen Brunetti und Zen die sehr ironisierte Form eines Vertreters von Recht und Ordnung dar, in die Holme augenzwinkernd jede Menge Klischees verpackt hat. Es handelt sich bei diesem Commissario nämlich um niemand Geringeren als Dottore Achille Peroni, dem ›Rudolfo Valentino‹ der italienischen Polizei, einem ehemaligen neapolitanischen Straßenbengel, der von einem mitfühlenden und weitsichtigen Priester rechtzeitig vor einer kriminellen Karriere bewahrt und auf die »richtige« Seite geholt wurde, wo er nunmehr erfolgreich – und mit Hilfe des Schutzheiligen von Neapel in Form eines Amuletts – für Recht und Gerechtigkeit eintritt (als wäre er Morris Wests *Children of the Sun* entsprungen). Auch Peroni strauchelt hin und wieder und manchmal erliegt er den zahllosen Versuchungen, die die schöne Damenwelt oder gutgefüllte Brieftaschen für ihn bereithalten, doch meistens gibt er nur dem unwiderstehlichen Drang nach, seine Person ins schönste Licht zu rücken.

A Funeral of Gondolas (Macmillan) spielt auch in Venedig. Es geht darin um die alljährliche Regatta der Gondolieri, bei der der Favorit in diesem Jahr pikanterweise von einer attraktiven Dame außer Gefecht gesetzt wird, die sich seiner Manneskraft auf andere Art als beim Rudern zu versichern weiß. Wie in all seinen Krimis mischt Holme auch hier wieder eine Prise Historie und Lokalkolorit mit etwas Verbrechen und Gruselmomenten und untermalt das Ganze mit leisem, liebevollem Spott. Seine Protagonisten sind eher Kunstfiguren als real existierende Mitmenschen, manchmal erscheinen sie auch wie Zitate wohlbekannter literarischer Gestalten (so wie etwa die Freifrau Jolanthe in *Morde in Assisi* der Hon. Con. von Joyce Porter ähnelt), doch es steckt unübersehbar viel Uritalienisches in ihnen. In *Satan und das Dolce vita* wird Venedig noch einmal als Hintergrund für eine veritable Satansbeschwörung eingesetzt und kommt auch dabei wunderschön zur Geltung; ansonsten spielt der Roman in Iesolo. Hier geht es wieder einmal um ein paar Quadratkilometer Unabhängigkeit vom italienischen Staat – offensichtlich ein alter norditalienischer Traum und ein hervorragendes Mordmotiv. In *Tod in Verona* bilden die verbrecherischen Umtriebe der Roten Brigaden das zeitgeschichtliche Element (ihr ermordetes Opfer, General Piantaleone, erinnert verdächtig an den zum Staatsstreich entschlossenen Hardliner Pantaleone in Morris Wests Politthriller *Salamander*), doch die Spur zu den Tätern führt über sie hinaus zu einer seit Urzeiten mit den Piantaleones rivalisierenden Familie – und damit ist Holme sehr passend für Verona bei einer zeitgenössischen Romeo-und-Julia-Politvariante. Als *Der See des plötzlichen Todes* stellt sich in einem Urlaub Peronis der Gardasee heraus, weil eine von ihm angeschmachtete Engländerin dort so urplötzlich vom Tod ereilt wird, daß er an einen Zufall nicht glauben mag, zumal sie geheimnisvollen Dokumenten nachforschte. Das tut nun der unglückliche Peroni an ihrer Stelle und steht plötzlich vor der Frage, ob es einen Briefwechsel zwischen Mussolini und Churchill gab, und wenn ja, wo er geblieben ist. Mit realer Polizeiarbeit haben die Aktivitäten dieses eher freischaffenden Ritters in Sachen Gerechtigkeit nicht viel gemeinsam, genauso wenig, wie die darin beschriebenen Verhältnisse ein realistisches Bild von Italien vermitteln – doch ein Lesevergnügen bieten sie allemal.

EINEN KOGNAK FÜR RAY

Venedig kann sehr kalt sein (Rowohlt), behauptete schon 1967 Patricia Highsmith, und so darf es uns nicht wundern, wenn ihr Venedig den düsteren Hintergrund für ein beklemmendes Drama abgibt. Ein Vater gibt seinem Schwiegersohn die moralische Schuld am Tod seiner Tochter und verfolgt ihn mit seinem Haß – und mit Mordgelüsten. Doch die Bedrohung mit dem Tod übt auf den Bedrohten eine seltsame Faszination aus, und anstatt in die USA zurückzukehren, baut er sich bewußt als Zielscheibe für die Mordanschläge seines Schwiegervaters auf. Wie das Kaninchen auf die Schlange, so wartet er auf den selbsternannten Rächer; ob und inwieweit heimliche Schuldgefühle die Motivation dazu sind – darauf müssen sich die Leserinnen und Leser selbst ihren Reim machen, die Autorin hält sich (wie meistens) mit Erklärungen zurück. Sie beschreibt wie so oft »nur« das lähmende Grauen untergründiger Spannungen, was die Zuordnung ihrer Romane zu bestimmten Genres so schwierig macht.

PULVERKAFFEE FÜR HILARY

Adonis ist tot in Venedig! (DuMont) verkündet ihrerseits Sarah Caudwell. Ihre Detektivin Hilary Talmar (im Original ist pikanterweise die Figur der leicht schmarotzenden, klugen und von ihren ehemaligen Studenten nicht nur geduldeten, sondern geschätzten Juraprofessorin androgyn, was natürlich das Rätselra-

ten um ihr Geschlecht spannend macht) gehört zu der Sorte Kriminrätsellöser, die das vom Sessel aus erledigen. Als die leicht chaotische Patentanwältin Julia Larwood vor dem Finanzamt nach Venedig flüchtet und dort unter Mordverdacht gerät, fügt es das Schicksal günstig, daß ein anderer Student Talmars ebenfalls dorthin reisen muß. Aus den Briefen der beiden mit den darin enthaltenen Informationen kann die kauzige Professorin das Krimirätsel lösen – ganz nach Art berühmter Lehnstuhldetektive wie Nero Wolfe oder Philo Vance. Literarische Anspielungen, Shakespeare-Zitate und ein detailliertes Wissen um juristische Kniffligkeiten runden den amüsanten Reiseführer in Sachen Mordaufklärung ab, in dem man trotz des Titels auch einiges über die Kirchen von Verona erfährt...

UN ROSSO DA TAVOLA PER MARESCIALLO GUARNACCIA

Auch Magdalen Nabb kam nach Italien, blieb, töpferte und – schrieb. Ihr Schauplatz ist Florenz, und ihr »Held« wäre peinlich berührt, wenn man ihn so nennen würde: Wachtmeister Guarnaccia wurde von Sizilien hierher beordert, ein großer, dicklicher Mann mit vorquellenden Augen, die allergisch auf Sonnenlicht reagieren, was ihn zum ständigen Aufsetzen einer Sonnenbrille zwingt. Ganz im Gegensatz zu seinen höchst intellektuell agierenden, gutaussehenden und mit *savoir-vivre* ausgestatteten Kollegen Brunetti, Zen und Peroni ist er bescheiden, hält sich für nicht besonders klug und wehrt sich gegen eine Beförderung, weil er dann wieder auf die Schulbank müßte, an die er sich nur ungern erinnert. Doch gerade seine körperliche Schwerfälligkeit, seine Schweigsamkeit und seine Unbeholfenheit gegenüber Klügeren und Reicheren bringen ihn immer wieder auf die richtige Spur. Zäh und beharrlich verfolgt er seine Verdächtigen, versucht, aufgrund seiner Menschenkenntnis Beziehungen und Motive zu durchschauen, und funktioniert wie eine der alten Dampfwalzen: Einmal in Betrieb gesetzt, fährt sie langsam, aber unerbittlich alles nieder...

Die Stadt Florenz wird in diesen Romanen nicht verklärt, sondern liebevoll porträtiert, dabei aber auch von den Seiten gezeigt, die der Touristenstrom so meistens nicht wahrnimmt – wenn die alljährliche Tramontana kalt von den Bergen pfeift, wenn Smog das Atmen erschwert oder wenn der alltägliche Verkehrsstau die Stadt zu ersticken droht. Nabb hat ihre Romane im Florenz der kleinen Leute angesiedelt, zumindest ist es deren Wohlergehen, das dem Wachtmeister – und wohl auch ihr – eigentlich am Herzen liegt. In die Mordfälle sind immer Ausländer verwickelt – meist Engländer, aber auch Holländer oder US-Amerikaner –, so als ob sie das italienische Gleichgewicht dieser Stadt stören würden. Die genauen Milieustudien haben Kritiker veranlaßt, Nabb mit Simenon zu vergleichen.

Liebevoll beschrieben wird die väterliche Zuneigung, die der Maresciallo Guarnaccia seinen jungen Kollegen und Untergebenen entgegenbringt, wie er ganz ohne große Worte ihre Bedürfnisse errät und sie so gut ausbildet, wie er kann. Den spektakulären Verbrechen wie in *Tod eines Engländers* und *Tod eines Holländers*, der Entführung einer Amerikanerin in *Tod im Frühling* oder dem Tod eines Transvestiten in *Tod einer Queen* (alle Diogenes) sind immer die alltäglichen Dramen an die Seite gestellt, wie etwa ein Familienzwist, wo eine Frau im Suff brutal zusammengeschlagen wird. Guarnaccia möchte am liebsten nur dafür sorgen, daß in seinem Viertel rund um den Palazzo Pitti alle in Frieden leben können, doch seine Vorgesetzten haben erkannt, daß der wortkarge Zuwanderer aus dem Süden über Menschenkenntnis und Einfühlungsvermögen verfügt, und bürden ihm zu seiner stillen Verzweiflung (und zur Erbauung seiner Fans) immer wieder mal einen ihrer schwierigsten Fälle auf.

UN BICCHIERE DI BIRRA PER HOMER KELLY

Auch in *The Dante Game* (Penguin) von Janet Langton bildet Florenz nicht nur die Kulisse, sondern spielt auch aktiv mit. Denn wo könnte Langtons Seriendetektiv Homer Kelly, der eigentlich in Neuengland sein literarisches Wesen treibt, besser als bei seinem Kollegen Zibo als Schüler in dessen Sprachenschule auf Dantes Spuren wandeln? Doch leider darf er sich nicht ungestört an den Schönheiten Florenz' und der Danteschen Dichtung erfreuen, denn während des hochliterarischen Spiels wird aus einer Gruppe von amerikanischen Studenten nicht nur einer nach dem anderen entführt oder gemeuchelt, sondern der ehrenwerte Signore Bindo plant mit Hilfe seiner Spießgesellen außerdem nichts weniger als die Ermordung des Heiligen Vaters. Der soll zu der berühmten florentinischen Ostermesse zum Dom gelockt und gewaltsam zum himmlischen Vater befördert werden. Langton läßt ihren Transzendentalisten Kelly nicht nur mit einer hinreißenden Mischung aus Naivität und Sachverstand und vielen Zitaten ein verbrecherisches Komplott aufdecken, sondern sie tut mit ihren Illustrationen ein übriges, um der Leserschaft die schönsten Häuser und Plätze von Florenz nicht nur im Wort zu präsentieren.

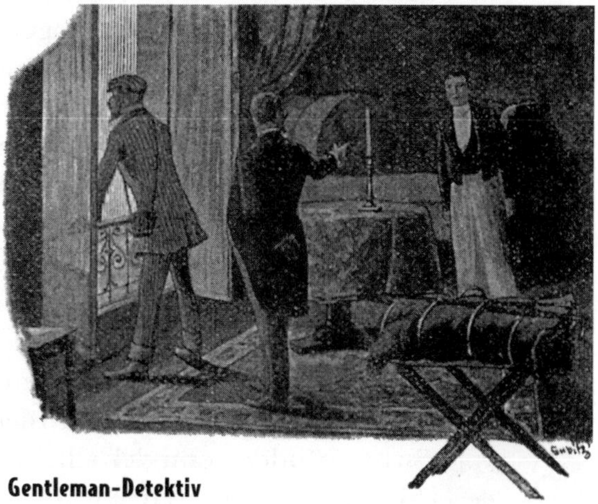

Gentleman-Detektiv

ROBERT BROWNING TRINKT SHERRY, VERSTEHT SICH

Auch Michael Dibdin (s. o.) hat eine Krimidelikatesse nach Florenz verlegt: *Der Mann im Schatten* (Rowohlt). Das geht auch gar nicht anders, wenn neben dem erzählenden Protagonisten, einem amerikanischen Rekonvaleszenten (nach Florenz der Lunge wegen), der Dichter Robert Browning die Hauptrolle in diesem raffiniert konstruierten viktorianischen Schauerkrimi spielt, in dem ebenfalls Dante-Zitate die Hobbydetektive auf die Spur des Mörders bringen sollen. Hier gibt es noch keinen Smog, und die Fahrt nach Siena zur Zeugenbefragung findet in der Kutsche statt... Dibdin spielt mit offensichtlichem Vergnügen mit den Versatzstücken aus den Werken berühmter Kollegen wie Collins und Doyle und legt seine Leserschaft mit einem doppelten »Twist« am Ende gekonnt herein – literarisches Krimivergnügen pur.

Seinen Ausflug in die Welt von Wilkie, Holmes und anderen viktorianischen Vorläufern kommentiert Dibdin so: »Der Spaß und die Herausforderung beim Krimischreiben liegen im Komponieren der eigenen Kontrapunkte und Harmonien – wenn sie für manche Ohren auch manchmal Mißklänge haben – rund um den großen Chor derer, die vor uns wirkten, und das meiste und nicht das wenigste aus den Möglichkeiten zu machen, die sie uns eröffnet haben.«

FÜR CELIA NUR MINERALWASSER

Wie es aussieht, wenn ein englischer Krimiautor Italien nur als Kulisse für seine Serienheldin mißbraucht, zeigt uns John Sherwood in *Todesblumen aus der Toskana* (Scherz). Er läßt seine Heldin Celia Grant, Gärtnerin und Hobbydetektivin mal eben nach Italien in Urlaub reisen und ein haarsträubendes Abenteuer erleben, das sie dann sinnigerweise in England aufklärt, denn da gehören ihre Schnüffelgeschichten eigentlich auch hin.

DUNKLER CHIANTI FÜR HANNAH

Eher zum Genre der *Gothic Novels* gehört der Krimi mit Gänsehauteffekt *The Italian Garden* (Coronet) von Susan Moody, obwohl es darin ganz genregerecht um die Aufklärung eines schon Jahre zurückliegenden Verbrechens geht. Damit folgt Moody einer englischen Romantradition, denn für einzelne Elemente der Szenerie und der Melodramatik könnten Ann Radcliffe und Horace Walpoles Schauerromane Pate gestanden haben.

So wie die Autorin den ungemein schwülen Som-

Raffles

mer von einst, den verwilderten Park und darin den einsamen Palast als Ambiente für eine höchst ekstatische Liebesgeschichte schildert, meint man, die Ferien damals hätten Monate gedauert, damit dieses Ausmaß an Leidenschaft, huschenden Schatten und hitzeflimmernder Luft, heftigen Umarmungen und anderen Gefühlsaufwallungen hineingepaßt hätte. Rückwirkend stellt man fest, daß es sich bei der Dauer dieser Abgründe an menschlichen Leidenschaften um poplige drei Wochen handelte. So lange braucht die Heldin dann zwanzig Jahre später auch, um die Verstrickungen von ehedem zu durchschauen und die berühmte Leiche im Keller zu entdecken.

COCA-COLA FÜR MIMI

Zum Abschluß noch der Newcomer unter den Italo-Anglos mit den besonderen Sprachkenntnissen: Tim Parks tritt mit *Italienische Verhältnisse* (Goldmann) in gewisser Weise das Erbe von Altmeisterin Highsmith an, auch er greift also auf einen bewährten literarischen Vorläufer zurück. Morris Duckworth, ein ehrgeiziger, eitler, gutaussehender Sprachlehrer in Verona, möchte gern in eine reiche Familie einheiraten, doch er wird beizeiten durchschaut und daran gehindert. Da sein Opfer noch minderjährig ist, inszeniert er eine Scheinentführung, um so auf die Schnelle an das große Geld zu kommen. Doch die Übergabe des Lösegeldes gestaltet sich schwierig, und so reist er mit der ahnungslosen Mimi quer durch Italien. Ironischerweise wird ihm nach Erhalt des Lösegeldes durch die schlichte, wahrheitsliebende Mimi ein Strich durch die Rechnung gemacht; leider muß Morris sich jetzt auch ihrer entledigen. Betrübt nimmt er drei Schritte hinter der Familie an ihrer Beerdigung teil – er hatte sich das eigentlich ganz anders vorgestellt... aber auch nicht so wie in *Mimis Vermächtnis* (Goldmann). Mittlerweile hat er Mimis Schwester Paola geheiratet und den heißersehnten Aufstieg ins Luxusleben geschafft. Doch einerseits geht ihm Paola auf die Nerven, andererseits kommt ihm sein Schwager auf die Schliche – man läßt Morris einfach nicht in Frieden die Früchte seiner bösen Taten ernten – er muß wieder morden.

Mit Morris Duckworth schuf Parks einen würdigen Nachfolger von Highsmith' Lieblingssohn Tom Ripley: absolut amoralisch und perfide logisch in der Planung, ein charakterloser Streber ohne Ehre und Gewissen, der seine Schäflein ins trockene bringt, weil er alle mit Erfolg betrügen kann – und im Zweifelsfall wird eben gemeuchelt...

PROSECCO PER DUE, PER FAVORE

Aber es sollte zum Abschluß doch wenigstens ein Krimi mit Schauplatz Venedig von italienischen Autoren genannt werden: *Der Liebhaber ohne festen Wohnsitz* von dem berühmten Duo Carlo Fruttero und Franco Lucentini. Wer hier entgegenhält, daß es sich bei der sanften, aber beharrlich aufregenden Erzählung um eine junge, attraktive Antiquitätenhändlerin und ihren spontan an die Brust genommenen, etwas ausgefransten Geliebten um keinen Krimi handelt, so muß ihr oder ihm erwidert werden, daß auch das Aufspüren einer wahren Identität ein detektivischer Vorgang ist. Die Heldin streift mit ihrer Zufallsbekanntschaft, dem geheimnisvollen Mr. Silvera, durch das regennasse Venedig und wundert sich über Ungereimtheiten in seinen Äußerungen; er will ihr Dinge zeigen, die es längst nicht mehr gibt, er weiß um Vorkommnisse, die nirgendwo aufgeschrieben wurden... Doch abgelenkt durch ihre heftige Liebesbeziehung, dauert es köstliche drei Tage, bis ihr klar wird, daß sie Methusalem begegnet ist, dem ewig Reisenden, der sich jetzt wieder von ihr trennen und weiterziehen muß, während sie, noch etwas bebend von so viel gelebter und nun abrupt beendeter Leidenschaft, zu Mann und Kind zurückkehrt. Wehmütig, ein bißchen sentimental, geziemend frech, voll erlesenem Spott und sanfter Ironie, sind es vielleicht doch die gebürtigen Italiener, die in ihrem Kriminalroman über den enttarnten Mr. Silvera alias Methusalem das venezianischste Bild der *Serenissima* gezeichnet haben...

Meine Hitliste
1 Donna Leon: Venezianische Scharade 2 Michael Dibdin: Tödliche Lagune 3 Timothy Holme: Tod in Verona 4 Patricia Highsmith: Der talentierte Mr. Ripley 5 Sarah Caudwell: Adonis ist tot in Venedig! 6 Magdalen Nabb: Tod eines Engländers, Tod im Palazzo 7 Tim Parks: Italienische Verhältnisse 8 Fruttero/Lucentini: Der Liebhaber ohne festen Wohnsitz, Das Geheimnis der Pineta

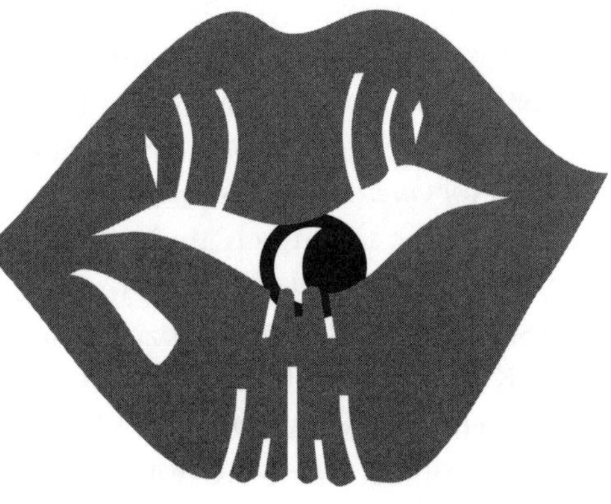

Die langen Kriminächte Spaniens

Von Marion Lütke

Die spanische Kriminalliteratur gibt es gar nicht. Wir haben zwar ein paar ausgezeichnete Spezialisten auf diesem Gebiet, aber eine Taube macht noch lange keinen Sommer«, hat Manuel Vázquez Montalbán, einer der bekanntesten Vertreter der zeitgenössischen spanischen Kriminalliteratur, einmal gesagt. Das ist natürlich leicht übertrieben (oder, besser gesagt, untertrieben) und zeugt eher von der feinen Ironie dieses Autors, der sich gegen jede Etikettierung der Literatur wehrt und oftmals behauptet, daß er gar keine Kriminalromane schreibe.

Tatsächlich hatte es, bevor Montalbán 1974 seinen Roman *Carvalho und die tätowierte Leiche* (Rowohlt) veröffentlichte und damit sozusagen die Geburt des spanischen Krimis einleitete, kaum nennenswerte Vorläufer auf diesem Gebiet gegeben. Das lag nicht zuletzt an der rigorosen Zensur des Franco-Regimes, der alles, was auch nur ansatzweise als Kritik an den etablierten Machtstrukturen angesehen werden konnte, zum Oper fiel. So waren viele AutorInnen in den fünfziger und sechziger Jahren zum Schweigen verurteilt, oder sie schrieben unter amerikanischem Pseudonym im Ausland angesiedelte Krimis, die dann als »Groschenromane« veröffentlicht wurden und reißenden Absatz fanden. Selbst junge Talente wie der 1927 in Barcelona geborene Rechtsanwalt und Journalist Francisco González Ledesma, der mit nur 21 Jahren seinen ersten Literaturpreis erhielt, waren dazu verdammt, während der langen Jahre der Franco-Ära lediglich für die Schublade zu schreiben oder wie am Fließband Kurzkrimis zu produzieren. Mehr als 200 solcher Krimis hat Ledesma unter dem Pseudonym Silve Kane geschrieben, bis er nach Francos Tod wieder veröffentlichen konnte und mit seinem 1984 erschienenen Kriminalroman *Crónica sentimental en rojo* (Sentimentale Chronik in Rot) den angesehenen Planeta-Literaturpreis gewann.

So waren viele AutorInnen in den fünfziger und sechziger Jahren zum Schweigen verurteilt oder sie schrieben unter amerikanischem Pseudonym im Ausland angesiedelte Krimis, die dann als »Groschenromane« veröffentlicht wurden und reißenden Absatz fanden.

Heute fast gänzlich in Vergessenheit geraten und in Deutschland lediglich als Pflichtlektüre im Spanischunterricht eingesetzt ist der Autor Francisco García Pavón, der von vielen seiner Schriftstellerkollegen als der eigentliche Begründer des spanischen Kriminalromans bezeichnet wird. Seine seit den 60er Jahren erschienenen Kriminalromane (Klett) spielen fast ausnahmslos in einem kleinen Dorf in La Mancha, der Heimat des unglückseligen Ritters Don Quijote, und sind ein interessantes Sittengemälde der spanischen Gesellschaft, die noch bis in die 70er Jahre hinein in ländlichen Strukturen und festen Traditionen verankert war. Pavóns Polizeichef Manuel González, genannt Plinio, ist sozusagen der spanische Kollege des berühmten Inspektor Maigret. Mit viel Geduld und psychologischem Scharfsinn löst er die Verbrechen, die wie ein Donnerschlag über das beschauliche Dörfchen Tomelloso hereinstürzen. Allerdings war Pavóns Polizeichef Plinio eine Ausnahme. Denn die Polizei der Franco-Zeit war als ausführender Arm der repressiven Machthaber derart unpopulär, daß die Leser einen Polizeibeamten als Romanhelden nur schwer akzeptieren konnten. Und Privatdetektiven war jegliche Einmischung in die Verbrechensaufklärung ohnehin verboten.

Angesichts der einschneidenden Veränderungen, die die spanische Gesellschaft in den letzten zwanzig Jahren erlebt hat, muten die Romane von García Pavón beinahe ein wenig anachronistisch an, fast so, als spielten sie im neunzehnten Jahrhundert. Aber es liegen tatsächlich Welten zwischen der heutigen, großstädtischen Gesellschaft und dem Spanien Ende der 50er Jahre, als blonde Touristinnen im Bikini noch als Inbegriff des Exotischen galten. 1975 ist das Jahr, in dem der Diktator Franco stirbt und den politischen und literarischen Wendepunkt markiert. Die Gesellschaft gerät in einen ungewohnten Freiheitstaumel, die Großstädte Madrid und Barcelona erwachen aus ihrer Provinzialität, unzählige neue Zeitungen und Zeitschriften werden herausgegeben, nach und nach verschwindet auch die Zensur, und man spricht offen über Probleme wie Korruption, Kriminalität, organisiertes Verbrechen, Drogen und Arbeitslosigkeit. Gleichzeitig aber stürzt die spanische Gesellschaft in große politische und soziale Unsicherheit, die für die Jahre des Übergangs zur Demokratie bestimmend bleibt. Das alles bietet den Nährboden für das Entstehen des »neuen« spanischen Kriminalromans, dessen unbestrittener Pionier, Manuel Vázquez Montalbán, als Schöpfer des berühmten Privatdetektivs José »Pepe« Carvalho allen Krimifans hinlänglich bekannt ist.

»Wir fanden alles, was die anderen und sogar wir selbst bisher geschrieben hatten, so langweilig, daß wir beschlossen, das zu tun, was jeder in diesem Fall tun würde: die Geschichten zu schreiben, die wir selbst gerne lesen würden. Und uns fielen Geschichten über Abenteuer und Verbrechen ein, denn das waren die Geschichten, die uns im Kino immer am meisten beeindruckt hatten«, schreibt Vázquez Montalbán. Eine Abrechnung mit der Vergangenheit ist denn auch sein 1972 erschienener, fast surrealistisch anmutender Roman *Ich tötete Kennedy* (Rowohlt), in dem er gesellschaftliche und kulturelle Konventionen, bis hin zum Roman selbst, in Frage stellt. Dabei ist der 1939 in Barcelona geborene Philosoph und Journalist einer der unermüdlichsten Autoren Spaniens, der sämtliche Genres ausprobiert und in den verschiedensten Medien publiziert. Vázquez Montalbán war immer schon ein politischer und literarischer Kämpfer, wegen seiner Mitgliedschaft in der Katalanischen Kommunistischen Partei mußte er während der Franco-Zeit eine Haftstrafe verbüßen. Ex-Kommunist ist auch sein Romanheld, der in Barcelona lebende Galicier Pepe Carvalho. Außerdem ist Pepe Carvalho ehemaliger CIA-Agent, Literaturkenner und Gourmet. Tatsächlich lesen sich Montalbáns Krimis manchmal wie ein Kochbuch, und angesichts der exquisiten Rezepte kommen einem die schlimmsten Verbrechen manchmal gar nicht mehr so schlimm vor, obwohl man sich vielleicht gleichsam ein wenig »kannibalistisch« fühlt. Wenn Pavóns Romane ein Sittengemälde des traditionellen, ländlichen Spaniens sind, spiegelt sich in der Carvalho-Saga von Montalbán die spanische Gesellschaft der letzten beiden Jahrzehnte wider. Und gleichzeitig lesen sich die Krimis auch wie ein Reiseführer, obwohl man natürlich nicht jedem Touristen empfehlen kann, dem Straßenindex von Montalbán zu folgen. Aber wer jemals in Barcelona war, der kennt auch die Rambla, die wohl emblematischste Straße dieser Stadt. Genau dort befindet sich das Büro von Carvalho, gleich nebenan das berühmt-berüchtigte Chinesenviertel, das Barrio Chino, in dem übrigens dem Namen zum Trotz keine Chinesen leben, wo sich aber pro Quadratmeter mehr Heroinsüchtige, Zuhälter, Taschendiebe, Schwindler, Huren und Strichjungen als sonstwo in Spanien versammeln, wenn man Einheimischen wie Montalbán oder Ledesma Glauben schenken darf. Der treue Gehilfe Carvalhos, Biscuter, der zusammen mit ihm im Elendsquartier in den Ramblas haust, soll übrigens einer realen Figur entsprungen sein: Ein Kumpel, den Montalbán im Knast kennengelernt hatte, stand Pate für diese Figur. Wenn Carvalho von allem die Nase gestrichen voll hat, dann zieht er sich in seine Villa in Vallvidrera zurück, sein Zufluchtsort und Rettungsanker, wo er einem für deutsche Leser vielleicht etwas befremdlich anmutenden Hobby frönt: der privaten Bücherverbrennung. Dem Kaminfeuer fallen in der Carvalho-Reihe Hunderte von Büchern aus der umfangreichen Bibliothek des Detektivs zum Opfer. Ironisches Augenzwinkern und gnadenlose Abrechnung mit literarischen Konventionen, obwohl viele seiner Figuren geradezu griechischen Tragödien entsprungen sein könnten. Dieser ganz eigenwilligen Form der »Literatur-

kritik« ist Montalbán in seiner Carvalho-Reihe bis heute treu geblieben. So nimmt er in seinem letzten Carvalho-Roman *El premio* (Der Preis) die aktuelle spanische Literaturszene auf die Schippe. Aber Montalbán besitzt auch eine gehörige Portion Selbstironie, wenn er sich humorvoll mit seinen literarischen Vorbildern auseinandersetzt. »Die Gespräche der letzten Tage haben ihn (Carvalho) frustriert, und darum macht er sich auf den Weg ins Kino. Ein Film mit Gene Hackman, ein Gangsterstreifen in der Art alter Bogartfilme. Carvalho bewundert Gene Hackman in seiner Rolle als einsamer Detektiv – einer gegen den Rest der Welt. Wieder ein Vorbild. Wie Bogart in einer Chandler-Verfilmung. Alan Ladd in einem Stück von Hammett. Paul Newman in Harper. Und jetzt Gene Hackman.« (*Carvalho und der tote Manager*, Rowohlt)

Und gerade Montalbán ist es zu verdanken, die Kriminalliteratur von dem Stigma zweitrangiger Literatur befreit zu haben. »Kriminalromane gehören zu dieser Art kulturellen Schaffens, die sich ständig für ihre Existenz entschuldigen muß«, schreibt er. Als er 1979 mit seinem Kriminalroman *Tahiti liegt bei Barcelona* (Rowohlt) den begehrten Literaturpreis erhält, löst er geradezu einen Krimiboom aus. Die ausschließlich der Kriminalliteratur gewidmete Zeitschrift *Gimlet* wird gegründet, und der nach Mexiko ausgewanderte Schriftsteller Paco Ignacio Taibo II ruft in seiner Heimatstadt Gijon in Nordspanien die *Semana Negra*, die »Schwarze Woche«, ins Leben, ein Treffpunkt für KrimiautorInnen aus aller Welt. Fünf Jahre nach der Prämierung von Montalbán geht der Planeta-Preis an Francisco González Ledesma, ebenfalls für einen Kriminalroman. González Ledesma, selbst im Chinesenviertel von Barcelona geboren und ein guter Kenner der Szene, schuf eine Trilogie um den alten Inspektor Méndez, der die Interessen seines Vaterlandes im Kommissariat der Calle Nueva, der vielleicht schäbigsten Straße Spaniens (wie Ledesma selbst sagt), verteidigt. Auch Ledesmas Romane sind eine spannende Zeit- und Gesellschaftschronik und ähneln in diesem Punkt der Carvalho-Reihe von Montalbán, obwohl Pepe Carvalho und Inspektor Méndez so verschieden sind wie Tag und Nacht: Während der eine eine intensive, erotische Beziehung zu der Luxushure Charo unterhält, ist der andere eher ein einsamer alter Bär. Während

der eine sich an kulinarischen Köstlichkeiten labt, gibt sich der andere mit Baguette und billigem Rotwein zufrieden.

Auch der 1949 in Barcelona geborene Andreu Martín, der vielleicht eigenwilligste Vertreter des zeitgenössischen spanischen Kriminalromans, wählt seine Heimatstadt als Schauplatz für seine Krimis. Doch während die Romane von Ledesma und die Carvalho-Serie von Montalbán noch stark vom Lokalkolorit gefärbt sind, wird Barcelona bei Martín zu einer unüberschaubaren, labyrinthischen, modernen Großstadt. Andreu Martín ist ein hartnäckiger Verteidiger seines Genres, der sich nie groß um Kategorisierungen gekümmert hat. Das spielerische Element und der Spaß an der Lektüre sind ihm am wichtigsten. In der Kriminalliteratur, so sagt Martín, stehe die Geschichte im Vordergrund. Aber gerade das Geschichtenerzählen sei ja der Ursprung der Literatur. »Mich interessiert es nicht, in goldenen Lettern in die Literaturgeschichte einzugehen«, sagt er. »Ich bin ein Malocher, ich schreibe Geschichten, von denen ich glaube, daß sie die Leute interessieren, und ich schreibe sie in einer Art und Weise, die ich selbst stimulierend finde.« Martín ist tatsächlich geradezu unermüdlich produktiv. Seit er 1979 seinen ersten, bisher noch nicht ins Deutsche übersetzten Krimi *Aprende y Calla* (Lern und schweig) veröffentlichte, hat er an die zwanzig Kriminalromane geschrieben, dazu unzählige Kinder- und Jugendbücher. Und obwohl für ihn das Spielerische im Vordergrund steht, sind seine Romane weit davon entfernt, harmlose Geschichten zum intellektuellen Rätselraten zu sein. Seine Krimis sind geradezu beunruhigend komplex, voller ungelöster Konflikte, Doppelsinn und ambivalenter Gefühle. In all seinen Romanen greift er immer wieder neue Themen auf und experimentiert mit neuen Formen. Deshalb gibt es bei ihm auch keine typische Serienfigur. All seine Romanfiguren sind ohnehin ausgesprochene Antihelden. Martín selbst zieht für seine Krimis die Bezeichnung »Horrorromane der Großstadt« vor. Tatsächlich lesen sich viele seiner minutiösen, wie von dem kalten Blick einer Kamera aufgezeichneten Beschreibungen von Gewalt, die er in seinem Roman *Aus Liebe zur Kunst* (Esther) auf die Spitze treibt, wie ein Horrortrip. Es sei das Böse, die Boshaftigkeit, auch in den menschlichen Beziehungen, was ihn am meisten interessiere, sagt Martín. Denn das Böse erzeuge Angst, und Angst sei eine wichtige Antriebskraft für das menschliche Handeln. Doch die Angst erzeuge nur noch mehr Aggressivität. Und so lesen sich manche seiner Romane, wie zum Beispiel sein 1988 erschienenes Buch *Hammerschläge* (Elster), wie eine Spirale der Gewalt ohne Ende. Doch Martín beschreibt nicht die Gewalt um der Gewalt willen. In der »Verrücktheit« und der Gewalttätigkeit seiner Figuren spiegelt sich lediglich der alltägliche Wahnsinn einer modernen Großstadtgesellschaft

So gibt es bei ihm auch keine klare Grenze zwischen Gut und Böse, zwischen Opfer und Henker, im Gegenteil: kongruent zu seiner literarischen Entwicklung verwischen sich die Grenzen mehr und mehr, bis hin zur völligen Auflösung.

wider. Die Gewalt, die mit dem Ausüben von sowohl persönlicher als auch politischer Macht einhergeht, der Mißbrauch von Macht, Korruption und Ungerechtigkeit sind ein immer wiederkehrendes Thema in den Romanen Martíns. In der ungeschminkten, knappen, zynischen Sprache, dem pessimistischen Weltbild und dem Anprangern der politischen und moralischen Machtstrukturen erinnert Martín an Autoren wie Dashiell Hammett oder Raymond Chandler. Doch während bei den US-Amerikanern am Ende noch eine Antwort, eine Erklärung angeboten wird, bleiben diese bei Martín gerade in seinem jüngsten Roman völlig aus. So gibt es bei ihm auch keine klare Grenze zwischen Gut und Böse, zwischen Opfer und Henker, im Gegenteil: kongruent zu seiner literarischen Entwicklung verwischen sich die Grenzen mehr und mehr, bis hin zur völligen Auflösung. Martín zeichnet sich nicht nur durch seine fast filmisch anmutende Sprache, sondern auch durch eine brillante Psychologisierung seiner Figuren aus. Nicht umsonst ist er selbst Psychologe, obwohl er nie in diesem Beruf gearbeitet hat. Das psychologische Moment kommt vielleicht in seiner reinsten Form in seinem Roman *Die Stadt, das Messer und der Tod* (Elster) zum Ausdruck, der formal wohl innovativste spanische Kriminalroman.

»In Spanien gibt es nur zwei Krimiautoren«, hat Montalbán einmal gesagt. »Der andere ist Andreu Martín, wenn ich in Barcelona bin. Und wenn ich in Madrid bin, dann ist der andere Juan Madrid.«

Seinem beinahe schon symbolischen Nachnamen zum Trotz kommt dieser Krimiautor nicht aus der Hauptstadt Madrid, sondern aus dem Süden Spaniens, aus Málaga. Aber er kennt das Madrider Pflaster wie kein anderer. Vieles, was hier über Martín gesagt wurde, trifft auch auf Madrid zu, obwohl sich Madrid viel enger als sein Kollege aus Barcelona an das Schnittmuster des klassischen Kriminalromans hält. Von seinen KrimikollegInnen wird Juan Madrid deshalb gern als der einzig wirkliche Kriminalautor Spaniens bezeichnet. Sein Stil ist nüchtern und direkt, Schauplatz seiner Krimis ist der Großstadtdschungel von Madrid, und sein Ich-Erzähler ist der vom Leben nicht gerade verwöhnte, in die Jahre gekommene Ex-Bulle und Ex-Boxer Toni Romano, der während der Franco-Zeit zur Polizei gegangen war, um dem Elend seines Viertels zu entkommen, und später (aus unbekannten Gründen) den Polizeidienst quittierte, um als skeptischer und enttäuschter Außenseiter in sein Viertel zurückzukehren. Außenseiter und Randgruppen – Penner, Huren, Säufer, Zuhälter und Dealer – bevölkern die Romane von Madrid. Wie ein Grenzgänger bewegt sich sein Ex-Polizist und Detektiv in dieser Welt. Ähnlich wie Montalbán in seiner Carvalho-Reihe zeichnet auch Madrid in seinen Krimis ein lebendiges Zeitbild und schildert mit fast dokumentarischer Genauigkeit die Plätze und Straßen seiner Wahlheimat

Madrid. »Ich weiß nicht, ob Sie mein Viertel am Vormittag kennen, wenn die Frauen einkaufen gehen, die Penner sich entschließen, den Tag unter den Arkaden der Plaza Mayor zu verbringen, und die Straßenhändler sich unter die Schüler mischen, die den Unterricht schwänzen. Am Vormittag ist mein Viertel fröhlicher, lärmerfüllt, ganz anders als nachmittags und abends. Wenn Sie nicht in einem Viertel wie meinem wohnen, wissen Sie nicht, wovon ich rede. Im Frühling, wenn's weder kalt noch heiß ist, kann man ziellos umherschlendern. Das ist das einzige Privileg der Armen in Madrid.« (*Der Schein trügt nicht*, Elster)

Als Journalist und Reporter ist Madrid an das Recherchieren vor Ort gewöhnt, und man kann ihn von Zeit zu Zeit in den Cafés seines Viertels antreffen (zumindest in denen, in die man sich auch reintraut). Zu erkennen ist er an der für die spanischen Krimipioniere typischen Physiognomie: Halbglatze, Schnurrbart und Brille. Als Reporter und Journalist ist er ein Meister der kurzen, knappen Erzählung, was er in *Dschungel* (Zenior und Preßler) unter Beweis stellt. Die Erzählungen beruhen auf wahren Geschichten, die ihm bei seinen Streifzügen durch die Madrider Unterwelt zu Ohren gekommen sind, und führen uns in die düstersten Winkel der modernen Großstadtgesellschaft. »Überall gibt es nichts als Müll: in den großen Apartmenthäusern, in den Wohnvierteln, in den exklusiven Privatclubs und den mit dicken Teppichböden ausgelegten Büros. Und niemand würde jemals so viel Müll beseitigen können«, schreibt er in seinem Roman *Flores, el gitano* (Flores, der Zigeuner), dem ersten Band einer dreizehnteiligen Reihe, die er ursprünglich als Drehbücher für das spanische Fernsehen verfaßt und dann zu Romanen umgearbeitet hat. Hauptfigur dieses Romanzyklus ist der Polizeiinspektor Manuel Flores, als Roma Angehöriger einer ethnischen Minderheit und sozialen Randgruppe und als Polizist ein Vertreter der öffentlichen Ordnung. Ein Grenzgänger wie Toni Romano.

Aber Spanien ist nicht nur Barcelona und Madrid. Da gibt es Jorge Martínez Reverte, der seine Krimis um den engagierten Reporter Gálvez im Baskenland ansiedelt und in ihnen oft brandheiße politische Themen aufgreift. In seinem 1995 erschienenen Roman *Gálvez y el cambio del cambio* (Gálvez und die Wende der Wende) gerät der Reporter Julio Gálvez in den Sog obskurer politischer Machtinteressen, und mit viel Humor und Scharfsinn läßt Martínez Reverte in diesem Krimi die letzten Jahre der Regierung unter Felipe González Revue passieren. Und Julian Ibánez, dessen Krimis um den kleinen, unscheinbaren Büroangestellten Víctor Novoa mal eine Hafenstadt im regnerischen Norden Spaniens, mal ein Dorf in Zentralspanien zum Schauplatz haben.

Zu den Autoren, die sich in ihren Romanen nicht auf einen bestimmten geographischen Rahmen begrenzen, gehört Pedro Casals, von dem auf deutsch bisher leider nur *Der Kokamann* (Emaus) erschienen ist. Seine Krimis um den emblematischen Rechtsanwalt Lic Salinas spielen in den hohen Sphären der Politik und Finanzwelt, des internationalen Jet-set und der Kokainmafia.

Obwohl es in den letzten Jahren etwas stiller um den Krimi geworden ist, besteht doch immer noch reges Interesse von seiten der Leser; das zeigen auch die zahlreichen Übersetzungen von Kriminalromanen aus anderen europäischen Sprachen. So sind zum Beispiel die Krimis von Ingrid Noll und Jakob Arjouni (um nur zwei Beispiele zu nennen) fast ausnahmslos ins Spanische übersetzt. Und auch in Spanien sind die Krimipioniere immer noch hyperaktiv. In dem bereits erwähnten Roman *El premio* (*Der Preis*, Rowohlt) von Vázquez Montalbán tritt erneut der unermüdliche Privatdetektiv Carvalho auf den Plan, der übrigens literarisch seinen fünfundzwanzigsten Geburtstag feiert. Martín nimmt in seinem letzten Roman *Por el amor de Dios* (*Um Gottes willen*, Elster) die finsteren Machenschaften religiöser Sekten unter die Lupe. Und Madrid präsentiert uns in seinem bereits verfilmten Roman *Dias contadas* (*Gezählte Tage*) einen neuen Grenzgänger des Madrider Undergrounds: den ehrgeizigen Fotografen Antonio, der bei einer Fotoreportage über die Madrider Jugendkultur zwei blutjunge, heroinsüchtige Prostituierte kennenlernt.

Auch bereits anerkannte Autoren wie der 1989 mit dem Nadal-Literaturpreis ausgezeichnete Juan Pedro Aparicio wagen sich auf das Gebiet des Kriminalromans vor. Mit dem Protagonisten seines Romans *Malo en Madrid o El caso de la viuda polaca* (*Malo in Madrid* oder *Der Fall der polnischen Witwe*), dem Kommissar Malo, der gegen seinen Willen nach Madrid versetzt wird, wo er schnell merkt, daß er von manchen Fällen lieber die Finger lassen sollte, hat er eine vielversprechende Krimifigur und ein interessantes Porträt von Madrid geschaffen.

Meine Hitliste
Wer sich denn mal ganz kriminell-unkonventionell auf eine Spanienreise vorbereiten will oder sich in Spanien selbst mörderisch-literarisch vergnügen möchte, der kann natürlich geographisch vorgehen: ❶ Lourdes Ortiz für die Kanarischen Inseln und ❷ Maria-Antònia Oliver für Mallorca... ❸ Auf jeden Fall sollte er aber Montalbáns Carvalho-Reihe im Handgepäck haben. Und wenn nicht alle reinpassen, dann zumindest: Carvalho und der tote Manager und: Manche gehen baden ❹ Wer es spannend, aber nicht ganz so hart mag, der darf Martíns: Bis daß der Mord euch scheidet und Isabels Clou nicht vergessen ❺ Alle, die gern vor Rätsel gestellt werden, müssen sich vor der Abfahrt unbedingt: Die Stadt, das Messer und der Tod besorgen ❻ Und allen Fans des Großstadtpflasters und der Kriminalklassiker seien Madrids: Ein Geschenk des Hauses und: Nichts zu machen ans Herz – beziehungsweise ins Gepäck – gelegt.

Der ersten und bis vor kurzem einzigen weiblichen Detektivin des spanischen Kriminalromans gab Lourdes Ortiz in ihrem 1979 erstmalig erschienenen und 1996 neu aufgelegten Roman *Picadura Mortal* (*Tödlicher Tabak*, Bittermann) den Namen Bárbara Arenas. Leider wurde der Roman, der – wie Lourdes Ortiz selbst zugibt – an manchen Stellen noch etwas unbehol-

fen ist, von der Kritik nicht sehr positiv aufgenommen. Trotzdem ist dieser auf den Kanarischen Inseln angesiedelte Roman mit seiner forschen, unkonventionellen und bis dahin für die spanische Krimilandschaft völlig untypischen Heldin vergnüglich und unterhaltsam.

In die Spuren von Bárbara Arenas tritt nun seit neuestem die Oberinspektorin Petra Delicado, die der Feder von Alicia Giménez-Bartlett entsprungen ist. In ihrem kürzlich erschienenen Roman *Ritos de muerte* (Rituale des Todes) wird der Oberinspektorin, die zur Polizei gegangen ist, weil sie keine Lust mehr hatte, als Assistentin ihres Ex-Mannes zu arbeiten, der frisch nach Barcelona versetzte Inspektor Garzón als Gehilfe zur Seite gestellt. Dieser kommt weder mit Barcelona noch mit dem Fall, den die beiden lösen sollen, und schon gar nicht mit einer Frau als Chefin klar. Der Roman von Giménez-Bartlett ist zwar sehr viel weitschweifiger angelegt, als man das von Kriminalromanen allgemein kennt, aber es wäre dennoch interessant, wenn sie es nicht bei diesem einen Abstecher in die Kriminalliteratur belassen würde.

Die einzige, die sich einen kleinen Platz in der hiesigen Männerdomäne des Krimis geschaffen hat und einen vielleicht etwas radikaleren Ansatz als ihre spanischen Kolleginnen verfolgt, ist die in ihrer Muttersprache schreibende Katalanin Maria-Antònia Oliver, von der auf deutsch bislang *Drei Männer* und *Miese Kerle* (Fischer) erschienen sind.

Wer immer noch glaubt, Spanien sei vor allem Sonne, Strand und Sangría, der braucht nur einmal eine Zeitung aufzuschlagen und wird feststellen, daß sich die Schlagzeilen wie Untertitel von Kriminalromanen lesen: Die dunklen Machenschaften des spanischen Geheimdienstes; Der schmutzige Krieg gegen die ETA; Ehemaliger Direktor der Guardia Civil hinter Gittern; Kokaineinfuhrland Nr. 1 in Europa; Bankier in Haft; Der Fall Alcaser: Drei Mädchen auf grausamste Weise vergewaltigt und ermordet: Täter immer noch nicht gefaßt; Ex-Präsident der Spanischen Nationalbank vor Gericht; Der Rollenspielmord: Wie ein Mörderspiel zur Realität wird... Es gibt Leute, die haben immer schon behauptet, daß das Leben selbst die härtesten Kriminalromane schreibe.

Löcher in der Schweizer Leiche

Von Wolfgang Bortlik

Die Leiche lag, mit den Füßen gegen den Gartenzaun gerichtet, in halb kniender, halb liegender Stellung vornübergesunken, der Kopf dem Scheiterhaufen zugekehrt. Die Arme waren weit nach vorn ausgestreckt und lagen am Boden auf. Der Kopf war mit dem Gesicht dem Holzhaus zugewandt; er wies einige Blutspritzer, aber keine Verletzungen auf. Das Hinterhaupt dagegen bot eine einzige, tiefe Wunde, ein gähnendes, blutiges Loch. Der Landjäger näherte sich der Leiche, und die Wunde betrachtend, meinte er: »Ein guter Schuß!«

Der Tote trägt den gutschweizerischen Namen Andreas Rösti und war als Altbauer auf dem Schattmatthof ein unerträgliches Ekel für Tier und Mensch, vor allem für seinen Schwiegersohn Fritz Grädel. Der alte Rösti ist wohl der erste Tote in der Geschichte des Schweizer Kriminalromans. Allerdings stellt sich am Ende des mit viel pädagogischem Auftrag geschriebenen Romans heraus, daß Rösti sich mit einer raffinierten Vorrichtung selber den Hinterkopf weggeschossen hat, den Mordverdacht jedoch auf Grädel lenken will. Der wird zwar vor Gericht von aller Schuld freigesprochen, verzweifelt aber ob der ungerechtfertigten Verdächtigungen und dem Zusammenbruch seines Weltbilds und landet schließlich in der Irrenanstalt.

Um 1925 hatte C. A. (Carl Albert) Loosli (1877–1959), Sozialreformer und unangepaßter Journalist, den Roman *Die Schattmattbauern* fertig geschrieben. Das ländliche Drama spielt sich im Emmental ab, jener zwielichtig-idyllischen Landschaft inmitten der Schweiz, von wo auch Jeremias Gotthelf mit seinen fast biblischen Geschichten kommt. Looslis Werk war als stark gekürzter Zeitungsroman ein beachtlicher Erfolg, die Buchausgabe, 1932 im Eigenverlag erschienen, setzte lediglich 400 Stück ab. Erst 1943, bei der Büchergilde Gutenberg, wurden *Die Schattmattbauern* Looslis einziger größerer Bucherfolg.

Im Gegensatz zu Looslis Bauernkrimi spielt ein anderer, Ende der zwanziger Jahre geschriebener und auch erst 1942 als Buch veröffentlichter Kriminalroman mit dem Titel *Die Greiselwerke* in einer hochindustrialisierten Welt der näheren Zukunft. Besagte Greiselwerke produzieren unter dem gefährlichen Licht ferner Sonnen gewaltige Getreidemengen und stellen somit die Versorgung der Weltbevölkerung ein für allemal sicher. Zwei Gruppierungen kämpfen mit Mord und Totschlag um die Aktienmehrheit der Werke, während die durch das Licht gefährdete Arbeiterschaft rebelliert. Da schaltet sich Claudius Flemming ein, ein mit allen Wassern gewaschener Detektiv-Philosoph. Seinem Schöpfer, dem Sozialphysiker und Philosophen für das Atomzeitalter Adrien Turel (1890–1957), ging es darum, seine philosophischen Erkenntnisse in populär-literarischer Form unters Volk zu bringen. So hatte er, eigenem Zeugnis gemäß, in den zwanziger Jahren wöchentlich so einen Schundroman hingeschrieben, um seine Vorstellungen des *Ultratechnoikums* zu exemplifizieren. Der Detektiv Flemming ist ein Beispiel für den von Turel vorausgesagten vierdimensionalen Mensch, der keine romantischen Motive sucht, sondern mit technologischer und ökonomischer Logik an den Fall herangeht.

Einen »Schundroman mit Hintergründen« nannte dann Friedrich Glauser (1896–1938) seinen allerersten Roman *Der Tee der drei alten Damen*, der nach einer Reihe von Erzählungen Ende der zwanziger Jahre entstand. Glauser mischt seine Zutaten: eine satanische Sekte, die mit Hexensalben hantiert, Liebe auf den ersten Blick zwischen Held und Heldin, einem jugendlichen Naiven und einer russischen Spionin, Psychologie nach C. G. Jung, Spionage in der Völkerbundstadt Genf, amerikanisch-sowjetrussische Konkurrenz um ein Petroleumvorkommen in Indien, einen Maharadscha... Die Auflösung mehrerer Giftmorde und -anschläge verläuft in diesem unterhaltsamen Kolportageroman ziemlich holperig, denn noch hat Glauser seinen Wachtmeister Jakob Studer nicht erfunden, der so eine Sache mit bernerischer Langsam- und Genauigkeit lösen würde.

In rascher Folge, von 1935 bis kurz vor seinem tragischen Tod im Dezember 1938, schloß Glauser die fünf Romane mit dem Ermittler Studer ab: *Schlumpf Erwin Mord* (oder *Wachtmeister Studer*); *Matto regiert*; *Die Fieberkurve*; *Die Speiche* (oder *Krock & Co.*) und *Der Chinese* (alle bei Diogenes).

In den Romanen sind die unglückseligen Lebensumstände Glausers verarbeitet; seine Kenntnisse von Entmündigung, Irrenhausaufenthalten, Morphiumsucht, polizeilicher Verfolgung usw. geben den Studer-Romanen eine für diese Zeit sensationelle, erbarmungslose Authentizität.

WIE ES WEITERGEHT

Daß sich der Schweizer Kriminalroman weiter auf höchster Ebene bewegte, war in den fünfziger Jahren das Verdienst Friedrich Dürrenmatts (1921–

1990). Kurz nach seinem kometenhaften Aufstieg als Theaterautor schrieb Dürrenmatt 1952 *Der Richter und sein Henker* (C. H. Niemeyer/Rowohlt) und ein Jahr später *Der Verdacht* (Diogenes). 1957 begann er das kriminalistische Sittengemälde *Justiz* (Diogenes), das er 1985 fertigstellte und in dem er gnadenlos mit der herrschenden Bourgeoisie in der Schweiz abrechnete. 1958 erschien Dürrenmatts Krimimeisterstück, womöglich der beste Schweizer Kriminalroman aller Zeiten: *Das Versprechen* (dtv), zuerst als Drehbuch für den Film *Es geschah am hellichten Tag* und dann als Roman, dessen Ende Dürrenmatt noch entscheidend abänderte.

Danach war vorderhand einmal literarische Betroffenheit angesagt, und erst Ende der siebziger Jahre gab es tapfere Versuche von Schweizer Autoren wie Marcus P. Nester (geb. 1947), mit *Die Migros-Erpressung* (Zytglogge) oder *Das leise Gift* den zeitgemäßen politischen Kriminalroman zu schreiben.

Peter Zeindler, geboren 1934, begann seinen Zyklus um den Geheimagenten Konrad Sembritzki, der in *Die Ringe des Saturns* (Goldmann) und *Der Zirkel* einigermaßen zu Form aufläuft.

Dann schlug wie ein Blitz die Taschenbuchausgabe der Glauser-Romane in eine sich zögernd abzeichnende Renaissance des Krimis ein. Nun war es endgültig auch in der Schweiz angesagt, literarische Themen als Krimi zu formulieren. Umgehend taten dies Autoren wie Werner Schmidli (geb. 1939), Guido Bachmann (1940), Ingeborg Kaiser (1935), Sam Jaun (1935) und Hansjörg Schneider (1938), die bis dahin fast ausschließlich hochliterarisch tätig waren.

Jüngere AutorInnen gingen unbelasteter ans Genre heran: Claude Cueni (geb. 1956) versuchte sich an Zukunftsthrillern und hatte später mit der Verfilmung seines 1987 erschienenen Krimis *Schneller als das Auge*, und Drehbüchern zu Fernsehkrimis Erfolg. Andere AutorInnen, nach 1950 geboren, die nicht den literarischen Zirkeln angehörten, waren Willy Bär, Peter Höner, Adrian Zschokke, Roger Graf und Milena Moser.

DIE DETEKTIVE UND WIE SIE WISSEN, WAS SIE WISSEN

Natürlich ist der Wachtmeister Studer der Übervater aller hiesigen Kommissäre und Hobbydetektive. Jakob Studer, ein schon etwas älterer Herr aus geordneten Verhältnissen, hegt eine unausrottbare Sympathie für Außenseiter und pflegt seine schlechten Angewohnheiten: etwa das Rauchen der Brissago, einer dünnen, krummen Zigarre, die entsetzlich stinkt.

Studers Stärke ist – neben der Hartnäckigkeit, an seine Intuition und Menschenkenntnis zu glauben – seine Oppositionsbereitschaft gegenüber jeglicher Obrigkeit. Ein Studer läßt sich nicht disziplinieren und keinen Sand in die Augen streuen, wenn er einmal als schwerfällige Maschine angelaufen ist.

Wachtmeister Studer

Dieses fast Robocophafte zeichnet auch die meisten auf ihn folgenden Detektive aus: Sie stehen der Gesellschaft und der institutionalisierten Gerechtigkeit kritisch gegenüber, lehnen sie unbewußt ab und bekommen dadurch eine schwere psychosomatische Krankheit.

Friedrich Dürrenmatts Kommissär Bärlach beispielsweise hat nur noch ein Jahr zu leben und spielt daher in *Der Richter und sein Henker* den lieben Gott, indem er den aus Eifersucht und Neid zum Mörder gewordenen Polizisten Tschanz benutzt: als Killer von Bärlachs altem Feind Gastmann, einer Verkörperung des reinen, logischen Bösen. Postoperativ und einigermaßen wiederhergestellt, nimmt Bärlach dann prompt in *Der Verdacht* die Spur des ehemaligen KZ-Arztes Emmenberger auf, einer noch übleren Figur als Gastmann. In Emmenbergers Prominentensterbeklinik liegt Bärlach hilflos und wagt gespenstische Sophistereien über Idealismus und Materialismus, bis eine Kunstfigur, ein Ahasver, den Kommissär doch noch von des Teufels Leiterwagen stößt.

Der seltsamste Kauz in Dürrenmatts Kriminalerpanoptikum aber agiert in *Das Versprechen* (alle Diogenes): Kommissär Matthäi, eine Verkörperung des reinen, zum Fanatischen tendierenden polizeilichen Pflichtbewußtseins, der der Mutter des ermordeten Mädchens verspricht, den Sexualmörder zu stellen, und dies, wenn auch erfolglos, bis zur letzten, absurdesten Konsequenz durchzieht. Denn entgegen der Filmhandlung faßt Matthäi hier den Killer nicht. Er weiß nur, daß dieser mit einem großen Auto aus Graubünden Richtung Zürich fährt. So quittiert Matthäi den Polizeidienst, betreibt eine Tankstelle an der Schnellstraße und läßt sich mit einer Prostituierten ein, die ein Kind hat, das er als Köder für den Sexualmörder benutzen kann. Doch der stirbt auf dem Weg zur neuesten Schandtat bei einem gewöhnlichen Verkehrsunfall. Und Matthäi wartet! Und wartet!

Werner Schmidlis Hobbydetektiv Gunten ist ein gallekranker Griesgram, der in den drei Romanen *Der Mann am See* (Nagel & Kimche), *Guntens stolzer Fall* (Nagel & Kimche), *Der Mann aus Amsterdam* (Nagel & Kimche) durch Pensionistenneugier auf seine Fälle stößt. Er löst diese mittels penetrantester Hartnäckigkeit, die den Täter jeweils schlußendlich zur Weißglut und zur finalen Verzweiflungstat treibt, aus der Gunten gerade noch, gallenkranker als je zuvor, davonkommt.

Sam Jauns gänzlich als soziales Individuum gescheiterter Alkoholiker Keller in *Die Brandnacht* (Benziger) kann immerhin noch Karate und behauptet sich so gegen aufmüpfige Bauernlümmel am hintersten Ort im Emmental, wo er in einer undurchsichtigen Mordsache ermittelt, in der eine traditionelle, sektenähnliche Gemeinschaft und skrupellose Modernisierer um die Macht im Dorf kämpfen.

Man fragt sich, wie es diese grantigen Figuren schaffen, von einem normalen Menschen überhaupt eine Auskunft zu bekommen, oder wie der gänzlich humorlose, sich schöngeistig gebende Zigarillokauer, Antiquar und Teilzeitgeheimagent Konrad Sembritzki seine Frauen immer wieder auf die Liegen in irgendeinem Atelier bekommt. Daß er den Anschlägen und Verfolgungen wild gewordener östlicher Geheimdienste oder Staatsschutzstellen jeweils blauäugig entkommt, wundert einen eh schon nicht mehr.

Lockerer geht es bei den Detektiven jüngerer Krimiautoren zu. Serge Tobler, Held zweier Krimis von Willy Bär, ist wie sein Autor eigentlich Journalist und geht schon mal »wohlig seinen Sack kraulend« zu Werke. Tobler ist eindeutig dem linken Milieu zuzuschreiben, und seine Fälle bewegen sich im Umfeld von Drogen und Immobilienspekulation (*Tobler*, Limmat), Fußball und Rechtsradikalismus (*Doppelpaß*, Limmat).

Peter Höners bewegungsunlustiger Privatdetektiv Mettler, der immerhin nebenher Hotelier in Lamu/Kenia ist, beschreibt sich so: »Seine Karriere: 25 Jahre Aktivrauchen, 20 Jahre Autofahren, 15 Jahre Säufer«. In drei Romanen (*Rafiki Beach*, *Elefantengrab*, *Seifengold*, alle Limmat) schlägt sich Mettler mit der gänzlich anderen Arbeitsmoral der kenianischen Polizei herum.

Eine hübsche Idee war der Parodiedetektiv Philip Maloney des 1958 geborenen Zürcher Autors Roger Graf. In *Die haarsträubenden Fälle des Philip Maloney* (Bilger), als Pausenfüller für den Hörfunk konzipiert, trieb der scharfzüngige Zyniker sein aufklärerisches Wesen. Dann kam Maloney in Romanform daher und verlor einen guten Teil seines Charmes. In *Ticket für die Ewigkeit* (Bilger) und *Tödliche Gewißheit* (Bilger) wird die abstruse Handlung nicht einmal durch Maloneys Kaltschnäuzigkeit erträglich. Obwohl mit Jasmin Weber immerhin eine der ganz seltenen Schweizer Detektivinnen auftaucht, die dem ahnungslosen Maloney bei technischen Fragen auf die Sprünge hilft.

Als Exot sei noch der Benediktinerpater Ambrosius aus Disentis im Kanton Graubünden erwähnt, der in mittlerweile fünf Romanen des Graubündner Bergbauern und Krimiautoren Jon Durschei den Hobbydetektiv gibt. Die Krimis spielen zumeist an sehr schönen Plätzen in der Schweiz und sind an sich und für sich verkappte Restaurantführer, aber bei den Katholiken steht die Wirtschaft nun mal gleich neben der Kirche!

DIE TÄTER UND IHRE MOTIVE

Eine Verbrecherin, die keine narzißtische Kränkung internalisiert hat, oder ein Verbrecher, der nicht in der Kindheit ein bißchen zu heiß gebadet wurde, sind im Schweizer Krimi eher selten. Da ist es doch recht erfreulich und erfrischend zu lesen, wenn blanke Habgier in Otto Steigers raffiniert komponiertem Thriller *Der Doppelgänger* (Eco) regiert. Auch wenn es ein bißchen kolportagehaft tönt, daß sich der kleine Bankangestellte eine reiche, wenn auch häßliche Frau anlacht, sich dann aber in eine *femme fatale* verliebt, deren ungeliebter Mann sein Zwilling sein könnte. Die beiden Männer vertauschen ihre Rollen, und der Coup mit der halben Million plus *femme fatale* für den einen und der reichen Tochter für den anderen scheitert nicht deshalb, weil die *femme* wirklich *fatale* ist, sondern daran, daß der unerläßliche Dritte im Bunde ganz zufälligerweise von der Polizei aus dem Verkehr gezogen wurde und so nicht mehr als Sündenbock dienen kann.

Otto Steiger, 1909 geboren, wegen seiner kritisch-realistischen Romane und seinen Reisen in die Sowjetunion als Kommunist beschimpft, hatte sich auch in den verschlafenen sechziger Jahren um den Krimi gekümmert, etwa mit seinem Psychothriller *Die Schlinge* (Eco).

Sehr schön auch, wenn die berechtigte Rache der Zukurzgekommenen an den Wohlhabenden und Erfolgreichen ohne alle psychischen Verrenkungen als Motiv auftaucht wie in Milena Mosers *Putzfraueninsel* (Rowohlt). Irma, irgendwie gescheitert, weil sie zu gut für diese Welt und daher Putzfrau ist, schwingt den Feudel auch in der feudalen Wohnung der Familie Schwarz.

»Frau Doktor Schwarz (nichts ging ihr mehr auf die Nerven, als mit ihrem vollen Titel angesprochen zu werden; Irma wußte das und vergaß es nie) hatte neben Karriere, Politik und sozialem Engagement vier Kinder aufgezogen, und kein einziges von ihnen war drogensüchtig oder unverschämt geworden.«

Allerdings hat Frau Doktor Schwarz ihre Schwiegermutter Nelly in einem Kellerverlies dahinvegetieren lassen, um die Altersheimkosten zu sparen. Irma entdeckt dies und setzt eine saubere Erpressung in Gang, die ihr samt juvenilem Liebhaber und Nelly freie Ausreise nach Mallorca ermöglicht und zugleich das tragische Ende der Familie Schwarz bedeutet.

DAS AMBIENTE UND DIE ATMOSPHÄRE

»Nicht der Kriminalfall an sich, nicht die Entlarvung des Täters und die Lösung ist Hauptthema, sondern die Menschen und besonders die Atmosphäre, in der sie sich bewegen.«

Das schreibt Friedrich Glauser bewundernd über Simenons Maigret-Romane und macht dies auch zu seinem Credo.

Glausers Kriminalromane bestechen folglich nicht unbedingt durch die Raffinesse der Verbrechen und ihrer Aufklärung, sondern durch die unglaublich präzise Zeichnung der Charaktere und ihrer Umwelt. Glauser schrieb nur über Orte und Sachen, die er aus eigenem Erleben kannte. Und so ist beispielsweise *Der Chinese* (Die Arche), der teilweise in einem Armenhaus spielt, eine grandiose und umfassende Kritik an der Arroganz der Macht, die durch das Mörderpaar, den korrupten Armenhausdirektor Hungerlott (nomen est omen) und den prügelnden Ehemann Aebi, verkörpert wird.

Die Hölle der Großstadt, der Mahlstrom der Metropole, fällt im Schweizer Krimi als Milieu natürlich fort, auch wenn sich in letzter Zeit Autoren wie Roger Graf so geben, als ob Zürich eine pulsierende Vierundzwanzigstundenstadt wäre, in der an jeder Ecke das Verbrechen lauert.

Basel, noch die zweitgrößte Stadt der Schweiz mit nicht mal ganz 200 000 Einwohnern, ist Schauplatz des prophetischen Romans *Das leise Gift* von Marcus P. Nester (Moewig). 1982 schrieb dieser von einer Explosion in einem Basler Chemiewerk, bei der lebensgefährliche Gifte frei wurden. Vier Jahre später kam es tatsächlich zur Katastrophe von Schweizerhalle, einem Vorort Basels, wo bei einem Brand in einem Chemiewerk das Gift via Löschwasser in die Umwelt gelangte. Nesters Augenzeuge der Katastrophe, der Werkfotograf Vogel, arrangiert sich im Roman mit dem Chemiekonzern und bekommt einen gutdotierten Job, solange er noch lebt... Realität?

Aber sonst geht es betulich zu in Zürich, Bern und Basel. Die Honoratioren, kriminell oder auch nicht, sitzen im Restaurant *Du Théâtre* (bei Dürrenmatt, bei Sam Jaun und bei Peter Zeindler), während der dahinvegetierende Detektiv in seiner elenden Absteige der Leserschaft die Farbe seines Schleimauswurfs mitteilt und nicht so genau weiß, womit er das neue Telefonbuch bezahlen soll.

Meine Lieblingskrimis ❶ **Jonathan Latimer: Leiche auf Abwegen** ❷ **Maj Sjöwall/Per Wahlöö: Die Terroristen** ❸ **Jim Thompson: Der Mörder in mir** ❹ **Chester Himes: Das Versprechen** ❺ **Cornell Woolrich: Rendezvous in Schwarz** ❻ **Edgar Allan Poe: alles von ihm, was als Krimi gelten mag**

Eigentlich passiert nur auf dem Land etwas. Im Emmental! Auch wenn sie dort die Löcher nicht in den Käse schießen.

Glauser und Dürrenmatt bleiben nicht nur die Meister des literarischen, sondern auch des politischen Krimis in der Schweiz. Der brummige, desillusionierte Kommissär Hunkeler aus Hansjörg Schneiders 1993 für die Serie *Eurocops* geschriebenem Roman *Silberkiesel* (Goldmann) schimpft zwar gotterbärmlich über die obrigkeitliche Drogenpolitik, die die armen Junkies und Kleindealer einlocht und die großen Händler und Profiteure laufenläßt. Nebenbei versucht er in diesem Basler Heimatkrimi, einen türkischen Gastarbeiter zu schützen, der als Kanalarbeiter Diamanten gefunden hat, die ein Drogen- und Geldwäscherkurier auf der Flucht vor der Polizei in den Lokus gespült hat. Daß der Bösewicht schließlich ein prominenter Politiker aus dem Geldgroßbürgertum ist, gefällt der aufmerksamen Leserschaft zwar, ist in diesem Fall aber etwas stark konstruiert.

»Er selber hatte an Hausbesetzungen und Eierschlachten teilgenommen. Am Anfang. Es war wie ein Volksfest gewesen, das ein neues Zeitalter einläutet. Und eines Morgens waren dann alle mit einem Kater aufgewacht und im Bett geblieben.«

So beschreibt Claude Cueni schon 1981 in seinem Science-fiction-Thriller *Weißer Lärm* ziemlich treffend den sozialen Effekt der berühmten Jugendunruhen in der Schweiz zu Beginn der achtziger Jahre. Der Kater dauert offensichtlich an. So geschwächt, vermag sich auch niemand aufzuraffen, beispielsweise den ultimativen Krimi über die Rolle der Schweizer Banken in den letzten 60 Jahren zu recherchieren.

Oder?

Morden im kalten Norden

Von Johan Wopenka

Außer in den englischsprachigen Ländern und in Japan ist die Kriminalliteratur nirgends auf der Welt so populär wie in Skandinavien, womit in erster Linie Dänemark, Norwegen und Schweden gemeint sind (Finnland ist ein Sonderfall, nicht zuletzt sprachlich). Das bedeutet auch, daß es wenige Länder gibt, in denen so viel einheimische Kriminalromane produziert werden, jedenfalls im Vergleich zur Bevölkerungsgröße. Jedes Jahr erscheinen in den drei genannten Ländern etwa 100 »eigene« kriminalliterarische Titel – dazu kommen schätzungsweise doppelt so viele Übersetzungen aus anderen Sprachen plus Kurzgeschichten, Sekundärliteratur in Zeitschriften sowie Fortsetzungsromane in Zeitungen und Zeitschriften.

Doch selbst die skandinavischen KrimischriftstellerInnen, die in ihrer Heimat einen großen Bekanntheitsgrad erreicht haben, hatten im Ausland nur selten größere Erfolge – sogar in den Nachbarländern. Es ist eine Tatsache, oft diskutiert, aber nie einleuchtend erklärt, daß zum Beispiel schwedische Krimileser eher bereit sind, SchriftstellerInnen und Bücher vorwiegend aus den USA und England zu akzeptieren als zum Beispiel Bücher aus Dänemark und Norwegen. Das gilt nicht nur für die Kriminalliteratur, doch in diesem Genre ist der Trend besonders auffällig, denn selbst wenn dänische oder norwegische KrimiautorInnen in Schweden glänzende Besprechungen bekommen, werden sie noch längst nicht in eindrucksvollen Auflagen verkauft. Es gibt natürlich Ausnahmen: Wenn skandinavische AutorInnen große internationale Erfolge haben – wie zum Beispiel der Norweger Sven Elvestad zu Beginn dieses Jahrhunderts oder später das schwedische Paar Maj Sjöwall/Per Wahlöö –, erregen sie auch in anderen skandinavischen Ländern Aufmerksamkeit. Das ist einer der Gründe, warum man kaum von reiner »skandinavischer« Krimiliteratur im eigentlichen Sinn sprechen kann. Es gibt dänische, norwegische und schwedische Krimis, sie haben unerwartet viel gemeinsam. Aber es gibt auch viele Dinge, die sie entwicklungsmäßig und sprachlich voneinander unterscheiden.

Eines kann man jedoch mit Sicherheit feststellen: Es begann mit Sherlock Holmes. Selbstverständlich gab es schon vor 1890 skandinavische Populärliteratur mit mehr oder weniger starkem kriminellen Einschlag; die Norweger heben besonders und gern (und zu Recht!) Mauritz Christopher Hansens Kurzroman *Mordet paa Maskinbygger Roolfsen* (1839) hervor, der alles enthält, was man von einer richtigen Detektivgeschichte erwarten kann: eine genaue Untersuchung des Tatortes, Zeugenverhöre, logische Folgerungen und sogar eine rudimentäre Form von Gerichtsmedizin.

Hansens Roman erhielt damals keine größere Aufmerksamkeit. (Nicht einmal daheim in Norwegen, bis Kenner ihn 1970 hervorholten.) Erst seitdem die Geschichten von Sherlock Holmes übersetzt wurden und rasch Popularität erlangten, kann man von einer spezifischen skandinavischen Produktion in diesem Genre sprechen. Zuerst schrieb der Schwede Prins Pierre, Pseudonym des Journalisten Frederik Lindholm, den *Stockholmsdetektiv* (1893). Ihm folgten in Norwegen Frederik Viller, Pseudonym des Marineoffiziers Christian Sparre, mit den beiden Geschichten *Karl Monks oplevelser* (1897), *Der Geldschrank des Bankiers/Der Rock des Pfandleihers: Detektivgeschichten aus Christiania* (1901) und in Dänemark Baron Palle Rosenkrantz mit *Hvad skovsøen gemte* (1903). In Schweden brachte Sture Stig, Pseudonym für Pfarrer Oscar Wogman, sogar zwei Sammlungen mit Sherlock-Holmes-Parodien heraus, von denen die erste – *Sherlock Holmes i ny belysning* (1908) – sehr amüsant ist.

Die ersten beiden skandinavischen Krimiautoren, Sven Elvestad und Frank Heller, schielten allerdings weniger in Richtung Holmes als die meisten zeitgenössischen Kollegen. Sie entwickelten – jeder auf seine Weise – einen ganz eigenen Stil, erreichten große Popularität in ganz Skandinavien und wurden in viele Sprachen übersetzt. Ihre Bücher waren auch in Deutschland sehr beliebt.

Der Norweger Sven Elvestad, dessen Bücher in Skandinavien unter dem Pseudonym Stein Riverton (Pseudonyme waren zu jener Zeit bei Kriminalautoren im Norden offenbar sehr populär) erschienen, brachte 1904 die erste Erzählung mit dem Polizeidetektiv Asbjørn Krag heraus. Dieser tauchte 1908 auch in leicht abgewandelter Form unter dem Namen Knut Gribb in einer Reihe von Groschenheften auf, die Elvestad schrieb. Als er damit aufhörte, übernahmen andere Autoren die Figur, die Elvestad und Krag überlebte: Gribb ist die Hauptperson in dem langlebigen Pulpmagazin *Detektiv-Magasinet* und wurde danach die Hauptfigur in einer eigenen Taschenbuchreihe, die es immer noch gibt.

Diese spannenden Heftchengeschichten waren in Dänemark sehr populär; dort erschienen mehr Heftchen und Groschenromanserien als in den anderen skandinavischen Ländern zusammen, und viele Jahre dominierten die Hefte – sowohl als Übersetzungen als auch von dänischen AutorInnen wie Niels Meyn und Else Faber – die Kriminalliteratur des Landes.

Elvestads Geschichten sind typisch für viele der frühen skandinavischen Krimis. In ihnen mischt sich abenteuergespickte Spannung mit bisweilen gut konstruierten Intrigen und einigen gar nicht üblen Charakterporträts. Die Resultate waren sehr unterschiedlich, doch Elvestads *Jernvognen* (1909; *Der Eiserne Wagen*, 1913) gehören zu den kleinen Schmuckstücken.

Frank Heller war das Pseudonym des Schweden Gunnar Serner, der wegen finanzieller Betrügereien aus seinem Heimatland geflohen war. Viele Jahre reiste er auf dem Kontinent herum und verdiente sich seinen Lebensunterhalt als Journalist und Schriftsteller. Er schrieb eine lange Reihe von Abenteuerromanen und Novellen, von denen die um den Gentleman-Betrüger Filip Collin – den Lesern 1914 vorgestellt – ungeheuer populär wurden. Weniger bekannt, aber sehr gelungen sind seine Detektivgeschichten über den jüdischen Psychoanalytiker Doktor Zimmertür (1926–1931 in vier Ausgaben erschienen), einen der sympathischsten und erinnerungswürdigsten Problemlöser Skandinaviens, wie in *Doktor Zimmertürs diagnoser, Die Diagnosen des Dr. Zimmertür* (1928), auch als *Dr. Zimmertürs Ferienabenteuer* (1929) erschienen.

Die Jahre nach 1910 waren das erste Goldene Zeitalter der skandinavischen Kriminalliteratur. Eine Reihe neuer SchriftstellerInnen fand Leser, und es wurden einige Bücher geschrieben, die noch heute mit Genuß gelesen werden können. Doch genau betrachtet war nicht viel Skandinavisches in den skandinavischen Krimis enthalten. Viele spielten in internationalem Milieu, und selbst wenn die Handlung auf heimatlichem Boden angesiedelt war, wurde fröhlich aus dem Ausland übernommen – nicht zuletzt die Personennamen.

Dafür gibt es Erklärungen. Jahrelang bildeten die einheimischen Bücher nur einen sehr bescheidenen Teil des kriminalliterarischen Angebots in Skandinavien. Damals wie heute wurden und werden viele Krimis vorwiegend aus dem Englischen übersetzt, und der klassische Whodunit bestimmte das Angebot. Dennoch hatten diese frühen Krimiarten – in erster Linie Rätselkrimis – lange Zeit viele treue Leser. Dazu gehören u. a. die Romane des produktiven Jens Anker, Pseudonym des Dänen Robert Hansen.

Über Jahre hinweg verlief die kriminalliterarische Entwicklung in Skandinavien schleppend und ohne herausragende Titel. Erst Anfang der dreißiger Jahre begann man eine Veränderung durch AutorInnen wie den Norweger Max Mauser (Pseudonym für Jonas Lie, heutzutage bekannter als Quislings Polizeiminister während der Besetzungsjahre) zu ahnen, eine Veränderung, die sich in den vierziger Jahren beschleunigte, u. a. durch H(ans) P(eter) Jacobsen in Dänemark, Bernhard Boge (Pseudonym von André Bjerke) in Norwegen und Stieg Trenter in Schweden. Sie lösten sich nach und nach von den traditionellen ausländischen, vorwiegend angloamerikanischen Vorbildern und betonten statt dessen in ihren Büchern skandinavische Eigenheiten. Milieu- und Charakterschilderungen wurden besser ausgearbeitet und dadurch auch glaubwürdiger. Die Plots basierten eher auf skandinavischen Lebensbedingungen und Verhältnissen, und in den Dialogen ging es um aktuelle skandinavische Themen, man aß skandinavisches Essen und trank skandinavisches Bier. Die Bezeichnung »skandinavisch« wird hier generalisierend benutzt: In Schweden kam es auf das Schwedische an, in Norwegen auf das Norwegische und in Dänemark auf das Dänische (nur Carlsberg Tuborg Bier wurde überall getrunken).

In allen drei Ländern gab es eine Reihe von AutorInnen, die in ihrer Heimat große Popularität erreichte, wie zum Beispiel Valdemar Kallendorff und Else Fischer in Dänemark. Die bekannteste war jedoch Maria Lang (Pseudonym der Schwedin Dagmar Lange), die erste skandinavische Kriminalautorin seit Elvestad, die häufig übersetzt wurde und in ganz Skandinavien viele Leser fand.

Der Beginn der sechziger Jahre unterschied sich nicht nennenswert von den vergangenen fünfzehn bis zwanzig Jahren. Aber dann kamen 1968 die Schweden Maj Sjöwall und Per Wahlöö mit *Roseanna* (*Die Tote im Götakanal*, Rowohlt).

Seit etwa 1915 hatte sich die skandinavische Kriminalliteratur langsam und ohne größere Überraschungen entwickelt – wenngleich seit etwa 1940 mit steigender Qualität und spürbar beschleunigtem Herausgabetakt –, in den sechziger Jahren gab es dann förmlich eine Explosion. Bo Lundin stellte 1993 zur Geschichte der schwedischen Kriminalliteratur fest, daß 80% dieser Literatur nach 1942 erschienen war und davon mehr als die Hälfte während der vergangenen 25 Jahre (also nach 1967). Auch wenn die Zahlen in Dänemark und Norwegen vielleicht nicht genauso hoch sind, so gibt es doch keinen Zweifel daran, daß die Situation dort ähnlich ist. Das beruht nun selbstverständlich nicht nur auf Sjöwall und Wahlöö, aber sie – oder, besser gesagt, ihre zehn Kriminalromane um Martin Beck und das Stockholmer Polizeikollektiv – spielten eine nicht nur wichtige, sondern die entscheidende Rolle in der kriminalliterarischen Entwicklung insbesondere in Schweden, aber auch – wenngleich indirekter über internationale SchriftstellerInnen – im übrigen Skandinavien.

Es ist wohl überflüssig, Sjöwalls und Wahlöös schriftstellerisches Werk im einzelnen zu beschreiben, aber es ist eine Tatsache, daß ihre und die Bücher ihrer Nachfolger die Einstellung zur Kriminalliteratur in Skandinavien gravierend verändert haben. Nicht nur bei den AutorInnen, sondern auch bei den Lesern und Kritikern. »Deckare« (Krimis) sind nicht mehr »nur« Unterhaltung; sie werden auch als ein Mittel der Überprüfung von Wirkungsweisen und Machtstrukturen der modernen Gesellschaft betrachtet. Die internationalen Erfolge von Sjöwall und Wahlöö – die 1970 im Edgar-Preis in den USA für *Den skrattande polisen* (*Endstation für neun*, auch *Der lachende Polizist*, Rowohlt) gipfelten – trugen dazu bei, das Interesse an Krimis zu verstärken. Seit Elvestad und Heller war kein skandinavischer Kriminalautor im Ausland so beachtet worden, und nie zuvor hatten skandinavischen Autoren einen Durchbruch in den USA erreichen können.

Natürlich waren Sjöwall und Wahlöö nicht die alleinige Ursache für diese explosionsartige Steigerung des Interesses an Kriminalliteratur, aber ihre Bücher waren ein auslösender Faktor. U. a. entdeckte man dank ihrer Bücher in Skandinavien – und nicht zuletzt unter den AutorInnen – eine Reihe von Namen, die die Kriminalliteratur international verändert und weiterentwickelt haben – von Patricia Highsmith bis zu Julian Symons –, die bis dahin ziemlich unbekannt waren. Daß nun die Kriminalliteratur ernster als früher genommen wurde, führte auch dazu, daß einige belesene und kenntnisreiche Experten sich äußern konnten und Kritiker Chancen zur Veröffentlichung in Zeitungen und in Buchform bekamen. Einige kriminalliterarische Zeitschriften wurden gegründet und mehrere Vereine und Organisationen, die noch heute tätig sind.

Und vor allem: Dank des gesteigerten Interesses debütierten in den siebziger Jahren viele der heute besten und meistbeachteten KriminalautorInnen Skandinaviens. Einige von ihnen waren direkt beeinflußt von Sjöwall/Wahlöö und schrieben Romane in ähnlichem Stil, doch die meisten brachten eigene Ideen ein, entwickelten eigene Plotstrukturen und ihren eigenen Stil. Die skandinavische Kriminalliteratur erreichte im Laufe nur eines Jahrzehnts eine eindrucksvolle Vielfalt, und die frühere Dominanz der klassischen Whodunits wurde rasch gebrochen. Sie verschwanden nicht völlig – immer noch werden jährlich neue Titel geschrieben und veröffentlicht –, aber das Erbe von Sjöwall und Wahlöö drückt sich in erster Linie in sozialrealistischen und gesellschaftskritischen Kriminalromanen aus, meist mit Polizisten in den Hauptrollen (von denen verblüffend viele Magengeschwüre und Eheprobleme haben).

Aber in den meisten Fällen – und das muß immer wieder betont werden – handelt es sich dabei nicht um Kopien von Sjöwall/Wahlöö. Es gab auch andere Vorbilder in der bereits erwähnten Bandbreite, nicht nur im Genre selbst, sondern auch bei den einzelnen AutorInnen. Vielleicht sind es in erster Linie die Dänen, die am häufigsten auf diese Weise Grenzen aufbrechen: Poul Ørum, Torben Nielsen, Anders Bodelsen und Erik Amdrup – um nur einige Beispiele zu nennen – haben jeder auf seine Weise unterschiedliche kriminalliterarische Stile gemischt und Bücher herausgebracht, die, wenn sie auch nichts Neues kreiert haben, so doch unverwechselbar, originell und sehr lesenswert sind. Das beste Beispiel hierfür dürfte Dan Turèll sein: Poet, Journalist und eine beliebte Gestalt in der Kulturszene, der 1981 den ersten von zehn Romanen herausbrachte, die von den Kriminalfällen eines namenlosen Reporters erzählen, meist in einem liebevoll geschilderten Kopenhagen. Der Kenner findet in seinen Büchern viele Spuren und Assoziationen der klassischen Kriminalliteratur, wie zum Beispiel in *Mord i Rodby* (*Mord in Rodby*, Rowohlt).

Ein anderes Beispiel ist Peter Høeg, dessen *Frøken Smillas fornemmelse for sness* (*Fräulein Smillas Gespür für Schnee*, Hanser) wie ein Whodunit beginnt, dann aber Stück für Stück den Rahmen erweitert und ihn schließlich in einer Auflösung überschreitet, in der viele Klischees der Unterhaltungsliteratur zu einem ganz eigenen und überzeugenden Gedankenspiel verknüpft werden. Der Roman hat – genau wie der der Schwedin Kerstin Eman, *Händelser vid vatten* (Geschehnisse am Wasser) – in Skandinavien zu einer Diskussion darüber geführt, was eigentlich Kriminalliteratur ist und wo die Grenzen des Genres liegen – sofern sie überhaupt existieren.

In Schweden dominiert seit Sjöwalls und Wahlöös Tagen der Polizeiroman, und es waren auch die Schweden, die bis Mitte der achtziger Jahre die Entwicklung der skandinavischen Kriminalliteratur anführten. Henning Mankell, K(arl) Arne Blom, Håkan Nesser, Olov Svedelid und Gösta Unefäldt schreiben Polizeiromane, die sich jedoch stark voneinander unterscheiden. Mankell zum Beispiel beschreibt finstere Verbrechen mit Thrillereinschlag, Svedelid tendiert zu den hardboiled-Detektiven, während Nessers Bücher eher bei den psychologischen Krimis eingeordnet werden können. Psychologische Kriminalromane sind äußerst beliebt, und einige der besten schwedischen Autoren gehören zu ihren Verfassern, wie Ulf Durling und Jean Bolinder. Eine besondere Form von Polizeiromanen wurde u. a. von Uno Palmström und Åke Edwardson geschrieben, die einen Journalisten bzw. Privatdetektiv in Zusammenarbeit mit Polizisten agieren lassen.

In späteren Jahren gelang auch dem reinen Agententhriller der Durchbruch in Schweden, durch Bücher von u. a. Kjell-Olof Bornemark und Jan Guillou. In den vergangenen Jahren erschienen in Skandinavien viele Thriller, von denen jedoch nur wenige erwähnenswert sind. Erst vor kurzem hatten einigen Autoren in diesem Subgenre wirklich Erfolg, wie z. B. der Norweger Fredrik Skagen mit seinen Romanen über den Agenten Morten Martens, der seine Fälle als Betrüger knackt, weil Täuschung und Schwindelei seine Hobbys sind.

Heute ist Norwegen das führende Land Skandinaviens in Sachen Kriminalliteratur. Keines der anderen Länder kann im letzten Jahrzehnt eine solche Menge ausgereifter neuer AutorInnen lesenswerter Romane und einheimischer Bestseller vorweisen. Ein Autor mit großem Namen ist Gunnar Staalesen, dem in seiner Romanfolge über den Privatdetektiv Varg Veum als erstem eigenständige skandinavische hardboiled-Krimis gelungen sind. Abgesehen von flotten Dialogen und temporeicher Handlung, die zum Subgenre gehören, schreibt er, wie in *Falne engler* (Gefallene Engel), gesellschaftskritische Geschichten mit einer Bitterkeit und Schärfe, die nur wenige Leser unberührt lassen.

Zehn lesenswerte Krimis aus Skandinavien
❶ Dänemark – Anders Bodelsen: Profis und Amateure ❷ Peter Høeg: Fräulein Smillas Gespür für Schnee ❸ Dan Turèll: Mord in Rodby ❹ Norwegen – Bernhard Boge: Tod im Blausee ❺ Sven Elvestad: Der eiserne Wagen ❻ Kim Småge: Nattdykk, Nachttauchen ❼ Gunnar Staalesen: Bittere Blumen ❽ Schweden – Maj Sjöwall & Per Wahlöö: Endstation für neun, Der lachende Polizist ❾ Ulf Durling: Nach dem Essen sollst du ruhn ❿ Kerstin Ekman: Geschehnisse am Wasser

Was Norwegen in erster Linie so interessant macht, sind jedoch die vielen Kriminalschriftstellerinnen. Während es in Schweden nur wenige (und nicht besonders produktive) Frauen und in Dänemark lediglich eine stark begrenzte Anzahl in diesem Genre gibt, hat Norwegen in den letzten Jahren eine lange Reihe vorgestellt, die außerdem Bücher schreiben, die sich sehr wohl im internationalen Vergleich behaupten können: Kim Småge, Unni Lindell, Anne Birkefeldt Ragde, Kjersti Scheen – und nicht zuletzt die Ex-Polizistin und Juristin Anne Holt, die nach drei Romanen über die lesbische C.I.D.-Frau Hanne Wilhelmsen 1996 überraschend norwegische Justizministerin wurde!

Natürlich ist es unmöglich, in einem kurzen Abriß mehr als einen allgemeinen Überblick über die Kriminalliteratur Skandinaviens zu bieten. Interessierte deutsche Leser haben jedoch die Möglichkeit, wenigstens etwas davon zu entdecken, denn während skandinavische Verlage beklagenswert wenig Interesse für deutsche Krimis gezeigt haben, sind deutsche Verlage (auch in der ehemaligen DDR) wacher gewesen, was den Norden angeht. Beim Durchblättern der beiden Bände von Klaus-Dieter Walkhoff-Jordans *Bibliographie der Kriminalliteratur* (Ullstein) stellt man fest, daß wenigstens einige Bücher der hier genannten besten skandinavischen KrimiautorInnen ins Deutsche übersetzt wurden. Und in den Neunzigern kamen noch viel mehr dazu.

Aus dem Englischen von Angelika Kutsch

Leichen in den Grachten

Von Andrea Kluitmann

Janwillem van de Wetering schreibt Kriminalgeschichten, die in 15 Sprachen übersetzt wurden (einschließlich Hebräisch, Chinesisch und Japanisch). Allein in Deutschland hat der Rowohlt Verlag über 900 000 davon verkauft. In seinen Stories geht es ihm weniger um den Plot und die Spannung als darum, ob seine Hauptfiguren morgens aus dem Bett kommen und rechtzeitig zum Abendessen zu Hause sind. Was macht sie also zu so besonderen Krimis?

Ist es vielleicht die immerwährende Faszination, die von Amsterdam ausgeht? Amsterdam ist die Stadt, in der der rheumageplagte, weise Commissaris ohne Nachnamen, die grundverschiedenen Polizisten Henk Grijpstra und Rinus de Gier und der schlitzohrige Simon Cardozo ihren Job mit Humor und Menschlichkeit erledigen, so gut es eben geht.

Janwillen van de Wetering wurde 1931 in Rotterdam geboren. Schon als Kind empfand er Rotterdam als eine scheußliche, graue Stadt, in der es ewig regnete und die Leute nichts konnten außer hart arbeiten. Das machte sie engstirnig, nichts war erlaubt, alles war Sünde, Masturbieren der sichere Tod. Als er seinen Vater fragte, ob es überall so regne, sagte der: »Nein, es gibt auch Orte, an denen immer die Sonne scheint.« Da begriff Janwillem, daß da irgendwo etwas schiefgegangen war. Er gehörte nicht in diese Stadt Rotterdam.

Amsterdam ist die Stadt, in der der rheumageplagte, weise Commissaris ohne Nachnamen, die grundverschiedenen Polizisten Henk Grijpstra und Rinus de Gier und der schlitzohrige Simon Cardozo ihren Job mit Humor und Menschlichkeit erledigen, so gut es eben geht.

Während der deutschen Besatzung der Niederlande war Janwillem eines der wenigen nichtjüdischen Kinder seiner Schule. Eines Tages saß er fast allein im Klassenzimmer – die anderen waren im KZ. Dieser Schock ließ ihn vermuten, daß es im Leben um nichts geht. Wenn dies nämlich einen Sinn haben sollte, war das doch unakzeptabel.

Seine Erfahrungen mit dem Krieg führten später, als van de Wetering als Kaufmann in Südafrika lebte, zu einem Selbstmordversuch, bei dem allerdings auch Gott eine Rolle spielte. Van de Wetering weigerte sich, eine Welt zu akzeptieren, die Gott mit so viel Elend beladen hat. Nach dem damals in Südafrika geltenden englischen Recht war Selbsttötung strafbar. Ein schmucker Leutnant in kurzen Hosen kam vorbei und empfahl ihm, es mal ohne Gott zu versuchen. Das tat Janwillem van de Wetering – er verließ Südafrika, um in London kurze Zeit Philosophie zu studieren. Das Studium jedoch brachte ihn der Wahrheit und der Beantwortung der Frage nach dem Sinn des Lebens keinen Schritt näher. Daher klopfte er 1958 an die Pforten eines Zen-Klosters in Kioto (Japan) an, wo er anderthalb Jahre blieb. Die Einsicht in alles, in Zen-Terminologie *Sartori* genannt, bekam er auch dort nicht – doch er handelte sich vom ungewohnten und exzessiven Meditieren Hämorrhoiden und scheußliche Schmerzen in den Beinen ein. »Warum muß ich solche idiotischen und widerlichen Krankheiten bekommen, wenn ich die Wahrheit suche?« schrieb er in dem Erfahrungsbericht *Der leere Spiegel* (Rowohlt), seinem ersten Buch. Mit den Schmerzen in den Beinen stattete er übrigens später den Commissaris aus, der, von Rheuma geplagt, oft im warmen Bad anzutreffen ist.

Van de Wetering reiste nach Kolumbien, lernte seine Frau Juanita kennen, sie bekamen eine Tochter, und er stieg vom Handelsreisenden zum Direktor auf. Zusammen mit Frau und Kind zog er nach Australien, wo er diesmal Erfolg als Grundstücksmakler hatte. Dann bekam er – inzwischen 33 Jahre alt – die Chance, in Amsterdam Direktor einer Textilfabrik zu werden. Den niederländischen Behörden war jedoch nicht entgangen, daß er seinen Wehrdienst nicht absolviert hatte. Da er nicht Seite an Seite mit pickeligen Jugendlichen durch den Sumpf robben wollte, wurde er Hilfspolizist in Amsterdam. Sieben Jahre lang war er einen Abend pro Woche in Uniform unterwegs und schuf sich somit mehr oder weniger zufällig die Basis für seine Kriminalromane.

Es zog ihn wieder fort, diesmal in eine Zen-Kommune in Maine, Nordamerika. Hier wohnt er noch immer – inzwischen allein – in einem halb japanischen, halb amerikanischen Haus, in dem auch die Dreharbeiten zum Film »Grijpstra und de Gier« stattfanden.

Nach Amsterdam kehrte er immer wieder zurück. Früher wohnte er in Buitenveldert, einem Außenbezirk der Stadt, und hatte jahrelang eine feste Adresse. In dieser Wohnung lebte auch de Gier mit seinem neurotischen Siamkater Olivier, bevor er sich nach Neuguinea und später nach Squid Island absetzte.

Im Gegensatz zu seinem Geburtsort Rotterdam findet van de Wetering Amsterdam eine herrliche Stadt. Es heißt in den Niederlanden, daß in Rotterdam das Geld verdient, in Den Haag verteilt und in Amsterdam ausgegeben wird. Amsterdam inspiriert ihn um so mehr, da er nur ab und an zu Besuch ist. Wer mittendrin sitzt, merkt zum Beispiel nicht, welchen Beitrag die Pimmelpoller – »komm, sag schon, wie heißen die Dinger, genau, Amsterdammertjes« – zur Unversehrtheit der Fußgänger an den Grachten leisten, und findet die Hundehaufensauger an den Motorrädern der Stadtreinigung womöglich nicht weiter auffällig. Überhaupt sei der Hundebestand während der Zeit, in der er in Amsterdam wohnte, nämlich zwischen 1965 und 1975, um sechzig Prozent zurückgegangen. Überdies seien die Hunde inzwischen kleiner und ihre Haufen entspre-

chend handlicher. Janwillem van de Wetering sah bei einem seiner Besuche auch einen Hund, der sehr schuldbewußt dreinschaute, als er sein Geschäft auf der Straße erledigte und von seinem Frauchen streng darauf hingewiesen wurde, er solle dies gefälligst künftig in der Straßenrinne erledigen. Aus dieser Beobachtung schlußfolgerte der Autor, daß es der Stadt – wenn sogar die Hunde ihre Fehler einsehen – wirklich gutgehe. Da billigt er dem unruhig mit einem Küchenmesser fuchtelnden Herrn, der ihn am selben Tag vor dem Hotel beraubte, schon mal mildernde Umstände zu.

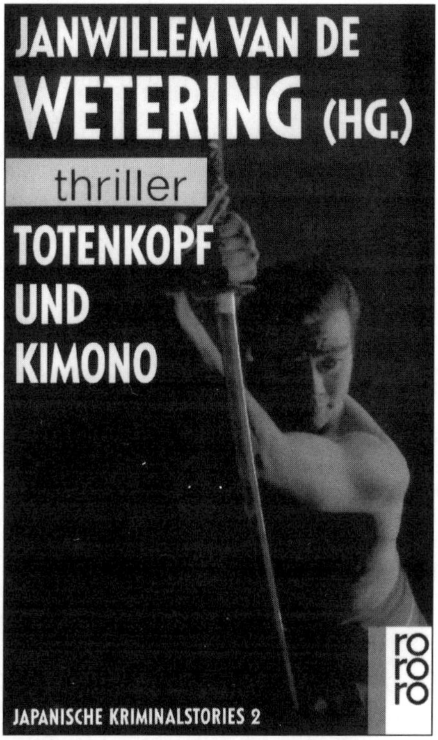

Toleranz, Humor und Gelassenheit kennzeichnen diese Lebenshaltung, der man in Amsterdam möglicherweise häufiger begegnet als anderswo, wie Janwillem van de Wetering in *Tod eines Straßenhändlers* so treffend schreibt: »Amsterdam zieht wegen seiner Toleranz für unkonventionelles Verhalten die seltsamsten Typen an. Die Niederlande sind ein konventionelles Land; aber seltsame Typen müssen auch irgendwohin. Sie kommen in die Hauptstadt, wo die herrlichen Grachten Tausende und Abertausende (sic!) von Giebelhäusern, Hunderte von Brücken aller Art, Reihen alter Bäume, zahllose Bars und Cafés abseits vom Verkehr, Dutzende kleiner Kinos und Theater die Außenseitiger ermutigen und schützen. Die seltsamen Typen sind eine besondere Sorte Mensch. Sie tragen den Genius des Landes in sich, seinen Drang, etwas zu erschaffen, neue Wege zu finden. Der Staat lächelt und ist stolz auf seine seltsamen Typen. Aber der Staat duldet keinen Anarchismus. Er zwing die Außenseiter in die Schranken.« (*Tod eines Straßenhändlers*, Rowohlt)

Van de Weterings Hauptpersonen passen ausgezeichnet zu Amsterdam, der Stadt, »in der man alles finden (kann), wenn man nur danach sucht«. (*Outsider in Amsterdam*, Rowohlt)

Die vielschichtige und multikulturelle Bevölkerung – die vielen skurrilen Typen, die Drogenszene, das Hurenviertel – und ihre selbstbewußte Politik machen Amsterdam zu einem Schauplatz mit besonderer Atmosphäre. Außerdem ist die Stadt – entgegen der allgemeinen Annahme – ziemlich klein. Sie hat nicht mal eine Million Einwohner, drei U-Bahn-Linien, von denen zwei in dieselbe Trabantenstadt fahren, und einen Stadtkern, den man mit dem Rad in einer Viertelstunde durchqueren kann. Zudem kann

»Amsterdam von sich zu Recht behaupten, eine schöne Stadt zu sein«. (*Tod eines Straßenhändlers*, Rowohlt) In van de Weterings Büchern schauen Leute oft beim Denken aus dem Fenster, um sich an Amsterdams Schönheit zu erfreuen. Amsterdam ist eine lockere und freundliche Stadt, in der man kein Auto braucht und beim Einkaufen noch ein Schwätzchen halten kann.

Es ist, als würde ein bestimmter allgemeiner Umgangscode gelten, der, grob zusammengefaßt, zum Ziel hat, es den anderen nicht schwerer als nötig zu machen und alles nicht so schrecklich ernst zu nehmen. Da dieser Code für alle Einwohner gilt, kann man auf einer Bank im Vondelpark schon mal ein hutzeliges Frauchen einträchtig neben einem Junkie sitzen sehen, während ein halbnackter Akrobat im Hintergrund an einem Seil rumturnt.

Als echtes Kind seiner Generation bewundert van de Wetering die Beatniks aus den fünfziger Jahren und da vor allem Jack Kerouac. In seinen Büchern beschreibt er Hippies immer mit der ihm eigenen Mischung aus Sympathie und Nüchternheit. »Outsider in Amsterdam« zum Beispiel hat als Hintergrund eine alternative Lebens- und Arbeitsgemeinschaft, bei der alles mögliche faul ist.

Und zwischendurch passiert immer wieder etwas, das die Gemüter erhitzt und die Einwohner aus ihrer zuweilen gar zu gemütlichen Zufriedenheit holt. Janwillem van de Wetering nutzt diese Gelegenheiten. *Tod eines Straßenhändlers* hat er neu geschrieben, weil er die Kämpfe gegen den Abriß von Häusern zugunsten einer U-Bahn-Linie in der Nieuwmarkt-Gegend auch in seiner Geschichte haben wollte. Zum Glück, denn hierdurch bekommt der Leser einen Einblick in ein wichtiges Stück Stadtgeschichte und in van de Weterings Ansichten über das Verhältnis zwischen Bürger und Staat:

Und jetzt, da die Außenseiter versuchten, gegen den vom Staat gewählten Standort für eine U-Bahn-Station zu kämpfen, und sie diesen Kampf verloren und zur Gewalt Zuflucht nahmen, verlor der Staat sein Lächeln und demonstrierte seine Macht, die Macht der blauuniformierten städtischen Polizei und der schwarzuniformierten Militärpolizei, mit glänzend weißen und silbernen Litzen, gestärkt durch Stahlhelme und Gummiknüppel, unterstützt durch gepanzerte Wagen und Fahrzeuge mit Wasserwerfern, die Tausende Liter Wasser mit hohem Druck auf und gegen schreiende bärtige Strolche schleuderten, die noch heute morgen Künstler und Kunsthandwerker, Dichter oder arbeitslose Intellektuelle, sanftmütige Asoziale oder unschuldige Träumer gewesen waren.

Diese Textstelle ist übrigens in der niederländischen Ausgabe des Buches nicht in dieser Form zu finden. Das liegt daran, daß van de Wetering seine Bücher doppelt schreibt, erst auf englisch und dann auf niederländisch. Englisch ist seine zweite Sprache, in der er sich nicht so leichtfüßig ausdrücken kann wie im Niederländischen. Die englischen Fassungen (die den deutschen Übersetzungen zugrunde liegen) bewegen sich in einem recht strengen Rahmen und sind eher eine Art Fingerübung, während er seiner Phantasie in seiner Muttersprache viel mehr freien Lauf läßt, weniger »couleur locale« erklären muß und mehr Träume und Tagträume einbaut. Das hat nicht nur Vorteile: Niederländische Rezensenten werfen dem Autor regelmäßig Geschwätzigkeit vor.

Als echtes Kind seiner Generation bewundert van de Wetering die Beatniks aus den fünfziger Jahren und da vor allem Jack Kerouac. In seinen Büchern beschreibt er Hippies immer mit der ihm eigenen Mischung aus Sympathie und Nüchternheit. *Outsider in Amsterdam* zum Beispiel hat als Hintergrund eine alternative Lebens- und Arbeitsgemeinschaft, bei der alles mögliche faul ist.

Seine Geschichten und Personen sind übrigens nicht frei erfunden. Van de Weterings damaliger Vorgesetzter Sanders hat ursprünglich für den Commissaris Modell gestanden, erhielt jedoch im Laufe der Zeit immer mehr Elemente einiger Zen-Meister. Auch der behäbige und unglücklich verheiratete Grijpstra ähnelt einem echten Polizeibeamten, während man de Gier als idealisiertes Alter ego des Autors betrachten darf. Amsterdam – in *Der Tote am Deich* als »die Irrenanstalt der Niederlande« bezeichnet – liefert die Koordinaten für die literarische Glaubwürdigkeit, die sich in einem großzügig abgesteckten Gehege tummeln kann. Der Autor tritt immer wieder sehr nahe an den Zaun heran.

Hinzu kommt, daß das Spannungsniveau niedrig ist, van de Wetering nicht auf einen Höhepunkt hinarbeitet und man als Leser, was den Plot angeht, nur selten überrascht wird. Auch eine in der Kriminalliteratur oftmals übliche Einteilung in Schurken und für die Gerechtigkeit kämpfende Helden findet man bei van de Wetering nicht. Grijpstra und de Gier wissen, daß sie nicht viel besser sind als die Verbrecher, die sie jagen. Die Verbrecher ihrerseits sind oft sympathische Figuren und keine widerlichen Schufte.

Wem es ohne die Zutaten von Spannung und Plot dennoch gelingt, Kriminalromane zu schreiben, über die in der *Times* vermerkt wurde, »daß der Autor macht, was Simenon gemacht hätte, wenn Camus ihm seinen Kopf geliehen hätte«, muß ein völlig anderes Rezept haben.

Janwillem van de Wetering geht es um Stimmungen, Milieuschilderungen und vor allem um die Darstellung von Menschen. Seine Personen sind oft exzentrisch, fast immer sympathisch und liefern sich lakonisch-ironisierende Dialoge, die der Autor in lebensechter Sprache wiedergibt. Vor allem die Kollegen und Kumpel Grijpstra und de Gier führen amüsante Gespräche, in denen sie sich z. B. darüber streiten, wer die Rechnung zahlen muß:

»Immer ich«, sagte de Gier und zog seine Brieftasche heraus.

»Du bist jünger«, sagte Grijpstra, »und vorige Woche habe ich bezahlt.«

»Das waren sechs Gulden fünfundsiebzig«, sagte de Gier, »und dies macht zweiundzwanzig Gulden.«

»Es geht ums Prinzip«, sagte Grijpstra.

(*Outsider in Amsterdam*, Rowohlt)

So entstanden elf Bücher über Grijpstra und de Gier, die zum Teil auch in Japan, Friesland, auf der niederländischen Watteninsel Schiermonnikoog und auf Curaçao spielen, doch Amsterdam bleibt immer die Basis.

1986 wurde es Zeit für eine entscheidende Veränderung. Die beiden Polizeibeamten gefielen van de Wetering – in der Situation, in der er sie hinterlassen hatte – nicht mehr. Bei der Polizei mußten sie sich innerhalb der beengenden Moral bewegen und waren an die Niederlande gebunden. Da van de Weterings Schwiegereltern starben, lockerte sich sein Kontakt zu Amsterdam, oft rüberfliegen wollte er nicht, weil er in der Heimat so viele nette Leute kannte, an die er dann ständig in Maine denken mußte.

Nach langer Pause, in der der Autor sich unter anderem das Trinken und Rauchen abgewöhnte und nach Neuguinea reiste, erschien 1993 *De Gier im Zwielicht*. Grijpstra und de Gier sind nicht mehr im Polizeidienst – sie verfügen über viel Geld, in dessen Besitz sie auf nicht ganz rechtschaffene Weise gelangt sind. De Gier geht nach Neuguinea, Grijpstra, von seiner fürchterlichen Frau erlöst, will als Privatdetektiv in Amsterdam bleiben und ist mit Nellie, einer ehemaligen Prostituierten, zusammengezogen.

Im November 1996 erschien in den Niederlanden der neueste Janwillem van de Wetering, der in Amsterdam, Miami und auf den niederländischen Antillen spielt. Grijpstra und de Gier haben inzwischen ein Privatdetektivbüro. Das Büro dient der Tarnung ihres Reichtums, nur ab und zu nehmen die beiden einen Fall an.

Grijpstra und de Gier und der sanftmütige Commissaris sind nämlich inzwischen nicht nur sehr viel älter, sondern auch reichlich korrupt geworden. Der Commissaris gibt freimütig zu, daß er amoralisch ist, nicht unmoralisch, das sei etwas völlig anderes. Unmoral bedeute, daß es so etwas wie Rechtschaffenheit gebe, aber der Commissaris glaubt nicht an Rechtschaffenheit. Genausowenig, wie er an Unredlichkeit glaubt. Und wenn es keine Rechtschaffenheit gibt, gibt es auch keine Unredlichkeit. »Every fool can make a rule«, zitiert der Commissaris Thoreau.

Van de Weterings neuestes Buch endet damit, daß de Gier mit vor Rührung zitternder Stimme sagt, daß das Nichts der Schlüssel zum uns umgebenden Mysterium ist. Nichts haben. Nichts sein. Seine Schwester antwortet, sie habe gehofft, daß er endlich mit dem sinnlosen Geschwätz aufhören würde.

Das Buch ist van de Weterings Schwester Toos gewidmet.

Für die vielen Janwillem-van-de-Wetering-LeserInnen bleibt zu hoffen, daß der Autor noch lange nicht ausgeschwätzt hat.

Spurensuche auf australisch

Von Lothar Pützstück

Westaustralien, Oktober 1929. Die Welt schlittert nach dem Schwarzen Freitag an der New Yorker Börse in eine tiefe Wirtschaftskrise. Derweil sitzt Arthur W. Upfield, literarisch ambitionierter Grenzzaunreiter, auf einer Kamelzuchtstation nördlich von Kalgoorlie vor dem flackernden Lagerfeuer mit Arbeitskollegen und Freunden zusammen. In der Runde wird das Problem des perfekten Mordes diskutiert. Upfield, 1890 im südenglischen Gosport nahe Portsmouth und der Isle of Wight geboren und 1920 endgültig nach Australien emigriert, hat eine Prämie für die überzeugendste Idee eines solchen Verbrechens ausgesetzt. Die Belohnung verdient sich der Teilnehmer, der eine perfekte Methode weiß, eine Leiche vollständig verschwinden zu lassen. Im vierten Roman *Ein glücklicher Zufall*, der 1931 in einer regionalen westaustralischen Zeitung vorab veröffentlicht wird, verwendet Upfield das Rezept. Er läßt seinen Detektiv Bony das spurlose Verschwinden des Polizeibeamten Luke Marks aufklären. Makabrerweise ist aber dem Autor im richtigen Leben bereits jemand zuvorgekommen. Snowy Rowles, 1929 ebenfalls Zuhörer der nächtlichen Morddebatte im Feuerschein, steht unter dem Verdacht, drei Menschen im Busch getötet und anschließend deren Leichname auf die im Upfieldschen Roman geschilderte Art und Weise vernichtet zu haben. Allerdings ist er dabei so dilettantisch vorgegangen, daß die Polizei Überbleibsel der Ermordeten gefunden hat und Rowles unter Mordanklage stellt. Upfield wird, als die Ähnlichkeit seiner Fiktion mit den Greueltaten seines Bekannten deutlich wird, vor Gericht als Zeuge vernommen. Der Beschuldigte wird verurteilt und gehängt.

Drei charakteristische inhaltliche Aspekte stechen in Upfields Romanen ins Auge: Zuvorderst die einzigartige und originelle Detektivfigur Bony, dann kaum weniger die lebendige Schilderung des Schauplatzes Australien und die kenntnisreiche Darstellung der Kultur der australischen Ureinwohner (Aborigines).

Durch den Wirbel, den der spektakuläre Mordprozeß in der Presse verursachte, erfuhr Upfield erstmals Aufmerksamkeit für sein literarisches Schaffen, das er erst wenige Jahre zuvor ernsthaft begonnen hatte. Bis zu seinem 35. Lebensjahr war nach den belletristischen Versuchen als Jugendlicher in England nur eine Handvoll Artikel zur Topographie Australiens gefolgt. Statt vorhandenes literarisches Talent zu pflegen, hatte ihn in der neuen Heimat Australien eine stärkere Kraft vollständig in ihren Bannkreis gezogen. Upfield war dem Lockruf des australischen Hinterlands (Outback) erlegen. Auf jahrelangen Wanderungen streifte er mit einem bepackten Fahrrad mit abgeschraubten Pedalen oder per Pferd quer durch die unendlichen

Weiten des dünnbesiedelten fünften Kontinents. Er verweilte dort, wo es ihm gerade gefiel. Neben der ungewöhnlichen Landschaft mit ihren geographischen Besonderheiten und Naturschauspielen, der einzigartigen Flora und Fauna und dem extremen Klima lernte er während des Vagabundendaseins die Bevölkerung im Busch, Weiße wie Ureinwohner, kennen und schätzen. Zum Lebensunterhalt arbeitete er, mal kürzer, mal länger, als Schafhirt, Viehtreiber, Pelztierjäger, Opalschürfer und Goldsucher. Zum Schreiben blieb bei diesem abenteuerlichen, rastlosen und wild-romantischen Lebenswandel keine Zeit. Erst Mitte der zwanziger Jahre, als er auf einem Anwesen am Darling River als Koch beschäftigt war, animierte ihn eine Freundin, die Schreibmaschine wieder hervorzuholen. Er begann, nebenher Romane zu verfassen, in denen er die reichhaltigen Erfahrungen der Wanderjahre verarbeiten wollte. Der Verlag Hutchinson in London veröffentlichte 1928 den Thriller *The House of Cain*, eines der vier zu Upfields Lebzeiten erschienenen Bücher ohne die Figur Bony. Dieses Werk und die drei übrigen *(The Beach of Atonement, The Royal Abduction, Gripped by Drought)* sind nie ins Deutsche übersetzt worden und im Original gesuchte Sammlerstücke.

Natürlich reichte das mit dem erfolglosen Roman verdiente Geld nicht aus, um eine Existenz als Schriftsteller aufzubauen. Upfield sorgte weiter für das leibliche Wohl auf der Viehstation. Eines schönen Tages hatte er aber durch die persönliche Bekanntschaft mit dem Mischling Leon, Sohn des Verwalters und bekannter Spurensucher, die richtungweisende Eingebung. Upfield ließ sich inspirieren, nach dessen authentischem Vorbild eine aus dem Rahmen fallende Detektivfigur zu erfinden. Kurzerhand schrieb er ein Manuskript, das nicht das Gefallen des Verlegers gefunden hatte, um und ersetzte die weiße Detektivgestalt durch einen Mischling-Aborigine-Detektiv, dem er den Namen Napoleon Bonaparte, genannt Bony gab. Die Gestalt war zu 80 Prozent dem Tracker Leon nachempfunden und nur 20 Prozent Fiktion.

Der erste Roman *Bony und der Bumerang* mit der neuen Hauptfigur erschien 1929. Bony ermittelt im Mordfall des Aborigine King Henry, der in der Umgebung einer Schafstation im westlichen New Southwales auf rätselhafte Weise ums Leben gekommen ist. Nach diesem Debüt wurde Bony Held von insgesamt 29 Romanen. Allerdings dauerte es fast 15 Jahre, bevor Upfield für seinen Geistesblitz bei der Schaffung dieser ungewöhnlichen Detektivgestalt belohnt wurde. Trotz der Publizität durch die Snowy-Rowles-Episode und dem Erscheinen von Bony-Abenteuern in rascher Folge, ab 1936 zuerst bei Angus and Robertson in Sydney, aber auch in London, mußte der Autor zur Existenzsicherung immer noch in diversen Jobs arbeiten, so als Journalist beim *Herald* in Melbourne. Diesmal half Upfield die Zeitgeschichte. Sein findiger Agent kam im Zweiten Weltkrieg auf die Idee, dem amerikanischen Verlag Doubleday mehrere Bony-Romane schmackhaft zu machen. Die sechs Bücher Upfields, die 1943 in den USA, in einer vom Kriegsgeschehen geprägten Gesellschaft, gleichzeitig erschienen, verkauften sich glänzend. Die US-amerikanischen Leser, durch die Romane an die Präsenz ihrer kämpfenden Soldaten in der urwüchsigen pazifischen Inselwelt erinnert, waren begeistert von den Heldentaten Bonys im australischen Outback. Upfields Bücher wurden auch in der amerikanischen Nachkriegsgesellschaft zu Bestsellern. Bis heute hat er in den Vereinigten Staaten die treueste Fangemeinde. Dem Autor ermöglichte diese Popularität, fortan als einer der wenigen australischen Autoren von den Tantiemen seiner Bücher leben zu können.

Mit Verbitterung, die er sich 1948 in *Die Leute von nebenan* von der Seele schrieb, registrierte Upfield, daß er im eigenen Land von den Literaturzirkeln nicht akzeptiert wurde und ihm literarische Anerkennung hauptsächlich im Ausland beschieden war. Dagegen schätzte man in den wissenschaftlichen Kreisen Australiens seine profunden Landeskenntnisse. Er leitete 1948 eine geographische Expedition über 6000 km durch die Kimberleys in Nord- und Westaustralien und schrieb Artikel für Fachzeitschriften. Obwohl Upfield als Geograph einen Namen hatte, war es die Tätigkeit als Schriftsteller, bei der er nach dem Krieg die größte Kreativität entfaltete. Regelmäßig erschienen in den folgenden Jahren Bony-Abenteuer, bis Arthur W. Upfield am 13. 2. 1964 mit 73 Jahren in seinem Haus in Bowral, New Southwales, einem Herzanfall erlag. Hinterlassene Notizen des Autors ermöglichten J. L. Price und Dorothy Strange, seinen letzten Roman zu vollenden *(Gefahr für Bony)*.

Mit Befriedigung hatte Upfield in den 50er Jahren aufgenommen, daß viele seiner Bücher in verschiedene Sprachen rund um den Erdball übersetzt wurden. In Deutschland brachte der Goldmann Verlag 1955 mit *Der sterbende See* in Leinen- und Kartonausgabe den ersten Upfield-Titel auf den Markt. Den Start als Taschenbuch bildete 1958 *Die Witwen von Broome.* In den 50er und 60er Jahren folgten im ganzen 25 Titel, deren Übersetzungen aus heutiger Sicht hölzern und wegen mancher Auslassungen (leider gerade ethnologisch interessanter Passagen) verbesserungswürdig sind. Die restlichen vier Bony-Bücher veröffentlichte der Verlag zu Beginn der 90er Jahre erstmals auf deutsch *(Tödlicher Kult, Höhle des Schweigens, Das rote Flugzeug, Der Pfad des Teufels)*. Zwei Vorabendserien im ZDF (1974 und 1993) nach Motiven der Upfield-Bücher sorgten mit dafür, daß die Werke seit über 40 Jahren bei Goldmann ununterbrochen verlegt werden.

Drei charakteristische inhaltliche Aspekte stechen in Upfields Romanen ins Auge: Zuvorderst die einzigartige und originelle Detektivfigur Bony, dann kaum weniger die lebendige Schilderung des Schauplatzes Australien und die kenntnisreiche Darstellung der Kultur der australischen Ureinwohner (Aborigines).

Bonys Kurzporträt findet sich im wesentlichen in allen 29 Romanen. Der dunkelhäutige, integre Detektiv mit blauen Augen ist Sproß einer Aborigine-Mutter und eines unbekannten weißen Vaters. Zwei Wochen nach der Geburt wird er im Norden Queenslands im Sandelholz neben der toten Mutter entdeckt, die wegen Verstoßes gegen Stammesgesetze umgebracht worden ist. Das Findelkind wird in eine Missionsstation gebracht und von einer Pflegemutter aufgezogen, wobei ihm der verpflichtende Name Bonaparte gegeben wird. Eine Schwester hatte beobachtet, wie das Baby eine Biographie des berühmten Franzosen in den Mund steckte und anknabberte.

Nach einer für einen Mischling sehr guten Ausbildung, die er mit dem Magister Artium an der Universität Brisbane abschließt, wird Bony Polizeiinspektor im Queensland Department. Er ist mit einer Mischlingsfrau verheiratet, Vater dreier Söhne und verhält sich Frauen gegenüber reserviert. Gleichbleibend in Alter (etwa zwischen Anfang und Mitte Vierzig) und Charakter, findet eine Entwicklung der Persönlichkeit nicht statt. Sein Einsatzgebiet ist ganz Australien, besonders aber der zivilisationsferne australische Busch. Gewöhnlich mehrere Monate nach rätselhaften Verbrechen, an deren Aufklärung die örtliche Polizei gescheitert ist, erscheint er am Tatort. Besonders gerne wird Bony eingesetzt, wenn die australischen Ureinwohner in die Geschehnisse verwickelt sind. Als Mischling ist es ihm eher als einem weißen Polizisten möglich, sich in die von mythischen Vorstellungen geprägte Welt der Aborigines hineinzuversetzen. Diese Fähigkeit erweitert seine Recherchemöglichkeiten beträchtlich. Zudem ist er, sichtbar durch die Initiationsnarben am Körper, in den fiktiven Stamm der Worcair aufgenommen worden. Reicht dies immer noch nicht zur Klärung von Verhaltensmustern nach Stammesgesetzen (wie z. B. in *Das rote Flugzeug*), wird sein Freund Illawalli, Häuptling der Worcair, zum »Nachhilfeunterricht« in Aborigine-Mythologie eingeflogen.

Fußspuren, sakrale Aborigine-Zeichen, ein Kobalt in einem Ameisenhaufen, Streichhölzer in verlassenen Feuerstellen – dies und viele andere Fingerzeige dienen ihm zur Aufklärung komplizierter, rätselhafter Mordfälle. Dabei ist seine Hauptstärke die Geduld.

Speziell im Umgang mit weißen Australiern arbeitet Bony gerne inkognito. Beliebteste Verkleidung ist die eines vagabundierenden Buschmannes, der sein Bündel jeweils am Schauplatz der mysteriösen Vorgänge abschnürt. Bony schlüpft aber auch in andere Maskeraden: z. B. als Psychiater, Schafzüchter oder Sportfischer. Nur in knapp einem Viertel der Bücher betritt er von Beginn an als selbstbewußter, eleganter Polizeiinspektor die Szenerie. Nachdem er im Outback in den inneren Zirkel einer Gemeinschaft vorgedrungen ist, beginnt er allmählich mit der Suche nach Spuren, wobei er das Buch des Busches vortrefflich zu lesen weiß. Fußspuren, sakrale Aborigine – Zeichen, ein Kobalt in einem Ameisenhaufen, Streichhölzer an verlassenen Feuerstellen, dies und viele andere Fingerzeige dienen ihm zur Aufklärung komplizierter, rätselhafter Mordfälle. Dabei ist seine Hauptstärke die Geduld. Der Detektiv nimmt sich häufig zum Unwillen seiner Vorgesetzten viel Zeit. Statt in hektischer Aktivität und großstädtischer Betriebsamkeit dem Übeltäter nachzujagen, dreht sich Bony lieber seelenruhig im Schatten eines Eukalyptusbaumes eine Zigarette und wartet den Gang der Ereignisse ab. Nur selten, wie in *Bony kauft eine Frau*, als ein Kind in akuter Gefahr ist, lockt er aktiv die schweigenden Ureinwohner mit allerlei Tricks aus der Reserve. Letztlich gibt der Erfolg seiner Arbeitsweise recht, Verbrechen langsam und geduldig aufzuklären, und stets obsiegt die Gerechtigkeit. Offiziell klärt er nur einen der Fälle nicht auf (in *Ein glücklicher Zufall*). Intern hat Bony aber natürlich auch hier die Zusammenhänge erfaßt. Upfield läßt seinen unfehlbaren Helden in jedem Buch an einem anderen Schauplatz ermitteln. Mit Ausnahme des nördlichen Territoriums und Tasmaniens berücksichtigt er dabei alle Gebiete des fünften Kontinents, vor allem aber die östlichen Bereiche Victoria und New Southwales. Nur in zwei Büchern (*Die Witwen von Broome* und *Die Junggesellen von Broken Hill*) wird Bony zum urbanen Detektiv und klärt Mordserien in Städten, dem Zentrum der Perlenfischerei bzw. des Bergbaus, auf. Ein weiterer außergewöhnlicher Schauplatz ist das Meer in *Der Kopf im Netz*, einer Geschichte im Milieu der Hochseefischerei. Vier weitere Romane hat Upfield in der näheren Umgebung von Melbourne angesiedelt, darunter zwei der düsteren Werke, in denen es um feindliche Agententätigkeit in Australien geht *(Der Pfad des Teufels, Tödlicher Kult)*. Die weitaus größte Anzahl der Romane ist jedoch im australischen Outback angesiedelt, am staubigen Rand der menschlichen Zivilisation, in der Ursprünglichkeit der Wildnis, auf einsam gelegenen Viehstationen, in isolierten Buschsiedlungen und fiktiven Kleinstädten. Die Verhältnisse und die eigentümliche Atmosphäre im Busch spielen dabei eine zentrale Rolle. So ermittelt Bony einerseits vor dem Hintergrund der faszinierenden Schönheit von Australiens Landschaft, Flora und Fauna. Dabei wird der Detektiv mit den übermächtigen Widrigkeiten der unwirtlichen Natur, wie Hitze, Dürre, Überflutung, Buschfeuer, Sand- und Wirbelstürmen, konfrontiert. Diese ungezügelten und barbarischen, manchmal sogar trügerischen Phänomene des australischen Hinterlandes verwebt Upfield geschickt mit der Kriminalromanhandlung.

Bony und die schwarze Jungfrau, aber noch mehr *Der sterbende See*, sind im heutigen Jargon Öko-Krimis, in denen der Darstellung des tragischen Verfalls der Natur letztlich mehr Bedeutung zukommt als der Erhellung der Mordtaten. Ebenso gelungen verwendet Upfield extensive landeskundliche Kenntnisse Australiens und verarbeitet geographische, geologische, meteorologische und biologische (z. B. Kaninchenplagen) Besonderheiten von *Down Under* in das Kriminalgeschehen. Paradebeispiel ist *Höhle des Schweigens*, in dem durch Selbstjustiz internierte Mörder versuchen, sich durch einen Gewaltmarsch bei sengender Sonne durch eine baumlose Wüstenlandschaft in Südaustralien zu retten. Zur ureigenen Atmosphäre des Outback gehören natürlich auch seine Bewohner. Upfield skizziert die weißen Farmbesitzer, die derben Naturburschen und Quartalsäufer, die auf den Schaf- und Rinderstationen arbeiten, hausierende Herumtreiber und allerlei weitere schrullige Gestalten. In dieser Männerwelt haben es Frauen schwer. Mit besonderer Sympathie stellt Upfield die australischen Ureinwohner im Landesinnern dar. Diese arbeiten häufig als Dienstkräfte auf den Farmen der Weißen oder als Spurensucher im Polizeidienst. In der Natur trifft Bony auf die Stammesangehörigen, die die wandernde Lebensweise ihrer Vorfahren beibehalten haben. In einigen Werken Upfields haben die Eingeborenen nur eine untergeordnete Bedeutung, wie der Spurensucher Abie in *Die Witwen von Broome*, der den von ihm erkannten Mörder erpreßt und deshalb ermordet wird, oder die vier wilden Aborigines, die Bony in *Höhle des Schweigens* in eine Höhle einsperren. In zehn Romanen tauchen außer Bony die Ureinwohner gar nicht als handelnde Personen auf. Upfield konstruiert zumeist ein kniffliges Mörderrätsel (z. B. *Der neue Schuh*). In weit mehr als der Hälfte der 29 Bücher sind sie jedoch entweder Opfer respektive Täter von Verbrechen (meist jedoch sind es weiße Leichen und Mörder!) oder aber ihre Kultur, speziell ihre mythische Vorstellungswelt, spielt im Verlauf der Handlung eine mitentscheidende Rolle. Im Roman *Ein glücklicher Zufall* wird Bony beispielsweise durch ein sakrales Eingeborenenzeichen auf einem Foto darauf aufmerksam, daß in der Gegend ein Weißer getötet worden ist, obwohl die Leiche fehlt. In anderen Fällen spielen geheime Schatzkammern, Tabuplätze, *Kurdaitcha*-Schuhe, mit denen Spuren verwischt werden, telepathische Fähigkeiten, Heiratsbräuche, Rauchsignale, rituale Tanzfeste und andere Inhalte ihrer Kultur eine Rolle. Sein Wissen um diese in der uralten Stammestradition verwurzelten Elemente nutzt Bony oft bei der Aufklärung der Fälle. Nicht immer kann er dabei auf die Kooperation der Ureinwohner zählen. Gar lebensgefährlich wird es für Bony in *Todeszauber*. Als seine Recherchen ihnen gefährlich werden, wenden sie, um ein Stammesmitglied zu decken, ein Ritual gegen ihn an: die sogenannte »Pointing Bone«-Zeremonie. Nur knapp entgeht der Detektiv ihrer Magie. Außer der Darstellung der sakralen Elemente der Aborigine-Kultur beschäftigt sich Upfield mit den Veränderungen, die das »Monster« Zivilisation auf das Leben der Ureinwohner hat. Am ausführlichsten geschieht das im Buch *Wer war der zweite Mann?*, dessen deutscher Titel einen reinen Rätselkrimi suggeriert, der aber de facto mit der ausführlichen Beschreibung mehrerer Ureinwohner (vor allem des Mädchens Tessa) ein ethnologischer Roman ist, in dem auch der Tod eines unbekannten Fremden in einem Meteorkrater aufgeklärt wird. In einigen Werken thematisiert Upfield zudem die besondere Problematik der Mischlinge.

Die originelle Detektivgestalt, die lebendige Schilderung der Landschaft Australiens und die Darstellung der Kultur der Aborigines – dies sind wesentliche Elemente Upfieldscher Detektivromane.

Die originelle Detektivgestalt, die lebendige Schilderung der Landschaft Australiens und die Darstellung der Kultur der Aborigines – dies sind wesentliche Elemente Upfieldscher Detektivromane. Der eigentliche Reiz der Bücher liegt aber in der kunstvollen Verknüpfung aller drei Bestandteile. Upfield kann sicher nicht verleugnen, Australien aus der Perspektive eines Weißen zu beschreiben. Durch die Bony-Figur hat er sich aber ein Medium geschaffen, das als eine Art Mittler zwischen den Kulturen fungieren kann. Durch seine Herkunft ist Bony zu logischem und intuitivem Denken und Handeln in der Lage. So ist es ihm möglich, eine Brücke von der Rationalität der Weißen zur spirituellen Sichtweise der Ureinwohner zu schlagen.

Upfields Konstruktion Bony ist Quelle und Vorbild für alle nachgeborenen ethnischen Detektive. Der Buschdetektiv steht am Anfang einer immer länger werdenden Kette von Detektivromanen mit ethnischen Inhalten. Nicht zufällig sind in diesem Subgenre erfolgreiche Autoren wie Tony Hillerman und Janwillem van de Wetering schon seit ihrer Jugend begeisterte Upfield-Leser und bekennende Fans. Upfields Bücher zählen längst zu den Klassikern der Kriminalliteratur. Frei von Schwächen sind sie dennoch nicht. Zeitgenössische Kritiker hielten dem Autor trockenen Schreibstil, stereotype Frauenbilder und so manchen mittelmäßigen Plot vor, der hinter grandiosen Landschaftsbeschreibungen verblaßt. Heutzutage, wo neben der

Wohligkeit britischer »Häkelkrimis« die Schilderung des knallharten Alltags amerikanischer Großstädte die Kriminalromane dominiert, mögen manche Merkmale der Bücher, etwa die zuckersüßen Romantizismen besonders in den ersten Bony-Romanen, das fast völlige Fehlen von Gewaltdarstellungen und der Mangel an Actionszenen, antiquiert wirken. Zudem ist Upfield im Rahmen eines in den letzten Jahren gestiegenen Selbstbewußtseins in manchen Kreisen der australischen Ureinwohner in Ungnade gefallen. Man wirft ihm vor, ein verzerrendes Bild der Aborigines geliefert zu haben, so daß sich der gegenwärtige australische Verleger in einer Anmerkung vom Inhalt der Romane distanziert und auf deren Zeitbezug der 30er bis 60er Jahre dieses Jahrhunderts verweist. Gewiß hat Upfield nie in aller Deutlichkeit den Wunsch nach sozialer Veränderungen, die reale Unterdrückung und den Rassismus der australischen weißen Gesellschaft gegenüber den Ureinwohnern aufgezeigt, die gerade an den Rändern der großen Städte auch heute noch eine kümmerliche Existenz fristen. Jedoch schreibt Upfield Busch- und keine urbanen *Down-Under*-Soziokrimis. In Zeiten einer immer rasanter werdenden, fortschreitenden Kulturentwicklung im Medien- und High-Tech-Zeitalter erzählt er Geschichten vom Ursprünglichen. Er führt seine Leser an die Grenzen der Zivilisation und lädt sie, begleitet durch das Medium Bony, zur Grenzüberschreitung ein, um urwüchsige Landschaften und archaische Denkweisen kennenzulernen. Zweifellos wird Bony auch zum Ende unseres Jahrtausends neben Liebhabern guter Detektivromane genügend zivilisationsmüde Reisegefährten finden.

Anfang 1997 sind im Goldmann Verlag 18 Titel von Upfield lieferbar. Sehr empfehlenswerte Titel, in denen man viel über die Kultur der Aborigines erfährt, sind ❶ Todeszauber ❷ Bony kauft eine Frau und ❸ Wer war der zweite Mann? Die Natur steht im Vordergrund in ❹ Der sterbende See und ❺ Höhle des Schweigens

Tod in der Bronx

Von Jerome Charyn

Kriminalromane sind von so viel Zorn umstellt, als wären sie Bucklige und damit eine Last für die Literatur, Bastardkinder, die anscheinend immer im Weg sind und sich der rechtmäßigen Sprache aufzwingen mit ihrem rohen Gerede und Mord auf jeder Seite. Wir alle feiern die »Revolution«, die in unserem Jahrhundert stattgefunden und die die Form des Romans neu bestimmt und erschlossen hat für die Erkundungen von Kafka, Joyce, Faulkner, Gertrude Stein und Virginia Woolf und deren reiche poetische Klaviaturen, deren Fähigkeit, zu erfassen, wie Denken klingt. Aber es gab noch eine zweite Revolution, eine Art ätzende Antimaterie, die die Materie, den Stoff des modernen Romans, angegriffen hat.

Diese Revolution begann mit Dashiell Hammett, und niemand schien es zu merken. Hammett galt als Stiefkind von Hemingway, als Ketzer, der die Sprache versimpelte und stutzte, weil er nach dem »Spiel« mit dem Verbrechen trachtete. Aber Hammett hat nicht gespielt. Er hat die Korruptheit gesehen, die Einzug ins amerikanische Leben gehalten hatte. Sie deprimierte ihn derartig, daß er einen Helden erfand, den *Continental Op*, der so sehr zu Amerikas neuer Verbrechenskultur gehörte, daß er nicht mal einen Namen hatte. Er arbeitete für die *Continental Detective Agency* und war darauf eingeschworen, Eigentum und Reichtum zu verteidigen und Verbrecher zu fangen. Doch das einzige, was er schaffte, war, Chaos und Unordnung in jeder Umgebung zu stiften, in der er agierte. Er benutzte Verbrecher, um Verbrecher umzubringen, und wurde selbst zum Verbrecher. Er war nicht romantisch und mager; er war ein erbarmungsloser Fettwanst. Und Hammett benutzte, um die Welt des Ops zu beschreiben, eine abgeflachte Geometrie, in der jeder Satz eine Art losgelöste Insel war. Es war eine Sprache ohne Sentiment und ohne Verbindungen, in ihr war alles und jeder allein. Er würde sich später von seiner eigenen Ästhetik abwenden und einen

Schwanengesang schreiben, den *Dünnen Mann*, eine Hommage an Nick und Nora Charles, dieses traute Paar, das auf dem zerbrechlichen Glas der Unordnung tanzte, mitsamt Asta, dem kleinen Hund. Nick und Nora waren so sympathisch-symptomatisch, daß Hollywood sich in ihre Auftritte einkaufte und seine eigene Ernte einfuhr – Filme mit William Powell und Myrna Loy in den Hauptrollen, die auch ein bißchen Verbrechen aufklärten, eigentlich aber hauptsächlich Champagner schlürften und uns wieder in unsere gewohnten Sicherheitszonen brachten. Für den Op dagegen gab es keine Sicherheitszonen, genausowenig wie für Hammetts Erben: Patricia Highsmith, Jim Thompson oder Chester Himes, Schriftsteller also, die sich mit problematischen Texten herumschlugen, in denen das Puzzle immer dunkler und tiefer wurde.

Himes ist bis heute nicht wirklich gelesen worden. Kritiker würden ihn gerne ins Ghetto stecken und ihn zum Dichter der zweiten Garnitur machen, der Harlem bloß »gemalt« hat. Seine beiden Antihelden, Coffin Ed Johnson und Gravedigger Jones, bewegen sich jedoch weit jenseits der Grenzen klassischer Kriminalromane. Sie sind komisch, bösartig und leben in Landschaften, die Himes herbeihalluzinierte und die wenig mit irgendeinem faktengebundenen Harlem zu tun haben. Sie sind todsichere Spürhunde der Einbildungskraft. Sie existieren, um zu schießen und erschossen zu werden – außerhalb der Zeit.

Das ist die Literatur, die ich bewundere. Mir scheint, sie nimmt die ausgezackten Zähne unseres Jahrhunderts vorweg, sogar die des kommenden, in dem wir keine Anfänge, Mitten und Enden mehr haben werden.

Das ist die Literatur, die ich bewundere. Mir scheint, sie nimmt die ausgezackten Zähne unseres Jahrhunderts vorweg, sogar die des kommenden, in dem wir keine Anfänge, Mitten und Enden mehr haben werden. Der sogenannte Pfeil der Zeit wird in Richtungen gehen, derer wir uns noch nicht mal bewußt sind, und das ganze Gefüge namens Persönlichkeit wird ins Rutschen kommen und in Millionen von Molekülen zerbersten. Die beste Kriminalliteratur zwingt uns, zu überdenken, wer wir sind und wo wir unsere Grenzen haben. Ein paar der allerbesten Kriminalfilme, zum Beispiel Orson Welles' *Touch of Evil*, Wim Wenders' *Der amerikanische Freund* (nach einem Roman von Patricia Highsmith), J. P. Melvilles *Der eiskalte Engel* und Quentin Tarantinos *Reservoir Dogs* und *Pulp Fiction*, fühlen sich an wie Erweiterungen des Kriminalromans, die uns und unsere Erwartungen aufscheuchen und uns bewußtmachen, daß es Enden nicht geben kann, sondern der Film (oder der Roman) in unseren Köpfen weitergeht wie ein herzloser Traum, wie ein Spiegel nicht nur unseres eigenen Todes, sondern des Todes aller Dinge.

Ich halte Vorlesungen über den Film und schreibe Romane. Ich habe keine Ahnung, in welches Raster diese Romane passen. Ich habe auch einen Helden: Isaac Sidel. Er ist an keiner Stelle so vernünftig wie der Op oder so grausam komisch wie Gravedigger und Coffin Ed. Er ist beinahe sentimen-

tal. Er weint viel. Er hat ein Herz für Kinder. Er trägt eine »Glock«, eine Kanone, die hauptsächlich aus Plastik ist. Er ist offenbar ein bißchen zu literarisch für einen Polizisten. Er liebt Dostojewski und Joyce, er war schon mal auf Pilgerfahrt nach Dublin und hat die Spuren von Leopold Bloom verfolgt – und dabei einen Mann umgebracht. Er ist nicht gerissen wie der Op. Er ist keine Todesmaschine. Aber er tötet. Und je mehr er tötet, um so erfolgreicher wird er. Streifenpolizist. Kriminalpolizist. Polizeichef. Bürgermeister von New York. Und bald Amerikas Vizepräsident. Er haßt Politik, aber Politiker kleben an ihm. Wird er einsam sein in Washington D.C.? Ich kann mir nicht vorstellen, daß Isaac in offizielle Staatsgeschäfte verwickelt ist. Mein fiktiver Präsident (J. Michael Storm) haßt ihn wie die Pest und wird ihn vermutlich mitsamt einem Untersuchungsausschuß nach Sibirien schicken. J. Michael kann es sich nicht leisten, ihn in der Nähe zu haben. Isaac stiehlt ihm die Show. Er ist der einzige Vizepräsident, der je eine »Glock« getragen hat.

Bin ich, dank all diesem Gekaspere, weniger Modernist? Ich kann nicht Haut und Knochen meiner Romane analysieren. Aber ich fühle mich Sidel nah. Er ist wie mein ganz eigener Höhlenmensch, ein etwas älterer Bruder, obwohl ich jetzt älter bin als er bei seinem neunten Auftritt in *Alyosha*. (In den Vereinigten Staaten wird der Roman *El Bronx* heißen – die Leser könn-

ten ja unruhig werden, falls sie nicht wissen, daß Alyosha eine Figur aus einem Roman von Dostojewski ist.) Vielleicht bin ich ja inzwischen ein bißchen senil und kann mich nicht mehr trennen von einem vertrauten Gesicht. Vielleicht wohnt aber auch meine Musik in Isaac Sidel, und ich betrachte ihn als eine Art geheimen Erlöser. Nicht als einen, der Amerika oder die Vereinigten Staaten von New York erretten kann – das kann niemand –, sondern als einen, der seinen Turf kennt und sich Sorgen macht um alte Leute, kranke Leute, um die geistig Verwirrten und die Armen.

Ich bin in Isaacs Stadt aufgewachsen, ich weiß genau, was Viertel und Kieze jeweils ausmacht. Die Mittelschicht hat sich immer an die »Kultur« geklammert – an Worte, Musik, Kunst. Die Armen hatten immer weniger, an das sie sich klammern konnten. Es hat mich Jahre und Jahre gekostet, um lesen zu lernen. Ich lebte in einem verwüsteten Teil der Bronx, in dem es keine Bibliotheken gab und Buchläden nicht mal vom Hörensagen bekannt waren. Zeitungen waren exotisch und wurden auf einem anderen Planeten verkauft. Ich kämpfte mich durchs Alphabet. Und ich verstand Stalin mit seinem Satz, daß Worte tödlicher sein können als Maschinengewehre. Er hat Romanciers und Dichter liebend gern ins Gefängnis gesperrt. Er wußte, sie hatten irgendwie magische Beziehungen zur Sowjetkultur, sie hatten ihren eigenen Subtext. Sie konnten sich über Stalin lustig machen, seinen Schnurrbart beschreiben, seine kleinen Füße, seine häßlichen Hände. Sie besaßen, was Stalin am meisten fürchtete: muskelbepackte Einbildungskraft. Aber in der Bronx gab es keine Gulags. Ich habe überlebt. Ich habe mit einem knickerigen Engel gerungen, der alle Aspekte des Alphabets kontrollierte. Von ihm stahl ich die Macht der Beschreibung, die Macht, mit Worten zu malen. Mir mußte kein Wittgenstein sagen, daß Wörter das tiefste Bild sind, das wir haben. Ich wußte es mit fünf. Mein Wunsch ging in Erfüllung. Ich wurde Leser und Worteträumer.

Ich beobachtete. Ich hörte zu. Ich sah, wer wen beklaute. Polizisten waren höchstens ein bißchen lästig. Vielleicht stolperten sie zufällig über ein Verbrechen, aber ein Viertel sicher machen für die Bewohner konnten sie nicht. Kindergangs verursachten ein bißchen Chaos, aber sie hatten nicht mehr im Sinn als die Farbe irgendwelcher Seidenblousons auf ihren Schultern, Jacken, die sie sich kaum leisten konnten. Mein Viertel gehörte gemeinen kleinen Männern, die in großen schwarzen Autos herumfuhren und graue Filzhüte trugen. Sie waren eine Art militante Kirche. Sie speisten die Armen, schützten Narren und alte Damen und hielten Eindringlinge fern. Man kann sie Mafia nennen. Wir nannten sie »die Hüte«. Sie waren Italiener, manchmal mit jüdischen Vettern. Ihre Baronien waren der Socialclub an der Ecke, die nichtssagende Ladenfront mit den Kartentischen und dahinter an den Wänden Bilder vom Heiland, der eine Dornenkrone trug. Aber ohne diese kleinen Männer ging nichts im Viertel. Sie waren wie Steuereinnehmer mit Stempelkissen aus unsichtbarer Tinte. Sie waren Bankiers, Grundstücksmakler, Barone, ohne die keine Milch ausgefahren werden und kein Truthahn in einem Laden auftauchen konnte. Sie hatten teil an allem. Aber Zwang herrschte nicht. Die Ladenbesitzer gaben mit Freuden an diese Bruderschaft der »Hüte« ab. Die »Hüte« ließen einen während der magersten Jahre in Ruhe und heimsten ein, wenn man reich geworden war. Sie mochten sich untereinander brutal bekriegen, aber das war ihre eigene Angelegenheit.

Die Stadt konnte ohne diese kleinen Männer mit grauen Filzhüten nicht funktionieren. Sie hatten viel mehr Einfluß als Bürgermeister und Polizeichef. Sie waren die Regierung hinter der Regierung aus Bürokraten und Buchhaltern, die nicht mal wußten, wieviel Leute genau auf der Lohnliste der Stadt standen. Aber bald wurden die »Hüte« obsolet, so wie auch ganze Kieze verschwanden und sogar die Socialclubs von Hochhausslums geschluckt wurden, Sozialbauten, die aussahen, als ob sie auf den Mond gehörten.

Aber ohne diese kleinen Männer ging nichts im Viertel. Sie waren wie Steuereinnehmer mit Stempelkissen aus unsichtbarer Tinte. Sie waren Bankiers, Grundstücksmakler, Barone, ohne die keine Milch ausgefahren werden und kein Truthahn in einem Laden auftauchen konnte. Sie hatten teil an allem.

Es hätte komplettes Chaos geherrscht, wären die »Hüte« nicht ersetzt worden durch aalglatte Männer, die ganze Stadtbezirke kontrollierten und sich um Kleinkiezprobleme gar nicht kümmern konnten. Verbrechen war Big Business geworden, inklusive Geldwäsche. Die Mafia kaufte sich ein in den Buchhandel, in Boutiquen und Banken, und eine ganze Armee von Anwälten und Beratern hatte diese aalglatten Männer im Schlepptau. Juristische Fakultäten, Krankenhäuser und Konzertsäle waren extra für sie und ihre steuerfreien Spenden da. Sie hatten ein neues Klima geschaffen, eine Kultur, in der der Abstand zwischen »legal« und »illegal« nur noch ein verschwommener, dünner Strich war. Genau dieses Klima erbt mein mörderischer Held, Isaac Sidel. Arme Leute hatte man total im Stich gelassen, bestimmte Boutiquen dagegen florierten. Bald würde Crack aufkommen und auf jedem Schulhof verkauft werden; aus den Schulen selbst wurden Wartepferche für Kinder, die nicht lesen konnten. Bildung und Erziehung waren verlorengegangene Künste. Lehrer bekamen es mit »dem Unerziehbaren« zu tun, mit Kindern, die der Vergessenheit geweiht waren, dem Zustand, in dem Gewalt den größten Teil des Vokabulars ausmacht. In diese wahnsinnige Arena ritt Isaac Sidel, ein ganz seltsamer Ritter, der noch immer an die Urdemokratie glaubte. Er wollte »das Unerziehbare« erziehen, diese Kinder lehren, ihnen das lebenswichtige Feuer bringen: die Sprache. Natürlich ist er gescheitert. Er konnte ja nicht in jede Schule rennen und alle Kinder unter seine Fittiche nehmen. Er kämpfte gegen die Mafia, das FBI, den Gouverneur von New York und die anderen Spieler in dieser Kultur, in der Gier zur Leitwährung geworden war.

Isaac selbst besaß keinen Pfennig. Er war der Bettelbürgermeister, der sein Geld den Delancey Giants gegeben hatte, seiner Baseballmannschaft aus straffälligen Jugendlichen. Isaac war ihr Mentor. Er trug ihr Trikot bei Pressekonferenzen und die »Glock« in den Gürtel geklemmt. Wenn er diese neue Kultur des Verbrechens schon nicht besiegen konnte, konnte er sie wenigstens mit seinem Clownskostüm verspotten. Und ich bin der Clown hinter Sidel, Parodie ist meine Waffe. So bleibe ich am Leben. Sprache muß geschmeidig und gefährlich sein in gefährlichen Zeiten. Nie zuvor war die Distanz so groß zwischen der Regierung und dem Volk, das sie eigentlich vertreten soll. Unsere Finanzmärkte sind arkane Formen der Plünderei, manipuliert von unsichtbarer Hand. Unsere Polizei trägt zum allgemeinen Zerfall bei. Länder scheinen sich selbst auszuweiden. Politiker küssen Babys und werden Millionäre. In Amerika klafft die Spanne zwischen Reich und Arm mit jeder Woche weiter. Zehn Prozent der Bevölkerung haben ungefähr neunzig Prozent des nationalen Reichtums angehäuft. Ich bin kein Robin Hood, nur Kriminalschriftsteller. Und während Isaac Sidel gegen die Gier um ihn herum wütet, bleibt mir nur, ihn durch eine Art Zerrspiegel zu schubsen, in dem alle Spieler, einschließlich Isaac, komische Schreckensgestalten sind.

Meine Hitliste
1 Patricia Highsmith: Der talentierte Mr. Ripley 2 Dashiel Hammett: Rote Ernte 3 James Ellroy: Die schwarze Dahlie 4 Raymond Chandler: Der lange Abschied

Aus dem Amerikanischen von Thomas Wörtche

Wolfsmenschen und Kojoten

Von Frederik Hetmann

Die acht in deutscher Sprache vorliegenden Kriminalromane von Tony Hillerman spielen alle in den *Four Corners*, also in jenem Gebiet, in dem die vier US-Bundesstaaten Colorado, Utah, New Mexico und Arizona aneinandergrenzen. Hillerman, der Karl May unter den KrimiautorInnen, scheint inzwischen zum Großmeister des Ethnokrimis avanciert. Die amerikanische Erstauflage von *A Thief of Time*, 1988 in den USA bei Harper & Row (1990 bei Rowohlt), betrug 75000.

Hillerman ist mit dem Edgar-Allan-Poe-Preis und dem französischen Grand Prix de la Littérature Policière ausgezeichnet worden. Robert Redford schließlich hat die Filmoptionen für all seine Bücher erworben – man darf gespannt sein.

Leider widerfuhr Hillermans amerikanischer Agentin im Laufe der Vermarktung ihres Autors ein kostspieliger Fehler. Sie vergaß, bei einem Optionsvertrag eine Klausel zu streichen, und damit verlor der Autor vorerst die Rechte an einem seiner beiden Helden, dem Navajo-Polizei-Lieutenant Joe Leaphorn. Er mußte sie schließlich, um diese Gestalt in seinen Geschichten weiter benutzen zu können, für 21000 Dollar »aus der Sklaverei« freikaufen.

Hillerman bekennt sich zu seiner Botschaft: »Der Thriller ist nur ein Vehikel. Es kommt mir darauf an, Fremde als Menschen zu zeigen und Verständnis für ihre Fremdheit zu schaffen.«

Hillerman bekennt sich zu seiner Botschaft: »Der Thriller ist nur ein Vehikel. Es kommt mir darauf an, Fremde als Menschen zu zeigen und Verständnis für ihre Fremdheit zu schaffen.«

Tony Hillerman ist 1925 in Oklahoma, in der sogenannten *Dustbowl* (Staubschüssel), geboren. Das Schicksal der *Okees* in den dreißiger Jahren hat bekanntlich John Steinbeck zu seinem Roman *Die Früchte des Zorns* inspiriert, und einige typische Momente lassen sich auch in Hillermans Biographie wiederfinden.

Hillermans Vater betrieb in Sacred Heart einen Kramladen und bewirtschaftete ein Stück Land. Die örtliche Schule war so schlecht, daß der Junge schließlich in eine Internatsschule für Indianermädchen aus dem Stamm der Powtawatomie und der Seminolen geschickt wurde. Im II. Weltkrieg wurde Hillerman Soldat und bei seinem Einsatz in Europa im Winter 1945 in Österreich schwer verwundet. Einigermaßen genesen und in den Südwesten der USA heimgekehrt, wurde er in New Mexico Verkäufer bei einer Firma, die Geräte zur Erdölbohrung herstellte. Er studierte an der University of Oklahoma Journalismus, heiratete eine Studentin der Bakteriologie, wurde Polizeireporter an einer – wie er selbst sagte – »wirklich miserablen Zeitung« in Borger, Texas, war mit 27 Jahren Chef des UPI-Büros in Santa Fé und stellvertretender Herausgeber des *New Mexican*. Dann nahm er, von seiner Frau dazu gedrängt, noch einmal sein Studium auf und schloß es mit dem »Master of Arts« ab. 22 Jahre lang hielt er dann an der University of New Mexico Vorlesungen über Ethik und Literatur, schrieb mehrere Sachbücher, ein Kinderbuch nach einer Indianermythe – *The boy who made dragon fly* (*Der Junge, der die Libelle schuf*, Fischer) – und einen Reiseführer durch New Mexico.

Während die indianische Bevölkerung der USA um die Jahrhundertwende auf 250 000 geschrumpft war, betrug sie nach der Volkszählung des Jahres 1980 fast 1,5 Millionen, d. h. etwa ein halbes Prozent der Gesamtbevölkerung.

Mit 45 Jahren beendete er nach dreijähriger Arbeit, auf die er sich durch das Studium der Krimis von Graham Greene, Chandler und Chesterton vorbereitet hatte, den Ethnokrimi *The Blessing Way* (*Wolf ohne Fährte*, Rowohlt). Nachdem seine Agentin in New York das Manuskript gelesen hatte, schrieb sie ihm: »Wenn Sie meinen, daß sich eine Überarbeitung überhaupt lohnt, dann schmeißen Sie wenigstens das ganze Indianerzeug raus!« Aber gerade daran hing offenbar Hillermans Herz. Er brachte schließlich das Manuskript bei Harper & Row unter, doch auch seine Verlegerin warnte, er erwarte hoffentlich nicht, mit dem Buch das große Geld zu verdienen. Genau dieser Titel aber war der erste Schritt zum Bestsellerautor.

Während die indianische Bevölkerung der USA um die Jahrhundertwende auf 250 000 geschrumpft war, betrug sie nach der Volkszählung des Jahres 1980 fast 1,5 Millionen, d. h. etwa ein halbes Prozent der Gesamtbevölkerung. Die größten Gruppen der *Native Americans*, wie im Sinn der *political correctness* Indianer heute bezeichnet werden, leben in den Bundesstaaten Kalifornien (201 000), Oklahoma (169 000), Arizona (152 000) und New Mexico (104 000). Alle vier Staaten verdanken ihren hohen Anteil an indianischer Bevölkerung der Abwanderung aus den Reservationen in die Städte.

Trotz der wachsenden Bevölkerung ist die Lage der *Native Americans* problematisch geblieben, denn:

»*Native Americans* haben unter allen ethnischen Gruppen die niedrigste Lebenserwartung, die höchste Kindersterblichkeit, die höchste Selbstmordrate, das niedrigste Pro-Kopf-Einkommen, die höchste Ziffer an Arbeitslosen, sie leben in den schlechtesten Wohnverhältnissen, erfahren eine völlig unzureichende medizinische Versorgung. Erkrankungen wie Tb, hoher Blutdruck, Diabetes und Alkoholismus sind bei ihnen außergewöhnlich hoch. Viele Faktoren tragen zu dieser Situation bei: unproduktives Land, Mangel an Kapital, schlechte Bildungsmöglichkeiten, ein Kreislauf der Armut, dem schwer zu entkommen ist, kulturelle Entwurzelung und Unterdrückung, verursacht durch die Tatsache, als erobertes Volk in einer historisch fremden und der eigenen Tradition feindlichen Kultur leben zu müssen«, heißt es bei Carl Waldman. In der für Hillermans Romane relevanten Region, die zu den unwirtlichsten, bizarrsten, dünnbesiedelsten, aber auch, im Sinn von Wildnis und Naturromantik, schönsten Landschaften der USA zählt, liegen einige der bedeutendsten Reservationen, nämlich die circa 27.000 Quadratmeilen umfassende Reservation der Navajo, größer als alle Bundesstaaten Neuenglands, dann die relativ kleine Reservation der Hopi, deren Dörfer auf den *mesas* (Tafelbergen) liegen und die im Unterschied zu den mit ihren Schafherden umherziehenden Navajo Ackerbauern sind, und schließlich die Dörfer der Pueblo-Indianer um Santa Fé mit circa 50 000 Einwohnern, bei denen es sich wahrscheinlich um Nachfahren der *Anasazi* handelt. Dieses Wort ist *Dineh* (Navajo-Sprache) und heißt soviel wie »uralter Feind«, meint aber jene Völkergruppe, die zwischen 500 und 1200 n. Chr., vor der Einwanderung der Navajo aus dem Norden, in den *Four Corners* ansässig war und in Form von Tongefäßen, Petroglyphen und eindrucksvollen Bauten – beispielsweise denen der *Mesa verde* in Colorado – Spuren hinterließ, die den Archäologen immer neue Rätsel aufgeben.

Die heute wichtigsten Bevölkerungsgruppen der Navajo oder *Dineh*, der Hopi, Zuni und Pueblo kennen alle höchst malerische Rituale und von der westlichen Medizin sich unterscheidende Heilverfahren sowie eine ausgeprägte, gut überlieferte, komplizierte und phantasievolle Mythologie.

Nach der Vorstellung dieser Indianer stellt die Natur ein wohlausgewogenes Mobile dar, in dem der Mensch gleich zu gleich neben Tieren, Pflanzen und Mineralien steht und dessen Balance allein vom Menschen gestört werden kann. Eindrucksvolle Zeugnisse dieses Bewußtseins sind die *kachina*, die als Puppen und Masken von Tänzern auftauchen. Sie sind gewissermaßen die zur Person gewordene Darstellung der den Dingen der Natur innewohnenden Energie. Vor allem bei den Tänzen der Hopi und Pueblo spielen sie eine die Fruchtbarkeit fördernde Rolle. Die *koshare* und *kurena*, die als Verkörperung der unsichtbaren Geister der Toten vorgestellt werden, besitzen – nach Meinung der *Native Americans* – nicht nur die magische Kraft, Regenwolken anzulocken und so das Wachstum der

Ernten zu fördern, sondern auch die dörfliche Gemeinschaft vor Feinden zu schützen.

Sind die *kachina* als Tänzermasken und Puppen mit dem kosmologischen Bewußtsein der Hopi und Zuni verbunden, so ist der Hexenglaube eine Eigenart der Navajo. Anthropologen bezeichnen diese Hexer und Hexen als »böse Männer und Frauen, die einzeln oder in Gruppen auftreten, Eigentum an sich bringen oder jene, die sie hassen, mit Krankheit schädigen oder gar deren Tod herbeiführen können«. Wie Geister bewegen sich diese anderen Böses zufügenden Personen hauptsächlich in der Nacht. Sie tragen oft die Felle von Kojoten, Wölfen oder ähnlichen Tieren. Englischsprechende Navajo bezeichnen diese Geisterwelt als »menschliche Wölfe«. Hexen oder Hexer können nur auf vier verschiedene Weisen ihre Opfer schädigen. Sie können sie mit magischen Formeln »besprechen«, also verzaubern, ihnen Leichengift ins Gesicht blasen, sie mit kleinen Knochen oder Asche, die aus einem *Hogan* (Wohnung) stammen, in dem kürzlich jemand gestorben ist, beschießen oder – was vor allem in bezug auf Frauen als wirksam angesehen wird – ihnen narkotisierend wirkende Pflanzen eingeben, um sie beim Spiel zu betrügen oder zu verführen.

Untersucht man nun die Handlungen der Romane Hillermans auf ihre indianischen Motive, so fällt auf: Das Indianische spielt hauptsächlich in Form von Phänomenen aus dem Bereich des Mythologisch-Folkloristisch-Spirituellen eine Rolle.

In *Wolf ohne Fährte* geht es um einen solchen »Hexer«, von der Übersetzerin etwas irreführend als »Werwolf« wiedergegeben. Auch in *Labyrinth der Geister* (Rowohlt) spielt die Geisterkrankheit eine wichtige Rolle. In *Der Kojote wartet* geht es um das Erzählen der alten Mythen, und wir begegnen einem der zahlreichen Trickster-Schelmenwesen der indianischen Mythologie, eben dem Kojoten, der aber bei den Indianerstämmen des Südwestens zugleich auch als Weltenschöpfer eine positiv besetzte Figur ist.

Die koshare und kurena, die als Verkörperung der unsichtbaren Geister der Toten vorgestellt werden, besitzen – nach Meinung der Native Americans – nicht nur die magische Kraft, Regenwolken anzulocken und so das Wachstum der Ernten zu fördern, sondern auch die dörfliche Gemeinschaft vor Feinden zu schützen.

In *Der Wind des Bösen* spielen die Jagdzeremonie der Navajo, der Bau einer Schwitzhütte und die *kachina*-Tänze in den Hopi-Dörfern eine wichtige Rolle. In *Schüsse aus der Steinzeit* entlarvt die Mißachtung der Zuni-Heiligtümer den Mörder als Nichtindianer, in *Geistertänzer* spielen die sogenannten Gouverneursstöcke bzw. deren Fälschung für die Handlung eine wichtige Rolle. (Es handelt sich um Würdenzeichen, die der Präsident der USA den Oberhäuptern der Pueblo-Dörfer verliehen hatte.) In *Wer die Vergangenheit stiehlt* und *Schüsse aus der Steinzeit* kreist die Handlung um archäologische Funde bzw. Betrug, und das Verbrechen steht mit wissenschaftlichen Forschungen der

Weißen über die indianische Vergangenheit in Verbindung. In *Tod der Maulwürfe*, *Wolf ohne Fährte* und *Der Wind des Bösen* tauchen Motive auf, die die Konflikte von Weißen und Indianern in der Gegenwart berühren: die Gefahren, die sich aus dem Uranabbau ergeben, die Benutzung der Steppen- und Wüstenstriche als Atom- und Raketenversuchsgelände, der Rauschgifthandel.

Hillermans Erfolg beruht erstens auf einer wirklich eindrucksvollen und von Kennerschaft geprägten Darstellung der Landschaftsphänomene des amerikanischen Südwestens. (Man beachte, welch wichtige Rolle allein die Darstellung des Wetters in seinen Krimis spielt!) Zweitens auf einer – freilich weitgehend eklektizistischen – Einblendung der für Weiße geheimnisvollen Motive aus der indianischen Mythologie, der Benutzung des magisch-kosmischen Weltbildes als Staffage bzw. Kulisse. Drittens auf einer teilweisen Ausblendung der meisten aus der Vergangenheit herrührenden sowie der aktuellen sozialen und politischen Konflikte zwischen Weißen und *American Natives.*

All jenen, die mit der realen Geschichte der nordamerikanischen Indianer nicht näher vertraut sind, für den ethnographisch nicht vorgebildeten Krimileser also, fällt das nicht weiter auf und muß deswegen mit ein paar konkreten Beispielen belegt werden:

Eines der großen Traumata in der Geschichte der Navajo ist der sogenannte *Long Walk* von Canyon de Chelly bzw. Fort Defiance über 300 Meilen nach Fort Sumner südöstlich von Santa Fé im März 1864, d. h. ihre unter Vorspielung falscher Tatsachen eingeleitete Deportation aus ihrem von den heiligen Gebirgen umgebenen Heimatland in eine Art Straflager bei Bosque redondo, bei der von den 8000 Deportierten, meist Frauen, Kinder und alte Leute, innerhalb von vier Jahren circa 2000 starben. Um unterwegs möglichst wenig Schwierigkeiten zu bekommen, hatte man bei Beginn des *Long Walk* den Indianern in Fort Sumner/Bosque redondo ein »weißes Paradies« versprochen, nämlich ordentliche Wohnhäuser, Gärten und Ackerflächen, tatsächlich fanden sie dort nur einen mit Stacheldraht eingezäunten Wüstenstrich vor, und diese Erfahrung wirkte noch über Generationen hin nach.

Die 1868 Heimgekehrten erwartete Schlimmes: Ihre *Hogans* waren zerstört worden, ihre Existenzgrundlage, die Schafherden, hatte sich verlaufen; das Militär hatte die Brunnen zugeschüttet, die Obstplantagen waren abgeholzt worden. Daß den Hopi um die Wende zum 20. Jahrhundert ihre Kinder abgekauft oder zwangsweise weggenommen wurden, klingt in *Labyrinth der Geister* an. Da man damals meinte, die Indianer würden aussterben, konnten weiße Politiker und Administratoren ein solches Vorgehen sogar noch als menschenfreundlich ausgeben! Behutsam packt Hillerman solche Informationen in seine Kriminalromane und webt aus ihnen das Netz, in dem sich die Täter schließlich fangen – die Sünden der Vergangenheit verbinden sich mit denen der Gegenwart, doch im Gegensatz zu früher werden sie heute (manchmal) entlarvt.

Die wahren Streitobjekte aber liegen nicht über, sondern unter der Erde. Sie bestehen aus 20 Milliarden Tonnen schwefelarmer Kohle und Edelmetallen, deren Schürfrechte der jeweilige Stammesrat vergeben konnte.

Man muß gar nicht so weit in die Geschichte zurückgehen. Da ist der Konflikt um den sogenannten Distrikt 6, der die Gerichte schon lange beschäftigte. Solche aktuellen politischen Probleme können Stoff für mehrere Krimis liefern. Auch ihre Wurzeln reichen von der ferneren Vergangenheit mittelbar bis ins Heute. Hier wären Hintergrundinformationen für den Plot:

Im Jahr 1868 ließ die US-Regierung eine erste Landkarte der Navajo-Reservation anfertigen. Das kartographisch festgehaltene Reservationsgebiet war weit kleiner als die Landstriche, auf denen sich die Navajo mit ihren Schaf- und Ziegenherden bewegten.

1882 verfügte dann der US-Präsident die Schaffung einer Reservation für die Hopi. Dieses Land, so ließ er verkünden, *»ist zum Gebrauch und Besitz für die Moqui (Hopi) und andere Stämme bestimmt, die der Innenminister dort anzusiedeln für gut befindet«*.

Der Innenminister ist in den USA für den gesamten öffentlichen Landbesitz zuständig. Die Verfügung hatte der Präsident vor allem getroffen, um die Hopi vor landhungrigen mormonischen Siedlern zu schützen. Sie war reichlich ungenau gehalten. Keine Grenzlinien wurden gezogen, keine Zäune errichtet. Keiner der Menschen, die in diesem Gebiet lebten, wußte, wo die eine Reservation endete und die andere begann. Der Innenminister bzw. die Beamten des *Bureau of Indian Affairs* dachten auch nicht daran, Navajo oder Hopi daran zu hindern, dort zu leben, wo sie wollten. Die meisten Hopi wohnten zu dieser Zeit in den Dörfern auf der Black Mesa und trieben Ackerbau. Die Navajo hatten große Schafherden. Weideland war immer knapp. Also grasten die Herden auch manchmal in der Nähe der Hopi-Dörfer.

Fünfzig Jahre nach Ziehung der Reservationsgrenzen auf dem Papier traf die US-Regierung eine neue Regelung zur Aufteilung der Grasflächen. Die meisten gingen an die Navajo, nur der sogenannte Distrikt 6 wurde den Hopi zugesprochen. Auch diese Regelung wurde von den Nachbarn ohne Konflikt akzeptiert. Schwierig wurde alles erst, als Probeschürfungen ergaben, daß die Black Mesa reich an Kohle- und Erdölvorkommen war. Die Stammesräte der Navajo und Hopi beschlossen, daß USA-Gerichte festlegen sollten, was von den auf den Landkarten verzeichneten Reservationsgrenzen tatsächlich zu halten sei.

Der Fall beschäftigte drei Gerichtsinstanzen, die bis 1962 zu dem Ergebnis kamen, der sogenannte Distrikt 6 sei Hopi-Land. Der Rest des fraglichen Gebiets wurde zur *Joint Used Area (JUA)* erklärt. Hopi und Navajo sollten sich dieses Land hälftig teilen. Wie das praktisch zu geschehen habe, ging aus dem Gerichtsurteil nicht hervor. Inzwischen war es den Hopi gelungen, im US-Kongreß ein Gesetz einzubringen, das 1974 auch verabschiedet wurde. Es ordnete die Teilung des bisher gemeinsam genutzten Landes an. Ein 500 Kilometer langer Stacheldrahtzaun wurde gezogen, 10 000 Navajo sollten in der einen, 100 Hopi in der anderen Richtung umgesiedelt werden.

Die wahren Streitobjekte aber liegen nicht über, sondern unter der Erde. Sie bestehen aus 20 Milliarden Tonnen schwefelarmer Kohle und Edelmetallen, deren Schürfrechte der jeweilige Stammesrat vergeben konnte.

Diese realen politischen Ereignisse, die unheilvolle Rolle der Mormonen und der Peabody Coalmining Company würden Stoff für zahlreiche Krimis liefern, eine Erwähnung solcher Manipulationen beim Erdölschürfen und die verhängnisvollen Konsequenzen der Uranfunde spielen im *Tod der Maulwürfe* eine Rolle.

Meine Hitliste: **❶ Wolf ohne Fährte ❷ Der Wind des Bösen ❸ Wer die Vergangenheit stiehlt**

Indianische soziale Wirklichkeit und indianischer Alltag kommen in den Handlungen von Hillermans Büchern nur in der Sichtweise und den Reflexionen der beiden Beamten der Indianerpolizei vor. Von ihnen hören wir, daß sie indianische Zeremonien kennen und, was Officer Jim Chee angeht – er ist ausgebildeter Sänger –, auch praktizieren, selbst wenn sich ihr Leben und Handeln sonst nicht grundsätzlich von dem Weißer unterscheidet. Die Tatsache, daß sie sich besser in die Mentalität ihrer Stammesgenossen hineindenken können, ist immer wieder ein wichtiges, manchmal sogar entscheidendes Moment bei der Suche nach dem Täter.

Was Hillermans Romane also bieten, ist ein Indianerbild für ein an Esoterik und Exotik interessiertes Touristenpublikum. Durchaus kunstvoll werden die mehr konfliktbeladenen Bereiche der Realität ausgeblendet und durch »Landschaftszauber« oder exotische Zutaten ersetzt. Gegen all dies ist nichts zu sagen, wenn man die Funktion eines Krimis auf die der Unterhaltung durch gediegenes Erzählen beschränkt sehen will. Hillerman ist ein handwerklich erfahrener Erzähler, der auch Unwahrscheinlichkeiten, wie sie sich bei der Auflösung von fiktiven Kriminalfällen meist ergeben, geschickt zu überspielen vermag und stets gerade so viel Exotik und Esoterik nachlegt, wie es braucht, um auch einen fernwehsüchtigen Leser bei der Stange zu halten.

KRIMIBAUKASTEN: DIE MODERNE-SCHNÜFFLER-VARIANTE »SHAKEDOWN« (USA, 1960/70)

Nach Robert B. Parker, Stephen Greenleaf und Bill Pronzini

Erster Satz:

Der kleine Mann, der mir in meinem Büro gegenübersaß, war einer von der Sorte, die man überall übersieht.

Was passiert:

Mickey Denson ist Schnüffler in einer amerikanischen Großstadt. Er soll für Homer Horaz, einem Hot-dog-Verkäufer mit einem Stand an der Freitreppe des Rathauses, dessen verschwundene Tochter Dixie suchen. Denson stöbert Dixie, die ins Drogenmilieu abgerutscht ist, in einem verlotterten Appartement auf. Nachdem er sie heimgebracht hat, glaubt er, der Fall sei erledigt, bis Dixie ihn anruft und um Hilfe bittet: Ihr Vater wurde in dieser Nacht ermordet, und Captain Zimmer vom L. A. Police Department hält Dixie für die Mörderin. Mickey wird in seinem Büro zusammengeschlagen; der in Verdacht der Korruption stehende Bürgermeister Mayor ruft ihn zu sich und bietet ihm die Lizenz für Homers verwaisten Hot-dog-Stand an der Rathaustreppe an. Mickey lehnt ab, weil er inzwischen ein Verhältnis mit Dixie angefangen hat und den Tod ihres Vaters aufklären will. In dessen Buchhaltungsunterlagen findet Mickey Beweise dafür, daß Homer Horaz von seinem Hot-dog-Stand aus beobachtet hatte, wie Bürgermeister Mayor sich von Gangsterboß Robinson bestechen ließ und mit seinem Wissen wiederum den Bürgermeister erpreßte, der daraufhin einen von Robinsons Killern auf Homer ansetzte. Mickey setzt den Bürgermeister mit Homers Material unter Druck und zwingt ihn zum Rücktritt.

Letzter Satz:

Er war nur ein kleiner Mann gewesen. Aber er hatte es geschafft, daß man ihn nicht mehr übersah.

5.

KALLE BLOMQUIST GRÜSST FLANAGAN

Krimis für Kids

Der kleine Tommy Outhouse war süß. Mit zwei Jahren rannte er ins Meer, wurde ein paarmal herumgewirbelt und kam lachend zurück. Mit drei kletterte er in ein geparktes Auto, machte die Handbremse los und ließ es rollen. Das Auto war ein Totalschaden, aber Tommy hatte keinen Kratzer, und er genoß jede Sekunde seines Abenteuers.

As er vier war, sah er eines Morgens Rauch und freute sich über den Anblick, aber glücklicherweise sah das auch sein Nachbar und rief die Feuerwehr, die sofort herbeiraste und das Feuer löschte. Tommy kam auch und sah ihnen zu und wurde wegen des Feuers befragt. Er sagte, er hätte in der Küche einen großen Mann gesehen, wie der irgendwas gemacht hätte, aber der große Mann hätte ihn angebrüllt, und da hätte er Angst bekommen und wäre davongelaufen.

Das Bild zeigt die rußverschmierte Küche und einen Blick in den Hinterhof, wie es aussah, direkt nachdem die Feuerwehrleute ihre Arbeit erledigt hatten. Handelt es sich Ihrer Ansicht nach um einen Fall von Brandstiftung?

FRAGEN

1. Hatte Tommy draußen gespielt?
Ja – Nein
2. Hatte er im Haus gespielt?
Ja – Nein
3. Aus welcher Richtung kam der Wind?
Von links – Von rechts
4. War eine Herdplatte angelassen worden?
Ja – Nein
5. Wo war das Feuer ausgebrochen?
Ganz links – Beim Herd – Bei dem Papierstapel
6. War die vermutliche Brandursache
a) die angelassene Herdplatte?
Ja – Nein
b) ein Streichholz, mit dem der Papierstapel angesteckt wurde?
Ja – Nein
c) Ein berufsmäßiger Brandstifter?
Ja – Nein
d) Der umgefallene Petroleumkanister?
Ja – Nein
7. Wer legte das Feuer und auf welche Weise?

1. Ja, denn es liegen Spielsachen herum.
2. Ja, denn da baumelt der Hörer über dem Fußschemel, ein Beweis dafür, daß Tommy darauf stand, als er den Hörer abnahm, aber er konnte oder wollte ihn nicht mehr auflegen.
3. Von rechts, man sieht es am Vorhang.
4. Ja, der Schalter außen rechts ist eingeschaltet.
5. Ganz links, denn hier ist am meisten verbrannt und verkohlt.
6. a) Nein, beim Herd hat es nicht gebrannt und da gab es auch nichts zum Anzünden.
b) Nein. Der Stapel Papier ist nur angekohlt, außerdem brennt dicht aufeinander gestapeltes Papier schlecht.
c) Nein. Ein Pyromane hätte das Feuer in Windrichtung gelegt, damit sich die Flammen rasch ausbreiten.
d) Ja. Das Feuer brannte direkt bei dem Benzinkanister am heftigsten, und da brach es wohl auch aus.
7. Tommy mit seinem Sündenregister. Wir wissen, daß er in der Küche spielte und am Telefon herummachte. Wir sehen eine Streichholzschachtel auf dem Fußboden und es ist nur zu wahrscheinlich, daß Tommy den Benzinkanister umwarf und ein Streichholz anzündete. Der große Mann in der Küche entsprang wahrscheinlich seiner Phantasie. Tommy wurde nicht bestraft und eine Woche später legte er Feuer beim Hof nebenan und alles brannte ab.

Die brennende Frage

Ermittlungen aller Art
Krimi im Bilderbuch

Von Elisabeth Hohmeister

Kennt ihr die Geschichte von dem Mord im Schloß, wo das Blut in Strömen die Treppe runterfloß? Der Kopf ist ab, der Kopf ist ab, der Kopf ist ab« – so singen schon die Kleinen und sind mittendrin in der Geschichte des Krimis, dem Spuren zum Volkslied nachgesagt werden. Blut darf es also sein und Mord auch, und zwar genüßlich verdreifacht. Wann, in welchem Alter der Kinder, der Schuster aus Treuenbritzen das Blut des braven Frauenzimmers Sabinchen zum Himmel spritzen läßt, kann nicht allgemeingültig bewiesen werden, aber in seiner klaren Erzählstruktur kann diesem Lied schon früh der Übergang aus der Küche ins Kinderzimmer gelingen. Mord und Bluttat als Erzählstoff sind für Kinder nicht nur im Lied selbstverständlich, sondern besonders in den Märchen. Wie bekannt und presseöffentlich diskutiert, löst in dieser Gattung eine Gewalttat die andere ab, und Verbrechen aller Art sind an der Tagesordnung. Von bösen Mächten zauberhaft umgeben, haben die Kinder ihre Märchen gefunden und sich über Generationen hinweg immer wieder aufgemacht, das Gruseln zu lernen und ihre Grenzen zu finden.

Eine Gestalt der Märchen gehört besonders zu den »Vorverbrechern« der Krimis: der Räuber. Räuberromane, die in der Geschichte des Kriminalromans eine Rolle spielen, finden sich in verkleinerter Erzählform als Bilderbuchgeschichte wieder, beschreiben die Täter und ihr Umfeld. Mit Blut am Messer weist sich der Räuber bei Tomi Ungerer in *Zeraldas Riese* (Diogenes) sogar als Menschenfresser aus – Mord in Reinkultur. Er, wie seine Kumpanen in *Die drei Räuber* (Tomi Ungerer, Diogenes), werden in Schillerscher Tradition als besserungsfähige Bösewichter geschildert, denn die Kraft des reinen Herzens vermag sie zu ändern. Ihre Missetaten – Schlagen, Rauben, Schießen, Stehlen – werden nach der Entführung des kleinen Mädchens in schwarzer Nacht durch genau dieses Opfer verändert. Friedlich leben die Räuber hinfort im Schloß, gemeinsam mit vielen Waisenkindern als Schützlingen und sind später Schirmherren eines SOS-Räuberkinderdorfes. Diese Geschichte von zahlreichen Verbrechen einer Bande bekommt durch den wachen Verstand eines Mädchens einen herzensguten Schluß. Bilderbücher gehören in eine Phase des Lebens, in der Kinder eigene Kräfte erproben und sich zu immer selbständigeren, eigenständigeren Personen entwickeln.

Konflikte mit der Umwelt und mit den Erwachsenen gehören zum Alltag; Aggressionen werden erfahren und erprobt.

Die Beschäftigung mit Mord und Totschlag ist kein Tabu im Kindergarten. Grausamkeit und Angst, Versöhnung und Ausgleich liegen dicht beieinander. In keinem Krimi der Weltliteratur werden Tote so schnell wieder lebendig und guten Geistes wie im Spiel der Kinder. Rollentausch und Wechselspiel, wer wagt, gewinnt... auf zur Jagd nach dem Täter! Ob die Geschichte des Verbrechens im Mittelpunkt steht, wie im Kriminalroman, oder ob die Geschichte der Aufklärung des Verbrechens, wie im Detektivroman, von entscheidender Bedeutung ist, spielt keine Rolle: Böse zu sein ist ebenso wichtig, wie dunkle Geheimnisse zu enträtseln. Spannung, Aufregung, Stärke und Unerschrockenheit machen nicht nur müde Kinder munter, sondern erlauben auch, unbekannte Wege aller Art zu gehen und mit den Probeläufen des Buches sich selbst ein wenig genauer kennenzulernen.

Peter, in die Jahre gekommener Held – schließlich schrieb Sergej Prokofjew bereits 1936 seine Geschichte mit Musik *Peter und der Wolf* –, ist von vielen Graphikern mit Farbe und Feder festgehalten worden. Besonders eindringlich von Frans Haacken (Parabel), der im Schwarz des Linolschnittes ein genaues Pendant zum Dunkel des Bösen findet. In diesem Dunkel, im Schwarz, das die Fülle des Geheimnisses birgt, zeigt sich spitzzähnig der Wolf, wie er hinterhältig die Ente verspeist. Peter beobachtet die Ausführung des Verbrechens genau, brav hinter dem Zaun, wie der Großvater es befahl. Aber mit Hilfe des kleinen Vogels zieht er dann listig dem gefräßigen Wolf die Schlinge zu. Die Erwachsenen helfen nun dem Kind, das Unrecht gesehen hat und in Ordnung bringen will, sie erschießen den Wolf. Kräftigen Schrittes und hocherhobenen Hauptes zieht Peter, der aufmerksame Beobachter, den Jägern mit seiner Beute voran, mutig gewachsen. Raub und Mord sind in dieser Geschichte aus Rußland zwar von Anfang an offenbar, aber entdeckt (detect) hat sie Peter, und so verdient er die Bezeichnung Detektiv. Morden gehört zum Alltag des Wolfes, scheißen muß schließlich auch jeder Hund. Aber was ist das, wenn der gerade einem Maulwurf auf den Kopf macht? Grober Unfug, Beleidigung, Körperverletzung – ein Verbrechen? Wie dem auch sei, eine Bedrohung, zumindest der Seele, ist erfolgt, und ein Geheimnis gilt es für den kleinen Maulwurf aufzuklären. Einziges Indiz: der braune Haufen. Vergleichend von Kot zu Kot, sucht der kleine Maulwurf den Täter. Größe, Farbe und Konsistenz ermöglichen, der Aufklärung des Falles im Ausschlußverfahren immer näherzukommen. Erst die Fliegen, als Hilfsdetektive riechend und schmeckend eingesetzt, liefern den Beweis: Der Täter war Hans-Heinerich, der Metzgershund. Seine Überführung verlangt nach so-

Eine Gestalt der Märchen gehört besonders zu den »Vorverbrechern« der Krimis: der Räuber. Räuberromane, die in der Geschichte des Kriminalromans eine Rolle spielen, finden sich in verkleinerter Erzählform als Bilderbuchgeschichte wieder, beschreiben die Täter und ihr Umfeld.

fortiger Bestrafung, und so geschieht es auch in *Vom kleinen Maulwurf, der wissen wollte, wer ihm auf den Kopf gemacht hat* (Hammer) – ohne Urteil, rasch vom Opfer dem Täter auf den Kopf! Rache, das böse Gefühl, wird Recht. Artig sein und sich alles gefallen lassen, das muß nicht sein, man muß schon aufdecken. Auch der Maulwurf ist ein erfolgreicher Amateurdetektiv.

Doch es gibt sehr wohl auch Hunde der feineren Art im Bilderbuch. Hubert Hund, Sicherheitsbeauftragter auf dem Birkhof, ist ein solcher. Er taugt zum Kommissar und zum Arbeitgeber, denn er beschäftigt in guter Sherlock-Holmes-Tradition Flecki Fleck als Assistenten. Mit ihm zusammen will er folgenden unerklärbaren Tatbestand untersuchen: Die sechs preisgekrönten Hühner von Bauer Birk sind verschwunden. Ein vermummter Hühnerverkäufer spielt in *Die Hühner sind weg* (Sauerländer) auch eine Rolle. Es geht um die Identifizierung des Täters. Durch geschickte Befragung kämpft sich Kommissar Hund durch das Gestrüpp der Antworten, immer korrekt und ordentlich die Aussagen in seinem roten Notizbuch festhaltend. Comicblase für Comicblase werden die Alibis der Verdächtigen überprüft. Die Zusammenfassung der Tatbestände, in witzigem Layout auf einer Doppelseite addiert, erlaubt das Kombinieren für jedermann. Auf den Spuren des hinterlistigen Hühnerdiebes lassen sich weitere Beweise finden. Selbst vor Mord und Betrug ist der Verbrecher nicht zurückgeschreckt. Eine in böser Absicht ausgeklügelte Tat, für die Brudermord als Motiv angegeben wird. Nichts bleibt, wie es ist, auch unschuldige Häschen können Wässerchen trüben, einleuchtende Erkenntnisse dieser Geschichte, nicht nur für Kommissar Hund. In diesen Niederungen des Daseins muß *Tom Tapir, Bücherdetektiv* (ars Edition) sich nicht bewegen. Wohlduftend und züchtig mit Schaum bedeckt, begegnet man ihm bei seiner Lieblingsbeschäftigung: Lesen in der Badewanne, umgeben von seinen Lieblingsdingen, den Büchern. Korrekt bekleidet, weist er sich mit Lupe und Buch als Detektiv aus. Immer unterwegs mit Fachliteratur – er schätzt besonders Detektivgeschichten –, wird er eines Tages von der Leiterin der Bücherei verzweifelt gebeten, das goldene Buch von Agatha Cricri wiederzufinden, das gestohlen worden ist. Tom Tapir übernimmt den Fall, zumal es sich bei dem gestohlenen Objekt um eine Detektivgeschichte handelt. Kombiniert, aufgeschrieben und weitergeschnüffelt. Nicht umsonst steht hier ein Tapir, ein Rüsseltier, in detektivischem Einsatz. Wer gründlich sucht, der findet. Eine Feder ist Indiz, Spuren auf der Treppe weitere Indizien, ihnen gefolgt, und der Täter ist entdeckt. Hoch oben auf einer Stange sitzt sie, es handelt sich um ein Weibchen, dem Golde verfallen. Diese Verbrecherin kennt jedes Kind und weiß um ihren Ruf als Diebin – die Elster. Der Tapir, Spürnase mit kariertem Rock und Spitzenbesatz, ist in

seiner gemütlichen Rundlichkeit ein gut gewählter Gefährte aus dem Reich der Tiere, der Werte und Normen der Wohlanständigkeit behutsam und freundlich deutlich macht.

Ein Schaf mit Spürsinn entspricht nicht so recht den Vorstellungen, die von diesem Tier geschichtenweit kolportiert sind, aber wenn es sich bei den Bestohlenen um Schafe handelt wie in dem Bilderbuch *Schafe im Wolfspelz* (Aare), so kann als folgerichtig akzeptiert werden, daß ein Schaf Detektiv sein kann, was beweist: Auch unter blökenden Geschöpfen gibt es Ausnah-

men. Im Einsatz ist hier Bogart – Privatdetektiv. Der Tatbestand ist klar: In kleinen, gestreiften Höschen wollen die Schafe baden gehen und haben ihre Pelze ausgezogen. Heutzutage ist es immer gut, wenn jemand auf die Sachen aufpaßt, also haben die drei Schafe vertrauensselig, um nicht zu sagen, blöd, die reizend grinsenden, spielenden Wölfe gefragt, ob sie ein Auge auf ihre Sachen werfen können. Diesen sind aber beim Anblick der Pelze die Augen übergegangen, und sie haben in aller Ruhe das kostbare Gut entwendet und sich davongemacht.

Vergebens suchen die drei leichtbekleideten Geschöpfe die Täter und wenden sich schließlich an ihren Vetter, den Detektiv. Bogart, in Outfit – dunkle Brille, Filzhut, Krawatte – und Behavior den Privatdetektiven des *film noir* ähnlich, übernimmt die Aufklärung des Falles von Kleiderraub. Zu mitternächtlicher Stunde geht er los; gefolgt von den Opfern, durchstreift er die grauen Straßen der Stadt, entdeckt die Spur, eine Wollspur, genauer gesagt, und kommt am Faden entlang direkt zum Versteck der Verbrecher. In einem wilden Kampf – seitenweise kleine chaotische Szenen dokumentieren ihn –, in einem erstickenden Gewirr von Fäden werden die Täter gefesselt, und im Morgengrauen beendet ein Frühstück auf grüner Wiese die Geschichte. Ein Diebstahl wird begangen, entdeckt, aufgeklärt und die Täter bestraft, ein Bilderbuchkrimi mit allen Zutaten, schlüssig erdacht und witzig illustriert, Karikatur eines Genres und fröhlicher Spaß an Entdeckung, Aufklärung und wiederhergestellter Ordnung.

Auch Yvan Pommaux spielt mit den Sujets der Kriminalliteratur. Sein Privatdetektiv John Chatterton ist ein Kater auf zwei Beinen aus dem Geschlecht der schwarzen Katzen, bekannt für Unabhängigkeit und Sinnesschärfe. Auch in der Körpersprache der Detektive kennt er sich aus. Mit weit ausholenden Schritten zieht er den grauen Trench nur im Laufen an, steckt lässig die Hände beim Gehen tief in die Taschen, hört aufmerksam in gerader Haltung zu, denkt viel in verschiedenen Posen und entspannt mit den Füßen auf dem Schreibtisch, gern mit Zeitung oder Kaffee. Katzen sind sehr beweglich, und sie schätzen das Dunkel. So agiert auch Chatterton geschmeidig im Grau der Dämmerung, im Schwarz der Nacht, farbiger Grund für das Geschehen. Seine Kleidung ist distinguiert und macht selbst einen schwarzen Kater, dem literaturnachweislich der Ruf anrüchiger Hexenbekanntschaften anhängt, zum glaubwürdigen Partner, modisch ganz auf der Höhe. Mit grauer Hose, weißem Hemd, elegant zum schwarzen Teint, und apricotfarbener Krawatte überzeugt er. In den beiden bisher vorliegenden Fällen *Detektiv John Chatterton* und *Lilly* (Moritz) sind es immer Damen, die ihn um seine Hilfe bitten. Er ist ein Detektiv der besseren Gesellschaft. »John Chatterton-Detektiv-Ermittlungen aller Art«, steht an der dunkelblauen Tür des schlicht eingerichteten und farblich abgestimmt gestrichenen, geschmackvollen Büros. Seine Klientinnen tragen Hut, gern ein bißchen Pelz, Schmuck und Schminke sind selbstverständlich. Mit feinem Füller notiert Monsieur Chatterton: Fall 1: Ein Mädchen ist verschwunden. Nach Befragung der erregten Frau Mama kombiniert der kluge Katerkopf; das Halbporträt mit rollenden Augen und Hand unterm Kinn unterstreicht diesen Denkprozeß. Chatterton erinnert sich an die düstere Geschichte von Großmutter, Wolf und viel Rot und läuft los. Zunächst auf falscher Spur, folgt er schließlich den leuchtendroten Indizien, aneinandergereiht wie Krümel und Steinchen, bis er in die Kellergalerie eines kunstbesessenen Wolfes gelangt, der mit der Entführung eines rotgekleideten Mädchens und der Erpressung der Familie versucht, das Bild *Blauer Wolf auf weißem Grund* für seine Sammlung zu er-

Kleine und große Verbrechen als Themen gehören seit Menschengedenken in den Erziehungsschatz und zwingen zu lustvoller Auseinandersetzung.

gaunern. In der Folge ist ein doppelter Frauenmord geplant, aber Chatterton ist schneller. In kühler Berechnung schleudert er einen Stein, streckt den Antihelden nieder und bekommt zum guten Schluß statt Barem das kostbare Bild zum Lohn, das er nachlässig an die Wand seines Büros nagelt.

Chatterton ist ein eigenwilliger Typ, cool und distanziert und gleichzeitig Freund saxophonspielender Kellerrattenexistenzen und Ansprechpartner billiger Butler. Vorbilder lassen sich assoziieren, besonders, wenn man die schwarzgelben Cover der Bücher im Hintergrund kennt und sie den großen Detektiven der Weltliteratur zuzuordnen vermag.

Fall 2: Eine komplizierte Geschichte: Lilly, Haare schwarz wie Ebenholz, Lippen rot wie Blut und Haut weiß wie Lilien, ist verschwunden, Chatterton ermittelt auf Weisung der Stiefmutter, wird aber zugleich beschattet von einem riesigen schwarzen Gorilla, der auf den Spuren des Profis das Mädchen finden soll, um es, ebenfalls laut Auftrag der Stiefmutter, zu ermorden. Der verfolgte Verfolger Chatterton hat den richtigen Instinkt, begibt sich vor die Tore der Stadt in die weite Einsamkeit der Landschaft, eine Szenerie, die amerikanische Krimis und Filme in das Bewußtsein Erwachsener eingespielt haben, die aber in ihrer verlassenen trübgelben Düsternis auch ohne dieses Wissen eine gelungene Atmosphäre für Verbrechen aller Art schafft. Instinktiv findet Chatterton die richtige Spur, entdeckt Lilly und ihren Freund, ein liebendes Pärchen, das sich vor der bösen Stiefmutter versteckt hat. Die Schönheit Lillys stoppt das Vorhaben des bösen Gorillas, frei von Blut bleibt sein Messer. Unterdessen macht sich die böse Mutter, keineswegs reuig, im Taxi davon, die lackierte Kralle dem Butler schnell noch einmal durchs Gesicht ziehend.

Schönheit zeigt sich als Mittel zum Zweck der Macht, Leopardendamen mit Taubenhut und Designerkostüm wie junge zarte Mädchen kennen die Macht blauer Augen, langer Locken und die feinen Kratzer, nicht nur auf der Haut. Neid und Eifersucht als Tatmotive, gedungene Mörder als Verkörperung von Gewalt und die Macht der Liebe als Anlaß für Handlung stellen den Detektiv John Chatterton in das lebendige Umfeld unserer Tage und nutzen bekannte Märchenstoffe distanziert zu kritischer Fragestellung und intelligentem Spiel. Die Stilmittel der *ligne claire* lassen sich in diesem Bilderbuch erkennen: schmale Umrißlinien ohne Schattierungen und die sorgfältige Komposition von Bildaufbau und Textgestaltung. Ein kongenialer

Strich, dem Verbrechen in seiner Fragestellung Whodunit ein *why* hinzuzufügen, ohne in Schnickschnack oder triviale Langeweile abzugleiten.

Tempo und Dynamik, besonders in der Graphik, sind Stilmittel der Bilderbuchkrimis. Die Wilden Acht in *Ring frei für die Wilden Acht* (Thienemann) verfolgen in atemberaubender Geschwindigkeit und Perspektive den Räuberfisch.

Der Dieb in *Anton und der Knuddeldieb* (Lappan), der Antons Schmusedecke gestohlen hat, wird auf randloser Seite mit dunklem Schrei ins Nichts geschrien.

Meine Hitliste ❶ **Yvan Pommaux: Detektiv John Chatterton** ❷ **Yvan Pommaux: Lilly** ❸ **Wolf Erlbruch; Werner Holzwarth: Vom kleinen Maulwurf, der wissen wollte, wer ihm auf den Kopf gemacht hat** ❹ **Sergej Prokofjew/Frans Haacken: Peter und der Wolf** ❺ **Tomi Ungerer: Die drei Räuber**

In *Feuerwerk für den Fuchs* (Oetinger) gibt es einen seitensprengenden Knall, als Kater Findus den Hühnerdieb auf frischer Tat ertappt und ihn in aggressiver Lust bestrafen will.

Als Hühnerdieb überführt wird auch der Fuchs in *Ein Floh im Ohr* (Aare). Schon Äsop erzählte in seinen Fabeln u.a. von den Qualitäten des Fuchses als Dieb. Kleine und große Verbrechen als Themen gehören seit Menschengedenken in den Erziehungsschatz und zwingen zu lustvoller Auseinandersetzung. In *Entführung im Wunderland* (Patmos) agieren Figuren der klassischen Kinderliteratur. Die Entchen Tick, Trick und Track, die Enkel von Dagobert Duck, sollen von Katze und Fuchs, den bösen Gesellen, die es schon auf Pinocchio abgesehen hatten, gefressen werden. Paul, Bücherfreund und Träumer, wird von Carrolls Alice um Hilfe gebeten. Vereint mit weiteren Berühmtheiten der bekannten Literatur werden die Banditen mit dem Zaubertrank von einst und dem Computer von heute verfolgt und blitzschnell gefangen.

Sogar psychisches Befinden als Grund für gemeines Verbrechen findet sich im Wunderland der Zauberbücher. Schufti in *Zauberspuk beim Weihnachtsmann* (Oetinger) betreibt Hausfriedensbruch und Körperverletzung, ausgerechnet am Weihnachtsmann, als er hinterhältig ins Weihnachtswichtelhaus eindringt. Genau an diesem Ort wurden sein Wunschzettel nie gelesen und seine Wünsche fünfzig Jahre nicht erhört und ernst genommen. Das Drama des zurückgesetzten Kindes als Motiv für Verbrechen ist in der Figur des stoppelbärtigen Kobolds witzig karikiert.

»Wer, wie, was, wieso, weshalb, warum, wer nicht fragt, bleibt dumm...« Um Aufklärung wird gebeten, nicht nur in der Sesamstraße.

Kanonen, Killer und Komplizen
Ein notwendiges Gespräch mit Kalle Blomquist

Von Siggi Seuß

Vergiß es, vergiß es«, winkt Kalle Blomquist ab, »du kannst nicht ewig deinen alten Geschichten nachhängen! Hättest du dich auf die Mordfälle in deiner Nachbarschaft konzentriert und nicht auf John F. Kennedy, dann wäre deine Detektei mit Sicherheit ganz passabel gelaufen!« – »Quatsch«, sage ich, »es gab in unserem Ort in den 60ern nur einen Mord, und der war das Ende einer Ehetragödie. Der Täter wurde gefaßt, ehe ich meine 38er aus dem Nachttisch holen konnte. Und sonst: verdammt tote Hose im Kaff. Keine Juwelendiebe, keine Entführer, kein ermordeter Gren, wie bei euch in Kleinköping – nichts, nirgendwo! Schau dir doch die Lokalzeitungen von damals an, hier zum Beispiel, Samstag, 23. November 1963, der Tag nach der Ermordung Kennedys: ›Pudelklub gegründet. Eisernes Ehejubiläum. Pkw nach Windstoß von der Fahrbahn gedrückt. Königsessen bei den Schützen.‹ Verstehst du denn nicht, daß ich mich notgedrungen mit JFK befassen *mußte*? Es war *die* Chance! Ich wußte schon damals: die Sache ist oberfaul. Und heute ärgere ich mich einfach deshalb, weil Jahrzehnte später ein Typ namens Oliver Stone daherkommt und mir die Ideen der frühen Jahre klaut!«

Emil Tischbein, Gustav mit der Hupe, das Rote U, Kai aus der Kiste, der pfiffige Kriminalreporter Tim, der verrückte Agaton Sax, Nick Knatterton, Kalle, Eva-Lotta und Anders gehörten zu unseren gemeinsamen Brüdern und Schwestern im Geiste.

So oder so ähnlich geht es zu, wenn der Meisterdetektiv im Ruhestand und ich – von 1963 bis 1965 erfolgloser Alleinbetreiber eines Detektivbüros – im Café Gråmunken in der Stockholmer Altstadt zusammenkommen. Ein bißchen Jammer meinerseits, ein bißchen Sentimentalität seinerseits, aber irgendwann werden wir vernünftig und diskutieren über die Kinderbuch-Krimiszene.

Sie fragen sich vielleicht, wie es mir gelang, Kalle Blomquist zu finden, wo er sich doch samt Eva-Lotta und Anders aus dem Staub gemacht hatte, nachdem die Sache mit Rasmus' Entführung aufgeklärt war. Die Geschichte begann damit, daß mein Sohn ungefähr im Alter von zehn Jahren (das war 1990) ein detektivisches Gespür entwickelte. Mit gewissem Stolz kann ich behaupten, daß der Vater an seiner kriminalistischen Elementarbildung nicht ganz unbeteiligt war. Emil Tischbein, Gustav mit der Hupe, das Rote U, Kai

Emil und die Detektive

aus der Kiste, der pfiffige Kriminalreporter Tim, der verrückte Agaton Sax, Nick Knatterton, Kalle, Eva-Lotta und Anders gehörten zu unseren gemeinsamen Brüdern und Schwestern im Geiste. Die *Fünf Freunde* oder die *Schwarze Sieben* ließen wir allerdings ebenso links liegen wie die Abenteuer der *TKKG*-Jungdetektive (Vater: »Ach, sind das furchtbar anständige Kinder!« – Sohn: »Die Stories sind ziemlich ausgelutscht!«). Mit den *Drei ???* Justus Jonas, Peter Shaw und Bob Andrews in Rocky Beach konnten wir uns jedoch leidlich anfreunden.

Es war damals bereits abzusehen, daß der Detektivkarriere des Knaben durch die Pacman-Abenteuer am heimischen C-64-Computer alsbald schwerer Schaden zugefügt werden würde. Deshalb wollte ich ihm – sozusagen zum Abschluß des kriminalliterarischen Grundkurses – beweisen, welch fundamentale Bedeutung reale Orte und wahre Gestalten (zweifelt hier jemand an der Existenz Kalles?) für gute Kriminalgeschichten haben. Also reisten wir zu den Schauplätzen der Verbrechen, die Kalle Blomquists Detektivlaufbahn prägten. Gerade mal drei Sommer lang prägten, nicht mehr und nicht weniger. Drei Sommer lang, in denen die Abenteuer reifen konnten wie ihre Protagonisten und nicht wie genbehandelte Tomaten in einer Zuchtanstalt. Noch ahnten wir nicht, daß die Fließbandfälle der *Fünf Freunde* oder der *TKKG* bald von Hunderten von Abenteuerchen übertroffen werden sollten, die zwar klangvolle Namen wie *Kolumbus und der Killerkarpfen*, *Geheimakte Y* oder *Sturmwind darf nicht sterben* tragen, aber nichts anderes sind als eine endlose Aneinanderreihung von Belanglosigkeit, Beliebigkeit und blühend-bescheidener Phantasie. Natürlich hoffte ich, auf der Reise nach Småland Kalle zu treffen, um ihn als Zeugen gegen die Nonstopkriminalisten zwischen den Buchdeckeln zu präsentieren. Aber der ehemalige Meisterdetektiv war unauffindbar. Auch nach der Veröffentlichung des folgenden Briefes meldete er sich nicht:

»Wo immer Du bist, lieber Kalle Blomquist, hör zu! Wir suchten Dich überall in Småland, aber wir fanden Dich nicht. Wahrscheinlich plagst Du Dich gerade in der Aufsichtsratssitzung der Elektrizitätsgesellschaft von Göteborg herum. Oder arbeitest Du etwa als Rechtsanwalt in Stockholm? – Alle kennen Deinen Namen, aber was aus Dir geworden ist, weiß keiner. Auch Deine Kumpels sind wie vom Erdboden verschluckt.

Kalle, wir brauchen Deinen Rat! Philip Marlowe, der Einzelgänger, ist eine Legende. Detektive ohne Erfahrungsaustausch sehen ziemlich alt aus, und sie brauchen den Kampf zwischen Weißer und Roter Rose, denn nicht täglich laufen einem drei Juwelendiebe über den Weg. Das Problem: Deine Strategien funktionieren nicht mehr so wie früher. Schauplätze und Methoden des Verbrechens haben sich radikal geändert. Guck Dir die Gartenzäune in Deiner Heimatstadt an. Eine Latte

akkurat neben der anderen. Kein Stückchen morsches Holz, keine Lücke, durch die man schlüpfen könnte. Ganz zu schweigen von den Vorgärten.

Lieber Kalle, wir brauchen ein neues Know-how, um die Panzerplatten zu durchdringen, die sich uns Erwachsenen ständig in den Weg stellen, wir brauchen elektronische Hilfsmittel zur Entschlüsselung der Logistik des modernen Verbrechens – aber, Kalle: Wir brauchen vor allem Dich. Deine Pfiffigkeit, Deine Beweglichkeit und Deine Phantasie. Also, wo Du auch immer bist: Laß Deinen Samsonitekoffer fallen, zieh Deinen Nadelstreifenanzug aus und hilf uns, die letzten Überbleibsel unseres Abenteuerdschungels zu durchforsten. Notfalls schaufeln wir gemeinsam den Asphalt der Bullerbygatan in Deinem Geburtsort beiseite, unter dem Deine Träume begraben liegen. Oder wir ziehen uns, zusammen mit unserer Freundin Ronja, der Räubertochter, in die Tiefe der schwedischen Wälder zurück und widmen uns dem Kampf gegen Graugnome und Wilddruden.«

Das mit der Tiefe der schwedischen Wälder war natürlich nicht ganz ernst gemeint. Graugnome und Wilddruden finden sich schließlich an jeder Straßenecke. Aber ansonsten – das sage ich nun aus der Distanz von sieben Jahren – könnte ich den Brief heute noch unterschreiben, auch wenn sich mein Sohn inzwischen erfolgreich der interstellaren Kriminalität im Alpha-Quadranten und der Haateeteepeedoppelschläscheffteepee der Internetgalaxie widmet und über die provinzielle Beschränktheit seines Vaters milde lächelt.

Daß Kalle und ich schließlich zusammenfanden, verdankt sich jener unerklärlichen Allianz von Zufall und Absicht, die auch das Leben von Ruhestandsdetektiven immer wieder spannend macht. Kalle Blomquist arbeitete inzwischen für die Staatliche Schwedische Assekuranz und befand sich damals, als wir die Botschaft schrieben, in einer heiklen Mission in Nahost. Das und der Umstand, daß er sich – um es vorsichtig auszudrücken – gerade in einer äußerst schwierigen Phase seiner Beziehung zu Gunhild (seiner zweiten Ehefrau) befand, erklärt die jahrelange Verzögerung einer Antwort. Erst nach der Trennung von Gunhild fand er in einer Umzugskiste mit der Aufschrift »Unerledigtes« unter einem Packen unbeantworteter Post unseren Appell. Und nun treffen wir uns jährlich ein paar Tage, um Erfahrungen auszutauschen. Im vergangenen Sommer waren wir sogar zwei Wochen gemeinsam unterwegs und besuchten Schauplätze des Verbrechens, die in der Kriminalliteratur für Kinder und Jugendliche ihren Niederschlag finden. Es tat verdammt gut zu erleben, wie schnell wir Freunde unter den Jungdetektiven diesseits und jenseits des Atlantiks fanden, und wie entschieden wir uns von jenen abwandten, die sich wie Yuppies auf jeden dahergelaufenen Trend stürzen, um ins Gespräch zu kommen und Kasse zu machen. Mit Flanagan in Barcelona schlossen wir Freundschaft, mit Miriam Enderby – sie ist ein Computerfreak in San Francisco –, mit dem krisengeschüttelten Theodor Bach in Stockholm, mit dem sächsischen Spurensucher Alfred, mit den Katastrophenweibern Isy und Amanda in Berlin, mit dem Juniordetektiv

Nick Nase, mit Katzendetektiv John Chatterton und nicht zuletzt mit Spürnase Bogey, der sein provisorisches Büro in einer Schuhschachtel (!) im Kinderzimmer eingerichtet hatte.

»Fällt dir was auf?« fragt mich Kalle, während ich die letzte Krabbe ins Salatblatt wickle. – »Was?« – »Daß wir uns ganz schön verändert haben seit unserer Profizeit als Privatdetektive.« – »Wie meinst du das?« – »Erinnere dich doch an deinen Satz im Brief: ›Philip Marlowe ist eine Legende. Detektive brauchen den Kampf zwischen Weißer und Roter Rose.‹ Und was für Typen sind uns jetzt sympathisch? Private Eyes, widerspenstige Helden mit ein paar Macken, einsame Wölfe, die lieber von der Bildfläche verschwinden, bevor ihnen eine Ehrenmedaille umgehängt wird. Detektive, die in Mülltonnen wühlen, kleine Sam Spades, um die herum sich Abgründe auftun, die tiefer sind als 'ne mickrige Räuberschlucht. Grautöne mögen wir und Milieu, kein primitives Schwarz und Weiß. Wo bleibt da Platz für eine Spielwiese im Rosenkrieg?« – »Versteh mich richtig«, korrigiere ich, »natürlich brauchen Jungdetektive Freunde, Berater, Kuschelecken und ein kleines Paradies zum Seelenbaumeln. Aber hast du nicht auch das Gefühl, daß wir im Zweifelsfall ziemlich allein sind, wenn uns Intrige, Haß und Gewalt angrinsen? Daß wir froh sein können, wenn wir ein, zwei Vertraute zur Hand haben, die uns trösten oder Mut machen. Oder denkst du etwa, alles löst sich in Wohlgefallen auf, wenn wir uns, gut organisiert, mit vier bis sieben Freunden und ein bis zwei Säugetieren – vorzugsweise Hunden – dem Verbrechen entgegenstellen? Flanagan, Chatterton, Bogey haben mit TKKG soviel gemein wie Philip Marlowe und Sam Spade mit Klops & Lücke von der Wildeshausener Computerdetektei.« – »Halt, halt, mein Freund«, fährt Kalle dazwischen. »Jetzt wirst du aber ungerecht. Überleg doch mal, wie du Detektiv wurdest! Waren da wirklich nur hehre Vorbilder in literarisch wertvollen Stories im Spiel?«

Kalle Blomquist

Irgendwie hat er ja recht, der Kalle. Abgesehen davon, daß ich in Gustavs Berliner Straßenbande oder Peter Pfannstiels straff organisierten Hamburger Schuhputzerjungen heute kaum mehr hehre Gestalten sehe: Jede Woche verschlang ich damals mit Begeisterung die Groschenkrimis aus dem Pabel-Verlag. Mein unangefochtenes Idol war Jo Louis Walker, Privatdetektiv, besser bekannt als »Kommissar X« aus der Bronx, Gun Hill Road 123. Lebensweisheiten wie »In unserer Arbeit sind Weiber verdammt gefährlich, Junge!« pflasterten jahrelang meinen Weg. Die beknackten Stories prägten mein Weltbild wie die Anzeigen auf den Innenseiten der Heftcovers: »Haben Sie Hemmungen? Sind Sie Bettnässer? Mach mich glücklich! Kraft-Dragees, schnell wirksam. Endlich unsinkbar.« Besonders eine Annonce hatte es mir angetan: »Schreckschußrevolver. Schwarz, mit wohlgeformtem und gut in der Hand liegendem Griffstück. Sechsschüssig, ganz aus Metall.« Mit Müh und Not kratzte ich mir zehn Mark zusammen und bestellte die 38er, bohrte den Lauf durch, ergötzte mich an der durchschlagenden Wirkung des Mündungsfeuers und verzichtete sofort auf den Kauf der Kraft-Dragees. Nun fehlte nur noch das Schulterhalfter, um der Philosophie meines Vorbildes gerecht zu werden: »Er brauchte nur einen Blick auf die leichten Wölbungen ihres Jacketts zu werfen, um zu wissen, daß hier ausgesuchte FBI-Beamte ihren Dienst taten.« – *Ich*, ein ausgesuchter FBI-Beamter! Aber Mutter, diese Ignorantin, verweigerte mir hartnäckig einen Kredit, und so mußte ich die Kanone in der Hosentasche herumschleppen – ein Handicap, das mich in der Bewegungsfreiheit erheblich einschränkte und den Fortgang meiner JFK-Recherchen beeinträchtigte.

»Haben Sie Hemmungen? Sind Sie Bettnässer? Mach mich glücklich! Kraft-Dragees, schnell wirksam. Endlich unsinkbar.« Besonders eine Annonce hatte es mir angetan: »Schreckschußrevolver. Schwarz, mit wohlgeformtem und gut in der Hand liegendem Griffstück. Sechsschüssig, ganz aus Metall.«

»Na also, gib's doch zu, daß du dich genauso an Trivialliteratur satt gelesen hast, wie das Kinder heute tun!« unterbricht Kalle meine Gedanken. – »O.k., aber uns wurde doch nicht so massiv das Hirn verkleistert.« – »Es reichte allemal fürs Brett vorm Kopf«, beharrte Kalle. »Kommissar X, Die Schwarze Fledermaus, Geheimauftrag für John Drake, Abenteuer unter Wasser, die Panzerknacker, Joachim Fuchsberger.«

Kalle hat recht. Da war ein Brett vorm Kopf, das etwa die gleiche Wirkung hatte wie ein Cyberspacehelm heutzutage. Es lenkte mich auf bequeme Weise von Pudelklubgründungen und windstoßgeschädigten Fahrzeugen ab, von denen ich mich umzingelt sah. Und noch wichtiger: Es lenkte mich ab von der deprimierenden Tatsache, daß einem gerade in der Blütezeit der Phantasie und in der letzten Phase unverbogenen Gerechtigkeitssinns niemand so richtig ernst nahm aus dem Lager der Gereiften. So war mein Rückzug in die Welt von Kanonen, Killern und Komplizen mehr als eine Flucht in exotische Welten. Es war eine Überlebensstrategie. Erst als die Existenz so einigermaßen gesichert war, konnte ich mich jenen literarischen Figuren widmen, die meinem realen Leben weitaus näher kamen als Kommissar X. Von da an waren gelegentliche Ausflüge in die Gun Hill Road reine Vergnügungsfahrten.

»Du hast recht, Kalle«, schrecke ich aus meinen Gedanken hoch, »du hast recht, und trotzdem hasse ich diese Schmalspurkrimis, die alles verschlingen, was gerade im Trend liegt. Diese platten Stories von Gut und Böse, die schon zu Ende sind, bevor sie überhaupt begonnen haben.« – »Und wie geht's dir mit meinen Abenteuern?« fragt Kalle zögernd. – »Erinnerst du dich noch, was Eva-Lotta zu dir sagte, bevor euch Rasmus über den Weg lief? ›Stell dir vor‹«, zitiere ich, »›wenn du als dicker alter Kerl mit vierzig auf der Suche nach dem Großmummrich durch die Gräben kriechst. Die Gören der ganzen Stadt werden aus dem Kichern nicht herauskommen.‹ – Ich laß sie kichern und krieche.«

»Gut so«, lächelt Kalle, »das klärt aber noch nicht die Frage, ob sich Jungdetektive heute durchs literarische Unterholz schlagen müssen, um gute Kriminalisten zu werden.« – »So lange sie einen leibhaftigen Großmummrich zu verstecken wissen und außerdem ahnen, daß es auch unscheinbare Orte des Verbrechens *diesseits* der Lattenzäune gibt, ist noch nicht alles zu spät. Vielleicht haben diese Orte andere Namen als damals, vielleicht wachsen auf ihnen keine Brombeersträucher, sondern Schimmel und Müll und Kakerlaken.« – »Und wer weiß«, grinst Kalle, »welche Abgründe in deutschen Pudelklubs lauern!«

Meine persönliche Kinderkrimi-Bestenliste
1 Marjorie Weinman Sharmat: Nick Nase (3 Fälle) (ab 6) 2 Yves Pommaux: Detektiv John Chatterton (2 Fälle) (ab 8) 3 Robin Kingsland: Spürnase Bogey mischt sich ein (ab 10) 4 Hergé: Tim und Struppi, Das Geheimnis der Einhorn (ab 10) 5 Astrid Lindgren: Kalle Blomquist (3 Fälle) (ab 10) 6 Andreu Martín & Jaume Ribera: Flanagan (3 Fälle) (ab 12) 7 Gillian Cross: Auf Wiedersehen im Cyberspace (ab 12)

»Auf dieser Welt hat man nie alles im Griff«, flüstert uns in diesem Augenblick Bogey zu, der sich unter dem Bistrotisch versteckt und das Gespräch belauscht hatte. »Das Leben packt dich am Schlafittchen, hebt dich hoch, beutelt dich eine Weile und setzt dich dann wieder ab.« – »Und dort, wo du gerade sitzt«, ergänzt Kalle, »brauchst du einen Platz für deinen Traum von Gerechtigkeit. Und sei es in einer Schuhschachtel.«

PS: Wenn Sie wissen wollen, was mit Eva-Lotta und Anders geschah: Beide heirateten 1964, wanderten nach Kalifornien aus und betreiben zusammen mit ihren drei Kindern eine Lachszuchtfarm im Silicon Valley.

Nick Nase von Marjorie Weinmann Sharmat (Ravensburger)

Vom Klassendieb zu den üblichen Verdächtigen. Über Kriminalerzählungen für Jugendliche

Von Ralf Schweikart

Diebstahl, Versicherungsbetrug, Einbruch, unerlaubter Waffenbesitz, Vergewaltigung, diverse Körperverletzungen in verschieden schwerer Form, teilweise sogar vorsätzlich: Diese Aufzählung klingt wie eine halbe Jahresstatistik sämtlicher in Kriminalromanen für Jugendliche auftretenden Delikte. Ist es aber nicht. Es ist nichts anderes als die unvollständige Sammlung kriminalistisch verwertbarer Tatbestände aus einem 1996 mit dem deutschen Jugendliteraturpreis ausgezeichneten Roman. Übrigens kein Krimi, so weit man den Begriff auch fassen mag. Denn dahinter verbirgt sich keine Erzählung, »deren Gegenstand die Genesis und die Durchführung von Verbrechen einschließlich der Schilderung psychischer Tatmotivationen im Wesen des Täters« oder in der »die Intention zur Detektion des Verbrechens und des Täters vorrangig« ist. (Peter Hasubek: *Die Detektivgeschichte für junge Leser*) Es handelt sich um die *Winterbucht* (Anrich) von Mats Wahl, eines der beeindruckendsten Bücher der letzten Jahre von einem der herausragendsten Autoren der Literaturszene.

Was zu Beginn bewußt in die Irre führt, macht jedoch deutlich, mit welcher Konkurrenz sich Krimis für Jugendliche herumschlagen müssen, nicht nur aus der unmittelbar benachbarten Literatur. Denn kaum ein anderes literarisches Genre steht so im Schußfeuer der Medien. Ob in Vorabendserien oder Reihenproduktionen, das Fernsehen bietet einen Überfluß an Fahndern, Kommissaren und Harrys, die schon mal den Wagen vorfahren. Sie alle ermitteln aber nicht für eine spezielle Zielgruppe, sondern bedienen die jugendlichen Seher gleichberechtigt mit. Viele der Filme liefen zuvor im Kino, dem Jugendmedium par excellence. Aber natürlich nennt es sich nicht so, denn eine Zwischensparte nach dem wenig lukrativen Kinderfilm würde die potentielle Seherschaft nur verschrecken. Schon ein kurzer Blick in eine Kinoprogrammvorschau zeigt aber, wie dominant dort actionorientierte Streifen sind, die immer auch mit kriminalistischen Elementen spielen.

In der Literatur selbst werden die Kriminalromane für Jugendliche von den unzähligen Titeln für Kinder gestützt. Sie unterscheiden sich voneinander, auch wenn es schwer ist, den genauen Übergangspunkt festzumachen.

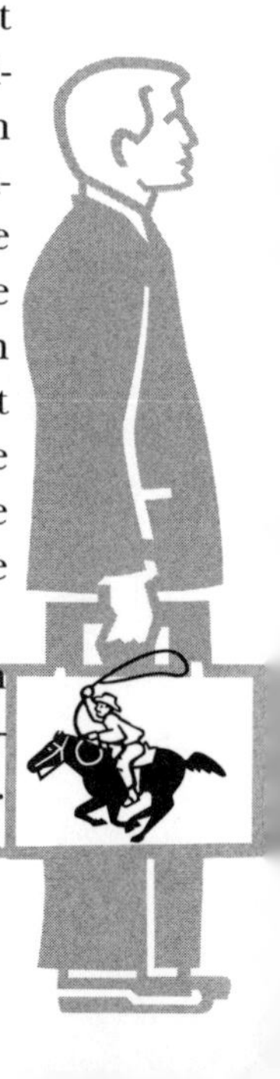

Jugendbuch ab 12? Ab 14? Wann fühlt sich ein junger Mensch als Jugendlicher? Liest er dann überhaupt noch Jugendliteratur? Fragen ohne zufriedenstellende Antworten. Daneben gibt es genügend in der Qualität zwischen trivial und anspruchsvoll schwankende Jugendbücher, die mit Versatzstücken aus Kriminalromanen arbeiten, ohne deswegen ein Krimi zu sein. Sie arbeiten mit den gleichen Mitteln der Spannungserzeugung, sie thematisieren den ewigen Kampf zwischen Recht und Unrecht, dringen ein in die deformierte Psyche möglicher Täter, sie sind Abbild einer Gegenwart, in der Kriminalität ein integraler Bestandteil ist. Die *Winterbucht* ist nur ein Beispiel dafür. Und es gibt die Romane für Erwachsene, die sich wiederum von denen für Jugendliche unterscheiden, und sei es nur im Namen des Verlages. Denn der bestimmt in Deutschland noch immer die Grenze zwischen den Literaturen. Daß die jugendlichen Leser sich an solche Reihenfolgen überhaupt nicht halten, sondern im jugendlichen Lesealter schon zu Erwachsenenbüchern greifen, ist ein weitverbreitetes Phänomen. Weil damit gleichzeitig eine höhere Wertigkeit verbunden ist, funktioniert dieser Aufzug jedoch nur in eine Richtung, nämlich aufwärts. Krimis aus Jugendbuchverlagen, die auch von älteren Lesern angenommen werden, sind die Ausnahme. Trotzdem gibt es sie, die internationalen und interessanten Krimis für Jugendliche. Man muß sie nur suchen.

Krimis aus Jugendbuchverlagen, die auch von älteren Lesern angenommen werden, sind die Ausnahme. Trotzdem gibt es sie, die internationalen und interessanten Krimis für Jugendliche. Man muß sie nur suchen.

KRIMIFUNDGRUBE

Die beiden größten Schlupfwinkel der anspruchsvolleren Kriminalromane für Jugendliche, soweit sie überhaupt im Angebot von Jugendbuchverlagen sind, finden sich bei den Verlagen Anrich und Alibaba.

Die optisch nicht immer gelungene Krimireihe bei Alibaba ist im Frühjahr 1997 bei Band Nummer 17 angelangt. Die Titel, vor allem aus dem angloamerikanischen Sprachraum, sind im Original nicht unbedingt als Kriminalerzählung erschienen, zumal es in den Herkunftsländern diese strenge Unterteilung so gar nicht gibt. Unter dem gemeinsamen Titel »Krimi« finden sich vor allem gesellschaftskritische Texte, die sich mit dem ungeschminkten Alltag, der Lebenswirklichkeit auch der hiesigen Leser auseinandersetzen. Polizei und Detektive müssen nicht zwangsläufig auftauchen, Straftaten nicht unbedingt ausgeführt werden, der Held nicht unbedingt ein Jugendlicher im Alter des Lesenden sein. Titel von Robert Westall sind hier zuerst erschienen, außerdem die kohlrabenschwarze Fußballsozialstudie *Nicht absteigen* (Alibaba) von Robert Swindells oder *Sandra zwischen den Stühlen* (Alibaba) von Jan Needle, die Geschichte einer jungen Polizistin, die den Fall eines ermordeten alten Pakistani gegen die Widerstände in Politik und Presse aufzuklären hat. Auch Celia Rees' *Schritte am Abgrund* (Alibaba), eine Story über eine Vergewaltigung während einer Klassenreise, verbunden mit der Suche nach einem in der Nähe des Ferienheimes untergetauchten Mörder, hat in dieser Reihe ihren Platz. Am Ende parallelisiert sich die Handlung. Der Mörder wird überführt, aber auch das vergewaltigte Mädchen Chris nennt der Polizei den Namen des Täters, eines Mitschülers.

Die Titel bei Anrich stützen sich vor allem auf die Autoren Bernt Danielsson und das spanische Erzählerduo Andreu Martín und Jaume Ribera mit ihrer »Flanagan«-Reihe. Mittlerweile im vierten Band kämpft Flanagan, der Nebenerwerbsdetektiv aus Barcelona, gegen die üblichen Verdächtigen: Skinheads mit Baseballschlägern, einen echten Mörder oder gegen Drogenhändler, die in seinem neuesten Abenteuer *Flanagan de luxe* (Anrich), selbstverständlich zeitgemäß, mit Ecstasy-Pillen handeln. Und was meint *Die Zeit* zu diesen Krimis? »Die Dialoge: quicklebendig und geistreich. Die Handlung: spannend, witzig, (selbst)ironisch und ohne Tabus – eine engagierte Milieuschilderung, die mit Grautönen jongliert und von einem moralischen Schwung beseelt ist, der keinen Zeigefinger braucht.« Na dann.

ECHTE ANLIEGEN

Vom *Mörder in der Rue Morgue* von E. A. Poe bis zu *Nightmare on Elm Street* hängt der Ruch des Trivialen über den Krimimedien. Insbesondere für Kinder und Jugendliche galt die abenteuerorientierte Kriminalerzählung als typische Vertreterin einer Schmutz- und Schund-Literatur, die einer sittlichen und moralischen Erziehung abträglich erschien. Den Vorwurf des Trivialen, der in der konservativen Kinderliteraturkritik teilweise doppelt, in der diktatorischen Leseförderung allein um des Lesens willen teilweise bloß die Hälfte wiegt, hat sie bis heute nicht abgeschüttelt. Zu Recht, wenn man sich die unzähligen Actionreißer und Detektivreihen, über die ein Kinderbuchverlag offensichtlich verfügen muß, näher ansieht. Ermittelt wird in den abstrusesten Fällen, der erfolgreichste Kommissar heißt Zufall, und das Strickmuster ist seit Kaisers Zeiten unverändert. Ob verschwundene Ponys, geklaute Füller oder gemopste Eiswaffeln: Die Machart gleicht sich wie ein Ei dem anderen. Aus dem Einerlei brechen seit der kinderliterarischen Reform zu Beginn der 70er Jahre die sozialkritisch verstandenen Krimis aus, die in vielen Fällen doch nichts anderes sind als eine

besonders perfide Verschleierung trivialer Erzählmuster. Oberflächlich werden tagesaktuelle Probleme wie Rechtsradikalismus, Kindesmißbrauch, Drogensucht oder Umweltverbrechen angerissen, um sie mit den Mitteln des Detektivromans aufzulösen. Doch es gibt auch Ausnahmen: Jan de Zangers *Dann eben mit Gewalt* (Anrich) war eines der ersten Bücher, in dem Ausländerfeindlichkeit angesprochen wurde, noch bevor in Rostock und anderswo die Häuser brannten. Es war ein ernsthafter Versuch, durch Spannung und die dem Krimileser eigene Hoffnung auf ein gutes Ende auf die aufkeimende rechte Gefahr aufmerksam zu machen. Doch nicht immer gelingt das mit dem Genre Krimi. Dann wird aus einer gesamtgesellschaftlichen Gefährdung nur noch ein fratzenhafter Buchbösewicht. Die Genese von Skinheads als moderne Variante der den gefährlichen Gangsterboß umgebenden Schlägertruppe ist nur ein Beispiel.

Als hochgelobtes Gegenstück hangelt sich *Peter und der Prof.* von Band zu Band, mittlerweile sind es acht, und von einem Problemthema zum anderen. Im neuesten, *Die Rache vom Himmel* (Sauerländer), geht es um den illegalen Handel mit ausgestopften Wildtieren und seltenen Falkenjungen. Den beiden jugendlichen Detektiven bleibt auch in den Ferien keine ruhige Minute. Ein ertrunken geglaubtes Mädchen, eine seltsam ausgestattete Segeljacht, die Feindseligkeiten innerhalb der Dorfbevölkerung: Dahinter muß sich ein dunkles Geheimnis verbergen, glauben Peter und der Prof. Das wird, wie immer, voll und ganz aufgelöst. Auch wenn die große Originalität fehlt, vermag der Autor Ingvar Ambjörnsen zumindest eine plausibel aufgebaute und von den Detektiven entschlüsselte Geschichte zu erzählen, die ihre Wurzeln in einem innerfamiliären Konflikt hat. Noch einen Schritt weiter geht Robert Griesbeck in *Ein starker Auftritt, Kutti* (Bertelsmann). Was als komische Liebesgeschichte beginnt, kippt um in eine verwickelte Drogengeschichte, in der der Titelheld Kutti rein zufällig die entscheidenden Hinweise geben kann. Neben dem aktuellen Thema und dem Erzählraster der Detektivgeschichte kommt nun noch die Dimension einer Liebesgeschichte hinzu.

EINER FÜR ALLE, ALLE FÜR EINEN

Auch der beste Detektiv ermittelt nicht gerne allein. Was wäre ein Sherlock Holmes nur ohne seinen Watson? Weil die Spürnasen sich gerne mit Assistenten austauschen, Theorien wälzen und das eine oder andere Mal aus brenzligen Situationen befreit werden müssen, rotten sie sich bevorzugt in Gruppen zusammen. Angefangen 1928: In Erich Kästners *Emil und die Detektive* (Dressler), dem Auslöser und Vorbild zahlreicher Kinderkrimis, agiert eine ganze Horde wohlorganisierter Berliner Gören, die sich an die Fersen des Diebes aus Emils Zugabteil heftet. Mindestens ebenso berühmt sind die fünf Freunde Julius, Richard, Tim, Georg und Anne von Enid Blyton (Schneider). Dieses Schema der Aufteilung bestimmter Charakter- und körperlicher Eigenschaften auf einzelne Figuren, die ihre Fälle nur in Kooperation und Teamarbeit lösen können, dann nämlich, wenn sie eine optimale Summe aller Einzelleistungen erbringen, zieht sich seitdem durch die Kriminalerzählungen für Kinder und Jugendliche. Ob die fünf Freunde, die viereinhalb Freunde von Joachim Friedrich (die halbe Portion ist der Hund Tausendschön), die Knickerbocker-Bande von Thomas Brezina (Schneider) oder die drei Fragezeichen Justus Jonas, Bob Andrews und Peter Shaw (Franckh-Kosmos) all diese Geschichten leben von den unterschiedlichen und sich ergänzenden Charakteristika der einzelnen Figuren. Thomas Brezina liefert das prototypische Beispiel: Axel, der Sportliche, Lilo, das Superhirn, Dominik, das Schauspieltalent, und Poppi, das Nesthäkchen der vier. Sie bilden einen starren Figurenrahmen, der den Lesern einen starken Wiedererkennungswert und vielfältige Identifikationsmöglichkeiten anbietet. Die kleinste Teilmenge stellt in einer solchen Differenzierung das Duo aus einem sportlichen und wagemutigen Draufgänger und einem bedächtigen und zurückhaltenden Denker dar. Als Beispiel genannt sei nur die Serie von Ingvar Ambjörnsen *Peter und der Prof.* Das zögerliche Bremsen des einen gegen die Hauruckmentalität des anderen bietet eine wahre Fundgrube für die dramaturgische und szenische Ausgestaltung.

Doch je älter die Figuren werden (obwohl Serienhelden nie altern), desto eigenständiger agieren sie. Erst in der Gruppe bekommen die kindlichen Detektive ein den zumeist erwachsenen Tätern und der mitermittelnden Polizei in Form eines sie insgeheim bewundernden Inspektors gleichwertiges Gewicht. Gleichen sie sich den intellektuellen Fähigkeiten und der körperlichen Verfassung der Erwachsenenwelt an, wird die Gruppenbindung obsolet. Das gemeinsame Finden einer Lösung tritt zurück, mehr und mehr nähert sich die Erzählweise den Formen des Erwachsenenkrimis an. Sie werden zu jugendlichen Ausgaben der großen Vorbilder wie Hercule Poirot, Sam Spade oder Philip Marlowe – Einzelkämpfer und gebrochene Helden an den Schnittstellen zwischen Legalität und Illegalität, zwischen Mitschuld und Sühne.

AUFWÄRTS

Während die Erzählungen den jungen Lesern die Strukturen und Erzählweisen, die Handlungsmuster und Stereotypen des Kriminalromans mühsam beibringen sollen, kehrt sich diese Aufgabe bei Fortschreiten des Lesealters ins Gegenteil um. Jetzt ist es eine selbstreflexive Literaturform, die die Frage nach den üblichen Verdächtigen längst außer acht läßt. Vielmehr gehen diese Krimis verstärkt in Richtung des Formenspiels, der Parodie und einer zunehmenden Intertextualität über.

Vor allem in den Romanen Bernt Danielssons ist die Parodie Stilelement. Sein Detektivteam, das er im ersten Band *Kevin & Schröder. Ein Kuß als Belohnung* (Anrich) mittels eines Verkehrsunfalls zusammenbringt, besteht aus Kevin, dem 15jährigen Mofafahrer, der unachtsam in den aus der Seitenstraße biegenden, schrottreifen Lieferwagen knallt, und Raymond Schröder, dem wundersamen Lenker dieses Fahrzeugs. Ein Typ mit schmutziggrauem Trenchcoat, wirren, schwarzen Haaren und einer Sonnenbrille, knapp 40 Jahre alt und irgendwas zwischen Lebenskünstler, Maler und Schriftsteller. Sein Auto trägt den beziehungsreichen Namen Bogart, sein ziemlich fetter Köter heißt Chandler. Kein hundeelender Abgesang auf ein Vorbild, sondern Schröders personifizierte Bewunderung: »Die besten Krimis, die je geschrieben wurden. Völlig wertlose Intrigen, aber die sind ja auch nicht wichtig. Die Sprache, die Formulierungen, die Atmosphäre, der Stil, das *Leben*, das ist wichtig.«

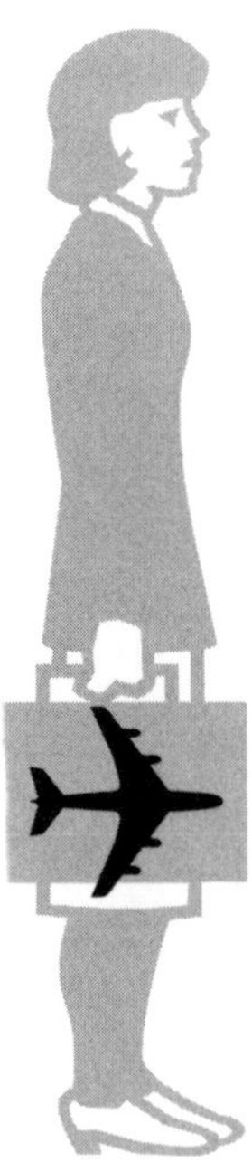

Als Duo wider Willen machen sie sich auf die Suche nach der verschwundenen Lena, einer Freundin Schröders. Als eine Art Undercoveragentin ermittelt sie verdeckt in einer dubiosen Firma. Dazu ein falscher Polizist, der sich den beiden als Helfer andient, fertig ist die Ausgangssituation für Verwicklungen, gefährliche Hinterhalte und reichlich Actionsequenzen. Diese Elemente bilden die Plattform für witzige Dialoge und vielfältige Anspielungen, die sich quer durch den Text ziehen. Auch in der zweiten Folge, *Die Diskette* (Anrich), geht es um solche Verwicklungen und Unklarheiten, die sich erst im Laufe der Ermittlungen aufklären. Schröder ist ein Detektiv mit Schrullen, eine Mischung aus Inspektor Columbo und einem jugendfreien Horst Schimanski nach drei Wochen Trennkost.

Noch stärker im Vordergrund steht Danielssons überbordender Erzählfluß in *Steff* (Anrich). Der Handlungsrahmen tritt noch weiter zurück und läßt Raum für die Reflexionen der beiden Hauptfiguren, der 16jährigen Steff und dem über 44jährigen Theodor Bach, ein gleichermaßen unkonventioneller wie verschnarchter Schnüffler à la Schröder. Was zu Anfang wie ein Problemchen für das Dr.-Sommer-Team klingt, warum nämlich Steffs Freund sich in letzter Zeit so merkwürdig verhält, entpuppt sich schließlich als Verschwörung einer rechtsextremistischen Vereinigung auf höchster politischer Ebene. Vater und Sohn waren verdeckt auf der Spur der Drahtzieher, um Beweise für begangene Straftaten sicherzustellen und in der Presse zu veröffentlichen. Diese Geschichte wirkt beinahe zweitrangig, wenn über weite Strecken über Film und Musik, über Liebe und Schmerz, über Sehnsucht und Melancholie geredet und monologisiert wird. Wie immer bei Danielsson steckt auch *Steff* voller Anspielungen auf die amerikanischen Krimiklassiker in Film und Buch. So ist *Steff* konstruiert als Drehbuch eines imaginären Films. Aber die unsichtbaren Grenzen des Jugendkrimis bleiben gewahrt. Mehr als eine väterliche Umarmung ist für Theodor Bach trotz anderslautender Gefühlswallungen nicht drin.

Der angloamerikanische Hardboiled-Thriller in den Fußstapfen von Dashiell Hammett oder Raymond Chandler bestimmt die Grenzen der jugendliterarischen Freizügigkeit. *Sex and crime* werden auf ausführliches Augenpetting und riskante Taschengeldunterschlagungen reduziert. In der Darlegung psychologischer Motivationen der Täter übt man sich in vornehmer Zurückhaltung. Es ist kein Platz für einen jungen Hannibal Lecter aus *Das Schweigen der Lämmer* von Thomas Harris oder einen der psychopathischen Kinderkiller aus den Romanen eines Andrew Vachss.

Klaus-Peter Wolfs Roman *Feuerball* (Ravensburger) ist eine der wenigen jugendliterarischen Ausnahmen. Er nutzt, am Rande der Glaubwürdigkeit balancierend, die Möglichkeiten des psychologischen Romans, verquickt mit dem notwendigen Beiwerk eines Thrillers, wie die Jagd nach einem unbekannten Täter und die spannungsreiche Aneinanderreihung abenteuerlicher Ereignisse. Jens, der seit dem Tod des Vaters (er kam in einem brennenden Auto ums Leben) unter Schizophrenie leidet, wird verdächtigt, für eine nicht abreißende Serie von Bränden in der Stadt verantwortlich zu sein. Seine Psychologin, der Kommissar, seine Schwester und ihr Freund, ein sensationsgieriger Freizeitjournalist, sie alle suchen nach dem Feuerteufel, nach einem möglichen System hinter der Auswahl der entflammten Gebäude. Die Schlinge zieht sich mehr und mehr zu, bis Jens dem eigentlichen Täter auf die Spur kommt. In einem furiosen und tödlichen Feuerwerk endet das Buch. In der Multiperspektivität, in den beklemmenden Situationen, wenn in Jens die Bilder der Vergangenheit emporkriechen, hat der

Krimi seine stärksten Momente. Fast scheint es so, als müsse gerade ein Autor wie Klaus-Peter Wolf, der sowohl in der Erwachsenen- wie in der Kinderliteratur zu Hause ist, einen solchen Roman schreiben. Denn ihm gelingt es, die Grenzen zwischen den Literaturen zu verwischen, ohne Qualitätseinbußen einzugehen oder sich für jugendliche Leser in die Hocke zu begeben.

Mord als Handlungsmotiv tritt eher selten auf oder liegt außerhalb der erzählten Zeit oder des handelnden Figurenensembles. Doch die Ausgestaltung mit sensationellen und weit ins Phantastische reichenden Übertreibungen und die Häufung von schreckenerregenden Momenten hat sich verstärkt. Manche Serien, wie z. B. *Die Knickerbocker-Bande* des Auflagenmillionärs Thomas Brezina, leben allein von der Anhäufung und Aneinanderreihung solcher Effekte.

HARDWARE

Die Lupe als wichtigstes detektivisches Instrument ist längst im Museum gelandet oder wird in den Filmen mit Heinz Rühmann als nostalgisches Requisit bestaunt. Statt dessen nimmt der bei weitem unhandlichere Computer mehr und mehr die Stelle als großer Aufklärer ein. Schon im Versteck der drei Fragezeichen hilft der Zauberkasten bei der Archivierung der Fakten und damit bei der Lösung der komplizierten Fälle. Während sich in den Anfangstagen vor allem der Polizeiapparat und die fortschrittlichsten Nachwuchsdetektive der neuesten Technik bedienten, hat sich die Situation im Laufe der Jahre wieder ausgeglichen. Aus grobschlächtigen Schlägern, fingerfertigen Betrügern oder ausgewiesenen Schwerverbrechern sind begabte Hacker geworden. Sie wühlen in fremden Datennetzen, um dort mehr als nur finanziellen Schaden anzurichten. Sie sind Dealer von Raubkopien der begehrtesten, aber für Jugendliche viel zu teuren Software oder gar von rechtsextremistischer Propaganda in Datenform.

Aus dieser Situation heraus hat sich ein neues Genre des Kriminalromans entwickelt, das sich in der Literatur für Jugendliche sogar deutlicher widerspiegelt als in der Literatur für Erwachsene: der Computerkrimi. Die Spielformen sind weit gefaßt. Sie umfassen auf der einen Seite die modernisierten Computer-Internet-Geschichten eines Christian Spaniek, erschienen unter dem Serientitel *Projekt Omega* (Ellermann), die aus der Bücklingshaltung vor der *Burg-Schreckenstein*-Serie Oliver Hassencamps nur selten herauskommen. Andererseits spielt die Funktionalisierung des Computers als Übergangspunkt in eine phantastische Welt, beispielsweise eine Gesellschaft ganz ohne Erwachsene oder das längst vergangene Florenz der Medicis, in den Büchern Andreas Schlüters eine große Rolle. Oder die gesellschaftskritischen Anklänge stehen im Vordergrund wie in den CHAOS-Computerclub-Geschichten um die Rote Sonia von Hans Peter von

Peschke (Aare). Besonders auffällig ist hierbei die Existenz einer weiblichen Hauptfigur. Denn Mädchen spielen in Computerkrimis ansonsten eher als hübsche Begleitung oder Opfer eine Rolle. In ihrer konkreten Umsetzung sind die Bücher sich dennoch sehr ähnlich: Es ist der Computer, der als Tatwerkzeug oder Medium eine Anschubwirkung auf die interagierende Jugendgruppe erzeugt, die sich anschließend vom Leser über die Schulter und auf die Tastatur blicken läßt. Denn auch zur Auflösung und Überführung des Täters ist der Computer unabdingbar.

Auffällig ist die gemeinsame berufliche Herkunft der Autoren. Alle genannten sind oder waren Journalisten mit Funk- und Fernseherfahrung, zwei von ihnen mit dem Schwerpunkt Computertechnik – Christian Spaniek als Moderator von Computersendungen für Kinder und als Autor von Sach- und Fachbüchern, Hans Peter von Peschke im radiojournalistischen Bereich mit dem Schwerpunkt Computerkriminalität: Tätigkeiten, die sich zweifellos auch in der literarischen Qualität der Bücher niederschlagen, wenn der reportagehafte Stil und die Lust am Aufdecken von Hintergründen die Dramaturgie aus den Augen verliert. Weil die Verlage offensichtlich nicht allein auf das Können ihrer Autoren vertrauen, geistert nun auch die Variante der »Bookware« durch die Medien, das heißt, dem Buch liegt eine Diskette bei. Darauf befindet sich, man ahnt es bereits, nicht nochmals der gesamte Buchtext, den der kreative Leser nun immer wieder neu zusammenwürfeln kann, sondern im Falle von Christian Spaniek ein am Computer zu lösendes Quiz mit Fragen aus allen Wissensbereichen wie Natur, Umwelt usw. und im Falle von Frank Stieper und seiner an Kinder gerichteten Serie *Computerdetektei Klops & Lücke* (Kerle) alles, was man zum Aufbau seiner eigenen Detektei benötigt – ein vermeintlich nützliches und verspieltes Sammelsurium vom Phantombildgenerator bis zu graphisch umgesetzten Schauplätzen aus dem Erzähltext. Selbst Briefbogen und Visitenkarten lassen sich mit dem Programm gestalten. Fehlt nur noch die Formularvorlage Rechnung. Und der nächste Trend steht schon vor der Tür: der Internetkrimi, bislang noch einzig und allein in gedruckter Form. Nun gehen die Teenie-Kommissare auf Spurensuche in die weltweiten Datennetze. Un da gibt es, glaubt man den übereifrigen Jugendschutzbehörden, ja auch einiges an jugendgefährdenden Schweinereien auszumachen.

Doch unter dieser Invasion der *Intelligentium inside* leidet die erzählerische Beschaffenheit ebenso wie die Charakterisierung der krimitypischen Figuren. Denn allzu aufregend sind Verfolgsjagden über genormte Tastaturen und Maus-Pads nicht. Auch in der Form stellen sie keine nennenswerte Erweiterung der krimispezifischen Formensprache dar. Ein postmoderner Briefroman in Faxen und E-mails wie *Fan Mail* von Ronald Munson ist nicht in Sicht. Deswegen ist die Prognose nicht allzu gewagt, daß die Zukunft des

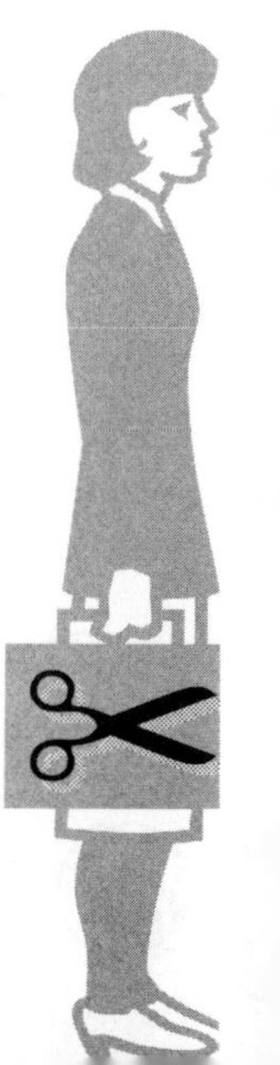

Meine Krimi-Top-Sieben, in willkürlicher Reihenfolge **1** **Stefan Fester: Technophobia** **2** **Jakob Arjouni: Ein Mann ein Mord** **3** **Dan Kavanagh: Duffy** **4** **Kinky Friedmann: Frequent Flyer** **5** **Klaus-Peter Wolf: Feuerball** **6** **Wiglaf Droste/ Gerhard Henschel: Der Barbier von Bebra** **7** **Celia Rees: Schritte am Abgrund**

Krimis sich nicht zwischen RAM und Bite versteckt hält. Es ist statt dessen ein Krimigenre, das sich neu zu formatieren lohnt.

FLUCHTWEGE

Drei dominante Spielarten hat sich der um die Lesewut Jugendlicher Besorgte ausgedacht: den problembezogenen Krimi, die triviale Serie und den Erwachsenenroman. Schließlich gibt es dort all das an *sex and crime* zu finden, worauf der Leser im cleanen Jugendbuch aus moralischen Gründen verzichten muß, selbst wenn sich die Grenzen in den letzten Jahren weiter nach oben verschoben haben. Die Kriminalerzählung hat sich als akzeptiertes Forum entwickelt, in dem gesellschaftliche Problemfelder in vereinfachender Form aufgearbeitet werden. Rechtsradikalismus, sexueller Mißbrauch, Drogen: Immer war nach kurzer Zeit der erste Krimi da, der sich mit den Folgen beschäftigt und damit innerliterarisch das Problem gelöst hat. Etwas, was sich im psychologischen Thriller so schnell nicht erschöpfen läßt. Denn der Blick ins komplizierte Innenleben bietet eine Vielfalt an Erklärungsmöglichkeiten, die ansonsten in platten, äußeren Beschreibungen untergehen und aus Täterprofilen Stereotype machen. Die Serienschreiberei als ausgeprägteste Vereinfachung ist eines der Standbeine der Kriminalliteratur, für Kinder mehr als für Erwachsene, von den Heftromanen einmal abgesehen. Doch die großen Erneuerungen sind dort bislang ausgeblieben. Das Vertrauen auf die immer gleichbleibenden Eigenschaften des einmal kennengelernten Kommissars oder Detektivs ist die Triebfeder der Lesenden. Zwar lebt im Krimi noch das rauschhafte Lesen mit Taschenlampe unter der Bettdecke fort, doch diese Phasen haben ihr absehbares Ende.

Der Krimi für Jugendliche wird dann gut, wenn er sich über die selbstdefinierten Zwänge hinwegsetzen und zu einer Artenvielfalt finden kann, wie sie die Erwachsenenliteratur längst repräsentiert. Noch fehlen bis auf die genannten Ausnahmen die verspielten Formen, noch fehlen die starken Mädchenfiguren als Äquivalent zu den weiblichen Helden in den Büchern von Sara Paretsky oder Sue Grafton.

Der Krimi für Jugendliche hat sich noch immer nicht freigeschwommen vom Vorwurf der Trivialität. Er versucht sich als Thementauchsieder, der einem jungen Lesepublikum gesellschaftliche Probleme in leicht verdaulichen Portionen und einem genormten Handlungsraster serviert. Deshalb verwundert es nicht, daß Jugendliche sich lieber gleich am großen Markt bedienen, der davon unbeeinflußt ist. Aber nichtsdestotrotz hat auch der Jugendkrimi seine überzeugenden Geschichten gefunden, die den Klassendieb und die üblichen Verdächtigen schon hinter sich gelassen haben.

KRIMIBAUKASTEN: DIE KINDERKRIMI-VARIANTE »DIE NIKKI-BANDE UND DAS GEHEIMNIS DES STUMMEN FRIEDHOFSGÄRTNERS« (WELTWEIT, AB 1950)

Nach Enid Blyton, Jo Pestum, Stefan Wolf und Felix Huby

1 *Erster Satz:*
Nichts war an diesem herrlichen Ferienmontagmorgen anders als gewöhnlich.

Was passiert:
Die Nikki-Bande, bestehend aus Rikki, Dikki, Mikki und dem treuen Labrador Kikki, findet beim Spielen auf dem Friedhof hinterm Ort vor einer Gruft ein paar ausgeschlagene Schneidezähne und eine tote Singdrossel. Als sie gleich darauf von dem buckligen und stummen Friedhofsgärtner verjagt werden, wittern sie ein Geheimnis, das sie natürlich aufklären wollen. Gleich am nächsten Tag fällt der kessen Mikki, deren Vater die größte Gummibärchenfabrik der Region gehört, ein Besucher im Büro des Vaters auf, dem zwei Schneidezähne fehlen. Mit dem Fahrrad beschattet sie diesen Mann, während er nachmittags auf einen Recyclinghof am Stadtrand fährt. Unterdessen schleichen sich Rikki, Dikki und Kikki wieder auf den Friedhof, wo Dikki den buckligen Friedhofsgärtner dabei beobachtet, wie er die tote Singdrossel in einer Zigarrenkiste bestattet. Rikki untersucht unterdessen die Familiengruft, vor der die tote Drossel lag, und entdeckt einen Geheimgang hinter den Särgen. Inzwischen hat der bucklige Friedhofsgärtner Dikki erwischt und ihn in der Aufbahrungshalle eingeschlossen. Zitternd vor Angst wartet Dikki darauf, was mit ihm geschehen wird. Mikki erfährt von ihrem Vater in der Fabrik, daß sein Besucher ihm ein sehr kostengünstiges Entsorgungskonzept für die giftigen Rückstände aus seiner Gummibärchenproduktion angeboten hat. Unten auf dem Hof werden bereits die ersten Fässer mit den Rückständen auf einen Lastwagen des Recyclinghofes verladen. Der Mann mit den fehlenden Schneidezähnen ist der Fahrer. Unterdessen hat Rikki sich in den vielen geheimen Gängen unter dem Friedhof verlaufen. Immer wieder stößt er dabei auf Fässer mit giftigen Gummibärchenreststoffen. Plötzlich hört Rikki ein leises Flüstern...

Kikki, der treue Labrador, irrt auf der Suche nach seinen Freunden über den Friedhof und beschließt schließlich, auf eigene Faust zu handeln und sein Herrchen, das als Hauptkommissar bei der Kripo arbeitet, zu holen.

Mikki verfolgt mit dem Fahrrad den Lastwagen mit den Gummibärchenrückständen bis zum Friedhof. Inzwischen ist es Nacht. Sie wird Zeugin, wie der Mann die Giftfässer in eine der alten Grüfte karrt. Da packt der stumme Friedhofsgärtner sie von hinten...

Rikki geht dem Flüstern nach und findet schließlich einen Zugang zur Aufbahrungshalle, wo Dikki eingesperrt ist. Zur gleichen Zeit kommt Labrador Kikki mit seinem Herrchen, dem Kommissar, der vorsichtshalber eine Polizeistreife mitgebracht hat. Der vermeintlich stumme Friedhofsgärtner erweist sich als harmloser Geselle, der Mikki mit Kakao und Brötchen versorgt und ihr erklärt hat, daß er dem Mann, dem die Schneidezähne fehlen, dieselben ausgeschlagen hat, als er entdeckte, daß er sich ständig auf dem Friedhof herumtrieb und die Singdrossel getötet hat. Mikki kann sich schnell die Zusammenhänge erklären: Der Mann mit den fehlenden Schneidezähnen entsorgt die Gummibärchenrückstände illegal in den alten Familiengrüften. Kikki hat den Ganoven inzwischen auf frischer Tat ertappt und verbellt ihn, so daß die Polizisten keine Mühe haben, ihn zu verhaften. Schnell sind jetzt auch Rikki und Dikki aus der Aufbahrungshalle befreit, und frohgelaunt kann die Nikki-Bande nach Hause gehen.

✂ *Letzter Satz:*

»Wer weiß, welcher Fall als nächster auf die Nikki-Bande wartet!« erklärte Dikki, und alle lachten.

6.

KNALLHARTE SCHNÜFFLER

Zur Typologie der Detektivfigur

Wilbur Unisex ist nicht nur ein bekannter Lepidopterologe, sondern auch ein begabter Flötist. Er war mit der zauberhaften Damien Ragunda befreundet, einer berühmten schwedischen Pianistin. Als Damien in den Vereinigten Staaten eintraf, holte er sie ab und brachte sie in ein Hotel. Als sie im Hotelzimmer nach der Karte in einem Blumengesteck griff, schrie er: »Nicht!«

Warum schrie er, und wen klagte er anschließend weswegen an?

FRAGEN

1. Hatte Damien Ragunda eine Luxussuite?
Ja – Nein
2. Wurde sie herzlich empfangen?
Ja – Nein
3. Welche der folgenden Personen hätte den Blumentopf mit der Giftkarte an seinen jetzigen Platz stellen können?
Der Hotelinstallateur
Der Page
Das Zimmermädchen
Der Balkonnachbar
4. Welche Pflanze wurde als letzte auf den Tisch gestellt?
5. Aus welcher Richtung wurde die umgefallene Pflanze umgeworfen?
Von der Fensterseite her
Von der Zimmerseite her
6. Können Sie die Pflanze mit der Geschenkkarte herausfinden?
Ja – Nein
Falls ja, welche ist es?
7. Wer hat sie dorthin gestellt?
8. Warum wurde sie dorthin gestellt?

1. Ja, das sieht man an der Einrichtung.
2. Ja, angesichts der vielen Blumen.
3. Alle vier.
4. Die Pflanze mit der Karte, weil ihre Blätter die der umstehenden Pflanzen verdecken.
5. Von der Fensterseite her, denn die Pflanze dicht am Fenster ist leicht ramponiert, als ob eine Hand durch das Fenster sie aus Versehen umgestoßen hätte, so daß sie in Richtung Zimmer umfiel. Eine Hand von der Zimmerseite hätte die Pflanzen vorn am Tisch gestreift.
6. Giftefeu, das erkennt man an der Form der Blätter und ihrer Anordnung zu jeweils dreien.
7. Der Nachbar, der über den Balkon Zutritt hatte. Antwort 5 zeigt uns, daß die Pflanze von jemandem auf dem Balkon umgestoßen wurde.
8. Um den Auftritt Damiens zu vereiteln, die als Europäerin wahrscheinlich Giftefeu nicht kannte und dann am nächsten Tag mit den dicken Blasen an den Händen nicht gut spielen hätte können. Dazu muß angefügt werden, daß es sich bei Giftefeu um eins der wenigen amerikanischen Produkte handelt, die nicht nach Europa exportiert wurden. Bis jetzt jedenfalls.

Sag's mit Blumen

Hardboiled Dick
Der einsame Held

Von Gabriele Dietze

»Der uramerikanische Held ist hart, einzelgängerisch und ein Killer«, schrieb D. H. Lawrence in seinen berühmten *Studien zur klassischen amerikanischen Literatur.* Der einsame Held, der fast zölibatäre, nur in der tiefempfundenen Männerfreundschaft aufblühende Einzelgänger, der gewaltbereite Außenseiter: Keine andere moderne westliche Kultur scheint diese Heldenfigur so zu benötigen wie die Vereinigten Staaten von Amerika. Was Leslie Fiedler schon für die Anfänge einer amerikanischen Literaturgeschichte bei Cooper, Melville, London, Twain angemerkt hat – die Frauenlosigkeit ihres literarischen Kosmos –, das hat sich modifiziert bis in die Gegenwart fortgesponnen und in den populären Mythen der Western- und Krimihelden verfestigt.

Auch der amerikanische Privatdetektivroman ist ein genuin männliches und amerikanisches Genre in dieser Tradition. Der Privatdetektiv als historische Verlängerung des Westernhelden, der die Wildnis mit dem urbanen Dschungel vertauscht hat, zitiert mit dem hohen Filzhut und dem universellen Trenchcoat die »Ritterrüstung« des Revolverhelden aus der Welt des alten »Wilden Westens«. Will er in diese abgetragenen Stiefel steigen, hat der Privatdetektiv noch weitere Satteltaschen historischen Gepäcks zu schultern: Sein Konzept der Gerechtigkeit bedarf der Gewalt, der Held braucht eine Wildnis, deren Gefahren er meistern kann, in deren Weite er sich verlieren und von der »korrupten Zivilisation« abwenden kann, und zuletzt sollte er ein keuscher Mann sein.

Die erste Qualifikationsrunde kann der Privatdetektiv leicht gewinnen. In der Gewaltfrage ist er nicht zimperlich. Leichen pflastern seinen Weg. In Abweichung von seinem literarischen Erbe sind allerdings viele davon weiblichen Geschlechts. Die zweite Hürde ist schon schwieriger zu nehmen. Eine Flucht in die Wildnis und eine Abwendung von menschlicher Gesellschaft kann der metropolitane Privatdetektiv kaum bewerkstelligen. Das Dickicht der Städte ist ausweglos bevölkert. Der Held kann sich den Horizont zwar freischießen, aber sein Kulturkreis bleibt geschlossen.

Ganz sicher aber scheitert der Held an der dritten Bewährungsprobe. Im Gegensatz zum Westernhelden streckt der Privatdetektiv die Waffen vor dem Lockruf des Fleisches. Dashiell Hammetts Privatdetektiv Sam Spade, der erste wichtige Vertreter seiner Gattung, steigt umstandslos mit Bridget

O'Shaughnessy ins Bett, und viele seiner Nachfolger werden es ihm gleichtun. Von allen amerikanischen Männermärchen, die einsame Helden in diverse Wildnisse schicken, ist der Privatdetektivroman das erste, das durchgängig mit erwachsenen, sexuell reifen Frauen bevölkert ist – das erste Männermärchen, das die Schwelle zur Moderne und, in einem sehr marginalen Sinne, auch zur Zivilisation überschritten hatte und damit plötzlich auf eine Mitspielerin bei der Gestaltung der Zukunft stieß, auf die erotisch und ökonomisch selbständige Frau. Nun war zu verhandeln, ob die neue Wildnis, der Dschungel der Großstadt, mit einer anderen Spezies geteilt werden konnte oder ob es einen Krieg auf Leben und Tod geben würde. Mit dem Privatdetektivroman ist ein exemplarischer Schauplatz für diese Auseinandersetzung entstanden.

In den Zwanzigern hat sich der amerikanische hartgesottene Privatdetektivroman mit einer Art von »Maskulinisierungsschub« von einer »weichen«, zum Teil weiblich-dominanten angloamerikanischen Traditionslinie des Kriminalromans abgetrennt. In seinem Aufsatz *The Simple Art of Murder* beschwört Raymond Chandler in der dreißig Druckzeilen langen Schlußapologie zwanzigmal das Wort »Mann« in Verbindung mit Adjektiven wie stark, vollständig, ungewöhnlich und großartig. Dieser Exzeß an männlicher Selbstbehauptung kommt durch das Bedürfnis zustande, das Genre Kriminalroman den Händen alter britischer Damen zu entreißen, oder anders gesagt, es ging um eine Amerikanisierung und Maskulinisierung des Genres. Den adelig-dekadenten, homosexuell konnotierten und feminisierten Intelligenzler-Detektiven à la Dupin (Edgar Allan Poe), Sherlock Holmes (Sir Conan Doyle) und Nero Wolfe (Rex Stout) und den englischen jüngferlichen Damen wie Miss Marple (Agatha Christie) und Harriet Vane (Dorothy Sayers) werden nun vorsätzlich hartgesottene Jungs gegenübergestellt, die mehr ihren Fäusten und Revolvern als ihrer kombinatorischen Raffinesse vertrauen und damit ihre Maskulinität unter Beweis stellen.

Die weiblichen Charaktere der frühen Hardboiled-Romane haben eine gewisse Stärke. Sie sind selbständig, Barsängerinnen, reiche Spielerinnen, keine abhängigen Hausfrauen und Gattinnen. Die erzählerische Ordnung allerdings fixiert die weibliche Personage zu Quellen tödlicher Gefahr. Ein ganzes Ensemble von raffgierigen *Golddiggern* und verführerischen *femmes fatales* wird auf die literarische Bühne ge-

Privatdetektiv Mallory

schickt, um die ermittlerische Aufmerksamkeit des Helden durch erotische Versuchung zu lähmen. Am Romanende werden die Circen fast immer mit dem Tod bestraft, nachdem sie kurzfristig mit dem Helden in den Liebeshimmel eingehen durften. Die tödlichen Ladys verschaffen im übrigen dem Helden einen formidablen Vorwand, nach erledigtem Auftrag wieder einsam in das Dickicht der Städte zurückzukehren.

Im Showdown von Hammetts *Malteser Falken*, wenn Sam Spade die angeblich »geliebte« Bridget O'Shaughnessy der Polizei übergibt, kommt diese Melange von erotischer Faszination an der Frau, Männerloyalität und Fluchtreflex auf den Punkt. Ein Mann müsse einen ermordeten Partner rächen, gleichgütig, was er von ihm gehalten hat (in diesem Fall wenig), weil es gut fürs Geschäft ist. Und dann ist da noch die Sache mit der erotischen Attraktion. An Bridget gewandt, sagt Sam Spade: »Es ist ja leicht genug, verrückt nach dir zu sein.« Er mustert sie hungrig vom Kopf bis zu den Füßen und dann wieder hinauf zu den Augen. »Aber ich weiß nicht, wie wichtig das ist [...]. Ich habe das schon früher erlebt – wenn es dauert, was dann? Dann werde ich denken, daß ich dir auf den Leim gegangen bin. Und wenn ich's täte und für dich die Suppe auslöffelte, wüßte ich ganz genau, daß ich dir auf den Leim gegangen bin. Wenn ich dich aber ans Messer liefere, dann wird mir das furchtbar leid tun. Ich werde ein paar schlaflose Nächte haben, aber das geht vorbei.« Durch die kaltschnäuzige Oberfläche des Spade-Monologs klingt im Subtext ein geradezu verzweifelter Selbstbehauptungswille: »Ich werde dir nicht auf den Leim gehen«, eine bittere Anklage: »Ich könnte dir nicht trauen«, und eine existentielle Vernichtungsangst: »Ich könnte nie sicher sein, ob du nicht auch mir eines Tages ein Loch in den Bauch schießen würdest.« Die Rhetorik der Souveränität, die diesen Schlußmonolog des *Malteser Falken* zu einem vielzitierten Kabinettstück des Hardboiled-Code gemacht hat, liegt nur als dünne Eisschicht über den Untiefen gedemütigter und irritierter Virilität.

Szene aus »Die Spur des Falken«

Raymond Chandler, ganz Kavalier der alten Schule, löst zehn, fünfzehn Jahre später seine Beziehungen mit den *femmes fatales* etwas eleganter, doch auch hier ist die Überlebensrate der Damen nicht sehr viel höher. Anders als die Hammettschen Goldgräberinnen, die vor allem auf die Penunse aus waren, sind Chandlers tödliche Damen meist ausgehalten und mehr daran interessiert, ihre schmutzigen Geheimnisse zu bewahren, als den Detektiv abzuzocken. Chandlers Romane sind weder die ersten und »echtesten« des neuen Genres, noch sind sie die stilistisch puresten oder härtesten. Seine Vorgänger Dashiell Hammett und John Carrol Daly und sein Zeitgenosse James Cain übertreffen ihn auf dieser Ebene mit Leichtigkeit. Chandler ist jedoch die Mythologisierung des einsamen Helden bis hinein in die gegenwärtige Rezeption und Produktion des neueren Privatdetektivromans am wirkungsvollsten geglückt. Durch die spätere Verfilmung seiner Romane und Drehbücher im *film noir* und durch die Bogart-Persona als dem essentiellen Philip Marlowe entwickelte Chandler den Prototyp des modernen Privatdetektivs, und jeder seiner vielen Nachfolger träumt davon, ähnlich abgebrüht, geistvoll und cool zu wirken.

Privatdetektive Chandlerscher Prägung werden beauftragt, verschwundene Menschen zu suchen und/oder in einer Erpressungsangelegenheit zu helfen. Während der Detektivarbeit stellt sich heraus, daß die Auftraggeberin (oder der Auftraggeber) selbst der Schurke ist, die gesuchte Person entweder gar nicht verschwunden und/oder ihr Tod dem Auftraggeber schon bekannt ist. Der Detektiv trifft dabei auf eine Frau, die unter großem Druck steht und der er seine Hilfe gegen ihren Widerstand aufdrängt. Während der Recherche wird der Detektiv zusammengeschlagen und in Situationen manipuliert, die ihn selbst als Mordverdächtigen erscheinen lassen, man versucht ihn zu bestechen und selbst der Erpressung zu verdächtigen. Die Lösung des Plots kann nur darin bestehen, den schurkischen Auftraggeber zu überführen und/oder ihn zu einer guten Tat zu erpressen oder die bedrohte Frau von ihrer Erpreßbarkeit zu erlösen und/oder sie als Täterin zu entlarven.

Der herrschende Eindruck ist der von Betrug und Täuschung. Keine der handelnden Figuren außer dem Privatdetektiv sagt die Wahrheit, jedenfalls nicht zu Beginn der Beziehung. Am weitesten von der Wahrheit entfernt bewegt sich die weibliche Standardfigur des Chandlerschen Personals, die *femme fatale*, eine schöne, reiche und tödlich gefährliche Lady mit einem schmutzigen Geheimnis.

In der Vergröberung des Genres durch den kalten Krieger Mickey Spillane in den fünfziger Jahren wird sich diese Attraktion-Haß-Konstellation des Privatdetektivs mit seiner verräterischen Klientin in einem berühmten Bauchschuß entladen, mit dem Mike Hammer sein – in besagtem Fall nacktes – weibliches Gegenüber erledigt. »Wie k... k... konntest du?« haucht sie an seiner Brust ihr Leben aus, und er antwortet triumphierend: »Es war ganz leicht.«

Den adelig-dekadenten, homosexuell konnotierten und feminisierten Intelligenzler-Detektiven à la Dupin (Edgar Allan Poe), Sherlock Holmes (Sir Conan Doyle) und Nero Wolfe (Rex Stout) und den englischen jüngferlichen Damen wie Miss Marple (Agatha Christie) und Harriet Vane (Dorothy Sayers) werden nun vorsätzlich hartgesottene Jungs gegenübergestellt, die mehr ihren Fäusten und Revolvern als ihrer kombinatorischen Raffinesse vertrauen und damit ihre Maskulinität unter Beweis stellen.

Mickey Spillane hatte den Kavalierscode der Welt Raymond Chandlers verlassen und dem Nachkriegsamerika einen hemdsärmligen Haudrauf geliefert, der es dank der neu eingeführten Taschenbuchproduktion zu Millionenauflagen brachte. Von der Bildungskritik als Ausbund an Schmutz- und Schundliteratur kritisiert, hat es erst in jüngster Zeit Neubewertungen seiner schlagkräftigen und effektiven Asphaltliteratur gegeben, und sogar die Gilde der KrimiautorInnen hat ihre Meinung geändert und ihn 1995 verdientermaßen zum Grand Master ihres Fachs gekürt.

Der lauteste Vertreter der hartgesottenen Zunft, der Rabauke Mickey Spillane, wird historisch von dem leisesten Vertreter des Genres abgelöst, dem Anglistikprofessor und Lyrikspezialisten Ross Macdonald, der seine hochkomplexen und gebildeten Krimis irgendwo zwischen Sophokles und Dostojewski ansiedelt. Sein Thema ist der Ödipuskomplex, das eherne Vater-Mutter-Kind-Dreieck und all die Schuld, die angeblich aus diesem Urgrund westlicher Selbstinterpretation herausquillt.

Die Themenwahl schwingt synchron mit dem Zeitgeist. Die US-amerikanische Familie hatte sich nach 1945 wieder zu jenem stabilen Nukleus zusammengeschweißt, den sie in den Weltkriegen, den Wirren der Zwanziger und der großen Depression schon fast verloren geglaubt hatte. Wie in einem Magnetfeld die Stahlspäne ordneten sich die Individuen um den Mutterkern im Vororthaus mit Doppelgarage und Gartengrill.

Ein glückliches und erfolgstrebendes Glanzpapierimage überstrahlte den amerikanischen Traum der Fifties. Doch ein Unbehagen war spürbar. Konnte man bei Spillane in den späten Vierzigern und frühen Fünfzigern den männlichen Helden auf der Flucht vor Familiengründung bei gleichzeitiger Akzeptanz dieser Lebens- und Glücksvorstellung beobachten, so kann man bei Ross Macdonald studieren, wie sich jene männliche Phantasie konstruiert, die ihr Heil im trauten Heim mit versorgter Ehefrau und aushäusigem Alleinverdiener gesucht hat. Ross Macdonald erzählt das Drama der Familie als Tragödie. Macdonalds Leitmotive sind zerbrochene, aber der Form halber aufrechterhaltene Familien, Aufstiegs- und Vermögensträume, die unter dem Ehealltag verwittert und gescheitert sind, alte Rechnungen von angeblichen Kriegshelden, die in Wirklichkeit Versager und Feiglinge gewesen waren, und vertuschte Jugendsünden. Das verschüttete Familiengeheimnis ist die trübe Ursuppe, die manchmal über drei Generationen die Kinder vergiftet.

Täter im Macdonaldschen Kosmos sind immer auch Opfer und fast immer – was nach den bisherigen Ausführungen über den Hardboiled-Code kaum überraschen wird – weiblich. Doch diesmal sind die Täterinnen weder die berüchtigte Chandlersche Erpresserin, die *femme fatale*, noch die entkleidungswillige Spillanesche Pin-up-Schönheit, sondern die mörderische Hausfrau. Sie töten, um ihre frühzeitig gescheiterten, aber in eiserner Selbsttäuschung aufrechterhaltenen Träume zu bewahren, um den Zugang zu einem angeheirateten Vermögen nicht zu verlieren oder um ihre schwachen und gestörten Söhne zu schützen oder zu rächen. An der Pazifikküste, in Kalifornien, leidet Ross Macdonalds Lew Archer an der heiligen Familie und versucht, ihren Zusammenbruch durch therapeutische Intervention zu verzögern. An der Atlantikküste, an Floridas tropischen Gewässern, lebt fast zeitgleich ein gewisser Travis McGee, Privatdetektivfigur des Namensvetters John D. MacDonald, nach der Devise: je weniger Familie, desto mehr Mann. Ein trautes Heim ist für Travis McGee eine Horrorvorstellung und keine Utopie. Sein Projekt ist die glückliche Organisation seines Lebens.

Travis McGee lebt in der Ferienlandschaft Florida auf einem Hausboot namens *The Busted Flush*, das er in einem Pokerspiel gewonnen hat. Er bezeichnet sich als *Strandläufer im Vorruhestand* und hat üppig Zeit, mit Freundinnen oder Klientinnen auf Kreuzfahrt zu gehen, um sie von diversen Traumata, die sie im Zuge krimineller Mißhandlungen erfahren haben, durch sensibel-erotische Zuwendung zu kurieren. McGee arbeitet nur, wenn ihm das Geld ausgeht, und dann als Bergungsspezialist, d. h., er holt für seine Klienten meist halblegales Geld zurück, worum sie jemand anderer betrogen hat, und verlangt als Honorar die Hälfte des zurückeroberten Betrages. Seine Klienten sind meist Freunde von Freunden, meist weiblich. Seine Gegner sind große Firmen, Grundstücksspekulanten (McGee ist leidenschaftlicher Landschaftsschützer), Drogenhändler oder Erpresserringe. Sein Wertesystem ankert zwischen privater Loyalität zu Freunden und Systemkritik, was ihm einerseits die moralische Lizenz zum Zurückstehlen geraubter Schätze gibt, ihm andererseits aber die staatliche Lizenz als ordentlich zugelassener Privatdetektiv unmöglich macht. Das ist ein großer Zeitsprung im Heldenkonzept. Mickey Spillanes Mike Hammer z. B. war völlig abhängig von der staatlichen Lizenz als Selbstermächtigungswaffe. In der Travis-McGee-Figur findet eine gewisse Rückanbindung an den Western statt, wo sich der *Outlaw* legitimerweise gegen Rechtlosigkeit oder ein »falsches« Rechtssystem erhebt, ein Motiv, das später bei dem Ex-Westernautor Elmore Leonard eine große Rolle spielen wird, der seine Plotauflösungen wie große Western-*Showdowns* zu organisieren pflegt. Das bei John D. MacDonald schon angelegte Vigilantismusmotiv wird sich bei postachtundsechziger Privatdetektiven mit fiktionalen Vietnamveteranen-Biographien zu opernhaft inszenierten *Shootouts* verstärken.

Mike Hammer

Das statuarische Geschlechterverhältnis einsamer Held versus *femme fatale*, das sich bei Mickey Spillane in den fünfziger und sechziger Jahren verstärkt misogyn aufgeladen hatte, verändert sich in der sogenannten Renaissance des Hardboiled-Genres. Robert B. Parker, der sich auch in einer akademischen Arbeit über Dashiell Hammett stark auf die Vorbilder der ersten Generation beruft, bietet in seinen Romanen ab Mitte der Siebziger dem gewandelten Zeitgeist ein neues Figurentrio an. Dem harten, vigilantischen Privatdetektiv Spencer, der mit weit größeren Kalibern und höherer Mortalitätsrate als weiland Philip Marlowe mit dem Verbrechen aufräumt, wird eine fast gleichwertige Gefährtin, die Psychologin Susan Silverman, als Prototyp einer emanzipierten Frau an die Seite gegeben. Die Aufräumarbeiten außerhalb des Gesetzes erledigt der Edelgangster und schwarze Frontkamerad Hawk, ein Alptraum an Gewaltbereitschaft, der von Spencer mühsam gebändigt wird. In einer delikaten, doch fast für ein Jahrzehnt tragfähigen Balance, die sich noch immer in Millionenauflagen manifestiert, werden unterschiedliche Themenstellungen der Achtziger austariert. Eine pointierte Selbstvorstellung von Parkers Privatdetektiv Spencer in seinem letzten Krimi, der die Vertreibung einer schwarzen Crack-Gang aus einem Slumwohnblock zum Thema hat, markiert den Unterschied dieser Figur zu den Helden der ersten Hardboiled-Generation: »Früher war ich ein Kämpfer. Früher war ich ein Cop. Jetzt bin ich Privatdetektiv [...] Ich lese eine Menge. Und ich liebe Susan.« Undenkbar, daß sich Sam Spade oder Philip Marlowe über umfangreiche Lektüre und die Liebe zu einer Frau definiert hätten.

Szene aus »Tote schlafen fest«

Obwohl moralische Eindimensionalität und Monogamie die Figur der Susan Silverman recht uninteressant erscheinen lassen, war ihr Erscheinen ein klarer Reflex auf die Emanzipationsdebatten der siebziger Jahre. Die Figur des Edelgangsters Hawk symbolisiert den als bedrohlich empfundenen Vietnamveteranen und die latente weiße Angst vor dem schwarzen Ghettogewaltpotential und »befriedet« ihn als Wunderwaffe fürs Grobe. In Robert B. Parkers Romanen paßt sich der noch durch die Prohibitionskorruption gezeichnete, städtische *Outlaw*/Detektiv an die Verbrechen der Neuzeit an: Immobilienspekulation, Drogenhandel und Kinderpornographie. Die Gralssuche des Privatdetektivs, der sich in der klassischen Periode noch stärker über Liebe, Verrat und Ehrenrettung motivierte, lädt sich hier mit dem sozialkritischen Text der sechziger Jahre auf, ohne dabei allerdings an Gewaltpotential zu verlieren.

Bis 1987 hatte in es hundert Jahren Genregeschichte 71 Krimiprotagonistinnen gegeben, fast alles schrullige alte Damen à la Miss Marple, in den nächsten sieben Jahren wurden allein 67 Heldinnen in den Kampf um die Publikumsgunst geschickt, fast alle aus der Schule »hart, aber herzlich«.

Als Legitimationsgrundlage hierfür dient häufig der Vietnamkrieg. Der kurzfristige Klassen- und Geschlechterkompromiß des Genres, wie ihn neben Robert B. Parker auch Roger L. Simons jüdischer Hippiedetektiv Moses Wine oder Michael Collins' einarmiger Ermittler Dan Fortune pflegen, bleibt wie alle Märchen zu schön, um wahr zu sein. Er wird bald aufgekündigt, und die Konfliktnerven Frauenemanzipation, Vietnamtrauma und Rassenantagonismus liegen bloß.

Beispielhaft für die ganze Entwicklung der achtziger Jahre soll hier L. A. Morse stehen, dessen knallharter Krimi *The Big Enchillada* kurzfristig indiziert wurde. Das Vietnamproblem schiebt sich als Quelle von Schuld, Sühne, Rache und Berufsmotivation immer mehr in den Vordergrund. Die Privatdetektivfigur Sam Hunter war, wie viele ähnliche Krimihelden, in Vietnam Verhörspezialist beim Geheimdienst. Die Unschuld verlor er bei der Folterung von Vietcong, sein Herz an eine Vietnamesin: »eine zerbrechliche Schönheit, immer heiter, zufrieden, anschmiegsam und liebevoll«. Als seine Geliebte bei einer Gruppenvergewaltigung durch US-Kongreßabgeordnete und Generäle zu Tode kommt und man seine Untersuchungsergebnisse, die zur Bestrafung der Übeltäter führen sollen, unterschlägt, jagt er die Vergewaltiger persönlich. »Ich hatte begriffen, wie der Hase lief, und ich fühlte in mir nichts weiter als eine kalte Leere. Sie sorgten dafür, daß ich kaum mehr Arbeit fand. Da entschloß ich mich, in die Tat umzusetzen, was sie mir beigebracht hatten.«

Dieser brisante Cocktail befeuert die vigilantischen Rächer der siebziger und achtziger Jahre in den populären Privatdetektivromanen von Andrew Vachss, J. W. Rider, Jerry Oster, James Crumley und L. A. Morse. Liebesgeschichten sind fast gänzlich verschwunden. Alles, was entfernt ein romantisches Potential hat, wird vernichtet. Die weiblichen Figuren changieren zwischen madonnenhafter Unberührbarkeit und aggressivem Sexhunger. Mit dem Wortungetüm *Kamikazen-Amazonen-Emanzen* umreißt der erfolgreiche New Yorker Krimiautor Jerry Oster die Konturen der in allen Texten regierenden männlichen Paranoia vor der für sie neuen Spezies der emanzipierten Feministin.

Die Doppelfunktion des Hardboiled-Mythos, sowohl die Verarbeitung des Vietnamkrieges und der Frauenemanzipation zu ermöglichen als auch die Transformation von Angst- und Gewaltpotential in eine positive Heldenlegende zu bewerkstelligen, belebt dieses eigentlich totgesagte Genre – in den frühen sechziger Jahren hatte es schon zahlreiche Nachrufe gegeben – mit einer Bluttransfusion. Die Gewalt eines ungerechten Krieges deutet sich um in die positive Funktion eines stahlgehärteten, gewalttätigen Rächers der Enterbten – geadelt als Opfer und Leidender (häufig in Kriegsgefangenschaft) – im Dienste der Gemeinschaft. Der auf diesem Weg eingetretene Verlust des Weiblichen als Angelpunkt und Handlungsgrund (verfolgte Unschuld/Beschützer), welcher für das Funktionieren eines Rittermotivs entscheidend war, wird kompensiert durch ein anderes Hauptthema der achtziger Jahre: Kindesmißbrauch und Kinderpornographie.

Zu einer manischen Ritterfigur für die bedrohte kindliche Unschuld hat sich Andrew Vachss emporgeschwungen, sowohl in seiner Profession als Anwalt als auch als Autor von Supersellern wie *Flood*, *Strega*, *Blue Bell* und *Hard Candy*. Als Nebenkläger in Kindesmißbrauchsprozessen führt er einen Kreuzzug für die Verbesserung des Kinderschutzes. Als Autor hat er mit Burke sicher einen der bizarrsten und »postmodernsten« aller amerikanischer Privatdetektive geschaffen. Burke, selbst mißbrauchtes und elternloses Kind, das seine Feuertaufe (Lizenz zum Töten) bei mehreren Gefängnisaufenthalten für alles außer »Vergewaltigung, Sexdelikten, Drogen und Kinder« erhalten hat, lebt oder vielmehr *über*lebt in New York wie im Dschungel in einer hochgesicherten, geheimen Wohnung, kommuniziert über Postfächer, angezapfte Telefone und Boten und verdient sein Geld mit Erpressung, Nachnahmebetrug, Söldnerrekrutierung und unter gewissen Umständen auch mit Auftragsmord. Als klassische *Outlaw*-Figur – er spricht von den Normalmenschen verächtlich als Staatsbürgern – durchkämmt er die Stadt nach Kinderschändern, als nähme er es mit dem Teufel persönlich auf. Somit hat sich an den äußeren Rändern des gesellschaftlich Denkbaren noch eine Möglichkeit eröffnet, den misogynen, gewalttätigen Ritter mit einer edlen Handlungsmotivation und einer zu schützenden Unschuld – der des Kindes – zu versorgen und zudem noch das Verdikt des Babykillers, das in der Antikriegsbewegung eine große Rolle gespielt hatte, kompensatorisch aus der Welt zu schaffen. Im Gegensatz zu den Kindern fehlt den neuerdings »emanzipierten« Frauen die nötige Unschuld, um sie zum Gegenstand des ritterlichen Unternehmens zu machen.

Während die Frauen in der männlichen Hardboiled-Geschichte zunehmend zur Megäre mutieren oder abhanden kommen, hat sich ganz ohne Vorwarnung eine weibliche Hardboiled-Geschichte durchgesetzt, die den *femmes fatales* der Männergeschichte einen *homme fatal* entgegensetzt. Ab Mitte der achtziger Jahre kommt es zu einer Invasion hartgesottener Privatdetektivinnen auf dem angloamerikanischen Buchmarkt. Bis 1987 hatte es in hundert Jahren Genregeschichte 71 Krimiprotagonistinnen gegeben, fast

Meine Hitliste
❶ **Raymond Chandler: Leb wohl mein Liebling** ❷ **Gar Anthony Haywood: Sie sterben jung** ❸ **Andrew Vachss: Kata** ❹ **Jerry Oster: Dschungelkampf** ❺ **Sue Grafton: A wie Alibi**

alles schrullige alte Damen à la Miss Marple, in den nächsten sieben Jahren wurden allein 67 Heldinnen in den Kampf um die Publikumsgunst geschickt, fast alle aus der Schule »hart, aber herzlich«.

Die Hardboiled-Detektivin erblickte Anfang der achtziger Jahre mit Kinsey Millhone von Sue Grafton (1982) und V. I. Warshawski von Sara Paretsky (1983) das Licht der Welt. Carlotta Carlyle von Linda Barnes folgte 1987 und Kat Colorado von Karen Kijewski 1989, um nur die wichtigsten zu nennen. Die Vaterschaft ist klar, wenngleich etwas unbestimmt. Sicher ist, daß es sich um einen kalifornischen, hartgesottenen Privatdetektiv mit dem Aliasnamen Marlowe, Spade oder Archer handelt und keinesfalls um einen New Yorker Rowdy namens Hammer.

In den noch wenigen systematischen Darstellungen des neuen Subgenres »weiblicher hartgesottener Privatdetektivroman« gewinnt man den Eindruck, dieser sei wie Pallas Athene mutterlos dem Kopf des Zeus, des männlichen *hardboiled*-Krimis, entsprungen. Das ist aber keineswegs der Fall. Es gibt auch eine klare weibliche Genealogie in den Mädchendetektivromanen der Nancy-Drew-Serie. Deren Lebensgeschichte kann ab 1930 in über 120 Fortsetzungsromanen verfolgt werden und hat bis heute 80 Millionen fast ausschließlich weibliche Leser im Teenageralter gefunden.

Das mentale Make-up der neuen Hardboiled-Detektivin, ist so widersprüchlich wie ihre Herkunft. Die Antikriegsbewegung, Flowerpower und die Sixties haben sie politisiert, ihr das Danaergeschenk der Sexuellen Revolution gemacht und ihr einen universalistischen Anspruch auf Gesellschaftsreform mitgegeben. Der Feminismus hat ihr die Augen für die Unterdrückung ihres Geschlechts geöffnet und ihr Frauensolidarität als Hausmittel gegen männliche Übermacht anempfohlen.

Als illegitime Töchter einer kühnen, aber wohlerzogenen adoleszenten Jungfrau und eines gewaltbereiten Macho-Loners sind die Heldinnen zerrissen zwischen Tugend und Hedonismus, zwischen Hau-drauf und tiefem Mitleid mit den Opfern, zwischen dem Wunsch, »eine von den Jungs« zu sein oder nach der Parole »Frauen gemeinsam« zu verfahren.

Inzwischen hat sich die Hardboiled-Detektivin emanzipiert und macht den harten Jungs so kräftig Konkurrenz, daß sie in den letzten Jahren die Mehrzahl der internationalen Krimipreise abgeräumt hat. Will man etwas über den letzten Stand der amerikanischen Geschlechterkämpfe wissen, lese man mit der linken Hand die neueste Sue Grafton oder Sara Paretsky und mit der rechten etwa den neuesten Jerry Oster oder James Ellroy, dann weiß man alles über die neue Liebesordnung der neunziger Jahre und einiges, was man nie wissen wollte, wenn man noch einen Restposten Romantik in seiner Seele hegen möchte.

Such is a Lady Dick's Life
Einblicke in Alltag, Liebes- und Lebensstil von Detektivinnen

Von Helga Anderle

Private-Eye-Romane gehören zu den Hauptpfeilern des Kriminalgenres. Mit ihren hartgesottenen, sprücheklopfenden Macho-Helden Spade und Marlowe schufen Hammett und Chandler die Bannerträger einer Tradition, die bis in die heutige Zeit fortlebt. Mit der Neudefinition der Geschlechterrollen im Zuge der Frauenbewegung haben einige Autorinnen in den 80er Jahren begonnen, die Männerbastion Krimi für sich zu erobern und deren überholte Klischees in der Darstellung der Geschlechterrollen ad absurdum zu führen. Aus der Reihe dieser Autorinnen habe ich Sara Paretsky, Sue Grafton und Linda Barnes herausgegriffen, weil sie, obwohl von Hammett und Chandler inspiriert, erstmals versucht haben, den aggressiv-männlichen PIs und deren sexistischer Sichtweise ein weibliches Konzept entgegenzustellen. Der Erfolg blieb nicht aus. In den Charakterzügen von Vic, Kinsey und Carlotta, in ihren Schwächen und Stärken, in ihrem Bestreben, trotz aller Hindernisse ihren eigenen Weg zu gehen, erkannten sich viele Frauen wieder. Der Alltag der fiktiven Heldinnen ist eine realistische Spiegelung jener Welt, in der aktive, engagierte Frauen heute leben.

Im Gegensatz zu den früheren Ermittlerinnen à la Miss Marple, die beim Lösen ihrer Fälle vorwiegend auf weibliche Intuition zurückgriffen und sich dazu kaum aus ihrem gemütlichen Lehnstuhl erhoben, sind unsere heutigen Lady Dicks gut ausgebildete, mobile Profis. Sowohl V. I. Warshawski als auch Carlotta sind Töchter von Cops und haben frühzeitig gelernt, sich nicht als wehrlose Opfer zu sehen, sondern sich im Notfall verteidigen zu können. Kinsey, von einer unkonventionellen Tante aufgezogen, absolvierte die Polizeiakademie, um Cop zu werden. Carlotta, nach einem Soziologiestudium ebenfalls bei den Cops gelandet, muß ebenso wie Kinsey bald erkennen, daß es für Frauen in der streng patriarchalischen Polizeistruktur kaum Entfaltungsmöglichkeiten gibt. Auch Vic schmeißt ihren Job als Pflichtverteidigerin, aus Abneigung gegen hierarchische Institutionen und wegen wachsender Zweifel an der offiziellen Justiz. »Jeden Tag bist du mit dem Gefühl aus dem Gericht gegangen, daß du mitgeholfen hast, die Lage noch schlimmer zu machen«, erklärt sie in *Killing Orders* (Piper). Logische Konsequenz: Das Trio macht sich als *Private Investigators* selbständig. Ein unbegrenzter Aktionsradius tut sich auf, die *mean streets* inklusive.

Intensiver als ihre Kolleginnen beschreibt Sara Paretskys Protagonistin V.I.Warshawski den Ethno- und Rassenmix sowie die damit verbundenen sozialen Probleme in ihrer Heimatstadt Chicago und zeichnet ein düsteres, illusionsloses Bild von Armut, kaputter Umwelt, menschlicher Verwahrlosung und Verzweiflung. »Als ich in Höhe der Hundertdritten Straße vom Expreßway runterfuhr, hatte ich den Eindruck, auf dem Mond gelandet oder nach einer nuklearen Katastrophe zur Erde zurückgekehrt zu sein« (*Blood Shot*, Piper). Obwohl »ein gefährlicher Ort«, ist die Stadt dennoch Heimat. In der Einführung zu *Windy City Blues* (Dell Publishing) findet Vic trotz harscher Kritik auch ungewöhnlich versöhnliche Töne: »... wenn ich nachts mit dem Flugzeug ankomme und von oben nach der Southside Ausschau halte und sie erkenne, dann weiß ich, daß ich hier wohne, hier Freunde habe, einen Liebhaber, ein Leben voller Wärme.«

Linda Barnes' Heldin Carlotta verdankt ihre ausgiebige Kenntnis der Topographie Bostons, inklusive der Slums, der Junkietreffs und des Rotlichtviertels, dem Taxifahren. Es hat Carlotta einst durchs Studium gebracht, und sie macht auch als *Private Eye* damit weiter, »weil Taxifahren eine gute Tarnung ist«.

Lediglich Sue Grafton hat sich mit Hilfe von Stadtplänen, Reisebüchern, Prospekten und persönlichen Erinnerungen die fiktive südkalifornische Stadt Santa Teresa als *home-base* für ihre Heldin Kinsey Millhone zurechtkonstruiert. Der Autorenregel gemäß – schreib nur über das, was du kennst – nahm sie sich das echte Santa Barbara, wo sie sechs Jahre gelebt hatte, als Vorbild.

Häuslich sind unsere Heldinnen nicht, die Wohnung ist nur ein Ort des Rückzugs. V. I. schläft mal hier, mal dort; häufig bei ihrer mütterlichen Freundin Lotty Herschel, aber auch mal im Hotel, wenn es zu gefährlich ist, nach Hause zu gehen – oder wenn sie kein Zuhause mehr hat, weil ihre Wohnung in die Luft gesprengt wurde. Aufräumen gehört nicht zu Vics Lieblingsbeschäftigungen: »Meine geräumige Vierzimmerwohnung wirkte heute depri-

Szene aus »V. I. Warshawski – Detektiv in Seidenstrümpfen«

mierend auf mich. Das Durcheinander aus Büchern, Papieren und Kleidungsstücken, das mir sonst behaglich vorkommt, war plötzlich ein Chaos, dessen ich mich schämte.« *(Blood Shot)*

Carlotta ist übrigens die einzige des Trios, die von zu Hause aus operiert, ihre beiden Kolleginnen empfangen Klienten vorzugsweise in ihren Büros. Wie schon bei Marlowe und Spade ist auch Vics Büro ein schäbiges Kabuff, vollgestopft mit Gebrauchtmöbeln. Kinsey ist diesbezüglich noch am besten dran. Ihr gut ausgestattetes Büro (»Das Ambiente ist erste Klasse«) befindet sich in einem modernen Versicherungsgebäude, und die Miete ist erschwinglich, weil sie gelegentlich als Detektivin für die Versicherungsgesellschaft tätig ist.

Speziell im Detektivgewerbe, in dem man auch auf Laufkundschaft angewiesen ist, scheint es – trotz *Womens Lib* – nützlich, sein Geschlecht in den *Gelben Seiten* bedeckt zu halten. So läßt sich Linda Barnes' Heldin Carlotta unter »Thomas C.« ins Telefonbuch eintragen, wobei die Initialen T. C. witzigerweise von Tom Cat, ihrem Kater, ausgeliehen sind; durch das Täuschungsmanöver bleibt Carlotta eine Menge unangenehmer Anrufe erspart, »erstens als Frau und zweitens als Polizistin a. D.« (*Carlotta steigt ein*, Rowohlt). Sue Grafton hat für ihre Protagonistin absichtlich den geschlechtsneutralen Vornamen »Kinsey« gewählt.

V. I. hütet das Geheimnis ihrer Vornamen (Victoria Iphigenia) wie weiland Lohengrin. Gegen das vertrauliche Diminutiv Vicky ist sie geradezu allergisch, selbst ihren besten Freunden ist nur Vic gestattet.

Fast ausnahmslos leben die Lady Dicks eher schlecht als recht von ihrer Arbeit. Um so größer ist die Freude, wenn ein Fall finanziell etwas einbringt. »Ich fühlte mich großartig… in meiner Handtasche befand sich ein Scheck über 4000 Mäuse«, jubelt Kinsey in *Full Circle* (Shortstory aus *A Woman's Eye*). Aber das ist eher ein Glücksfall als die Regel. Nicht anders als bei den traditionellen männlichen PIs und deren Code ist Geld nicht der Hauptgrund, weshalb die Lady Dicks einen Auftrag annehmen. Schon im Titel der Kurzgeschichte *A Little Missionary Work* ist angedeutet, wie Kinsey dazu steht: »Manchmal mußt du einen Auftrag annehmen, der nichts anderes ist als Missionsarbeit. Du akzeptierst ihn nicht wegen des Geldes oder irgendeiner Art Belohnung, sondern einfach, um einem anderen menschlichen Wesen in Not zu helfen... ich bin selbständig – also kann ich mir im Grunde berufliche Wohltätigkeit nicht leisten –, aber hin und wieder gerät jemand in Schwierigkeiten und dann bring ich's nicht fertig, ihm den Rücken zu kehren.« Vic will eigentlich lieber lukrativere Aufträge aus der Wirtschaft annehmen; meist ist sie jedoch mit Fällen beschäftigt, bei denen kaum die große Kohle zu erwarten ist. Und natürlich ist auch für die anspruchslose Carlotta das Honorar zweitrangig, solange sie nur ihrer Auffassung von Gerechtigkeit zum Durchbruch verhelfen kann.

Um sich weder den Fallstricken zu enger Familienbande noch familiären Dreinredens bei Berufswahl und Lebensstil aussetzen zu müssen, machten ihre Erfinderinnen V. I., Carlotta und Kinsey zu Waisen. Doch im Gegensatz zu den als *Loner* angelegten traditionellen PIs haben sie unser Trio mit einem gutgeknüpften Netz selbstgewählter sozialer Bindungen ausgestattet, das sie in Zeiten der Schwäche, Verletzlichkeit und Niedergeschlagenheit auffängt. V. I. kann sich jederzeit bei Lotty Herschel, ihrer mütterlichen Freundin, Trost und Rat holen. Und so wie Don Quijote seinen Sancho Pansa hatte, haben Vic und Kinsey ihre Nachbarn. Mr. Contreras spielt in Vics Leben als Ersatzvater, Vertrauter, Putzfrau, Koch, Assistent und Lebensretter eine wichtige Rolle. »Eine Mischung aus Zerberus mit einem Hauch von Othello«, beschreibt ihn Vic in *Grace Notes* (Shortstory aus *Windy City Blues*, Piper) ihrem Cousin, der sich wundert, weshalb sie an Contreras' Tür vorbeischleichen müssen. Das Pendant dazu findet sich in Gestalt von Henry Pitts auch in Kinseys Leben. »Es gibt keinen gutmütigeren Menschen, aber ich lebe seit acht Jahren allein und bin es nicht gewohnt, jemanden um mich zu haben. Es macht mich nervös, beinah so, als erwarte er etwas von mir, dem ich nicht entsprechen konnte« (*Sie kannte ihn flüchtig*, Fischer). Als Henry jedoch auf Freiersfüßen wandelt und Lila in die gewohnte Zweisamkeit einzudringen droht, schreitet Kinsey als Henrys Beschützerin ein und vergrault die Rivalin. Im Epilog des Romans bahnt sich schließlich bei ihr ein neues Verständnis für Henry an: »Ich habe festgestellt, daß ich Henry plötzlich mit anderen Augen sehe. Er ist vielleicht der einzige Ersatzvater, den ich je haben werde. Anstatt ihm mit Mißtrauen zu begegnen, will ich die Zeit genießen, die wir noch zu-

sammen sind, was immer das heißen mag. Er ist erst zweiundachtzig, und ich lebe, weiß Gott, wesentlich gefährlicher als er.«

Besonders deutlich wird die Ambivalenz zwischen der Sehnsucht nach Zugehörigkeit und dem Stolz, es auch allein zu schaffen, bei Kinsey, als sie in *J is for Judgement* entdeckt, daß sie von seiten ihrer Mutter doch noch Verwandte hat. »Plötzlich wurde mir die Leere bewußt, in der ich bisher gelebt hatte... und daß mir die Tatsache, keine Verwandten zu haben, ein merkwürdiges Vergnügen bereitet hatte. Es war mir tatsächlich gelungen, mich durch meine Isolation überlegen zu fühlen.«

Dieser Zwiespalt wird auch bei V. I. deutlich. Angesichts der gespannten Beziehungen zu Lotty, gegen Ende von *Engel im Schacht* (Fischer), vertraut Vic ihrem Liebhaber an, daß sie fürchtet, ihre beste Freundin zu verlieren. »Ich hab solche Angst, daß sie mich verläßt, wie mich meine Mutter verlassen hat... Ich glaube nicht, daß ich es verkraften könnte, wenn mich Lotty auch verließe.«

Carlotta ist eindeutig die am wenigsten eigenbrötlerische des Trios; sie lebt praktisch auf Tuchfühlung mit der exzentrischen Künstlerin Roz. Die ausgeflippte Untermieterin (Mietnachlaß gegen Hausputz und gelegentliche Assistenz beim Schnüffeln) ist gewiß keine pflegeleichte Hausgenossin. Carlotta ist auch diejenige, die regelmäßig zum Passahfest all ihre Freunde zu einer Art Familienfest versammelt (»Es ist Zeit, daß Familien zusammensein sollten«, *Schnappschuß,* Rowohlt). Außerdem kümmert sie sich liebevoll um ein kolumbianisches Mädchen. »Paolina ist meine kleine Schwester. Keine richtige Schwester. Ich bin ein Einzelkind. Als ich noch bei den Bullen war, trat ich diesem Verein bei, *Big Sisters,* den großen Schwestern. Sie weisen dir ein Kind zu, das eine ältere Freundin gebrauchen kann, eine Art Bezugsperson. Ich hatte Glück. Ich bekam Paolina« (*Carlotta steigt ein*, Rowohlt).

Angesichts des auch für heutige Normalfrauen schwierigen Balanceaktes zwischen Familie und Beruf, und wohl auch in schmerzlicher Erinnerung an ihre Erfahrungen mit der Ehe, bleiben unsere Heldinnen lieber Singles. Alle drei sind geschieden. Vic, weil sie bald entdeckte, daß ihr Erfolg etwas anderes bedeutet als ihrem karrieregeilen, geldscheffelnden Ex. Ebensowenig war sie bereit hinzunehmen, daß er nach dem gemeinsamen Studium »plötzlich von mir erwartete, daß ich alles fallenlasse und zu einer japanischen Ehefrau werde« *(Engel im Schacht).* Kinsey war zweimal verheiratet und will es kein drittes Mal versuchen, sondern besteht hartnäckig auf Alleinleben und Unabhängigkeit: »Ich habe keine Haustiere. Ich habe keine Pflanzen. Ich bin die meiste Zeit unterwegs und mag keine Dinge zurücklassen« *(A is for Alibi).*

Was freilich nicht heißt, daß unsere Akteurinnen wie Nonnen leben und prinzipiell auf romantisch-sexuelle Abenteuer verzichten. Um Nützliches mit Angenehmem zu verbinden, teilt Vic das Bett gelegentlich mit Murray Ryerson, einem befreundeten Gerichtsreporter. In *Engel im Schacht* beginnt sie eine Beziehung mit dem schwarzen Polizisten Conrad Rawlings, die von ihrem Ersatzvater Contreras so kommentiert wird: »Es ist nur… er ist schwarz, Schätzchen, Afrikaner, wenn dir das lieber ist. In meiner alten Nachbarschaft würden sie euch beide im Bett verbrennen.« Kinsey wiederum unterhält eine Beziehung zu einem verheirateten Mann, wohlwissend, daß dieses schlampige Verhältnis ihre Unabhängigkeit nicht gefährdet. In *G – wie Galgenfrist* (Fischer) verliebt sie sich in ihren Berufskollegen Robert Dietz, versucht aber nicht, ihn festzuhalten, als er einen Job im Ausland annimmt. »Er schwört, daß er zurückkommt. Ich möchte ihm gern glauben, weiß aber nicht, ob ich es wagen soll. Bis dahin hab ich meine Arbeit und ein Leben, das mir reicher vorkommt, seit er dazugehört.«

Obwohl auch Carlotta beteuert, sich nach dem Scheitern ihrer Ehe aus dem Mann-Frau-Geschäft zurückziehen zu wollen, hat sie damit ihre Probleme. Irgendwie fühlt sie sich zu ihrem Ex-Polizeikollegen Mooney hingezogen, »der wie ein Collegeprofessor aussieht, aber die Anatomie eines Footballspielers hat. In *Carlotta fängt Schlangen* (Rowohlt) macht sie diesem Schwebezustand ein Ende: »Ich hab beschlossen, daß er ein zu guter Freund ist, um das durch eine Affäre aufs Spiel zu setzen.« Die Entscheidung zwischen Cop und Gangster kann ihr nicht allzuschwer gefallen sein, denn Carlotta hat geradezu ein Faible für die »falschen« Männer. In *Carlotta spielt den Blues* (Rowohlt) wärmt sie kurzzeitig die alte Liebe zu ihrem früheren Ehemann – Musiker und Ex-Junkie – wieder auf. Erst recht in Konflikte kommt sie durch ihre langanhaltende Affäre mit Sam Gianelli – ist Sam doch dummerweise der Sohn eines Mafia-Capos.

Frauen, die als Pionierinnen in männerdominierte Berufe vorstoßen, bekommen ganz allgemein massive Vorurteile zu spüren. Kein Wunder, daß es in erster Linie die Männer sind, die von Frauen im Detektivgewerbe nichts halten. So bekommt Vic, insbesondere von Bob Mallory, einem Polizeikumpel ihres verstorbenen Vaters, bei jeder Gelegenheit zu hören, daß Detektivsein »kein Job für ein Mädchen wie dich ist« und daß er es lieber sähe, »wenn du eine glückliche Hausfrau wärst«. Aber auch Lotty, selbst Frauenrechtlerin an vorderster Front, beginnt zunehmend zu zweifeln. In *Tödliche*

Miss Mary Golling

Therapie (Piper) sagt sie zu Vic: »Du kannst die Welt nicht retten. Nur weil du viel weißt, bist du nicht allmächtig.« Und auch als Ärztin wird Lotty es langsam leid, ihre junge Freundin nach gefährlichen Attacken zusammenflicken zu müssen. In *Brandstifter* platzt ihr deshalb der Kragen: »Victoria, ich weiß nicht, warum ich mir überhaupt noch die Mühe mache. Das ist bereits das dritte Mal, daß du bis zur Bewußtlosigkeit zusammengeschlagen wurdest.«

Während es Marlowe und Spade – beide gestandene Trinker und Raucher und unangekränkelt vom heutigen Fitneßwahn – bei einer Schlägerei nie an Kondition zu mangeln schien, können und wollen sich unsere Heldinnen gerade wegen ihres gefährlichen Berufs kein Formtief leisten. V. I. joggt bereits nach dem Aufstehen und nimmt dabei gerne Peppy, ihren Golden Retriever, mit, der schließlich auch Auslauf braucht. Auch Kinsey läuft regelmäßig – außer wenn sie mal wieder bei einer Schlägerei verletzt wurde – und trainiert dazu noch regelmäßig mit Hanteln. Bei 59 Kilo und 1,75 m hat sie keine Gewichtsprobleme, »aber als alleinstehende Privatdetektivin muß ich manchmal um mein Leben rennen und kann es mir nicht leisten, aus der Übung zu kommen« (*G – wie Galgenfrist*, Fischer).

Carlotta, die 1,85 m große Amazone, erspielt sich beim YWCA mit Volleyball Kondition. »Nicht etwa so ein Sandkastenspielchen, sondern Killervolleyball« (*Carlotta steigt ein*, Rowohlt).

Rauchen ist bei den Lady Dicks tabu: Vic ist strikt dagegen; Carlotta gab es auf, weil sie ihren rauchenden Vater an Lungenkrebs sterben sah; Kinsey läuft sofort unter die Dusche und wechselt ihre Klamotten, so zuwider ist ihr der Gestank. Anders ist es bei Alkohol: Vic liebt es, sich nach den Mühen des Tages im Schaumbad einen Whiskey zu gönnen; Kinsey muß gelegentlich mit einem Kater fertig werden: »... ich saß mit einem Kopf aus Watte im Büro, kämpfte gegen die Übelkeit und versuchte, wie eine intelligente, tüchtige Privatdetektivin auszusehen; in Normalform bin ich das auch ... ehrlich!« (*Unter der Bettdecke*, Kurzgeschichte aus *Detektivin, Anfang 30, sucht Aufträge*, Fischer).

Um so erstaunlicher ist es, daß sich die Lady Dicks so ungesund ernähren. Als typische Vertreterinnen der Fast-food-Generation stellen sie sich für gewöhnlich recht eigenwillige Sandwichkombinationen zusammen oder würgen rasch beim Schnellimbiß etwas hinunter. »Pastrami auf Roggentoast, mittelsaure Gurken und Vanille-Sodawasser, Erdbeer-Käsekuchen als Nachtisch. – Das ist die Art Essen, mit der ich groß geworden bin«, erfahren wir beispielsweise von Carlotta. V. I. gerät angesichts der dickbäuchigen Gäste in einem Restaurant kurzfristig ins Wanken: »Ein Mittagessen, wie ich es liebte: Fett, Kohlehydrate und Konservierungsstoffe... Ich bestellte Hüttenkäse.« (*Tödliche Therapie*, Fischer) Weil keine Zeit zum Einkauf bleibt, herrscht im häuslichen Kühlschrank meist gähnende Leere. Oder es bietet sich das von V. I. in *Blood Shot* (Fischer) vorgefundene Bild: »Der Joghurt schimmelte, Obst war nicht da, und das letzte Stück Brot war so hart, daß es zum Mordwerkzeug taugte.« ...Kein Wunder, daß V. I. in *Brandstifter* über ihr Spiegelbild erschrickt: »Mein Gesicht war eingefallen, es bestand nur aus Backenknochen und Augen... mein Gewicht war unter 130 Pfund gefallen. Ich konnte es mir nicht erlauben, so dünn zu sein, wenn ich genügend Energie für meinen Job haben wollte.« Auch mit Kinseys Eßgewohnheiten steht es nicht zum besten, und so müssen Nachbar Henry und die ungarische Kneipenwirtin Rosie darauf achten, daß Kinsey gelegentlich etwas Ordentliches zwischen die Zähne bekommt.

Meine Hitliste
Ogottogott, was für ein Dilemma. Zuerst fielen mir nur wenige Titel ein, dann nahm die Liste kein Ende ... Da gäbe es so viel zu kommentieren, aber nun gut ... nach meiner heutigen Tagesverfassung sollen's die folgenden Top-Zwölf sein: ❶ Ed McBain: Kiss von der 87th Serie/sonst Downtown ❷ Patricia Highsmith: Das Zittern des Fälschers ❸ Noel Calef: Fahrstuhl zum Schafott ❹ Ruth Rendell: u. a. Die Masken der Mütter ❺ Manuel Vasquéz Montalbán: Mord im Zentralkomitee ❻ Doris Gercke: Moskau, meine Liebe ❼ Leonardo Sciascia: Das Gesetz des Schweigens ❽ Dorothy Uhnak: False Witness ❾ Michael Chrichton: Andromeda ❿ John le Carré: Der Spion, der aus der Kälte kam ⓫ Sara Paretsky: Guardian Angel ⓬ Laura Grimaldi: Das Monster von Florenz

In Schönheitssalons kommen unsere Heldinnen höchstens von Berufs wegen, und auch sonst legen sie keinen besonderen Wert auf ihr Aussehen. Kinsey beschreibt ihres so: »Ich sah etwas komisch aus. Mein Haar ist dunkel, ich schneide es alle sechs Wochen mit der Nagelschere. Und so sieht es auch aus – zerrupft, dilettantisch... wie das Hinterteil eines Hundes« (*Sie kannte ihn flüchtig*, Fischer). Während Kinseys Nase, zweimal gebrochen, »noch erstaunlich gerade aussieht«, weicht Carlottas bereits von der Normalform ab: Ihre dreimal gebrochene Nase ist seitlich geknickt. Natürlich wird von unserem Trio auch um die Garderobe nicht viel Aufhebens gemacht. Sportlich und bequem – sprich: Jeans, T-Shirt und Turnschuhe – heißt die Devise. Um bei gelegentlichen Auftritten in der Wirtschaftswelt Eindruck zu schinden, hat jede ein elegantes Kostüm im Schrank. Von allen dreien ist Vic die modischste. Sie sprintet durchaus mal zwischendurch in ein Geschäft, um »ein auf Figur gearbeitetes, knallrotes Wollkleid mit tiefem Rückenausschnitt« zu erstehen (*Fromme Wünsche*, Pi-

per). Außerdem ist sie ein Schuhfreak, wobei die roten, hochhackigen Maglis, die sie bevorzugt, auch eine Talismanfunktion erfüllen.

Nachtrag

In einem schon vor Jahren (April 1992) zum Boom des Frauenkrimis erschienenen Artikel in *Publishers Weekly* hieß es: »Der harte, männliche, weiße Anglo-Detektiv, der gern einen Drink zur Brust nimmt und auf Mädels abfährt... kann als aussterbende Spezies bezeichnet werden.« Inzwischen lassen – bis auf einige wenige unverbesserliche Neandertaler – die meisten männlichen Autoren Besserung erkennen. Ihre Helden werden zunehmend feinfühliger, menschlicher und kooperativer – nicht nur im Umgang mit Frauen. Zeit genug hatten sie ja, um sich bei der glaubhaften, witzigen, sinnesfrohen, subversiven und originellen Frauenbande ihrer weiblichen Konkurrentinnen einiges abzuschauen.

KRIMIBAUKASTEN: DIE HARTE-KERLE-VARIANTE »DEAD MEMORY« (USA, 1940–60)

Nach Charles William, Cornell Woolrich, Michael Avallone und anderen

❶ *Erster Satz:*
Wäre ich an diesem Dienstag im Mai nicht zu Doc Malloys Spielchen runter nach Venice gefahren, wäre vieles nicht passiert.

Was passiert:
John Scrabble ist ein abgezockter Memory-Spieler. Bei einer Partie in Doc Malloys Hinterzimmer entdeckt er, daß sein Konkurrent Carl Crossword mit gezinkten Memory-Karten spielt. Als er ihn deshalb zur Rede stellt, kommt es zu einer heftigen Auseinandersetzung, und nur die betörend schöne April, Tochter des millionenschweren Spielkartenherstellers Joker Ace, kann Scrabble vor einer Kurzschlußreaktion bewahren. In der Nacht, die Scrabble mit April verbringt, wird Crossword bestialisch ermordet. Wegen des Streites und einer bei der Leiche gefundenen Memory-Karte mit Scrabbles Fingerabdrücken hält Lieutenant Jackson vom Police Department Scrabble für den Mörder. April kann ihm kein Alibi geben, weil sie ihn mitten in der Nacht verließ. Scrabble wird verhaftet und von Jacksons brutalem Kollegen Flint verhört. Dann gelingt ihm die Flucht. Ganz allein auf sich gestellt, muß er den Mord an Crossword aufklären. Von dessen Witwe Janice, einer desillusionierten, alkoholabhängigen Bardame, erfährt Scrabble, daß Crossword und Joker Ace vor zwanzig Jahren gemeinsam als Memory-Spieler die reichen Geldsäcke auf den Flußdampfern ausgenommen haben. Dann ging Crossword in den Knast, und Ace baute sein Unternehmen auf. Scrabble flüchtet zu April, die ihn versteckt und ihm dann heimlich Zugang zum Büro ihres Vaters verschafft. Dort entdeckt Scrabble Unterlagen, aus denen hervorgeht, daß Ace seinen ehemaligen Partner Crossword damals auf dem Flußdampfer an die Polizei verpfiffen hatte, um sich allein mit dem Spielgewinn abzusetzen und seine Firma zu gründen. Jetzt wird ihm auch klar, daß April und Crossword unter einer Decke steckten und gemeinsam Ace erpreßten. Er stellt April zur Rede; sie schwört, der Mord an Crossword sei Notwehr gewesen, als sie sich wegen des von Ace erpreßten Geldes stritten. Fast glaubt Scrabble ihr schon, als April plötzlich eine Waffe auf ihn richtet. Sie hat,

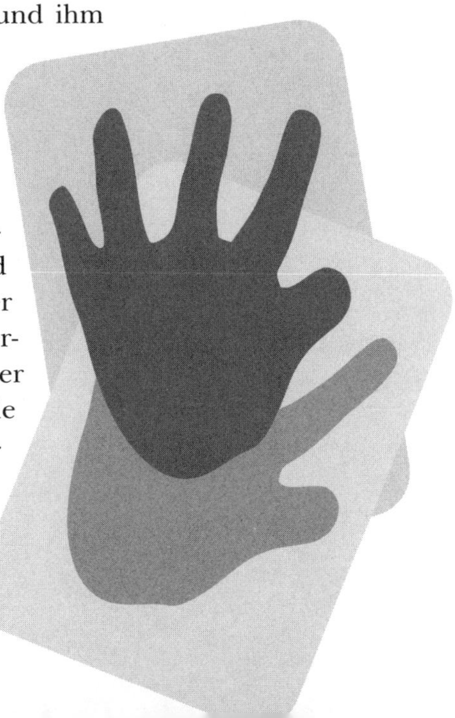

wie sie Scrabble erklärt, gerade vorhin, als er ins Arbeitszimmer ihres Vaters einbrach, ihren Vater erschossen und will jetzt Scrabble töten, um ihn als Mörder ihres Vaters hinzustellen. Damit wäre sie die Erbin des Spielkarten-imperiums und am Ziel ihrer Wünsche. Doch Scrabble hat klugerweise vorher Lieutenant Jackson angerufen, der jetzt auftritt und Aprils Geständnis draußen auf der Terrasse mitgehört hat. Als er sie verhaften will, erschießt sich April.

✂ *Letzter Satz:*

Langsam sickerte ein Blutfaden aus ihrem Mund; ihre Augen sahen mich an, und auf einmal war nichts mehr in ihrem Blick.

7.

SCHREIB-TISCH-TÄTERINNEN

Krimis von, mit und für Frauen

Polizeichef Earl Hawke von Scubaville erhielt einen Hinweis, daß Ruthie Riddlemacher, bekannt als die Chi-Chi-Desperado-Killerin (sie hielt sich für eine direkte Nachfahrin von Billy the Kid UND Calamity Jane), in der Nähe der Spofford Farm gesehen worden war, die das Bild hier zeigt. Der unerschrockene Bulle machte sich sofort an die Untersuchung.

Wenn Sie Earl Hawke wären, was würden Sie schlußfolgern und was würden Sie tun?

FRAGEN

1. Stimmt irgendwas nicht?
Ja – Nein
2. Wurde der Hund umgebracht?
Ja – Nein
3. Hat Ruthie hier übernachtet?
Ja – Nein
4. Ist Ruthie noch im Haus?
Ja – Nein
5. Fuhr Ruthie weg?
Ja – Nein
6. Glauben Sie, daß Ruthie die Spoffords gefangennahm?
Ja – Nein
7. Wissen Sie etwas, das zur Ergreifung von Ruthie beitragen kann?
Ja – Nein
8. Wenn Sie Earl Hawke wären, würden Sie das Haus sofort betreten?
Ja – Nein
9. Was hat Earl Hawke gefunden?

1. Ja. Es gibt beunruhigende Hinweise wie die durchgeschnittene Telefonleitung und die von der Wäsche gerissenen Kleidungsstücke, auf denen herumgetrampelt wurde.
2. Ja, wenn man das nicht gefressene Futter und die Löcher in der Hundehütte und das frisch ausgehobene Grab betrachtet.
3. Ja, wenn man die Wäscheleine anschaut. Das Nachthemd und das einfache Baumwollkleid wurden abgenommen und es wurde darauf rumgetrampelt, wohl damit andere Wäschestücke – wahrscheinlich die von Ruthie – statt dessen aufgehängt werden konnten.
4. Nein. Vom Auto der Spoffords wurde Benzin abgesaugt und das Nummernschild wurde abgeschraubt, möglicherweise für ein anderes Auto (Ruthies), das wegfuhr.
5. Ja, die Gründe dafür sind bei 4. nachzulesen.
6. Ja, denn sonst hätten sie sich mit der Polizei in Verbindung gesetzt. Das Durchschneiden der Telefonleitung läßt darauf schließen, daß sie festgehalten wurden.
7. Ja. Ruthies Auto hat wahrscheinlich das Nummernschild der Spoffords und kann deshalb leicht ermittelt werden.
8. Jetzt, wo Ruthie weg ist, ist die Gefahr vorbei.
9. Oberbulle Hawke fand die Spoffords schließlich in ihrem großen, beleuchteten, begehbaren Schrank. Sie waren unverletzt und spielten Flaschendrehen.

Hundeelend

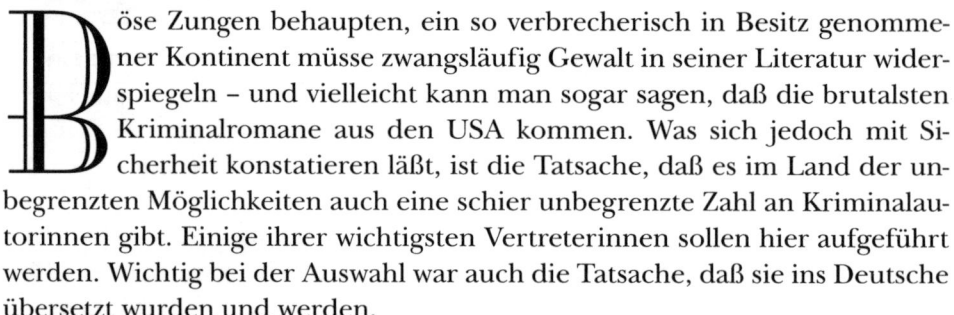

Murdered by a Woman's Hand
Amerikanische Kriminalautorinnen

Von Nina Schindler

Böse Zungen behaupten, ein so verbrecherisch in Besitz genommener Kontinent müsse zwangsläufig Gewalt in seiner Literatur widerspiegeln – und vielleicht kann man sogar sagen, daß die brutalsten Kriminalromane aus den USA kommen. Was sich jedoch mit Sicherheit konstatieren läßt, ist die Tatsache, daß es im Land der unbegrenzten Möglichkeiten auch eine schier unbegrenzte Zahl an Kriminalautorinnen gibt. Einige ihrer wichtigsten Vertreterinnen sollen hier aufgeführt werden. Wichtig bei der Auswahl war auch die Tatsache, daß sie ins Deutsche übersetzt wurden und werden.

Fangen wir doch am besten da an, wo seinerzeit die Einwanderer den Kontinent zum ersten Mal betraten: in Neuengland. Das war von Anfang an – rein krimimäßig gesehen – in erster Linie eine Domäne der Frauen, nicht umsonst legte hier seinerzeit Mary Roberts Rinehart den Grundstein für ein Subgenre: den Krimi um die resolute ältere Dame oder die selbstbewußte junge Frau, die sich als Amateurdetektivinnen beherzt an die Aufklärung von Verbrechen aller Art machen. Bis heute haben die blutrünstigen Morde hinter den Türen hochanständiger Bürger nichts von ihrer Faszination verloren (bei DuMont).

Phoebe Atwood Taylor liebte solche Protagonistinnen ebenfalls, sie verfrachtete sie mit Vorliebe nach Cape Cod und stellte ihnen dort den verschmitzten alten Seemann Asey Mayo zur Seite – diesem Gespann war dann immer die Lösung des Falles beschieden. Die verwirrenden Abenteuer des pensionierten Professor Witherall hingegen sind meist Slapstick pur (bei DuMont).

Charlotte MacLeod (alias Alisa Craig) hat bislang vier Serien veröffentlicht, in denen sie die Heldinnen nicht nur Morde aufklären läßt, sondern sie jeweils spätestens bis zum dritten Band auch unter die Haube bringt, wie Sarah Kelling, Janet Wadmann oder Dittany Henbit. Aber auch Peter Shandy, der schrullige Prof am Balaclava College, trifft auf seine späte Liebe (übrigens im witzigsten Weihnachtskrimi, den ich kenne: *... Schlafe in himmlischer Ruh!*). Wer die guten alten Häkelkrimis liebt und es aushält, daß das Figurenarsenal und die Szenerie mit jedem Folgeband bizarrer werden, und sich an satirisch überhöhter Idylle nicht stört, findet hier reichlich Lesestoff.

Linda Barnes hat mit der rothaarigen Carlotta Carlyle eine der aufregendsten Privatdetektivinnen geschaffen. Als Taxifahrerin getarnt, verfolgt sie ihre Verdächtigen, kümmert sich um die Bedürftigen und spielt nachts auf ihrer Steel Guitar. In einer anderen Serie hieß der Held Michael Spraggue, war von Haus aus stinkreich, außerdem ein Filmschauspieler und konnte das Schnüffeln nicht lassen, weil er sowohl in Kalifornien als auch in New Orleans oder im heimatlichen Boston immer mal wieder über eine Leiche stolperte (bei Rowohlt).

Paula Gosling machte die Literaturprofessorin Kate Trevorne und deren Lover Lieutenant Stryker zu den Helden einer Serie, doch hat sie ein Faible für exotische Schauplätze und kreiert für die auch immer wieder neues Personal – Romanze inbegriffen. Ihre Detektive sind meist harmlose Bürger, die durch eine plötzliche Verkettung von schrecklichen Ereignissen zum Handeln gezwungen werden (bei Rowohlt).

Anne LeClaire macht in ihren Romanen starke Anleihen bei der *Dark Suspense,* hier wird überhaupt nicht gehäkelt, sondern es werden ganz im Gegenteil Familienbeziehungen so messerscharf analysiert, daß die Lektüre weniger einen beschaulichen Platz im Lehnstuhl als gut verschlossene Türen und stahlharte Nerven verlangt (bei Rowohlt).

Unter dem Pseudonym Emma Lathen treiben Mary Lastsis und Martha Henissart (im Privatberuf Anwältin und Wirtschaftswissenschaftlerin) ihren Spott mit der Welt der Hochfinanz in Person des respektablen Bankers John P. Thatcher, der allerdings ohne seine Sekretärin Miss Corsa wahrscheinlich nicht halb so tüchtig wäre. Schon seit über dreißig Jahren klärt der Senior Verbrechen in den obersten Etagen des *Big Business* auf – meist durch Zusammenzählen von zwei und zwei.

Auch Kate Fansler, ihres Zeichens Literaturprofessorin an der Universität von New York, gehört zu den oberen Zehntausend. Vermögend, kultiviert und sehr auf ihre Unabhängigkeit bedacht, sieht sie die Welt um sich herum durch eine von Buch zu Buch immer klarer werdende feministische Brille. Unterstützt durch ihren Mann, einem Juristen, und gerüstet mit einer dezidierten Kenntnis der Frauenliteratur des 19. Jahrhunderts, macht sie sich an die Aufdeckung von Verbrechen in vorwiegend akademischen Kreisen (dtv).

P. M. Carlson hat mit ihrer Serienheldin Maggie Ryan eine Frauenfigur geschaffen, die sich als Verkörperung feministischer Tugenden seit den Sechzigern bis heute bravourös durch bislang acht Kriminalfälle hindurchkämpfte – ob als Studentin, junge Ehefrau oder mittlerweile mehrfache Mutter. Carlsons andere Hauptfigur, Hilfsheriff Marty Hopkins, steht ihre Frau in einem ganz anderen gesellschaftlichen Umfeld – auch sie ist mit Intelligenz und Zähigkeit ausgestattet und bleibt unbeirrbar am Fall, bis sie den Täter dingfest gemacht hat (Ariadne).

Als echter Krimifan demonstriert Carolyn G. Hart ihre Kenntnisse durch viele eingestreute Zitate aus den »Klassikern«. Ihre Serienheldin Annie Laurence führt eine Krimibuchhandlung in South Carolina und veranstaltet auch noch Live-Mörderspiele – kein Wunder, daß sie selbst pausenlos in irgendwelche Morde verstrickt wird und mit Hilfe ihres Liebsten natürlich immer erfolgreich ihre Fälle löst (Heyne).

Joan Hess macht ebenfalls eine Buchhändlerin zur Amateurdetektivin: Claire Malloy wird zwar von ihren Freunden mit aller Macht am Detektivspielen gehindert, doch natürlich schafft sie es immer wieder mit Erfolg. Die Kleinstadt Maggody in Arkansas bildet den idyllischen Hintergrund von Hess' anderer Serie, und wie so oft erweist sich diese Idylle als trügerisch – Anlaß für die in ihre Heimatstadt zurückgekehrte Polizistin Arly Hanks, mit Hilfe ihrer Mutter und deren Freundin auf Verbrecherjagd zu gehen (Ariadne).

Auch Julie Smith tanzt auf mehreren (Serien-)Hochzeiten. Da gibt es einmal Rebecca Schwartz, die Anwältin aus San Francisco, die sich im Laufe der von ihr gelösten Kriminalfälle auch immer mehr selbst auf die Schliche kommt. Skip Langdon ist eine auffallend große Frau, die sich als Polizistin in New Orleans mit Macho-Kollegen und Mordfällen herumschlagen muß. Ganz gleich, ob die Verdächtigen aus der High-Society, aus der Computer- oder der Frauenszene stammen: Dickköpfig und neugierig verbeißt sie sich in ihre Fälle (Fischer).

Tony Fennelly hat nicht nur die Serie um den mehr oder weniger schwulen Privatdetektiv Matty Sinclair aus New Orleans verfaßt, sondern auch eine, in deren Mittelpunkt die Ex-Stripperin und Klatschkolumnistin Margo Fortier steht. Margos Beruf bringt sie immer wieder an den Schauplatz von Verbrechen, und da Lieutenant Washington von der Mordkommission ohne sie nicht weiterwüßte, hilft sie ihm auf die Sprünge (Rotbuch).

Sharyn McCrumb lebt in Virginia und wird mit ihrer Serie um den Sheriff Spencer Arrowood als Chronistin der Appalachen angesehen. Nachdem sie ihre anderen Reihen mit leichter Hand und eher humorvoll gestaltete, widmet sie sich hier so anspruchsvollen Themen wie dem Vietnamtrauma oder der Umweltzerstörung – weit weg von schnurrigen Idyllen mit knurrigen Originalen (Rowohlt).

Patricia D. Cornwell ist derzeit die erfolgreichste Autorin der USA mit ihrer Serie um die Gerichtsmedizinerin Kay Scarpetta aus Richmond, Virginia. Die doppelt qualifizierte Fachfrau Scarpetta – Ärztin und Juristin – kann auch noch exzellent mit dem Computer umgehen und wird durch ihre Freundschaft mit dem chauvinistischen Polizisten Marino immer wieder in die direkte Ermittlungsarbeit hineingezogen, wenn es um Serienkiller oder besonders rätselhafte Verbrechen geht (Droemer Knaur).

Chicago ist der Hintergrund, vor dem sich die Krimis von Sara Paretsky abspielen. V. I. Warshawski arbeitet nicht mehr für die Industrie, sondern als Privatdetektivin, weil sie erkannt hat, daß sie in einer patriarchalischen Gesellschaft so der Gerechtigkeit eher auf die Sprünge helfen kann. Ihre Gegner sind die Verbrecher mit dem weißen Kragen: Da geht es um Wirtschaftsspionage, Steuerhinterziehung etc. Doch es sind vor allem die Widersprüche der Hauptfigur, die sie zu einer so attraktiven Protagonistin machen (Piper und Bastei).

Mary Higgins Clark hat ein Gespür für die Themen der Zeit und macht daraus fesselnde Thriller, in denen entführte und/oder mißbrauchte Kinder oder junge Frauen von den Vertretern von Recht und Ordnung immer rechtzeitig aus der Gewalt der Verbrecher befreit werden. Sie ist eine Meisterin des Suspense-Krimis und steigert die Spannung in ihren Romanen meist durch geschicktes Verflechten mehrerer Handlungsstränge (Heyne).

Faye Kellerman hat neben einigen anderen Berufen auch noch angefangen, Krimis zu schreiben. Ihre Serie um Rita Lazarus greift ein seltenes Thema auf: Eine orthodoxe Jüdin hilft einem Polizisten bei der Aufklärung von Verbrechen. Der besondere kulturelle Hintergrund zeigt die Region in und um Los Angeles in einem ganz anderen Licht als die Romane ihres Mannes Jonathan Kellerman. Außerdem hat sie noch einen historischen Abenteuerkrimi mit Shakespeare als Protagonisten verfaßt (Rowohlt).

Lia Matera ist von Haus aus Rechtsanwältin, genau wie die Protagonistinnen ihrer beiden Serien. Laura DiPalma ist ein karrierebewußter Yuppie auf der Suche nach beruflichem Erfolg, Willa Jansson hingegen ist die Tochter linksradikaler Eltern, die sich mit Humor und Mutterwitz aus schrägen Situationen wieder hinausmanövriert (Rotbuch).

Martha Grimes liefert mit ihrer Serie um Inspector Jury augenzwinkernd eine »englischer als englisch«-Variante des klassischen Cozy. Angefangen von den Schauplätzen bis hin zu den exzentrischen Charakteren, mit denen sie ihre Krimis bevölkert, sind sie eine Art stilisierte Hommage an das Genre, auch wenn die Plots mit dem Fortschreiten der Serie etwas an Spannung einbüßen. Grimes' Versuche, außerhalb der Serie amerikanische *Mysterys* zu schreiben, zeigen sie von einer neuen und spannenden Seite (Rowohlt/Wunderlich).

Auch Elizabeth George sparte nicht an der Ausstattung ihrer Serien mit Ikonen der britischen Kriminalliteraur: Es wimmelt von Lords und Ladies, aber auch die *Lower Classes* kommen in der Figur einer Kriminalbeamtin zu Wort. Verschlungene Familiengeschichten bilden meist den Hintergrund für das unausweichliche Verbrechen. Leider weist die zunehmende Länge ihrer Romane nicht auf steigende Qualität hin (Goldmann).

Sue Grafton wollte eigentlich ihren Ex-Mann umbringen, doch dann entschloß sie sich lieber dazu, Krimis zu schreiben. Ihr Ex und eine begeisterte Fangemeinde freuen sich über diesen Entschluß. Mit Kinsey Millhone schuf sie eine der berühmtesten Singles, die sich als Privatdetektivinnen allein durchs Leben schlagen und selbstbestimmt und unabhängig ihr Leben und ihren Beruf gestalten (Goldmann und Piper).

Die große alte Dame der amerikanischen Kriminalliteratur ist zweifellos Margaret Millar. Ihre erste Krimiserie hatte einen Psychiater als Protagonisten, doch ihr wahres Talent entfaltet sich erst anschließend in ihren Suspense-Romanen, wo sie ein psychologisch sehr fein gesponnenes Netz aus Opfern, Tätern, Verfolgern und Verfolgten webt. Zu Recht gehört sie zu den am meisten ausgezeichneten Kriminalschriftstellerinnen der Welt (Diogenes).

Sisters in Crime in deutschen Krimis

Von Gabriela Wenke

Die jüngeren unter den KrimileserInnen können es sich wahrscheinlich gar nicht vorstellen, daß vor ca. 30 Jahren die Krimiwelt fast ausschließlich männlich und englischsprachig war. In der Mehrheit aller Kriminalromane waren die Frauenfiguren nur aus Männersicht geschildertes, meist attraktives Beiwerk, Objekt der Begierde oder der Inbegriff naiver Reinheit (letztere bekam zum Schluß einen passenden Ehemann) – kurz, ganz im Stile von Hure oder Heilige. Miss Marple blieb lange die Ausnahme.

EIN BAND KOMMT SELTEN ALLEIN

Die Heldinnen der Autorinnen von heute kommen da ganz anders daher: die schießen und prügeln, raufen und saufen, vögeln und ficken nach Herzenslust. Einige der wichtigsten Autorinnen bzw. ihre Heldinnen – Bella Block, Anna Marx, Karin Lietzke und Frau Quade beispielsweise – sind über vierzig, fünfzig und sogar sechzig, manche von üppiger Gestalt, haben Falten oder graue Haare; die jüngeren, wie die Kommissarin Beate Stein und die Kölner Staatsanwältin Beate Fuchs (zweimal Beate = die Selige!), sind modisch-attraktiv und Singles. Fast alle Serienfrauen und auch viele, die nur einmal auftreten, setzen sich mit ihren Müttern bzw. ihren Familien auseinander, gegen die sie ihren selbstbewußten und selbständigen Lebensstil verteidigen (müssen). Logischerweise ist ihr Leben in der Männerwelt ein ständiger Kampf um Anerkennung und Würde – und das heißt ebenso selbstverständlich, daß die Männer in ihrer überwiegenden Mehrheit dabei nicht eben gut wegkommen. Ausnahmen bestätigen die Regel.

Ganz außergewöhnlich hoch ist der durchschnittliche Bildungsgrad der deutschsprachigen Autorinnen. Der erschöpft sich nicht in akademischen Titeln, sondern zeigt sich auch in geistreichen, kompetenten und oft sehr originellen Ausflügen in alle Bereiche, insbesondere der Geisteswissenschaften und bildenden Kunst.

KRIMIFRAUEN IN DER MÄNNERWELT

Irene Rodrian (* 1937) war die erste deutsche Kriminalschriftstellerin, die kontinuierlich, wenn auch nicht ausschließlich, diesem Genre treu blieb. Offenbar war es ihr zu Beginn ihrer Karriere noch nicht möglich, eine Frauenfigur mit dem Biß und dem Selbstbewußtsein einer Bella Block zu kreieren, wenn auch Rodrians Sicht auf die Gesellschaft oft ähnlich düster war wie die von Gercke. 1967 bekam sie für ihren ersten Kriminalroman *Tod in St. Pauli* (Rowohlt) den Edgar-Wallace-Preis. Sie hat nie eine über mehrere Bände durchgehende Titelfigur aufgebaut. In immerhin 30 Jahren haben ihre Krimis verschiedene Entwicklungen mitgemacht; es gibt keine durchgehende Linie. Ihre Geschichten sind immer sozialkritisch, oft im kleinbürgerlichen oder spießigen Milieu angesiedelt, das ihre Heldinnen scheinbar ausweglos gefangenhält, und es überwiegt in zunehmendem Maße eine pessimistische Sichtweise auf die Gesellschaft hier und anderswo. Ihre Figuren, insbesondere die der Frauen, sind dadurch schwach, daß sie aus den sie umgebenden Zwängen nicht ausbrechen können oder sich falsche Ziele setzen und notgedrungen scheitern. Rodrian war die erste Frau im deutschsprachigen Raum, die in ihren Kriminalromanen Frauen auftreten ließ, die sich vom vorgeschriebenen Rollenbild entfernten und verkrustete Strukturen aufbrachen – wenn sie auch letztendlich scheitern mußten.

SERIEN: DE LUXE UND À LA CARTE

Doris Gercke (* 1937) erfand mit ihrer Bella Block die ungewöhnlichste Frauenfigur, die in Folge eine Serie von Kriminalromanen beherrschte und beherrscht. Mich erinnern viele ihrer Romane in der Dichte und literarischen Qualität an Dürrenmatts *Der Richter und sein Henker*, obwohl Bella Block schon mit fünfzig und noch im Vollbesitz ihrer geistigen, körperlichen und insbesondere sexuellen Kräfte den Polizeidienst quittiert – allerdings ähnlich desillusioniert wie Dürrenmatts Kommissar Bärlach. Schon in ihrem ersten Buch, *Weinschröter, du mußt hängen* (Goldmann), läßt Doris Gercke ihre Bella Block endgültig die Überzeugung verlieren, daß ihre Arbeit als Kriminalhauptkommissarin einen Sinn macht und daß sie solcherart desillusioniert dieses Leben weiterhin so führen will. Sie verliert ihre letzte Zuflucht, ein altes Haus in einem Dorf auf dem platten Land, denn bei einem Mordfall schaut sie hinter die Kulissen der Dorfgemeinschaft und muß erkennen, daß die Dorfidylle nicht existiert: Ein gedemütigtes Opfer brutaler Männerspäße rächt sich, und Bella läßt die Mörderin laufen. Sie quittiert daraufhin den Dienst, ist in späteren Romanen als Privatdetektivin tätig und erbt schließlich so viel Geld, daß sie sich aus den Niederungen des Geldverdienens endgültig zurückziehen kann. Am Ende des (vorläufig) letzten Kapitels ihres literarischen Lebens – *Dschingis Khans Tochter* – beschließt sie, aus einem ausgebluteten, zerstörten und von Kriegs- und sonstigen Gewinnlern heimgesuchten Odessa nicht mehr ins ungeliebte Deutschland zurückzukehren. Sie bricht mit einem neuen Gefährten nach Sibirien auf: Die Zukunft lag für sie noch nie im Westen, jetzt winkt der Osten – go east.

Bella Block ist stark und eigenständig und kümmert sich nicht um die Meinung anderer. Sie lebt, wie sie will, liebt, wie sie will, und verfolgt das Unrecht, wo und wie sie will. Da ihr Vertrauen in Polizei und Justiz gleich Null ist, übt sie auch Selbstjustiz. Das Leben ist Krieg: Kriminelle und Mörderbanden beherrschen weltweit die Gesellschaft und machthungrige Technokraten verteidigen eher ihre Pfründe als das Recht und die Schwachen. Duster? Ja, nichts für depressive Tage. Um so mehr, als ich nicht das Gefühl habe, daß Gercke übertreibt. Gut und Böse? Es gibt ein paar »Gute«, jede Menge in jeder Hinsicht hungrige Böse und eine erdrückende Mehrheit von Schwachen, Resignierten und Dummen. Kein Wunder, daß Bella Block diese Menschheit nur mit riesigen Mengen Wodka ertragen kann.

Für mich ist Gercke mit ihren knappen Szenen, ihren starken, mit wenigen Strichen gezeichneten Personen, ausdrucksstarken Bildern und ihrem spielerischen Umgang mit Poesie – insbesondere der Lyrik von Aleksandr Blok – die literarisch stärkste und überzeugendste Autorin unserer Krimifrauen.

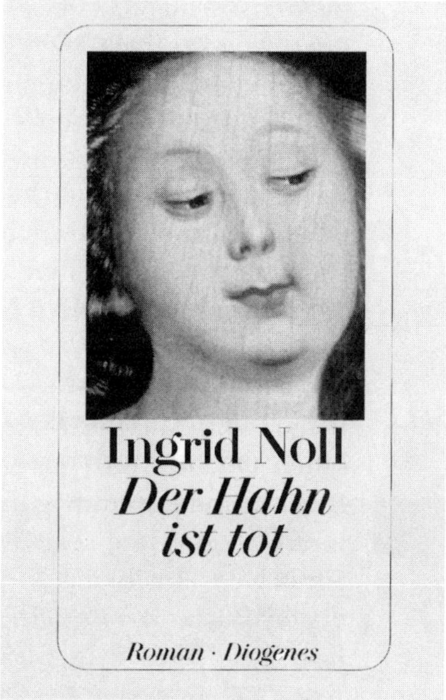

EINE ÖSTERREICHERIN IN DEUTSCHLAND

Amüsanter, selbst wenn die Bonner Realsatire manchmal einen bitteren Geschmack hinterläßt, ist die Lektüre der Österreicherin Christine Grän (* 1952 in Graz). Schauplatz ihrer Romane ist meist Bonn, wo die inzwischen berühmt gewordene Journalistin Anna Marx für ihre Klatschkolumne einen scharfen Blick auf den politischen Alltag wirft. In ihrem ersten Buch – *Weiße sterben selten in Samyana* (Rowohlt) – reist sie in das kleine afrikanische Land Samyana, um über den Mord an einer Entwicklungshelferin zu berichten. Von da an reißen die Morde im Leben der Rothaarigen mit der Rubensfigur nicht mehr ab. Inzwischen – in *Anna Marx, der Müll und der Tod* – ist sie 47 Jahre alt. Wir haben mit ihr einen Liebhaber kommen, zeitweise (aber nie über Nacht) bleiben und gehen sehen und werden mit ihr älter. Gnadenlos blendet Grän immer wieder die Sichtweise anderer auf Anna Marx ein – Männeraugen, die sie zu alt und zu fett finden, Frauenaugen, die abschätzen, wie lange die Alte bei den Männern und im Beruf noch Konkurrenz machen wird. Anna hat es momentan ganz schön schwer. Vielleicht ist sie mit 50 wieder selbstbewußter, frei nach dem Spruch, daß Frauen über 50 so richtig bös sein können, weil sie nichts mehr zu verlieren haben!

SPÄTSTARTERINNEN

Ingrid Noll (* 1935) startete 1991 ihre Autorinnenkarriere furios mit *Der Hahn ist tot* (Diogenes). Scheinbar ganz normale Frauen enthüllen vor unseren Augen ihr Innenleben und haben auf einmal (mindestens) eine Leiche im Keller – in ihrem letzten Roman *Kalt ist der Abendhauch* (Diogenes) sogar im wahrsten Sinne des Wortes. Mir ist die über 80jährige Ich-Erzählerin in diesem Roman die liebste von Nolls TäterInnen. Ich ertappe mich dabei, daß ich viel Verständnis für sie habe – und daß ich meine Nachbarinnen und Bekannten auf einmal mit ganz anderen Augen anschaue! Sehr gekonnt und literarisch versiert entwickelt Noll ihre Figuren psychologisch schlüssig und mit einem gefährlich-hintergründigen Humor.

Annette Döbrich (* 1949) hat 1995 mit *Am Abgrund der Träume* (Rowohlt) den literarischen Förderpreis der Stadt München errungen, eine raffinierte Story um Wahn, Wahrheit, Normalität und einen ehrgeizigen Psychiater, dem eine tödliche Fehleinschätzung unterläuft. In *Abendfrieden* (Rowohlt) hat sie ihre literarischen Netze mit Hilfe einer weniger bekannten Variante der Desiderata in einem Altersheim ausgelegt.

ZWEI AUS DEM OSTEN

Die große alte Dame des DDR-Krimis hieß Tom Wittgen (* 1932) alias Ingeburg Siebenstädt und wurde als die Agatha Christie des Ostens gepriesen. Für ihr Gesamtwerk wurde sie 1994 mit dem Ehren-Glauser ausgezeichnet. Mit Georg Eiserbeck schuf sie einen sympathischen Privatdetektiv, der sich in klassischer Manier mit Assistentin und ewigen Geldsorgen auch mal für nicht zahlende Klienten einsetzt, so zum Beispiel in *... liebes Kind, komm, geh mit mir* (Ariadne). Ganz überraschend – insbesondere bei einer Autorin – outet sie sich in *Crossbody* (Ariadne) als Wrestling-Fan. Der Krimi ist ein Hohelied auf den edlen Kampfsport Catchen!

Waldtraut Lewin (* 1937) startete nach einer DDR-Karriere als Dramaturgin, Regisseurin und Schriftstellerin 1994 auch bei den Krimis durch. Ihre überzeugend konstruierten Krimis sind locker und amüsant zu lesen und verraten das Können der ausgebildeten Dramaturgin, bei der jede Szene sitzt. *Joachanaan in der Zisterne* (Ariadne), zusammen mit ihrer Tochter

Miriam Margraf geschrieben, und *Dicke Frau auf dem Balkon* (Ariadne) zeigen die dicke Regisseurin Aurora Lenssen in Aktion. Aurora hat genügend Biß und Ausstrahlung, um auch reihenweise zu überzeugen. Ganz ohne Theaterdonner und Filmflitter kommt Lewin in *Alter Hund auf drei Beinen* (Ariadne) aus, wo wir im Berliner Scheunenviertel der unerschrockenen Frau Quade aus dem Hinterhaus begegnen.

MIT IRONISCHER DISTANZ

Regula Venske (* 1955) mischt seit 1991 bei den Krimiladies mit. 1996 erhielt sie für ihren dritten Krimi *Rent A Russian* (Haffmans) den Deutschen Krimipreis. Ebenso wie in *Schief gewickelt* (Heyne) und *Kommt ein Mann die Treppe rauf* (Heyne) erzählt sie zwar eine realistische Geschichte, verfremdet die Personen jedoch ironisch, übersteigert Szenen fast ins Absurde und Groteske und nimmt den Themen dadurch viel von ihrer eigentlichen Ernsthaftigkeit. In allen Bänden taucht die Schriftstellerin Marthe auf, durch die das Krimischreiben an sich und die Wirkung von Kriminalromanen auf die LeserInnen immer wieder selbstironisch bis sarkastisch kommentiert wird. Intelligent, humorvoll und immer mit einem ungewöhnlichen Plot, sind ihre Bücher ein Vergnügen.

Uta-Maria Heim (* 1963) hat seit ihrem Krimi-Erstling *Das Rattenprinzip* (Rowohlt) einen weiten Autorinnenweg zurückgelegt. Sie begann mit einem eher konventionellen, realistischen Erzählprinzip des Krimis: Mitten im Stuttgarter Kultur-, Politik- und Journalistenklüngel gibt es zwei Leichen. Lokalchef Udo Winterhalter entwickelt detektivischen Ehrgeiz und kommt damit der Kulturmafia ins Gehege. Diese Erzählform hat Heim 1996 in *Die Zecke* (Rowohlt) endgültig verlassen. In einem chaotischen Umfeld von Szenetypen sind alle auftretenden Personen zu Karikaturen übersteigert, der Szenejargon ist gekonnt, alle Säuglinge sprechen mittelhochdeutsch, und die staatlichen Organe taugen nur noch als Witzvorlage. Heim ist damit bei der Gesellschaftssatire mit Leichen angelangt. Drei Bände lang begleiten wir Winterhalter und seine Freundin, bis er der Autorin nur noch einen Nebensatz wert ist. Heim stellt aber immer Bezüge zu früheren Krimis her, indem sie einzelne Figuren weiterverfolgt. Auffällig ist das breite Spektrum ihrer literarischen Mittel, die sie gekonnt einsetzt.

Österreicherin an internationalen Schauplätzen

Edith Kneifl (* 1954 in Oberösterreich) erhielt 1992 den Glauser-Preis für den besten deutschsprachigen Kriminalroman: *Zwischen zwei Nächten* (Heyne). Jedes ihrer Bücher ist anders, hat einen anderen Schauplatz: In *In der Stille des Tages* (Heyne) ist es Houston, Texas, in *Triestiner Morgen* (Heyne) das nordöstliche Italien an der Grenze zu den Krisengebieten des ehemaligen Jugoslawien. *Ende einer Vorstellung* (Heyne) spielt wieder in Wien, in einem alten Kino und einer um die Ecke gelegenen Stammkneipe, und ist ein Buch für Cineasten und Wien-Fans: Der größte Teil besteht aus Dialogen auf wienerisch und Anspielungen auf eine Unmenge von Filmen, mit jeder Menge von Querverweisen, die Hintergrundwissen über alte und neuere Filme einerseits und die Wiener und ihren Dialekt andererseits verlangen. Der Genuß an diesem Buch steht und fällt mit dem Bildungsgrad in diesen beiden Bereichen. Edith Kneifl spielt mit Formen, Ideen und Einfällen; sie läßt sich nicht auf einen einzigen Stil festlegen. Das Böse und die Bösen sind eher alltäglich und verstecken sich hinter biedermännischen Masken. Kaum jemals ereilt die TäterInnen eine Strafe, und wenn, dann bestimmt keine gerechte. Statt dessen können wir uns darauf verlassen, daß Erinnerungen an literarische und andere künstlerische Vorbilder keine Zufälle sind.

Dreimal Berlin-Krimis

Pieke Biermann (* 1950) hat innerhalb von sieben Jahren drei Bücher – *Potsdamer Ableben*, 1987 (Rotbuch), *Violetta*, 1990 (Rotbuch), und *Herzrasen*, 1993 (Rotbuch) – geschrieben und zweimal den deutschen Krimipreis, 1991 und 1994, erhalten. Erste Kriminalhauptkommissarin Karin Lietze und ihr Team haben inzwischen Arbeit im Osten bekommen, und wenn's in Berlin-West schon wenig Aufbauendes gab, so ist es nun im Osten ganz kriminell. Biermanns heißgeliebte Bordsteinschwalben von Migräne e. V. müssen den Ostprostituierten z. B. erst das Leben ohne Zuhälter schmackhaft machen. Sie schreibt in einem rasanten Großstadtstakkato, spannend, fetzig, schnell, schrill und mit viel Gespür für den treffenden Slang und Jargon, bis hinein in die inneren Monologe. Sie liebt Anspielungen nicht nur literarischer Art: Ihre Hauptfiguren Kommissarin Lietze (hetero), Kobold bzw. Roboldt

(schwul), Schade (lesbisch) und Fritz (softer Hetero-Familienvater mit emanzipierter Frau) gewinnen von Buch zu Buch mehr Konturen und an psychologischer Tiefe. Auch einige andere Szenedauergäste wandeln sich durch öfteres Auftreten vom Typ zu lebendigen Menschen. Was Biermann ablehnt, stellt sie oft überspitzt dar – Spießer und intolerante Feministinnen beispielsweise. Güte und Solidarität findet sie eher im Szenemilieu als beim Rest der Menschheit, der sich fast nur als Spießer, Rassisten und Dumpfbeutel wiederfindet. Begabt, gekonnt und aufregend geschrieben, mit einer eindeutigen Vorliebe für schillernde Außenseiter.

Dagmar Scharsich (* 1956) schildert in ihrem ersten Krimi *Die gefrorene Charlotte* (Ariadne) die letzten drei Monate vor dem Mauerbau ganz aus Ostberliner Sicht. Bei ihr stehen die Täter im Staatsdienst. Geschickt hat sie das Motiv von Antiquitätenraub und -schmuggel – es geht um eine wertvolle Puppensammlung – mit der Entwicklung ihrer Heldin Cora verzahnt. Cora verläßt in diesem Krimi das Gefängnis ihrer Schüchternheit und Unsicherheit. Sie nimmt endlich am Leben teil, und ihr politisches und gesellschaftliches Umfeld verändert sich parallel dazu genauso rasant wie ihr Privatleben und sie selbst. Ein Erstling, der Lust auf mehr macht!

JUNGE DEUTSCHE SERIENHELDINNEN

Sabine Deitmer (* 1947) ist mit ihrer Serienheldin, der Kommissarin Beate Stein, eine sympathische Frauenfigur gelungen (seit 1993). Anfang 30, Single, eigentlich beziehungsunfähig, nähert sie sich seit mehreren Bänden (Fischer) einem männlichen Single an. Ihre Fälle sind realistische Alltagsgeschichten, die einen gut recherchierten Eindruck machen und die Einzelfälle – Mord in Zusammenhang mit Mißbrauch, sexuellen Übergriffen und Prostitution – in größere gesellschaftliche Zusammenhänge stellen. Beate Stein schlägt sich gut in der Männergesellschaft und insbesondere in der der Polizei durch und hat etwas gegen weibliche Wehleidigkeit und Opferbereitschaft.

Das Pendant zur Kommissarin ist die andere Beate, die Staatsanwältin Fuchs von Gabriele Wolff (* 1955), die seit 1990 den Krimifans aus der staatsanwaltlichen Perspektive auf die Sprünge hilft. In ihrem ersten Krimi *Kölscher Kaviar* (Fischer) schüttet sie ein solches Füllhorn an juristischem Hintergrundwissen über die LeserInnen aus, daß der spannende Plot manchmal zu ersticken droht. Schade: Denn die Atmosphäre der Domstadt Köln, das WG-Ambiente und der weibliche Alltag in der staatsanwaltlichen Männerwelt bieten eine Fülle von überzeugenden Szenarien, die Wolff von Titel zu Titel – im Februar 1997 waren es vier Bände – überzeugender und präziser herausarbeitet. Inzwischen sind die Staatsanwältin im Buch und die schreibende Staatsanwältin Wolff in Mecklenburg-Vorpommern – *Rote Grütze* (Fischer) – gelandet und bieten spezielle Einblicke in die Vereinigung zweier unterschiedlicher Rechtssysteme und Lebensweisen.

Eine Fülle grotesker Situationen und komischer Charaktere macht das Lesen zu einem Genuß.

Susanne Billig (* 1961) stellt in *Mit Haut und Haaren* (Rowohlt) zum ersten Mal ihre Heldin Helen Marrow vor. *Sieben Zeichen. Dein Tod* (Rowohlt) beschäftigt sich mit einer sektenähnlichen Gemeinschaft, und in *Im Schatten des schwarzen Vogels* (Rowohlt) läßt sich die Journalistin Marrow zum dritten Mal dazu überreden, ihre detektivischen Fähigkeiten unter Beweis zu stellen. Die Themen – Umweltzerstörung, politische Machenschaften, Müllexport nach Polen – sind aktuell und gut recherchiert. Darüber hinaus gelingt es Billig, ihre Hauptpersonen psychologisch differenziert zu zeichnen. Schauplatz ist – wie bei vielen aktuellen Krimis – Berlin und seine weitere Umgebung oder Orte in Richtung Osten.

Viola Schatten geht mit ihrer Privatdetektivin Ruth Maria von Kadell mit *Kluge Kinder sterben freitags* (Fischer) in die fünfte Runde. Die Autorin Schatten ist nur zur Hälfte eine Frau: die *taz*-Redakteurin Elke Schwitter, wohnhaft in Berlin. Die andere Hälfte des Duos ist Veit Heinichen, Verlagsmitarbeiter in Frankfurt/Main. Die Serie hat insbesondere für die Frankfurter Szenen – speziell die Literaturszene – durch eine Fülle von Anspielungen auf lebende Personen einen besonderen Reiz, wenn auch die Ortskenntnis der Autorin manchmal etwas zu wünschen übrigläßt – außer bei Kneipen. Fast mehr noch als durch ihre Bücher wurde Viola Schatten durch das in der Journaille hochgespielte Suchspiel nach den beiden Personen hinter dem Pseudonym bekannt, eine geniale PR-Aktion, die mancher der hier kurz vorgestellten Autorinnen zu wünschen wäre.

Lara Stern, d. i. Brigitte Riebe (* 1953), läßt in *Süßes Fleisch* (Goldmann) zum sechsten Mal ihre Münchner Anwältin detektivisch eingreifen. Dieses Mal in Berlin (vorwiegend Ost), wo es um Prostitution, osteuropäische »Fleisch«-Importe, Immobiliengeschäfte mit Eigentum von Juden und einen gutaussehenden Rechtsanwalt jüdischer Abstammung geht.

BEGABTER NACHWUCHS

Thea Dorn (* 1970) hat für *Berliner Aufklärung* (Rotbuch) den Raymond-Chandler-Preis 1995 bekommen. Es ist die witzige und intelligente Geschichte um eine Ermittlerin besonderer Art: Anja Akakowitz berät ihre Kunden originell und mehr oder weniger ernsthaft in einer philosophischen Praxis. Die gewünschte Fortsetzung ist *Der Ringkampf* (Rotbuch) leider nicht, obwohl frau natürlich den elegant-gebildeten Stil der Autorin auch in diesem Roman rund um den Brand der Frankfurter Oper und dessen Verquickung mit einer Inszenierung des »Ring der Nibelungen« genußvoll wiedererkennt.

Ein beachtliches Debüt ist Ann Camones mit *Verbrechen lohnt sich doch!* (Ariadne) gelungen. Hauptfigur ist ein kindliches Superhirn, das seine Geistesgaben dafür einsetzt, die absolute Vernachlässigung durch die alkoholsüchtige Mutter zu überleben und seinem Bruder im Knast bitter benötigtes Geld zukommen zu lassen. Das geht natürlich nicht auf legalem Wege. Doch nach dem Umzug zum Großvater nach Berlin findet ein so intelligentes Kind wie Simsa-Erzi genügend kriminelle Möglichkeiten, um an das notwendige Geld zu kommen. Eine Fülle grotesker Situationen und komischer Charaktere macht das Lesen zu einem Genuß.

Lisa Pei (* 1950) verlegt ihren Erstling *Die letzte Stunde* (Ariadne) dorthin, wo sie sich am besten auskennt: in eine Kölner Grundschule. Geschickt läßt sie die beiden Handlungsstränge vom Leben des mißbrauchten Flämmchens und den Vorkommnissen im Lehrerkollegium sich immer mehr ineinander verweben. Der Nicht-nur-Lehrerin Juliane, die eine Vorliebe für Frauen hat, hätte ich durchaus Fortsetzungen gewünscht.

NOCH EINE SERIE

Gabriella Wollenhaupt (* 1950) und ihre rasende Journalistin Maria Grappa (sieben Bände, Grafit), nach dem gleichnamigen italienischen Hochprozentigen benannt, sind seit 1993 auf Tätersuche. Grappa hat auch angesichts mehrerer Leichen immer noch einen Scherz auf den Lippen. Pro Buch wird eine ganze Reihe von Haupt- und Unterthemen verarbeitet und mindestens ein Macho vernascht. Wollenhaupt typisiert bis zur Karikatur und hat angesichts der Stoffülle kaum Zeit, in die Tiefe zu gehen und die vielen Informationen in sprechbare Dialoge zu bringen. Schnoddrig, temporeich und mit heißer Nadel gestrickt.

Die Verbindung von klassischem Rätselkrimi mit zeitgeschichtlichem Kolorit – manchmal überzeugend gelungen, manchmal eher Kulisse –, mit einer prall gezeichneten Frauengestalt im Mittelpunkt, erfreut sich offensichtlich steigender LeserInnenzahlen.

EINZELTÄTERINNEN

Uli Aechter (* 1952) kennt den Alltag in einer Fernsehredaktion aus eigener Anschauung und beschreibt ihn illusionslos und realistisch, obwohl sicherlich nicht jede kritische Redakteurin ihre Informanten für Umwelt- und andere Skandale durch einen Mordanschlag verliert und selbst nur knapp mit dem Leben davonkommt.

Rita Classens (* 1949) Erstling *Ich bin Herrin des Hauses* (Knaus) erinnert an angelsächsische Krimis und Romane, in denen die Atmosphäre und Geschichte alter Häuser und Parks eine große Rolle spielen: kriminelle Kinder, eine böse Großmutter und viel Mystisches mit Katzen runden das ziemlich altbekannte Bild ab.

Sabine Csampai (* 1952) gibt 1997 mit *Kiesbett* (Hoffmann und Campe) ihr Debüt, ein mit viel Lokalkolorit aus der Münchner Grünen-Politszene angereichter Krimi um eine verschwundene Frau in der Toskana.

Sonja Lasserre (* 1946) war die erste deutsche Autorin bei den Ariadne-Krimis. *Gestern, heute und kein Morgen* mischt Todesfälle im Altersheim, einen Fememord, ein geheimnisvolles Irrenhaus und das Gold der Nazis im See. Bei so vielen Themen bleiben Personen, Handlungen und literarische Ausfeilungen auf der Strecke.

Marie T. Loy (* 1939) schildert in *Mäuschen, deine Schwester ist tot!* (Piper) den Zusammenbruch der Starfotografin Anna Pedrini, die zwischen den Demütigungen ihres Liebhabers und unerklärlichen Morden erkennen muß, daß sie sich über ihr Leben etwas vorgemacht hat.

Susanne Mischke (* 1960) hat mit ihrem dritten Roman *Mordskind* (Piper) einen Psychokrimi geschrieben, in dem die Zeitungsjournalistin und alleinerziehende Mutter Paula im Mittelpunkt steht. Zwei Kindesmorde, Pogromstimmung gegen Ausländer, hysterische Mutterliebe und die Gewissensqualen einer berufstätigen Frau ihrem Kind gegenüber sowie ein paar schillernde Nebenrollen ergeben ein mörderisches Potpourri.

Martina Bick (* 1956) hat die Hamburger Kommissarin Marie Maas geschaffen, die – manchmal unterstützt von ihrem englischen Freund Tomkin – in Hamburg und auch in Polen (*Tödliche Prozession*, Knaur) ermittelt.

Barbara Wendelkens erster Krimi heißt *Am Anfang stand ein Mord* (Knaur). Kommissarin Johanna Lauritz ermittelt den Mord an einer 15jährigen, die zur allgemeinen Überraschung schwanger war, obwohl alle sie noch für ein Kind gehalten hatten und kein Freund in Sicht war.

Tamara Domentat schrieb ihren ersten Krimi (*Ende eines Tanzvergnügens*, Ariadne) rund um einen echten Kriminalfall: den Bombenanschlag auf eine Berliner Disco. Ihr Amateurdetektiv ist der afroamerikanische Reporter Marvin Collins.

Evelyn Holsts (* 1952) Psychokrimi *Ach wie gut, daß niemand weiß...*, (Knaur) beschäftigt sich mit einem notorischen Vergewaltiger und seinem Doppelleben.

Meine Lieblingsautorin ist und bleibt ❶ Doris Gercke. Ich empfehle, bei ihrem ersten Buch »Weinschröter, du mußt hängen« anzufangen und nicht mehr aufzuhören ❷ Spaß macht mir »Anna Marx« von Christine Grän in vielen Fortsetzungen ❸ Köstlich finde ich vieles von Ingrid Noll, insbesondere »Kalt ist der Abendhauch« ❹ Witzig ist Regula Venske, z. B. in »Schief gewickelt« ❺ Eine Entdeckung war für mich Edith Kneifl, insbesondere in »Zwischen zwei Nächten« ❻ Eine überzeugende Dramaturgie liefert Waldtraut Lewin seit »Dicke Frau auf dem Balkon« ❼ Absolute Großstadtszenen aus Berlin bietet Pieke Biermann, z. B. in »Herzrasen«.

Alles in allem zeigt die Entwicklung seit Ende der 80er Jahre, daß deutsche Kriminalautorinnen sich wachsender Beliebtheit erfreuen, was wiederum andere Autorinnen animiert, ebenfalls in dieses Genre einzusteigen. Die Verbindung von klassischem Rätselkrimi mit zeitgeschichtlichem Kolorit – manchmal überzeugend gelungen, manchmal eher Kulisse –, mit einer prall gezeichneten Frauengestalt im Mittelpunkt, erfreut sich offensichtlich steigender LeserInnenzahlen. Geschliffene Dialoge, ironische Brechungen und attraktive Plots sorgen für ein meist hohes – es gibt natürlich auch hier ein paar Ausrutscher – bis sehr hohes Niveau.

Die Lust an der Leiche
Bekenntnisse einer Triebtäterin

Von Sabine Deitmer

Stellen Sie sich eine Frau vor. Nachts um halb drei. So spät ist es gerade, als ich meine Finger auf die Tasten lege. Eine Frau in einem nicht mehr ganz neuen, nicht mehr ganz frischen Bademantel, dicke Wollsocken an den Füßen. Sie sitzt allein an einem Tisch mit einer hellen Lampe. Der Tisch steht vor einem Fenster. Gleich daneben ist die Tür zur Terrasse. Draußen steht die Nacht schwarz vor den Scheiben. Sie sitzt im Hellen. Ein perfektes Ziel.

Ein Mann steht hinter einem Busch und sieht auf die beleuchteten Fenster. Jetzt tritt er hinter dem Busch hervor…

Haben Sie Angst, daß ihr etwas zustoßen könnte? Ich kann Sie beruhigen. An dieser Stelle. In diesem speziellen Fall. Den Mann hinter dem Busch gibt es gar nicht. Das hoffe ich zumindest, denn die Frau bin ich. Eine Autorin auf der Suche nach dem Anfang zu einer Geschichte. Der Geschichte von einer Frau mit einer Schwäche für männliche Leichen.

Machen Sie mit mir eine kleine Zeitreise auf der Suche nach dem Anfang. Es gibt ihn natürlich nicht wirklich, diesen einen Anfang. Das wissen Sie. Das weiß ich. Es gibt Dutzende von Anfängen, Hunderte, Tausende. Anfänge, von denen wir gerne erzählen, und Anfänge, die wir niemals preisgeben. Solche, an die wir uns bruchstückhaft erinnern, und andere, die wir so gut verdrängt haben, daß sie nur im Traum explodieren und wir schweißgebadet und mit klopfendem Herzen aufwachen. Sämtliche Anfänge liegen im Nebel des »Es war einmal«. Alle Anfänge liegen in einer Zeit vor dieser.

Ich drehe das Radio auf. Es ist Sonntag. Dreizehn Uhr fünfzig. Ein kleines Mädchen hockt vor dem glänzenden Musikschrank und spielt an den runden Knöpfen. Ein senkrechter Stab wandert an Blöcken eng geschriebener Namen vorbei. Das grüne Lämpchen flackert. Ein Gong ertönt. Vierzehn Uhr. Musik. Kinderstimmen, keß und laut: »Kalle Blomquist, der Meisterdetektiv. Kalle Blomquist, der Meisterdetektiv«.

Andere haben *Nesthäkchen* gelesen, *Trotzkopf* oder *Claudine geht zur Schule.* Das hat mich nie interessiert. Meine Lieblingsbücher waren die von Enid Blyton. Fünf Freunde auf der Suche nach vergrabenen Schätzen. Frühe Spannungsliteratur. Und im Radio Kalle Blomquist, der später von Paul Temple abgelöst wurde. Aber das war Jahre danach. Bevor das *Halstuch* von Francis Durbridge die Straßen leerfegte und ich mit meiner Mutter eine

Reise zum anderen Ende der Stadt antrat. Dort wohnte die Freundin mit dem Fernseher. Zu sechst stapelten wir uns auf den Polstermöbeln vor dem Bildschirm und knabberten kiloweise Salzstangen und Erdnüsse.

Eine andere Erinnerung treibt mir den Geruch von Bohnerwachs in die Nase. Endlos lange Gänge mit dunkelrot glänzendem Boden, breite Treppen, eine wuchtige Holztür, die in die Klasse führt. Eine Schulklingel läutet. Die Kinder stellen sich auf. In Viererreihe. In der katholischen Volksschule am Hermannplatz lernte ich lesen. Die Vermittlung solch potentiell subversiver Fertigkeiten blieb von seiten der Pädagogen und Pädagoginnen natürlich nicht unbegleitet. Was bedeutete, daß keine Gelegenheit versäumt wurde, uns in glühenden Farben die Gefahren solchen Tuns auszumalen. Sofern man vom rechten Weg abkam und verdorbene Bücher las, wurde man selbst unweigerlich verdorben. Mit einer Art Verfaulen von innen war zu rechnen. Mindestens.

Schätzungsweise mit zwölf oder dreizehn bin ich der Schundliteratur verfallen. Auf dem neusprachlichen Gymnasium. Neben mir saß ein Mädchen, das zu meiner Freundin wurde. Voll Dankbarkeit denke ich an die zwei Jahre, die wir nebeneinandersaßen. Jahre, in denen wir diverse Schulbücher, wo immer es ging, unauffällig anhoben und in dem Heft, das darunterlag, lasen. Sie steckte mir das erste Jerry-Cotton-Heft zu und weckte in mir die Leidenschaft für den FBI-Agenten, einem Macho mit einem nervösen Finger am Abzug, der zusammen mit seinem Freund Phil Decker die Straßen New Yorks unsicher machte. Ein paar Jahre hielt sich das Cotton-Fieber. Irgendwann sind mir die Hefte dann langweilig geworden, und ich habe mir andere Lektüre besorgt.

Allein den Heftchen gebührt das Verdienst, meine lustvolle Beziehung zu den unendlichen Kombinationsmöglichkeiten von sechsundzwanzig Zeichen auf dem Papier weiter vertieft und gefestigt zu haben. Die Lektüren im Deutschunterricht langweilten mich zu Tode.

1990 saß ich in einer Jury, die den besten Kriminalroman des Vorjahres prämieren sollte. Ich staunte nicht schlecht, als ich den Lebenslauf des Autors las, den wir ausgezeichnet hatten. Heinz-Werner Höber war einer der Autoren, die die Figur des G-man Jerry Cotton mitentwickelt und über Jahrzehnte mit neuen Abenteuern am Leben erhalten hatten. Der Roman, für den wir ihn auszeichneten, war der erste »seriöse« Kriminalroman seines Lebens. Eine poetisch dichte Geschichte, vierundzwanzig Stunden in der Klaustrophobie eines Hotelherrenklos, wo ein alter Jude darauf wartet, sich an einem Gast zu rächen.

Warum ich Ihnen das erzähle? Weil es mich beeindruckt hat und zeigt, daß die Grenzen zwischen dieser und jener Literatur, dem Hohen und dem Tiefen, dem Ernsten und dem Unterhaltsamen, Grenzen, die in keinem anderen Land wie dem unseren scharf wie mit dem Skalpell gezogen werden, keineswegs so scharf sind, wie uns das die Hüter der ästhetischen Normen glauben machen wollen.

Meiner Liebe zur Kriminalliteratur bin ich auch während des Literaturstudiums treu geblieben. Mein erstes anglistisches Proseminar ging über Edgar Allan Poe. Meine Magisterarbeit habe ich über die Darstellungsstrategie des Detektivromans geschrieben. Untertitel: *Versuch zur Neubewertung einer Gattung.* Es ging mir um nicht weniger als die Ehrenrettung einer ganzen Gattung angesichts eines Haufens bornierter und beschränkter Literaturwissenschaftler.

Tatsächlich ist es höchst lehrreich zu sehen, wie phantasielos die hauptamtlichen Literaturverwalter an ihren Objekten herumstochern. Und wie lange sich ihre Vorurteile unwidersprochen halten.

Zum Beispiel Christie. Sie gilt vielen als die Vertreterin des typischen »Rätselkrimis«. Es wird behauptet, für den Leser ginge es darum, in einem fairen Wettbewerb mit dem Detektiv anhand der präsentierten Daten den Täter zu erraten. Wer so etwas behauptet, hat schlicht keine Ahnung. Bei Christie läßt sich wunderbar nachweisen, daß keine einzige der in ihren Romanen enthaltenen Lageskizzen, Zeitraster oder Aufstellungen von verdächtigen Personen zu einer Lösung des Rätsels führt. Der Täter oder die Täterin sind ausnahmslos die, die nicht auf der Liste der Verdächtigen stehen, sich nicht durch Schweißperlen auf der Stirn als mögliche Täter empfehlen. Christies Kunst besteht letztlich darin, uns auf unsere eigenen Vorurteile hereinfallen zu lassen.

Wie keine andere Autorin hat sie die Möglichkeiten des Genres ausgereizt und bestehende Spielregeln grandios mißachtet. Wer weiß schon, daß sie von ihren KrimikollegInnen hart angefeindet wurde, bis hin zur Forderung nach ihrem Ausschluß aus dem Berufsverband, weil sie es in einem ihrer ersten Romane wagte, den Detektiv und Erzähler zum Mörder zu machen. Sie läßt einen Polizisten morden, den liebenden Ehemann, ein Kind, eine Gruppe von Menschen, die nicht ganz zufällig zusammen in einem Luxuszug reisen.

Bis heute hat Christie in der Rezeption nicht die Wertschätzung erfahren, die sie verdient. Besonders Männer reden gern in leicht abschätzigem Ton von ihren »Häkelkrimis«, wo eher Bewunderung für die kühne Auslotung und Überwindung enggesteckter Gattungsgrenzen angebracht wäre. Ich bewundere die Respektlosigkeit, mit der sie bestehende Regeln mißachtet hat.

Eine andere Autorin, die sich über geltende Gesetze hinweggesetzt hat, ist Patricia Highsmith. Sie hat es gewagt, einen mehrfachen Mörder als charmanten Verführer zur Hauptperson ihrer Romane werden zu lassen. Wie Christie hat Highsmith ein enges Korsett gesprengt und die Gattung Kriminalroman ganz wesentlich erweitert. Gemeinhin wird Patricia Highsmith als hervorragende Vertreterin des »Psychokrimis« bezeichnet – ein Etikett, das wie bei Christie ihre Bedeutung für das Genre herunterspielt.

Ich habe von den beiden ganz Wesentliches gelernt. Vielleicht das Wichtigste überhaupt: daß es keine Regeln für mich gibt. Daß ich selbst definieren kann, was ich schreiben möchte und wie.

Bye-bye Bruno. Auch brave Mädchen tun's (Fischer) war der Titel meines ersten, 1988 erschienenen Erzählbandes. Ich habe den Untertitel *Kriminalgeschichten* gewählt, obwohl die Erzählungen dem gängigen Verständnis des Begriffs nicht entsprechen.

Das Cover der ersten Auflage

Im Mittelpunkt der Geschichten stehen ganz normale Frauen, die Probleme mit Männern haben. Die sind zur besseren Kenntlichkeit mit groben Strichen karikiert: der busengrabschende Chef, der Student mit den ewig besseren Argumenten, der BMW-Fahrer, der Radfahrerinnen die Vorfahrt nimmt, der strahlende Politiker, der alles für eine strahlende Zukunft tut, usw., usw....

Ausgangspunkte der Geschichten sind alltägliche Konflikte, die ich wie unter dem Brennglas deutlich mache und zuspitze, bis es zu einer Überlebensfrage für die Beteiligten wird. Am Ende der Geschichte steht der erfolgreich vollführte Mord. Die Heldin geht einer hoffentlich freudvolleren Zukunft entgegen. Die Morde geschehen schwerelos, spontan, ohne große Anstrengung. Die Männer bekommen nur, was sie verdienen. Sie bezahlen mit dem Leben dafür, daß sie Frauen chronisch unterschätzen. Die Aufklärung der Verbrechen interessiert mich nicht. Eine Bestrafung der Frauen entspricht nicht meinen Absichten.

Als ich 1987 die Geschichten an diverse Verlage verschickte, bekam ich fünfundzwanzig Absagen. Nur zwei Lektorinnen haben sich für meine etwas anderen Kriminalgeschichten interessiert. Die Konsequenz, mit der männliche Auslaufmodelle entsorgt wurden, schreckte sie nicht. Sie fanden die männermordenden Geschichten unterhaltsam und gut. So gut, daß sie sich über ein weitverbreitetes Vorurteil der Verlagsbranche hinwegsetzten, das da lautet: Kurzgeschichten einer unbekannten Autorin verkaufen sich nicht.

Ein eklatantes Fehlurteil, wie sich nicht nur in meinem Fall gezeigt hat. Die Auflage meines Erstlings liegt bei einer Viertelmillion. Inzwischen gibt es längst eine Fülle von Veröffentlichungen, in denen Frauen munter morden.

Vielleicht ist es Ihnen nicht aufgefallen, aber ich habe einen geradlinigen Faden geknüpft: von meinen frühen Leseerlebnissen über das Studium bis hin zu meinem ersten Buch.

Wenn ich Ihnen verrate, daß ich bei Erscheinen von *Bye-bye Bruno* immerhin schon vierzig war, können Sie sich vorstellen, daß das Ganze so geradlinig nicht war.

Wie kommt es, daß eine Autorin erst mit vierzig das erste Buch veröffentlicht? Und das, obwohl sie die ganze Schulzeit hindurch gute Aufsätze geschrieben und im stillen davon geträumt hat, einmal zu schreiben. Ein Wunsch, der mir spätestens bewußt wurde, nachdem ich meine Magisterarbeit abgeschlossen hatte und die Uni verließ. Da habe ich es das erste Mal mir und einem Freund gestanden: »Am liebsten würde ich selbst einen Krimi schreiben.«

Sara Paretsky hat einmal sinngemäß gesagt, nirgendwo ständen Schilder: »Du darfst keine Autorin werden«, und doch muß alles auf diese Botschaft hinausgelaufen sein.

Doris Gercke, eine andere deutschsprachige Autorin, die ebenfalls 1988 ihr erstes Buch, einen Kriminalroman herausgebracht hat, war zu diesem Zeitpunkt fünfzig Jahre alt.

Die Parallelen von dem, was Sara Paretsky beschreibt, zu dem, was ich und andere Autorinnen in diesem Land gefühlt haben, sind nicht zufällig. In Amerika wie in Deutschland bestimmen Männer die literarische Tradition. Was richtet schon eine Annette von Droste-Hülshoff mit ihren Novellen und Gedichten gegen die Übermacht von Goethe, Schiller, Brecht und Co. aus? Ingeborg Bachmann ist mir in der Schule nie begegnet.

In England ist die Situation eine andere. Da gibt es eine Tradition von großen weiblichen Erzählerinnen. Von Virginia Woolf wissen wir zwar, daß es auch in England für eine Schriftstellerin so idyllisch nicht war. Aber wer wollte daran zweifeln, daß Jane Austen, die Brontë-Schwestern, George Eliot und Virginia Woolf mühelos ihren Rang in der Literaturgeschichte behaupten? Im Krimibereich ist es ähnlich: Namen wie Agatha Christie, Dorothy Sayers, P. D. James und Ruth Rendell sprechen für sich. Kein Wunder, daß hier die Talente kontinuierlich nachwachsen.

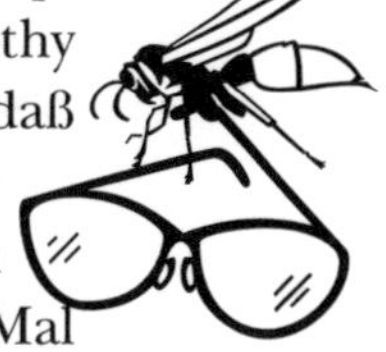

Auf dem amerikanischen Krimimarkt gibt es heute eine Explosion von Kriminalromanen, die von Frauen geschrieben werden. Zum ersten Mal sind mehr als fünfzig Prozent der Jahresproduktion Romane von Autorinnen. Das kommt nicht von ungefähr. Es ist das Verdienst von Sara Paretsky und anderen Autorinnen, die sich zu den *sisters in crime* zusammengerottet und engagiert für die Förderung weiblicher Autorinnen eingesetzt haben.

Auch in Deutschland sind die Zeiten für Krimiautorinnen erfreulich. Jeder Verlag, der etwas auf sich hält, hat Autorinnen im Programm. Keiner der Verlage, die mir Absagen erteilt haben, würde heute auf die Veröffentlichung halbwegs lesbarer Kriminalromane oder -geschichten von Autorinnen verzichten. Die Auswirkungen eines solch positiven Klimas sind spürbar. Immer mehr Autorinnen finden den Mut zu schreiben, erzählen spannende Geschichten.

Ich hätte mich vielleicht nie getraut zu schreiben, wenn ich nicht in den siebziger Jahren innerhalb der Frauenbewegung wichtige Erfahrungen gemacht hätte: die Erfahrung, daß mir nicht der Himmel auf den Kopf fällt, wenn ich in einer öffentlichen Versammlung rede, daß das, was ich denke, wert ist, gesagt zu werden, daß ich nicht darauf warten kann, gefördert zu werden, daß ich mich selbst freundlich fördern muß.

Das freundliche Umgehen mit mir selbst ist mehr als eine Floskel. Ich kämpfe immer wieder mit den Ansprüchen in meinem Kopf. Immer noch. Mein Selbstbewußtsein als Autorin wächst mir eher langsam zu. Es gibt keine Sicherheit, ich muß meinen Weg gehen, meine Geschichten erzählen, meine Stilmittel, meine Sprache finden. Ich darf mich verirren, Fehler machen, Flops landen. Ich bin nur mir selbst Rechenschaft schuldig.

Das zentrale Thema meiner Geschichten und Romane ist das Überleben von Frauen in einer von Männern und von männlichen Werten geprägten Gesellschaft. Ich schreibe darüber, weil mein Leben und mein Schreiben ganz entscheidend davon geprägt worden sind.

Trotz eines Studiums habe ich mir nur einen traditionellen Lebensentwurf vorstellen können, eine Ehe, einen Beruf, der sich damit vereinbaren läßt. Wäre ich diesen Weg gegangen, wenn mir auch andere Wege verlockend erschienen wären? Woran liegt es, daß es nicht so gewesen ist?

Es ist wie bei den Schildern, auf denen geschrieben steht: »Du kannst keine Schriftstellerin werden.« Schilder, die nirgendwo stehen und deren Botschaft doch angekommen ist. Wo sind die Schilder, auf denen geschrieben steht: »Du kannst alles, wenn du es nur willst«? Bis eine solche Botschaft sich in unseren Köpfen durchsetzt, gibt es noch viele Geschichten zu erzählen, denke ich. Ich glaube nicht, daß Frauen die besseren Menschen sind, aber ich bin der festen Überzeugung: Schlechter als die Männer können sie es gar nicht machen.

Noch etwas bleibt zu gestehen.

Ich betreibe das Männermorden längst nicht mehr mit dem alten Schwung. Männerleichen beginnen mich zu langweilen. Und – in meinem letzten Roman gibt es die ersten Frauenleichen.

Meine Hitliste
❶ Truman Capote: Kaltblütig ❷ Agatha Christie: Crooked House ❸ Elizabeth George: Gott schütze dieses Haus ❹ Patricia Highsmith: Der Schneckenforscher ❺ Peter Høeg: Fräulein Smillas Gespür für Schnee ❻ Anne D. LeClaire: Die Ehre der Väter ❼ Ruth Rendell: Urteil in Stein ❽ Dorothy L. Sayers: Aufruhr in Oxford ❾ Sjöwall/Wahlöö: Endstation für neun ❿ Janwillem van de Wetering: Outsider in Amsterdam

Wer weiß, wie das Morden weitergeht?

Natürlich bleibe ich den Leichen treu. Selbst wenn ich mich auf die Seite der Satire schlagen sollte. Eine Leiche kann nie schaden, oder?

Eine Leiche liegt auf dem Teppich, und nichts ist mehr so, wie es war. Was wir für normal gehalten haben, bleibt es nicht.

Wohlanständigkeit und soziale Tünche knacken wie trockenes Holz, das bricht.

Eine Leiche ist die reine Anarchie.

Ich werde vermutlich meiner Liebe zu den Leichen ein Leben lang treu bleiben.

In mörderischen Zeiten wie diesen ist nicht zu befürchten, daß der Stoff fürs Morden fehlt. Eher, daß die Realität von Tag zu Tag krimineller wird, die Autorin sprachlos macht. Bis sie sich wieder an die Tasten setzt und gegen die Sprachlosigkeit kämpft mit kleinen schwarzen Buchstaben auf weißem Papier, Geschichten erzählt, in denen Menschen sterben und in denen es eigentlich immer nur um das Leben geht...

Tod und Leben. Die Lust an der Leiche.

Vielleicht dreht sich ja alles nur ums *Über*leben. Um unser Leben. Eine Leiche liegt da in ihrem Blut, das Herz schlägt nicht mehr. Ein wohliger Schauder schleicht uns die Wirbelsäule hoch.

Egal, wie es uns sonst gehen mag – im Gegensatz zu einer Leiche ist unsere Befindlichkeit bombig.

Wir lesen. Wir leben.

Was wollen wir mehr?

Warum ich Krimis schreibe

Von Carmen Korn

Da stehe ich morgens an der Tür und lasse meine Lieben in den Tag ziehen und hätte sie doch vorher gerne noch in Drachenblut getaucht, unverletzbar gemacht, unangreifbar für alle lauernden Gefahren. Sie gehen los und sind ein einziges ungeschütztes Lindenblatt, und ich gucke ihnen vom Fenster aus hinterher, schicke Formeln der Beschwörung aus dem dritten Stock, Gott schütze sie, als zögen die drei in den Krieg und nicht in die Schule, den Kindergarten, zu einer Konferenz. Dann schließe ich das Fenster und verfluche die Phantasie, die sich in mir ausbreitet wie ein Flächenbrand, gut für Geschichtenerzähler, ganz schlecht für ein gelassenes Leben.

Die Phantasie als Amokläuferin beschert mir Schreckensbilder, die leider alle wahr werden können. Kinder, die auf der Straße liegen. Im Blut. Natürlich im Blut. Verbogenes Fahrrad. Ein einzelner Schuh. Dann das Böse. Das Böse, das Autotüren öffnet und mit langem Arm kleine Menschen stiehlt, sie hineinzieht, davonfährt, ihnen Schreckliches antut. Ein Zuspätkommen schon, ein Martinshorn, wenn nicht alle zu Hause sind, das Kreisen eines Hubschraubers, und da sind sie, die Bilder, die das Standbild des Glücks in einen hektisch laufenden Streifen des Horrors umkehren. Mißtraue der Idylle!

Ein Fall für die Therapie? Gruppe? Einzelstunde? Oder lieber Geschichtenerzählerin sein, im dunklen Wald mit Wörtern werfen, den Schrecken schreiben, Mörderstücke als Beschwörung und zum Schutz der Idylle, denn wenn das erst mal weggesagt wurde, kann es doch nicht mehr in den eigenen kleinen Frieden dringen, dann ist das doch eine prophylaktische Buße für bisheriges Glück. Und so beschreibe ich, was ich nicht berufen will.

Doch es ist ja nicht die Verlustangst, an der sich die Phantasie satt frißt, um dann mit bösen Bildern aufzustoßen, es sind all die Geschichten von gescheiterten Leben, von großen und kleinen Tragödien, von den vielen zerschlagenen Träumen und Träumchen, mit denen sie gefüttert wird, lebenslang schon und immer reichlich. Irgendwann ist mir das verlorengegangen. Da sitzen die Tanten am Tisch der Großmutter, zum Aprikosenkuchen gibt es eine Schüssel Sahne und zur Sahne Katastrophen, die privaten und die regionalen, seltener die universalen. Die Kleine hört zu, kann sich ja doch noch keinen Reim drauf machen, das Kind.

Doch das Interesse ist geweckt, das Kind wird Sammlerin, sammelt künftig anderer Leute Leben, die Bruchstücke davon oder vielmehr die Scherben, aus den Gesprächen gehört, aus den Gesichtern geguckt, in den Wohnungen erspäht, ergänzt durch die eine oder andere Zeitungsmeldung. Zwanzig Zeilen über ein Schicksal, ein Unglück, ein Anderssein, und schon hat die Phantasie fette Beute gemacht. Ist sie also tatsächlich das Biest, das der Verlustangst immer neue Nahrung gibt, sie sogar entstehen läßt, oder nährt doch die Angst die Phantasie?

Sich eine Phantasie darüber zu machen, daß ein Unheil geschieht, mag einerseits prophylaktische Buße bedeuten und beinah so gut sein wie ein Dutzend Rosenkränze beten, andererseits ist sie auch ein brauchbares Ventil, um die ganz gewöhnliche Alltagswut loszuwerden. Wer möchte nicht mal Zigaretten holen gehen mitten im tiefsten Frieden? Die Sonne lacht, das Leben rinnt, und eigentlich könnte man jetzt was Garstiges tun und nicht weiter wegplätschern in wohlgefälliger Vernunft. Die königlich-preußische Tasse voll kochendheißem Tee in den Kronleuchter werfen, wo sie zusammen mit all den hohlen Worten der Teegesellschaft hängen und tropfen kann. Den Fensterputzer von der Leiter schubsen. Oder einfach das Fenster öffnen und davonfliegen, ins Nimmerland.

Fünf Zimmer Altbau können leicht zu eng werden für Mann, Frau, Kinder, Hund. Und wenn da nicht noch Dunkelkammern wären, wie schnell kann es zu Verzweiflungstaten kommen. O ja, ich liebe die Idylle, ich erkenne sie auch als solche, wenn sie denn da ist. Die Stimmen der Kinder im Zimmer nebenan, durch dessen offene Tür ich vom Schreibtisch aus schauen kann. Warmes, gelbes Licht. Sonne, die durch die sattgelben Tulpen des Vorhangstoffes sickert und das Licht noch leuchtender sein läßt. Die Große am Klavier. Die lieblichen Klänge der immer gleichen Etüde. Die Kinder um meinen Schreibtisch. Auf meinem Schreibtisch. Kleine Hände an der Tastatur meines Schreibgerätes, Hände, die ganz sicher den einen Knopf finden, der keine Umkehr mehr zuläßt, der den Text zur Tilgung freigeben wird. Der Hund bellt. Klingeln. Das Telefon. Nein, die Tür. Warmes, gelbes Licht.

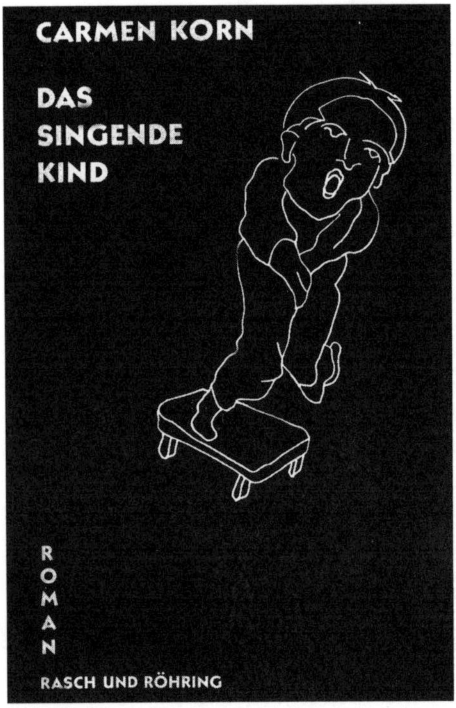

Manchmal kaufe ich mir eine U-Bahn-Karte und fahre quer durch die Stadt, vorzugsweise in die wüsteren Viertel, auf der Suche nach dem wilden Leben. Gucke in Vorstadtcafés und gehe durch Penny-Filialen und habe am Ende eine Menge müder Gesichter im Netz und die vier Liter Milch, die wir am Tag brauchen. Trudi, Heldin einer meiner Geschichten, kaufte sich an solch hoffnungsfrohen Tagen Thüringer Mett, das sie dann, in ihrem Kleiderschrank sitzend, in aller Heimlichkeit in sich hineinstopfte. Wie kommt man nur auf so was?

Meine Hitliste ❶ **Georges Simenon: Die Fantome des Hutmachers, Die Eisentreppe** ❷ **Pavel Kohout: Sternstunde der Mörder** ❸ **Patricia Highsmith: Der fremde im Zug, Der süße Mann, Ripley's Game** ❹ **Daphne du Maurier: Dont' look now** ❺ **Fanny Morweiser: Das Medium**

Ich höre, daß Fay Weldon, nicht nur Schreiberin von Geschichten voll krimineller Energie, sondern auch Mutter von vier Kindern, am Küchentisch sitzend geschrieben hat, immer mit dem Schleudergang der Waschmaschine im Ohr und dem Wissen, daß die Wäscheleine wartet. Ich lese, daß Patricia Highsmith sich am Anfang ihres Dichterinnenlebens, und noch in einer Werbeagentur arbeitend, erst einmal geduscht und umgezogen hat, bevor sie sich nach eines langen Tages Reise in der Nacht an den Schreibtisch setzte. Ich dagegen schlafe leider schon bei der Lektüre von *Räuber Hotzenplotz* ein, so gegen 21 Uhr 30, meine Kinder sind Nachtmenschen. Sollte der Vater der Kinder dann noch wach sein, verkünden ihm die Kleinen gern, daß Mami schläft. Schlafen wir beide, machen sie ohne uns weiter. Aufrappeln, Machtwort sprechen, kalt duschen, ein neues Gewand, Bestseller schreiben. Oder?

Der Morgen ist es, der Freiheit und Abenteuer bringt. Kaum, daß ich meine Lieben weggewinkt, ihnen die Beschwörungsformeln hinterhergeschickt habe, ziehe ich das andere Leben über. Versuche, die Phantasie zu dressieren, die mich so gern das Fürchten lehrt, mir gerade wieder Bilder vorgaukelt, die sich über das friedliche Bild des familiären Aufbruches legen. Tod und Teufel. Ich banne euch auf tausend kleine Zettel, dränge euch auf eine nette Diskette. Beschreibe, was ich nicht berufen will. Und hole mir gleich noch einen kleinen Kick, denn wenn Mrs. Hyde ein paar Stündchen in ihrer Dunkelkammer war, dann holt sie doch um so lieber wieder vier Liter Milch.

Wie man von seinen Fans um die Ecke gebracht wird

Von Ingrid Noll

Nach einer Lesung gibt's häufig die sogenannte Diskussion, worunter man sich ein genormtes Frage-Antwort-Spiel vorstellen muß. Erfahrene BuchhändlerInnen gefallen sich als Einpeitscher, um Mitläufer und lahmes Fußvolk anzutreiben. Wenn man als Frau Krimis schreibt, kann man auf jeden Fall mit der Frage rechnen: »Und was sagt Ihr Mann (Ihre Familie) dazu, daß Sie so böse Sachen schreiben?« Es würde mich interessieren, ob man männlichen Kollegen die entsprechende Frage stellt. Mit Sicherheit erwartet man, daß es einem Ehemann mißfällt, wenn seine Frau Mordphantasien hegt. »Hat Ihr Mann Angst vor Ihnen?« folgt bestimmt. Klar doch, zwar zittern alle Männer vor ihren Frauen, aber der arme Partner einer Krimiautorin kann nur mit Tranquilizern überleben.

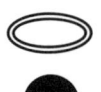

Besonders leicht ist die Frage nach meinem Sternzeichen zu beantworten. Wenn ich es aber erraten lasse, tun sich die neugierigen Esoteriker schwer. Nach vier falschen Ansätzen kommt meine Auflösung: »Waage«. »Das hätte ich als nächstes gesagt«, behaupten sie treuherzig.

Es gibt natürlich Fragen, zu denen mir keine Antwort einfällt. »Warum machen Sie so was überhaupt?« wollte ein sehr junger Mann wissen. Darüber muß ich noch nachdenken, ich tappe bis jetzt im dunkeln. »Wie kommt man auf so gemeine Gedanken?« fragte eine Frau, »Woher haben Sie Ihre Phantasie?« eine andere. Eigentlich müßte bei solchen Diskussionen ein Psychologe dabeisitzen und dem Publikum erklären, warum die Autoren so sind, wie sie sind.

Mit den liebenswürdigen Komplimenten, die ich zuweilen erhalte, will ich aus Bescheidenheit nicht weiter angeben. Ein Ehemann schalt mich ein wenig, daß seine Frau nachts nicht aufhören könne, meine Bücher zu lesen: Ich sei an seinen unfreiwillig schlaflosen Nächten schuld. Aber manchmal – zum Glück nicht oft – kommt herbe Kritik: Völlig geschmacklos, abscheulich, unter aller Sau. Okay, man kann's ja nicht allen recht machen – aber warum sitzen krimihassende Opponenten überhaupt in meiner Lesung? Masochisten?

Nach dem Lesen und Diskutieren folgt das beliebte Signieren. »Für meine liebe Mutter« und »Für meinen Mann zum Hochzeitstag« soll ich ins Buch schreiben; nach längerer Belehrung glaubt man mir endlich, daß ich solche Worte für den eigenen Mann und die eigene Mutter aufsparen möchte. Aber im Hotelbett überkommen mich Zweifel. Habe ich überhaupt das Recht »Für Mechthild« in meinen Roman zu schreiben, wenn ich diese Frau persönlich gar nicht kenne und erst recht nicht Bücher für sie kaufe? Wildfremde Leute erstehen meine Romane, und ich tue so, als würde ich sie verschenken. Signieren ist eigentlich Betrug, insofern könnte ich auch gleich

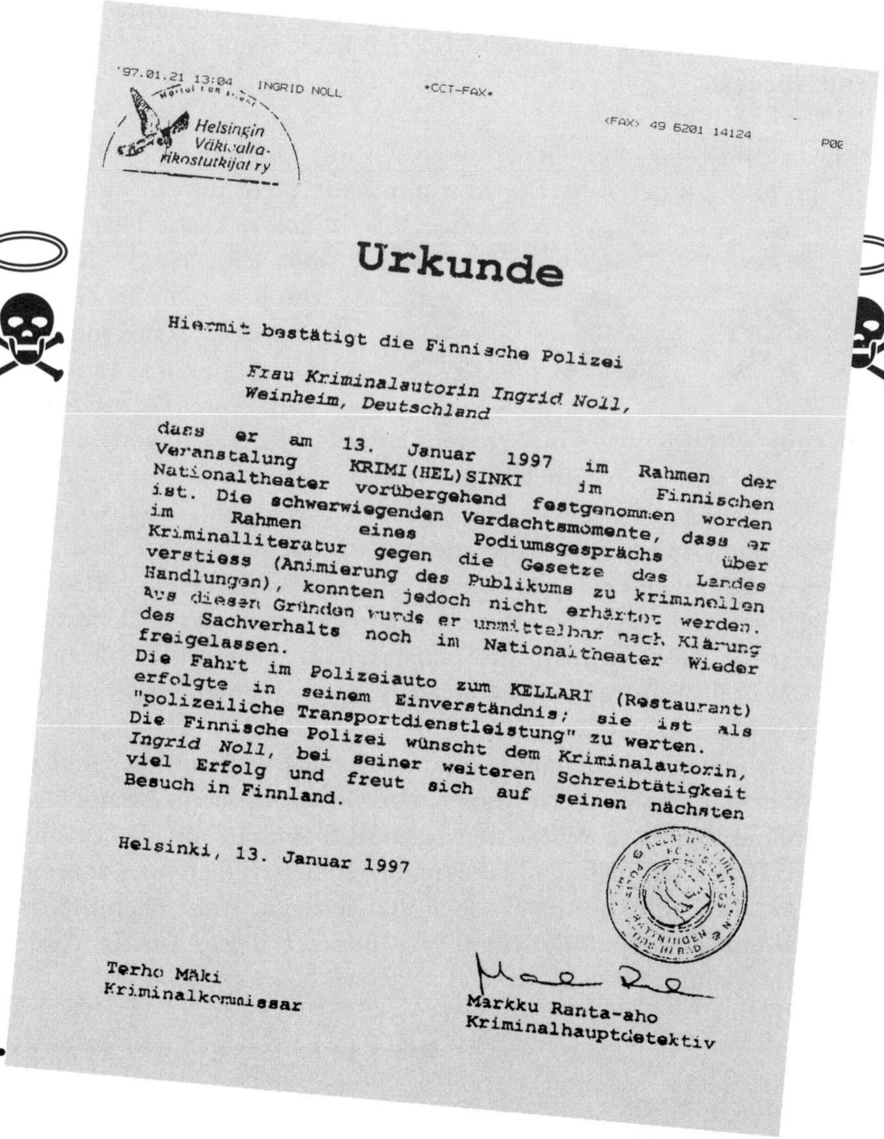

'97.01.21 13:04 INGRID NOLL *CCT-FAX*

Helsingin Väkivaltarikostutkijat ry

<FAX> 49 6201 14124

Urkunde

Hiermit bestätigt die Finnische Polizei

Frau Kriminalautorin Ingrid Noll,
Weinheim, Deutschland

dass er am 13. Januar 1997 im Rahmen der Veranstalung KRIMI(HEL)SINKI im Finnischen Nationaltheater vorübergehend festgenommen worden ist. Die schwerwiegenden Verdachtsmomente, dass er im Rahmen eines Podiumsgesprächs über Kriminalliteratur gegen die Gesetze des Landes verstiess (Animierung des Publikums zu kriminellen Handlungen), konnten jedoch nicht erhärtet werden. Aus diesen Gründen wurde er unmittelbar nach Klärung des Sachverhalts noch im Nationaltheater wieder freigelassen.
Die Fahrt im Polizeiauto zum KELLARI (Restaurant) erfolgte in seinem Einverständnis; sie ist als "polizeiliche Transportdienstleistung" zu werten.
Die Finnische Polizei wünscht dem Kriminalautorin, *Ingrid Noll*, bei seiner weiteren Schreibtätigkeit viel Erfolg und freut sich auf seinen nächsten Besuch in Finnland.

Helsinki, 13. Januar 1997

Terho Mäki
Kriminalkommissar

Markku Ranta-aho
Kriminalhauptdetektiv

»Für Mutti« in die Krimis für unbekannte Mütter schreiben. In der Schweiz, wo mir Urs, Beat, Romanus und Gallus noch hurtig aus der Feder flossen, ich mich aber mit Cathérine, Marguerite und Jeannine-Thérèse etwas abplagte, schrieb ich – mürbe geworden – FÜR MIMA auf eine Titelseite. Zu spät erkannte ich, daß es nur eine andere Form für »mein Mann« war, so daß ich im fremden Land zur Bigamistin wurde.

Annette mit zwei N und zwei T? Sibylle vorn mit I oder zuerst mit Y? Das geht ja noch. Aber dann kommen Kurt mit C und Dieter mit TH, Christine und Cornelia mit K. Der exotische Ferfried mit F oder V? Gracia mit Z? Und demnächst wird uns eine Generation von Dennis' und Whoopies überschwemmen.

Einmal sollte ich »Für Kerstin« schreiben, da schrie hinten im Saal eine junge Frau so ausdrücklich: »Katja, kommst du endlich?«, daß es zu meiner eigenen Verblüffung ein »Für Katja« wurde. Es bedurfte einiger lieblich gemalter Blümchen und guter Zurede, bis sich Kerstin mit der wilden Korrektur zufriedengab.

1995 las ich im Deutschen Generalkonsulat in Shanghai, schließlich wurde ich in dieser Stadt geboren. Die Konsulin hatte nicht nur an die deutsche Kolonie, sondern auch an die Universität eine Einladung geschickt, denn es gibt eine Menge junger Chinesen, die dort Deutsch lernen. Zur allgemeinen Verwunderung strömten sie in Scharen herbei. Mit 17 fangen sie an zu studieren und sehen wesentlich jünger aus, die reinsten Kinder im Rüschenkleid mit Schleife im Haar. Vor mir saß also ein gemischtes deutsch-chinesisches Publikum, und ich versuchte, den verschiedenen Ansprüchen gerecht zu werden. (Weniger Understatement, mehr Kasperletheater.) Verstanden mich die jugendlichen Germanisten? Unbewegt lauschten sie, kicherten und schwatzten nie, husteten nicht und scharrten auch nicht mit Schuhen und Stühlen. Zwei Professoren zeigten gelegentlich zu meiner Erleichterung die Andeutung eines feinen Lächelns.

Natürlich gibt es in Shanghai keine deutsche Buchhandlung und daher keinen üblichen Büchertisch. Aber einige deutschsprachige Fans besaßen bereits meine Krimis und brachten sie zum Signieren mit. Da es sich um nicht allzu viele Exemplare handelte, malte ich liebevoll einen Gockel in *Der Hahn ist tot*. Viele dunkle Augen sahen neugierig zu. Wahrscheinlich assoziierten die angehenden Philologen: Der Besitzer dieses Buchs wurde im Hühnerjahr geboren!

Alle Studenten bekamen vom Konsulat eine Broschüre geschenkt: Wissenswertes über die Bundesrepublik mit einem Grußwort von Helmut Kohl. Nach kurzem Grübeln fing die erste an, mir das Heftchen hinzuschieben: »Bitte Schlange für Yü!« Und dann ging es weiter, Hase für Mo, Katze für Ping. Sechzigmal habe ich Viecher gezeichnet und »Ingrid Noll« neben »Helmut Kohl« geschrieben.

Meine Hitliste
Um keine mit mir bekannten oder befreundeten AutorInnen zu kränken, möchte ich die hochgeschätzten deutschen KrimiautorInnen nicht öffentlich bewerten. Das Geheimnis von Platz ❶ bis ❹ bleibt in alle Ewigkeit gewahrt. ❺ E. T. A. Hoffmann: Das Fräulein von Scuderi ❻ E. A. Poe: Der entwendete Brief ❼ Patricia Highsmith: Der talentierte Mr. Ripley ❽ Agatha Christie: Mord im Orientexpreß ❾ Eric Ambler: Topkapi ❿ Raymond Chandler: Der große Schlaf

Sind alle Leserwünsche erfüllt, die Buchhändler mit einem Päckchen signierter Bücher (Vorrat!) bedacht, dann geht es zur Belohnung in die Kneipe – zumeist zum Italiener, denn die deutsche Küche hat sich um diese Zeit längst schlafen gelegt. Was aber bettet man gleich nach der Bestellung auf meine Serviette? Das von allen Autoren heißgeliebte Gästebuch. Nervös beginne ich darin zu blättern. Mein Gott, wie geistreich die Kollegen alle waren! Und welch bedeutender Kopf hat sich hier schon verewigt! Wie soll man daneben noch bestehen?! Falls man allerdings das Vergnügen hat, schon viele Gästebücher durchgeblättert zu haben, dann erkennt man, daß auch die anderen nur Menschen sind. So manch origineller Zeitgenosse hat nicht jedesmal eine Erleuchtung, sondern trägt stur sein Standardverslein ins Poesiealbum ein. Wie gut, daß ich auf dem Flohmarkt einen Giftstempel mit Totenkopf erstanden habe – der macht natürlich etwas her: Leuchtendrot, in Reih und Glied gestempelt, füllen die grimmigen Schädel eine halbe Seite.

Endlich werde ich in einem Konvoi von Buchhandlungs-, Bibliotheks- und Volkshochschulmitarbeitern zum Hotel geleitet. Gelegentlich sind auch einige Fans, die den gleichen Weg haben, dabei. »Wir bringen Sie noch um die Ecke«, versprechen sie.

Wenn ich nach Lesung, Frage- und Signierstündchen, Atzung und Tränkung, nach der Eintragung ins Gästebuch und dem hochheiligen Versprechen, demnächst wieder in derselben Stadt zu erscheinen und aus einem druckfrischen neuen Buch zu lesen, schließlich mutterseelenallein ins Hotelzimmer wanke, dann sinke ich röchelnd, fast entseelt, aufs fremde Bett. Die Fans haben sich an einer vielfachen Mörderin gerächt: Sie hat jetzt ausgeschnauft.

Die bessere Hälfte der Staatsanwältin

Von Gabriele Wolff

Welche großen Fragen, die jeder für sich zu beantworten hat, hält das Leben bereit? Richtig, Arbeit und Liebe, viel mehr ist da eigentlich nicht; alles, was sich das sinnsuchende Wesen Mensch sonst noch herbeiphilosophieren mag, Religion, Politik, das Gute an sich, Moral oder Ästhetik: In der Arbeit und in der Liebe zeigt sich am deutlichsten, wer jemand ist; deutlicher jedenfalls als in der bloßen Äußerung wohlfeiler Bekenntnisse zu diesem oder jenem abstrakten Wert.

Und so unterscheiden sich die Staatsanwältinnen Gabriele Wolff (die sich zudem mittels ihres durch Heirat erworbenen neuen Familiennamens von der Autorin Wolff unterscheidet) und die in Köln, Neubrandenburg und demnächst in Neuruppin tätige fiktive Kollegin Beate Fuchs vor allem durch ihre diametral entgegengesetzten Verhaltensweisen in der Arbeit und in der Liebe.

Ermittlungsarbeit in der Praxis bedeutet vor allem eines: das Lesen von Akten, die andere Beteiligte produziert haben. Da werden handschriftliche, kaum lesbare Strafanzeigen gefertigt, Rechtsanwälte verwirren durch kunstvoll gedrechselte Schriftsätze, die die wirklich relevanten Fragen unbeantwortet lassen, Polizeibeamte reduzieren eine stundenlange Vernehmung auf ein Protokoll mit einigen dürren Sätzen, durchsuchen penibel oder resigniert wie ein überlasteter Gerichtsvollzieher, schöpfen Verdacht oder erschöpfen sich in der unkommentierten Entgegennahme haarsträubender Lügengeschichten. Letztlich wird alles zu Papier, säuberlich zwischen rosa Aktendeckel geheftet, und wartet auf eine Entscheidung der Staatsanwältin. Die Unsinnigkeit des Vorgangs führt oftmals zu eklatanten Fehlentscheidungen: Erst in der Hauptverhandlung wird offenbar, daß sich die Anklage niemals auf die Aussage des Belastungszeugen XY hätte stützen dürfen, der plötzlich dermaßen ins Stottern gerät, daß es allen Prozeßbeteiligten wie Schuppen von den Augen fällt: Gesehen hat der Mensch gar nichts, er hat sich nur seinen Teil gedacht. In den Akten las es sich noch eindeutig: »... und habe ich mitbekommen, wie der Angeklagte das Messer gezogen und auf das Opfer eingestochen hat.« Was nicht in den Akten stand: Der Zeuge war zur Tatzeit alkoholisiert, konnte den Angeklagten noch nie leiden, hat sich vor seiner Aussage bei seiner Frau vergewissert, ob sie nicht auch... Die wiederum wußte es vom Wirt, der genau gesehen hat, wie es geschah, obwohl er gerade in der Küche war, aber der Kellner hat es ihm ja hinterher erzählt... Am Schreibtisch sitzend, entscheidet man nach Aktenlage. Und die ist mit dem wahren Leben nicht immer identisch. Warum ist die Zeugin A, das Vergewaltigungsopfer, plötzlich mit dem Beschuldigten verlobt? Waren es romantische Gefühle oder die Zeugnisverweigerungsrechte der Strafprozeßordnung, die sie zu diesem Schritt brachten? Und ist die Strafanzeige nunmehr als falsche Verdächtigung zu werten oder vielmehr die Verlobung als Ergebnis der Nötigung eines zu allem entschlossenen Gewalttäters? Hat der frühere Lebensgefährte und Firmenteilhaber tatsächlich ohne Wissen der sitzengelassenen Dame blanko von ihr unterschriebene Rechnungsformulare benutzt und das vereinnahmte Firmengeld unterschlagen? Und warum zeigt die Frau ihren Ex erst an, nachdem eine Betriebsprüfung des Finanzamtes nicht unerhebliche Steuernachforderungen gegen sie ergeben hat? Handelt es sich bei der Strafanzeige um eine besonders raffinierte Vorwärtsverteidigung gegen Vorwürfe der Steuerhinterziehung oder um einen nur allzu verständlichen Aufschrei der Empörung eines nach Strich und Faden betrogenen Mäuschens? Würde man die Beteiligten sehen und erleben, mithin die Dynamik der Beziehung, die sie verband, einschätzen können, wären diese Fragen leichter zu beantworten. Tatsächlich ist es kaum möglich, Zeugen und Beschuldigte eines Verfahrens persönlich zur Vernehmung bei der Staatsanwaltschaft vorzuladen: Es geht schon zeitlich nicht, zu viele Akten türmen sich auf dem Bock, die Erledigungsstatistik zählt und sonst gar nichts.

Unter diesem Phänomen leidet auch Beate Fuchs, aber nur dann, wenn ihr Routinealltag beschrieben wird. In dem zentralen Fall des Krimiplots lernt sie Täter und/oder Opfer persönlich kennen, bewegt sich fort vom Schreibtisch an düstere Tatorte, durchsucht höchstpersönlich Rauschgiftküchen, wird privat angerufen oder zu Hause aufgesucht, verstrickt sich in das Geschehen bis hin zur tragischen Verliebtheit in eine Randfigur. Ihre

Undercover-Versuche scheitern zwar regelmäßig, denn man nimmt ihr nicht ab, etwas anderes zu sein als das, was sie ist – schon gar kein Junkie wie in *Armer Ritter* (Fischer), noch nicht einmal eine Interessentin für Immobilien wie in *Rote Grütze* (Fischer) –, aber sie darf hautnah erleben, um wen es sich bei den Menschen handelt, deren papierene Existenz im alltäglichen Berufsleben sonst ausreichen muß. Sie riecht den Küchenmief verlassener Wohnungen, belauscht privat und keineswegs unauffällig Gespräche Verdächtiger, sieht mit eigenen Augen, mit welch aufgesetzter Lässigkeit ein Zeuge lügt (und allein deswegen zum Verdächtigen wird). Ihr Arbeitsleben ist der pure Luxus, auch wenn es untypische neue Probleme aufwirft, die sich aus der mangelnden Distanz ergeben.

Beate Fuchs kennt auch nicht die Langeweile, die die Routine des Alltags oftmals mit sich bringt: das Ausfüllen von Reisekostenabrechnungen, Erledigungslisten, Sitzungsberichten und Einstellungsformularen, das Ankreuzen von Varianten einschlägiger Musterstrafbefehle, das ewige Warten in Gerichtsfluren, bis es endlich weitergeht... Die langweilige Kantinenspeisekarte, das Anfordern von Material, Beantragung von Urlaub, Entwerfen von Vertretungsregelungen und Verwaltungsberichten, langwierige Besprechungen, die alle Beteiligten ratlos zurücklassen – all das bleibt ihr erspart, kommt nur am Rande vor, nur in der homöopathischen Dosis, die erforderlich ist, um das Romangeschehen als authentisch zu beglaubigen. Dabei ist die fiktive Arbeit von Beate Fuchs nichts weiter als idealtypisch, wenn auch mit einem Überschuß an persönlichem Engagement geleistet, und gerade deshalb fiktiv (leider!).

Mit einem Wort: Sie lebt getreu dem romantischen und zugleich genreüblichen Ideal des Frei, aber Einsam.

Der größte Unterschied jedoch dürfte darin liegen, daß die Staatsanwältin Wolff fremde Spuren lesen muß, die Staatsanwältin Fuchs dagegen eine Autorin im Rücken hat, die die Spuren selber legen darf (was das Entziffern naturgemäß erleichtert und der Autorin den Mehrwert an Spaß verschafft, der u. a. die Zuwendung zum Zweitberuf der Kriminalautorin trotz aller Zeitnot erklärbar macht). Der alte Taschenspielertrick des Spurenlegens, deren Deutung dann die Intelligenz der Hauptfigur beweist, der hat schon bei Karl May, dem ersten einschneidenden Leseerlebnis, fasziniert. In *Winnetou I* findet nur das Greenhorn Old Shatterhand die entscheidende Spur, und während der alte Westmann Sam Hawkens mit offenstehendem Mund die Welt nicht mehr versteht, seinen vermeintlichen Schüler ein »ganz und gar unbegreifliches Menschenkind« nennt und ihn dann fragt, woher das nur komme, antwortet Karl Mays Alter ego ganz nonchalant: »Daher, daß ich logisch richtig gedacht und geschlossen habe. Das richtige Schließen ist sehr wichtig... Der richtige Westmann muß vor allem richtig denken können.« (Karl May: *Winnetou I,* Reprint der ersten Buchausgabe 1893) Wie wahr. Eine Staatsan-

wältin auch. Aber während man sich, in einem Karton Asservate wühlend, verzweifelt fragt, was denn diese ausgefüllten und nicht vorgelegten Schecks wohl zu bedeuten haben und warum der Beschuldigte seine betrügerischen Bestellungen vom Faxanschluß eines Zeugen, den man bislang für einen Geschädigten hielt, aufgegeben hat, kann Beate Fuchs sich in der wohltuenden Gewißheit wiegen, daß die Autorin, soweit sie den Plot handwerklich sauber gestrickt hat, keine Indizien aufbietet, die sich nicht in ein logisches System einordnen ließen. Wenn nicht früher, so doch später. Lose Enden und unaufklärbare Details haben da keine Chance.

Zumindest Beate Fuchs weiß am Schluß fast immer, was wirklich geschehen ist. Auch wenn sie mit zunehmender Berufserfahrung den Unterschied zwischen subjektiver Überzeugung und objektivem Nachweis immer häufiger zur Kenntnis nehmen muß.

UND DIE LIEBE?

Beate Fuchs hat es gut.

Sie wird viel langsamer älter als ihre Schöpferin und befindet sich unverhältnismäßig lang in dem krimitypischen Alter zwischen dreißig und sechsunddreißig: alt genug, um Lebenserfahrung gesammelt zu haben, und nicht zu alt, um sich jederzeit unglücklich und spannungsfördernd verlieben zu können. In der Unabhängigkeit einer Wohngemeinschaft, die allerdings langsam zu einem eheähnlichen Verhältnis mit Lutz, dem ständigen Bewohner, mutiert, halten sie keine partnerschaftliche Bindungen davon ab, sich oft buchstäblich mit Haut und Haar in ihre Fälle zu stürzen. Glücklich wird sie allerdings nicht; ihr Freund Wolfgang aus *Himmel und Erde* erweist sich als Mittäter – wenn auch erst auf sanften Druck der Lektorin, die das vorgesehene Happy-End für zu wenig krimigemäß und des Freundes Verwicklung in den Plot für dramaturgisch wirkungsvoller hielt. Die Lektorin hatte recht. Wolfgang – als Person und in seiner Funktion als ständiger Begleiter – paßte nicht zu Beate, was diese übrigens die ganze Zeit über auch so gesehen hatte. Schwankend zwischen dem Wunsch, sich endlich einmal fallenzulassen, und ihrer üblichen Skepsis, wurde es Beate Fuchs leichtgemacht, sich von Wolfgang zu trennen: auf S. 42 ein kitschiges Feuerzeug eingefügt, das Beate in seiner Wohnung auffällt, dasselbe Feuerzeug auf S. 161 der getöteten Verdächtigen untergeschoben (Taschenspielertrick, s. o.!), und schon entwickelt sich aus dem Kuschelende der Erstfassung der Dialog einer Farewellszene in Moll, gespeist aus den nie ganz unterdrückten kritischen Untertönen, und Beate ist wieder frei. Wie es sich gehört für ein kämpferische, unabhängige Krimifrau, die dem Abenteuer hinterherjagt, im Job wie in der Liebe.

Meine Hitliste
1 Elizabeth George: In the Presence of the Enemy 2 Patricia Cornwell: Postmortem 3 Minette Walters: Die Schandmaske 4 Celia Fremlin (alle Werke ohne Unterschied!) 5 Frances Fyfield: Tiefer Schlaf 6 Sara Paretsky: Tunnel Vision 7 Ruth Rendell: Die Brautjungfer 8 Patricia Highsmith: Ediths Tagebuch 9 Raymond Chandler: Playback 10 Margaret Millar: Wie du mir 11 Doris Gercke: Weinschröter, du mußt hängen 12 Sabine Deitmer: Kalte Küsse

Beate Fuchs hat es nicht gut.

Als Single muß sie zu Weihnachten ständig irgend etwas organisieren, um an diesem kritischen Tag nicht allein zu sein. Das heimatstiftende Biotop ihrer Wohngemeinschaft ist durch die wachsende Bindungswilligkeit ihres Mitbewohners und Freundes Lutz latent vom Zerfall bedroht. Ihr stoßen immer die falschen Männer zu, attraktiv und gefährlich, wie der Kollege Rico, dessen Umarmung beinahe tödlich ist. Mit einem Wort: Sie lebt getreu dem romantischen und zugleich genreüblichen Ideal des Frei, aber Einsam.

Das funktioniert nur in Romanen. Und markiert daher den größten Unterschied zwischen Leben und Fiktion. »Wenn's der Spannung dient...«, murmelt die Autorin, hin- und hergerissen zwischen Neid und Mitleid. Wäre sie lieber Beate Fuchs?

Dann lehnt sie sich entspannt zurück. Sie lebt in der besten aller Welten. Schließlich hat sie die Wahl, kann als Staatsanwältin die spannenden Momente dieses Berufes auskosten und bei drohender Erstarrung aus der Routine in die Fluchträume einer Kollegin überwechseln, in denen alles möglich ist. Kopfgeburten zwar, die aber diejenigen unvermeidlichen Ähnlichkeiten mit der Wirklichkeit aufweisen, die einen Krimi auszeichnen.

KRIMIBAUKASTEN: DIE LADY-SCHNÜFFLER-VARIANTE »TÖDLICHE SPEKULATIONEN« (USA, 1970 BIS HEUTE)

Nach Sue Grafton, Sara Paretsky, Linda Barnes und Sarah Dreher

Erster Satz:
Sie war nur eine kleine Frau, aber sie war es gewohnt, zu kämpfen, und das Blitzen in ihren Augen sagte mir, daß sie es auch gewohnt war, zu gewinnen.

Was passiert:
Lorna Knight ist Privatschnüfflerin in einer amerikanischen Großstadt. Sie soll für die Sicherheit der Hurenselbsthilfegruppe LYRA sorgen, die von dem brutalen Vermieter Mike Badd aus ihrem Begegnungszentrum in der Elm Street herausgeworfen werden soll. Als Lorna diesen Mike Badd in seinem Büro in den Fawlty Towers, einem Bürohochhaus der Fawlty Corporation, aufsuchen will, findet sie ihn ermordet im Lift. Von der Polizei wird Myra, die zweite Vorsitzende von LYRA, verdächtigt, die kurz vorher Mike in seinem Büro besucht hatte. Captain Link rät Lorna Knight, gefälligst ihr gepudertes Näschen aus dem Fall rauszuhalten, womit er allerdings nur das Gegenteil erreicht. Lorna versteckt Myra, die auf der Flucht vor der Polizei ist, in ihrer Wohnung; sie wird in ihrem Büro von zwei Gangstern überfallen, die sie aber zusammenschlagen kann. Von ihnen erfährt sie, daß sie von Lloyd Dexter engagiert wurden, dem gerissenen Anwalt von Lionel Fawlty, Besitzer der Fawlty Corporation. Durch eine Beobachtung, die Myra bei ihrem Besuch in Mike Badds Büro machte, schließt Lorna, daß es dort belastende Unterlagen geben muß. Sie bricht in das Büro ein und stiehlt ein paar Computerdisketten, aus denen hervorgeht, daß Mike Badd nur ein Strohmann für Fawltys Grundstücksspekulationen war. Lorna lanciert diese Informationen über eine befreundete Fernsehjournalistin in die Abendnachrichten und kann damit Lionel Fawlty bloßstellen. Abends, daheim, gesteht Myra ihr dann, daß sie Mike Badd in der Tat umgebracht hat, aber Lorna hält es für besser, der Polizei nichts davon zu sagen.

Letzter Satz:
Tränen standen in Myras Augen. Sie zitterte. Ich nahm sie in die Arme. »Ganz ruhig, Baby«, sagte ich.

8.

EIN SCHWIERIGES COMING-OUT

Schwulen- und Lesbenkrimis

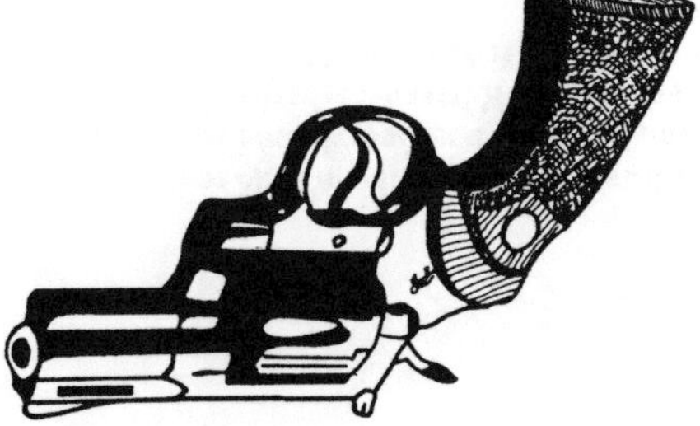

Die hübsche Kommissarin Lily Lang wurde von Arnold Bean geholt, weil seine Frau ihn angeblich mit dem Messer angegriffen hatte und er sie verhaften lassen wollte. Sein Hemd hatte einen Riß, von dem er behauptete, er stamme vom Messer seiner Frau.

»Wir hatten einen kleinen Streit«, erzählte er. »Da hat sie die Beherrschung verloren und warf einen Teller nach mir, und dann ging sie mit dem Tranchiermesser auf mich los. Glücklicherweise konnte ich sie abwehren, und sie rannte davon, aber ich habe Angst vor dem, was sie tun wird, wenn sie wieder zurückkommt.«

Lily sah sich das Messer und den Tatort genau an und wartete. Was sollte sie machen, wenn Mrs. Bean wiederkam?

FRAGEN

1. Ist Beans Geschichte wahrscheinlich?
Ja – Nein
2. Waren die Beans wohlhabend?
Ja – Nein
3. War das Grillen nur für die zwei geplant?
Ja – Nein
4. Sind Sie auch der Ansicht, daß Mrs. Bean einen Teller nach ihrem Mann warf?
Ja – Nein
5. Wo hatte Arnold Bean gesessen?
Beim Fernseher?
Am Eßtisch?
6. Haben sich die Beans gut miteinander verstanden?
Ja – Nein
7. Wessen Fingerabdrücke sind auf dem Messer?
Seine – Ihre
8. War Mrs. Bean beim Tranchieren gewesen?
Ja – Nein
9. Hat sie Ihrer Meinung nach versucht, Mr. Bean zu erstechen?
Ja – Nein
10. Was ist Ihrer Meinung nach passiert, und was soll Lily jetzt tun?

1. Ja.
2. Ja, nach dem, was man in ihrem Patio so sieht.
3. Ja, denn es gab nur zwei Gedecke und zwei Stühle.
4. Ja, wenn man das Muster der Scherben besieht, dann wurde der Teller gegen den Stuhl geworfen.
5. Beim Fernseher.
6. Nein, sie saßen fast Rücken an Rücken, bis sie zum Grill ging, und er hatte einen eigenen kleinen tragbaren Fernseher. Offensichtlich hatten sie nichts miteinander gemeinsam, außer dem Bedürfnis zu essen.
7. Ihre.
8. Ja, denn ihr Glas steht neben dem Steak und ihre Fingerabdrücke sind auf dem Messer.
9. Die Abdrücke ihres Daumens und ihrer Finger beweisen, daß sie mit dem Messer schnitt, denn das erfordert eine Sägebewegung. Im Gegensatz dazu umklammert man das Heft, wenn man zustechen will.
10. Die Beans stritten sich und sie verlor die Beherrschung und warf einen Teller nach ihm und rannte dann wütend davon. Soweit stimmt Arnold Beans Geschichte. Aber nachdem sie weg war, beschloß er, ihr den Mordversuch anzuhängen. Er zerriß sein Hemd an der Schulter und rief die Polizei, denn er dachte, das würde ihm bei der bevorstehenden Scheidungsverhandlung nützen. Lily hätte nun also Mrs. Beans Unschuld erkennen und Mr. Bean der Falschaussage bezichtigen müssen.
Da ihr jedoch der politische Einfluß von Arnold Bean bekannt war, tat sie nichts dergleichen. Deshalb wurde sie einen Monat später befördert und konnte auf dem neuen Posten ihre Begabung voll entfalten.

Der Tod vom Rost

Vom Opfer zum Detektiv

Von Jon L. Breen

Viele Jahre lang war das Thema Homosexualität ein absolutes Tabu in der Kriminalliteratur. Wann immer schwule oder lesbische Charaktere auftraten, geschah das sehr subtil und verhüllt, und sie wurden meist als verbrecherische Handlanger des Bösen oder als witziges Beiwerk geschildert und nicht als reale Menschen. Agatha Christie ließ manchmal ein echtes (weil diskret angedeutet) lesbisches Paar im Kreis der Verdächtigen auftauchen. Daß das Trio der Verbrecher im *Malteser Falken* (Diogenes) – Gutman, Cairo und Cook – aus Homosexuellen bestand, wurde sogar in John Hustons Filmversion 1941 deutlich, da Dashiell Hammett trotz des strengen Hollywood-Codes gut getarnte Hinweise auf ihre sexuelle Veranlagung einbauen konnte. Andere Schwule im hardboiled-Detektivroman waren für den Macho-Detektiv meist nur Zielscheibe für Verachtung und Spott.

1984 erschien in einer revidierten Auflage von Dily Winns *Murder Ink* ein Beitrag von Joseph Hansen, in dem er Hammett, Chandler und Ross Macdonald zu Homophobikern erklärte. Die Art, wie letzterer in *The Drowning Pool* (*Unter Wasser stirbt man nicht,* Diogenes) ein ältliches Schwulenpaar als Kleindarsteller charakterisierte, sollte zwar die Toleranz eines kultivierten Menschen beweisen, doch in Wirklichkeit handelte es sich hierbei um kaum verhohlenen Ekel. Dieselbe Verachtung findet Hansen auch bei den Autorinnen des *Golden Age* Sayers, Marsh und Christie. Die negative Darstellung von Homosexualität in *Stick* von Elmore Leonard bringt ihn zu der Vermutung, daß sich inzwischen wohl kaum viel geändert hätte.

Einige Autoren in den Fünfzigern behandelten das Thema Homosexualität mit Feinfühligkeit – z. B. Aaron Marc Stein unter dem Pseudonym Hampton Stone (DuMont), besonders in *The Murder That Wouldn't Stay Solved.* Vin Packards Taschenbuchoriginale behandelten häufig Themen aus diesem Bereich, vor allem *Whisper His Sin,* wo sie gleichzeitig darum bemüht ist, die Vorurteile der Leser zu berücksichtigen, während sie schwulen Lebensstil einfühlsam darstellt – ein schwieriger Balanceakt.

Vor den Sechzigern wäre der Gedanke an einen homosexuellen Detektiv unvorstellbar gewesen. Es gab zwar Gerüchte über die wahre Natur einiger der Detektive des *Golden Age* – H. R. F. Keating äußert solche Vermutungen in seiner Essaysammlung *Agatha Christie: First Lady of Crime* im Hinblick auf Poirot –, aber sie blieben unbestätigt. Der wahrscheinlich erste schwule Detektiv in der Literatur, und ganz gewiß der erste in einem großen Verlag, trat in George Baxts *A Queer Kind of Death* und zwei anschließenden Romanen auf. Pharoah Love ist ein schwarzer, schwuler Cop und vertritt damit gleich drei unterdrückte sogenannte Randgruppen. Aber er ist ein unbeherrschter, unverschämter und nicht sehr sympathischer Typ, ganz gewiß niemand, mit dem sich das heterosexuelle Publikum identifizieren wollte. Auch in der Serie von Don Rico um Buzz Cardigan, die mit *Man From Pansy* begann, läßt die Behandlung des Themas jedes Feingefühl vermissen.

Der erste realistisch gezeichnete Detektiv war Joseph Hansens Dave Brandstetter, der zum ersten Mal in *Fadeout* und danach in einem Dutzend Folgebände auftrat, deren letzter *A Country of Old Men* war. Dave Brandstetter ist Inspektor bei einer Versicherungsgesellschaft, nett und zurückhaltend und überhaupt nicht auffallend oder großspurig – kurzum: eine Gestalt, die alle Leser, egal, ob hetero oder schwul, sympathisch finden konnten. Der erste Roman um Brandstetter erschien am Ende einer Dekade der Liberalisierung (oder Dekadenz, je nach Standpunkt), also just zu dem Zeitpunkt, an dem die Zeit für einen schwulen Detektiv gekommen schien, doch Hansen hatte große Schwierigkeiten bei der Suche nach einem Verlag. Es war kein Zufall, daß es Kahn von Harper & Row schließlich riskierte, die gleiche Lektorin, die die Romane um den ersten schwarzen Detektiv Tonie Moore in *Room to Swing* von Ed Lacey und Virgil Tibbs in *In The Heat of The Night* von John Ball herausgebracht hatte.

Einige Autoren in den Fünfzigern behandelten das Thema Homosexualität mit Feinfühligkeit – z.B. Aaron Marc Stein unter dem Pseudonym Hampton Stone (DuMont), besonders in The Murder That Wouldn't Stay Solved. Vin Packards Taschenbuchoriginale behandelten häufig Themen aus diesem Bereich, vor allem Whisper His Sin, wo sie gleichzeitig darum bemüht ist, die Vorurteile der Leser zu berücksichtigen, während sie schwulen Lebensstil einfühlsam darstellt – ein schwieriger Balanceakt.

Eine Zeitlang blieb Brandstetter ein einzigartiges Phänomen. In den Katalogen der großen Verlagshäuser in den siebziger Jahren tauchten keine schwulen Detektive auf. Michael Nava zitiert in seiner Anthologie *Finale* Richard Halls Taschenbuch *Butterscotch Prince* als Vorreiter des Schwulenkrimis, während er zwar Hansens Roman erwähnt, den Autor seltsamerweise aber nicht.

Navas Rechtsanwalt-Detektiv Henry Rios erschien zunächst in zwei Romanen in dem kleinen Verlag Alyson, bevor mit *How Town* (*In einer Stadt so nett*, Ariadne) sich ein Großverlag an die Herausgabe wagte. Rios und der New Yorker Detektiv Donald Strachy – dessen erster Auftritt in Richard Stevensons Roman *Death Trick* erfolgte – sind sicherlich die besten schwulen Krimihelden seit Brandstetter. Ebenfalls erwähnenswert ist die Romanserie von Mark Richard Zubro um den schwulen High-School-Lehrer Tom Mason, der in *A Simple Suburban Murder* seinen ersten Auftritt hatte. In den Achtzigern gab es auch zunehmend die Besetzung wichtiger Nebenrollen mit schwulen Charakteren, z. B. ist der wichtigste Kontakt des Psychologen und Detektivs Alex Delaware in den Romanen von Jonathan Kellerman – beginnend mit

When the Bough Breaks (Lübbe) – der schwule Polizist Milo Sturgis. Die Autoren dieser Romane schildern wie Hansen, daß Schwule sich außer in ihrer sexuellen Präferenz in nichts von anderen Menschen unterscheiden: daß sie ihren Beruf ausüben, monogame Beziehungen suchen und manchmal sogar recht konservative Ansichten haben.

Andere Autoren bezogen aus der Subkultur der Schwulen ihren exotischen und bunten Hintergrund. Nathan Aldyne, ein Pseudonym für Michael McDowell und Dennis Schuetz, ließ das Homo-hetero-Detektivpaar Dan Valentine und Clarisse Lovelace in *Vermilion* und drei folgenden Romanen auftreten. Der schwule Schnüffler Matt Sinclair ist der Protagonist in zwei humorvollen und manchmal etwas ordinären Romanen von Tony Fennelly: *The Glory Hole Murders* (*Mord auf der Klappe*, Rotbuch) und *A Closet Hanging* (*Bärendienst*, Rotbuch).

Die lesbische Detektivin hatte es schwerer, eine Nische in der Verlagswelt zu finden. Das scheint paradox, denn lesbische Liebe war ein durchaus akzeptables Thema in der allgemeinen Belletristik der Fünfziger – z. B. erhielten die Romane von Vin Packard und anderen Autorinnen mit lesbischer Thematik viele Literaturpreise, als männliche Homosexualität noch kaum im Buch vorkam. Lesbische Detektivinnen (und sie sind zahlreicher als ihre männlichen Widerparte) traten zunächst nur in Büchern von feministischen Verlagen wie Seal Press und Naiad auf, denn von den großen Verlagen wurden sie abgelehnt. Die Ursache für diese unterschiedliche Behandlung liegt zweifellos im allgemeinen Umgang mit der Thematik – sowohl in der Kriminalliteratur als auch in der Gesellschaft insgesamt.

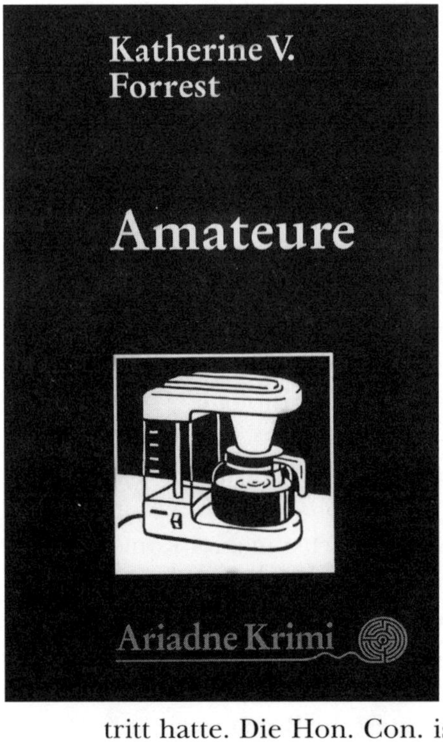

Die erste klar erkennbare lesbische Detektivin, obwohl es nie in dieser Deutlichkeit gesagt wurde, ist Joyce Porters Honorable Constance Morrison Burke (genannt Hon. Con.), die in *Rather A Common Sort of Crime* ihren ersten Auftritt hatte. Die Hon. Con. ist das witzige Klischee einer Lesbierin, teilweise fast so abstoßend wie Porters männlicher Detektiv Wilfred Dover und kann wohl kaum zu den positiven Rollenbildern gezählt werden.

Die vielleicht beste der realistischeren lesbischen Detektivinnen (und der Star der möglicherweise besten Serie eines Kleinverlags) ist Katherine V. Forrests L. A. P. D. – Polizistin Kate Delafield, die zuerst in *Amateur City*

(*Amateure*, Ariadne) auftrat. Die Serie behandelt das Problem einer lesbischen Frau, die aus beruflichen Gründen ihre sexuelle Identität geheimhalten muß. Der vorläufig letzte Roman der Serie nach *Murder at the Nightwood Bar (Die Tote hinter der Nightwood Bar)*, *Murder by Tradition* (*Tradition*, Ariadne) behandelt dieses Thema auf besonders eindrucksvolle Art. Forrest war als Lektorin bei der Naiad Press an der Veröffentlichung zahlreicher anderer Serien mit lesbischen Detektivinnen beteiligt. Barbara Wilson begann mit *Murder in the Collective* (*Mord im Kollektiv*, Ariadne) eine Serie um Pam Nilsen und ist die bekannteste Autorin bei Seal Press, einem anderen feministischen Verlag, der lesbische Krimis herausbringt. Die erste echte lesbische Heldin eines von einem Großverlag herausgegebenen Detektivromans ist wahrscheinlich Sandra Scoppettones Lauren Laurano, die zum ersten Mal in *Everything You Have Is Mine* erschien. Wir dürfen weitere Titel erwarten, auch solche, die bislang nur von der einschlägigen Fachpresse gefördert werden.

Meine Hitliste **1** **Nathan Aldyne: Canary** **2** **George Baxt: A Queer Kind of Death** **3** **Tony Fennelly: The Glory Hole Murders** **4** **Joseph Hansen: Early Graves** **5** **Sandra Scoppettone: Everything You Have Is Mine** **6** **Richard Stevenson: Ice Blues** **7** **Mark Richard Zubro: A Simple Suburban Murder**

Aus dem Amerikanischen von Nina Schindler

Rosalila Krimis

Von Nina Schindler

Eine lesbische Kommissarin? Wir deutschen Krimifans waren ja schon froh, als es überhaupt mal eine Kommissarin gab, die mehr war als nur ein Alibi und intellektuell differenzierter als ein Feigenblatt. Eine lesbische Detektivin? So weit kommt's noch, konnte man es sicherlich in Lektorenstuben knurren hören. Ein schwuler Polizist? Du lieber Himmel, was wird der Mann auf der Straße denken! Ein schwuler Detektiv? Wer soll dem denn einen Auftrag geben, der hängt sich doch eh gleich an den nächsten hübschen Kerl und vergißt seinen Fall...

Doch wir haben ja von unseren Freiheitsbringern auf der anderen Seite vom Großen Teich nicht nur solche Scheußlichkeiten wie Coca-Cola oder Damenrasierer geerbt – ab und zu kommen auch Dinge rüber, die echten kulturellen Gewinn bringen. Wie zum Beispiel die Schwulen- und Lesbenkrimis.

Und wie in den USA waren es feministisch engagierte Kleinverlage, die das Thema zu ihrem Programm machten und zunächst einmal US-amerikanische Lizenzen herausbrachten: Ariadne in Hamburg und Frauenoffensive in München (soweit zum berühmten Nord-Süd-Gefälle!). Aus den Verlagstrümmern der ehemaligen DDR formierte sich Schwarzkopf & Schwarzkopf; Verlage für Schwulenliteratur wie Bruno Gmünder und Jackwerth legten sich ein Krimiprogramm zu. Auch andere Verlage öffneten ihre Programme für diese Themen, so Haffmans, Econ, Rotbuch oder Eichborn. In manchen Fällen hatten Autorinnen zwei Serien mit je einer lesbischen und einer Hetero-Heldin, dann landete z. B. die lesbische bei Ariadne und die Hetero-Detektivin beim Fischer Frauenkrimi.

Mittlerweile gibt es bei Ariadne schwule Protagonisten und bei Schwarzkopf & Schwarzkopf eine lesbische Kommissarin – die Verlage öffnen sich für gute Kriminalromane, gleich welcher »sexuellen Orientierung«, und nun werden die KrimileserInnen diesem Beispiel hoffentlich folgen... Und was schaffte nun den Sprung über den Großen oder kleinen Teich?

Die Detektivromane um den fähigen Versicherungsinspektor Dave Brandstetter von Joseph Hansen – erschienen zwischen 1983 und 1988 im Goldmann Verlag – sind inzwischen schon wieder vergriffen. Der schwule Krimiprotagonist ist weiterhin Mangelware – egal, ob als Amateur, Privatdetektiv oder Polizist. Zu den Ausnahmen zählen die vier Bücher um Michael Navas Kultanwalt Henry Rios. Rios ist ein schwermütiger Ex-Alkoholiker, grüblerisch und sensibel, dessen Wahrnehmungsfähigkeit sich wahrlich nicht auf die Details der Kleidung seiner Gegenüber beschränkt, bei denen er sogar die farblich abgesetzte Knopfleiste eines Polohemds registriert. Der Ex-Alkoholiker verteidigt Unschuldige mit Leib und Seele – auch wenn er sie unausstehlich findet wie in *In einer Stadt so nett.* Parallel dazu erlebt er ein bittersüßes Liebesglück: Henrys junger Liebster ist HIV-positiv, und beide müssen sich mit der Angst vor dem Ausbrechen der Krankheit auseinandersetzen (*Goldjunge, Der kleine Tod, Das innere Gesetz,* Ariadne).

Matty Sinclair, der Held der Tony-Fennelly-Krimis, ist der wohlsituierte Abkömmling von »ur«-altem New-Orleans-Adel und eigentlich auch studierter Anwalt, doch er verkauft lieber nachgemachte und echte Antiquitäten. Matty ist klug, ein bißchen melancholisch, einer flotten Nummer nie abgeneigt und auch den Damen durchaus zugewandt. Er nimmt weder sich noch andere schrecklich ernst, doch als echter Kavalier der Louisiana-Schule kann er nie widerstehen, wenn er um Hilfe gebeten wird. Manchmal überfällt ihn der Blues angesichts der Tatsache, daß mit ihm nun die Sinclair-Linie aussterben wird, und er überlegt selbstironisch, ob er nicht doch ganz ins Hetero-Lager überwechseln soll – doch meistens ist er mit neuen oder alten Lovern und irgendwelchen scheußlichen Morden so beschäftigt, daß er bei seinem bisherigen Lebensstil bleibt. Die Kritiker nehmen Matty seinen Reichtum, seine Oberflächlichkeit und seine Bisexualität oft übel – doch wenn man dieses Beiwerk als ironisches Spiel mit dem Subgenre sieht, ist Matty eigentlich unwiderstehlich (*Mord auf der Klappe, Bärendienst, Robins Hochzeit,* Rotbuch).

Die meisten schwulen Protagonisten auf einen Schlag beschert uns Bernie Bookbinder in seiner köstlichen Social-Fantasy *Das Baseball-Outing*: nämlich eine ganze Baseballmannschaft. Im eigentlichen Sinn handelt es sich hier zwar um keinen Krimi, doch da diese Supermannschaft nur auf ganz krummem Weg zustande kam und ihr auch kriminell viele Hindernisse von den bekannten Machos, Bigotten und Grundwertebewahrern in den Weg gelegt werden, soll sie hier erwähnt werden. In diesem Buch wird die soziale Außenseiterposition auf höchst amüsante Weise in einen Sieg verwandelt: Die ohne ihre Zustimmung geouteten schwulen Baseballstars werden noch vor ihrem Rausschmiß von einem cleveren Manager aufgekauft und wachsen zur Supermannschaft zusammen (Ariadne).

Vannos ist sein Künstlername, denn an Stanisław Kraychik ließe sich unschwer die polnische Abstammung erkennen. Stan ist diplomierter Psychologe, doch er arbeitet als Hairstylist für die Bostoner Schickeria, wo er alle naselang als Zeuge bei Mordfällen in Kontakt mit dem ach so attraktiven, leicht homophoben Kommissar Branco kommt und sich schrecklich mit seinen unerfüllten Sehnsüchten quält. Michael Grants Krimis um den schwulen Prominentenfriseur bestechen weniger durch den Krimiplot als durch die liebenswerte Charakterisierung der Figuren (*Zum Sterben schön*, *Tödliche Trüffel*, *Der mit dem Tod tanzt*, *Maske für eine Diva*, Rotbuch).

Unter dem Pseudonym Dan Kavanagh schrieb Julian Barnes seine Geschichten um den Eigenbrötler Duffy. Mit lakonischem Witz erzählt er, wie sein knurriger Schnüffler sich in gefährliche Situationen begibt, aus denen er sich zu guter Letzt immer mit List und einer Portion Frechheit rettet. Duffys Bisexualität verhilft ihm leider nicht zu doppelter Lust – doch der Leserschaft zu ungeahnten Einblicken in ein eigentlich sehr unauffälliges Menschenleben (*Abblocken*, *Duffy*, *Vor die Hunde gehen*, *Schieber-City*, Haffmans).

Unter dem Pseudonym Hans van Gulden hat uns Goyke den ersten deutschen schwulen Amateurdetektiv beschert.

Vic und Allen sind zwei Cops, die auch nach dem Dienst eng miteinander befreundet sind. Ihr Beruf führt sie in die Kneipen, die Lederclubs und die S/M-Szene von L. A., wobei sich Job und Szene gefährlich zu vermischen beginnen (*Der Geköpfte*, *Der Todeskuß*, Jackwreth).

Auch die Romane Mark Richard Zubros werden übersetzt; der erste erscheint demnächst im Bruno Gmünder Verlag, wo bereits Felice Picanos *Der Köder* vorliegt, ein spannender Psycho-Thriller, der in der Schwulenszene im Manhattan der siebziger Jahre spielt.

Doch hierzulande ist das Thema noch nicht so recht dran. Die rühmliche Ausnahme ist Frank Goyke, der in seinen bislang sechs Krimis um den böllerigen Hauptkommissar Friedrich Kölling teilweise in die Schwulenszene steigt. Doch unter dem Pseudonym Hans van Gulden hat uns Goyke den ersten deutschen schwulen Amateurdetektiv beschert: Martin Roth, ein amerikanischer Schriftsteller, der mit seinem Liebsten Nigel in Berlin lebt und ganz gegen seinen Willen und seine Bequemlichkeit in Verbrechen verwickelt wird. Nolens volens muß er um seine Haut kämpfen, und dabei erweist sich der eitle, egoistische, arrogante Martin als fähiger Detektiv. Goyke/van Gulden hat seine widersprüchliche Figur mit Intelligenz, einem Quentchen Selbstmitleid und schwarzem Humor ausgestattet und auch die Nebenfiguren differenziert gezeichnet. Flüssig geschrieben, witzig und mit frechen Seitenhieben auf alle möglichen heiligen Kühe unter den Zeitgeistthemen, lassen die ersten beiden Bände auf weitere hoffen (*Schöne Bürger*, *Amok und Koma*, Schwarzkopf & Schwarzkopf).

Michael Kiesen bescherte uns ebenfalls einen Schwulenkrimi made in Germany. Er läßt einen Rechtsanwalt nach dem Mörder seines Freundes suchen (*Ein Mord, auf den es nicht ankommt*, Pendragon).

Sehr viel größer ist die Auswahl bei lesbischen Krimis: Fast alle der US-amerikanischen und englischen Erfolgsromane wurden mittlerweile übersetzt. Da gibt es die hardboiled-Detektivin Caitlin Reece von Lauren Wright Douglas (*Lauernde Bestie, Sieben Leben, Artemis' Töchter, Eifersucht*, Ariadne). Andere Krimis mit Caitlin Reece sind bei Frauenoffensive herausgekommen – *Die Wut der Mädchen, Jahrmarkt des Bösen, Herz der Tigerin* –, doch die Autorin hat auch noch eine Amateurdetektivin im Rennen: Allison O'Neill verkauft wenig erfolgreich antiquarische Krimis (*Lavendelbucht*, Frauenoffensive) und wird zur Amateurdetektivin, als sie ein Erbe antritt.

Michele Knight ist wie Caitlin ein Private Eye der rauheren Sorte. Jean Redmann schickt ihre alkoholgefährdete Heldin in New Orleans auf Spurensuche, wo sie sich mit Erbschleicherei, Drogenhandel oder den Bombendrohungen gegen eine Abtreibungsklinik auseinandersetzt (*Mississippi, Stirb, Iokaste!, Sag niemals ja*, Ariadne).

Helen Black gerät ebenfalls als Privatdetektivin in die Fallstricke der Lokalpolitik, doch dieser Skandal ereignet sich in Kalifornien, wo auch die anderen Krimis von Pat Welch spielen (*Stille Wasser, Das Blut des Lammes, Ein anständiges Begräbnis*, Frauenoffensive).

Cassidy James trauerte drei Jahre lang um ihre tote Geliebte und erlernte dabei das Detektivhandwerk. Kate Colloway stürzt ihre Heldin in ein wüstes Abenteuer, entschädigt sie aber durch eine neue Liebe (*Erster Eindruck*, Frauenoffensive).

Sandra Scoppettone erfand eine schokoladensüchtige Computerspezialistin und schickt sie auf die Pirsch: Lauren Laurano löst ihre Fälle mit Humor in Greenwich Village (Econ). Nikki Baker gebührt die Ehre, die erste lesbische afroamerikanische Privatdetektivin kreiert zu haben. Ginny Kelly steht damit gleich für zwei Minoritäten im Kampf gegen doppelt so viele Vorurteile (*Goodbye für immer, Chicago Blues, Lady in Blau*, Frauenoffensive).

Ein echtes Rauhbein unter den P.I.s ist Eva Zarembas Helen Keremos, die bereits seit 1978 in Vancouver ihre Fälle löst und bei so mancher Klientin versteckte Wünsche outet (*Stur, Bedroht, Feuertaufe*, Eichborn).

Die dienstälteste lesbische Polizistin heißt Kate Delafield und wird von Katherine V. Forrest mit einem homophoben Kollegen zusammengespannt: eine explosive Mischung (*Amateure, Tradition, Die Tote hinter der Nightwood Bar, Beverly Malibu*, Ariadne)! Alison Kane ist ihre Kollegin in Denver und hat – wen wundert's? – ebenfalls mit solchen Kollegen zu tun (Ariadne).

Kate Allen stürzt ihre »Blümchenlesbe« in die Lederszene und konfrontiert sie und die Leserinnen mit gewalttätigen Phantasien (*Wie es dir gefällt*, Ariadne). Claire McNab begleitet ihre Polizeikommissarin Carol Ashton in Sydney durch mehr oder weniger aufregende Fälle und Liebschaften und läßt sie sich schließlich sogar »offiziell« outen (*Marquis läßt grüßen*, *Bodyguard*, *Das Ende vom Lied*, *Ausradiert*, *Tod in Australien*, *Geheimer Kreis*, Frauenoffensive).

Auch in diesem Subgenre zeigt sich, daß der Beruf der Journalistin eine gute Voraussetzung für amateurdetektivische Betätigung ist.

Lisa Haddock griff wie Baker in die Minoritätenkiste: Carmen Ramirez ist halb irisch, halb puertoricanisch und hat es gelernt, sich durchzusetzen. Während ihrer Recherchen als Redakteurin kommt sie einem alten Verbrechen auf die Spur. Unterstützt von ihrer Freundin, entwirrt sie das Lügengewebe um den Selbstmord einer lesbischen Lehrerin (*Falsche Korrektur*, *Finaler Schnitt*, Frauenoffensive).

Sarah Schulman läßt ihre Sophie Horowitz bei einem New Yorker Frauenblättchen *der* großen Story nachjagen und sich mit feministischen Mythen auseinandersetzen. Schulmans Ich-Erzählerin in *Ohne Delores* wurde von ihrer Liebsten verlassen und kämpft mit ihren Rachegelüsten (Ariadne). Auch Val McDermids Journalistin Lindsay Gordon stolpert über Leichen und kämpft gegen Korruption und Parteienklüngel (*Die Reportage*, *Das Nest*, *Der Fall*, *Der Aufsteiger*, Ariadne). McDermids andere Serienheldin ist die Versicherungsdetektivin Kate Brannigan aus Manchester, doch die ist mit einem Mann liiert (*Mörderbeat in Manchester*, *Kickback*, *Crack down*, Fischer). Ellen Hart schickt ebenfalls zwei Amateurdetektivinnen ins Rennen: Jane Lawless besitzt ein Restaurant und lebt mit ihrer Freundin Cordelia zusammen (*Dünnes Eis*, *Kleine Opfer*, *Lampenfieber*, *Tödliche Medizin*, *Winterlügen*, Frauenoffensive); Sophie Greenway wird mit ihrem Mann in einen politischen Skandal verwickelt (Frauenoffensive).

Barbara Wilson gebührt zusammen mit Forrest die Ehre, den lesbischen Kriminalroman gewissermaßen aus der Taufe gehoben zu haben. In ihrer Serie um Pam Nilsen greift sie frauenspezifische Themen auf, mit denen ihre Heldin sich auseinandersetzt und dabei stellvertretend für die Leserinnen gesellschaftliche Zwänge und Bedingungen auslotet (*Mord im Kollektiv*, *Schwestern der Straße*, *Der Pornokongreß*, Ariadne). Außerdem gibt es noch

Cassandra Reilly, eine Spanischübersetzerin auf Weltreise, die durch einen äußerst witzigen Krimi stolpert (*Ein Nachmittag mit Gaudí*, Ariadne). Zwei andere Ikonen aus der Lesbenkrimiszene sind einmal Stoner McTavish, die schüchtern, aber tapfer ihrer Liebsten beisteht. Sarah Dreher wagt sich mit ihren humorvollen Krimis auch in den Bereich der Esoterik (*Stoner McTavish*, *Stoner McTavish 2: Schatten*, *Stoner McTavish 3: Grauer Zauber*, Ariadne, und *Stoner goes West*, Orlanda, sowie *Jenseits*, Fischer). Die andere ist Marion Foster, die in dem Gerichtskrimi *Wenn die grauen Falter fliegen* die Staranwältin Harriet Fordham als Verteidigerin einer lesbischen Angeklagten gegen eine Mauer der Vorverurteilung anrennen und sie später in einem anderen Fall gegen einen Miethai antreten läßt (*Wenn die Nacht ihr Netz auswirft*, Ariadne).

Auch bei den Frauen gibt es erst eine einzige deutsche lesbische Krimiprotagonistin: die Kriminalkommissarin Lena Wertebach von Maria Gronau. Als alleinerziehende Mutter lebt sie mit ihrer Geliebten und ihrem Sohn in einer Berliner Altbauwohnung. Auf der Suche nach einem bestialischen Serienmörder gerät sie ständig in Konflikt mit ihren Mutterpflichten und muß dann auch noch den Tod ihrer Freundin verkraften. Die selbstbewußt und stark gezeichnete Kommissarin bringt nicht nur ihre Untergebenen auf Trab, sondern sorgt auch allgemein für viel Rummel und löst schließlich den etwas verworrenen und ziemlich unglaubwürdigen Fall. Der gibt aber ohnehin nur den Hintergrund für die höchst temperamentvoll agierende Powerfrau ab (*Weiberwirtschaft*, *Weiberlust*, Schwarzkopf & Schwarzkopf).

Rosalila Lesetips
❶ Rebecca Béguin: Die Hälfte des Himmels ❷ Bernie Bookbinder: Das Baseball-Outing ❸ Lauren Wright Douglas: Die Wut der Mädchen ❹ Tony Fennelly: Mord auf der Klappe ❺ Katherine V. Forrest: Die Tote hinter der Nightwood Bar ❻ Frank Goyke: Amok und Koma ❼ Lisa Haddock: Falsche Korrektur ❽ Dan Kavanagh: Schieber-City ❾ Michael Nava: In einer Stadt so nett ❿ Barbara Wilson: Ein Nachmittag mit Gaudí

Nicht bei allen Lesbenkrimis deckt sich das feministische Anliegen mit der literarischen Qualität. Das oft fast routinemäßige Einblenden von Softpornoszenen geschieht offensichtlich aus dem Wunsch heraus, lesbische Liebe als eine selbstverständliche literarische Facette unter anderen einzubeziehen. Doch es bleibt eine der schwersten Aufgaben für AutorInnen, eine Sprache für die Liebe zu finden, die jenseits von Stereotypen und unfreiwilliger Komik ist. Da wir uns hier aber auf literarischem Neuland bewegen – lesbische Krimis gibt es erst seit etwa fünfzehn Jahren –, können wir auf die Zukunft hoffen.

Sex mit der Detektivin

Körper, die singen und sieden

Von Marie-Josée Kuhn

Wo kommt es vor, daß plötzlich ein Körper »inmitten von köstlichen Nadelstichen der Wonne explodiert«? Wo gibt es Zungen, die »flackern«, und Zähne, die »an der sanften Kurve der Taille« knabbern? Wo wird vorzugsweise »erschauert«, »erbebt«, »aufgebäumt« und schließlich »verschmolzen«?

Ob von Ariadne, Daphne oder Orlanda: Praktisch jeder der neuen Lesbenkrimis birgt ein mehr oder weniger ausführlich beschriebenes Liebesabenteuer der Haupt- und Identifikationsfigur. Was Ian Flemings James Bond mit Frauen kann, können auch Katherine V. Forrests Kriminalkommissarin Kate Delafield, Marion Fosters Anwältin Harriet Croft und Val McDermids rasende Reporterin Lindsay Gordon. Nur daß diese Heldinnen ihre Gespielinnen nicht wie 007 nur als Sexobjekt behandeln und sich auch vor, während und nach dem Orgasmus kritisch zum Patriarchat äußern. Anstelle der Wespentaille gefallen da etwa die Falten am dicken, Pardon, weichen Bauch, werden anstatt der schlanken die kräftigen Schenkel vermerkt. Mit derselben ideologischen Korrektheit gehen auch die Erfinderinnen dieses neuen Genres von Detektivinnen, Anwältinnen und weiblichen Cops ans Werk. Sie bemühen sich stets, das sexuelle Treiben ihrer Protagonistinnen über jeden feministisch-lesbischen Zweifel zu erheben und es in eine lichte, neue und »weibliche« Sprache zu wickeln. Bei diesem spürbar pädagogisch motivierten Prozeß scheinen etliche vor gar nichts zurückzuschrecken: Mutig wie Amazonen langen sie in die Kiste der Stöhn-, Lutsch- und anverwandten Verben, kreieren kühne Metaphern aus Flora und Fauna, angeln unerschrocken in den Tiefen der Meeres- und Seelenwelt und reißen mit ihren Stilblüten den morschen, patriarchalen Sprachhimmel auf. Daß bei diesen Sprachmanövern rund um den Sex die Leserinnen – zwischen stereotypen Wendungen und erschreckenden sprachlichen Neukreationen eingeklemmt – beinahe ebenso das Herzflattern kriegen wie die Frauen im Plot, scheint die Autorinnen der Frauenkrimis nicht zu kümmern. Mit einem bemerkenswerten Elan schreiben sich etliche unter ihnen auf dem einmal eingeschlagenen Pfad vorwärts: von Krimi zu Krimi, mit nicht mehr und nicht weniger als einer Sexszene, die Werben, Vor- und

Hauptspiel und Orgasmus enthält. Und wir Leserinnen folgen ihnen, verschlingen trotz allem auch den nächsten Krimi wieder, weil wir uns darin wenigstens ab und zu wiederfinden und mangels Besserem.

Das Werben: »Würdest du ... mit mir schlafen?« Adrenalinexplosion. »Was?« – »Würdest du mit mir schlafen? Bitte?« – »Ich?« quietschte sie. Ihre Muskeln wurden zu Brei. • Plötzlich schwankte das Boot. Ich öffnete die Augen und sah, wie Mary auf mich zukroch. Sie setzte sich zwischen meine Beine und legte die Arme auf meine Schenkel. Das Rudern schien mir auf einmal als eine unbehagliche sexuelle Angelegenheit. Ich legte die Ruder ein und griff nach einem Sandwich. • Cathy küßte meinen Haaransatz. »Hör auf«, jaulte ich. • »Deine Brüste sind wundervoll. Mir läuft das Wasser im Mund zusammen bei dem Gedanken, sie zu schmecken«, sagte Lucia.

Das erfolgreiche Vorspiel: Sie stolperten auf die Steppdecke, beide Körper brennend vor Sehnsucht nach gegenseitiger Berührung. Lippen und Hände erforschten neues Gebiet, danach hungernd, die Konturen des anderen Körpers der Erinnerung anzuvertrauen. • Carol legte sie sanft auf die Couch, kniete sich neben sie und begann, mit den Fingerspitzen komplizierte Muster auf ihre Haut zu zeichnen, Empfindungsmuster zu weben, die zugleich Lichtmuster auf ihre geschlossenen Augenlider projizierten. • Ihre Münder trafen sich in einem so leidenschaftlichen Kuß, daß Sybil sich keuchend losriß und mit grimmigem Humor sagte: »Du machst mich süchtig, Carol – du gehörst in Acht und Bann.«

Das mißglückte Vorspiel (selten): Etwas in ihr riß. Außer sich, zog sie Gwen heftig an sich und küßte sie hart auf den Mund. Die Erde begann zu schwanken. Ich liebe dich, ich liebe dich, ich liebe dich. Ihr Bewußtsein klärte sich. Beschämt und voller Furcht trat sie zurück.

Das Hauptspiel: Ellen strich sanft über die glatten Säulen der Oberschenkel, umschloß sie wieder und wieder mit den Händen, fühlte voll Freude die starken Muskeln. • Meine Zunge fand diese harte, kleine Knospe, versteckt wie eine Perle in einer Auster. Ich küßte ihre samtweichen Falten, meine Zunge öffnete sie wie Rosenblätter, und sie schrie auf... • Verlockt von dem schwachen Salzgeschmack, saugte sie abwechselnd an den Brustwarzen, während ihre Finger sich heftig in dem süßen Naß bewegten, voll unsättlichem Verlangen nach mehr und mehr von Aimees leidenschaftlichem Stöhnen. Sie würde ihre Lust an dieser herrlichen Frau stillen bis zur Erschöpfung. • Sybil spannte sich, mehr und mehr – bebte plötzlich vor Lust, ihr Atem stieß hart in Carols Halsbeuge. Abrupt sank sie zurück, und dann begann ihr Mund, Carol zu verzehren... • Carol, deren Körper sang und siedete vor Verlangen, sagte: »Liebling, bitte...«

Meine Hitliste
❶ Immer wieder zu packen vermögen die Würfe der »Alten« (Ruth Rendell und P. D. James). ❷ Die meisten neuen »Frauen-Krimis« sind dagegen ebenso schnell gewonnen wie zerronnen (schnarchiger Plot, klischierte Protagonistinnen, unkritischer Umgang mit weißem Mittelstand, Law and Order und Vietnam). ❸ Löbliche Ausnahme: die New Yorkerin Sarah Schulman (»Ohne Delores«), die eigentlich gar keine Krimiautorin ist. ❹ Interessante Ansätze, da ins Trocken-Makabre zielend, auch bei Ingrid Noll (»Der Hahn ist tot«). ❺ Ein Rückgriff auf männliche Autoren scheint also unumgänglich. Friedrich Glauser, ein Schweizer Klassiker (z. B. »Matto regiert«), zeichnet spannende sozialkritische Sittengemälde. ❻ Und Michael Dibdin (z. B. »Himmelfahrt«) versteht einiges von italienischer Korruption, Ironie des Schicksals und Dialogkunst.

Der Orgasmus oder sein baldiges Kommen: Kate hing an einem Abgrund köstlichen Gefühls. • In einem bebenden Schauder kam Amy. Lucia legte ihre Hand über Amys feuchtes Dreieck von lockigem Haar. Dann zog Amy Lucia auf sich und summte einen melodielosen Ton. Nach ein paar Minuten zerrte sie Lucias Jeans herunter und zog sie in eine kniende Position. Amy glitt unter Lucia, bis ihr Mund direkt unter ihrer Klitoris war. »Zeit für den Nachtisch«, flüsterte Amy. Lucia konnte spüren, wie Amy auf ihre Klitoris blies, und keuchte. • Ich fühlte mich wie ein Bergsteiger, der die Spitze irgendeines Berges erklomm: beinahe da, beinahe da. • Als sie sich, meinen Namen stöhnend, an mich klammerte, ging etwas von ihrer scharfen, süßen Ekstase auf mich über, und ich fühlte mich bis zu meiner Seele durchdrungen von dem Wunder, daß ich ihr pochendes Zentrum in meiner Hand hielt. • Harriet blickte in Augen, die so grün waren wie junges Frühlingslaub, und vergaß das nadelige Bett unter sich. Vergaß alles außer dieser stillen, leuchtenden Höhe, in die sie sich erhoben, wo nichts und niemand existierte, nur dieser Leib, der mit ihrem verschmolzen war. An Harriet geschmiegt, blickte sie in den Himmel, fragte sich, wer von den Leuten, die über Liebe sprachen, über sie schrieben und lasen, wer von denen wohl schon mal eine solche Vereinigung von Geist, Körper und Seele erlebt hatte.

Das Nachspiel: »Kleenex«, sagte Kate schließlich. Leise fügte sie hinzu: »Ich bin noch nie so naß gewesen.« Erfreut griff Ellen nach der Familienpackung Kleenex auf dem Nachttisch.

Zitate aus Sarah Dreher: »Stoner McTavish« und »Schatten« (Ariadne); Jaye Maunare: »Abschied von Mary« (Daphne); Mary Morell: »Letzte Sitzung« (Orlanda); Val McDermid: »Die Reportage« (Ariadne); Claire McNab: »Unterricht in Mord« und »Tödliches Wiedersehen« (Daphne); Katherine V. Forrest: »Tradition« und »Amateure« (Ariadne); Lauren Wright Douglas: »Sieben Leben« (Ariadne); Marion Foster: »Wenn die Nacht ihr Netz auswirft« (Ariadne)

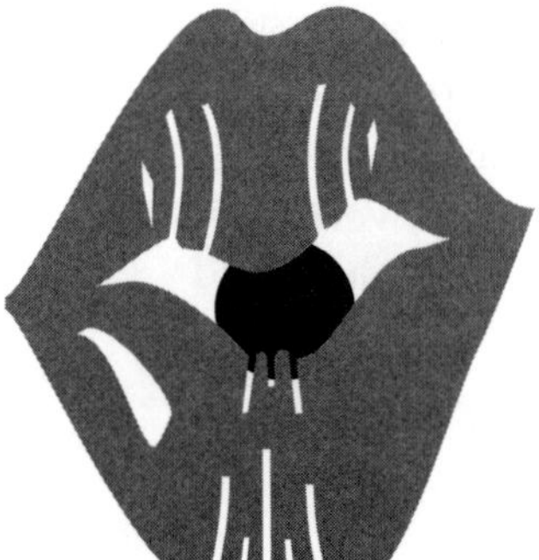

KRIMIBAUKASTEN:
DIE SCHWULEN-VARIANTE »KEIN FALL FÜR HARTE KERLE« (USA, AB 1970)

Nach Joseph Hansen, Felice Picano und Richard Stevenson

Erster Satz:
In der Bar roch es nach Schweiß, Bier, verlorenen Träumen, schnellem Sex und süßen Lügen.

Was passiert:
Sherman Homes, der eine kleine, düstere Detektei im großen, hellen San Francisco betreibt, gilt in der Gay Community als schwuler Spezialist für hoffnungslose Fälle.

Also ist es kein Wunder, daß ihn der Schriftsteller Addy Doyle beauftragt, nach seinem Bruder Donald zu suchen, zu dem er seit Jahren keinen Kontakt hat. Addy hat es zwar nie ganz verwunden, daß Donald ihn seinerzeit auf dem College vor den Kameraden der Footballmannschaft als Homosexuellen geoutet hatte, aber inzwischen ist Addy mit seinen *Gay Novels* überaus erfolgreich und möchte sich wieder mit Donald versöhnen. Zuerst einmal beschattet Sherman Homes jedoch den attraktiven Addy. Als Addy in seinem Apartment ermordet wird, fällt der Verdacht auf Sherman, der sich in der Tatnacht vor dem Haus aufgehalten hatte. Für den knochenharten Lieutenant Spillane ist sofort klar, daß Sherman den attraktiven Schriftsteller umgebracht haben muß. Sherman übersteht die harten Verhöre und macht sich jetzt selbst auf die Suche nach Addys Mörder. Von Addys letztem Lover, einem schmalhüftigen Latino, erfährt er, daß Addy ein Enthüllungsbuch über Schwule im Polizeidienst schreiben wollte und brisantes Material zusammengetragen hatte, das jetzt verschwunden ist. Am nächsten Tag verhaftet Lieutenant Spillane den schmalhüftigen Latino direkt aus Shermans Bett heraus und beschuldigt jetzt ihn des Mordes. Sherman kann sich aber aus Hinweisen des Latinos zusammenreimen, daß Addy eine Kopie seines Recherchematerials bei seiner Mutter hinterlegt hat. Er schwatzt der unter Alzheimer leidenden alten Dame die Unterlagen ab. Darin entdeckt er, daß Addy unter anderem herausgefunden hat, das Lieutenant Spillane ein versteckter Schwuler ist, der seine Neigung durch überharte Vorgehensweisen gegenüber Homosexuellen kaschiert. Mit Addys Material kann Sherman Spillane zwingen, den schmalhüftigen Latino wieder freizulassen, denn er hat Beweise dafür, daß Spillane Addy umgebracht hat, um die Veröffentlichung von dessen Buch zu verhindern.

Letzter Satz:
»Im Grunde«, sagte Sherman, »sind wir doch alle allein!«

Philo Vance

9.

AUF KINDER UND KATZEN SCHIESSEN SIE NICHT

Kinder- und Katzenkrimis

Derek Haggleover wurde nach dem Diebstahl einer 50 000-Dollar-Brosche auf der Weihnachtsausstellung des Juweliers Rheinstein zu diesem Schulhof verfolgt. Alle Fußspuren sind von ihm, und wahrscheinlich hat er die Brosche irgendwo hier versteckt. Nachdem er den Schulhof verließ, wurde er verhaftet und durchsucht. Die Brosche hatte er nicht bei sich, und die Polizei konnte sie nirgends finden. Können Sie es?

FRAGEN

1. Wollte er in das Schulgebäude gehen?
Ja – Nein
2. Falls Sie die erste Frage mit Ja beantwortet haben: Ist es ihm gelungen?
Ja – Nein
3. Hätte er die Brosche auf das Dach werfen können?
Ja – Nein
4. Hätte er sie im Schneemann verstecken können?
Ja – Nein
5. Hätte er sie im Schneehund verstecken können?
Ja – Nein
6. Hätte er sie in einem Schneeball auf das Dach werfen können?
Ja – Nein
7. Hat er Schneebälle auf das Dach geworfen?
Ja – Nein
8. Wo, meinen Sie, hat er die Brosche wirklich versteckt?
9. Warum drehte er sich beim Ausgang um und änderte nach ein paar Schritten wieder seine Meinung?
10. Was ist Ihrer Meinung nach mit der Brosche passiert?

1. Ja. Seine Fußspuren zeigen, daß er zur Tür ging.
2. Nein. Die Schneewehe vor der Tür ist unberührt, er kam nicht hinein.
3. Ja.
4. Ja.
5. Ja.
6. Ja.
7. Ja, der Beweis sind die Schneebälle auf dem Dach.
8. In dem Schneehund, denn in den Rücken des Schneehunds wurde ein Loch gemacht, als ob man dort einen kleinen Gegenstand vergraben wollte. Dereks Fußspuren zeigen, daß er bei dem Hund stehenblieb.
9. Die Vogelspuren zeigen, daß ein Vogel – wahrscheinlich eine Krähe – sich näherte und das Versteck aufpickte. Derek wollte hinlaufen und den Vogel verjagen, doch als er dann merkte, daß es zu spät war, gab er auf und ging zum Tor.
10. Die Krähe holte sich die Brosche und flog damit davon. Es dauerte noch Jahre, bis man erfuhr, was dann passiert war. Die Krähe hatte ihre Beute ein paar Kilometer weiter auf einen Acker fallen lassen, wo ein Junge sie fand und bis zu seinem achtzehnten Geburtstag versteckte. Dann finanzierte er von ihrem Verkauf sein Studium. Leider brach er es schon kurze Zeit später wieder ab.

Schneemann

Auf Kinder schießen sie normalerweise nicht

Kinder als Opfer und Täter

Von Regula Venske

Ja! ein göttlich Wesen ist das Kind, solang es nicht in die Chamäleonsfarbe der Menschen getaucht ist. Es ist ganz, was es ist, und darum ist es so schön. Der Zwang des Gesetzes und des Schicksals betastet es nicht; im Kind ist Freiheit allein (...). Es ist unsterblich, denn es weiß vom Tode nichts.« (Hölderlin)

»Es gibt Dinge, bei denen auch die geliebtesten Frauen fehl am Platz sind«, durfte Hansjörg Martins Kriminaloberkommissar Klipp im Jahr 1966 noch finden, als einer beim Kurkonzert fehlte, weil die erbschleicherische Tante ihren Neffen, einen echten Playboy, mit einer vergifteten Praline ins Jenseits befördert hatte. Ein andermal konstatierte Klipp, daß es in bestimmten »Lagen immer schrecklich (sei), Kinder dabeizuhaben«, weil die Erwachsenen »meist böse oder hysterisch (würden) und die Kinder (anfingen) zu brüllen«.

Ach, die alten Männerkrimis, in denen die Welt (hier: *Pension Dünenfrieden*) noch in Ordnung war und man in Krisensituationen einen Tropfen lieblichen Moselweins entkorkte – wie idyllisch ging's doch damals zu! Heutzutage liest sich das ganz anders:

»Das blondgelockte Püppchen erkennt augenblicklich seine Chance, die nicht zu seiner Zufriedenheit beantwortete Frage gestisch zu untermalen, und zugleich mit dem dritten ›Tasss‹ im Ohr spüre ich ein spitzes Zeigefingerchen im linken Auge.

Ich hätte es ahnen müssen, schießt es mir durch den Kopf, und unwillkürlich rufe ich, für die räumliche Enge, in der wir versammelt sind, wohl etwas zu laut: ›Au, mein Auge!‹ und ernte, wie ich mit meinem intakten rechten Sehorgan ausmache, ein sehr breites und freundliches Lächeln von seiten des Persönchens, dem ich da vorgestellt wurde.

›Aaage‹, sagt es tief befriedigt, denn es ist verstanden worden.

›Ja, der Onkel hat ein Auge‹, denke ich, und Philip Marlowe kommt mir in den Sinn. Der läßt sich in der Regel nicht von einjährigen Mädchen überrumpeln.«

Max Adam (Ps.) aber mutet seinem Privatdetektiv in *Stirb du für mich* (Eulenspiegel) eben das zu. Nicht nur sucht dieser die Frau, in die er sich soeben verliebt hat, von der er aber nicht weiß, ob er ihr vertrauen darf oder nicht, ja, von der er nicht einmal weiß, ob sie tot oder lebendig ist, ermordet oder selbst eine Mörderin. Während seiner Ermittlungs- und Verfolgungsjagden zwischen Berlin-Ost, Leipzig und Gran Canaria hat er ihr Baby als Pflegekind am Hals und kann nicht nur sein Wissen in Sachen Telefonsex erweitern, sondern auch seine Kenntnisse »in der Hege und Pflege sehr kleiner Menschen« unter Beweis stellen.

»Leicht zu begreifen, warum die großen Detektive keine Familie hatten«, läßt P. M. Carlson ihren Amateurdetektiv und Familienvater Nick in *Bühne frei für Mord* (Ariadne) räsonieren. Er hob »Maggies Aktentasche auf und schützte Sarah damit, während er sich vorsichtig zur anderen Seite des Gebäudes hinüberbewegte. ›Schhht‹, murmelte er dem quengelnden Kind beruhigend zu. ›Wie sollen wir denn weltberühmte Geheimagenten werden, wenn wir uns nicht an Leute anschleichen können? Glaubst du vielleicht, James Bond wimmert bei der Arbeit? Denkst du, Sherlock Holmes macht so ein Theater?‹

Sie wimmerte weiter. (...) Na, jedenfalls bestand keine Gefahr, jemanden durch zu unbemerktes Anschleichen in Panik zu versetzen.«

In komische Widersprüche, zwischen seiner Rolle als Amateurdetektiv und als Vater von sechs, am Ende des Romans gar sieben Kindern, verwickelt auch Dick Francis seinen Protagonisten, den Architekten, Ingenieur und Kleinunternehmer Lee Morris in *Lunte* (Diogenes). Die Anwesenheit der Söhne steigert außerdem die Spannung des Romans um etliche Grade, bei gleichzeitiger – nun ja, Degradierung des männlichen Helden. Als seine Kinder in Gefahr sind, verliert er allen Stolz, ist »bereit zu flehen, bereit zu jeder feigen Speichelleckerei, die nötig war«, hat aber auch im positiven Sinne, weil er seinen Nachwuchs kühn in Sicherheit bringen kann, Gelegenheit zu erkennen, »daß man zu den wahnsinnigsten Mitteln greift, um seine Kinder zu retten«.

In neueren Kriminalromanen – nicht nur in deutschsprachigen, wie die Beispiele zeigen, und keineswegs nur in denen aus der Feder von Frauen – wimmelt es von Kindern. Dabei haben sich Spuren von Hölderlins idealistischer Auffassung erstaunlicherweise gerade in der Kriminalliteratur bis in unsere Tage erhalten. So schreibt Gabriele Dietze über den amerikanischen Privatdetektivroman der achtziger Jahre:

»Und zuletzt stellt sich die Frage von Gut und Böse so kompliziert, daß das ungeprägte Kind als einzige Projektionsfläche von Unschuld übrigbleibt, als Handlungsmotiv für den Ritter, denn die schwache Frau, Prinzessin, Geliebte ist fast völlig abgelöst.«

Und im Anschluß an Gabriele Dietze folgerte Cornelia Berens, daß das Thema »sexueller Mißbrauch von Kindern« in der Form des Inzests oder der Kinderpornographie »sowohl in der Form des familieninternen, heimlichen wie des organisierten, öffentlichen Verbrechens eine« – mag es auch zynisch klingen – »ausgezeichnete Vorlage für den Kriminalroman unserer Zeit« abgebe.

Seit Philippe Ariès seine Studien zur *Geschichte der Kindheit* (dtv) vorgelegt hat, wissen wir, daß auch die Kindheit, wie wir sie verstehen, ebenso wie die bürgerliche Gesellschaft, die sie idealtypisch ausgeprägt hat, geschichtlich eine relativ neue Errungenschaft darstellt. Nicht immer galt ja das Kind als »göttlich Wesen«, galt Kindheit als unschuldig per se. In *Kinderhexenprozesse(n)* (Insel) z. B. standen seit dem 16. Jahrhundert nicht nur Erwachsene, sondern auch zahlreiche Jugendliche und Kinder vor Gericht, denunzierten Nachbarn und Freunde, Verwandte und Geschwister, ja selbst ihre eigenen Mütter und Väter. Kinder, so Autor Hartwig Weber, waren aber »nicht nur Rezipienten, sondern auch Gestalter des Hexenglaubens; sie waren überdies nicht nur Opfer der Zauberei, sondern galten selbst als zaubermächtig«. Verdichteten sich einerseits »Erwachsenenhaß und Zerstörungswut gegenüber den eigenen Sprößlingen, vor allem, wenn sie mißgestaltet, krank, behindert waren« etwa in der Vorstellung des ›Wechselbalges‹, so drängte sich andererseits den erwachsenen Zeitgenossen der Kinderhexen auch »die überraschende Erkenntnis auf, daß ihre Sprößlinge nicht nur passiv und gefährdet, sondern durchaus aktiv, daß sie nicht nur machtlos, sondern auch gefährlich, daß sie nicht nur Opfer der Hexerei, sondern bisweilen auch Täter waren ...«

Nicht immer galt ja das Kind als »göttlich Wesen«, galt Kindheit als unschuldig per se. In Kinderhexenprozessen standen seit dem 16. Jahrhundert nicht nur Erwachsene, sondern auch zahlreiche Jugendliche und Kinder vor Gericht, denunzierten Nachbarn und Freunde, Verwandte und Geschwister, ja selbst ihre eigenen Mütter und Väter.

Angesichts solcher Zitate drängt sich der Gedanke auf, ob nicht in den boomenden Diskursen über Kindesmißbrauch eine Form moderner Hexenverfolgung enthalten sein könnte, etwa wenn differenziertere Stimmen von den mitunter recht selbstgerechten Propagandisten des Themas buchstäblich verteufelt werden. So wurde Thomas Wörtche, als er es wagte, Andrew Vachss als Verfasser »spätpubertärer Banalprosa« zu kritisieren, der zudem seine Tätigkeit als Anwalt für vergewaltigte Kinder als Motivation und Legitimation seiner Romane schamlos funktionalisiere, in aufgebrachten Leserbriefen selbst des ›Kindesmißbrauchs‹ bezichtigt – ein Wort übrigens, das zu Recht Wörtches sprachkritische Frage, was denn, bitte schön, eigentlich der korrekte ›Gebrauch‹ von Kindern sei, herausforderte.

Nun kann es ja keineswegs darum gehen, das schreckliche reale Leid, das mit sexueller und anderer Gewalt gegen Kinder verbunden ist, zu leugnen oder zu verharmlosen. Eine entscheidende Frage ist aber, ob nicht die

Kinder werden mißbraucht – auch von AutorInnen. Sie werden benutzt als Vorwand für die trivialsten Ergüsse, als Lückenbüßer für die peinlichste Phantasielosigkeit, als dienliche Objekte für krudeste – auch finanzielle – Interessen.

größere Verharmlosung in dem Umstand stecken kann, ein Trendthema daraus zu machen, das immer die gleichen Versatzstücke repetiert und immer dieselben Phantasien bedient. Keineswegs hat ja die Kriminalliteratur bei diesem Thema die aufklärerische Vorkämpferrolle, die sie gern für sich reklamiert; schon Marlen Haushofers Novelle *Wir töten Stella* (Claassen) aus dem Jahr 1957 und Ingeborg Bachmans Roman *Malina* (Suhrkamp) aus dem Jahr 1971 handelten von der »Blutschande« als dem konstituierenden Paradigma patriarchalischer Gewalt schlechthin. Inzwischen ist der »Kindesmißbrauch mit anschließender Tötung im Affekt« längst im Fernseh-*Tatort* – wie z. B. in der Folge *Die Kampagne* – angekommen, und auch andernorts wird das Kind für die Einschaltquote geopfert. *Herzblut* hieß die Samstagabendreihe, die im Frühjahr 1995 im ZDF lief; gleich in vier von acht Folgen ging es um Kinder, die entweder krank waren oder vernachlässigt wurden. Kinder werden mißbraucht – auch von AutorInnen. Sie werden benutzt als Vorwand für die trivialsten Ergüsse, als Lückenbüßer für die peinlichste Phantasielosigkeit, als dienliche Objekte für krudeste – auch finanzielle – Interessen.

Positiv betrachtet, mag die Häufung bestimmter Motive immerhin als Indiz dafür gedeutet werden, daß hier neue Mythen kreiert werden. Als ich bei verschiedenen Verlagen nach Kriminalromanen mit Kindern nachfragte, erhielt ich einen bedenkenswerten Brief aus der Ariadne-Redaktion. »›Naturgemäß‹«, schreibt die Lektorin Iris Konopik, »handeln die meisten Krimis über Kinder von sexuellem Mißbrauch, und ebenso ›naturgemäß‹ stammen diese Krimis in der Regel von Lesben.« Aber: Ist es für das Kind etwa ›naturgemäß‹, ›mißbraucht‹ zu werden? Und: Sollte lesbische Liebe der Rechtfertigung bedürfen?

Exemplarisch mag hier *Die letzte Stunde* (Argument Verlag) von Lisa Pei genannt werden, ein flüssig und ansprechend, in den Kindheitsrückblicken um die Hauptfigur Flämmchen sogar anrührend geschriebener Krimi. Unglaubwürdig bleibt, daß Peis kompetente Ermittlerin, eine selbstbewußte, reflektierende Frau, ausgebildete Lehrerin und Kommissarin, ausgerechnet das Hauptmovens ihrer Entwicklung – den ›Mißbrauch‹ – so gänzlich verdrängt haben sollte. »›Sie Einfaltspinsel sind nicht imstande, mir irgend etwas anzutun, was schlimmer sein könnte als das, was ich bereits erlebt habe.‹« Starke Worte der starken Heldin auf S. 216 – aber erst auf S. 284 darf der Vorhang ihrer Erinnerung reißen, kann sie das wahre Bild ihres ›bösen Onkels‹ sehen und ihn mit seiner Papierschere erstechen.

Diese sogenannten ›Flashbacks‹, jene Momente, in

denen durch einen bestimmten Anblick, einen Geruch oder ein Geräusch die bis dato verdrängte Erinnerung ausgelöst wird, sind in vielen Krimis zum Thema ein gern benutztes Mittel zur schlußendlichen Aufklärung; nach Meinung der Autorinnen Elizabeth Loftus und Katherine Ketcham handelt es sich bei dem psychologischen Phänomen der wiedererlangten Erinnerung allerdings oft nur um eine *therapierte Erinnerung*, um freie Erfindungen von Patientinnen und vor allem auch Therapeutinnen.

Wenn in Peis Roman neben dem ›Kindesmißbrauch‹ noch eine weitere Vergewaltigung und eine illegale Abtreibung und schließlich der Selbstmord der starken Heldin in die Waagschale geworfen werden, um den Totschlag des Onkels im Affekt auf der anderen Seite auszugleichen, so ist die Moral von der Geschichte wohl perfekt.

Mehr als anderswo wird in den »Kindesmißbrauch«-Krimis Selbst-, ja Lynchjustiz gerechtfertigt. Die Bindung zu den eigenen Kindern scheint atavistische, von rechtsstaatlichen Normen unberührte Instinkte freizusetzen. In Nicholas Blakes *Mein Verbrechen* (Diogenes) ist es der Unfalltod des Sohnes, der im Vater den Wunsch nach Rache an dem flüchtigen Fahrer weckt und ihn das perfekte Verbrechen planen läßt. Ein ums andere Mal dient der »Mißbrauch« als Motiv für die Ermordung des Peinigers. Dies gilt für männliche – siehe Andrew Vachss – wie weibliche Verfasserschaft. In den weiblichen Varianten kommt darüber hinaus noch eine eigenartige Doppelmoral hinzu, die mit dem statischen Männerbild mancher Feministinnen zusammenhängt. Einerseits wird die größtmögliche weibliche Entwicklung und Emanzipation beschworen:

»›... denk mal darüber nach – passiert es dir nicht manchmal, wenn du ein Geschichtsbuch liest oder die Zeitung durchblätterst, und da steht, Frauen können nicht, Frauen werden nie – und obwohl du weißt, daß das alles nicht stimmt, denkst du: Frauen können nicht, Frauen werden nie?‹« (Barbara Wilson: *Schwestern der Straße*, Ariadne).

Andererseits wird den männlichen Figuren kein noch so kleiner Bissen vom Baum der Erkenntnis gegönnt. »›Die Männer werden sich nicht ändern, Herzchen‹« – gebetsmühlenhaft wiederholt sich das. Männer stehen – »weil Männer riskant sind« – sozusagen außerhalb der Moral.

Aber leider sind viele dieser Krimis, wie alles politisch Überkorrekte, nicht nur moralisch oder ästhetisch unbefriedigend, sie sind überdies langweilig, da ja von Anfang an feststeht, was geschah und wer es war. In Jessica Laurens *Zweimal sterben* (Ariadne) zum Beispiel hat die Leserin nur die Wahl zwischen einem heruntergekommenen, ewig alkoholisierten, weil leidenden leiblichen Vater aus erster Ehe oder dem smarten, erfolgreichen Washingtoner Politiker – der natürlich, wie originell, der Kinderschänder war.

Auch in Lara Sterns (Ps.) *Brüderlein Schwesterlein* (Goldmann) ist es der erfolgsgewohnte Siegertyp, in diesem Fall ein Fabrikant, der sich an seinem Kind vergreift. Das Rätsel des Krimis besteht darin, daß das Geschlecht bzw. die Identität *des Kindes* zunächst verhüllt bleibt; es ist schließlich das Brüderchen und nicht das Schwesterchen. Leider werden auch hier die gängigen Klischees reproduziert, etwa, wenn die Schwester des mißbrauchten Jungen nicht nur Prostituierte, sondern gleich auch noch Domina wird und das Flashback der Erkenntnis, das Wissen um das Leid ihres Bruders, das all die Jahre über »sorgfältig« unter den »Müllhalden der Erinnerung« begraben war, sie ausgerechnet in dem Moment überkommt, als sie einen Freier – »Mamas böses, dreckiges Ferkel« – bedient.

Ein deutscher Kriminalroman zum Thema »Kindesmißbrauch«, der aus der Menge herausragt, ist Sabine Deitmers *Kalte Küsse* (Fischer) aus dem Jahr 1993. Von Anfang an scheint man zu wissen, worum es geht: Silke Pape, so nehmen wir an, hat ihren Mann ermordet, zerstückelt und tiefgefroren, weil er ihre gemeinsame kleine Tochter sexuell mißbraucht hat. Die flüchtige Frau wird gesucht, der Rest scheint klar, auch und gerade beim Lesen, weil man gegenüber der Kommissarin einen Wissensvorsprung hat. Anhand dieses Falles macht sich nun nicht nur die ermittelnde Kommissarin Beate Stein, sondern auch ihr männlicher Kollege Weber – der Leser, die Leserin sowieso – ihre je eigenen Gedanken darüber, wozu sie eventuell fähig wären, wenn jemand den ihnen Anvertrauten ein Haar krümmte oder sich an ihrer kleinen Tochter vergriffe. Diese Reflexionen über Selbstjustiz – an sich schon wohltuend genug – dienen auf raffinierte Weise aber der Irreführung der Leser und legen falsche Fährten aus. Tatsächlich hat nämlich gar nicht die nervöse Ehefrau ihren Mann, den Vater ihres Kindes, ermordet, sondern der Täter ist dort zu suchen, wo er nach bester Krimimanier zunächst nicht vermutet wurde. So wird zum Schluß nicht nur die Unschuld des Kindes gewahrt, sondern auch die Unschuld der Verdächtigen wiederhergestellt, und zwar sowohl auf der Ebene der Tat wie im übertragenen Sinne auf sexueller Ebene.

»›Sie ist unschuldig.‹ (...)

Warum tat es mir so gut, dieses Wort auszusprechen? Un-schul-dig. Weil ich diesem unglaublichen ›Das ist meine Schuld, meine Schuld‹ etwas entgegensetzen wollte?«

Verharren wir noch einen Moment bei der so schönen Vorstellung vom unschuldigen Kind. Nicht nur ist es unschuldig, es ist ja, nach Hölderlin, auch »unsterblich, denn es weiß vom Tode nichts«. Ist nicht diese Mythe heute noch wirksam, auch in Form eines Tabus, etwa wenn Ruth Rendell vor ein paar Jahren während eines Interviews mir gegenüber betonte, Kinder würden in ihren Romanen nur eines »natürlichen Todes« sterben? Ich bin mir nicht sicher, ob sich das tatsächlich für ihr gesamtes, bekanntlich sehr umfangreiches Werk aufrechterhalten läßt; immerhin genügen bei ihr aber auch die sogenannten natürlichen Tode, um jede Mutter unter den Lesern in Angst und Schrecken zu versetzen – man denke etwa an den großartigen Roman *Die Masken der Mütter* (Rowohlt). Ruth Rendell erzielt ihre Effekte schon mit geringer Dosierung von Blut und Gewalt; erinnert sei auch an den psychopathischen jungen Mann, den *Dämon hinter Spitzenstores* (Rowohlt), der, vom »Rausch der Macht und der Lust wie benommen«, einem Baby eine Sicherheitsnadel »tief in den Bauch« stößt. Wenn beim Herausziehen der Nadel aus dem weichen Fleisch dann »ein großer, scharlachroter Blutstropfen« hervorquillt, kann es schlimmer kaum noch kommen – er mordet später Frauen. Rendells eigener Aussage zufolge sind es übrigens die Leser, die »ihre eigene Gewalt drumherum konstruieren« und bei der Lektüre ihrer Texte Szenen voller Blut imaginieren, »die in Wirklichkeit gar nicht da sind«.

Daß die Angst um die mögliche Versehrung eines Kindes den Nervenkitzel eines Thrillers steigert, ist bekannt, der Beispiele sind Legion. Zwei der interessanteren Beispiele aus jüngster Zeit sind *Der stille Herr Genardy* von Petra Hammesfahr (Lübbe) und *Mordskind* von Susanne Mischke (Piper). Im letzteren ist das titelgebende Kind ein »echtes Monster«, ein »Satansbraten«, was den Schrecken seiner Ermordung abschwächen mag. In einigen neueren Krimis gehen das »unschuldige Kind« und das »Monsterkind« eine Synthese ein, wie etwa in *Arnies Welt* von Maeve Carels (Bastei) oder in *Kommt ein Mann die Treppe rauf* von Regula Venske (Haffmans). Doch es gibt auch eine Kriminalliteratur, in der Kinder nicht nur Opfer, sondern auch Täter, nicht nur Objekt, sondern auch Subjekt der Handlung sind. Natürlich ist nicht jeder Täter wirklich das Subjekt seiner Tat, man denke nur an Uta Maria Heims schwäbische Helen in *Drei Kreuze* (Rowohlt): Anstatt die drei segnenden Kreuze, wie sie es gelernt hat, »im Namen des Vaters und des Sohnes und des Heiligen Geistes« in den Brotlaib zu ritzen, legt Helen am Schluß der Kurzgeschichte ihr »Meidele auf das Brett. An das runde Ende bettet sie den Kopf. Dort fängt sie an zu schneiden. Fingerdicke Scheiben. So hat sie es gelernt.«

Sind Frauen »Objekte zweiten Grades«, das heißt »Objekte von Männern, die selbst Objekte sind« (Christa Wolf), so sind Kinder in unserer Gesellschaft Objekte dritten Grades: Objekte der Objekte der Objekte. Längst aber haben sie ihre Unschuld verloren; das wissen wir spätestens, seit der Mord des kleinen James Bulger durch zwei zehnjährige Jungen 1993 für internationales Aufsehen sorgte. Diese beiden schwer gestörten Kindertäter mißbrauchten ihr Opfer auch sexuell, gaben also die ihnen selbst zugefügte Gewalt quälend weiter, wofür sie in der Öffentlichkeit als »Brut des Bösen« abgestempelt wurden; in dieser Dämonisierung wirkt vielleicht noch die alte Kinderhexenfurcht nach.

Die erste in der Kriminalliteratur, die tatsächlich ein Mörderkind als Täter einführte, war vermutlich 1948 – wer könnte es sonst sein? – Agatha Christie in *Crooked House* (*Das krumme Haus*, Scherz). Die elfjährige Josephine, die erst ihren Großvater, später dann noch die Haushälterin vergiftet und außerdem schlau einen Anschlag auf sich selber inszeniert, gilt als das »Wechselbalg der Familie«. Ein Wechselbalg – der Begriff, wir erinnern uns, stammt aus dem Hexenglauben – ist ein von dämonischen Mächten den Menschen untergeschobenes, mit deren richtigem Kind vertauschtes Wesen, häufig durch dämonische oder magische Zeugung geschaffen in der Absicht, es in das Geschlecht der Menschen zu deren Schaden und Plage einzuschmuggeln.

Die erste in der Kriminalliteratur, die tatsächlich ein Mörderkind als Täter einführte, war vermutlich 1948 – wer könnte es sonst sein?– Agatha Christie in Crooked House (Das krumme Haus).

Eine literarische Version, bei der gewissermaßen den Lesern ein Wechselbalg untergeschoben wird, ist Osso und Egon Eis' »klassischer Kriminalroman« *Die letzte Frau von London* (Heyne) aus dem Jahre 1931. Hier wird so dick aufgetragen und so überspitzt erzählt, daß das Genre gründlich parodiert wird. Allein schon die Personen der Handlung sind witzige Karikaturen, es gibt jede Menge Verbrecher und zwielichtige Gestalten. Sie alle jagen den ersten Mann und die letzte Frau von London, sie alle jagen einen Mörder und werden von ihm gejagt. Des Rätsels Lösung ist am Ende einfach und verblüffend zugleich: Der Mörder – ein Zwerg – hat sich nämlich in einer Rolle getarnt, die bis dato wohl noch nicht verdächtigt wurde: als Baby im Kinderwagen.

Es ist auffällig, daß die Kriminalromane, in denen Kinder selbst aktiv werden, häufig parodistisch mit dem Genre spielen und sich humoristischer oder ironischer Stilmittel bedienen. So etwas wie ein neues Genre ist im Begriff zu entstehen, das ich in Anlehnung an einen Kriminalroman von B. M. Gill »Nursery Crimes« nennen möchte. Strenggenommen, verübt B. M. Gills *Herzchen* (Rowohlt) – so der Titel der deutschen Übersetzung – nur zwei echte »Nursery Crimes«: Als Sechsjährige ertränkt sie den verhaßten jüngeren Pflegebruder im Goldfischteich und verursacht, als sie auch noch ihrer Pflegeschwester nach dem Leben trachtet, den Unfalltod des Bäckers. Nach der in einer Klosterschule verbrachten Latenzperiode schlägt sie erst in der Pubertät wieder voll zu und hat am Schluß des Romans etwa das Alter erreicht, in dem Ingrid Nolls draufgängerisches Freundinnenpaar Maja und Cora die Häupter ihrer Lieben (*Die Häupter meiner Lieben*, Diogenes) zu dezimieren beginnen. Während aber Ingrid Noll den leichten, humoristischen Ton und die außermoralische Gestimmtheit ihrer Heldinnen durch ihren gesamten Roman durchhalten kann, weist B. M. Gills Thriller eine

stilistische Unentschlossenheit auf, die mit der Hauptfigur, dem Mörderkind, zusammenhängen muß. Es scheint, als sei es der Autorin selber zunehmend unheimlich geworden. Zu Beginn sympathisiert sie mit ihrer grausamen kleinen Heldin und stellt wenn nicht deren Unschuld, so doch ihre vergleichsweise Harmlosigkeit angesichts der kriegführenden Erwachsenen heraus – Zannies Vater ist als Bomberflieger im Einsatz gegen Hitler-Deutschland. Stellt das Killermädchen anfangs nur für seine Eltern »ein einziges, verteufeltes (sic!) Problem« dar, so kann die Autorin am Ende ihr Hexenkind selbst nicht anders loswerden als mit halbherzigen Griffen in die psychologische und moralische Trickkiste.

Merkwürdig moralisch endet auch Jean Colins *Der gemeine kleine Faragui* (Claassen). Dieser an sich köstlich gemeine Roman erzählt die Geschichte eines zehnjährigen Schuljungen und Serienkillers, der sich darauf spezialisiert hat, einsame alte Frauen zu morden. Ganz nebenbei entfaltet sich das Bild einer Gesellschaft, die von ihrem eigenen Ursprung – den greisen Müttern – nichts wissen will und die ihre Mitglieder im alltäglichen Existenzkampf so verschleißt, daß neben der Jagd nach materiellen Gütern keine Zeit mehr für Liebe und Mitmenschlichkeit bleibt. Am Ende wird es aber recht sentimental, wenn der gemeine kleine Faragui dem Kommissar, der ihn schließlich stellt, einer echten Vaterfigur, in rührseligsten Tönen Besserung gelobt, ja, »ein ganz normales Leben« zu führen verspricht.

Diese moralischen Kehrtwendungen in ansonsten wunderbar boshaften Geschichten müssen nachdenklich stimmen. Auch Ann Camones kann in *Verbrechen lohnt sich doch!* (Ariadne) diese Widersprüche zwischen den Ansprüchen des Genres und den Bildern und Tabus, die sich für uns nach wie vor mit Kindheit verbinden, nicht lösen. Ihre abgefeimte Heldin Erzi – »Ihr richtiger Name ist Simsala Bimbamba Saladu Saladim Erzengel Brandis« –, zu Beginn des Romans stolze sieben Jahre alt, fängt erst klein als Gartenzwergerpresserin an; schließlich reüssiert das Wunderkind auch in komplizierteren Geschäften im neu vereinigten Berlin und führt diverse Jugendbanden, Lehrerschaft und Mafia gleichermaßen an der Nase herum. Das Lachen bleibt einem bei der Lektüre allerdings des öfteren im Halse stecken; so niedlich, wie die Erzählweise vorgibt, sind die abgebildeten Realitäten denn doch nicht – zum Beispiel, wenn ihre putzigen Spielkameradinnen, die ewig kichernden Zwillinge Celi und Feli, ihr Lieblingsspiel spielen: muntere Doktorspiele, unter Anwendung des echten Narkosemittels aus dem väterlichen Arztschrank, nach dem Motto »Das macht Vati auch immer so« – sexueller Mißbrauch mal von der heiteren Seite!

Im Nachwort zu Jessica Laurens bereits erwähntem Krimi *Zweimal sterben* (Ariadne) schrieb Frigga Haug über die Ariadne-Reihe, ihre Themen zeigten die »Weite, die Frauenkrimis auszeichnet: sexueller Mißbrauch von Mädchen im ›trauten Heim‹ auf der einen Seite, ein mörderisches Gangstersyndikat in der Großstadt auf der anderen«. Überwiegend bleiben allerdings die Krimis, in denen Kinder eine Rolle spielen, in der Weite des trauten Heims befangen. Insofern ist es konsequent, wenn Rita Classen ihren Debütthriller *Ich bin die Herrin des Hauses* (Knaus) um ein inzestuöses Zwillingspärchen, das der eigenen Großmutter zum Verhängnis wird, fast ausschließlich in einer verstaubten Villa ansiedelt. Auf die Aufdeckung internationaler Machenschaften zielende Kriminalromane mit Kindern, wie Bernd Ross' *Kinderspiel* (Haffmans bei Heyne) oder *Blavatzkys Kinder* (Bastei Lübbe) von Jutta Ditfurth, in denen es um Kinder-, Organ- und Drogenhandel geht, bilden die Ausnahme.

All diesen Romanen und Geschichten aber mag nach wie vor die Sehnsucht zugrunde liegen, die Kindheit, auch die eigene, aus ihrem Objektstatus zu befreien und eines Tages *Das singende Kind* – so der Titel eines Thrillers von Carmen Korn (Rasch & Röhring) – zu vernehmen: *das singende Kind*, wie es nicht von Leid und Gewalt, sondern von Lust und Liebe singt.

Meine fünf Favoriten sind:
❶ Annette von Droste-Hülshoff: Die Judenbuche (1842) wegen des sozialkritischen Panoramas ❷ Dorothy Sayers: The Nine Taylors (dt: Der Glockenschlag) wegen der Mordmethode ❸ dies. Gaudy Night (1935), weil sie die Erwartungshaltung der Leser so gekonnt zur Täuschung derselben einsetzt, und außerdem bin ich in Lord Peter verliebt ❹ Celia Fremlin: With No Crying; dt.: Gibt's ein Baby, das nicht schreit?, weil ich's gerne selbst geschrieben hätte ❺ Ruth Rendell: The Strawberry Tree; dt.: Das Haus der geheimen Wünsche, weil's für mich ihr bestes Buch ist.

Mit Krallen und Klauen
Krimikatzen und Krimihunde

Von Ellen Nehr

KRIMIKATZEN

Koko und Yum, die zwei Siamkatzen von Lilian Jackson Braun, unterstützen mit ihren detektivischen Fähigkeiten den Ex-Reporter Jim Qwilleran seit nunmehr zwanzig Abenteuern, die einen Zeitraum von sechsundzwanzig Jahren umspannen. Koko kam nach der Ermordung ihres früheren Besitzers zu Qwill in die Pflege, der in *Die Katze, die rückwärts lesen konnte* (Bastei Lübbe) diesen Mordfall aufklären half. Yum war die Belohnung nach Qwills drittem Fall, *Die Katze, die rot sah*. Die beiden sind ein Beweis für Brauns Talent, menschliche Wahrnehmungsfähigkeiten Katzen zuzuerkennen, und sie versteht das so meisterhaft, daß höchstens die allerpedantischsten Leser etwas dagegen einwenden könnten. Nach all seinen vielen Abenteuern ist das Trio noch voll am Wirbeln.

D. B. Olsen machte die Katze Samantha zur Haupfigur ihrer zwölfbändigen Serie um ihre kleine alte Amateurdetektivin Miss Rachel Murdock, die in den Jahren zwischen 1939 und 1956 mehr Leichen aufstöberte als die gesamte Polizei von Los Angeles. Miss Rachel ist eine unermüdliche Reisende: Schon beim leisesten Alarmzeichen oder irgendwelchen verdächtigen Vorkommnissen bei ihrer weitläufigen Verwandt- oder Bekanntschaft macht sie sich mit Samantha im Tragekorb auf den Weg, häufig begleitet von ihrer selbstgerechten, steifen und strengen Schwester Jennifer, die laut und deutlich gegen alles protestiert, was Rachel unternimmt. Im ersten Band *The Cat Saw Murder* erbt Samantha ein Vermögen und treten die beiden Schwestern und Rachels Freund von der Polizei zum ersten Mal in Aktion. Samantha hat nicht nur mindestens neun Leben, auch Miss Rachel altert in den folgenden siebzehn Jahren genausowenig.

Sharon McCone hat während ihrer Laufbahn als Privatdetektivin mehrere Katzen. Anscheinend merken die sofort, wo Frauen ihre schwache Stelle haben. In *Frag die Karten* (Goldmann) von Marcia Muller tritt eine sowohl gestreifte als auch gefleckte Katze in ihr Leben. In *Pennies on a Dead Woman's Eyes* versucht sie vergeblich, ein paar junge Kätzchen wieder loszuwerden.

Frances und Richard Lockridge verwenden die Katzen von Pam und Jerry North als Kulisse und Gesprächsthema während der verschiedenen »Jetzt wollen wir den Fall mal klären«-Sitzungen. Die Katzen sind zwar immer wieder Gesprächsgegenstand, aber sie verweisen mit ihren Namen Martini, Gin und Sherry mehr auf die Lieblingsgetränke ihrer Besitzer, als daß sie bei der Lösung der Fälle helfen. In den letzten Büchern der Serie treten auch noch andere Katzen auf, doch die werden weitaus weniger porträtiert.

Elizabeth Peters' aufregendste Katze heißt Bastet und gehört Ramses, dem Sohn der Ägyptologen Professor und Mrs. Emerson, den Hauptfiguren in *The Curse of the Pharaohs*. Der ägyptische Gott Bast hatte das Aussehen einer Katze und war sowohl der Gott der Fruchtbarkeit als auch der Beschützer der Freude. Bei mehreren Gelegenheiten entdeckt Bastet verschwundene Urkunden oder führt durch Weglaufen ihre Menschen zur Lösung des Rätsels. Doch in *Lion in the Valley* wird Bastet vom Oberverbrecher mit gekochtem Huhn verführt, der betritt danach das Hotel der Emersons und stellt ihnen eine Falle. In *The Last Camel Dies at Noon* fungiert eine namenlose Katze als Botin zwischen Ramses, der ihr einen Zettel mit lateinischen Sätzen um das Halsband wickelt, und seinen Eltern.

Die Katze von Professor Peter Shandy und seiner Frau Helen heißt Jane Austen und schmückt ihr Haus auf dem Gelände des Balaclava-Landwirtschafts-College. Aber nicht Jane, sondern Edmund, der Kater der Putzfrau Mrs. Lomax, schleppt in *Der Kater läßt das Mausen nicht* (DuMont) die bluttriefende Perücke ihres ermordeten Untermieters Professor Herbert Ungley an. Edmund treibt sich immer beim Gefängnis rum, weil der Polizist Fred Ottermole ihn meistens füttert, und dadurch lenkt er die Aufmerksamkeit des Polizisten auf Dinge, die zur Aufklärung des Mordes beitragen.

Marian Babsons vierbändige Serie um den Reiseleiter Douglas Perkins aus London beginnt mit *Murder at the Cat Show*. Darin bringt die Siamkatze Pandora ihn dazu, sie bei sich aufzunehmen, während die Mordrate gefährlich ansteigt. Die Katzen in den ersten Büchern verdienen ihr Geld als Tierdarsteller in Filmen, beim Fernsehen oder als Reklamefiguren. Andere sind preisgekrönte Zuchttiere, die kostbaren Nachwuchs produzieren. Die beiden Stars der Romane sind Pyramus und Thisbe, zwei Sumatratiger. In den folgenden drei Bänden unternehmen Douglas Perkins und Pandora eine Reise mit einer Gruppe amerikanischer Touristen, deren Zahl stetig abnimmt, weil der Tod sich immer neue Opfer holt.

Macavity ist ein höchst passender Name für eine Katze, und so nennt Gillian Roberts ihr Haustier, das sich mit der Protagonistin Amanda Pepper ein Stadthaus teilt und ihren ersten Auftritt in *Caught Dead in Philadelphia* hat. T. S. Eliot verdient einen festen Platz in den Herzen aller Krimifans für die Schöpfung einer solch wunderbaren »Krimikatze«.

D. B. Borton erfand mit Catherine (Cat) Kaliban eine neue Menschendetektivin, die zum ersten Mal in *One for Money* auftauchte und als Serienheldin gedacht ist. Cat wird nach langer Ehe Witwe und arbeitet nun als Privatdetektivin. Sie kauft in Cincinnati ein Haus mit vier Wohnungen und

entdeckt in einem angeblich leeren Apartment die Leiche einer Stadtstreicherin, die einst ein berühmter Stummfilmstar war. Sie wird Cats erste Klientin. Zusammen mit ihren drei Katzen macht Cat sich an die Aufklärung des Mordes, wobei ihr Kater Sydney mit seiner Leidenschaft für Knöchelbeißen einmal einen Einbrecher so lange festhalten kann, bis die Polizei eintrifft.

Annie Laurence Darling, die Besitzerin eines Krimibuchladens, hält seit dem ersten Band *Death on Demand* von Carolyn Hart immer Leckerbissen für ihre schwarze Kurzhaarkatze Agatha bereit. Mittlerweile hat die seit *Deadly Valentine* in Dorothy L. eine schneeweiße junge Katzengefährtin.

Der große schwarze Kater Louie betrachtet Las Vegas als sein Jagdgebiet. Er ist der Hauptdetektiv in *Nachts sind alle Katzen schlau* (Econ) von Carole Nelson Douglas und führt die Heldin zu den beiden gekidnappten Maskottchen des amerikanischen Buchhändlertreffens. In *Coole Katzen im Kasino* (Econ) und den Folgebänden setzt er seine nächtliche Erkundungstouren fort.

Die Katze Meg gab M. K. Wrens Krimi *Curiosity Didn't Kill the Cat* den Namen, in dem der Buchhändler Conan Flagg gleichzeitig als Privatdetektiv arbeitet.

Rita Mae Brown machte ihre Katze Sneaky Pie zur Co-Autorin ihrer Katzenkrimis, in denen die Posthalterin Mary »Harry« Haristeen in einer Kleinstadt in Virginia zusammen mit ihrer Katze Mrs. Murphy und dem Hund Tucker rätselhafte Morde aufklärt. Im ersten Band *Schade, daß du nicht tot bist* (Rowohlt) tauchen plötzlich seltsame Postkarten auf und bereiten einen Mord vor. Im zweiten Band *Ruhe in Fetzen* (Rowohlt) versetzt ein abgeschnittener Kopf in einem preisgekrönten Kürbis die Gäste einer Ausstellung in Entsetzen, und im dritten Band *Mord in Monticello* (Rowohlt) forschen die drei einem historischen Verbrechen nach und geraten unversehens in ein höchst zeitgenössisches, dessen Wurzeln aber in längst vergangenen Ereignissen zu finden sind. In ihrem bislang letzten Band *Pay Dirt* kommt ein Rocker der Hell's Angels urplötzlich zu Tode, und wieder sind es Harry und ihre beiden tierischen Helfer, die den Fall lösen. Brown gelingt es auf überzeugende Weise, die menschlichen und tierischen Aufklärungsmethoden amüsant miteinander zu verbinden.

Der berühmteste deutsche Katzendetektiv ist zweifellos der Tausendsassa

Francis in *Felidae* (Goldmann) von Akif Pirinçci, der zwar keine besonders hohe Meinung von seinem menschlichen »Dosenöffner« hat, aber mit Mut und Zähigkeit rätselhaften Todesfällen unter seinen Artgenossen nachspürt und dabei einer grauenvollen Genmanipulation auf die Schliche kommt, die in der jüngsten deutschen Geschichte wurzelt. Im Folgeband *Felidae II* (Goldmann) flüchtet Francis angesichts der drohenden Eheschließung seines »Dosenöffners« aus seinem behaglichen Heim und gerät in ein unterirdisches Abenteuer, in dem enthauptete und verstümmelte Katzen eine schauerliche Rolle spielen. Wieder muß Francis seine ganze Intelligenz und sein körperliches Geschick aufbieten, um dem unbekannten Feind zu trotzen und ihn schließlich zu besiegen. In vielen Kriminalromanen mit weiblichen Amateurdetektivinnen gehören mittlerweile eine oder mehrere Katzen zum Ambiente, ohne daß die Schmusetiere eine tragende Rolle im Krimiplot spielten. Warum jedoch besonders lesbischen Detektivinnen fast ausnahmslos Katzen als Hausgenossinnen zugesellt werden, ist ein bislang ungelöstes Krimirätsel.

KRIMIHUNDE

Professor Vicky Bliss ist die Heldin in dem Roman von Elizabeth Peters *The Street of the Five Moons.* Sie bricht in einen römischen Antiquitätenladen ein, rettet einen fast verhungerten Dobermann und füttert ihn mit dem Inhalt einer seltsamen Dose. Als sie den Laden erneut betritt und so tut, als wäre sie eine harmlose Touristin, erkennt er seine Retterin wieder, sabbert sie begeistert voll und verrät damit, daß sie die Einbrecherin war. Am Schluß der Geschichte bringt sie Cäsar zurück nach Deutschland, wo er ihre Gäste erschreckt und ihr Gesellschaft leistet.

Der frühere Captain Duncan Maclain verlor im Ersten Weltkrieg sein Augenlicht, doch Baynard Kendrick machte ihn dennoch zu seinem Detektiv. In zwölf Romanen und drei kürzeren Geschichten zwischen 1937 und 1961 spielt er die Hauptrolle. Maclain hat zwei Hunde: Schnucke, eine Blindenhündin, und Dreist, einen Polizeihund. Beide helfen ihm bei seinen Ermittlungen und bewahren ihn vor dem Alleinsein. Blindenhunde gibt es in England erst seit Mitte der dreißiger Jahre. Weil sie einer Freundin einen Gefallen tun will, nimmt Claire Malloy, die Besitzerin einer Buchhandlung in Arkansas, in *Roll Over and Play Dead* von Joan Hess zwei Bassets in Pflege. Sie bezahlt ihre Tochter Canon und deren Freundin Inez dafür, daß die sich um die Tiere kümmern. Als die Mädchen erzählen, daß die Hunde verschwunden sind, sieht sich Claire auf einmal in einen Hundeentführungsfall verwickelt, bei dem es aber um wesentlich mehr als nur um ein paar vermißte Haustiere geht: Die gestohlenen Tiere werden an Versuchslabors verkauft. Mit Mühe gelingt es Claire, die Behörden davon zu überzeugen, und auf der Suche nach dem Anführer der Bande gerät sie in große Gefahr, bevor sich in einer packenden Schlußszene die Wahrheit herausstellt.

Bill Criders Sheriff Dan Rhodes begegnet im ersten Band *Too Late to Die* dem Köter Speedo am Schauplatz eines Verbrechens. Der Hund besitzt zwar keine detektivischen Fähigkeiten, aber er ist ein glänzender Zuhörer, wenn Rhodes versucht, hinter die komplizierten Zusammenhänge seiner Fälle zu kommen.

James M. Fox schrieb zwischen 1943 und 1955 zwölf Bände, in denen der clevere Privatdetektiv John Marshall und seine kluge, schöne Frau Suzy die dänische Dogge Kahn besitzen, die ihnen beim Lösen ihrer Fälle hilft.

In Rex Stouts *Die Like a Dog* findet Archie Goodwin einen schwarzen Labrador in der Nähe eines Tatorts und nimmt ihn mit nach Hause. Der Streit zwischen Wolfe und Archie über die Namengebung ist sehr vergnüglich, denn der eigentliche Name des Hundes ist Champion Nero Charcoal. Sie einigen sich auf Jett. Der Hund gehörte dem Ermordeten, und Wolfe gelingt mit Hilfe des Hundes die Aufklärung des Mordes. In *In the Best Families* erkennt Wolfe an dem Verhalten des Hundes Nobby, wer der Mörder war.

Die Serienhelden von Michael Gilbert sind Spione, und ihre Erlebnisse in *Game Without Rules* und *Mr. Calder and Mr. Behrens* wurden zunächst in *Ellery Queen's Mystery Magazine* veröffentlicht. In *Emergency Exit* gehört ein Hund mit dem früheren Namen Sultan einem Spion, den Mr. Calder gezwungenermaßen umbringen mußte.

Zu Susan Conants Hundekrimis (Econ) gehören u. a. *Kalt wie eine Hundeschnauze, Dem Killer auf der Fährte* und *Streichel mich, bevor du stirbst.* Holly Winter, dreißig Jahre alt, arbeitet als Zeitungskolumnistin in Cambridge, Massachusetts, und liebt Hunde. In *Gone to the Dogs* nimmt sie in der Weihnachtszeit ihre Alaskahunde Rowdy und Kimi und ihren Tierarzt mit zu dem exklusiven Cambridger Hundetrainingsclub – und natürlich passiert ein Mord.

Norbert Davis präsentiert sein Detektivteam Doan und Carstairs mit leicht ironischem Unterton. Doan ist ein dicker Privatdetektiv, der mit einer hellbraunen dänischen Dogge in *The Mouse and the Mountain, Sally is in the*

Alley und *Oh, Murderer* zusammenarbeitet, wobei der Hund leider ab und zu das Beweismaterial auffrißt und auch als Deckhund bei attraktiven Hündinnen sehr gefragt ist.

In den Kurzgeschichten von Agatha Christie treten ebenfalls hin und wieder Hunde auf, so wird etwa in der Poirot-Geschichte *The Nimean Lion* ein Pekinese gestohlen. Raymond Chandler schrieb *The Man who Likes Dogs* und arbeitete die Kurzgeschichte später in *Farewell, my Lovely* ein. *Der Hund von Baskerville* (Loewes) von Conan Doyle ist mittlerweile fast hundert Jahre alt und wird immer noch mit Genuß gelesen – eben ein echter Klassiker.

Es gibt zwei Zitate zum Thema Hunde, die heute berühmter sind als die Geschichten, aus denen sie stammen:

»Ja«, sagte Pater Brown, »ich kann Hunde gut leiden, solange sie nicht rückwärts buchstabiert werden.« Damit beginnt *The Oracle of a Dog* von G. K. Chesterton.

»Gibt es irgendwas, auf das Sie mich aufmerksam machen wollen?«

»Auf den merkwürdigen Vorfall während der Nacht.«

»Der Hund hat sich nachts überhaupt nicht gerührt.«

»Das war der merkwürdige Vorfall«, bemerkte Sherlock Holmes.

Dieses kurze Gespräch stammt aus der Kurzgeschichte *Die Memoiren von Sherlock Holmes* von Arthur Conan Doyle.

Aus dem Amerikanischen – und ergänzt –
von Nina Schindler

KRIMIBAUKASTEN: DIE KATZENKRIMI-VARIANTE »DER KATER, DER KEINEN RHABARBER FRAß« (WELTWEIT, AB 1985)

Erster Satz:
Mit einem zufriedenen Gähnen wälzte sich der Kater behäbig auf dem warmen Parkett vor dem Kamin.

Was passiert:
Kater Carlo lebt friedlich mit seinem Herrchen und »Dosenöffner« zusammen, als plötzlich im Garten die Leiche des Nachbarn gefunden wird. Kommissar Hundt von der Kripo verdächtigt Carlos Herrchen, weil er in der Vergangenheit einige Streitereien mit dem Nachbarn hatte – unter anderem wegen eines romantischen Abenteuers, das Carlo mit Siam, der wunderschönen Katze des Nachbarn, hatte. Seit diesem Streit ist Siam verschwunden. Carlo macht sich auf die Suche, stöbert Siam durch ein paar Tips seiner Straßenkatzenfreunde in einem Tierlabor auf und befreit sie und die anderen Katzen. Von ihr erfährt er, daß der tote Nachbar auf der Suche nach Siam ebenfalls auf das Labor gestoßen war und daraufhin von dessen Leiter, einem diabolischen Professor, getötet wurde. Die befreiten Katzen aus dem Labor geben Carlo den Tip, sich einmal das geheime Computertagebuch des Professors auf dem Laborrechner anzusehen. Carlo bricht wieder ins Labor ein und findet im Computer das Mordgeständnis des Professors. Carlo macht dieses Geständnis und die Protokolle der grauenhaften Tierversuche vom Computer aus sofort über Internet weltweit publik und erfährt zwei Tage später aus der Morgenzeitung seines Herrchens, daß der Professor verhaftet worden ist.

Letzter Satz:
Zufrieden schnurrend, schmiegte er sich an Siams weiches Fell.

10.

FRÜHER WAR'S AUCH NICHT BESSER

Historische Schauplätze

Jeden Abend legte Arabella Behler ihr berühmtes Diamantencollier an und saß am Kopfende des Tisches, an dem sie mit ihren drei Erben zu Abend speiste. Danach ging sie immer auf ihr Zimmer und legte sich auf die Chaiselongue nieder, während ihr Neffe Gus, ihre Nichte Geneviève und ihr Vetter Omar nacheinander kamen, um ihre gute Nacht zu wünschen. Wenn sie dann – wie man annehmen konnte – ihr Collier in den Safe gelegt hatte, las sie noch ein wenig und zog sich dann in die Gefilde ihrer Träume zurück.

Eines Abends sah sie bei der Nachspeise von ihrer Weinschaumcreme auf und sagte ruhig: »Ich habe beschlossen, einen von euch aus meinem Testament zu streichen.« Dann lächelte sie ernst, erhob sich und ging in ihr Zimmer. Am nächsten Morgen wurde sie mit drei tödlichen Stichwunden aufgefunden. Das Collier war bei der Schätzung eine satte halbe Million wert.

Können Sie sagen, wer sie umbrachte?

FRAGEN

1. War Arabella von schwacher Konstitution?
Ja – Nein
2. Hatte sie kurz vor dem tödlichen Angriff noch gelesen?
Ja – Nein
3. Glauben Sie, daß sie sofort starb?
Ja – Nein
4. Hätte ein Einbrecher durch die Balkontür kommen können?
Ja – Nein
5. Meinen Sie, daß sie von einem Einbrecher umgebracht wurde?
Ja – Nein
6. Welcher ihrer Verwandten hatte ein Mordmotiv?
Gus ... Geneviève ... Omar ... Alle drei ...
7. Haben sich die drei zusammengetan, um sie zu ermorden?
Ja – Nein
8. War das ein vorsätzlicher Mord?
Ja – Nein
9. Wer hat sie umgebracht?

1. Ja, ihrem Aussehen nach zu urteilen.
2. Ja. Es sieht so aus, als wenn sie völlig ohne böse Vorahnung ihr Buch hingelegt und dann aufgeschaut hätte, um wie üblich ein bißchen zu plaudern.
3. Ja. Es gab keinen Kampf, ihr Buch liegt noch auf ihrem Schoß und sie war zu überrascht, um Widerstand zu leisten.
4. Ja. Erst mal auf dem Balkon angelangt, konnte man einfach ins Zimmer spazieren.
5. Nein. Da es zu keinem Kampf kam, hat sie ihren Mörder gekannt.
6. Alle drei, da nun keiner von ihnen mehr wußte, ob er erben würde oder nicht.
7. Nein. Wenn alle drei sie angegriffen hätten, wäre sie erschrocken und hätte sich gewehrt.
8. Ja. Der Mörder muß seine Tat sorgfältig geplant haben und das Messer bis zur letzten Sekunde gut versteckt gehalten haben.
9. Geneviève. Denn sicherlich wäre eine Frau von Arabellas Generation angesichts eines Mannes in ihrem Zimmer in Panik geraten, da sie nur halb angezogen war – selbst wenn es sich um einen Verwandten gehandelt hätte.

Miss Behlers Fehler

Mönche morden auch nicht anders

Von Ingrid Behnke

Die literarische hohe Kunst des Mordens ist keine ausschließlich zeitgenössische Angelegenheit. Nicht nur in der Gegenwart gibt es Mitmenschen, die ihre Probleme gern auf kurze und für sie selbst schmerzlose Art lösen – nicht ganz so schmerzlos und unproblematisch für ihre Opfer.

Die Menschheit hat sich kaum verändert, und Beweggründe wie Liebe, Haß, Habgier, Neid, die zu einem Mord oder anderen unschönen Reaktionen führen können, beschränken sich nicht auf das Hier und Heute, sondern bewegten die Menschen schon in der Antike – und immer finden sich »Chronisten«, damals wie heute.

Diese Tatsache brachte zunächst die Spezies der historischen Romane hervor, die, verfaßt von Autoren der Gegenwart, das Leben historischer Persönlichkeiten wie Alexanders des Großen oder Karls V. schildern oder eine fiktive Gestalt wählen, die in einer bestimmten Zeit und Region angesiedelt wird. Diese oft dickleibigen Romane erfreuen sich seit Jahrzehnten einer ungebrochenen Beliebtheit.

Relativ jung ist dagegen eine andere Spielart dieses Genres, die sich nicht so sehr an Liebhaber des historischen Romanes wendet, sondern vor allem an KrimifreundInnen. Ich meine den »historischen Kriminalroman«, der im Krimiparadies England schon seit Ende der siebziger Jahre geliebt und geschätzt wird; seit Beginn der neunziger Jahre etabliert sich auf dem deutschen Buchmarkt nicht nur eine erstaunlich hohe Zahl von Übersetzungen der englischen Originale, sondern zunehmend auch deutsche Schriftstellerinnen, die Kurzgeschichten und Romane in den unterschiedlichsten Epochen und Regionen ansiedeln, mit ausgesprochen reizvollen Ergebnissen.

Eins steht fest: Die Masche, historische Krimihandlungen zu stricken, ist ausgesprochen populär und wird uns sicherlich noch viele Überraschungen bescheren, denn der Steinbruch der Geschichte – sprich: die Menge des Materials – ist unerschöpflich.

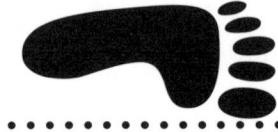

Auch bei einem historischen Krimi sind die Elemente wichtig, die einen guten Roman von einem schlechten unterscheiden. Das sind neben einer ansprechenden Handlung vor allem lebendige Dialoge und die Charakterisierung der Personen. Historische Ungenauigkeiten werden von den Lesern eher toleriert, wenn diese Kriterien erfüllt sind. Umgekehrt gilt dieses Prinzip genauso: Nur akribische historische Detailtreue kann aus einem mittelmäßigen keinen guten Krimi machen.

Ein Trend, der bei Krimis allgemein zu beobachten ist, schlägt auch hier voll durch: der Hang zur Serie. Die meisten Helden tauchen nicht nur einmal auf, vielen ist ein sehr langes Krimileben beschert wie zum Beispiel Ellis Peters' (Heyne) Benediktinermönch Cadfael, der es immerhin auf zwanzig Abenteuer brachte. Serien machen Leser zwar süchtig und lassen sie nach mehr lechzen, wenn die Romane gut geschrieben sind. Sie bergen aber auch die Gefahr der Übersättigung; exzentrische Menschen wirken nicht auf Dauer originell, nur weil die Macken und Manieriertheiten in Toga oder Kutte daherkommen.

Eins steht fest: Die Masche, historische Krimihandlungen zu stricken, ist ausgesprochen populär und wird uns sicherlich noch viele Überraschungen bescheren, denn der Steinbruch der Geschichte – sprich: die Menge des Materials – ist unerschöpflich.

Was ist denn nun das Besondere an den Krimis, die uns Menschen zur Zeit Karls des Großen oder einen Mönch aus dem 12. Jahrhundert nahebringen? Während die historischen Romane herkömmlicher Art meist eine oder mehrere Generationen umfassen und Abenteuer jeglicher Art schildern, sind historische Krimis eine Art Momentaufnahme, die nur über einen relativ kurzen Zeitraum berichten. Das ermöglicht eine breite Darstellung einzelner historischer Ereignisse und ihrer Hintergründe. Hinzu kommt, daß die Handlung sich auf eine überschaubare Zahl von Charakteren beschränkt, seien sie nun historisch oder fiktiv, die dem Leser so vertraut werden wie gute Freunde. Man lernt sie kennen, erfährt, was sie bewegt. Sie sind nicht mehr Figuren aus trockenen Lehrbüchern, mit komplizierten Namen, schwer auseinanderzuhalten und ohne ausgeprägte Eigenheiten. Als Romanfiguren werden sie zu Menschen wie du und ich, mit Familie und Freunden. Teile der Handlung haben durchaus die Elemente eines saftigen Familienskandals und lesen sich nicht viel anders als die heutigen Schilderungen der Royals in der Regenbogenpresse. Gleichzeitig sind diese Personen uns aber auch sehr fremd, denn ihr Leben fußt auf einem anderen Verständnis der Welt. Die tiefe Frömmigkeit im Mittelalter mit der Angst vor der Hölle, die Jenseitsbezogenheit im alten Ägypten oder der Einfluß des Konfuzius in China führen zu überraschenden Entwicklungen in der Handlung, die uns Heutige in Erstaunen versetzen. So sind uns die Personen fremd und doch nah. *Ein ferner Spiegel* (Claassen), wie Barbara Tuchman es nennt.

Da die historischen Krimis nie so sehr unter dem Image der Trivialität zu leiden hatten wie die Krimis allgemein, sind ihnen auch eher Hardcoverehren zuteil geworden als ihren zeitgenössischen Taschenbuchvettern. Darüber hinaus gibt es bereits eigene Reihen mit historischen Kriminalromanen; einige Verlage haben jedoch die Tendenz, diese Krimis in den allgemeinen Taschenbuchreihen verschwinden zu lassen – daher sollten Krimienthusiasten gelegentlich in Buchhandlungen und Bibliotheken das Krimiregal links liegenlassen und sich dem historischen zuwenden.

Nun beginnen wir mit einer kleinen Zeitreise durch das Milieu.

Ägypten ist schon bei den Autoren historischer Romane äußerst beliebt. Die Rolle, die Tod und Jenseits zumindest für die vornehmen Ägypter spielten, legt eine Beschäftigung mit ungeklärten Todesfällen nahe.

Der Seriendetektiv dieser Zeit heißt Huy und war zur Zeit des Pharaos Echnaton ein Schreiber. Durch die politischen Ereignisse, die seit Mika Waltaris Bestseller *Sinuhe, der Ägypter* (Bastei Lübbe) fast Allgemeingut sind, ist er bei den neuen Machthabern in Ungnade gefallen, wurde mit Berufsverbot belegt (das gab es damals schon) und schlägt sich kümmerlich mit nicht ganz legalen Ermittlungen durch. Anton Gill, ein Engländer aus Essex, hat uns diese antike Spürnase beschert, die bisher drei Abenteuer zu bestehen hatte. Etwas früher (zur Zeit des Mittleren Reiches) angesiedelt ist Agatha Christies *Rächende Geister*, 1945 zum ersten Mal erschienen. Im Gegensatz zu Gill spielt Christie nicht auf konkrete politische Ereignisse an; sie hat Ort und Zeit eher zufällig gewählt, schuf aber durch gründliche Recherche ein sehr stimmungsvolles Bild des Lebens eines Ka-Priesters im Jahre 2000 v. Chr. Eine geschickt konstruierte Handlung ist bei ihr selbstverständlich.

Zwei Newcomer sind Betty Winkelman, die ihre Krimis im 15. vorchristlichen Jahrhundert zur Zeit der Königin Hatschepsut spielen läßt (*Das Gold von Ägypten* und *Der goldene Gott*), und Lynda S. Robinson mit Romanen um Tut-ench-Amun, den Schwiegersohn Echnatons (jawohl, das war der, dessen Mumie und Grabbeigaben wir vor einigen Jahren in einer großen Ausstellung bestaunen durften).

Das helle, kühle Licht von Hellas scheint dunkle Machenschaften nicht zu fördern, daher ist das Volk der Griechen im Krimi unterrepräsentiert. Es hat zu unserem Thema nur einen Roman anzubieten: Margaret Doodys *Sherlock Aristoteles*, eine im Athen des Jahres 332 v. Chr. angesiedelte Geschichte (ganz recht, ein Jahr nach der Keilerei von Issos), in der Aristoteles von einem früheren Schüler gebeten wird, seinen des Mordes bezichtigten Cousin von diesem Verdacht zu befreien. Der Sammelband *Götter, Sklaven und Orakel* lädt zum Schnuppern ein und vermag einen ersten Eindruck zu geben.

Das Rom der Antike hingegen mit den Machtkämpfen, die zu verschiedenen Zeiten tobten, erweist sich als fruchtbarer Boden für das Wirken von Detektiven, und das quer durch die Jahrhunderte. So verwundert es nicht, daß sich auf diesem Feld nicht weniger als fünf Autoren tummeln, die insgesamt zweihundertsechzig Jahre römischer Geschichte mit höchst kurzweiligen Ergebnissen beackern.

Steven Saylor (Blanvalet) läßt seinen Gordianus mit bisher vier Romanen im Auftrage des jungen Cicero um 80 v. Chr. agieren, wobei er mit Hilfe seiner Sklavin Bethesda die Beinarbeit für den großen Meister erledigt und sich dabei mit dem mächtigen Diktator Sulla anlegt. John Maddox Roberts (Goldmann), von Haus aus Science-fiction-Autor, läßt seinen rechtschaffenen Decius Cecilius Metellus, einen politischen Beamten, in der späten Republik dem unaufhaltsamen Aufstieg des Spitzenpolitikers Julius Cäsar zusehen. Bisher hatte er sieben Abenteuer zu bestehen, die er mehr oder minder knapp überlebte. – Zur gleichen Zeit agiert Bernhard Hennens *Flötenspieler*, seine Romane enthalten allerdings mehr *action* als *detection*. – Die Engländerin Lindsey Davis (Eichborn) schließlich hat die ältesten Rechte, und ihr Marcus Didius Falco (seit 1989 auf dem Buchmarkt) ist ein Prachtexemplar von Detektiv. Er lebt zur Zeit des Kaisers Vespasian (desjenigen, der da fand, »Geld stinkt nicht«) in einer schäbigen Mietskaserne und wartet auf Klienten. Gelegentlich ist es der Gekrönte selbst, der seiner diskreten Hilfe bedarf. Aber ach, der Augustus zahlt schlecht, und so vegetiert Falco knapp über dem Existenzminimum dahin, ein trostloses Leben, wäre da nicht die schöne Senatorentochter Helena.

HEYNE BÜCHER
ELLIS PETERS
Der Rosenmord
Ein mittelalterlicher Kriminalroman
»Bruder Cadfael - eine Kultfigur der Spannungsliteratur«

Letzter im Bunde ist Ron Burns, der *Römische Intrigen* (Eichborn) zur Zeit Marc Aurels, des Philosophen auf dem Kaiserthron, schildert. Der Roman dürfte wegen seiner Detailtreue vor allem Lateinlehrer entzücken, krimimäßig bleiben bei der sprunghaften Handlung und dem etwas naiven Anwalt Livinius Severus einige Wünsche offen. Jetzt naht schon das »dunkle

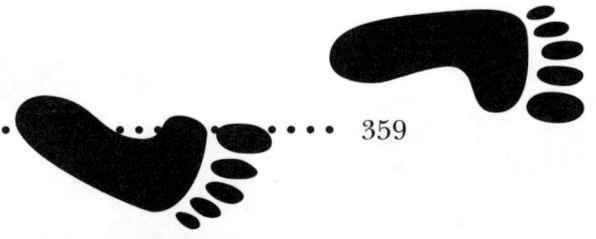

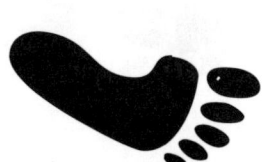

Szene aus »Im Namen der Rose«

Zeitalter«, das für unsere Zwecke nicht allzu ergiebig ist. Im Irland des 7. Jahrhunderts unserer Zeitrechnung ist Schwester Fidelma dabei, ihren Scharfsinn zu erproben. Übersetzt wurden die Romane von Peter Tremayne bisher nicht.

Aber es gibt Exoten. In China lebt zur gleichen Zeit ein gewisser Richter Di, dessen Kriminalfälle nunmehr vollständig dokumentiert sein dürften. Es liegen nicht weniger als fünfzehn Bände vor. Robert van Gulik (Diogenes) war fasziniert von der chinesischen Kultur und wählte eine historische Persönlichkeit, eben jenen Richter Di (630–670), als Serienhelden für seine teils authentischen, teils fiktiven Kriminalromane, die er in englischer Sprache veröffentlichte und die in deutscher Übersetzung in liebevoll ausgestatteten Taschenbüchern vorliegen. Ganz ungewöhnlich ist der Aufbau dieser Romane: Drei voneinander unabhängige Kriminalfälle werden sehr kunstvoll miteinander verwoben, am Schluß werden sie für die Gerichtsverhandlung gebündelt abgeschlossen, der Roman endet mit der minutiös geschilderten, in unseren Augen oft barbarisch-grausamen Bestrafung der Schuldigen.

Sogar Tibet ist auf der Krimilandkarte verzeichnet. Der Mönch Rettichherz, ein früher Kollege des englischen Cadfael, untersucht im Tibet der T'ang-Dynastie (etwa als Zeitgenosse Dis) das *Geheimnis des Pavillons der Kraniche* (Econ). Sein Schöpfer heißt Eno Daven. Er findet einen unverwechselbaren Stil, die Bemühungen Rettichherzens um die Rettung des verehrten

Meisters Gurke zu schildern. Und damit verlassen wir auch dieses Zeitalter und begeben uns zeitlich wieder mehr in unsere Nähe. Frankreich ist bei historischen Krimis nur schwach vertreten. Um so bemerkenswerter sind die Romane Sharan Newmans (Econ), die als Protagonisten Abaelard und Heloïse darstellen, mitsamt dem Skandal, der sich um ihre Beziehung rankte, und der delikaten Natur der Rache, die Heloïses Verwandte an Abaelard nahmen. Besonders pikant, daß sämtliche Beteiligte Kleriker waren. Die Handlung spielt in Paris und in dem Kloster, in das sich Heloïse zurückgezogen hatte.

Italien, mit seinen geistigen und politischen Auseinandersetzungen in Mittelalter und Renaissance, eignet sich offenbar gut als Hintergrund für historische Krimis. Nicht nur der populärste aller »Klosterkrimis«, Umberto Ecos *Name der Rose* (Hanser), ist in Italien angesiedelt, nein, es gibt weitere, sehr lesenswerte Beispiele. Da ist einmal Helene Nolthenius (Die Arche/VVA) mit ihrem pfiffigen Bettelmönch Lapo Mosca, der trotz haarsträubender Abenteuer immer wieder auf die Füße fällt (bisher zwei Romane). Und schließlich hat auch Elizabeth Eyre aus dem Italien der Kleinstaaten und der entsprechenden politischen Verwicklungen durchaus Interessantes zu berichten. Ihr Detektiv Sigismondo, sein Begleiter Benno und ihr Hündchen mit nur einem Ohr finden ein reiches Betätigungsfeld. Eyre, ein Pseudonym für die Kinderbuch- und Krimiautorinnen Jill Staynes und Margaret Storey, beschreibt noch weitere Abenteuer des Trios, bislang vier Titel. Und nun kommen wir in das Gelobte Land des historischen Krimis: England.

Wir befinden uns in Shrewsbury, nahe an der Grenze zu Wales, im Jahre des Herrn 1137. In der Abtei St. Peter und Paul lebt ein heilkundiger Mönch von etwa sechzig Jahren, mit einer bewegten Vergangenheit als Kreuzfahrer, Söldner und Liebhaber schöner Frauen. Seinen ersten Mordfall löst er *Im Namen der Heiligen* (Heyne) (aussagekräftiger der Originaltitel *A Morbid Taste for Bones*), und dann geht es immer munter weiter mit Morden im und um das Kloster herum. Cadfael ist ein weiser Mann, der bemüht ist, wirkliche Gerechtigkeit für alle, Täter, Opfer und andere Beteiligte, herbeizuführen; oft führt er Liebende zusammen und sorgt für ein Happy-End. Es ist erstaunlich, wie oft das Klosterleben, zumindest in dieser Abtei, durch Morde erschüttert wird – die Anwesenheit Cadfaels treibt die Todesrate offenkundig in die Höhe.

Edith Pargeter alias Ellis Peters »erfand« ihren Helden (und damit den Klosterkrimi) bereits 1977. Bis zu ihrem Tod 1995 im Alter von 82 Jahren

verfaßte sie zwanzig Cadfael-Bände, der 19. wird gerade übersetzt. Souverän verschmilzt Peters reale Personen und Ereignisse mit fiktiven, das ist schon bei ihren historischen Romanen ihre Stärke. Ihr Cadfael hat sich mittlerweile verselbständigt. Nicht nur, daß es ein Fanbuch für seine Anhänger gibt, er ist auch ein fester Faktor in der Tourismusbranche von Shrewsbury geworden.

Wenn Ellis Peters uns auch »...das meiste des Drecks und Gestanks...« des Mittelalters erspart, so kann man dies von P. C. Doherty nicht sagen. Er ist die zweite beherrschende Gestalt des englischen historischen Krimis, unter anderem, weil die Zahl seiner Pseudonyme einen einsamen Rekord darstellen dürfte: Er ist auch Paul Harding, Michael Clynes, Celia Grace, Ann Dukthas (Stand Ende 1996). Da er die Zeit von 1261 bis 1586 krimiliterarisch beackert, werden seine Werke jeweils chronologisch vorgestellt.

Dohertys Hugh-Corbett-Serie führt uns ab *Der Prinz der Finsternis* (Eichborn) in die Zeit Edwards I., des »Hammers der Schotten« und Bezwingers von Wales. Edward war Meister im Ersinnen qualvoller Hinrichtungsarten, die Doherty denn auch detailgetreu wiedergibt; mit der Chronologie und der Entwicklung seines Helden geht er allerdings manchmal etwas sorglos um.

Weniger bekannt, aber auch sehr lesenswert ist die Falconer-Serie von Ian Morson. Falconer, Universitätslehrer in Oxford und Anhänger des verbannten Roger Bacon, agiert *Im Namen des Falken* (Goldmann) etwa zur gleichen Zeit wie Hugh Corbett.

Die letzten Regierungsjahre Edwards III. und der sich ankündigende Umbruch, der seinem Tod folgt, sind eine beliebte Spielwiese für Krimischreiber. Candace Robbs Romane um Owen Archer, den einäugigen Veteranen aus dem hundertjährigen Krieg, und seine schöne Lucy, Apothekerin in der Stadt York, bieten Spannung und historische Authentizität, beginnend mit *Die Rose des Apothekers* (Bastei). Unverkennbar ist allerdings die Parallelität zu den Romanen von Celia Grace. Auch als Paul Harding findet Doherty diese Zeit attraktiv. Er läßt, beginnend mit der *Galerie der Nachtigallen* (Eichborn), seinen fetten, trunksüchtigen, aber doch sympathischen Sir John Cranston, unterstützt von dem Mönch Athelstan, im London des Jahres 1377 üblen Verbrechern nachspüren. Die Morde sind blutig, aber der Arm des Gesetzes ist auch nicht zimperlich. Eine aufregende Welt, die man vielleicht doch lieber lesend als am eigenen Leib verspürt.

Das Zeitalter der Rosenkriege ist ein äußerst fruchtbarer Boden für Morde und andere Untaten. Vor Beginn der Feindseligkeiten läßt Margaret Frazer (Econ) (ein *Nome de plume* für die Autorinnen Mary Pulver Kuhfeld und Gai Bacon) ihre Nonne Frevisse – *Die Novizin* (Econ) – um 1430 herum agieren. Durch ihre Verbindung zu den (realen) Chaucers – sie ist eine Großnichte des Dichters und Chaucer jun., ihrem Onkel, eng verbunden – gelingt ihr so mancher Ausflug in die große, weite Welt, und sie braucht ihrer detektivischen Neugier keine Zügel anzulegen.

Celia Graces' *Heilerin von Canterbury* (Eichborn), Kathryn Swinbrooke, ist nicht Apothekerin, sondern Ärztin und löst in besagter Stadt mehrere Kriminalfälle. Sie hegt eher Sympathien für die Rote Rose von Lancaster, während Roger Chapman, der Serienheld von Kate Sedley in *Die letzte Rast* (Rowohlt), den Yorkisten gewogen ist. Roger, ein Hausierer, pflegt gute Beziehungen zum Herzog von Gloucester, dem späteren Richard III., für den er gelegentlich unterwegs ist. So kann er aus eigener Anschauung bestätigen, daß Richard ein respektheischender, aber fairer Herr ist, der unmöglich die ihm zur Last gelegten Untaten begangen haben kann.

Richard III. wurde bei Bosworth geschlagen, das Tudor-Regime ist ziemlich fest etabliert: Ende der Rosenkriege. Der zweite Tudor, Heinrich VIII., hält mit seinen abwechslungsreichen Heiratsgeschichten ganz England in Atem. Welch passende Zeit für Michael Clynes' *Im Zeichen der Weißen Rose* (Bastei Lübbe) und den Schelm Roger Shallot! Der ehemalige Galgenvogel durchquert zusammen mit seinem Master, einem Neffen des damals noch allmächtigen Kardinals Wolsey, ganz Europa. Schlimm ergeht es ihm, wenn er Heinrichs Zorn weckt, denn dieser ist ein sehr launischer Monarch, dessen Mißfallen nicht nur Königinnen kopflos macht.

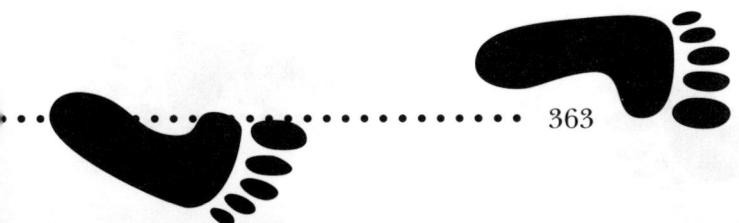

Roger Shallot leerte so manchen Krug Ale in einschlägigen Tavernen, zusammen mit Chris Marlowe oder einem gewissen Will Shakespeare, der die Ideen zu seinen Theaterstücken Roger zu verdanken hat. Diese Namen fallen bei Edward Marston nicht, aber sein Nicholas Bracewell muß sich in den gleichen Kreisen bewegt haben. Er ist nämlich Impresario, Dramaturg und Mädchen für alles bei der Schauspieltruppe des Lord Westfield. Nick betritt die Bühne im Jahre 1588 in *Das Haupt der Königin* (Goldmann) und deckt eine Stuart-Verschwörung auf. Außerdem versucht er, das Überleben seiner Truppe zu ermöglichen, die ständig bedroht ist von Verboten der Regierung, der Kündigung durch den Gastwirt und den Intrigen rivalisierender Kollegen. Die Zeit Elizabeth' I. inspirierte auch Ann Dukthas zu dem Versuch, *Maria Stuarts dunkles Geheimnis* (Eichborn) zu lösen.

Sehr ergiebig für Krimis scheint etwa hundert Jahre später die Gestalt des Richters Sir John Fielding zu sein, des blinden Halbbruders des Romanautors Henry Fielding. Nicht weniger als zwei Autoren nehmen sich dieser Gestalt an. Deryn Lake (das ist Dinah Lampitt) schildert den jungen Richter in *Death in the Dark Walk* (Coronet), und Bruce Alexander befaßt sich mit dem älteren, etwas desillusionierten, einfühlend gebliebenen Mann in *Hinter geschlossenen Türen* (Goldmann). Geschildert werden die Ereignisse, in denen auch andere historische Persönlichkeiten des georgianischen England eine Rolle spielen, aus der Sicht eines Waisenjungen, der um ein Haar der englischen Justiz zum Opfer fällt, aber von Sir John freigesprochen und in sein Haus aufgenommen wird.

Weitere Namen, die man sich merken sollte: Domini Highsmith (Beverly, Yorkshire, im 12. Jahrhundert, Bastei), P. F. Chisholm (Tudor-England, Goldmann), Molly Brown (Stuart-England, Goldmann), Fabio Pittorru (Rom der Borgia, Goldmann), Annette und Martin Meyers (New York, 17. Jahrhundert, Econ) und Laura Jo Rowland (Japan zur Shogun-Zeit, Bastei Lübbe).

Sehr beachtlich ist der Anteil deutscher AutorInnen auf dem Gebiet des historischen Krimis. Der Grundstein wird bereits in fränkischer Zeit gelegt. Robert Gordian läßt Odo und Lupus, die »Kommissare Karls des Großen«, im heutigen Niedersachsen und Sachsen-Anhalt für Recht und Ordnung sorgen. Wieder haben wir, in *Demetrias Rache* (Bleicher), ein ungleiches Detektivpaar: einen verarmten Ritter mit großen Ambitionen und einen gelehrten Mönch.

Die Raubzüge der Wikinger haben es der Lübecker Tierärztin Kari Köster-Lösche angetan. Sie verfaßte nicht nur Bücher über den Rinderwahnsinn, sondern auch drei Wikingerkrimis – z. B. *Der Thorshammer* (Ehrenwirth) –, die um 925 in Haithabu angesiedelt sind – mehr Wikingerkolorit als Krimispannung. Renata Petry läßt ihren Roman *Falsche Reliquie* (Ehrenwirth) im Kloster Cismar an der Ostsee spielen und wählt zwei verschiedene zeitliche Ebenen der Erzählung – ein faszinierendes Buch.

Auch im deutschen Mittelalter wird fleißig gemordet.

Die Kurzgeschichtensammlungen *Von Mönchen, Mägden und Gesindel* (Econ) und *Morde hinter Klostermauern* (Econ) laden zum Schnuppern ein. Aber deutsche Autoren und Autorinnen bieten noch mehr.

Köln scheint zu verschiedenen Zeiten ein heißes Pflaster gewesen zu sein. Frank Schätzings Jacop der Fuchs (heute würde man ihn als Stadtstreicher bezeichnen) wird A. D. 1260 durch Zufall Zeuge des Mordes am Dombaumeister. In *Tod und Teufel* (Emons) kommt er nach und nach einem ungeheuerlichen Mordkomplott auf die Spur, immer verfolgt von einem geheimnisvollen Mörder mit Armbrust.

Aber auch zu Beginn der Neuzeit um 1500 hat das Morden in Köln Hochkonjunktur. Barbara von Bellingen erfand die patente, schlagfertige und tüchtige Gret Gundlin, die als Magd, Haushälterin und medizinisch-technische Assistentin ihrem Herrn, dem Doktor Minutus, zur Hand geht. Beginnend mit *Mord und Lautenklang* (Econ), löste sie bisher drei Rätsel.

Etwas weiter östlich, nämlich im klassischen Weimar, und zeitnäher, 1809, siedelt Kai Meyer seine *Geisterseher* (Aufbau) an. Jacob und Wilhelm Grimm sind auf der Flucht, bewaffnet mit einem Manuskript, das ihnen der sterbende Schiller in die Hand drückte und das diverse finstere Schurken, geheimnisvolle Ägypter, Prinzen und Gräfinnen sich unter den Nagel reißen wollen. Sie erleben haarsträubende Abenteuer und treffen auf die Herren Goethe und E. T. A. Hoffmann, während sie von Warschau nach Weimar eilen. Eine schaurig-schöne Geschichte. Damit nähern wir uns bereits der heutigen Zeit. Das Meucheln hört an der Wende zum 19. Jahrhundert nicht auf. Auch diese Zeit reizt offenbar eine große Zahl von SchriftstellerInnen.

»Aber das ist eine andere Geschichte!« würde Clynes' Roger Shallot sagen.

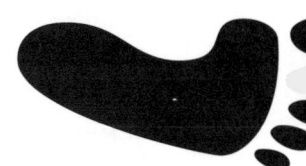

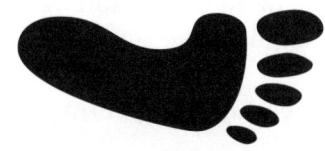

Diese Hitiste gibt meine persönlichen Neigungen mit dem Stand von Anfang 1997 wieder; die ersten fünf Titel stehen schon ziemlich lange darauf; durch aufregende Neuentdeckungen, die jeden Tag denkbar sind, kann die Hitliste ganz schnell wieder ganz anders aussehen.
❶ Ellis Peters: Die Jungfrau im Eis
❷ Lindsey Davis: Silberschweine
❸ Ian Morson: Im Namen des Falken
❹ Kate Sedley: Der zerrissene Faden
❺ Edward Marston: Das Haupt der Königin ❻ Laura Jo Rowland: Der Kirschblütenmord ❼ Helene Nolthenius: O süße Hügel der Toscana
❽ Fabio Pittorru: Tod im Tiber

Gänsehaut und Samtgardinen
Krimiautorinnen von heute entdecken das viktorianische Zeitalter

Von Ulla M. Nitsch

Obwohl ich Krimis aus weiblicher Feder sammle, verpaßte ich 1989 die deutsche Premiere sogenannter »viktorianischer Kriminalromane«, das Erscheinen eines Krimis von Anne Perry – wahrscheinlich wegen meiner heftigen Leseliebe zu den Figuren und den Schauplätzen der frühen Genrevertreter wie Collins, Poe, Gaborieau oder Sue. Vielleicht mochte ich Gaborieaus Tabaret, Poes Dupin oder Collins' wunderbarer Madame Pratolungo keine um hundert Jahre Erfahrung reichere Konkurrenz zugesellen. Und würde ein heute erfundenes viktorianisches London so überzeugend stinken wie Sues Paris, könnte die schauerliche Melodramatik des Treibsandes, der die unglückliche Rosanna im *Moonstone* verschluckt, überboten werden?

So las ich Anne Perrys *Der Würger von der Cater Street* (DuMont) erst 1991 in der 4. Auflage. Die Heldin Charlotte Ellison – die spätere Mrs. Thomas Pitt – gefiel mir nach wenigen Seiten. Sie ist kein flauer Schatten vormaliger Literaturviktorianerinnen, sondern kommt »zurück aus der Zukunft« und eröffnet damit eine eigenständige Perspektive auf die Vergangenheit. Das animierte mich zur fortlaufenden Erkundung der viktorianischen Ära, wie sie den *key boards* heutiger Autorinnen entspringt: Neben Anne Perry, der Krimispezialistin für die Zeit der Queen Victoria, haben Jean Stubbs, Carole Nelson Douglas, Amy Myers und Alanna Knight den Reiz viktorianischer Tatorte entdeckt.

Ihre Plots plazieren all diese Schreiberinnen in einer Szenerie, deren Konstruktion auf historischem Detailwissen und Vertrautheit mit der Literatur des 19. Jahrhunderts gründet. So schaffen sie pseudoreale Orte und lassen ihre vielschichtige und soziologisch meist durchkonstruierte Personage auf dieser feinausgestalteten Bühne auftreten. Wenn sie dann die Handlung in Gang setzen, flechten sie tatsächliche Geschichtsereignisse wie selbstverständlich in ihr fiktives Kriminalgeschehen ein.

Alanna Knights Inspector Faro aus dem viktorianischen Edinburgh ermit-

Die Katastrophe am Firth of Tay am 29. Dezember 1879

telt in *A quiet Death* z. B. an einer Brückenbaustelle am schottischen Fluß Tay. Gebaut wird jene Tay Bridge, deren späterer Einsturz – wie man aus dem Lesebuch weiß – 1879 viele Menschenleben kostete. Das literarisch überlieferte Splittern ihres Brückengebälks in einer winterlichen Sturmnacht gilt bis heute als Symbol für menschliche Hybris und die letztendliche Überlegenheit der Naturgewalten gegenüber den technischen Errungenschaften. Wenn Knight ihren Plot in ein seinerzeit wichtiges und kritisch diskutiertes Ereignis einspinnt, gewinnt er an Wahrhaftigkeit. Die halbfertige Brücke, die in den Himmel ragenden, schwankenden und kaum beleuchteten Streben ihrer Bögen liefern eine unheimliche Kulisse für vorgetäuschte tödliche Unfälle und Selbstmorde. Aber auch das aus Fontanes Ballade bekannte kühne Brückenbauunternehmen mit unglückseligem Ausgang erscheint in neuer Beleuchtung, wenn es ins Zentrum einer Krimihandlung gerät. Es wird aus der philosophischen Betrachtung zurückgeholt und muß sich Fragen nach dem tatsächlichen Wie, Wo oder Wer gefallen lassen. Auf der fiktiven Ebene entpuppen sich die scheinbar unzusammenhängenden Todesfälle auf der Baustelle schließlich als Versuch, betrügerische Machenschaften mit ungeeigneten Baumaterialien und geldgierigen Heiratsplänen zu verdecken. Die Krimihandlung endet lange vor dem Unglück. Aber ihr ökonomischer Motivkern korrigiert die literarisch überlieferte fatalistische Interpretation jener zahlreichen, mit viel menschlichem Leid verbundenen Fehlschläge in der zur Zeit der Queen Victoria forciert vorangetriebenen Technisierung der Verkehrsmittel und -wege.

Auch die Krimihandlungen der anderen Autorinnen erhalten durch das

Einfügen fiktiver Ecken und Abzweigungen in tatsächlich existenten, historischen Arealen und durch das Einweben von realhistorischen Geschehnissen oder zeitgenössischer Literaturereignisse eine Mehrschichtigkeit, die einen ganz eigenen Lesespaß erzeugt. Carole Nelson Douglas schickt ihre Heldin Amberleigh in *Rätsel um Amberleigh* (Econ) auf ein von Le Fanu inspiriertes Schloß ins County Clare, mitten ins Zentrum der irischen Homerule-Bewegung. Als Devlin Patrick Quade – keltisch, blauäugig, schön und jung – einem Anschlag zum Opfer fällt, vermutet der Leser den Mordbuben viele Seiten lang unter den englischen Usurpatoren. Natürlich findet sich eine andere, allerdings nicht weniger viktorianische Auflösung, und selbstverständlich ist die irische Frage auch heute nicht vollends gelöst, darüber täuscht der glückliche Romanausgang nicht hinweg: halbirische Patriotin heiratet englischen Lord, der von der Queen mit der friedlichen Integration der Homerule-Anhänger beauftragt ist. Für das Begreifen der Ereignisse in *Liebe Laura* (Bastei Lübbe) von Jean Stubbs spielt das unter Victoria von den Houses of Parliament neuerlassene Homosexuellengesetz eine Rolle. Hat man bei Stubbs davon Kenntnis erhalten, versteht man auch Perrys *Eine Spur von Verrat* (Goldmann) oder *Ein Mann aus bestem Hause* (Heyne) noch einmal anders. Die vielen Welten – vom Puff im Slum bis zum adeligen Stadthaus am Paragon Square –, die im London der Romane von Anne Perry nebeneinander existieren, durchstreifen die Leser im *Hansom* mit Charlotte Pitt und Hester Latterly oder zu Fuß an der Seite von Monk und Inspector Pitt immer wieder von neuem. Langweilen einen diese Spaziergänge, hat man London vielleicht zu oft mit Anne Perry besucht. Dann bietet Amy Myers ihr wunderbar satirisch gestyltes Broadstairs, einen englischen Badeort gleich neben Ramsgate, zur Erholung an. Dort trifft man im Sommer 1899 auf Auguste Didier, den detektivisch veranlagten Meisterkoch, und kann die Querelen in einem Club von Literaturverehrern verfolgen. Dickens heißt ihr Genius des Jahres: Sie streiten um seine Lieblingsgerichte und die Pfade, auf denen er gewandelt sein soll. Während eines Programmhöhepunktes, der traditionellen Lesung im Kostüm, stirbt ausgerechnet der Chairman des Clubs am Gift der Tollkirsche. Welches der unzähligen Schüsselchen, die den Weg aus den kundigen Händen Didiers oder seiner Meisterschüler auf die Tafel der Literaturfreunde fanden, mag vergiftet gewesen sein? Jean Stubbs schickt ihren liebenswerten, für einen Erzviktorianer recht toleranten Inspector Lintott nach Frankreich zum Aufspüren eines alten und sehr verwickelten Herkunftsrätsels in der Manier von Wilkie Collins. In *Treffpunkt San Francisco* bewährt Lintott sich sogar in Kalifornien. Erstaunlicherweise fehlt Indien, eine der Goldquellen des Empire, unter den Schauplätzen unserer fünf

Wer zur Dienerschaft eines großen Hauses gehört, genießt Versorgung und Schutz. Das Schicksal der Dienstboten steigt und fällt mit dem Los der Familie, der sie dienen, und daher wird es sich jeder Butler zweimal überlegen, ob er die Geheimnisse der Lady verrät.

Autorinnen – müssen Mörder dort nicht verfolgt werden? Einige Krimifiguren aus jener Zeit aber haben einen Teil ihres Lebens in Indien verbracht. Wenn sie nach England zurückkehren, um im Mörderspiel eine Rolle zu übernehmen, sind sie mit geheimnisvollen Giften vertraut oder transportieren sehr alte Rechnungen in ihrem Reisegepäck.

Der Kauf eines Taschenbuches erlaubt den Lesern heutiger viktorianischer Kriminalromane – ungeachtet ihres eigenen Familienstammbaums – den Zugang zu den *besseren* Kreisen: in gehobene Mittelstandsfamilien, die Häuser des Geburts- oder Geldadels. Solche Haushalte beherbergen drei in sich ziemlich abgeschlossene Bereiche: die Lebenssphäre der Damen, die der Herren und die Dienstbotenwelt. Zur engeren Familie – Vater, Mutter, Kinder – gehören nahe Anverwandte aus der vorherigen oder gleichen Generation, deren Ehegatten und Kinder und eine Menge geschäftlicher oder gesellschaftlicher Bekanntschaften. Mit den vielen Personen und den verzwickten Beziehungen zwischen ihnen verlangen die meisten der in Queen Victorias Zeit angesiedelten Krimis nicht weniger Lesegeduld als die dicken Romane des 19. Jahrhunderts. Und wenn sich dann – in kritischen Augenblicken – all diese Figuren auch noch bewegen: durch die dunklen Flure, die Vorder- und Hintereingänge, Treppenhäuser und Galerien! In welchem Raum der üppigen Zimmerfluchten hat der Bruder des Hausherrn seinen Brandy getrunken? Aquarellierte seine Gattin mit der ältesten Tochter im Gartenpavillon, oder besuchten sie zusammen die Damen im Nachbarhaus? Ging er selbst seinen Geschäften in der City nach oder seinem Amüsement am Spieltisch in einem jener unaussprechlichen Etablissements, aus denen sich die Leserinnen tunlichst fernhalten? Die Autorinnen lassen uns gerade in solchen, die höchste Konzentration erfordernden Situationen über blankpolierte Möbeloberflächen streicheln, verwirren uns mit der schimmernden Moiré-Eleganz von pflaumenblauen Kleidern und dicken Teppichen, deren samtiger Flor unseren Tritt dämpft. Schon sind wir in unserer Spurensuche abgelenkt.

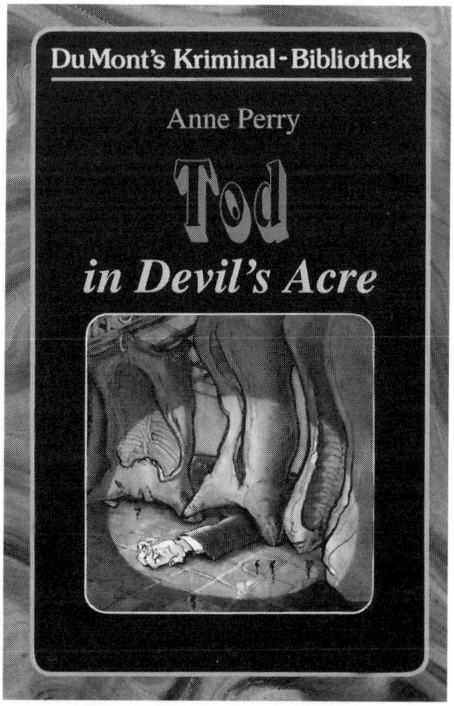

Zur herrschaftlichen Familie, ihrem Lebensraum und ihren Betätigungen bildet die Dienstbotenwelt einen spiegelbildlich gebauten Widerpart. Sie rivalisieren am Küchentisch um den besseren Platz in der Rangordnung, der sich nach ihrer Nähe zur Herrschaft bestimmt. Deshalb haßt der Kammerdiener die alte Amme, die sich seinem kranken Herrn mit Leibwickeln unentbehrlich macht. Während die Bediensteten intimste Details aus dem Leben ihrer Herrschaft kennen, bleiben sie selbst in den Augen der Geschäftsleute, der Lords und Ladies fast ganz auf ihre nützlichen Aufgaben beschränkt. Kaum daß sich die Herren, wenn sie vom unbeirrbaren Inspector Pitt verhört werden, auf die Namen der Lilis und Harriets besinnen können, die sie in den verschiedenen Krimis mißbrauchen. Aber die Köchin erinnert sich und versteckt in ihrer appetitlich duftenden Fülle einen bitteren Groll über die Verführung ihrer – als Hausmädchen in Dienst genommenen – Nichte durch den verzogenen jüngeren Herrn. Trotzdem: Wer zur Dienerschaft eines großen Hauses gehört, genießt Versorgung und Schutz. Das Schicksal der Dienstboten steigt und fällt mit dem Los der Familie, der sie dienen, und daher wird es sich jeder Butler zweimal überlegen, ob er die Geheimnisse der Lady verrät. Anne Perry schildert verschiedentlich, welche Geduld bei der Ermittlungsarbeit im Haushaltstrakt wegen solch existentieller Abhängigkeiten notwendig ist.

Eine besonders eindrucksvolle Dienstbotengesellschaft präsentiert Jean Stubbs in *Liebe Laura* (Lübbe). Ihrem Inspector Lintott gelingt es, teils scherzend und mit Komplimenten, teils durch eine Mischung aus Drohung und Hilfsversprechen, zu jedem ihrer Mitglieder einen angemessenen Zugang zu finden. Die Leser werden in die Aufgaben, die Gefühle, Konkurrenzen, Lebensgeschichten der Köchin und der Nurse, der Kammerzofe, des Hausmädchens und der Küchenhilfe, des Butlers, Kammerdieners und Stallburschen eingeführt. Demütigungen, Übergriffe, Angst vor der Aufdeckung ihres persönlichen Lebens, aber auch Anteilnahme an der Herrschaft statten so gut wie jeden mit einem Motiv für die mörderische Tat am Hausherrn aus. Da muß man sich wundern, wie sehr die bediensteten Geschöpfe von Stubbs und ihren Kolleginnen Todorovs Krimiregel respektieren, der zufolge der Mörder kein Diener oder Zimmermädchen sein darf.

Die Lebensverhältnisse anderer sozialer Schichten sind den meisten Reichen und Angesehenen kaum bekannt. Vor allem die Fräulein und Frauen sollen von den Slums, von der Not, der Verderbtheit und der Gewalt, die dort das Leben bestimmen, nichts erfahren. Deshalb ist in den Damensalons das Zeitungslesen verpönt, den Töchtern der Familie ist es sogar verboten. Der Herr Papa entscheidet, was aus der Zeitung zu hören sich schickt, etwa ein Bericht über das Begräbnis des konservativen Politikers Disraeli (Perry) oder über die ergreifende Beisetzung Robert Brownings, obwohl man dessen Zurschaustellung seiner leidenschaftlichen Liebe zu Elizabeth wohl eher mißbilligen muß (Stubbs). Erst nach dem Tod ihres Ehemanns getraut sich Laura, eines der verpönten liberalen Blätter zu studieren.

Die Leser der Kriminalromane freilich müssen – besonders in Anne Perrys Romanen – mit den Protagonisten dahin, wo der Sumpf am tiefsten ist: ins London der Arbeitshäuser, in die Straßen, wo die verbrauchtesten Prostituierten ihre Körper gegen Almosen feilbieten, in schwülstige Bordelle – gegen entsprechende Summen werden dort abartige Neigungen jeder Art bedient –, in die Krankenhäuser, wo besoffene Pflegerinnen überfüllte Fäkalieneimer durch die stickigen Säle schleppen, ins London der Diebe und Hehler, aber auch an Baustellen und mit Faros Stiefsohn Dr. Laurie in die Unterkünfte von Arbeitern oder Komödianten oder in schottische Bauernkaten. Als Amberleigh dem ermordeten Freund die Ehre der Totenwache erweist, wird ihr zum ersten Mal bewußt, daß die Iren in Irland ein eigenes Leben leben, das mit dem der englischen Schloßbewohner wenig gemein hat. Stubbs konfrontiert uns in *Das gemalte Gesicht* (Bastei Lübbe) mit dem Milieu Pariser Edelmätressen, mit deren Bangen um den nächsten Tag, der Angst vor dem Schwinden ihrer Anziehungskraft und den Sorgen um das Wohl ihrer Nächsten.

Nach Ausflügen in solche Gegenwelten erscheinen die selbstgerechte Behaglichkeit der Bürgerhäuser und mehr noch die müßige Extravaganz der allerersten Adressen einfach unerträglich. Lesend freut man sich, wenn es der durch Pitts Erzählungen sensibel, klarsichtig und mutig gewordenen Charlotte gelingt, Frauen aus ihrer Bekanntschaft auf soziale Ungerechtigkeit, auf Kinderarbeit und Kindesmißbrauch aufmerksam zu machen, freilich nur mit der vagen Hoffnung, daß es diesen Damen dann auch gelingt, die männlichen Mitglieder ihrer Familien für ihre Gedanken einzunehmen und so die Chancen für die von Tante Vespasia betriebenen Gesetzesvorlagen zur Verbesserung der Lage der Ärmsten zu erhöhen.

Wie Ruhezonen sind heimelige Inseln in die Romane eingebaut: Im Heim von Thomas und Charlotte Pitt legt nicht nur der Inspector sein unerquickliches Tagewerk weg, auch die Leser freuen sich über die Wärme, das hübsch geschrubbte Töchterchen, den Teller nahrhafter Suppe und die Achtung zwischen den Ehegatten. Inspector Lintott liebt seine Frau Bess und die Enkel, besonders schätzt er seine Tochter Lizzie, eine junge Frau mit störrischem Kopf, die sich mit den Suffragetten eingelassen hat. Einen Ort, an dem ich mich besonders aufgehoben fühlte, findet Lintott in Paris: ein kleines Restaurant um die Ecke mit einer Wirtin, die sich des Fremden annimmt und ihn mit einem »Pottoföh« über das Heimweh nach dem Irish Stew seiner Bess hinwegtröstet. Sein Geruch, wenn auch nur aus Druckerschwärze komponiert, kitzelt die Nasen so sehr, daß empfänglichen Lesern abendliche Ausschweifungen drohen – vielleicht Spiegeleier mit Speck?

Als Leserin fürchtet man sich allmählich vor jedem Mann auf der Straße und vor den Bekannten – den Verehrern der eigenen Schwester, dem Pfarrer mit den kalten Augen und den salbungsvollen Sprüchen – besonders.

Über dieser komplexen Massengesellschaft schwebt Queen Victoria: »...man heiligte den Sonntag, ehrte Königin und Vaterland...« (Stubbs) oder »God save the Queen, lange schlage ihr altes, von Baumwolle umhülltes Netz« (Douglas). Bei einer Wanderung auf Dickens' Spuren läßt Amy Myers zwei ihrer Personen über eine Erinnerungstafel zum 50sten Regierungsjubiläum der Queen stolpern, das bereits zwölf Jahre zurückliegt, und Victoria herrscht immer noch. In *To kill a Queen* vereitelt Knights Inspector Faro gar einen Anschlag auf ihr Leben.

Die unaufdringliche Präsenz der alten Queen kann man lesend nicht abschütteln, sie hält einen da, wo die Autorinnen ihre Leser hin haben wollen: im viktorianischen Großbritannien voller Widersprüche und Ungerechtigkeiten, mit seinem blühenden Handel, seinen Kriegen, der rasanten technischen und wissenschaftlichen Entwicklung, in dem Land sozial engagierter Dichter, der *Fabian Society*, wo Suffragetten um das Wahlrecht streiten, in einer Zeit, deren Selbstgerechtigkeit und menschliche Unaufgeklärtheit gegenüber den Frauen und jeder Form von Anderssein einen heute noch das Gruseln lehren kann. Wenn Anne Perry und ihre Kolleginnen das *Gaslight* und den Nebel beschreiben, wenn sie *Hansoms* oder Eisenbahnen rollen lassen und hauchdünne Gurkensandwiches an heißen Sommertagen servieren, dann also nicht mit der Absicht, für realitätsmüde Leser jene *old English atmosphere* aus knarrenden Dielen, *Scones* und Kaminfeuer zu kreieren, in die man sich an einem verregneten Sonntag wie in eine Decke einrollen kann. Sie brauchen die ganze Palette viktorianischer Lebensumstände, damit sie deren brodelnde Innenwelt und die Verbrechen, die darin lauern, entfalten können.

Was trieb die Menschen zur Zeit der Queen Victoria zum Mord? Mangels Polizeiakten aus jenen Tagen bieten sich Agatha Christies Miss Marple oder auch Maud Silver von Patricia Wentworth als Gewährsleute an, die zwar nicht mit ihrer selbständigen Lebensweise, aber mit ihrem Denken und Fühlen im viktorianischen Zeitalter wurzeln. In ihren Fällen erklären sich Morde sehr oft aus materiellem Neid. Wo Erbschaften winken oder gar Enterbung droht, werden böse Menschen zu Mördern. Miss Silver läßt zur Verwirrung ihrer Leser oft mehrere Figuren gleichzeitig nach dem Geld des Ermordeten streben. Der Leser hat die Qual der Wahl, und warum dann ausgerechnet der – als Mörder eigentlich nicht zugelassene – Butler zum »Elfenbeindolch« greift, bleibt ein bißchen geheimnisvoll. Christie strickt stets eine Fülle anderer Motive: Zurücksetzung, Eifersucht, alte Rachegelüste, verschmähte Liebe, Gefühle also, die Menschen mit der gleichen Wahrscheinlichkeit wie Geldgier zum Mord treiben können. Aber nur in wenigen Fällen, z. B. in Miss Marples furioser Abschiedsvorstellung *Ruhe unsanft* (Scherz), ziehen derartige Anwandlungen tatsächlich Mordtaten nach sich.

Ganz anders bei den Fällen, in denen Hester Latterly, Tante Vespasia, Charlotte und auch Amberleigh ermitteln. Da bildet die Mordtat nur die Leuchtkugel, die die eigentlichen Verbrechen hinter der vordergründig empörenden Gewalttat signalisiert. Darunter befinden sich Unrechtshandlungen, die im Rechtskodex von Christie und Wentworth, und erst recht in der realen viktorianischen Zeit, kaum als Verbrechen begriffen werden konnten: Verbrechen an der Identität und Integrität von Menschen.

In Perrys *Der Würger von der Cater Street* (DuMont) werden junge Frauen im Dämmerlicht des hereinbrechenden Abends erwürgt, die Kleider werden ihnen heruntergerissen, und sie weisen Verletzungen an der Brust auf. Es sind Dienstmädchen, die Tochter eines Küsters und auch zwei junge Frauen aus angesehenen Mittelstandsfamilien, darunter Sarah, die ältere Schwester von Charlotte Ellison. Ein Wahnsinniger scheint unterwegs zu sein. Im Ermittlungsprozeß, den Thomas Pitt führt, werden gutgehütete Geheimnisse aufgedeckt: Der Familienvater hält seit 24 Jahren eine Geliebte in einer Wohnung um die Ecke aus, Sarahs Mann Dominic besucht nicht nur Bordelle, er hatte auch ein Verhältnis mit dem Hausmädchen Lily, einem der Mordopfer. Auch wenn es sich nicht um körperliche Verletzungen handelt: Das Verhalten der Männer versehrt Frauen Tag für Tag. Sind alle Männer – gefangen in der Doppelmoral der viktorianischen Ära – potentielle Frauenmörder? Als Leserin fürchtet man sich allmählich vor jedem Mann auf der Straße und vor den Bekannten – den Verehrern der eigenen Schwester, dem Pfarrer mit den kalten Augen und den salbungsvollen Sprüchen – besonders. Letztendlich handelt es sich um eine Täterin: um eine lesbische Frau, die ihrem Anderssein zu entkommen sucht, indem sie tötet, was ihre Sehnsucht erweckt.

New Scotland Yard – vollendet 1892

Wohin mit den unterdrückten Gefühlen, wohin mit den Bedürfnissen nach Liebe und Sexualität, die nicht der gesellschaftlichen Konvention entsprechen? In Perrys *Die Frau in Kirschrot* (Heyne) geht es um einen Transvestiten, in *Eine Spur von Verrat* (Goldmann) und *Ein Mann aus bestem Hause* (Heyne) um einen inzestuösen Mißbrauch an Jungen. Stubbs' Laura ist mit einem Mann verheiratet, der in seiner Beziehung zu einem lockigen Strichjungen erstmals die Liebe und Leidenschaft erlebt, um die sich seine Frau in ihrer Ehe gänzlich betrogen fühlt. Nicht sein können, was man ist, führt zu Vergewaltigungen in den lavendelduftenden Betten – Erben müssen um jeden Preis her – und zu eisiger Kälte hinter den samtenen Bettvorhängen zwischen den nach ökonomischen Erwägungen zusammengespannten Ehepartnern. Leidenschaftliche Liebe zu einem Mann, der die heimliche Affäre wegen seiner bevorstehenden Heirat beendet, evoziert eine wilde Mordserie mit Schere in *Nachts am Paragon Walk* (DuMont). In *Rätsel um Amberleigh* rächt sich eine von ihrem Mann vernachlässigte Frau stellvertretend an anderen Männern. Perry erfindet eine Frauenfigur, die ihre eigenen Kinder mordet, weil sie sie von ihrem syphilitischen Ehemann empfangen hat und ihnen ein Leben im Schatten dieser Krankheit ersparen will. Und selbst die spielerisch-ironischen Krimis von Myers drehen sich um Mädchenhandel in *Mord unterm Tannenzweig* (Aufbau), um gebrochene Heiratsversprechen oder um Liebe, deren Erfüllung in einer Ehe durch Informationen über das Vorleben der Fast-schon-Braut zu scheitern droht.

Die Leichen, die entdeckt werden, sind so etwas wie Schlüssel zur siebten, zur verbotenen Tür, hinter der sich die schrecklichen, unbegreiflichen Gelüste und Begierden Blaubarts verbergen.

Der viktorianische Kriminalroman von heute spielt mit der Besinnung auf jene Gesellschafts-, Schauer- und Sensationsromane, aus denen das Genre der Kriminal- und Detektivliteratur in der zweiten Hälfte des 19. Jahrhunderts allmählich herausgewachsen ist.

Gleichgeschlechtliche Neigungen oder innerfamiliärer Mißbrauch wurden in der viktorianischen Gesellschaft totgeschwiegen. Ihr Bekanntwerden bedeutete den sozialen Ruin und einen Skandal, unter dem die ganze Familie zu leiden hatte, ohne große Unterscheidung zwischen dem Täter, seinen Opfern und den Familienangehörigen, die Anklage erhoben oder Zeugenaussagen machten. »Nie hinter die Masken, die man zeigt, blicken zu wollen«, hält der kluge Perry-Herausgeber Neuhaus für ein unverbrüchliches Gesetz der gehobenen viktorianischen Gesellschaft. Nicht fragen, so tun als ob bis zur Selbstverleugnung, darin zeigen sich vollendete Manieren und vor allem eine vorbildliche weibliche Erziehung. Deshalb schreitet der Detektionsprozeß oft quälend langsam voran. Es herrscht eine gespannte Dumpfheit, bis die Untaten ans Licht kommen, die sich hinter der spektakulären Mordtat versteckten. Diese besondere Mischung aus Spannung und Im-Kreis-Gehen will – besonders in der Monk- und Latterly-Serie von Perry – beim Lesen durchgehalten sein. Kann man als Lohn der Geduld die Täter, die schließlich Gesicht und Namen erhalten, aus tiefstem Herzen verabscheuen? In vielen Fällen sind sie, wie ihre Opfer, Produkt eines grausamen *comme il faut*, getrieben von der Angst um ihr gesellschaftliches Ansehen, von dem ihre wirtschaftliche und öffentliche Stellung in der Welt und die gesicherte Existenz ihres Haushalts abhängt. Gerechtigkeit ist daher etwas sehr viel Komplizierteres, als es uns die Krimiautorinnen der Zwischenkriegszeit vermittelten: Weder die Verhaftung und Aburteilung noch die Selbstrichtung oder das gelegentliche Entkommen der Mörderinnen oder Mörder bringen die aus dem Gleichgewicht geratene Welt wieder in Ordnung. Eher hilft der schon zitierte Teller Suppe, den Charlotte Pitt ihrem Thomas vorsetzt.

Wie können solche Verbrechen in Romanen über eine Zeit recherchiert werden, in der die Akzeptanz und die Befugnisse der Polizei in *besseren* Häusern außerordentlich beschränkt waren? Objektives Beweismaterial, z.B. den Nachweis von Blut- oder Spermaspuren in Fällen von Mißbrauch, kannte man noch nicht. Wahrhaftige Zeugenaussagen waren schwer zu erlangen: Denn auch Zeuginnen und Zeugen setzten ihre gesellschaftliche Reputation aufs Spiel, und außerdem – wo sollte man die Worte für das hernehmen, von dem vor allem die Fräulein und Damen gar nichts wissen durften?

Um ihre Ermittlungen betreiben zu können, lösen sich fast alle Autorinnen vom Ein-Detektiv-Schema. Statt dessen konstruieren sie ein Paar oder sogar eine Dreiergruppe, die teils miteinander, teils in Konkurrenz zueinander die Ermittlungen betreiben. Die mit der Aufklärung betrauten Figuren gehören in keine der vorgeführten Welten der viktorianischen Gesellschaft. Sie sind echte Grenzgänger. Untereinander entfalten sie eine Arbeitsteilung, die ihnen, wenn auch oft mit Tricks und Täuschungen, zu allen Welten Zutritt verschafft. Daher rutscht auch keine dieser Figuren in eine Berichterrolle à la Watson.

Anne Perry bevorzugt gemischtgeschlechtliche Teams: Die Männer – Pitt, Monk, Rathbone – sind Polizeiinspektor, Privatermittler und Jurist. Sie kennen sich mit den Gesetzen und den Verbrechern aus, haben Gewährsleute, durch die sie Informationen aus der Prostituiertenszene, dem Gauner- und Hehlermilieu erhalten können. Sie können die polizeiärztlichen Informationen verstehen, haben eine gute Beobachtungsgabe und eine unendliche Geduld, wenn sie eine Fährte wittern oder ständig drohende vorschnelle Verurteilungen verhindern wollen. In den *besseren* Häusern endet ihre Macht recht bald, denn die männlichen Detektive haben kaum Zutritt zum Damensalon. Auch die Bibliothek der Hausherren öffnet sich ihnen nicht leicht, selbst wenn sie sich, wie Pitt und Monk, über *the voice*, die durch Erziehung erworbene Ausdrucksweise und Intonation der englischen Oberschicht, empfehlen. Die Befragung des Dienstpersonals kann ihnen allerdings nicht verwehrt werden.

Geduldig zu verfolgen, wie sie dieser – in der Regel unwilligen oder ungebildeten – Gruppe von Zeugen immer wieder die gleichen Fragen stellen, und selbst zu entdecken, welche Aussage ein Quentchen Wahrheit enthüllt, kann ein Vergnügen beim Lesen sein. Die Inspektoren von Knight und Myers – Faro und Rose – haben männliche Adlaten, die durch ihren Beruf ungezwungeren Umgang mit den Reichen und Mächtigen pflegen können. Faro hat seinen Stiefsohn Dr. Laurie, der als Arzt in den Villen ebenso wie in den Behausungen der Armen ein- und ausgeht. Inspector Rose von Scotland Yard schätzt die Zusammenarbeit mit Auguste Didier, einem Meisterkoch, den in der lockeren Umgebung von Restaurants und Hotels sogar der Prince of Wales gelegentlich eines Satzes würdigt.

Mit der Installation von Charlotte Pitt und Hester Latterly an der Seite ihrer Detektive gelang Anne Perry ein Glücksgriff. Sie stammen zwar aus *besseren* Familien, sind aber an den Rand der Gesellschaft geraten: die temperamentvolle und respektlose Charlotte durch ihre unstandesgemäße Liebesheirat mit einem Polizeiinspektor; Hesters Vater verlor sein Vermögen durch Betrug und ließ sie unversorgt zurück. Beide finden Mittlerinnen, um in die Salons zu gelangen, die zur Aufklärung eines Falles besucht werden müssen: Charlotte ihre mit einem Lord verheiratete jüngere Schwester Emily oder dessen Tante Vespasia aus dem Hochadel, eine in Wohltätigkeitskomitees einflußreiche Dame mit fabianischer Anteilnahme am Los der Benachteiligten. Hester kommt die Lazaretterfahrung zugute, die sie im Krimkrieg an der Seite von Florence Nightingale sammelte. Sie gilt den sozial interessierten Damen der *guten* Gesellschaft als lehrreiche Gesprächspartnerin, und manchmal kann sie sich als private Krankenpflegerin in Haushalte einschmuggeln. Bei Douglas nimmt Amberleigh eine ähnliche Position des Innen und Außen ein. Sie wird aus einer Gouvernantenstelle in Boston zurückgerufen, um ihrer adeligen Freundin aus der Schulzeit, Elaine St. Clare, als Gesellschafterin zu dienen.

All diese Damen profitieren von dem Wissen ihrer Autorinnen, die aus den Detektionserfahrungen einer Miss Marple und Maud Silver eine Menge gelernt haben: selbst unter den fadenscheinigsten Vorwänden Besuche zu machen, harmlose Gespräche zu inszenieren, wohltätige Themen zu besprechen oder Unterschriftenlisten herumzureichen, sich wie ein Mauerblümchen an der Wand entlang zu drücken, aber auch den Moment zu erkennen, an dem Direktheit angeraten ist, selbst wenn dann das Risiko gesellschaftlicher Ächtung droht. So bildet sich in Perry-Romanen oft eine Art von Frauennetzwerk auf dem Weg zur Entlarvung des Täters oder der Täterin. Weil diese Frauenfiguren am Rande der *guten* Gesellschaft von Band zu Band an geistiger Unabhängigkeit gewinnen, ist ihre unkomfortable Lage für die Krimileser von unschätzbarem Vorteil: Sie erlaubt ihnen einen Blick ins Innerste der gehobenen Haushalte, der zugleich begreifend und unvoreingenommen sein kann. Durch das Nebenzimmer einer männlichen und einer weiblichen Perspektive im Ermittlungsprozeß entsteht, vor allem bei Anne Perry, ein dichtes Bild. Aber auch die Autorinnen der anderen viktorianischen Krimis bemühen sich, weibliches und männliches Erleben im Aufbau ihrer fiktiven Realität zu schichten. Weibliche Leser mögen genießen, daß sie in den Romanen Frauenfiguren finden, mit denen sie über potentielle Täter in Ruhe brüten können. Und auch unter den Männern findet sich in jedem Roman einer, der seiner Zeit ein wenig voraus ist.

Viktorianische Krimis fallen nicht immer gleich mit der Leiche ins Haus. Den konsequentesten Krimistil pflegt Alanna Knight. Aber in Myers' *Mord als Vorspeise* kann man das Opfer früh identifizieren und wartet dann Seite um Seite, bis es endlich als Leiche daliegt. Douglas' Heldin Amberleigh muß erst Vater und Vermögen verlieren, als Gouvernante nach Amerika gehen, unter schauderhaften Umständen bei der Geburt eines illegitimen Kindes Beistand leisten, bevor das Mordopfer – jenseits von Seite 300 – hilft, die verrückten Unterströmungen in den Beziehungen der Familie St. Clare zu verstehen. Bei Anne Perry und Jean Stubbs bildet die eigentliche Krimihandlung eine Art sicheres Seil, um das sich Schilderungen und Nebenstränge ranken. Der viktorianische Kriminalroman von heute spielt mit der Besinnung auf jene Gesellschafts-, Schauer- und Sensationsromane, aus denen das Genre der Kriminal- und Detektivliteratur in der zweiten Hälfte des 19. Jahrhunderts allmählich herausgewachsen ist. In der Konstruktion von Passagen und Handlungssträngen, die konsequent aus Frauensicht entwickelt sind, haben die Autorinnen sicherlich nicht nur von Christie und Wentworth, sondern auch von der imponierenden Riege der frühen englischen Romanschriftstellerinnen gelernt, vor allem von Jane Austens wunderbar dichter und witziger Wohnzimmerperspektive oder den Schilderungen aus dem Schul- und Lehrerinnenleben der Brontës. Wem die Literatur des letzten Jahrhunderts Vergnügen bereitet, wird auch den heute nachgeborenen Viktorianerinnen und Viktorianern Schauder, Spannung und Amüsement abgewinnen können. Zur Flucht aus der Gegenwart eignen sich die hier vorgestellten Romane weniger. Denn Charlotte und Hester fragen recht deutlich, ob die leidvollen Fallen der Geschlechterbeziehungen nach wie vor zuschnappen; Pitt und Monk wollen Auskunft, wieweit die Übel der sozialen Ungleichheit ihrer Zeit in unserer Wirklichkeit überwunden sind. Da kommt man immer noch eher ins Grübeln als ins Träumen – oder wie ist das bei Ihnen?

Meine Hitliste
Zum Einstieg eignen sich
1 Anne Perry: Der Würger von der Cater Street. Erster Band der Charlotte- und Thomas-Pitt-Serie 2 Anne Perry: Das Gesicht des Fremden. Erster Band der William-Monk- und Hester-Latterly-Serie 3 Carol Nelson Douglas: Rätsel um Amberleigh 4 Amy Myers: Mord als Vorspeise 5 Alanna Knight: A quiet Death.

KRIMIBAUKASTEN: DIE GERICHTSKRIMI-VARIANTE »DIE FESSEL DER WAHRHEIT« (USA, AB 1990)

Nach Scott Turow und John Grisham sowie nach Motiven von Erle Stanley Gardner

❶ *Erster Satz:*
Sie war wirklich gut im Bett, eine heißblütige Amazone, die ihre Lust hinausschrie wie eine brünstige Tigerin.

Was passiert:
John Doe, 28, hat einen erstklassigen Juraabschluß in Harvard gemacht und tritt als Juniorpartner in die angesehene Kanzlei der Brüder Erle und Stanley Gardner ein. Er verliebt sich in Erles Tochter Della, darüber kommt es zu Differenzen mit ihrem Vater. Dann wird Stanley ermordet in der Kanzlei aufgefunden. Verdächtig ist sein Bruder Erle, der verhaftet und von der karrieresüchtigen Staatsanwältin Mavis Right des Mordes angeklagt wird. Natürlich übernimmt John die Verteidigung des Schwiegervaters in spe. Zugleich merkt John, daß seine Verlobte Della sich seltsam verändert. In einem brillanten Kreuzverhör kann er die Hauptbelastungszeugen der Staatsanwältin erschüttern. Staatsanwältin Mavis Right nimmt daraufhin den Angeklagten Erle Gardner so scharf ins Verhör, daß der alte Mann einen Herzinfarkt erleidet. Bevor er stirbt, vertraut er John einen schrecklichen Verdacht an: Er meint, seine Tochter Della habe seinen Bruder umgebracht und bewußt den Verdacht auf ihn gelenkt, um endlich in den Besitz der Kanzlei zu kommen. Nachforschungen, die John anstellt, bestätigen den Verdacht. Verzweifelt sucht John einen Ausweg aus diesem Dilemma: dem Streben nach Gerechtigkeit und seiner Liebe zu Della. In seinem inneren Kampf steht ihm Staatsanwältin Mavis Right bei, und John findet endlich die Lösung: Er läßt sich von ihr als Zeuge aufrufen und belastet mit seiner Aussage schonungslos Della, die noch im Gerichtssaal verhaftet wird.

Letzter Satz:
»Einspruch abgelehnt!« sagte Mavis und zog John wieder ins Bett.

11.

VON PROFIS UND AMATEUREN

Krimimilieus

Zum Entsetzen von Dawson Grange verliebte sich seine Tochter Imogen in einen Nichtsnutz mit Namen Archie Butler. Butler und Grange haßten sich vom ersten Augenblick an, und obwohl sie jeden Samstagmorgen zusammen auf den verschlungenen Wegen von Granges Landsitz ausritten, ritten sie in völligem Schweigen, während jeder davon träumte, daß der andere vom Pferd stürzen und sich das Genick brechen würde.

Das geschah dann schließlich an einem Samstag morgen. Granges großer Hengst kehrte ohne Reiter zu den Ställen zurück. Ungefähr fünfzehn Minuten später kam Butler auch an.

»Grange wurde von einem überhängenden Ast vom Pferd geworfen«, erzählte er. »Da ging mein Pferd durch. Als ich es wieder unter Kontrolle hatte, hielt ich es für sinnvoller, Hilfe zu holen, als zurückzureiten und ihn zu untersuchen, denn das hätte bestimmt zehn bis fünfzehn Minuten gedauert. Außerdem bin ich ja kein Arzt.«

Was halten Sie von Archies Aussage?

FRAGEN

1. Waren beide Pferde am Traben, als sie sich dem Ast näherten?
Ja – Nein
2. Welches war Granges Pferd?
A – B
3. Ist Granges Pferd durchgegangen?
Ja – Nein
4. Ist Archies Pferd durchgegangen?
Ja – Nein
5. Glauben Sie, daß Grange zum Baum hin abgedrängt wurde?
Ja – Nein
6. Wurde Grange von dem Ast vom Pferd gestoßen?
Ja – Nein
7. Gibt es einen Grund, Butler zu verhaften?
Ja – Nein

Bei »Ja« erklären Sie bitte, warum.

1. Ja. Die Hufspuren zeigen trabende Pferde.
2. Pferd B, das auf der rechten Seite.
3. Ja. Die Hufspuren wechseln beim Ast des Baumes von Trab in Galopp.
4. Nein, es trabte weiter, als ob nichts geschehen wäre.
5. Ja. Anscheinend hat Archies Pferd das von Grange abgedrängt, so daß er nahe am Baum vorbeireiten mußte und unter den Ast geriet. Scheinbar hat Archie das mühelos geschafft, er konnte offensichtlich gut reiten.
6. Ja. Seine Mütze wurde ihm vom Kopf geschlagen und blieb an einem Zweig hängen.
7. Ja. Er zwang Grange, unter den Zweig zu reiten und nach dessen Sturz trabte er einfach weiter und kümmerte sich nicht darum, was geschehen war. Er brauchte eine Viertelstunde länger als Granges Pferd, um zum Stall zurückzukommen.
Archie wurde wegen Totschlag angeklagt, doch die Jury sprach ihn frei. Aber trotzdem endete es nicht so, wie er es sich wohl gewünscht hätte. Die trauernde Imogen verließ ihn und heiratete einen Mitgiftjäger.

Der braune Hengst

Tatort Couch

Von Edith Kneifl

Und wir vergessen,
weil wir müssen,
Und nicht,
weil wir wollen.
»Absence«,
Matthew Arnold
(1822–1888)

Die Popularität von Kriminalgeschichten, nicht nur im angloamerikanischen Raum, sondern auch bei uns, ist ein psychologisch interessantes Phänomen. Eigentlich hat die Kriminalliteratur nur wenig Neues zu bieten. Der Genuß und die Befriedigung scheinen in bestimmten Grundelementen zu liegen, die in fast jedem Krimi präsent sind.

Die Kriminalgeschichte und im speziellen die Detektivgeschichte bieten in phantasierter Form Handlungen und Gefühle der »primitivsten« Art: Mord, Schuld und Rache.

Ein Verbrechen wurde begangen, und der Detektiv sucht und überführt den Verbrecher. Der Verbrecher und der Detektiv sind fast nie ein und dieselbe Person. In diesem Sinne ist Sophokles' *Ödipus Rex* keine Detektivgeschichte, und doch hat sie mit dieser viel gemein.

Die Kriminalliteratur beschäftigt sich mit ganz ähnlichen Themen wie die klassische Psychoanalyse: mit dem ödipalen Verbrechen, seiner Aufdeckung und der damit verbundenen Entdeckung der Schuld und der Angst.

Sigmund Freud selbst machte in einer Vorlesung für Jurastudenten auf die Analogie zwischen dem Verbrecher und dem Analysierten aufmerksam:

»Bei beiden handelt es sich um ein Geheimnis, um etwas Verborgenes. Aber beim Verbrecher handelt es sich um ein Geheimnis, das er weiß und verbirgt, beim Analysierten um ein Geheimnis, das auch er selbst nicht weiß. Die Aufgabe des Therapeuten ist aber die nämliche wie die des Untersuchungsrichters; wir sollen das verborgene Psychische aufdecken und haben zu diesem Zwecke eine Reihe von Detektivkünsten erfunden, von denen uns also jetzt die Herren Juristen einige nachahmen werden.«

Aber nicht nur die Arbeit des Detektivs erinnert an die Arbeit des Psychoanalytikers. Als Autor vertraut man auf die unbewußten Wünsche der Leser. Man stellt ein Identifikationsmodell her, durch das sich der Leser mit dem Guten identifizieren und das Böse den anderen zuschreiben kann oder aber umgekehrt; auch der Schuldige, gejagt von Schriftsteller und Detektiv, besitzt nicht selten einen Doppelgänger im Leser.

Bei der Lektüre von Kriminalromanen fühlt man sich in ein Leben versetzt, zu dem einem in der Realität meist der Zutritt verwehrt ist. Das gilt natürlich für jede Art von Unterhaltungsliteratur. Alles Lesen zum Vergnügen und zur Unterhaltung ist eine Flucht (Raymond Chandler). Hinter dem weitverbreiteten Bedürfnis nach Ablenkung von der Monotonie des Alltags verbirgt sich jedoch Angst. Das Gefühl der Langeweile, der Monotonie und Eintönigkeit ist, laut Erich Fromm, Ausdruck einer tieferen Angst.

»Ein Reisender, der im Zug einen Detektivroman liest, vertreibt zeitweilig die eine Angst durch eine andere. Reisende fürchten die Ungewißheit der Reise, der Ankunft am Ziel, und das, was geschehen wird, wenn sie angekommen sind. Sie können diese Angst zeitweilig vertreiben und vergessen, indem sie sich in unschuldige Ängste um Verbrechen und Verbrecher verstricken lassen, die mit ihrem persönlichen Schicksal nichts zu tun haben.« (Walter Benjamin)

Aber in Krimis werden nicht nur Ängste aufgebaut, um am Höhepunkt der Spannung aufgelöst zu werden, was dem Leser eine erfreuliche Entspannung und Erleichterung verschafft, sondern der Leser kann auch durch Identifikation mit dem Täter, Opfer oder Detektiv seinen eigenen aggressiven oder masochistischen Impulsen nachgeben, seinem Voyeurismus freien Lauf lassen und seine infantile Neugier befriedigen.

Tatsächlich erschweren jedoch die Konventionen und Klischees der Kriminalliteratur die Identifikation mit den geschilderten Charakteren. Zum Beispiel wird die Arbeit des Detektivs üblicherweise als eher ermüdende Routine dargestellt. Und obwohl der Detektiv meist sowohl ein Genie als auch eine dominante Persönlichkeit ist, wird er häufig als alkoholabhängig oder gar drogensüchtig beschrieben. So mancher ist außerdem extrem fett oder extrem dünn, versnobt oder pedantisch oder seltsam versponnen.

Sollte sich der Leser dennoch mit dem Detektiv identifizieren, winkt ihm als Belohnung ein mächtiges und untadeliges Über-Ich. Und er darf sogar die Überlegenheit und die intellektuellen Leistungen des Detektivs genießen, ohne das Problem zu haben, sich diese Fähigkeiten selbst aneignen zu müssen.

»Bei beiden handelt es sich um ein Geheimnis, um etwas Verborgenes. Aber beim Verbrecher handelt es sich um ein Geheimnis, das er weiß und verbirgt, beim Analysierten um ein Geheimnis, das auch er selbst nicht weiß. Die Aufgabe des Therapeuten ist aber die nämliche wie die des Untersuchungsrichters; wir sollen das verborgene Psychische aufdecken und haben zu diesem Zwecke eine Reihe von Detektivkünsten erfunden, von denen uns also jetzt die Herren Juristen einige nachahmen werden.« Sigmund Freud

Auch das Opfer im Kriminalroman ist fast nie sympathisch. Im Leben war es oft grausam, heimtückisch, egoistisch oder geizig. Außerdem hat es meist nur einen sehr kurzen, aber zugegeben sehr dramatischen Auftritt als Leichnam. Durch die Identifikation mit dem Opfer kann der Leser jedoch seine masochistischen Tendenzen zumindest in der Phantasie ausleben. Und manchmal wird ihm dabei sogar das seltene Vergnügen gewährt, seinem eigenen Begräbnis beiwohnen zu dürfen. In der Identifikation mit dem Opfer wird er auch, je nach Plot, die alten Ängste wieder und wieder durchmachen und dadurch zu bewältigen versuchen.

Als verfolgter Täter hingegen darf er in Verfolgungsängsten schwelgen, außerdem erlaubt ihm diese Rolle, seine aggressiven und sadistischen Gelüste wenigstens in der Phantasie auszuleben, z. B., indem er sich ganz fürchterlich für die schwere narzißtische Kränkung rächt, die er in früher Kindheit erfahren hat. Doch die Identifikation mit dem Täter wird dem Leser ebenfalls nicht gerade leichtgemacht, und nicht nur, weil die Täter, vor allem in letzter Zeit, oft pathologisiert werden.

»Offensichtlich« werden diese Identifikationsprozesse in Kriminalromanen, in denen die Verbrecher im psychoanalytischen oder psychiatrischen Mileu spielen.

»Die Beobachtung sexueller Szenen zwischen Erwachsenen erzeugt beim Kind einen hohen Grad von sexueller Erregung und den Eindruck, daß Sexualität etwas Gefährliches ist...« Sigmund Freud

Fiktive Psychoanalytiker, Psychiater oder Psychotherapeuten übernehmen die drei für jeden Kriminalroman unabdingbaren Rollen: Täter – Opfer – Detektiv.

Auch »psychoanalytische Fallstudien«, wie *Marnie* (Piper), die einfühlsame Geschichte einer gefühlsarmen Kleptomanin von Winston Graham, und *Psycho*, die großartige Schizophreniestudie von Robert Bloch, die Alfred Hitchcock als Vorlagen für seine Filme verwendete, veranschaulichen die Nähe zwischen diesen beiden auf den ersten Blick anscheinend so verschiedenen Genres.

Aber weder die versuchte Bewältigung von Angst noch die Identifikation mit den verschiedenen Charakteren und die dadurch ermöglichte harmlose Abreaktion der eigenen Aggressionen oder masochistischen Neigungen erklären hinreichend die weitverbreitete Leidenschaft für Krimis. Der wesentlichste Aspekt der Kriminalgeschichte ist ein anderer: Es wird eine intensive Neugier erweckt.

Die menschliche Fähigkeit zur Neugierde erreicht ihren ersten und intensivsten Ausdruck anläßlich der *Urszene.*

»Die Beobachtung sexueller Szenen zwischen Erwachsenen erzeugt beim Kind einen hohen Grad von sexueller Erregung und den Eindruck, daß Sexualität etwas Gefährliches ist...« (Sigmund Freud)

Und hier findet sich das wichtigste Element der Detektivgeschichte wieder: *das geheime Verbrechen!*

Wenn Kinder Zeuge von sexuellen Aktivitäten Erwachsener werden, so hat dies eher negative Folgen. Sigmund Freud bezeichnete diese Erfahrung als traumatisch, weil sie beim Kind eine überflutende Erregung erzeugt. Solange diese Erregung nicht entladen werden kann, verwandelt sie sich in Angst. Außerdem tendiert das Kind dazu, die Bedeutung des Geschlechtsaktes falsch zu interpretieren, ihn als brutalen Angriff des Mannes auf die Frau zu sehen. Solche Mißinterpretationen prägen dann häufig seine spätere Haltung gegenüber der Sexualität. Zusätzlich mag auch der Anblick erwachsener Genitalien noch die Kastrationsangst schüren.

Kindliche Neugier, Angst und schwere narzißtische Kränkung zerstören auch beinahe das Kind *Jamey* (von Jonathan Kellerman, Bastei), das Kind, das zu viel wußte.

Durch die aktive Wiederholung der realen und/oder phantasierten gefährlichen Situation, die das Kind einst passiv und sehr schmerzhaft erduldet hat, versucht es, diese zu bewältigen, das ursprünglich traumatische Erlebnis unter seine Kontrolle zu bringen, seine Neugier und die in der Wiederholung erneut ausgelöste Erregung dieses Mal zu befriedigen.

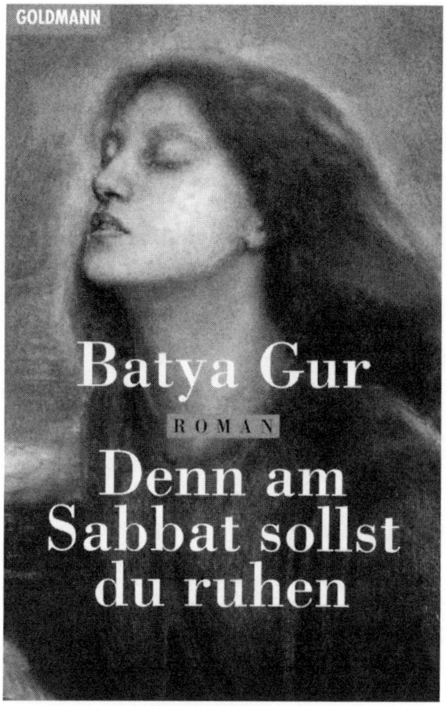

Der Psychoanalytiker Sandor Fenichel verbindet die Perversion des Voyeurismus mit dem zwingenden Bedürfnis, wieder und wieder Zeuge des Geschlechtsverkehrs zu sein. Sind vielleicht auch deshalb die literarischen Psychotherapeuten meist detektivisch unterwegs? Psychotherapeuten und Detektive werden nur selten zu Tätern, so wie ein Kind in der Urszenensituation niemals zum Täter wird. Batya Gur wagt es allerdings, den Spieß umzukehren. Ihre Mörderin in *Denn am Sabbat sollst du ruhen* (Goldmann) ist eine »Schülerin«, repräsentiert das »unschuldige« Kind. Ein fast perfekter Muttermord: Elektra tötet Klytämnestra allein, braucht Bruder Orest nicht mehr. Außerdem findet ein interessanter Rollentausch statt: Kommissar Michael Ochajon übernimmt die Rolle des Psychoanalytikers, stellt ähnliche Fragen, deutet die Antworten der verdächtigen Psychoanalytiker und kommt zu ähnlichen Schlußfolgerungen wie diese.

In *Gefährliche Praxis* (Eichborn) von Amanda Cross dient die Analysecouch als Tatort, findet das ödipale Verbrechen auf der Couch, also wirklich im Bett, statt. Der Täter ist Arzt. Allerdings ist nicht der Psychiater der Täter, sondern nur sein Stellvertreter. Wie herrlich doppelbödig klingt da sein Ausspruch:

»Ich habe nicht gesagt, ich hätte etwas gegen Freud.«

In *Eine Seele von Mörder* (Rowohlt) von P. D. James stehen gleich mehrere Psychiater unter Mordverdacht. Der wahre Mörder ist zwar nicht immer der Gärtner, aber schon gar nicht der Psychiater. Die Opferrolle wird ebenfalls höchst selten einem Psychotherapeuten zugeschrieben. Die Ausnahme: *Tod eines Therapeuten* (Econ) – eine Vatermordgeschichte, geschrieben von der feministischen Autorin Gillian Slovo.

Wie erwartet, schlüpfen also die Therapeuten meist in die Rolle des Ermittlers, spielen Detektiv, wie zum Beispiel Jonathan Kellermans detekti-

visch begabter Psychiater Dr. Delaware (Bastei) oder auch Parker Prye (Diogenes), Margaret Millars Ermittler in ihren ersten drei Kriminalromanen. Sherlock Holmes nicht unähnlich, verkörpert er den kompetenten, beratenden Wissenschaftler, dessen Fähigkeit, komplizierte Aufgaben zu lösen, mit Exzentrizität, Witz und Verstand verknüpft ist.

Fran Dorf läßt in *Die Totdenkerin* (dtv) ebenfalls einen Psychiater als Detektiv agieren, allerdings verliebt sich Dr. Goldman in die mutmaßliche Täterin und verschwört sich mit ihr gegen das Opfer.

Die AutorInnen dieser im psychiatrischen oder psychotherapeutischen Milieu spielenden Romane sind meist selbst Psychologen (Fran Dorf), Ärzte (Leonard Simon), Psychoanalytiker oder zumindest mit solchen verheiratet (P. D. James, Batya Gur) oder liiert. Mehr oder weniger fundiertes Wissen über die Praxis ist also meist vorhanden. Und für »Eingeweihte« ist es natürlich sehr verführerisch, sich ausgerechnet auf dieses Milieu einzulassen.

»Kriminalschriftsteller sind die Psychoanalytiker der menschlichen Schattenseiten.« (Janwillem van de Wetering)

Die Motive von KriminalschriftstellerInnen sind den Motiven der LeserInnen von Krimis durchaus ähnlich. Auch bei uns spielen Angst sowie das Bedürfnis nach Ablenkung und die Flucht vor der Realität eine wichtige Rolle.

»Ich kann mir nicht vorstellen, wie all diejenigen, die nicht schreiben, komponieren oder malen, dem Irrsinn, der Melancholie und der panischen Furcht entgehen können, die zur Situation des Menschen gehören.« (Graham Greene)

Und Patricia Highsmith schrieb in *Suspense* (Diogenes), daß wahrscheinlich ein streng unterdrückter verbrecherischer Trieb in ihr wüten würde, weil sie sich so sehr für Verbrechen interessiere. Gleichzeitig beschrieb sie sich selbst als sehr gesetzestreuen und eher ängstlichen Menschen.

Sigmund Freud verglich den Dichter mit dem »Träumer am hellichten Tag« und sein Werk mit Tagträumen. Wenn er recht hatte, so muß man sich als KriminalschriftstellerIn fragen, warum die eigenen Tagträume immer so mörderisch ausfallen. Die unbewußt arrangierte Wiederholung der Urszene kann auch auf andere Art – ebenso in sublimierter Form –, zum Beispiel im leidenschaftlichen Lesen von Kriminalliteratur erfolgen. Auch der Liebhaber von Kriminalgeschichten versucht aktiv, traumatische kindliche Erfahrungen, die er einst passiv ertragen hat, wiederzubeleben und dadurch zu meistern. Traumatische Erfahrungen, die mit der Urszene zusammenhängen – die narzißtische Kränkung, die Verletzung der Selbstachtung –, können dazu führen, daß sich das Kind für ungeliebt und unliebenswert hält. Das Gefühl, ausgeschlossen und verraten worden zu sein, ist oft mit dem Gefühl, anatomisch minderwertig zu sein, verbunden, was wiederum dazu führt, den eigenen Körper herabzusetzen und sich selbst als unattraktiv zu empfinden. Grandiose exhibitionistische Wünsche sind ein durchaus übliches Ergebnis dieser Reaktion.

Die schwere narzißtische Kränkung mag beim unglücklichen Beobachter auch den Impuls hervorrufen, an einem der beiden betrügenden Elternteile Rache zu üben. Dieser Wunsch nach Rache kann verschiedene Formen annehmen, z. B. die Tendenz, die Eltern oder die elterlichen Stellvertreter und andere Liebesobjekte zu erniedrigen und zu demütigen.

Mit *Gespalten* bietet Leonard Simon eine sehr treffende und sehr direkte literarische Umsetzung dieser These. Urszenentrauma und Ödipuskomplex par excellence: Täuschung, narzißtische Kränkung, Verrat, Rache, Mord.

Felix Kiel alias Alan, Arthur, alias ..., eine multiple Persönlichkeit, als Kind vom Vater mißbraucht, vergewaltigt, mißhandelt, rächt sich an Elternobjekten, vor allem hat er es auf Ärzteehepaare abgesehen. In intensiven Sitzungen mit Jake und Claire, einem Psychoanalytikerpaar, kommen die verschiedenen Persönlichkeiten, die um die Kontrolle über ein und denselben Menschen kämpfen, und seine mörderischen ödipalen Phantasien ans Tageslicht. Die Rollen sind, wie gehabt, verteilt: Die mütterliche Analytikerin verteidigt den schizophrenen Täter, das einst unschuldige Kind. Der väterliche Analytiker steht auf seiten der Anklage. Der Ödipuskomplex wird doppelt und dreifach ausgeschlachtet: Die verheiratete Psychoanalytikerin hat ein Verhältnis mit einem väterlichen Freund, natürlich ebenfalls Analytiker, und wird am Ende auch noch schwanger – von ihrem Mann, schließlich ist der Autor US-Amerikaner.

»Ich kann mir nicht vorstellen, wie all diejenigen, die nicht schreiben, komponieren oder malen, dem Irrsinn, der Melancholie und der panischen Furcht entgehen können, die zur Situation des Menschen gehören.« Graham Greene

Bei kreativen Menschen findet der dynamische Druck dieser verdrängten, auf die Urszene bezogenen Phantasien oft Ausdruck in sublimierter Form, also in Form von künstlerischer Produktion.

Ein sehr gelungenes Beispiel dafür stellt nach Ansicht amerikanischer Psychoanalytiker der Film *Blow-up* von Michelangelo Antonioni dar: All diese Gefühle und all diese Reaktionen auf die Urszene, die ich vorhin skizziert habe, vor allem das Gefühl des Verrates und der narzißtischen Kränkung, der mörderische Drang nach Rache, die Gedächtnisstörung oder mangelnde Erinnerungsfähigkeit und das sich langsam lüftende Geheimnis, werden beobachtet und enthüllt durch das zudringliche Auge der Kamera, dem Voyeur per se.

In *Die Totdenkerin* beobachtet die Sekretärin Lilly Dunleavy gleich zu Beginn einen Mord, der einem Sexualakt gleicht. Die Beobachterin fühlt sich wie ein hilfloses Kind, unfähig zu handeln, gezwungen, das geheime Verbrechen mitanzusehen: Ein Mann tötet eine Frau, und der Mord wird von Fran Dorf tatsächlich mit ähnlichen Worten beschrieben wie ein Geschlechtsakt.

> **»Ein Reisender, der im Zug einen Detektivroman liest, vertreibt zeitweilig die eine Angst durch eine andere. Reisende fürchten die Ungewißheit der Reise, der Ankunft am Ziel, und das, was geschehen wird, wenn sie angekommen sind. Sie können diese Angst zeitweilig vertreiben und vergessen, indem sie sich in unschuldige Ängste um Verbrechen und Verbrecher verstricken lassen, die mit ihrem persönlichen Schicksal nichts zu tun haben.«**
> **Walter Benjamin**

Und der voyeuristische Blick aus dem Fenster erinnert an Alfred Hitchcocks Film *Das Fenster zum Hof*. James Stewart als Reporter L. B. Jeffries, durch sein Gipsbein an einen Stuhl gefesselt, wird zum mehr oder weniger unfreiwilligen Mordzeugen, getrieben durch Langeweile und Neugier – diese ewig wiederkehrenden Motive. Marie Bonaparte, Psychoanalytikerin und Freud-Schülerin, wies in ihrer dreibändigen psychoanalytischen Studie über E. A. Poe und seine Arbeit den enormen Einfluß des Urszenentraumas bei der Entstehung seiner Geschichten nach.

Der Detektiv befindet sich in der gleichen Lage wie das ödipale Kind. Er fiebert vor Neugier und projiziert seine eigene Erregung und seine Schuldgefühle auf die Objekte seiner Nachforschungen. Es ist kein Zufall, daß die großen Detektive dieses Genres – Sherlock Holmes, C. Auguste Dupin, Hercule Poirot und Lord Peter Wimsey – unverheiratet sind. Selbst Miss Marple ist eine alte Jungfer. Sie alle sind nichts anderes als fiktive Repräsentanten des ödipalen Kindes. Deshalb kann der Detektiv auch nicht als Familienoberhaupt dargestellt werden oder gar die herrschende Moral verkörpern, denn das ödipale Kind ist nicht wirklich moralisch, aber es ist clever, so clever, wie eben ein Kind ist, bevor die Latenzzeit seine Neugier und seinen Wissensdrang dämpft.

In der inzwischen klassisch gewordenen Kriminalliteratur gibt es zwei verschiedene Arten von Detektiven. In etwa lassen sie sich unterscheiden in: *Die Europäer* und *Die Amerikaner*. In den 20er und 30er Jahren entstand in den USA eine Version der Detektivgeschichte, die der europäischen, was Plot und Atmosphäre betrifft, durchaus ähnlich ist, auch wenn sie sozial engagierter und politisch korrekter sein mag. Daß sie einen wirklichen Neubeginn darstellte, liegt eher an der Figur des *private eye*, der in diesen sogenannten hardboiled-Krimis nicht nur zum zentralen Charakter wird, sondern auch für den Leser von enormer emotionaler Bedeutung ist. Mit Hammetts Sam Spade und Chandlers Philip Marlowe betrat die USA das Parkett der Kriminalliteratur, auch wenn E. A. Poe in Boston geboren wurde.

Die europäischen Detektive sind eher asexuell. Sie sublimieren ihre ödipalen Strebungen oder verhalten sich schwer neurotisch. Holmes und Poirot sind nicht nur narzißtisch gestört, sondern sicherlich auch Zwangsneurotiker.

Die amerikanischen Detektive, z. B. die beiden, die Humphrey Bogart darstellte, sind jedoch sexuell aktiv oder zumindest sehr phallisch und vor allem für Frauen attraktiv. Außerdem neigen sie zur Brutalität und Gewalttätigkeit, wissen ihre Fäuste und, wenn nötig, auch ihre Schußwaffen zu gebrauchen. Tatsächlich besitzen sie eine gewisse Ähnlichkeit mit den Kriminellen, denen ihre eher intellektuellen europäischen Kollegen auf der Spur sind.

Da sich der amerikanische Detektiv selbst am Rande der Kriminalität bewegt, ordnet er sich ein in die Reihe: Cowboy, Gunfighter, Gangster – also in die Reihe der Helden, die die amerikanischen Öffentlichkeit gefangengenommen haben: zuerst in den Heftchenromanen und später im Kino.

Die Krimisucht der Europäer hat ihren Ursprung wohl eher in der Sucht nach des Rätsels Lösung. Im klassischen europäischen Kriminalroman stehen immer das Rätsel und seine Lösung im Mittelpunkt – also das geheime Verbrechen!

Ebenso wie der europäische repräsentiert auch der amerikanische Detektiv das ödipale Kind. Da er seine Sexualität jedoch nicht sublimiert wie sein europäischer Kollege, befindet er sich in viel größerer Gefahr als dieser, das ödipale Verbrechen selbst zu begehen oder zumindest ein Komplize des Täters zu werden. Doch gerade diese Triebhaftigkeit verleiht der amerikanischen Detektivgeschichte einen emotional erregenderen Charakter als der europäischen.

Auch der amerikanische Detektiv wird nicht wirklich zum Verbrecher. Würde er tatsächlich am ödipalen Verbrechen teilhaben, dann würde die Geschichte nicht länger eine Detektivgeschichte sein, sondern etwas in der Art, wenn auch nicht ganz von derselben Qualität wie *Ödipus Rex*.

Die Krimisucht der Europäer hat ihren Ursprung wohl eher in der Sucht nach des Rätsels Lösung. Im klassischen europäischen Kriminalroman stehen immer das Rätsel und seine Lösung im Mittelpunkt – also das geheime Verbrechen!

Die Urszene ist die dramatische Quintessenz aller Ängste. Sie wird immer ein schockierendes und traumatisches Ereignis sein. Wie traumatisch sie erlebt wird, hängt davon ab, wie sie erfahren wurde, von der psychischen Entwicklung des Kindes zu dieser Zeit und von der Beziehung zwischen den Eltern und zwischen den Eltern und dem Kind. Aber egal, wie die Reaktion des Kindes aussieht, sie hat immer Angst zur Folge. Und egal, ob die Reaktion auf die Urszene Verleugnung oder Akzeptanz, mit oder ohne Teilnahme ist, die verdrängte Erinnerung wird auf jeden Fall bis zu einem gewissen Grad mit einem schmerzvollen Affekt behaftet sein.

Minette Walters' Heldin Jinx Kingsley versucht ihre Amnesie zu überwinden und begibt sich zusammen mit ihrem Arzt und Therapeuten auf eine Reise in ihre eigene Vergangenheit, die sie in *Dunkle Kammern* (Goldmann) führt. Sie entdeckt eine Wahrheit, die so schrecklich ist, daß sich ihr Bewußtsein in die Barmherzigkeit des Vergessens geflüchtet hat.

In der Kriminalliteratur wird dem Leser durch die graduelle Enthüllung der Hinweise und Indizien ein wesentliches Detail nach dem anderen dargeboten. Und schließlich wird das Verbrechen rekonstruiert, das Geheimnis gelüftet, d. h.: die Urszene wird entlarvt. In einer Orgie von Nachforschungen kann der Leser (das Kind im Leser), personifiziert durch den großen Detektiv, schauen, erinnern und zusammenfügen, ohne Furcht und ohne Schande, im Gegensatz zu dem erschrockenen Kind, das tatsächlich Zeuge der Urszene wird.

Meine Hitliste
❶ Patricia Highsmith: Das Zittern des Fälschers ❷ Minette Walters: Dunkle Kammer ❸ Leonard Simon: Gespalten ❹ Philipp Kerr: Wittgensteins Projekt ❺ Doris Gercke: Dschingis Khans Tochter

Die Kriminalgeschichte versucht also, eine befriedigendere und weniger schmerzvolle Urszene, vom Standpunkt des Unbewußten aus, zu inszenieren. Und diese fiktive Urszene befriedigt vor allem die »Voyeure«, die mit angespannter Aufmerksamkeit auf den elternlichen Koitus starren. Aber der Voyeur wird durch sein Zuschauen, das den Zwang, endlos wiederholt zu werden, beinhaltet, nie vollkommen befriedigt, ebensowenig wie der Leser von Kriminalgeschichten, der unermüdlich dieselbe grundlegende mythische Erzählung ohne Langeweile liest, je restlose Befriedigung erfährt.

Der Schriftsteller ist gleich der Leser, ist gleich der Voyeur, erlangt also keine wirkliche Befriedigung. Zwar besitzt man als Schriftsteller wenigstens die Kontrolle über das Geschehen, aber ebenso wie der Leser bleibt man eigentlich auch immer nur Zuschauer und nicht Teilnehmer an diesem spannenden Ereignis.

Galoppierende Krimisucht

Von Claudia Schuller

Es begann mit einer leichten Langeweile: Vor mir lag eine vierstündige Zugfahrt, und ich hatte nichts zu lesen. Eine engagierte Buchhändlerin drückte mir einen Krimi von Dick Francis in die Hand. Ich war skeptisch: Krimis mit Pferden? Ich verstehe nichts vom Reiten. Pferde sind für mich unberechenbare Biester, die vorne beißen, hinten treten und in der Mitte verflixt unbequem sind. Doch ich ließ mich überreden. Und dies war der Beginn einer wunderbaren Freundschaft. Seither liebe ich diese detailreichen und gnadenlos spannenden Rennsportkrimis.

Todsicher (Diogenes), Francis' Erstlingsroman, versetzte mich in atemlose, fieberhafte Spannung. Als ich nach vierstündiger Fahrt den Zug verließ, hatte Alan York den Tod seines besten Freundes aufgeklärt. Der Held war leicht lädiert, aber siegreich. Ich war reichlich benommen – und süchtig.

Die dazugehörige Droge wurde von Dick Francis 1962 in der Krimiszene in Umlauf gebracht. Seit nunmehr 35 Jahren wurden Millionen Leser auf der ganzen Welt infiziert. Und täglich werden es mehr, trotz der überraschenden Erkenntnis, daß alle Bücher direkt oder indirekt im Turfmilieu spielen.

Dick Francis kennt den Rennsport wie kein zweiter. Zehn Jahre lang, von 1946 bis 1956, waren die Rennplätze Englands seine Heimat. Geboren am 31. Oktober 1920 im ländlichen Südwales, wuchs Richard Stanley Francis in einer Familie auf, für die Steeplechase-Rennen so normal waren wie für andere Leute der Griff nach der Fernbedienung. Sein Großvater war ein begeisterter Jagdreiter, sein Vater leitete einen Rennstall. Beide bestritten Rennen als Amateurjockeys. Diese familiäre Vorbelastung konnte nicht ohne Folgen bleiben. Mit fünf Jahren verdiente Dick Francis bereits sein erstes Renngeld, wenngleich kein Rennplatz der Welt diesen Siegesritt plaziert hätte. Sein Bruder Douglas zahlte ihm sechs Pence, als es ihm nach zahlreichen Versuchen schließlich gelang, mit einem Esel rückwärts eine Hürde zu überspringen. Von dem Esel ist nichts weiter überliefert, von Dick Francis jedoch weiß man, daß er mit dem unbedingten Willen, Jockey zu werden, auf der anderen Seite landete.

Relativ spät, erst mit 26 Jahren, schaffte er dann den Sprung in die glamouröse Welt des Rennsports. Als er zehn Jahre später aus dem Renngeschäft ausstieg, war er mit 345 Siegen einer der erfolgreichsten Jockeys Englands. In über 2500 Rennen erlebte er etwa 230 Stürze, neunmal brach er sich das Schlüsselbein. Er hatte alle wichtigen Rennen gewonnen, war für das englische Königshaus geritten und wurde 1953/54 Champion-Jockey mit den meisten Siegen innerhalb einer Rennsaison. Doch die Krönung seiner Karriere, Sieger des Grand National zu werden, blieb ihm versagt. Sein Sturz mit Devon Loch auf der Bahn in Aintree 1956 ist inzwischen legendär. Francis und Devon Loch lagen bereits unangefochten an der Spitze, als das Pferd aus »mysteriösen Gründen«, wie es stets gern genannt wird, zu Boden ging. Dieser Beinahesieg beim Grand National wurde so populär, daß Dick Francis in seiner Autobiographie *The Sport of Queens* schreibt, er sei als der Mann bekannt geworden, »der das National nicht gewonnen hat«. Die Ursache für den Sturz Devon Lochs steht bis heute nicht fest, so sehr sich Dick Francis auch um eine Aufklärung bemühte. Heute glaubt er, daß der plötzlich einsetzende donnernde Jubel in der Zielgeraden für das sensible Pferd zuviel war. Für Francis und die Queen Mom, die Besitzerin Devon Lochs, war es eine große Enttäuschung, aber »That's racing, I suppose«, so der Kommentar des Königshauses.

Dick Francis tauschte den Waageraum gegen die Zuschauertribüne, Zügel und Gerte gegen Papier und Bleistift, dem Rennsport blieb er jedoch treu. Zwar nicht als aktiver Jockey, jedoch als Rennsportkommentator des »Sunday Express«, zudem schrieb er 1956 seine Autobiographie *The Sport of Queens* (1995 erschien eine aktualisierte Fassung bei Pan Books).

Nein, sie haben es nicht leicht, die Helden von Dick Francis. Sie beginnen ihre Geschichte in Trümmern und beenden sie inmitten neuer Trümmer. Sie entdecken ungeahnte Potentiale in sich, und sie lernen, ihr Leben neu anzufangen. »Gewinne jetzt, zahle später« – dieses Motto eint sie alle. So leiden sie bis zum – manchmal – glücklichen Ende, die Gentlemen von Dick Francis.

1962 kam sein erster Krimi auf den Markt: *Dead Cert* (*Todsicher*). Passionierte Francis-Fans wissen, daß der Autor für seine Storys gern aus der eigenen (Familien-)Biographie schöpft. Die Anfangsszene von *Todsicher* legt nahe, daß Francis hier seine bittere Enttäuschung über die Niederlage im Grand National verarbeitet hat. Admiral, der Topfavorit eines Steeplechase-Rennens, stürzt aus ungeklärter Ursache bei einem Hindernis. Im Gegensatz zu Devon Lochs Sturz findet der Hobbydetektiv Alan York jedoch eine eindeutige Erklärung. Dick Francis selbst gibt eine nüchternere Begründung für seinen Wechsel zur mordenden Zunft: »...I regret to say it was... the threadbare state of a carpet and a rattle in my car.« *(The Sport of Queens)* Ob es nun tatsächlich der schrottreife Zustand von Teppich und Auto war oder die eigene Detektivarbeit nach dem Grand National, bleibt letztendlich unwichtig. Für Francis war *Todsicher* der Beginn einer zweiten Karriere als Krimiautor. Sein Erstling wurde ein großer Erfolg, wie alle seine Bücher danach. Jedes Jahr erscheint ein neuer Krimi, pünktlich auf die Minute. Statt Rennpokalen sammelt Francis mittlerweile weltweit Auszeichnungen (»Edgar Allan Poe Mystery Prize«, »Crime Writers Association Silver, Gold and Diamond Dagger«), 1991 verlieh ihm die Tufts-University in Boston die Ehrendoktorwürde. Dick Francis wurde der »Meister der Turf-Krimis«.

Heute lebt der inzwischen 77jährige Autor mit seiner Frau Mary auf den Cayman-Inseln in der Karibik.

In Deutschland sind zur Zeit 24 (1995: 29!) seiner Bücher wieder lieferbar, und es ist dem Diogenes Verlag als großes Verdienst anzurechnen, daß Francis' Krimis seit 1990 in sorgfältig übersetzter und endlich vollständiger Fassung publiziert werden.

Der Rennsport liefert das Szenarium für all seine Plots und spielt darin eine mal mehr, mal weniger wichtige Rolle. Das Krimipersonal bilden Jockeys, Trainer, Besitzer, Rennsportreporter und -fotografen, Mitglieder des Jockey-Clubs, Buchmacher... Darin liegt der besondere Reiz der Francis-Krimis: Der Autor gibt fesselnde Einblicke in deren Alltag und Milieu, er schildert diesen speziellen Berufsstand mit einer bisher nicht dagewesenen Genauigkeit und Faszination. Seine ersten beiden Krimis (*Todsicher* und *Nerve* – die Neuübersetzungen seiner Bücher werden uns hoffentlich nicht all zulange vorenthalten) sind noch ausschließlich auf dem Rennplatz angesiedelt. Die Ereignisse haben ihren Ursprung auf der Rennbahn und finden dort auch ihre Aufklärung. Bereits mit dem dritten Band bricht Francis dieses Schema auf; der Rennsport bildet die Bühne des Geschehens wie in *Nervensache* und später *Reflex* oder fungiert als Nebenschauplatz wie in *Blindflug* und *Weinprobe*. Ganz verläßt Francis die Rennbahn jedoch nie. Spätestens im zweiten Kapitel trabt das erste Pferd um die Ecke; darauf kann sich der Leser immer verlassen, selbst wenn Francis ihn in die Welt des Films versetzt *(Gefilmt, Zügellos)* oder der Ich-Erzähler sein Geld mit Büroarbeit verdient *(Banker, Risk)*.

Neben dem Rennsport, und das ist eine weitere Besonderheit von Dick Francis, recherchiert er Spezialthemen, die er geschickt in den Plot einbaut. Auch dabei greift er gern auf Erfahrungen innerhalb seiner Familie zurück. Seine Frau Mary wurde eine Expertin in Sachen Fotografie, um Philip Nore in *Reflex* das Rüstzeug für seine Detektivarbeit zu liefern. Ein Besuch in Moskau bildet die Grundlage für *Galopp*, eine Amerikareise gab den Anstoß zu *Gegenzug*. Francis' eigene Erfahrungen als Pilot der Royal Air Force flossen ein in *Blindflug*, die Berufe seiner Söhne bilden den Hintergrund für Jonathan Derry *(Fehlstart)* und Freddie Croft *(Sporen)*. Für Francis' Helden sind

DICK FRANCIS – ERSCHEINUNGSLISTE

	Titel englisch	Titel deutsch	Original erschienen	in Dtschl.
0	The Sport of Queens		1957, 1974, 1995	
1	Dead Cert	Todsicher	1962	1962
2	Nerve	Angst	1964	1964
3	Odds Against	Nervensache	1965	1966
4	For Kicks		1965	
5	Flying Finish	Blindflug	1966	1967
6	Blood Sport		1967	
7	Forfeit	Hilflos	1968	1970
8	Enquiry	Peitsche	1969	1970
9	Rat Race		1970	
10	Bonecrack	Knochenbruch	1971	1972
11	Smokescreen	Gefilmt	1972	
12	Slay Ride	Schlittenfahrt	1973	1974
13	Knock Down		1974	
14	High Stakes		1975	
15	In the Frame		1976	
16	Risk	Risiko	1977	1978
17	Trial Run	Galopp	1978	
18	Whip Hand	Handicap	1979	
19	Reflex	Reflex	1980	
20	Twice Shy	Fehlstart	1981	1983
21	Banker	Banker	1982	1983
22	The Danger	Gefahr	1983	1985
23	Proof	Weinprobe	1984	1986
24	Break In	Ausgestochen	1985	1987
25	Bolt	Festgenagelt	1986	1988
26	Hot Money	Totes Rennen	1987	1989
27	The Edge	Gegenzug	1988	
28	Straight	Unbestechlich	1989	
29	Longshot	Außenseiter	1990	
30	Comeback	Comeback	1991	
31	Driving Force	Sporen	1992	
32	Decider	Lunte	1993	
33	Wild Horses	Zügellos	1994	
34	Come to Grief		1995	
35	To the Hilt		1996	
	Lester (Biographie)			

die Spezialkenntnisse der Schlüssel zur Lösung des Rätsels (z. B. in *Reflex*, *Risk*, *Weinprobe*, *Lunte*) oder gar der Garant für das eigene Überleben. John Kendall, Autor von Überlebensbüchern, profitiert von seinen Kenntnissen, als ihm ein Pfeil durch die Brust geschossen wird *(Außenseiter)*, Lord Henry rettet sich durch seine Fliegerpassion aus einer brenzligen Lage in Italien *(Blindflug)*.

Und sie sind wahre Gentlemen, die Männer von Dick Francis: höflich, zuvorkommend und hilfsbereit. Fairneß hat für sie noch Bedeutung. Von sich selbst haben sie meist keine sehr gute Meinung, und niemand ist erstaunter als sie, wenn ihnen Wertschätzung, Vertrauen und Bewunderung entgegengebracht werden. Es sind Understatement-Helden, sie halten sich für gewöhnlichen Durchschnitt und sind doch das genaue Gegenteil. Aus einem ausgeprägten Verantwortungsgefühl heraus erwächst ihr sturer Wille, einen einmal beschrittenen Weg auch zu Ende zu gehen. Egal, welche Knüppel ihnen zwischen die Beine geworfen oder wie viele Knochen ihnen gebrochen werden: Das Böse muß gestoppt werden, sofort, und zwar von Francis' Helden. Denn – und James Tyrone *(Hilflos)* sagt es nüchtern – »irgendwer muß es tun«. »Irgendwer« heißt stets der Ich-Erzähler.

Nicht selten lassen sich die Gegner durch das harmlose Erscheinungsbild täuschen und müssen ihre Fehleinschätzung nachträglich korrigieren. Für die Helden hat das fürchterliche Folgen. Proportional zu ihrer Zähigkeit und Entschlossenheit steigt die Gewaltbereitschaft bei ihren Feinden, werden immer härtere Reaktionen erzwungen. Die armen Helden: Sie werden entführt, zusammengeschlagen, verstümmelt, gefoltert. Der Tod hat viele Facetten, und Francis spielt sie alle durch. Selbst vor Familienmitgliedern macht das Böse nicht halt. In *Hilflos* ist es die Ehefrau, die an eine Beatmungsmaschine gefesselt ist, in *Festgenagelt* die Verlobte, ein alkoholabhängiger Bruder in *Knock down*, in *Lunte* die Kinder. Und wo physische Gewalt nicht ausreicht, erleiden die Helden massive psychische Attacken. Nicht jeder hat das Glück, mit einem Kratzer davonzukommen wie Andrew Douglas, der Entführungsspezialist in *Gefahr*. Die nackte zerstörerische Gewalt trifft sie alle in Augenblicken, in denen sie es nicht erwarten. Das Böse tritt ein in eine normale, alltägliche Welt und verändert das Leben der Betroffenen für immer. Nur die wenigsten sind allerdings professionelle Ermittler wie Sid Halley *(Nervensache, Handicap, Come to Grief)* oder David Cleveland *(Schlittenfahrt)*. Die meisten sind normale, unauffällige Menschen, oftmals scheu und zurückhaltend, die ohne ihr Zutun mit Neid, Haß, Rache, Gier und blinder Zerstörungswut konfrontiert werden. Dieser Kontrast zwischen dem alltäglichen Leben und der überraschenden, brutalen Gewalt, die die Normalität pervertiert, schafft die manchmal unerträgliche Spannung und erzwingt das Mitleiden der Leser.

Nein, sie haben es nicht leicht, die Helden von Dick Francis. Sie beginnen ihre Geschichte in Trümmern und beenden sie inmitten neuer Trümmer. Sie entdecken ungeahnte Potentiale in sich, und sie lernen, ihr Leben neu anzufangen. »Gewinne jetzt, zahle später« – dieses Motto eint sie alle. So leiden sie bis zum – manchmal – glücklichen Ende, die Gentlemen von Dick Francis.

Meine Dick-Francis-Hitliste **❶ Todsicher ❷ Knochenbruch ❸ Unbestechlich**

Charaktere, Schauplätze, Spezialwissen oder Motive sind es jedoch nicht allein, die einen guten Krimiautoren ausmachen – und Francis ist ein exzellenter. Seine aufgefeilten Plots sind spannend und fesselnd bis zur letzten Zeile. Er erzählt konsequent aus der Ich-Perspektive. Für die Leser ein besonders unterhaltsamer Kniff, weil der Held auf diese Weise seine eigenen haarsträubenden Erlebnisse in nüchternen Worten wiedergeben muß. Und es bietet die Möglichkeit, zu den Charakteren eine Beziehung aufzubauen, die sich Seite für Seite entwickelt. Der Leser lernt die Figuren kennen und verstehen, er erfährt, warum und wie sie etwas tun.

Francis ist auch ein Meister des Tempos. Er weiß genau, wie er die Handlung vorantreiben muß und wie er die Spannung beim Leser bis zum Äußersten ausreizen kann. Sprachlich sparsam gestaltet, ist in seinen Romanen stets Raum für Situationskomik und einen wunderbar trockenen Humor. Und er verpaßt keine Gelegenheit, durch den Mund seiner Helden das Leben im allgemeinen und im besonderen zu kommentieren. Mal nüchtern, mal witzig, mal ironisch, mal weise – oder auch erfrischend zynisch wie in seinem Thriller *Come to Grief*. Dort lautet das Resümee des gebeutelten Detektivs Sid Halley: *Life's a bugger.*

Das Resümee einer Süchtigen: »Gimme more!«

Computer morden leise

Von Susanne Martin

Ob als Ziel krimineller Begierden, als Instrument des Verbrechens oder der Verbrechensaufklärung – der Computer spielt im Kriminalroman der neunziger Jahre viele Rollen. Daß das in unserer High-Tech-Zeit geradezu unausweichlich ist, läßt sich unter anderem aus einem Stoßseufzer eines frustrierten Romandetektivs ablesen: *»Manchmal wünschte ich, diese Maschinen wären nicht erfunden worden... Wir dachten, sie würden alles für uns lösen können, aber statt dessen haben sie dem Verbrechen nur eine neue Dimension eröffnet.«* (Biyan Forbes, *Der Code*, Europaverlag)

Die Janusköpfigkeit der neuen Technologie muß sich notwendig in der Kriminalliteratur niederschlagen. *»Das alte Rezept für Agententhriller ist tot«*, schreibt Forbes. Ohne Computer läuft in der polizeilichen Ermittlung nichts mehr; Verbrechen sind national wie international nicht mehr ausschließlich mit konventionellen Polizeimethoden aufzuklären, auch wenn erst die besondere Fähigkeit des Menschen zu Intuition und freier Assoziation, die die vom Computer gelieferten Fakten ergänzt, die Lösung der Kriminalfälle bringt. Ein Beispiel dafür liefert zum Beispiel Lydia Adamson in *Eine Katze im Wolfspelz* (Aufbau), ein Krimi mit der zumeist unbeschäftigten Schauspielerin, Catsitterin und Detektivin Alice Nestleton. Ein Serienmörder, scheinbar verrückter Katzenliebhaber, ermordet 17 Menschen und stiehlt die Katzen. Alice findet Zusammenhänge, die selbst dem Computer verborgen bleiben: Eine der ägyptischen Göttin Bas huldigende Sekte glaubt an eine Wiedergeburt als Katze und bringt ihre Mitglieder nach und nach um.

Andererseits ist die Computerwelt in den Kriminalromanen Anlaß und Kulisse für verbrecherische Machenschaften. Deren Ziele (und meist auch das Strickmuster der Romane) sind allerdings so neu nicht: Es geht auch bei dieser neuen Art von Verbrechen um Geld und Macht, um Komplott, Mord und Waffengeschäfte, um Wirtschaftsspionage und Spionage im Auftrag der Geheimdienste. Die Besonderheiten der Computerkrimis zeigen sich erst dann, wenn Hacker Codes knacken und damit ebenso Zugang zu nicht-öffentlichen Datenbanken und -netzen haben wie diejenigen, die dazu autorisiert sind; wenn Programmierer an den Computern manipulieren; Computer scheinbar oder tatsächlich eigene Entscheidungen treffen; wenn virtuelle Welten und Realität in Konflikt geraten. Hier liegen in den Büchern auch Kritikansätze an der Computerisierung der Welt: Welche Auswirkungen auf den Menschen hat die Computernutzung? Wie steht es mit der Datensicherheit?

Geradezu bis zum Aberwitz vorgeführt wird eine mögliche Entwicklung in *Game over* von Philipp Kerr (Wunderlich). Ein im Auftrag einer chinesischen Gesellschaft gebautes High-Tech-Hochhaus in Los Angeles wird zur tödlichen Falle, als sein zentraler Steuerungscomputer sich im wahrsten Sinne des Wortes selbständig macht und seinem Namen MANIAC (Mathematischer Analysator, Numerator, Integrator und Allseitiger Computer) vollauf gerecht wird. Auf diesem Rechner läuft ein vollständig autonomes, nicht spezifiziertes, selbstreproduzierendes System auf der Basis der Fuzzy-Logik, mit einem lernfähigen neuronalen Netz, das seine eigene Leistung verbessert und selbständig neue Versionen von Programmen erzeugt. Als der einzige Überlebende des Computerterrors es schafft, das Hochhaus zu verlassen, reagiert die zuletzt generierte Version nicht auf den Befehl zum Abschalten. Zwar zerstört die Sprengung des Hochhauses den Rechner, doch zuvor verschickt sich das System per E-Mail in alle Welt. Der raffiniert-intelligente Thriller fällt auch durch die Einbeziehung von Computerprotokollen mit der Sicht und Intention der Maschine literarisch aus dem Rahmen.

Alptraumhaft ist auch die Entwicklung, die Cole Perriman in *Die Stunde des Clowns* (Schröder) entwirft. Hier können sich Teilnehmer anonym ins Computer-Network »Insomnimania« einloggen und per Maus-Klick interaktiv in einer virtuellen Welt unerfüllte Sehnsüchte, Leidenschaften oder ungezügelten Sex ausleben bzw. den anderer anschauen – und irgend jemand inszeniert dort sogar Morde. Doch zu jeder gespielten Mordszene gibt es eine Entsprechung in der Realität... Der Thriller zeigt in einer nicht unglaubwürdigen Story die mögliche Ausnutzbarkeit von vereinsamten Menschen, die Faszination eines zweiten, geheimen Lebens und die Gefahren der Computerhörigkeit auf. Wem diese beiden Romane in ihrer Thematik zu weit hergeholt scheinen, der findet auch Alltäglicheres wie Programmviren, PC-Manipulationen und unerlaubte Einstiege in fremde Anlagen in Computerkrimis. Appetit und Anregungen können sich LeserInnen mit *Angeklickt: Computerstories*, herausgegeben von Giuliana Broggi-Beckmann (Econ), holen. Der Sammelband vereint Auszüge aus zwölf Erfolgsbüchern der letzten acht Jahre: C. Thomas' ungewöhnlicher Programmierer aus *Der Maulwurf, der Löwe und der Bär* fehlt ebensowenig wie John Grishams spannende Ermittlungsarbeit aus *Die Akte*. Während aufgrund der Textauswahl hier der Eindruck entstehen könnte, Computerkrimis seien ausschließlich von Männern geschrieben, sieht die tatsächliche Situation anders aus: Ausgesprochen viele Schriftstellerinnen haben sich diesem Typus zugewandt, mit Heldinnen, die sich gescheit, zupackend, couragiert und weitsichtig in der Männerwelt behaupten können.

In Polizeidiensten finden sich diese Frauen selten, meist arbeiten sie als Privatdetektivinnen, auf sich gestellt oder mit Partner bzw. Partnerin. Linda Grant läßt ihre Privatdetektivin Catherine Saylers in *Tödliche Chips* (Piper) einen Mord in Palo Alto – einer der Hochburgen der Computerindustrie in Kalifornien – aufklären, der im Zusammenhang mit einem neuen Chip-Fertigungsverfahren steht. Unterstützt wird sie bei der Recherche durch einen Kollegen mit Hacker-Verbindungen, denn wenn auch der Computer des Zeitungsarchivs ausgesprochen hilfreich ist, so kommt sie doch nicht an alle notwendigen Auskünfte auf legalem Wege heran.

Ebenso hingerissen von der Recherche in Datenbanken ist die Serienheldin V. I. Warshawski in *Eine für alle* (Piper) von Sara Paretsky. »*Eine Stunde mit der Computerspezialistin der Bibliothek verstärkte mein Bedürfnis, mir ein eigenes Gerät anzuschaffen. Nicht daß die Spezialistin nicht hilfsbereit gewesen wäre – die Menge an abrufbereiten Informationen war so gewaltig und mein Bedarf danach so stark, daß es nicht sinnvoll war, von den Öffnungszeiten der Bibliothek abhängig zu sein.*« Die sozial engagierte, hartgesottene Detektivin stößt in diesem Krimi auf ein Betrugsmanöver zwischen Banken und Firmen, die ihre drohende Pleite durch den Verkauf von Pensionsgeldern ehemaliger Mitarbeiter abwenden wollen. Alle Krimis um V. I. Warshawski sind lakonisch und frech erzählt, psychologisch differenziert und durchleuchten die Kehrseite des Wohlstands und die vermeintliche Rechtschaffenheit der oberen Zehntausend.

Eine andere Serienheldin ist Lauren Laurano, 42, lesbisch, computer- und schokoladenkuchensüchtig, sensibel und längst nicht so abgebrüht, wie sie vorgibt. Sie unterdrückt auch mal im Interesse der Ermittlungen zähneknirschend ihre feministischen Prinzipien. In *Immer verlasse ich dich* (Econ) konfrontiert ihre Schöpferin Sandra Scoppettone sie mit der Ermordung ihrer ältesten und liebsten Freundin, Inhaberin eines Juweliergeschäftes in New York. Zunächst sieht es nach einem Raubmord aus, doch dann stellt sich heraus, daß sie in illegale Geschäfte verwickelt gewesen war, um sich die Liebe ihrer Kinder mit Geld zu erkaufen. Per Internet holt sich Lauren Laurano die Informationen, die sie zur Aufklärung des Falles braucht.

Besondere Fähigkeiten im Umgang mit dem Fahndungs-PC verhelfen der Sergeantin Kathleen Mallory in Carol O'Connells *Mallorys Orakel* ebenfalls zum Erfolg. Ihr gelingt es, den Mord an ihrem Adoptivvater, einem verdienten Cop der New Yorker Polizei, aufzuklären. Ein *American-way-of-life*-Thriller, geradlinig konstruiert: ebenso gewalttätig wie sentimental. Skip Langdon in *Blues in New Orleans* von Julie Smith (Fischer) ist ebenfalls Polizistin. Als sie dem Mord an einem introvertierten Computerfreak nachgeht, der hauptsächlich mit einer virtuellen Gemeinschaft, und zwar einem Computernetzwerk namens TOWN, kommunizierte, kommt sie gleichzeitig einem siebenundzwanzig Jahre zurückliegenden Verbrechen auf die Spur.

Detaillierte Einblicke in Methoden elektronischer Fahndungsarbeit bietet Patricia Cornwell in *Das geheime Abc der Toten* (Droemer Knaur). Hier sieht die Gerichtspathologin Kay Scarpetta – eine weitere Serienheldin – bei den Recherchen im Mordfall an einem Mädchen in North Carolina ihre letzte Chance in der Unterstützung durch ein Forschungsinstitut des FBI. Das ERF (Engineering Research Facility) setzt das Programmnetzwerk CAIN (Crime Artificial Intelligence Network) zur Verfolgung von Gewaltverbrechen ein und verbessert ständig technische und elektronische Möglichkeiten zur Täteridentifizierung. Kein Wunder, daß auch das Institut selbst Ziel eines Einbruchs wird, bei dem Computer-Know-how eine wichtige Rolle spielt. Doch trotz aller Raffinesse kommen ein polizeilich gesuchter Sexualmörder, der im vorliegenden Fall zu Unrecht der Tat verdächtigt wird, und seine Helferin, eine Computerspezialistin, nicht ans Ziel.

Szene aus »Sneakers – Die Lautlosen«

Daß Computer sich auch als Mord- oder zumindest Tötungsinstrument bewähren können, zeigt Denise Danks in *Pizza house crash* (Econ), einem Krimi um Börsenbetrug durch Datenmanipulation, in dem die Journalistin Georgina Powers im Computer eines unter merkwürdigen Umständen Verstorbenen ein seltsames Programm findet. Mit technischem und banktechnischem Sachverstand hat die Autorin eine Handlung und Romanfiguren erfunden, die erschreckend glaubwürdig und normal wirken.

Vom Fachwissen der Autorin – wie andere Autorinnen von Computerkrimis hat Sally Chapman lange Jahre als Computerspezialistin gearbeitet – und von der Fähigkeit, es für Laien verständlich einzubringen, ist auch *Computer morden leise* (Econ) getragen. Julie Blake, erfolgreiche Managerin einer Computerfirma im Silicon Valley, Kalifornien, wird innerhalb kurzer Zeit mit mehreren Morden in ihrer Abteilung konfrontiert. FBI und nationale Sicherheitsberater schalten sich ein, weil politische Hintergründe vermutet werden. Jeder gerät zeitweise in Verdacht.

Um politische Hintergründe der Computerkriminalität geht es auch in *Erste Geige* von Janice Weber (Goldmann). Heldin dieses spannenden Thrillers in bester James-Bond-Manier ist die international bekannte Konzertgeigerin Leslie Frost, Motorradfan, die unter dem Namen Smith als Agentin für einen amerikanischen Geheimdienst arbeitet. Als sie eher zufällig im Leipzig der Montagsdemonstrationen Zeugin eines Mordes wird und später im Turm der Thomaskirche einen Computer modernster Bauart entdeckt, beginnt für sie ein Fall, der höchste Anforderungen an körperliche und geistige Fitneß stellt. Ein Programmierer hat den Computer mit einem Virus, dem *Trojanischen Pferd*, infiziert – besonders gefährlich in diesem Fall, da der Computer einen nuklear ausgestatteten Beobachtungssatelliten steuert.

Die internationale Sicherheit, vor allem aber die westliche Wirtschaft erweist sich als gefährdet in *Das Sydney-System* von Rüdiger Schache (Schneekluth). In diesem glaubwürdigen, gut recherchierten Thriller gibt es endlich einmal einen männlichen Helden. Er gerät mit einigen Freunden in einen lebensgefährlichen Strudel wirtschaftlicher Machtkämpfe und illegaler Konzernbildungen weltumspannenden Ausmaßes. Der Versuch, das auf fünf Disketten dokumentierte Komplott von sieben Wirtschaftsbossen in den Medien anzuprangern und damit aufzuhalten, wird immer wieder durch Mordanschläge, Verrat und Korruption zunichte gemacht.

Um Wirtschaftskriminalität geht es auch in *Sneakers*, dem Roman von Dewey Gram (Knaur) nach dem bekannten Film mit Robert Redford in der Hauptrolle. Vermeintlich im Auftrag staatlicher Stellen soll ein Team von Computerspezialisten einen Superchip entwenden, der so gut wie alle codierten Programme knacken kann. Auch wenn das Buch wenig eigenständige literarische Qualitäten hat, überzeugt es doch in seiner Auseinandersetzung mit dem Problem, daß eine im Prinzip segensreiche Erfindung in falschen Händen ungeheuren Schaden anrichten kann.

Meine Favoriten unter den genannten Büchern sind: ❶ Game over von Philipp Kerr ❷ Die Stunde des Clowns von Cole Perriman, ❸ Der Code von Bryan Forbes, ❹ die V.-I.-Warshawski Krimis von Sara Paretsky und ❺ Sandra Scoppettones Lauren-Laurano Krimis.

Welche bitteren Folgen die Möglichkeiten des Computers ganz konkret haben können, verarbeitet Bryan Forbes in *Der Code* (Europaverlag). Der spannende Roman, der seine Gesellschaftskritik anschaulich, lebendig und mit einer ganzen Portion Sarkasmus vorbringt, greift mit seinem Thema ein brennendes Problem auf: Es geht um Kinderpornographie im Internet. Ein Autor von Agentenromanen gerät auf seiner Suche nach einem verschwundenen Freund in ein Netz von Gewalt, Mord, Sexskandalen und international organisierter Kinderprostitution. Literarisch geschickt werden verschiedene Zeitebenen miteinander verknüpft.

Nur literarische Qualität kann den Computerkrimis Langlebigkeit sichern, denn beim beschriebenen Entwicklungsstand der Computertechnologie werden sie mit Sicherheit zügig von der Wirklichkeit überholt werden.

Tatort Stadtbibliothek

Von Guntram Schwotzer

Im Schein der Milchglasoberlichter wirkte die weibliche Gestalt zwischen den Regalen seltsam verschwommen. Der ganze Raum atmete die verbrauchte Luft unzähliger, auf ewig zwischen Buchdeckel gepreßter Gefühle und Gedanken. Am anderen Ende des Raums quietschte eine Tür. Schwere Schritte näherten sich auf dem ausgetretenen Linoleumboden. Völlig vertieft in die Ordnung der Büchermassen, die jeden Tag aufs neue danach riefen, bündig an der Regalkante ausgerichtet zu werden, nahm sie die Schritte nicht wahr. Erst das unbestimmte Gefühl, in ihrem Reich nicht mehr allein zu sein, ließ sie erschrocken aufblicken. Für einen flüchtigen Moment spürte sie den Impuls, sich umzudrehen und wegzurennen, doch die Bücherstapel erstickten jeden Gedanken an Flucht im Keim. Ihre Augen erfaßten einen hager wirkenden Mann mit modisch zu einem Zopf zusammengefaßten Haaren, der sich ihr in diesem Moment zuwendete.«

Dies könnte der Auftakt zu einem Krimi mit Schauplatz Bibliothek sein, und spätestens an dieser Stelle würden Sie als Krimifan entscheiden, die Geschichte weiterzulesen oder das Buch mangels Spannung beiseite zu legen. Doch bevor Sie erfahren, ob sich aus dieser Szene ein Krimi entwickelt oder doch etwas anderes, lohnt sich ein genauerer Blick auf die Bibliothek als Ort der Handlung, deren Angebot für Krimifans lange Zeit geradezu kriminell dürftig war.

Öffentliche Bibliotheken oder Volksbüchereien, wie sie früher genannt wurden, hatten im Gegensatz zu den wissenschaftlichen Bibliotheken immer schon einen hohen Anteil an Unterhaltungsliteratur in ihren Buchbeständen. Um zu verstehen, warum der Kriminalroman als bedeutendes Segment des Buchmarktes dennoch lange Zeit zu den von Bibliotheksangestellten wenig geliebten Genres zählte, müssen wir ein wenig tiefer in die Geschichte der Bibliotheken eintauchen.

Der entscheidende Impuls zur Gründung zahlreicher öffentlich zugänglicher Bibliotheken um die Jahrhundertwende ging von der sogenannten Bücherhallenbewegung aus. Ihre Hauptaufgabe sahen die Förderer der Büchereien in der Unterstützung der »Volksbildung«, d. h., die Bibliotheken sollten mit ihrer Auswahl- und Verleihpraxis zur Erziehung der »unteren« Klassen einen entscheidenden Beitrag leisten.

Damit war eine langanhaltende Diskussion angezettelt über die literarische »untere Grenze« dessen, was in Büchereien zu finden sein sollte, eine spezifisch deutsche Diskussion übrigens, denn im angloamerikanischen

Sprachraum wurde die sogenannte »schöne« Literatur allenfalls in »gut« oder »schlecht« unterteilt und nicht in hohe Literatur, Unterhaltungsliteratur und Kitsch, Schund und Schmutz.

Eines der frühen Opfer dieser gesellschaftlichen Diskussion wurde der Detektiv- oder Kriminalroman. Beim Blättern durch Wilhelm Bubes 900 Bände umfassenden Auswahlkatalog für »Die ländliche Volks-Bibliothek« finden sich nur die literarischen Vorläufer des Krimigenres wie Droste-Hülshoffs *Judenbuche* und Fontanes *Unterm Birnbaum*. Dafür wurden aber durchaus einige Kriegsromane vorgeschlagen, die damals anscheinend eher dem dort formulierten Auftrag der »sittlichen Veredelung des einzelnen und der Förderung des Familiensinns« dienten. Auch waren längst nicht alle frühen Bibliotheken mit frei zugänglichen Bücherregalen ausgestattet. Die Leser wurden an der Theke oder dem Schalter vom Bücherwart beraten, was nicht nur zur Selektion der Lesestoffe, sondern auch der interessierten Besucher führte.

Ergebnis dieser gesellschaftlich erwünschten Bibliothekspolitik war nicht der Rückgang der Schundliteratur, ganz im Gegenteil: Erfolgreiche Reihen in sich abgeschlossener Krimihefte, wie die 1928 von Elisabeth von Aspern unter männlichem Pseudonym gestartete Detektivserie *Tom Shark*, erreichten Hunderte von Fortsetzungen.

So konnte in einer von Mathilde Kelchner 1928 verfaßten Studie zur Krimilektüre unter Berliner Berufsschülern ein Viertel der männlichen Jugendlichen mindestens fünf Titel nennen, einige nannten über fünfzig verschiedene Titel. Die Rolle der Bibliotheken kennzeichnet ein Mädchen in derselben Umfrage treffend so: »Wenn man wirklich gute Bücher von schlechteren Büchern unterscheiden kann und etwas Schönheitssinn besitzt, kann man in die Volksbücherei eintreten.«

Öffentliche Bibliotheken oder Volksbüchereien, wie sie früher genannt wurden, hatten im Gegensatz zu den wissenschaftlichen Bibliotheken immer schon einen hohen Anteil an Unterhaltungsliteratur in ihren Buchbeständen. Um zu verstehen, warum der Kriminalroman als bedeutendes Segment des Buchmarktes dennoch lange Zeit zu den von Bibliotheksangestellten wenig geliebten Genres zählte, müssen wir ein wenig tiefer in die Geschichte der Bibliotheken eintauchen.

Wem dieser Schönheitssinn fehlte, kaufte die einschlägigen Hefte beim »Winkelbuchhändler« im hintersten Winkel des Friseur- oder Tabakwarengeschäftes, warf den reißerischen, grell-bunten Umschlag bereits im Laden in den bereitstehenden Papierkorb und las die so getarnte Schundlektüre auf dem Weg zur oder von der Arbeit.

Zur Ehrenrettung der Volksbüchereien muß gesagt werden, daß es einzelne Bibliothekare gab, die sich ihre eigene Kritikfähigkeit nicht nehmen ließen und dieses Leseinteresse zu berücksichtigen suchten. In den Beständen dieser Büchereien finden sich Mitte der zwanziger Jahre durchaus Titel von Gaboriau, Doyle, Chesterton, Poe oder von dem heute vergessenen Frank Heller, auch wenn es immer wieder Hinweise, wie den folgenden der »Beratungsabteilung an der Deutschen Zentralstelle für volkstümliches Büchereiwesen«, gab, eine Bücherei könne sich »nur für Wertvolles und Werterzeugendes einsetzen, und dazu gehört der Kriminalroman (...) nicht«.

Unter der Herrschaft der Nationalsozialisten änderte sich an der Einstellung zur Kriminalerzählung wenig, der bestehende »Erziehungsauftrag« brauchte nur im Rahmen der gesellschaftlichen Gleichschaltung um das »völkische« Element erweitert zu werden. Die Bestände wurden zensiert und vereinheitlicht – möglicherweise eine willkommene Gelegenheit, die wenigen vorhandenen Krimis gleich mit auszusondern.

Es lohnt sich, den letztgenannten Begriff (Plund) wegen seiner ungewollten Komik näher zu betrachten, steht er doch nicht etwa da als Kurzform von Plunder, nein, er steht für »Pädagogisch limitierte und notierte Druckerzeugnisse«. Dieser Begriff setzte sich zwar nicht durch, zeigt aber, mit welchen intellektuellen Waffen zeitweise von Bibliothekaren und Pädagogen auf die Kriminalliteratur und verwandte Genres eingeschlagen wurde.

Die fünfziger Jahre brachten auch für die Bibliotheken viel Neues. Die Amerikaner brachten nicht nur den Kaugummi nach Deutschland (und damit zwischen die Buchseiten...), sondern auch den freien Zugang zu den im Wiederaufbau befindlichen Bibliotheksbeständen, und so begann der Run auf die Regale. Die kommerziellen Leihbüchereien erlebten mit ihrem streng am Bedürfnis nach leichter Unterhaltungsliteratur ausgerichteten Angebot einen wahren Boom und wurden für kurze Zeit trotz Gebühren zu einer ernsthaften Konkurrenz für die öffentlichen Büchereien, zumindest was die Ausleihzahlen anbetraf. Dort fanden die inzwischen zahlreichen Krimifans mehr schlecht als recht aus dem Amerikanischen übertragene Krimis im Taschenbuchformat. Die Bibliotheken sahen sich daraufhin gezwungen, die Leser an der nun tiefer rutschenden »unteren« literarischen Grenze abzuholen, um sie dem Einfluß der über kommerzielle Leihbüchereien vertriebenen »Schmutz-, Schund- und Plundlektüre« zu entreißen.

Es lohnt sich, den letztgenannten Begriff wegen seiner ungewollten Komik näher zu betrachten, steht er doch nicht etwa da als Kurzform von Plunder, nein, er steht für »*P*ädagogisch *l*imitierte *u*nd *n*otierte *D*ruckerzeugnisse«. Dieser Begriff setzte sich zwar nicht durch, zeigt aber, mit welchen intellektuellen Waffen zeitweise von Bibliothekaren und Pädagogen auf die Kriminalliteratur und verwandte Genres eingeschlagen wurde.

Wie weit auch in den sechziger Jahren Anspruch und Wirklichkeit noch auseinanderlagen, belegt die erste bibliothekarische Fachtagung 1966 zum Thema Krimi in Heidelberg. Dort räumte Prof. F. Wölcken (*Der literarische Mord*) mit dem Vorurteil der Verführung zum Verbrechen durch Krimis in Bibliotheken auf, indem er konstatierte, daß »Polizisten und Mörder sich kaum für die Kriminalabteilungen öffentlicher Bibliotheken interessierten«, und riet augenzwinkernd, »mit Kriminalromanen sei in der Ausleihe ebenso vorsichtig wie mit Liebesromanen umzugehen«. Muß, unter diesem Licht betrachtet, die Verantwortlichkeit von Bibliothekaren und Bibliothekarinnen für den Babyboom der frühen sechziger Jahre nicht noch einmal ganz neu diskutiert werden? Auch Richard K. Flesch, der als Lektor mit seiner *rororo-Thriller*-Reihe später den Weg für deutsche Krimiautoren wesentlich geebnet hat, konnte den verunsicherten Bibliothekaren keine Patentrezepte für die Beurteilung bibliotheksgeeigneter Krimis mitgeben. Die auf der Tagung vorgestellten Zahlen aus der Karlsruher Bücherei sprechen für sich. Lediglich 400 Titel, mehrfach gestaffelt in 700 Bänden, standen in dieser Großstadt bereit. Pro Besuch durfte ein Band entliehen werden; trotzdem sei der Ansturm so groß gewesen, daß jeder Band im Schnitt zwölfmal im Jahr entliehen wurde, was von den Tagungsteilnehmern als vertretbare Menge angesehen wurde. Bedauert wurde lediglich, daß nur 40 festgebundene Titel in der bibliothekarischen Fachpresse pro Jahr besprochen wurden, bei immerhin 370 über den Buchhandel lieferbaren Krimis 1965. Nachhaltig ändern sollte sich das erst, als Mitte der siebziger Jahre regelmäßig Taschenbuch-Sammelrezensionen im Besprechungsdienst der Bibliotheken erschienen.

Mit der steigenden Popularität des deutschen Krimis, erfolgreichen Fernsehserien und Verfilmungen, der daraus resultierenden starken Nachfrage und dem größeren Anteil an positiven bibliothekarischen Besprechungen ergab sich eine weitaus pragmatischere Einstellung der Bibliotheken zum Ausbau der Krimibestände.

So wurde die zweite Tagung zum Thema Krimi und Science-fiction 1983 in Reutlingen nach Aussagen der Organisatorin eine durchaus lustvolle Angelegenheit; diskutiert wurden mit den geladenen deutschen AutorInnen weniger bibliothekspädagogische Fragen als Aspekte der weiteren Entwicklung des Genres in Deutschland, insbesondere die sich abzeichnende Regionalisierung der Stoffe. Daß das Ende der literarisch-erzieherischen Maßnahmen absehbar war, drückt sich am deutlichsten im Handbuch *Unterhaltungsliteratur in öffentlichen Bibliotheken* von J. Seefeld und C. Metz aus. Danach ist es die Aufgabe des lektorierenden Bibliothekars, die pluralistische Fülle des Buch- und Meinungsmarktes zu sichten und dabei auch triviale und kitschige Stoffe trotz literarischer Mängel in angemessenem Umfang zu berücksichtigen. Grenzen sind jedoch zu ziehen im Rahmen gesetzlicher Jugendschutzauflagen und grundgesetzlicher Auflagen zum Schutz vor extremen politischen Anschauungen linker wie rechter Couleur. Die AutorInnen nennen Zahlen für eine Stadt mit 50–75.000 Einwohnern: Von den 15.000 Büchern der Unterhaltungsliteratur sollten 15 % Krimis aller Art sein, eine Zahl, mit der wohl auch die Ansprüche von Viellesern zufriedenzustellen sein sollten. Aber bitte überprüfen Sie es selbst, gehen Sie in Ihre örtliche Bibliothek, und begeben Sie sich auf die Suche nach Ihrer

Lieblingslektüre. Sie werden überrascht sein, was es an Schätzen zu entdecken gibt. Und lassen Sie sich ruhig von einer netten Bibliothekarin oder einem netten Bibliothekar zu einigen Krimis verführen, die bislang Ihrer Aufmerksamkeit entgangen sind. Doch jetzt springen wir zurück zu unserem Paar in die Bibliothek.

»Ich möchte aus meinem Herzen gerne eine Mördergrube machen«, fährt der junge Mann mit verschmitztem Lächeln fort, »und Sie sind meine letzte Rettung, denn ich suche nach Spannungslektüre rund ums Buch und mit dem Tatort Bibliothek. Wenn ich mich hier so umschaue, kann ich mir eigentlich nicht vorstellen, daß es so etwas gibt.«

»Mal abgesehen davon, daß Sie mich ganz schön erschreckt haben, trügt der Schein. Ich bin sicher, daß ich auf einige Leichen stoßen werde, ohne die Bibliothek gleich in die Luft zu sprengen wie Gabriella Wollenhaupt in *Grappa und die fantastischen Fünf* (Grafit), denn spannende Romane mit dem Thema Bibliothek und Büchern sind ein Steckenpferd von mir.« Sie greift nach einem dünnen Band mit drei Männern auf dem Cover, einer hält eine Pistole in der Hand. »Fangen wir doch mal mit Ihnen als Krimileser an. Sie kennen ja sicher die These, daß Krimileser tendenziell eher Gefahr laufen, auf die schiefe Bahn zu geraten, als andere Menschen. Ob das stimmt, wage ich zu bezweifeln, aber dem Horst, Lederwarenverkäufer aus Köln, passiert genau das in Peter Meisenbergs Krimi *Schmahl* (Emons). Alle Wände seiner Wohnung sind, mit Ausnahme der Küche, regalvoll mit Krimis bis unter die Decke. Da liegt es für ihn nahe, nach den zehn goldenen Regeln seiner Lieblingshelden aus Elmore Leonards *Dies ist ein Überfall* (Rowohlt) Raubüberfälle durchzuführen. Dazu braucht er einen Komplizen, erraten: Schmahl. Das geht auch so lange gut, bis ...«

Der junge Mann macht eine abwehrende Geste: »Halt, Moment, verraten Sie nicht zuviel, das Buch soll doch noch spannend bleiben!« Er greift nach dem Krimi. »Den nehm ich schon mal. Einen Krimileser hatten wir ja jetzt; gibt es denn auch Krimis, die direkt in einer Bibliothek spielen?«

Die Bibliothekarin ist sichtlich erfreut über sein Interesse: »Selbstverständlich. Privatbibliotheken wurden in der klassischen Detektivgeschichte sogar häufig als ›locked room‹ für Mordszenarien verwendet, nach der Art: ›Die Tote sitzt in der von innen verschlossenen Bibliothek. Wie verschwand der Täter?‹ Das war nach einigen Generationen von Detektiverzählungen kaum noch zu variieren. Um so gelungener, was die Altmeisterin Agatha Christie noch aus dieser alten Zitrone herausgepreßt hat. In *Die Tote in der Bibliothek* (Scherz) meldet das Hausmädchen frühmorgens Mrs. Bantry den Fund einer Leiche in der Bibliothek. Worauf ihr Gatte, Colonel Bantry, sie mit den Worten beruhigt, das gäbe es nur in diesen Detektivromanen, die sie immer vor dem Einschlafen lese, aber doch nicht in Wirklichkeit. Ein gelungener, selbstironischer Auftakt in einem durchaus klassischen Miss-Marple-Krimi. Moment…«, sie sucht im Regal zwischen den unzähligen Christie-Bänden. »Sie haben Glück, hier ist er.«

»Ich hatte mehr an eine öffentlich zugängliche Bibliothek gedacht.« Sie greift ins Regal hinter sich. »Dann nehmen Sie diesen: *Der Fall Heydemann* von Carola Schmidt, ein literarischer Krimi, dessen Lösung wie bei Dürrenmatts *Verdacht* (Diogenes) weit in der Vergangenheit liegt. Das Ganze beginnt mit einem Literaturwissenschaftler, der ziemlich versteckt und ziemlich tot in einer Nische der Unibibliothek von seiner Kollegin gefunden wird. Zwei Bücher aus der Fernleihe geben den entscheidenden Hinweis zur Lösung des Falls. Der Tote konnte sie nicht mehr zurückgeben, wie sollte er auch?« Sie lächelt über ihren eigenen kleinen Scherz. »Ja, Sie sollten die angstauslösende Wirkung nicht zurückgebrachter Bücher nicht unterschätzen.« Sie schaut ihrem Gegenüber direkt in die Augen. »Nehmen Sie nur mal Stephen King. Im Vorwort zu der Erzählung *Der Bibliothekspolizist* (Heyne) gesteht er, daß er als kleiner Junge eine gewaltige Angst vor der Bibliothekspolizei hatte, die nach Hause kam, wenn man die Bücher nicht rechtzeitig zurückgab. Daraus wird dann eine richtig gruselige Geschichte.«

Der junge Mann war etwas blasser geworden.

»Ich wollte Ihnen keine Angst einjagen, Sie können die Leihfrist der Bücher ja problemlos verlängern. Ich selbst habe übrigens ein Faible für Bibliothekarinnen mit detektivischem Spürsinn wie Helen Shandy, ohne deren Hilfe ihr Mann Peter in Charlotte MacLeods *Balaclava*-Serie (DuMont) bei der Lösung seiner Fälle häufig ganz schön im Regen stehen würde.« Sie zieht einen Hardcoverband vom Regalbrett über ihrem Kopf. »Aber besser noch Janet Simms, klein, rund, mit einer Intuition für unrechte Dinge. Als Heldin in Judith Cooks Roman *Der Dreck aber bleibt* (éditions trèves) steckt sie ihre Nase tief in die Umstände des Todes eines befreundeten Journalisten. Herrlich, wie sie sich selber karikiert, ich hab die Stelle gleich.« Sie blättert im Buch. »›*Ich sollte zumindest blond sein, sexy und langbeinig, genau wie in einem Dreigroschenroman. Statt dessen bin ich eine übergewichtige Mutter von drei Kindern, komme langsam ins mittlere Alter und habe einen simplen Beruf.*‹ Wie sie es damit schafft, einen vertuschten Giftgasskandal aufzudecken, müssen Sie gelesen haben!«

»Ich sollte zumindest blond sein, sexy und langbeinig, genau wie in einem Dreigroschenroman. Statt dessen bin ich eine übergewichtige Mutter von drei Kindern, komme langsam ins mittlere Alter und habe einen simplen Beruf.«

Ihr Zuhörer nimmt das Buch entgegen.

»Oder wie wäre es mit dieser Sorte Detektivin: Cora, eine Krankenhausbibliothekarin aus Ostberlin. Sie ist so gutgläubig in dem Krimi *Die gefrorene Charlotte* von Dagmar Scharsich (Ariadne), daß ich sie an einigen Stellen am liebsten laut gewarnt hätte. Ein echter Wendezeitkrimi, in dem Cora die im

August 1989 ererbte wertvolle Puppensammlung sehr rasch wieder durch dunkle Stasi-Machenschaften verliert und nur mit knapper Not dem Tod entgeht. Ein sehr spannender Politkrimi.«

Ihr Gegenüber greift nach dem Buch und schielt dabei auf seine Uhr. »Ich unterbreche Sie ja ungern und kann es auch kaum erwarten, in den Büchern zu schmökern, aber vorher will ich noch in der Rechtsabteilung einen Gesetzestext raussuchen.«

Die Bibliothekarin lacht. »Aber machen Sie nicht solche Sachen wie der Detektiv in *Nazis in der Metro* (Transit) von Didier Daeninckx. Der prügelt nämlich am Ende mit einem Rechtslexikon die Wahrheit aus dem verdächtigen Buchhändler. Viel Vergnügen und auf Wiedersehen!«

Meine Hitliste
❶ Peter Meisenberg: Schmahl ❷ Judith Cook: Der Dreck aber bleibt ❸ Didier Daeninckx: Nazis in der Metro ❹ Kriemhild Buhl: Eiskalte Bescherung

Fünf Minuten später, am Ausgang, spricht sie ihn noch einmal an. »Na, haben Sie Ihren Gesetzestext gefunden?«

»Nein, gerade *die* Seiten waren geklaut!«

»Das ist ja wie in *Eiskalte Bescherung* von Kriemhilde Buhl (Econ), dem einzigen Krimi, der wirklich ganz und gar in einer öffentlichen Bibliothek spielt. Die Leiche einer Bibliothekarin wird nach der Weihnachtsfeier erstochen aus dem Fluß gefischt, alles deutet auf einen Mord unter Kollegen hin, die Tatwaffe stammt möglicherweise aus der Bibliothek, und gelöst wird der Fall«, sie macht eine vielsagende Pause, »von der Bibliothekspputzfrau. Wenn Sie wirklich etwas über das Innenleben einer öffentlichen Bibliothek wissen wollen, mit einem Quentchen Ironie garniert, dann ist das genau das richtige und dabei überraschend bis zur letzten Seite.«

»Ach, ich bin sicher, Sie können mir über das Innenleben viel mehr erzählen als alle Krimis zusammen; ich hab jetzt zwar keine Zeit mehr, aber falls Sie diesen Tatort heute abend verlassen, dürfte ich Sie dann auf einen Wein einladen?«

»Leider paßt mir das heute gar nicht, aber ich bin sicher, wir sehen uns bald wieder. Das Wichtigste habe ich Ihnen noch nicht erzählt«, sie senkt die Stimme und tritt einen Schritt näher, »gute Krimis machen abhängig, und die richtige Droge finden Sie bei mir!«

KRIMIBAUKASTEN: DIE DICK-FRANCIS-VARIANTE »HEIßES RENNEN« (ENGLAND, AB 1962)

❶ *Erster Satz:*

Das Gebrüll der tobenden Masse in dem Zelt sprang mich an wie ein Tiger, dem man einen Batzen Fleisch hingehängt hatte.

Was passiert?

Johnny »Horseback« Stallion ist ein mäßig erfolgreicher Kunstpferdspringer. Die Chance zur großen Karriere hat er verpaßt, als er nach der Scheidung von seiner Frau Linda seine Gesundheit durch Akoholexzesse ruinierte. Jetzt tritt er auf Jahrmärkten als Kunstpferdspringer auf. Dort macht sich nach einer Vorstellung Zoe, die Frau des reichen Sportgeräteherstellers Mike Dunleavy, an ihn heran. Sie verbringen eine stürmische Nacht, Zoe macht Johnny mit ihrem Mann Mike bekannt und sorgt dafür, daß Mike Johnny in seiner Firma einstellt. Johnny soll eine neue Art von Seitpferd testen, das in Dunleavys Firma entwickelt wurde. Unter strengsten Sicherheitsvorkehrungen beginnen die ersten Versuche, die von dem undurchschaubaren Entwicklungschef Dunleavys, Doktor Willard »Crazy« Horse, geleitet werden. Mit ihm hat Johnny eine heftige Auseinandersetzung, und als Doktor Horse am nächsten Morgen brutal ermordet in der Trainingshalle liegt, fällt der Verdacht auf Johnny. Ehe die Polizei ihn verhaften kann, wird er von Zoe gerettet und in Dunleavys Jagdhaus versteckt. Dort muß Johnny aus den Fernsehnachrichten erfahren, daß man ihn nicht nur wegen des Mordes an Doktor Horse sucht, sondern auch vermutet, er habe die Entwicklungsunterlagen für das neue Sportgerät geraubt, um sie an die Konkurrenz zu verkaufen. Ganz auf sich gestellt, muß Johnny seine Unschuld beweisen. Eine Crew brutaler Schläger, die für Dunleavys Konkurrenten Rick »the Trick« Hunter arbeitet, stöbert ihn in seinem Versteck auf und schlägt ihn brutal zusammen, um die Entwicklungsunterlagen von ihm zu bekommen. Im letzten Augenblick kann Johnny fliehen. Er beschließt, sich an Mike »Champ« Brannigan zu halten, den Chef von Dunleavys Sicherheitsdienst, der früher einmal einer der besten Seitpferdturner war und auch der Vater seiner geschiedenen Frau Linda ist. Er sucht Brannigan auf und trifft dabei auch auf Linda, die wieder bei ihrem Vater lebt. Alte Wunden brechen auf, und Johnny gelingt es nicht, seinen Ex-Schwiegervater von seiner Unschuld zu überzeugen. Ja, Johnny ist durch Brannigans Auftreten fast überzeugt, daß er hinter dem Mordkomplott steckt, um sich damit an Johnny dafür zu rächen, daß er Lindas Leben zerstört hat. In einem quälenden Gespräch mit Linda begreift Johnny endlich, daß sie ihn stets geliebt und er sie stets tief verletzt hat. Er will jetzt Klarheit und dringt in das Arbeitszimmer seines Schwiegervaters ein, wo er Unterlagen vermutet, mit denen er das Komplott aufdecken kann. Auf frischer Tat wird er von Brannigan überrascht und zusammengeschlagen, bevor er ihn mit den Schlüssen konfrontieren kann, die er aus den gefundenen Unterlagen gezogen hat: Dunleavys Frau steckt hinter der Intrige. Sie hat ihrem Mann Johnnys Einstellung nur vorgeschlagen, um ihn als Sündenbock für ihre Pläne zu benutzen. Um sich im Falle einer Scheidung ein möglichst dickes finanzielles Polster zu verschaffen, hat sie Rick Hunter von der Konkurrenz die Entwicklungspläne für das neue Pferd angeboten. Es sollte so aussehen, als habe Johnny sie gestohlen, doch bei dem Diebstahl ging einiges schief, und sie war gezwungen, Doktor Horse zu töten. Dann versteckte sie Johnny, verriet das Versteck an Ricks Sicherheitsleute und hoffte, daß diese Johnny töten würden.

Johnny Stallion kann Brannigan dazu überreden, ihm zu helfen, und gemeinsam stellen sie Zoe eine Falle, bei der dann auch Dunleavy anwesend ist. Endlich werden ihm die Augen über seine Frau geöffnet. Zoe muß den Mord zugeben, sie wird verhaftet, und Johnny und Linda versuchen einen neuen Anfang.

✂ *Letzter Satz:*

Langsam ließ ich den Rover über die kiesbestreute Ausfahrt rollen. Linda lehnte sich an mich. »Endlich«, sagte sie, als wir durch das Tor fuhren, »endlich, nach so langer Zeit.«

Joe Jenkins

12.

MULTIMEDIA-GRUSEL

Krimis in Film und Comic

Der Jungpolizist Ebed Bibel war auf Streife in einer Gegend, in der viele Banden ihr Unwesen trieben. Er hörte einen Schuß und eilte durch das Hildegard-Restaurant direkt in den Konferenzraum, wie ihn das nebenstehende Bild zeigt. Bibel fand dort die Leiche und drei bewaffnete, ihm unbekannte Männer. Er schnauzte sie an: »Wer hat ihn umgebracht?«

Jeder der Männer trug ein T-Shirt auf dem der Namen einer Stadt gedruckt war. Valparaiso zeigte auf Paris und sagte: »Er war's.« Paris zeigte auf die getäfelte Tür und sagte: »Ein Mann kam dort rein, erschoß ihn und verschwand.« Bagdad sagte: »Er erschoß sich selbst.«

Bibel wußte, daß er nicht alle drei Männer festnehmen konnte, aber wenn er sie gehen ließ, würden sie später ihre Anwesenheit am Tatort leugnen und perfekte Alibis präsentieren. Doch wenn er den Mörder sofort entdeckte und ihn festnahm, dann würde ihm das eine ehrenvolle Erwähnung und eine Beförderung einbringen.

Wen würden Sie festnehmen, wenn Sie an Bibels Stelle wären?

FRAGEN

1. Glauben Sie, daß die Gangster eine Konferenz abhielten?
Ja – Nein
2. Erschien Valparaisos Geschichte glaubwürdig?
Ja – Nein
3. Die von Paris?
Ja – Nein
4. Die von Bagdad?
Ja – Nein
5. Stand das Opfer, als es erschossen wurde?
Ja – Nein
6. Stimmt auf dem Bild irgend etwas nicht? Was?
7. Wer von den dreien hat gelogen? Beweisen Sie es!
8. Wer war der Mörder?

1. Ja. Die Anordnung der Stühle und die vier Gläser weisen darauf hin.
2. Ja. Es gibt kein Indiz, das dem widersprechen würde.
3. Ja, ein Mann konnte durch die Tür kommen und wieder gehen.
4. Nein. Ein Mensch erschießt sich nicht, während er ein Stück Kuchen ißt, egal wie schlecht der Kuchen auch schmecken mag.
5. Ja. Wenn er sich gesetzt hätte, wäre er auf seinem Stuhl zusammengebrochen, oder er hätte versucht aufzustehen und den Tisch und das, was darauf war, verschoben.
6. Ja. Obwohl das durch die Fenster eindringende Licht Sonnenflecken macht, kommt nichts durch die Tür. Daraus muß man schließen, daß die Tür nur aufgemalt war. Trompe l'œuil dieser Art waren früher üblich und zeigten eine hübsche Gartenansicht oder Vögel auf Zweigen. Schon 500 Jahre vor Beginn unserer Zeitrechnung wurde Phidias gerühmt, daß er Trauben so naturgetreu malen konnte, daß Vögel herbeiflogen, um danach zu picken.
7. Wir haben in 4. und 6. gezeigt, daß Bagdad und Paris gelogen haben. Also hat Valparaiso die Wahrheit gesagt, als er die Tat Paris anlastete. Also – muß Paris verhaftet werden, und das war's dann.
8. Paris. Bibel war ein gewitzter junger Polizist, er verhaftete Paris und wurde befördert. Drei Wochen später bekam seine Frau ein Kind. Es wurde auf den Namen Chile getauft.

Die Bibelstory

Meisterin des Chaos
Die besten Verfilmungen der Romane von Agatha Christie

Von John McCarty

Krimifans im allgemeinen und Agatha-Christie-Krimifans im besonderen sind sich wahrscheinlich mit der Dame Agatha einig, daß die Bühne und das Fernsehen mit ihrem Werk freundlicher umgegangen sind als das Kino. Wahrscheinlich werden sie mit mir auch darin übereinstimmen, daß von den mehr als hundert Filmversionen der vergangenen 65 Jahre die letzten die werkgetreuesten waren.

Für die meisten Christie-Fans war Joan Hickson die ideale Verkörperung der Urmutter aller Detektivinnen, als sie in den sorgfältig ausgestatteten BBC-Produktionen zwischen 1984 und 1993 ein halbes Dutzend Mal Miss Marple spielte. Sie wird darin wohl schwerlich zu überbieten sein – ähnlich wie etwa Vivien Leighs Scarlett O'Hara. Genauso war das auch bei David Suchets Porträtierung von Hercule Poirot in der glänzend verfilmten Fernsehserie, der immer noch weitere Folgen beschieden sind. Das gleiche läßt sich auch über James Warwicks und Francesca Annis' Amateurdetektivpaar aus den goldenen Zwanzigern sagen, das auf den Figuren von Tommy und Tuppence Beresford basiert. Wahrlich schade, daß Christie 1976 starb und sie alle nie zu sehen bekam.

Es ist allgemein bekannt, daß Christie von den meisten Leinwandadaptionen ihrer Romane nicht viel hielt. Sie fand die intimeren Arbeitsmöglichkeiten beim Fernsehen besser für ihre Cozys geeignet als die riesengroße Kinoleinwand. Als sie die Rechte zu einigen Marple- und Poirot-Romanen Anfang der sechziger Jahre an MGM verkaufte, äußerte sie die Hoffnung (auch wenn sie es nicht vertraglich festhalten ließ), »daß das Studio diese Rechte für Fernsehverfilmungen nutzen würde«. Statt dessen gab MGM der leicht vertrottelten, exzentrischen Margaret Rutherford die Rolle, besetzte Poirot mit Tony Randall ziemlich fehl, versetzte die Handlungen in die Gegenwart und brachte sie als B-Filme heraus. Im letzten Poirot-Film, *Die Morde des Herrn ABC,* führte Frank Tashlin Regie nach Slapstickmanier, aber schließlich hatte er sich ja auch seine ersten Lorbeeren als Regisseur der frühen Bugs-Bunny-Filme verdient.

Christie war so entsetzt, daß sie öffentlich verkündete, sie wünschte sich, daß diese Filme sowohl an der Kasse als auch bei den Kritikern Flops werden sollten. Dieser Wunsch wurde ihr zwar nicht erfüllt, doch sie weigerte sich nach dieser Erfahrung, weitere Filmrechte an ihren Büchern zu verkaufen. Sie ließ sich erst 1972 umstimmen, als der britische Filmproduzent John Brabourne, unterstützt von seinem Schwiegervater Lord Mountbatten (einem Freund Christies), ihr versicherte, daß er und der von ihm auserkorene Regisseur Sidney Lumet sich streng an das Buch halten würden, vom Kostüm bis zur Auswahl der SchauspielerInnen. Er bekam die Rechte für *Mord im Orient-Expreß*. Brabourne versüßte ihr die Zusage mit dem Angebot, daß sie zusätzlich zu dem beachtlichen Preis für die Rechte auch noch am Einspielergebnis beteiligt würde. Schließlich ließ Christie sich überzeugen – wer hätte das nicht? – und war auch von dem Ergebnis insgesamt sehr angetan, sowohl, was das Künstlerische, als auch, was das Finanzielle anbelangte. Der Film war ein Riesenerfolg und erhielt mehrere Oscars. Daraufhin überließ sie Brabourne die Filmrechte für noch einige Bücher. Doch als diese Filme dann in die Kinos kamen, war sie bereits in dem Glauben gestorben, daß *Mord im Orient-Expreß* das Beste war, was einem ihrer Bücher von seiten des Kinos widerfahren war und jemals widerfahren würde.

Es ist allgemein bekannt, daß Christie von den meisten Leinwandadaptionen ihrer Romane nicht viel hielt. Sie fand die intimeren Arbeitsmöglichkeiten beim Fernsehen besser für ihre Cozys geeignet als die riesengroße Kinoleinwand.

Ob das aber stimmt? Gibt es vielleicht noch andere Verfilmungen, die ein Lob verdient haben – wenn wir von der verständlicherweise überkritischen Meinung der Autorin einmal absehen?

Ich denke schon. Es lohnt sich, einmal genau hinzuschauen.

LOVE FROM A STRANGER (1937)

Dieser Film wurde buchstäblich in der Zusammenstellung des Lebenswerks von dem leider unterschätzten Regisseur Rowland V. Lee *(Der Graf von Monte Christo, Die drei Musketiere, Frankensteins Sohn, Der Tower von London)* vergessen. Er wurde in England gedreht, und die Musik dazu schrieb kein Geringerer als Benjamin Britten. Der Film basiert auf dem 1936 verfaßten Theaterstück von Frank Vosper nach Christies *Philomel Cottage*, einer Kurzgeschichte aus der 1934 erschienenen Anthologie *The Listerdale Mystery*.

Vospers spannendes Melodram stand im Schatten des von Kritikern hochgelobten Dramas *Night Must Fall* von Emlyn Williams mit einem ähnlichen Wolf-im-Schafspelz-Thema, das in der gleichen Saison uraufgeführt wurde. Der Wettstreit um gute Kritiken und verkaufte Karten dauerte bis zum Herbst, als beide Stücke in den USA aufgeführt wurden. Auch diesmal stahl *Night Must Fall* den Beifall und machte Kasse, während Vospers Stück nach weniger als einem Monat von der Bühne verschwand. Ironischerweise widerfuhr dasselbe auch der Verfilmung. Die Rechte an Williams' Stück wurden für viel Geld von MGM eingekauft, die Rechte an Vospers Stück kauften die relativ bescheidenen Trafalgar Studios in England, den Vertrieb für die USA übernahm United Artists. Im Abstand von elf Wochen wurden beide Filme in den USA uraufgeführt, und *Night Must Fall* erwies sich einmal mehr als Volltreffer und wurde für mehrere Oscars nominiert. *Love from a Stranger* erhielt halbherziges Lob, und genauso war auch der finanzielle Erfolg. In den folgenden Jahren gehörte *Night Must Fall* zum Basisreportoire aller Stadttheater und Laienspielgruppen, während *Love from a Stranger* bis heute eines der am wenigsten gespielten Stücke von Christie geblieben ist.

Vospers Schicksal war sogar noch trauriger. Im gleichen Jahr, als der Film in die Kinos kam, fiel er während einer Atlantiküberquerung über Bord. Seine Leiche wurde geborgen, doch das Rätsel um seinen Tod – war es Suizid oder Mord? – wurde nie gelöst. Vielleicht hätte Christie mal einen ihrer allwissenden Romandetektive mit der Lösung des Falls beauftragen sollen ...

Einer der Gründe, weshalb *Night Must Fall* das Stück *Love from a Stranger* so in den Schatten stellte, war vielleicht, daß seine Handlung (die sich auf den berühmten Fall *Kopf in der Hutschachtel* des berüchtigten Patrick Mahon bezog) um einen jungenhaften Charmeur mit einer perversen Vorliebe für das Abschneiden von Damenköpfen (damals) etwas gewagter und gruseliger war als Vospers Variation des ausgelutschten Themas vom modernen Blaubart, der seine Frauen hauptsächlich wegen ihres Geldes umbringt. Frank S. Nugent, der Kritiker der *New York Times*, stellte das jedenfalls fest, als er den Film einen »Griff in die Klamottenkiste« nannte.

Regisseur Lee, Drehbuchautorin Frances Marion und besonders der Hauptdarsteller Basil Rathbone (er spielte den Blaubart, den Vosper auf der Bühne darstellte) waren ebenfalls dieser Ansicht. Deshalb veränderten sie die Filmversion zu einer subtilen Komödie, die in der letzten halben Stunde total über die Stränge schlägt, als Rathbone der neuen Braut Ann Harding seine mörderische Absicht zu erkennen gibt (während Dukas' Zauberlehrling »Schneller! Schneller!« spielt). Die Szene hört und hört nicht auf, und Rathbone zieht hier alle Register der Schauspielkunst. Harding erreichte in ihrem Spiel fast die gleiche hyperaktive, scharfzüngige, augenrollende Intensität, als sie, um sich zu retten, vortäuscht, sie wäre eine noch viel abgefeimtere Mörderin von Ehemännern, und Rathbone mit ihren verbalen Attacken bis zum tödlichen Herzanfall treibt. Christie gefiel das nicht. Aber es gehört schon viel Humorlosigkeit dazu, um nicht zu lächeln, wenn Rathbone sich endlich vom Acker macht. Oder wenn Joan Hickson in einer Nebenrolle als strohdummes Mädchen hereinschneit.

Der Film erlebte 1947 ein Remake mit Sylvia Sidney als Opfer und John Hodiak als Blaubart, diesmal in der Gestalt eines Latin Lovers, der nicht annähernd so wunderbar verrückt ist wie Rathbone.

Die große
Agatha Christie

DAS LETZTE WOCHENENDE (1945)

Wer sollte diese zauberhaft-komische Geschichte um einen veritablen Massenmord nicht genießen, die in ihrem Zelluloidstreifen nicht ein einziges mißlungenes Bild enthält? Der Film von René Clair ist die erste von vier Filmadaptionen von Christies Klassiker *Zehn kleine Negerlein* aus dem Jahr 1939 und einfach perfekt.

Dudley Nichols folgte in seiner geistreichen Filmadaption einem Rat von Christie und bezog sich mehr auf das Theaterstück als auf den Roman, der in England nicht unter dem Originaltitel *Ten Little Indians* veröffentlicht wurde, sondern unter *Ten Little Niggers* – in höchstem Maß *politically incorrect.* Im Buch lebt am Schluß niemand mehr. Im Stück und im Film überleben der Held und die Heldin die Machenschaften des Mörders und entkommen, um zu heiraten, womit sie der letzten Verszeile des Kinderreims »then there were none...« eine sehr andere, aber durchaus ähnlich klare Bedeutung geben.

Christie hatte mit dem Poirot-Roman *Alibi* 1926 eine der wichtigsten der bis dahin geltenden Krimiregeln auf den Kopf gestellt, als sie in einem völlig überraschenden Ende den Erzähler als den Mörder entlarvte und damit die Krimiwelt in Aufruhr versetzte. So etwas hatte es noch nie gegeben. Christie wagte noch mehr, als sie mit einer Art Taschenspielertrick bei den *Zehn kleinen Negerlein* am Ende verrät, daß der Mörder eines der Opfer ist – nämlich eine vorgetäuschte Leiche. Und wieder gelang es ihr, alle zu verblüffen.

Genau wie Clair mit seiner unterhaltsamen, gelungenen Filmversion, die eigentlich mehr eine *Comedy of bad manners* ist als Lees *Love from a Stranger.*

Zehn einander fremde Menschen werden auf eine Insel eingeladen, um während des Wochenendes für ihre früheren Verbrechen mit dem Tod bestraft zu werden. Als sie zusehen müssen, wie ihre Reihen sich mehr und mehr lichten – ganz in Übereinstimmung mit den bedeutungsvollen Worten des Kinderreims (da waren es nur noch...) –, leiden sie mehr und mehr an Verfolgungswahn und einer verdächtigt den anderen. Um sich keine Blöße zu geben, schleichen sie hintereinander von Zimmer zu Zimmer in der vollendeten Parodie eines der klassischen Stummfilmgags, einem Genre, das Clair berühmt gemacht hatte. Dem sarkastischen verbalen Schlagabtausch entspricht in jeder Einstellung der bildliche Witz.

Das letzte Wochenende beeinflußte auch die Filmgeschichte, denn indem sie den Film nach dem Theaterstück gestalteten, lösten Clair und Nichols endlich ein Problem, das die Filmemacher bei dieser Sorte von Wohnzimmerkrimis schon lange gequält hatte: Statt zu zeigen, wer der Mörder war und wie in einer statischen Dialogszene der Detektiv die verbliebenen Verdächtigen versammelt, um »alles zu erklären«, arbeitet Clair mit Rückblenden und *zeigt,* wer es war und wie es geschah – manchmal zeigt er auch wichtige frühere Szenen aus einem anderen Blickwinkel und weist so auf etwas hin, was man beim ersten Mal nicht mitbekommen konnte. Diese wirkungsvolle Methode sorgt einmal für Handlungstempo und gleichzeitig beschäftigt sie Auge und Verstand des Betrachters: Sie ist seither ein fester Bestandteil eines jeden Christie-Krimis geworden und auch noch vieler anderer.

Szene aus »Mord im Orient-Expreß«

Die drei Remakes von *Zehn kleine Negerlein* – in England erschienen sie alle unter dem Titel *Ten Little Indians* – sind weitaus weniger bemerkenswert und halten dem Vergleich mit dem Original nicht stand. Sie wurden vom Billigproduzenten Harry Allan Towers herausgebracht, der anscheinend bis in alle Ewigkeit die Rechte an dem Stoff besitzt und beschlossen hat, daraus einen Erwerbszweig zu machen. Towers schrieb die Drehbücher oder war Ko-Autor unter seinem Pseudonym Peter Welbeck.

Von diesen drei Filmen ist der erste, *Geheimnis im blauen Schloß* aus dem Jahr 1965, noch der beste. Towers drehte ihn in England, obwohl er den Schauplatz in einen abgelegenen Schweizer Gasthof verlegt hat. George Pollock, der Regisseur der Rutherford-Marple-Filme (an deren bescheidenen Erfolg Towers anknüpfen wollte), übernahm auch hier die Regie. 1975 wollte Towers dann aus dem Erfolg des *Mord im Orient-Expreß* Kapital schlagen und landete den zweiten Versuch mit Christies Dauerbrenner *Ein Unbekannter rechnet ab.* Er verlegte den Ort des Geschehens in einen byzantinischen Palast im Prä-Ayatollah-Iran. Wir können nur dankbar sein, daß Mr. Towers nicht bis zum Sturz des Schah-Regimes und der anschließenden Ereignisse wartete, sonst wäre der unermüdliche Stoffausbeuter am Ende noch gezwungen gewesen, den Titel in *Zehn kleine Geiseln* zu ändern. Ich weiß nicht, aus welchem Filmereignis er beim letzten und schlimmsten Ausschlachten des Stoffes Kapital schlagen wollte. Towers startete jedenfalls 1989 seinen dritten Versuch – diesmal verlegte er die Handlung nach Afrika – während einer Safari.

ZEUGIN DER ANKLAGE (1957)

Billy Wilder klemmte diese endgültige Version des Christie-Bühnenklassikers zwischen zwei seiner geistreichsten Komödien: die Hommage an Lubischs *Liebe am Nachmittag* (1957) und die köstliche Verkleidungsscharade *Manche mögen's heiß* (1958). Die *Zeugin* enthält ebenfalls ein gewisses Maß an Komödie – besonders in der Nebenhandlung zwischen dem herzkranken Strafverteidiger Charles Laughton mit seiner unstillbaren Gier nach verbotenem Kognak und Zigarren und Elsa Lanchester als der überfürsorglichen Krankenschwester Miss Plimsoll, einer Rolle, die eigens für den Film dazugeschrieben wurde, damit das Paar miteinander arbeiten konnte. Una O'Connor spielte ihre Rolle als reizbare und schwerhörige Zofe des Mordopfers wie in der Broadwayproduktion und holte auch noch ein paar Lacher. Aber insgesamt ist die *Zeugin* keine *Comedy of bad manners* wie *Love from a Stranger* und *Das letzte Wochenende.* Es ist ganz eindeutig ein Kriminalfall, und so wird er auch präsentiert.

Der Film wurde zu einem der größten Hits von 1957 und erhielt mehrere Oscarnominierungen, darunter auch eine für den besten Film, doch er ging leer aus.

Christie schrieb das Theaterstück nach einer Kurzgeschichte aus der 1933 erschienenen Sammlung *The Hound of Death and other Stories.* In der Geschichte und im Stück wird ein sympathischer junger Mann, Leonard Vole, angeklagt, weil er eine ältere Witwe wegen ihres Geldes ermordet haben soll. Alle Indizien sprechen gegen ihn. Nur seine Frau Romaine könnte ihm ein Alibi verschaffen. Aber sie wendet sich gegen ihn und seinen Anwalt und behauptet, daß sie und Vole gar nicht rechtmäßig getraut seien, und stellt sich der Anklage als Zeugin zur Verfügung. Der Verteidiger beweist dann im Kreuzverhör, daß sie lügt, und Vole wird freigesprochen. In der unerwarteten Schlußszene wird offenbar, daß die ehemalige Schauspielerin Romaine die treulose Ehefrau nur gespielt hat, obwohl sie wußte, daß ihr das eine Anklage wegen Meineids einbringen würde. Sie wußte, daß die Jury den Worten einer braven Ehefrau keinen Glauben geschenkt hätte, die ja von Gesetzes wegen für ihren Mann aussagen mußte. Zur Überraschung aller verrät sie, warum die Täuschung notwendig war: Vole war doch schuldig.

Christie verstärkte die Schlußszene noch, indem sie Romaine Vole ermorden läßt, weil sie herausfindet, daß er sie trotz ihrer Hilfe wegen einer Jüngeren verlassen will. Wenn der Vorhang fällt, springt Voles Anwalt auf und erklärt sich bereit, diese außergewöhnliche Frau zu verteidigen. Die Produzenten des Stücks protestierten gegen dieses blutige Ende, doch Christie war der Ansicht, daß das Stück einen dramatischen Kniff brauchte, um Vole als den Schuft zu enttarnen, der er ist. Sie fand das »psychologisch stimmig« und weigerte sich, das Stück ohne dieses Ende auf die Bühne zu lassen. Sie setzte sich durch, und alles Weitere ist mittlerweile längst Theatergeschichte. Die *Zeugin* wurde eines ihrer erfolgreichsten und am häufigsten gespielten Stücke.

Wilder schrieb mit Harry Kunitz das Drehbuch für die Filmadaption, in der er dieses Ende beibehält. Doch er setzte noch einen drauf, indem er zahlreiche Hinweise auf Voles (Tyrone Power) mögliche Schuld in die Handlung einfließen läßt. Diese Hinweise tauchen auf, wenn in der Retrospektive Voles Liebesgeschichte mit Romaine (Marlene Dietrich) und ihr erstes Zusammentreffen im Nachkriegsberlin gezeigt werden, desgleichen in der Beziehungsgeschichte zwischen Vole und seinem Opfer, die Wilder und Kunitz dazu erdachten. Man braucht nur zu zwinkern und bekommt diese Hinweise nicht mit. Aber es gibt sie – in Powers geschickter Veränderung von Ton und Gesten, wenn er ab und zu die Maske des sympathischen Kerls fallen läßt und zeigt, was für ein geschickter schurkischer Drahtzieher er in Wirklichkeit ist. Mit vollendeter Ironie werden diese Rückblenden aus Powers eigenem Blickwinkel erzählt: Der arrogante Verbrecher enttarnt sich selbst, weil er meint, daß alle anderen zu dumm sind, um ihm auf die Schliche zu kommen.

Das ist nun wirklich in hohem Maße »psychologisch stimmig«. In dem ganz passablen Fernsehremake (1982) spielten Ralph Richardson den Verteidiger, Diana Rigg die Romaine und Beau Bridges den Vole. Es folgt ziemlich genau dem Wilder-Kunitz-Drehbuch, aber es verzichtet auf diese besonderen eingestreuten Hinweise.

MORD IM ORIENT-EXPRESS (1974), TOD AUF DEM NIL (1978) UND DAS BÖSE UNTER DER SONNE (1982)

Der Versuch, mit dem redseligen belgischen Superdetektiv Poirot eine Serie zu starten, begann eigentlich schon bei der Einführung des Tonfilms. *Alibi* (1931) basierte auf einer Bühnenfassung von Christies berühmtem Roman und erreichte als erster Stoff den Film. Im Stück hatte Charles Laughton Poirot gespielt – eine Idealbesetzung, obwohl Christie den Schauspieler »zu korpulent« für die Rolle fand. In der Filmadaption wurde Laughton durch Austin Trevor ersetzt, groß, dunkelhaarig, schlank und sehr britisch – er ähnelte überhaupt nicht Christies Romanfigur. Auch im nächsten Poirot-Film *Black Coffee* (1931) spielte Trevor die Hauptrolle. Der Film bezog sich auf ein Theaterstück, das Christie selbst verfaßt hatte. Diese wenig erfolgreiche Serie hörte nach *Lord Edgware stirbt* (1934) auf. In Amerika lief der Film unter dem Titel *Thirteen at Dinner* und wurde 1985 für das Fernsehen als Remake mit Peter Ustinov erneut verfilmt (der zukünftige Poirot David Suchet befand sich bereits unter den Mitspielern).

Christie gefielen die Trevor-Filme so wenig, daß sie sich jahrelang weigerte, die Rechte an irgendeinem anderen Poirot-Roman oder -Stück zu verkaufen. Aber da dem Publikum die Filme ebenfalls nicht gefallen hatten, waren die Studios in England und den USA auch gar nicht so wild dahinter her. Es sollte noch ein Vierteljahrhundert verstreichen, bevor Poirot in den *ABC Morden* auf die Leinwand zurückkehrte, dem ersten einer geplanten Poirot-Serie, von denen MGM sich den gleichen bescheidenen Erfolg erhoffte, der den Miss-Marple-Filmen mit Margaret Rutherford beschieden war. Zunächst sollte Zero Mostel den Poirot spielen. Aber als Christie herausfand, daß diese Adaption ihres Romans auch eine schlüpfrige Schlafzimmerszene enthielt, in der ihr pingeliger und sexuell ambivalenter Detektiv mitmischen sollte, ließ sie das Projekt so lange in der Versenkung verschwinden, bis es in andere Hände gelangte. In dem Film, der daraufhin entstand, spielt Tony Randall den Poirot. Die Schlafzimmerszene war entfallen, wurde jedoch durch einen modischen Post-*Hard-Days-Night*-Stil mit zahlreichen Bildgags ersetzt. Christie fand den

Szene aus »Tod auf dem Nil«

Film abscheulich. Das Publikum ebenfalls. Die Serie starb. Und wieder verging fast ein Jahrzehnt, bevor ein großes Filmstudio – diesmal Paramount – und Christie sich noch einmal an einen Poirot-Film heranwagten.

In vielerlei Hinsicht ist dieser Film *Mord im Orient-Expreß* immer noch der beste der großen Leinwandadaptionen eines Poirot-Romans. Der britische Schauspieler Albert Finney – der in seiner Rolle kaum zu erkennen ist – wurde für den Oscar nominiert und errang sogar Christies Anerkennung, obwohl erzählt wird, daß ihr sein Schnurrbart mißfallen haben soll: Sie fand ihn nicht elegant genug. Außer Finney konnte sich der Film eines unglaublichen Staraufgebots rühmen: Lauren Bacall, Sean Connery, Ingrid Bergman, John Gielgud, Jacqueline Bisset, Michael York, Jean-Pierre Cassel u. a. Der Produzent Brabourne erfüllte seine Versprechungen und ließ dem Film die großzügigste Behandlung zuteil werden: Es wurde an keiner Stelle gespart. Paul Behns Drehbuch folgte Christies Original bis aufs I-Tüpfelchen und läßt das Publikum bis zum Schluß im ungewissen. Aber abgesehen von Finneys Spiel und einigen anderen amüsanten Splittern in den Szenen einiger Mitspieler fehlt dem Film die Leichtigkeit, die Christies Werk immer auszeichnet und die Clair, Wilder und Lee so gut eingefangen hatten. Das wird vor allem bei wiederholtem Betrachten deutlich, wenn wir nicht mehr von der Spannung gefangengenommen sind und unsere »kleinen grauen Zellen« sich mit der Lösung des Rätsels abmühen. Der Fehler lag bei Brabournes Wahl des Regisseurs. Sidney Lumets Stil ist schwerfällig, manchmal sogar düster und paßt mehr zu intensiven Dramen wie *The Pawnbroker* (1965) oder grobkörnigen Großstadtthrillern wie *Serpico* (1973), den er vorher drehte, aber nicht zu solch eskapistischen Stoffen wie ein nostalgischer Christie-Krimi.

Letztendlich beruht die große Beliebtheit von *Mord im Orient-Expreß* bei den Krimifans wohl darauf, daß der Roman eine von Christies originellsten und glaubwürdigsten Schöpfungen ist (viele Christie-Fans halten es für ihr bestes Buch), und Brabourne wurde ihm gerecht, was Drehbuch, Kostüme und Besetzung angeht. Für die meisten Zuschauer und Kritiker war der Film eine »glanzvolle Reise in eine mythische Vergangenheit« (so der Werbetext) und bildete eine willkommene Erholung angesichts so häßlicher Alltagskrimis wie den Watergate-Skandal, der zu dieser Zeit noch die Medien beherrschte.

Brabourne und sein Partner Richard Goodwin drehten danach *Tod auf dem Nil*, der nicht das gleiche positive Echo fand, obwohl er im Einfangen der typischen Christie-Leichtigkeit in vieler Hinsicht der bessere Film ist. Christie schrieb den Roman 1937 und arbeitete ihn 1946 für die Bühne um. Er ist bei ihren Fans ebenfalls sehr beliebt, obwohl auch sie den meisten Kritikern beipflichten müssen, daß die Drehungen und Wendungen der Handlung mit ihren Zufällen und dem sekundenbruchteilgenauen Timing der Mörder die Glaubwürdigkeit überstrapazieren. Die Filmadaption wurde von Anthony Schaffer – dem Autor von *Sleuth* – mit einem Augenzwinkern entsprechend angepaßt. Vor der grandiosen Kulisse der ägyptischen Landschaft und der überlebensgroßen Szenerie von Sphinx, Pyramiden und dem Tal der Könige gehen Regisseur John Guillermin und seine Spitzenstarbesetzung mit viel Humor und Fröhlichkeit an die Sache heran, ganz im Geist des Stücks, dem Glaubwürdigkeit ohnehin egal ist.

Albert Finney wollte den Poirot nicht noch einmal spielen. Peter Ustinov nahm seinen Platz ein, und obwohl er äußerlich Christies Figur überhaupt nicht ähnelt, schlüpfte er so überzeugend in die Rolle, als ob er seit Jahren dafür geübt hätte. Seine Darstellung ist genauso komisch wie die Finneys, aber viel weniger stilisiert. Ustinov ist ein Meister im Schaustehlen, aber in diesem amüsanten, überschäumenden Ausstattungsstück, in dem auch die Nebendarsteller Paraderollen erhielten, wird er manchmal von dem indischen Schauspieler I. S. Johar übertroffen, dem unerschütterlichen Manager des Nildampfers, auf dem sich die Morde ereignen.

Kinobesuchern ist Johar als der Araber bekannt, den Peter O'Toole in *Lawrence von Arabien* (1962) erst rettet und dann tragischerweise umbringen muß, um ein Blutbad zwischen den Stämmen zu verhindern. Hier nun ist das schlimmste, was Johar begegnet, eine Königskobra, die die Mörder in Poirots Kabine verstecken, um seine »kleinen grauen Zellen« daran zu hindern, ihnen auf die Schliche zu kommen. David Niven entledigt sich elegant der Schlange, aber Johars Reaktion auf die aufregende Situation (»Noch nie habe ich solch ein Reptil in der ersten Klasse gesehen!«) sorgt für Lachstürme.

Letztendlich beruht die große Beliebtheit von Mord im Orient-Expreß bei den Krimifans wohl darauf, daß der Roman eine von Christies originellsten und glaubwürdigsten Schöpfungen ist (viele Christie-Fans halten es für ihr bestes Buch), und Brabourne wurde ihm gerecht, was Drehbuch, Kostüme und Besetzung angeht. Für die meisten Zuschauer und Kritiker war der Film eine »glanzvolle Reise in eine mythische Vergangenheit« (so der Werbetext) und bildete eine willkommene Erholung angesichts so häßlicher Alltagskrimis wie den Watergate-Skandal, der zu dieser Zeit noch die Medien beherrschte.

Ustinov spielte den Poirot auch in der nächsten Brabourne-Goodwin-Produktion *Das Böse unter der Sonne*, die in Stil, Atmosphäre (Schauplatz ist ein luxuriöses Hotel auf einer Mittelmeerinsel) und Charme fast an den *Nil* herankommt, obwohl die Kritiker den Film nicht besonders mochten. Anthony Schaffer lieferte wieder ein geistreiches Drehbuch (die Adaption eines Romans von 1941), und der Mann im Regiestuhl war diesmal Guy Hamilton, der *Goldfinger* (1964) zum erklärtermaßen besten und temporeichsten aller Bond-Filme gemacht hatte. Wieder hatte der Szenenklauer Ustinov einen Widerpart – diesmal in dem unglaublich zickigen Mordopfer in der Person von Diana Rigg. Ihre Ermordung ist das Sprungbrett für diesen verschwenderisch ausgestatteten, bis zum Ende unglaublich spannenden und von der ersten bis zur letzten Sekunde unterhaltsamen Rätselkrimi. Doch da der Film weder an den großen Erfolg von *Mord im Orient-Expreß* noch an den bescheidenen des *Tod auf dem Nil* anknüpfte, beendeten Brabourne und Goodwin damit ihre Serie von erstklassig gespielten Poirots.

Ustinov galt mittlerweile als der ideale Poirot-Darsteller (zumindest, bis David Suchet übernahm), deshalb wurde er von anderen Produzenten noch bei vier weiteren Gelegenheiten in die Rolle zurückgelockt. Doch diese Filme waren saft- und kraftlos und konnten mit dem Niveau der Brabourne-Goodwin-Filme nicht im entferntesten mithalten. Drei davon – *Dreizehn bei Tisch* (1985), *Dead Man's Folly* (1986) und *Mord in drei Akten* (1986) – wurden für das Fernsehen gedreht, verlegten die Handlung in die Gegenwart und übersahen dabei die Tatsache, daß die berühmten »kleinen grauen Zellen« des Detektivs Mitte der achtziger Jahre wohl kaum noch funktioniert hätten, da ihr Besitzer mittlerweile mehr als hundert Jahre alt gewesen wäre.

Zwar wieder in historischer Umgebung, aber genauso lahm war Ustinovs letzter Leinwandversuch in der Rolle. *Rendezvous mit dem Tod* (1988) ist der mißlungene Versuch des Gelegenheitsregisseurs Michael Winner, den extravaganten Touch der Brabourne-Goodwin-Filme einzufangen. Gedreht wurde in Israel mit einem Spitzenaufgebot an Stars, Lauren Bacall und John Gielgud gehörten wieder dazu. Das Drehbuch basierte auf dem gleichnamigen Roman von 1938, den Christie 1945 für die Bühne bearbeitet hatte. Die allgegenwärtige Joan Hickson hatte eine Nebenrolle in diesem Stück, genau wie in *4 Uhr 50 ab Paddington* (1962), dem ersten der Rutherford-Marple-Filme. Kenner und Fans von Christie halten auch *Rendezvous mit dem Tod* für eines ihrer besten Bücher. Die Filmversion mit Anthony Schaffer als Ko-Drehbuchautor, Regisseur Winner und Peter Buckman ist grauenhaft. Völlig ohne Atmosphäre, von nachlässiger Machart (sogar die Kulisse sieht billig aus) und ohne Zauber, war sie ein totaler Flop – denn die Filmemacher vermochten bei den Zuschauern auch nicht einen Funken Neugier dafür zu wecken, wer denn nun der Täter war.

AGATHA (1979)

Der Abschluß dieses Überblicks ist diesem ungewöhnlichen Film gewidmet, der nicht auf einem ihrer Romane, den Kurzgeschichten oder Stücken beruht, sondern auf einem Ereignis, das ihr selbst widerfuhr und das im Film so aufbereitet wurde, als ob es in einem ihrer Cozys geschehen sei. 1926 wurde Christies Auto in einem Straßengraben nicht weit von dem Haus gefunden, in dem sie damals lebte. Auf dem Sitz fand man einige Gegenstände, die ihr gehörten, doch die Autorin selbst hatte sich in Luft aufgelöst. Schlagzeilen im ganzen Land und in aller Welt verkündeten ihr geheimnisvolles Verschwinden. Belohnungen wurden ausgesetzt, und Suchtrupps wurden organisiert, die Polizei und Hunderte von Zivilisten suchten mit Spürhunden und Flugzeugen nach ihr. Elf Tage später wurde sie von einem Hotelangestellten in einem Badeort erkannt, wo sie unter falschem Namen abgestiegen war. Als sie nach Einzelheiten über ihr Verschwinden befragt wurde, behauptete Christie, sie könne sich an gar nichts erinnern. Sie äußerte sich niemals öffentlich zu diesem Vorfall – ihrem ureigenen *Mystery* –, sie schrieb auch nicht darüber, nicht einmal in ihrer sonst sehr freimütigen Autobiographie, die ein Jahr nach ihrem Tod erschien. Jedenfalls hatte dieses Ereignis eine große Auswirkung auf ihr Leben. Sie war zu dieser Zeit wegen des großen Erfolgs von *Alibi* bereits ziemlich berühmt, und nach diesem Vorfall war ihr Name in ganz Britannien ein Begriff: Sie galt als die erste Dame des Kriminalromans. Beruflich und finanziell war sie eine gemachte Frau.

War ihr Verschwinden ein Publicity-Gag? Das Resultat eines Nervenzusammenbruchs wegen des Scheiterns ihrer Ehe? Oder hatte sie einfach einen Unfall, war bewußtlos und verlor für eine Weile ihr Gedächtnis? Wir werden es nie erfahren. Der Film *Agatha* fabuliert frei, er spekuliert darüber, was geschehen sein könnte und warum, und schließt dabei die Möglichkeit nicht aus, daß ein Mordversuch auf die Autorin gescheitert war. Die Täter... nein, ich möchte Ihnen den Spaß an dem Film nicht durch zuviel Erzählen verderben. Doch ich will Ihnen noch verraten, daß Vanessa Redgrave als junge, lebensprühende Ms. Christie eine wundervolle, hilfsbedürftige Schöne ist und daß der zukünftige Mr. Bond, Timothy Dalton, eine erstklassige Vorstellung als schuftiger Ehemann gibt. Nur Dustin Hoffman in einer seiner typischen »Ich kann ja so gut spielen«-Rolle als der ultramoderne amerikanische Journalist paßt nicht so ganz in die ansonsten perfekte, den Zeitgeist der goldenen Zwanziger beschwörende Atmosphäre. Bestimmt hätte Agatha Christie bei diesem Film anerkennend gelächelt.

Aus dem Amerikanischen von Nina Schindler

Filme nach Romanen von Dame Agatha (in Klammern der Name des Regisseurs) ❶ 1928: Die Abenteuer G.m.b.H. (Fred Sauer) ❷ The Passing of Mr. Quinn (Julius Hagen) ❸ 1931: Alibi (Leslie Hiscott) ❹ Black Coffee (Leslie Hiscott) ❺ 1934: Lord Edgware Dies (Henry Edwards) ❻ 1937: Love from a Stranger (Rowland V. Lee) ❼ 1945: Das letzte Wochenende (René Clair) ❽ 1947: Love from a Stranger (Richard Whorf) ❾ 1957: Zeugin der Anklage (Billy Wilder) ❿ 1960: Das Spinnengewebe (Godfrey Grayson) ⓫ 1962: 4 Uhr 50 ab Paddington (George Pollock) ⓬ 1963: Der Wachsblumenstrauß (George Pollock) ⓭ Vier Frauen und ein Mord (George Pollock) ⓮ 1964: Mörder Ahoi! (George Pollock) ⓯ 1965: Geheimnis im blauen Schloß (George Pollock) ⓰ 1966: Die Morde des Herrn ABC (Frank Tashlin) ⓱ 1972: Mord nach Maß (Sidney Giliat) ⓲ 1974: Mord im Orient-Expreß (Sidney Lumet) ⓳ 1975: Ein Unbekannter rechnet ab (Peter Collinson) ⓴ 1978: Tod auf dem Nil (John Guillermin) ㉑ 1979: Agatha (Michael Apted) ㉒ 1980: Tod im Spiegel (Guy Hamilton) ㉓ 1982: Das Böse unter der Sonne (Guy Hamilton) ㉔ 1984: Ordeal by Innocence (Desmond Davis) ㉕ 1988: Rendezvous mit dem Tod (Michael Winner) ㉖ 1989: Zehn kleine Negerlein (Alan Birkinshaw)

Tödliche Blasen
Krimi im Comic

Von Philipp Wegenast

VORBEMERKUNG

Comics und Literatur verhalten sich heute zueinander wie Krimis zu Goethe: Goethe liebte die Spannung, suchte nach dem Thrill der verbotenen Tat und verehrte die Schreibkunst jener, denen es gelang, in einer Erzählung oder einem Drama gleichermaßen echt, entlarvend und erstaunlich zu sein. Kurz, er wäre sicherlich ein Liebhaber von Kriminalliteratur gewesen, hätte es sie zu seiner Zeit schon gegeben.

Wie sich Krimis zu Comics verhalten, soll in diesem Abriß skizziert werden. Dazu ist es zunächst notwendig, einiges zum Comic als eigenständiger Kunstform neben Literatur und Malerei zu sagen. In einem zweiten Schritt werden in drei Abschnitten drei die gegenwärtigen Krimi-Comics prägende Elemente aus der Kulturgeschichte vorgestellt und an Beispielen illustriert. Den Schluß macht ein Ausblick auf die Zukunft des Krimi-Comics.

WAS HABEN COMICS MIT LITERATUR ZU TUN?

Der Comic beansprucht heute für sich, eine eigenständige Kunstgattung zu sein. Gleichberechtigt neben Literatur, Malerei, Bildhauerei, Film u. a. soll somit der Comic als besondere Ausdrucksform menschlichen Denkens und Empfindens stehen können. In Analogie zum Film als siebter Kunst wird deshalb oftmals vom Comic als achter Kunst gesprochen. Doch ist der Comic nicht etwas zu jung, um Kunst zu sein? Ist es nicht anmaßend, *Fix und Foxi*, *Bambi* und *Batman* auf eine Ebene zu stellen mit den Werken der Malerei und der Weltliteratur?

Um dies zu beantworten, sind wir auf einige Zusatzinformationen angewiesen, die erklären, was eigentlich ein Comic ist. Zunächst einmal ist der Comic eine Kombination von Text und Bild. Genauer betrachtet, ist er aber mehr als das: Indem er nämlich nicht nur Text und Bild kombiniert, sondern gleichzeitig »Bildfolgen« bietet, stellt er eine bestimmte Art sequentieller Verknüpfung von Text und Bild dar.

Diese Verknüpfung ist keineswegs neu, sie gehört zu den ältesten Überlieferungstechniken überhaupt. Kulturgeschichtlich markiert die Verbindung des Verweischarakters von Bildern mit der Sequentialität vom Text eines Geschehens gewöhnlich den Übergang von einer Bild- zu einer Schriftkultur: Wurde anfangs die Darstellung einer Jagd auf einem einzelnen Gemälde illustriert, so findet sich in späteren Illustrationen dasselbe Geschehen in einer Bilderfolge dargestellt. Auf den einzelnen, aufeinanderfolgenden Bildern sehen wir den Fortschritt des Geschehens. Durch die Wiederkehr der gleichen Figuren auf den verschiedenen Bildern wird der Betrachter dazu gebracht, einerseits die Bildfolge als einen Ablauf zu begreifen, andererseits das gesamte Geschehen als Einheit zu verstehen. In der Geschichte finden wir aufgrund ihrer besonderen Lesbarkeit Bilderfolgen häufig verwendet, um das Leben berühmter Menschen zu verewigen: Beispiele hierfür sind die ägyptischen Grabfresken und die römischen Siegessäulen, die mittelalterlichen Bibelillustrationen, die das Leben Jesu nachzeichnen, oder auch die Bildfolgen der Bänkelsangblätter, auf denen die Etappen einer Mordtat oder eines vermeidbaren Unglücks illustriert sind.

In der Geschichte finden wir aufgrund ihrer besonderen Lesbarkeit Bilderfolgen häufig verwendet, um das Leben berühmter Menschen zu verewigen: Beispiele hierfür sind die ägyptischen Grabfresken und die römischen Siegessäulen, die mittelalterlichen Bibelillustrationen, die das Leben Jesu nachzeichnen, oder auch die Bildfolgen der Bänkelsangblätter, auf denen die Etappen einer Mordtat oder eines vermeidbaren Unglücks illustriert sind.

Mit Blick auf die modernen Comics läßt sich sagen, daß sich die grundlegenden Bauelemente in diesen Bildfolgen oder in diesen Beispielen sequentieller Kunst unschwer wiederfinden lassen:

1. die Reihung der Bilder (Sequentialität),
2. die Zeichenhaftigkeit der Bildelemente (Semantizität) und
3. die notwendige Integration der Bedeutung der Einzelbilder zu einem Gesamtsinn (Emergenz).

Als direkter Vorläufer und Urahn der Krimi-Comics läßt sich der Bänkelsang bestimmen.

DAS WOHLIGE ERSCHAUERN IN DER GEMEINSCHAFTLICHEN ENTRÜSTUNG – MORITATEN- UND BÄNKELSÄNGER ALS URAHNEN DER KRIMI-COMICS

Der Bänkelsang ist gleichermaßen Vorläufer des Kriminalromans wie auch des Comics, speziell des Krimi-Comics. Seine Wurzeln hat der Bänkelsang im Zeitungslied der Reformationszeit. Die durch die Verbreitung des Buchdrucks innerhalb kurzer Zeit erheblich gesteigerte Menge von Schriften aller Art und die Verbesserung der Infrastruktur ließen damals das Bedürfnis der Bevölkerung nach außerordentlichen Neuigkeiten stetig wachsen. Der Befriedigung dieser »Neu-Gier« waren durch den Analphabetismus allerdings Grenzen gesetzt. Zur Überwindung ebendieser Grenzen entstand im 15. Jh. das sogenannte Zeitungslied. Fahrende Zeitungssänger trugen es vor und verkauften dazu Flugblätter, auf denen der Text der gereimten, mehrstrophigen Zeitungslieder zu lesen war. Diese Zeitungssänger wandten sich vor allem an die untersten Schichten der Bevölkerung. Sie brachten ihrem Publikum – gewöhnlich unter dem Deckmantel der Religion – nebst detailliertem Wissen über Unglücksfälle und Verbrechen aller Art auch die verkaufsfördernden Gefühlsreize des Grusels und des Abscheus.

Friede Rosemann auf dem Marktplatz von Zittau, um 1930

Da diese Zeitungssänger auf ein zahlendes Publikum angewiesen waren, und dieses sich nach Kuriositäten, bizarren Meldungen, Grauen und moralischer Erbauung sehnte, entwickelten viele Zeitungssänger Techniken, um auch alltägliches Geschehen außerordentlich erscheinen zu lassen. In der Folge wandelte sich das Zeitungslied zum Gesamtkunstwerk des Bänkelsangs.

Im 17. Jahrhundert, im Europa des Dreißigjährigen Krieges, hatten die Jahrmarktsänger und Schausteller ihre große Zeit. Mit zunehmender Raffinesse und viel Geschäftssinn verbreiteten sie besonders bizarre und wunderliche Nachrichten vom Zeitgeschehen, vor allem aber sangen sie in aufregenden Schauergeschichten von Mordtat, Laster, Greuel und Familientragödien. Zur Drehorgel singend, standen sie dabei auf einer Holzbank (daher der Name *Bänkel*sang) und wiesen mit einem Holzstab auf handgemalte Bilderfolgen auf einem Wachstuch. Jedes dieser Wachstücher bot jeweils eine Geschichte in einer Sequenz von mehreren Bildern, wobei den Einzelbildern üblicherweise je eine Strophe gewidmet war. Trugen sie mehrere Geschichten vor, so benutzten sie einfach ein Stativ, auf dem sie – wie auf einem Flip-chart – die Tücher nach hinten blättern konnten, oder sie tapezierten eine Wand mit mehreren Bilderfolgen, vor denen sie dann entlangliefen. Parallel zu ihrem Vortrag verkaufte die Familie der Bänkelsänger sogenannte »fliegende Blätter«, auf denen je ein Einzelbild der vorgetragenen Schauergeschichte abgedruckt und beschrieben war.

Der Bänkelsang konzentriert sich thematisch mit Vorliebe auf Ereignisse, in denen Unschuldigen oder auch Unvorsichtigen Unrecht oder Unglück geschieht. Kein Wunder also, daß überdurchschnittlich viele Frauen und Kinder als Opfer in den Bänkelliedern herhalten mußten. Trotz Sensationshascherei war der Bänkelsang durchaus nicht frei von didaktischen Hintergedanken. Die Bänkellieder zielten nahezu ausschließlich auf eine handfeste Moral mit großem praktischen Nutzwert und enormer Konsensfähigkeit ab. Das eigene Erschauern über die Schlechtigkeit und Dummheit der Welt nahm das Publikum als Garant für die Richtigkeit der eigenen Moralstandards, auch wenn es weniger die Moral als die Angstlust war, die zum Kauf der fliegenden Blätter der Bänkelsänger verleitete.

Was den Krimi-Comic der Gegenwart angeht, finden sich in ihm mehr oder weniger deutliche Spuren des Bänkelsangs:

1. Inhaltliche Spuren zeigen sich in der Konzentration der Krimi-Comics auf besonders seltsame und verabscheuungswürdige Schreckenstaten, in denen Unschuldige zu Schaden kommen. Vielfach führt dies dazu, daß in Krimi-Comics Science-fiction- und Fantasy-Elemente auftauchen. Beispiele hierfür finden sich etwa in den Serien *Blake und Mortimer* (Carlsen) des Belgiers Jacobs, vor allem aber in den Krimi-Comics rund um seine Heldin Adèle Blancsec des Franzosen Jacques Tardi (Edition Moderne). Auch Sokals Krimi-Comic-Reihe rund um den Entendetektiv Canardo (Carlsen) spielt mit dem Element der Düsternis.

2. Strukturelle Spuren des Bänkelsangs zeigen sich vor allem in der oft trivialen Gleichförmigkeit des Aufbaus zahlreicher gängiger Krimi-Comic-Serien. Hierzu gehören beispielsweise die großen Serien *Blake und Mortimer* (Carlsen), *Harry und Platte* (Carlsen), *Andy Morgan* (Carlsen), *Percy Pickwick* (Carlsen) und gewissermaßen auch die Klassiker *Tim und Struppi* (Carlsen) und *Spirou und Fantasio* (Carlsen).

Sokal, »Inspektor Canardo«

3. Die Konsensfähigkeit »der Moral« bei der Auflösung eines Verbrechens hat im Krimi-Comic einen großen Stellenwert. Sogar dort, wo scheinbar das Böse gewinnt, geht es doch mehr um die Wahrung des Rechts der Klügeren gegenüber dem der Unvorsichtigen oder auch Dummen. Gewinnen muß, wenn schon nicht der oder die Gute, so doch mindestens *das* Gute.

4. Eine weitere Spur des Bänkelsangs im Krimi-Comic der Gegenwart ist dessen Tendenz zum Gesamtkunstwerk. Die Verfilmung diverser Krimi-Comics (*Batman*, *Tim und Struppi*, *Dick Tracy* u. a.), die Erarbeitung von Krimi-Comic-CD-ROMs (z. B. Isabel Kreitz' und Ralf Pingels *Ein Fall für Mütze & Co.*) sind u. a. hierfür Beweis.

5. Zuletzt ist auch der Rekurs auf das Religiöse zu nennen. Freilich wird in heutigen Krimi-Comics nicht das Gottesbild des ausgehenden 16. Jhs. zur Rechtfertigung der Lösung eines Falls herangezogen, häufig aber finden sich deutliche Verweise auf die Notwendigkeit religiöser Standards. So

macht im Agentenkrimi-Comic *Teufelsmaul* (Edition Kunst der Comics) des französisch-amerikanischen Zeichner-Autoren-Paars François Boucq/Jerome Charyn der Protagonist, angeleitet durch einen orthodoxen Mönch und einen indianischen Schamanen, eine religiöse Erfahrung, an deren Ende er gleichzeitig mit der Lösung seines Falls die Wahrheit und das Licht findet.

Um die Jahrhundertwende eroberten sich die bunten Bildergeschichten in den USA nach und nach alle großen Tageszeitungen. Als in der Zeit kurz vor dem Zweiten Weltkrieg die erste durch den Finanzmarkt verursachte Wirtschaftskrise weltweit Arbeitslosigkeit, galoppierende Inflation und Armut zur Folge hatte, tauchten neben den weitverbreiteten pummeligen Figuren der lustigen Funny-Comic-Strips in den Sonntagsbeilagen der großen amerikanischen Zeitungen neue, ganz andere, wesentlich härter zur Sache gehende Figuren auf. Sie hießen Dan Dunn, Red Barry, Dick Tracy, etwas später dann noch Rip Kirby und als Vorläufer der Superhelden Batman und Robin. Der Detektiv-Comic war geboren.

MIT IRONIE UND ALLMACHTSPHANTASIEN INS WOCHENENDE – HARDBOILED MEN ALS HOFFNUNGSTRÄGER GEGEN DAS BÖSE

Als Anfang der dreißiger Jahre in den USA die Prohibition den Schwarzmarkt aufblühen ließ und Gangster wie John Dillinger und Al Capone ihre Vorstellungen von freier Marktwirtschaft nahezu ungebremst verwirklichen konnten, schlug in den Massenmedien die Stunde der »hartgekochten« Kriminalstories. Anders als die Polizei, die gegen die ungeheure Finanzmacht eines gut organisierten Alkoholschmuggels kaum etwas auszurichten vermochte, waren die Helden dieser Stories stets erfolgreich. Gerade dieser unglaubliche Erfolg aber zeigte schon, wie ernst es den ZeichnerInnen mit ihren Geschichten war. Sie persiflierten von Anfang an die Plots der berühmten Gangsterfilme der dreißiger Jahre. Stilbestimmendes Element von Comics wie *Dick Tracy* von Chester Gould (Rowohlt) und *Red Barry* von Will Gould sowie von zahlreichen anderen Detektiv-Comic-Serien war die ironische Überzeichnung der Eigenschaften der Helden und der

Chester Gould, »Dick Tracy«

Plots. Die *Tough Guys* der Comic strips waren immer noch eine Spur härter als ihre filmischen und literarischen Kollegen. Clever wie Sherlock Holmes und unbestechlich wie Eliot Ness, boten sie im Asphaltdschungel des Molochs Stadt dem Bösen unerschütterlich die Stirn. Doch es war weniger die Ironie, die diesen Comics zum Erfolg in den großen Tageszeitungen verhalf, sondern vielmehr die Identifikation des Lesepublikums mit den detektivischen Übermenschen. Die Private Eyes der Krimi-Comics waren wie später die Superhelden für viele die personifizierte Hoffnung, daß auch sie sich letztlich durchsetzen und »das Gute gewinnen« würde. Dieser Identifikation kamen die typischen Stilelemente dieses Genres sehr entgegen, so vor allem das auf ein Minimum an Komplexität reduzierte Gesellschaftsbild: Die Guten waren sofort als solche zu erkennen, und den Bösen stand ihre Bosheit buchstäblich ins Gesicht geschrieben.

Will Eisner, »The Spirit«

Der Zeichenstil dieser Comics ist ebenfalls typisch: Wie um das reduzierte Gesellschaftsbild auch bildlich umzusetzen, waren die Detektivstories nahezu alle in sehr expressiver Schwarzweißtechnik gezeichnet. Das gekonnte Spiel mit Licht und Schatten, außergewöhnliche Perspektiven und Perspektivewechsel sowie eine die Dynamik noch zusätzlich intensivierende Strichführung verschafften den Stories über einen mitreißenden Plot hinaus Spannung und Dramatik. Außerdem waren die Stories so konzipiert, daß sie letztlich beliebig weitergeführt werden konnten. Ewig jung und gut gebaut, standen die Helden der Detektiv-Comics in immer neuen Situationen ihren Mann oder seltener auch ihre Frau. Nach dem Zweiten Weltkrieg fanden Dick Tracy und seine Kollegen zahlreiche Nachfolger in den USA und auch in Europa. Viele von ihnen konnten ihren Vorbildern jedoch nicht das Wasser reichen, und außerdem fehlte den Stories die ironische Komponente. Einige wenige ZeichnerInnen und AutorInnen konzentrierten sich gerade auf die ironische und oft auch sozialkritische Seite der Detektiv-

Peter O'Donnell, »Modesty Blaise«

Comics und schufen Charaktere und Geschichten von bleibender Kraft. Zu ihnen gehört der geniale Will Eisner, der mit dem *Spirit* (Ehapa) einen Krimihelden schuf, durch den die Gesetze des Detektivgenres gleichzeitig repräsentiert und persifliert werden. Mit seiner Figur *Spirit* gelingt es Eisner, das Schwarzweißschema der Detektiv-Comics zu durchbrechen und auf tieferliegende soziale Probleme wie die Rassendiskriminierung, die Arbeitslosigkeit und die Armut aufmerksam zu machen. Auch Manfred Schmidt mit seinem messerscharf kombinierenden *Nick Knatterton* (Lappan) gehört dazu. Schmidt kommentiert in seinen Geschichten witzig und frech die politischen Gegebenheiten im Deutschland der 50er Jahre und schuf mit seinen Krimiparodien einen der erfolgreichsten deutschen Comics. In neuerer Zeit war es René Petillon, der mit seinem kleinformatigen Trenchcoatdetektiv *Jack Palmer* (4 Bände) den mit Abstand schußligsten aller Comic-Detektive in die Welt setzte und mit ihm das ganze Detektiv-Krimi-Genre durch den Kakao zog.

Der Krimi-Comic unserer Tage hat viel gelernt von den Heldengeschichten der Detektivkrimis: Neben der schon genannten Ironie wird als besonderes Stilmittel eine rasante Bilddynamik eingesetzt, während die Figuren der Verbrechensbekämpfer übermenschliches Format erreichen. Der wohl berühmteste Überlebende der Detektiv-Comics der dreißiger Jahre ist zweifellos Batman, aber mittlerweile gibt es auch die klügste aller Comic-Heldinnen: *Modesty Blaise* aus der Feder von Peter O'Donnel (Carlsen).

Die Nachfolger der Comic-Detektive dieser Zeit tauchen in einigen außerordentlichen Comic-Romanen auf. So etwa im Krimi-Comic *Alack Sinner* von José Muñoz und Carlos Sampayo (Edition Moderne). In traditioneller, dabei aber großartig weiterentwickelter Schwarzweißtechnik gelingt Muñoz/Sampayo eine eindrucksvolle Kombination aus spannend konstruierter Detektion, origineller Darstellung und engagiert vorgetragener Sozialkritik. In eine ähnliche Richtung zielt der spanische Comiczeichner und -autor Miguelanxo Prado mit seinem Helden *Manuel Montano* (Ehapa). Montanos Gegner ist oft nicht nur das Böse dieser Welt, sondern vor allem die unberechenbare Verlogenheit und Feindseligkeit des Alltags. Weitere

José Muñoz, »Alack Sinner«

herausragende Detektiv-Comics sind schließlich Didier Savards im Ligne-Claire-Stil gezeichneter *Dick Herrison* (3 Bde.), Louis Garcias und Rudolphes *Cliff Burton*, der *Detektiv von Hollywood* von Ph. Berthet, F. Rivière und J. L. Bocquet und schließlich auch *Lou Cale* (3 Bde.) von Guy Raives/Warn's.

Bisher war von zwei comic-historischen Einflußgrößen auf den Krimi-Comic der Gegenwart die Rede. In neuerer Zeit ist es vor allem auch die Kriminal*literatur*, welche die Zeichner von Krimi-Comics anregt.

COMICS UND KRIMINALLITERATUR – ZWANGSEHE ODER IDEALE PAARUNG?

Figuren wie der morphiumsüchtige Universalgelehrte und Dandy Sherlock Holmes, der infolge seiner Anziehungskraft auf das weibliche Geschlecht unmäßig saufende und paffende Detektiv Philip Marlowe oder auch die unerschütterlich verschrobene Miss Marple reizen zur Illustration. Dasselbe gilt für den häuslichen Kriminalkommissar Maigret, den lackschuhtragenden Hercule Poirot und den urschweizerischen Kommissär Bärlach. Sie alle sind neben weiteren kriminalliterarischen Vorbildern zum Teil schon mehrfach in Krimi-Comics aufgetaucht.

Tatsächlich ist die Gemeinschaft von Krimi-Comics und Kriminalliteratur ein Bündnis zwischen zwei Nachbarn. Lange als trivial abgetan, gehören sie beide zur Gattung der »Unterhaltungsliteratur«. Beide leben sie auch von ähnlichen stereotypen Mustern im Aufbau, und beide basieren auf dem Unterhaltungswert von existentieller Bedrohung, Überraschung, Kombination und Rettung. Aufgrund dieser Gemeinsamkeiten gab es schon früh Comic-Bearbeitungen von klassischen Werken der Kriminalliteratur – Dashiell Hammett schrieb bis 1935 die Szenarios für die *Secret-Agent-X-9*-Serie –, und auch heute findet sich unter den Krimi-Comics eine erhebliche Anzahl solcher mehr oder weniger gelungener Bearbeitungen. Dazu gehören die *Sherlock-Holmes*-Serie aus der Feder von André-Paul Duchâteau und Guy Clair (BKL) oder auch die *Maigret*-Reihe von Odile Reynaud und Philippe Wurm (Ehapa). Besondere Erwähnung verdient in diesem Zusammenhang das

Friedrich Glauser/ Hannes Binder, »Krock & Co«

ETWAS VERMISSE ICH! WAS IST ES BLOSS?
DAS ROTE RENNAUTO VON JOACHIM KROCK IST VERSCHWUNDEN!

Werk des Schweizer Comic-Künstlers Hannes Binder (Die Arche). Kongenial setzte er in den letzten Jahren diverse Kriminalromane von Friedrich Glauser in Comics von hoher emotionaler und psychologischer Dichte um. Weiter ist die qualitativ herausragende Comic-Produktion einer Zeichenklasse des Gymnasiums Bern-Neufeld zu beachten, die bei ihrer Bearbeitung von Friedrich Dürrenmatts *Der Richter und sein Henker* (Zytglogge) bei der Illustration der Originalschauplätze äußerst präzise vorging.

Doch von noch größerer Bedeutung als die Bearbeitungen ist die steigende Tendenz zur Zusammenarbeit zwischen Comic-ZeichnerInnen und KrimiautorInnen. Eine ganz besondere Stellung nimmt hier das Zeichner-Autoren-Paar Léo Malet/Jacques Tardi ein. Als Jacques Tardi sich 1981 daranmachte, den Kriminalroman *Die Brücke im Nebel* (Rowohlt) in einen Comic umzuarbeiten, setzte er sich mit dem Autor des Romans, Léo Malet, zusammen. Aus dieser ersten Zusammenarbeit wurde Freundschaft, und bis zu Malets Tod gaben die beiden noch weitere Bücher heraus, beispielsweise den zweibändigen Krimi-Comic-Roman *120, rue de la gare* (Edition Moderna) und die ›freie‹ Krimi-Comic-Novelle *Blei in den Knochen* (Edition Moderne). Das Duo Malet/Tardi ist in vieler Hinsicht ein Glücksfall, besonders aber, weil Tardis düsterer Schwarzweißstil der »Série-Noire«-Ambiance der Krimis von Léo Malet hervorragend entspricht.

Léo Malet/Jacques Tardi, »120, rue de la gare«

Ein weiteres Autor-Comic-Zeichner-Paar bilden Janwillem van de Wetering und Paul Kirchner. Für ihr gemeinsames Werk *Mord per Fernbedienung* (Bastei) hat van de Wetering in Zusammenarbeit mit dem Zeichner das Szenario und die Texte verfaßt. Der daraus entstandene Krimi-Comic erscheint deshalb wie aus einem Guß und spielt wesentlich freier als andere Krimi-Comics mit den Möglichkeiten der Comic-Form. Noch ist eine solche Zusammenarbeit selten, doch ich denke, daß gerade in solchem Teamwork von KrimiautorInnen und Comic-ZeichnerInnen die eigentliche Zukunft des Krimi-Comics liegt.

Andreas Dierßen,
»Mild und sanft«

SCHLUSS

Im vorangegangenen war von einigen Krimi-Comics nicht die Rede, die eigentlich ein eigenes Kapitel verdienen würden. Gemeint sind jene modernen Krimi-Comics, in denen junge ZeichnerInnen sich von dem Ballast alter Stereotypen lösen und neue Wege beschreiten. Stellvertretend für sie soll hier nur das Werk Andreas Dierßens erwähnt werden (Alpha Comic). Dierßen interessiert nicht so sehr die Auflösung oder etwa der Ablauf eines Verbrechens. Seine kurzen Kriminalskizzen zeigen uns vielmehr die Genese und die Absurdität kriminellen Geschehens. Mit seinem unterkühlten Zeichen- und lakonischen Schreibstil entwirft er Täterpsychogramme, schildert das Geschehen rund um eine Straftat und illustriert die Perspektive der Täter. Damit überschreitet Dierßen die Grenzen herkömmlicher Krimi-Comics in Richtung auf einen künftigen Krimi-Comic jenseits der bislang noch vorherrschenden Stereotypen.

Meine Hitliste
❶ François Boucq/Jerome Charyn: Teufelsmaul ❷ Jacques Tardi: Tödliche Spiele ❸ Jacques Tardi: 120, rue de la gare

»Haben Sie das gesehen, Mr. Stringer?«
Englische Fernsehkrimiserien

Von Nina Schindler

Agatha Christies berühmteste Detektivin Miss Marple bekam in den sechziger Jahren in Deutschland ein Gesicht (und eine stattliche Figur), als die vier Verfilmungen mit Margaret Rutherford im Fernsehen gezeigt wurden. Für manche Fans – wie z. B. unsere WG – war das der willkommene Anlaß, endlich einen eigenen Fernseher zu kaufen und nicht länger den Nachbarn auf den Keks zu gehen. *Der Wachsblumenstrauß* oder *Mörder Ahoi!* waren das reine Vergnügen, auch wenn die dominante kauzige Alte darin mit der papiernen Miss nicht mehr sonderlich viel gemein hatte, denn die hätte niemals mit dem Säbel gefochten oder von ihren Pokalen als Reiterin erzählt..., sondern diskret gehüstelt und bescheiden abgewunken. Die Deklamation einer Ballade in *Vier Frauen und ein Mord* treibt jedenfalls auch noch heute Lachtränen in die Zuschaueraugen, und wenn Margaret Marple-Rutherford in ihrem Küchenherd Gipsabdrücke von verdächtigen Fußspuren ausbackt, dann hat das einen höchst eigenen Reiz – ganz zu schweigen von der unverwechselbaren Erkennungsklimpermelodie, mit der jedes Abenteuer eingeleitet wurde.

Fachleute bestehen darauf, daß Joan Hickson *die* Film-Miss-Marple war, die sich auch die selige Dame Agatha gewünscht hätte – bestimmt haben sie recht. Die eher schmächtige alte Miss mit dem Charme einer vergilbten Pergamentseite, mit ihren ach so harmlosen Fragen und ihrem bescheidenen Auftreten – bis zum Showdown, versteht sich –, entspricht sicherlich viel mehr dem Romanoriginal als die temperamentvolle Dame Rutherford, die der alten Menschenkennerin aus St. Mary Mead ihre Persönlichkeit mehr aufzwang als aufdrückte. Dazu kommen in der Hickson-Serie die liebevoll ausgestalteten Landschafts- und Zimmerkulissen, die Salons und die Hotelterrassen, die Landstraßen mit den schneidigen Roadstern, die Dorfgassen und die Landhäuser, die eine heile Welt beschwören, von der wir längst wissen, daß sie so schlicht und überschaubar nie war, wie uns diese Kriminalmärchen glauben machen wollen. Und außerdem ertönte auch hier immer im Vor- und Abspann eine Ohrwurm-Erkennungsmelodie...

Sie waren zwei Persönlichkeiten und wurden zu Ikonen: der smarte

Szene aus »Vier Frauen und ein Mord«

Gentleman und die schlanke Lady im enganliegenden Kampfdreß. Wer weiß heute noch, daß Emma Peels Name als Sound-Anagramm von »Men Appeal« gedacht war? *Mit Schirm, Charme und Melone* flimmerten die beiden in den siebziger Jahren über die bundesdeutschen Fernsehschirme und verkündeten der alsbald anschwellenden Fanmeute, daß a) Frauen Karate können und b) die sanften Grandseigneurs es manchmal faustdick hinter den Ohren haben. Was damals schwarzweiß an Action mit Handkantenschlägen und gewaltigen Fußtritten durch die englische Geheimagentenszene hüpfte, wird heute in der Retrospektive erst zum richtigen Kulturschock: Zu den Neonfarben der Peelklamotten zeigt sich nun auch das Ambiente in wahrhaft erschröcklicher Buntheit. Die »Avengers« sorgten jedenfalls in England mit Tatkraft und Umsicht für eine bessere Umwelt, wobei sich dies aber eher auf die bösen feindlichen Agenten hinter Schloß und Riegel als auf die schrillen Tapetenmuster bezog. Meine Lieblingsszene mit der Superfrau Emma – die später schwer darum kämpfen mußte, trotz ihrer charmanten Fausthiebe als Shakespeare-Darstellerin wieder ernst genommen zu wer-den – war die, in der die Bösen sie irgendwo festgebunden haben und sie augenrollend das Gebrüll des berühmten MGM-Löwen ausstößt...

Frech, flott, elegant und nie um einen schlauen Spruch verlegen – das waren *Die Zwei*, der noble Lord und sein kesser Freund, der amerikanische Playboy, alias Roger Moore und Tony Curtis. Mit einer bislang nicht gekannten Treffsicherheit und Dreistigkeit reihte sich eine Sentenz an die andere – bestimmt nicht das Werk von Wenzel Lüdecke oder anderen Dumpfdeutsch schnatternden Synchronisationsfabriken. Beim verbalen Schlagabtausch des edlen Lords mit seinem angenehm ordinären Spezi und ihren ständig wechselnden Feinden waren ein paar der wenigen fähigen Übersetzer tätig, die jemals für das deutsche Fernsehen in Lohn und Brot waren – und es scheint auch oft noch heute so, als hätten die Fernsehgewaltigen danach nur noch äußerst selten solche Perlen der Sprachgewalt gefunden... (Wahrscheinlich texten die seit Jahren die Otto-Shows.) Selbst bei der zigsten Wiederholung und trotz allem Lästern über taillierte Hemden auf leicht vorquellenden Männerbäuchen, onduliertem Haar und kitschigem Ambiente schafft man es ohne Rekorder kaum, sich die vielen quietschfidelen Sprüche zu merken.

Leider war den Poirot- und den Tommy-&-Tuppence-Beresford-Filmen ein ähnlicher Erfolg wie den Hickson-Filmen im deutschen Fernsehen versagt – sie rutschten in die dritten Programme mit wenig attraktiven Sendezeiten ab und brachten es nie zum Kultstatus, obwohl auch hier der Look und die Atmosphäre der zwanziger und dreißiger Jahre aufwendig inszeniert wurden. Ein schönes, kluges Gesicht mit einem durchdringenden, bisweilen grüblerischen Blick: So präsentierte sich Helen Mirren in der Rolle von Detective Chief Inspector Jane Tennison – eine englische Schwester von Bella Block, aber eine, die trotz aller Enttäuschungen noch innerhalb des Polizeiapparats für das kämpft, was sie an einem bescheidenen Mehr an Gerechtigkeit erreichen kann, die sich aber der Brüchigkeit und Unvollkommenheit dieses Systems sehr bewußt ist. Jane Tennison kämpft an zwei Fronten: einmal auf der Seite der Opfer gegen die Täter und einmal gegen die sexistischen Strukturen in einem von Männern dominierten Beruf. Daß die Serie dabei nicht zu plakativen Political-Correctness-Schablonen verkam, ist nicht zuletzt das Verdienst dieser Frauengestalt beziehungsweise der wunderbaren Helen Mirren.

Hätte ich der jungen Privatdetektivin Anna Lee nach der Lektüre der Romane von Liza Cody ein Gesicht geben sollen, hätte sie bestimmt anders ausgesehen als Imogen Stubbs. Doch da von den Romanen ohnehin nur die Grundidee übriggeblieben ist, kann Anna auch ruhig blonde Locken haben und in trendy Klamotten rumlaufen, was *meiner* Anna bestimmt nie passiert wäre! Doch beide sind sie eigensinnig und trotzig bis hin zum wiederholten Konflikt mit dem Boß, beide sind unabhängige Singles mit einer rudimentären Ersatzfamilie, zu der im Gegensatz zum Buch die mittlerweile wohl obligatorische Schwulen- und Ethnofigur gehört. Doch es ist verständlich, daß die lebensprühende, hübsche Fernseh-Anna beim Publikum bestimmt besser ankommt als eine Verkörperung ihrer manchmal verunsicherten, resignierenden und zweifelnden Buch-Anna.

Was sich deutsche Krimifans jedoch wünschen sollten, wäre die Übernahme anderer herausragender englischer Literaturverfilmungen, denn fast jeder Krimiheld und fast jede Krimiheldin hatte auf der Insel schon seine oder ihre Serie: von Lord Peter über Albert Campion, Inspector Morse, Adam Dalgliesh, Roderick Alleyn bis hin zu Jemima Shore und Bruder Cadfael, ganz zu schweigen von dem wunderbar kauzigen Horace Rumpole oder dem Superjockey Sid Halley von Dick Francis. Auch Durbridge-Verfilmungen gehören dazu, Neuverfilmungen der Romane von Wilkie Collins, Barbara Vine, Elizabeth Ferrars oder Daphne du Maurier.

Wenn man sich die meisten deutschen Krimiserien ansieht, dann wäre das – vor allem nach dem spektakulären Erfolg von *Fitz* – sicherlich ein Gewinn für hiesige Krimifans. Inzwischen: Schalt doch mal ab, Harry!

Columbo & Co.

Von Ronit Jariv

Die Frau führt Böses im Schilde. Schon als der Mann der alternden Filmdiva das Geld für die Produktion einer neuen Broadway-Show verweigerte, da wußten wir, daß sein Ableben nur noch eine Frage von Minuten sein konnte. Während wir genüßlich aufs Sofa gekuschelt Popcorn kauen, läßt sie die Schlaftablette in sein Glas fallen, klemmt eine Pistole in die Hand des Schlafenden und führt seine Finger zum Abzug, um einen Selbstmord zu fingieren. Doch dieser infame Gattenmord wird nicht unbestraft bleiben, denn es handelt sich um einen Fall für Inspektor Columbo. Columbo wird kommen, sich unterwürfig geben und scheinbar naive Fragen stellen, dabei aber von Anfang an den wahren Täter in Verdacht haben. Spannend? Na ja, nicht so direkt, denn schließlich geht der Inspektor jede Woche so vor, und das, mit Unterbrechungen, schon seit zirka zwanzig Jahren. Aber geht es denn hier eigentlich um den Fall? Nein! Nur analytische Philosophen und Schachgroßmeister können ein Interesse daran haben, schon vor dem Inspektor den entscheidenden Fehler des Mörders logisch zu erschließen. Und außerdem: In den meisten amerikanischen Krimiserien gibt es überhaupt keine »Fälle«, sondern man schreitet bzw. fährt direkt zur Verbrecherergreifung.

Wer's war, ist eh meist schon klar. Aber wie ist das mit den Kriminalisten, den Serienhelden, die uns über die Jahre ans Herz gewachsen sind und denen wir, haben wir erst mal unser Herz verschenkt, auf ewig nostalgisch die Treue halten? An solchen Idolen mangelt es nicht in der amerikanischen Krimiwelt. Und mit ihnen steht und fällt der potentielle Kultstatus einer Serie.

ZUM BEISPIEL DIE MÄNNER...

Sie leben seit Einführung des Kabelfernsehens in friedlicher Koexistenz, die Detectives, Lieutenants, Inspectors, Privatdetektive und Spezialagenten der sechziger, siebziger, achtziger und neunziger Jahre. Das darf aber nicht darüber hinwegtäuschen, daß sich im Laufe der Zeit ein langsamer Wandel der Figuren vollzogen hat.

Von schlank bis Frank

Die Männer der sechziger und frühen siebziger Jahre in Serien wie *77 Sunset Strip*, *Mannix* oder *Hawaii 50* waren männlich, stahlhart, trugen Anzug und hatten kein Privatleben. Ihr Seelenleben blieb außen vor, was zählte, waren analytischer Spürsinn und actionreicher, körperlicher Einsatz. Ihre Fälle lösten sie stets zur Zufriedenheit, die Welt war nach getaner Arbeit wieder heil. Es waren aber die kleinen Unregelmäßigkeiten und Besonderheiten, die es auch in diesen Serien gab, die von der Fangemeinde aufgesogen wurden und den Grundstein eines Kultes bildeten. Wenn bei Privatdetektiv Joe Mannix sonst alles nach einem ziemlich brutalen Schema F verlief, so setzte er zumindest mit seinem schwarzen Rollkragenpullover bei Nachteinsätzen ein Modesignal mit Wiedererkennungswert.

Der Chef des in *Hawaii 50* ermittelnden Polizistenteams aus Honolulu, der eher unemotionale Detective Steve McGarrett, beeindruckte mit einer Haartolle à la Elvis. Auch McGarrett brachte seine Fälle in der Regel zu einem sauberen Ende. Ein besonderer Kick für Insider war aber der immer wieder auftauchende Kriminelle Wo Fat, der sozusagen als »running gag« stets dem Verfolgungsnetz entschlüpfte.

Inspector Columbo

Auf dem *Sunset Strip No. 77* hatten sich zwei Privatdetektive ohne besondere Eigenschaften, Stuart Bailey (Efrem Zimbalist jr.) und Jeff Spencer, eine Detektei eingerichtet. Die Serie wurde nicht wegen der Detektive zu einem Erfolg, sondern wegen eines kleinen Parkplatzwächters mit kieksender Stimme (synchronisiert von Hans Clarin) namens Kookie. Kookie war der Witzbold, der der Serie ihren ganz besonderen Charme gab. Ein weiterer unvergänglicher Bestandteil der Serie war der Titelsong, zu dem die Fans an der richtigen Stelle mit den Fingern mitschnippen konnten. Das ging dann so: »77 Sunset Strip« *schnipp, schnipp,* »77 Sunset Strip« *schnipp, schnipp,* »77 Sunset Strip« (auf höherer Tonlage gesungen) und dann eine wunderbare Jazzbläsereinlage.

Es sind vielleicht diese Skurrilitäten, gepaart mit einer gewissen Nostalgie, die den Serien der früheren Fernsehjahre im heutigen Kabelnetz ein Comeback und gleichzeitig einen Kultstatus beschert haben. Die Persönlichkeit ihrer Helden ist es sicherlich nicht. Dazu waren die Figuren zu stereotyp, zu glatt, zu wenig ausgereift. Alle mußten sie natürlich männlich sein und jung, dazu weiß, angelsächsischer Herkunft, schlank und durchtrainiert.

Das heißt, fast alle, denn von »schlank und durchtrainiert« konnte bei Frank Cannon alias William Conrad keine Rede sein. Der füllige Privatdetektiv mit schütterem Haar war auch nicht mehr der Jüngste und zelebrierte zudem noch einen unverschämt luxuriösen Lebensstil voller kulinarischer Höhepunkte, den er durch überzogene Honorarforderungen finanzierte. Es gab nach *Cannon* in den achtziger Jahren noch zwei weitere Kriminalisten, die nicht dem Schlankheitsideal entsprachen: *Nero Wolfe* aus der gleichnamigen Serie und Jason McCabe aus *Der Dicke und ich.* Beide wurden ebenfalls von William Conrad gespielt. Da Conrad 1994 verstarb, täte die amerikanische Fernsehindustrie gut daran, sich nach einem neuen charismatischen Schwergewicht umzusehen, denn Beleibte sind beliebt, wie Günther Strack in der deutschen Serie *Ein Fall für zwei* und jüngst Robbie Coltrane in der britischen Kultserie *Für alle Fälle Fitz* beweisen. Neben Cannon gab es eine Figur, die ebenfalls körperlich aus dem üblichen Serienrahmen fiel und sich großer Popularität erfreute: der im Rollstuhl sitzende Robert T. Ironside (gespielt von Raymond Burr, der den Fernsehzuschauern schon als Anwalt Perry Mason bekannt war) aus der Serie *Der Chef.*

Who loves ya, baby?

Sowohl Cannon als auch Ironside standen am Anfang einer Entwicklung im amerikanischen Krimi die den Aufbruch der gesellschaftlichen Veränderungen der Endsechziger spiegelte. Die Serienwelt wurde diverser, Krimis wurden nun auch bevölkert von Frauen, Schwarzen und Figuren mit unterschiedlicher ethnischer Herkunft. Vor allem aber bekamen Krimihelden endlich ausgeprägte Charakterzüge und ein Privatleben.

Bei Inspektor Columbo erschöpfte sich das Privatleben allerdings auf die gelegentliche Erwähnung seiner Gattin, ja, der Mann hatte noch nicht einmal einen Vornamen. Die von Peter Falk aufs entzückendste gespielte Figur kann auch nicht guten Gewissens komplex genannt werden. Dafür war sie aber Lichtjahre entfernt vom Stereotyp des smarten Detektivs oder Polizisten. Zerknitterter Trenchcoat, ungekämmte Haare, ein Auge schielend, das andere halb zu – der Inspektor sah immer aus, als ob er gerade aus dem Bett gezerrt worden wäre (in dem er mit Mantel geschlafen haben mußte). Da die Fälle alle nach dem gleichen Strickmuster verliefen (siehe oben), lebte die Serie in erster Linie von der Kauzigkeit ihrer Hauptfigur.

Ein Mann, der wie Columbo zur Krimi-Ikone wurde, war der New Yorker Police Lieutenant griechischer Herkunft Theo Kojak (Telly Savalas), der allwöchentlich zum *Einsatz in Manhattan* kam. Kojak gab ebenfalls schon äußerlich eine provokante Erscheinung ab: Glatze und Lolli im Mund waren sein Markenzeichen, dazu getönte Brille, Hut und Nadelstreifenanzug, die ihm das Aussehen eines Mafioso verliehen, und stets einen lockeren Spruch auf den Lippen. Charakterlich war er der bärbeißige Cop Marke ehrliche Haut, der stur und unbestechlich gegen Verbrechen auch aus den eigenen Reihen vorgeht und darüber öfter mit seinen Vorgesetzten aneinandergerät.

Das markanteste äußerliche Merkmal von Lieutenant Mike Stone, gespielt von Karl Malden, der in den *Straßen von San Francisco* Dienst schob, war naturgegeben: eine Knollennase von respektablen Ausmaßen. Auch er trug stets einen Hut, was aber keineswegs als Modestatement zu verstehen war, denn Stone war der grundsolide ältere Polizist mit väterlichem Charme. Öfter wurde er im liebevollen Umgang mit seiner erwachsenen Tochter Jeannie vorgeführt, und auch für seinen jungen Kollegen Steve Heller (ein ganz junger Michael Douglas), der für die »Fußarbeit«, sprich: das Verfolgen und Verprügeln von Verbrechern, zuständig war, verkörperte Stone die Rolle des väterlichen Freundes. Neben der Präsenz von Stone blieb der Charakter des Steve Heller dagegen reichlich blaß.

Die Straßen von San Francisco und *Einsatz in Manhattan* zeichnete neben ihren charismatischen Hauptdarstellern noch etwas anderes aus: Sie spiegelten realistischer als andere Serien die Arbeit der Polizei in einer amerikanischen Großstadt wider. Sie waren in konkreten Städten angesiedelt und wurden an Originalschauplätzen gedreht. Viele Szenen spielten in muffigen Polizeirevieren, in denen Cops mit hochgekrempelten Hemdsärmeln auf Schreibtischkanten saßen und Unmengen von Kaffee in sich hineinkippten. Verbrecher waren niemals faszinierend oder clever, sondern nur brutal und angsteinflößend, die Großstadtwelt war ein Dschungel, und auch eine erfolgreiche Verhaftung am Ende jeder Folge konnte daran nichts ändern. Diese Tendenz sollte später in *Miami Vice* bis zum Exzeß getrieben werden.

Magnum

200 Dollar plus Spesen

Weniger deprimierend ging es zu in einer ganzen Reihe von Serien mit humoristischem Unterton und charmant-verschmitzten Hauptfiguren. Hier waren Fall und Privatleben gleichberechtigt miteinander verwoben. Da gab es zum Beispiel Privatdetektiv Jim Rockford aus *Detektiv Rockford – Anruf genügt.* Seine private Lebenssituation – permanenter Geldmangel – bildete die vergnügliche Ausgangssituation für die Annahme von Aufträgen, für die Rockford stets 200 Dollar plus Spesen verlangte, die er aber trotz erfolgreicher Arbeit selten erhielt: »Es gibt zwei Dinge, die ich für Geld nie tun würde: töten und heiraten. Ansonsten, ... schießen Sie los.« Rockford, gespielt von dem erstklassigen Schauspieler James Garner, war auch nicht mehr der Jüngste und verstrahlte den Charme des ewigen Losers, der die herausragende Fähigkeit besaß, seine Mißgeschicke mit ironischer Distanz zu betrachten. Hier war endlich eine Figur, der wir bis ins private Heim folgen durften, bei dem Dauerpleitier Rockford passenderweise ein Wohnwagen. Auch über die Lebensumstände von Privatdetektiv Thomas Magnum (Tom Selleck) auf dem sonnigen Hawaii wissen wir bestens Bescheid. Er residiert als Aufpasser auf dem Anwesen eines reichen Schriftstellers, der nie da ist. Ebenfalls in dessen Diensten steht Jonathan Higgins III., der britisch-zugeknöpfte Majordomus, dessen militärische Lebenseinstellung des öfteren mit Magnums Lässigkeit kollidiert. Ebenfalls in gelegentliche Kollision geraten die Zähne der zum Haus gehörenden Dobermänner Zeus und Apollo mit Magnums Hinterteil. Magnum hat dank des günstigen Wohnarrangements keine Geldprobleme, wird aber immer wieder zur Übernahme von Aufträgen überredet, obwohl er viel lieber das Leben am Strand genießen würde. Er ist zwar äußerlich alles, was ein konventioneller Serienheld sein sollte (groß, sportlich und attraktiv), doch auch er betrachtet das Leben und seinen Beruf mit ironischer Distanz und kommentiert seine Abenteuer sogar selber mit seiner Stimme aus dem Off.

Ein Freund, ein guter Freund

Eines der erfolgreichsten Polizistenduos der späten siebziger Jahre waren David Starsky und Ken Hutchinson. *Starsky und Hutch* waren so etwas wie die amerikanische Antwort auf die britische Serie *Die Zwei*, in der Tony Curtis und Roger Moore mit aberwitzigen Sprüchen und Kalauern das TV-Publikum erheitert hatten. Flapsige Töne wurden auch bei *Starsky und Hutch* gespuckt, wenn auch nicht ganz so gekonnt. Starsky war der kleinere, dunkle, etwas impulsivere der beiden Partner, Hutch der vernünftigere große Blonde, sozusagen der ältere Bruder. Die beiden Detectives ergänzten sich aufs schönste und hatten die innigste Partnerbeziehung (strikt platonisch, versteht sich), die es bisher auf einem TV-Polizeirevier gab. Selten sah man den einen ohne den anderen, es sei denn, der andere war in die Klauen von Gangstern geraten und mußte vom einen herausgehauen werden. Beliebt war bei den flotten Junggesellen auch das »double-dating«, Rendezvous zu zweit waren eher die Ausnahme. Oft sah man die beiden beim gemeinsamen Essen in Starskys rot-weißem Ford Torino (Starsky mit Fast food, Hutch mit Gesundheitskost) oder in der Wohnung von einem der beiden. Im Vordergrund stand dabei weniger der Fall als die Personen der sympathischen Jungs, die auch des öfteren privat in einen Fall hineingezogen wurden.

Eine freche Klappe hatte auch Robert Wagner als Star der Serie *Ihr Auftritt, Al Mundy*, was ihn später wohl dafür qualifizierte, an der Seite von Stephanie Powers den gereiften männlichen Teil des Ermittlerpaares in *Hart, aber herzlich* zu spielen.

Irdisches Jammertal Miami
Das Motiv des befreundeten Polizistenpaares wurde in den achtziger Jahren in *Miami Vice* wieder aufgegriffen. Damit hörten die Ähnlichkeiten aber auch schon fast auf. *Miami Vice* bildete einen Meilenstein in der Geschichte des amerikanischen Serienkrimis, die Serie setzte in mehrfacher Hinsicht neue Maßstäbe. Von der optischen Aufmachung, der musikalischen Unterlegung und der Schnittechnik her an ein Musikvideo angelehnt, farblich den Neonfarben der postmodernen Architektur von Downtown Miami angepaßt, wurde hier das Innenleben der Hauptfigur, des Polizisten Sonny Crockett (Don Johnson), zum Mittelpunkt des Geschehens emporgehoben. Sein Partner Ricardo Tubbs (Philip Michael Thomas) spielte stets nur die zweite Geige. Crockett – Vietnamveteran, ehemaliger Alkoholiker, geschieden – lebt in der alleinigen Gesellschaft eines Alligators auf einem Boot, das symbolische Wohnarrangement für einen einsamen Wolf. Unter dem Decknamen Burnett schleust er sich oft als Undercoveragent in die kriminelle Szene ein, um Drogen-, Waffen- und Mädchenhändlern das schmutzige Handwerk zu legen (er behält übrigens stets denselben Decknamen, was nicht gerade für den Informationsfluß in Verbrecherkreisen spricht). Dabei muß er immer und immer wieder erleben, daß Verbrechen sich bezahlt macht: Die Gangsterbosse kommen mit Hilfe von Geld und cleveren Anwälten frei, die Schwachen und Unschuldigen gehen zugrunde, meist am Ende einer Folge im Kugelhagel. Niemals gibt es einen glücklich gelösten Fall, ein kleines Happy-End. Allein das macht die Serie schon einzigartig. Das Bewußtsein der Machtlosigkeit dieser Ungerechtigkeit gegenüber frißt sich tief in die Psyche unseres Helden ein und beschert ihm eine permanente Sinnkrise. Trotz Popmusik, dem Anblick von Don Johnson im pinkfarbenen Muscle-Shirt (in späteren Folgen kein solcher Genuß mehr, da Johnson auf den körperlichen Spuren von Cannon zu wandeln begann) und schnellen Autos: Das Leben im ausschließlich von Verbrechern und entweder von korrupten oder von psychisch angeschlagenen Polizisten bevölkerten *Miami-Vice*-Universum ist schrecklich deprimierend. Das sollte aber keinen Zuschauer vom Urlaub in Florida abhalten, denn fast scheint es zuweilen so, als würde die Kamera ihre Bilder direkt aus den angegriffe-

Sonny Crockett aus »Miami Vice«

nen Gehirnwindungen von Detective Crockett heraus aufnehmen. In *Miami Vice* steht nicht nur eine Figur im Mittelpunkt, deren Gefühle und deren Seelenleben wir genau kennen, diese Gefühlslage wird vielmehr zu einer Art symbolhaftem kranken Heldentum in einer dem Bösen anheimgefallenen Welt stilisiert, man könnte fast sagen, mythisiert. Gelegentlich treten auch seine Kollegen, sein Partner Tubbs oder die Revierschönheiten Gina und Trudi, in den Vordergrund der Handlung, und auch sie leiden elendig an der Welt und ihrem Job. Der Figur von Crockett an Bedeutung ebenbürtig ist nur Sonnys Chef, Lieutenant Martin Castillo (James Edward Olmos), der ebenfalls von der Aura des mythischen Helden umgeben ist, obwohl er pro Folge meist nur einige kurze Spielanteile hat. Castillo spricht selten, und wenn, dann knappe und profunde Sätze mit heiser-flüsternder Grabesstimme. Sein von Pockennarben zerklüftetes Gesicht ist stets völlig bewegungslos, nur hinter den Glutaugen vermutet man sich auftuende Abgründe, in die niemandem jemals Einblick gewährt wird. Kurz, Castillo hat zweifellos das Zeug zur echten Kultfigur. Er zeigt, im Gegensatz zum emotionalen Crockett, nie Gefühle, sondern stellt Gesetz und Dienstvorschriften an oberste Stelle, und doch wissen wir, wenn sich seine schwarzen Augen in Sonnys grüne bohren, wenn beide sich mit Vornamen anreden, daß zwischen diesen beiden Männern ein tiefes Band besteht. Auch im Hinblick auf schwülstiges Pathos ist *Miami Vice* – zumindest bisher – unerreicht geblieben.

»...und seid vorsichtig da draußen«

Auch Phil Esterhaus, Sergeant im *Polizeirevier Hill Street,* warnt seine Kollegen allmorgendlich auf der von ihm geleiteten Dienstbesprechung vor den Gefahren, die der Polizeiberuf mit sich bringt, und entläßt sie stets mit den Worten »...und seid vorsichtig da draußen.« Aber hinter den Mauern dieses Reviers und denen einiger anderer neuerer Serien wie *Cagney und Lacey* oder *NYPD* liegt eine Welt, die weder positiv noch negativ überzeichnet ist. In ihr tummeln sich mehr kleine Gauner als große Bandenbosse, hinter Kriminalität steht oft soziale Not, und es treten gelegentlich auch Figuren auf, die gar nichts mit der Welt des Verbrechens zu tun haben, fast wie im richtigen Leben halt. Ein herausragendes Beispiel dieses Krimigenres ist die Serie *Polizeirevier Hill Street,* die Mitte der Achtziger in Deutschland ausgestrahlt wurde. Sie ist nicht nur realistischer als vorangegangene Serien, sondern bricht auch mit dem bisher gültigen Gesetz, daß es nur eine oder höchstens zwei Hauptfiguren geben darf. In der *Hill Street* werden rund ein Dutzend Polizisten unterschiedlichster Couleur mehr oder weniger gleichberechtigt präsentiert. Erstaunlicherweise schafft es die Serie, daß sämtliche Akteure zu Vertrauten des Zuschauers werden: der angespannte Chef, Captain Frank Furillo, der besonnene Phil Esterhaus, der windige Johnny Larue, der kauzige Mick Belker, ja sogar der militante Howard Hunter. Obwohl alle Figuren ausgeprägte Charakterzüge haben, wird keine zum Stereotyp. Es geht auch nicht um spektakuläre Fälle, sondern um alltägliche Vorkommnisse im Armenviertel einer amerikanischen Großstadt: Raubüberfälle auf kleine Läden, sich bekämpfende Straßengangs, Selbstmörder, prügelnde Ehemänner. Dazu kommen die privaten Probleme der Polizisten. Leider war der Serie nur eine relativ kurze Laufzeit beschert, aber in dieser Zeit schaffte sie es, sich eine enthusiastische Fangemeinde zu erobern.

Der Held als Autor

Bis hierhin ließe sich eigentlich eine schöne Entwicklungskurve zeichnen vom eher persönlichkeitsarmen Krimihelden der sechziger Jahre zum nuancierten und ausgereiften Charakter der Neunziger. Doch einmal durch die Kanäle zappen belehrt uns eines Besseren: Parallel zu realistischen Serien wie *Polizeirevier Hill Street* haben die Neunziger eine wahre Flut von Krimis hervorgebracht, deren Protagonisten weniger charakterliche Tiefe und Ausstrahlung haben als Pappfiguren und damit weit hinter die sechziger Jahre zurückfallen. Man denke da an Michael Knight (David Hasselhof) aus der Serie *Knight Rider*, der bedeutend weniger Persönlichkeit hat als der eigentliche Serienheld, das Auto *KIT*. Oder an die inzwischen schon wieder abgesetzte Serie *COBRA*, in der ein austauschbarer Agent namens Scandal Jackson mit seiner blutleeren Partnerin Danielle auf die Zuschauer losgelassen wurde. Ich erwähne hier nur noch exemplarisch *Tropical Heat*, das in der Karibik spielt, wo Schönling Privatdetektiv Nick Carter und seine Partnerin Sylvie in Hawaiihemd und Kostümchen stets eine gute Figur machen. Aber es gehört doch schon etwas mehr dazu, um Krimiherzen zu erfreuen. Man darf hoffen und vermuten, daß es sich bei diesen synthetischen Produkten um Eintagsfliegen handelt.

... UND DIE FRAUEN

In den frühen Krimijahren hatten Frauen nichts zu melden. Ihre Rollen beschränkten sich auf die von Sekretärinnen (zum Beispiel bei *Mannix, Hawaii 50* oder *Perry Mason*). In den siebziger Jahren erhielten nicht nur die männlichen Charaktere ein humaneres Antlitz, sondern auch der Anteil der anderen Hälfte der Menschheit am Krimigeschehen stieg, und zwar sowohl quantitativ als auch qualitativ.

Freundin und Mutter

Natürlich gab es immer wieder Rückfälle ins Stereotyp. Kojak durfte alle Frauen »Baby« oder, noch schlimmer, »Pussycat« nennen, was ihm heutzutage Minuspunkte in Sachen Policital Correctness bescheren würde. Und wer erinnert sich noch an die Serie *Vegas*? Hier stand Privatdetektiv Dan Tanna im Wüstenzockerparadies in den Diensten eines von Tony Curtis gespielten Casinobosses. Ihm zur Seite gestellt waren zwei weibliche »Sidekicks«, Stereotype, wie sie im Buche stehen: zum einen die intelligente, aber nicht mehr ganz junge und eher unattraktive Bea, zum anderne Angie, eine Blondinenparodie, die fehlende Gehirnzellen mit Silikon aufwog. Eigentlich hätte sich zwischen Dan und Bea eine Romanze entspannen müssen, aber Tanna bzw. die Serienmacher konnten sich nicht zu solch einem revolutionären Schritt entschließen. Bea war eben der Typ der »vernünftigen« Frau, die sich eher zur Ehefrau oder platonischen Freundin als zur Geliebten eignete.

Frauen mit Grips in Nebenrollen gab es auch bei *Rockford* und beim Bruderpaar *Simon und Simon*. Rockfords Freundin Beth war Anwältin und mußte für den in die Bredouille geratenen Jim so manches Mal Kaution stellen. Auch die Brüder Rick und A. J. Simon aus San Diego waren mit einer Anwältin befreundet, nämlich Janet Kowaski, die gleichzeitig Ex-Verlobte des jüngeren und schniekeren Brudes A. J. war und Tochter von Myron Kowalski, dem ewigen Konkurrenten der Simons im Detektivgeschäft. Aber bei *Simon und Simon* regierte noch eine andere Frau, die es in sich hatte, nämlich Mutter Simon, von ihren Söhnen zärtlich und ängstlich »Mama« gerufen. Mama Simon hatte eindeutig das Zepter in der Hand: Die gestandenen Männer wurden vor ihrem gestrengen Blick zu dummen Schuljungen. Dabei war Mrs. Simon keineswegs eine verknöcherte Alte, sondern stand mit beiden Beinen im Leben, wechselte öfter den Liebhaber und nahm beherzt an der Verbrecherjagd teil, wenn ihre Söhne sie nicht aus übertriebener Vorsicht vor der »rauhen Wirklichkeit« abschotteten. Beide Sohnemänner weigerten sich nämlich partout, ihr Mütterlein als die selbständige und ihre Sexualität auslebende Frau anzuerkennen, die sie war. Soweit mir bekannt ist, war Mrs. Simon übrigens die einzige Mutter, die je als regelmäßige Einrichtung in einer Krimiserie vorkam (Rockford und neuerdings auch *Nash Bridges* alias Don Johnson müssen sich mit ihren Vätern herumschlagen).

Die bessere Hälfte

Der klassische amerikanische Krimiheld ist ledig. Deshalb tauchen Ehefrauen nur vereinzelt auf, aber seit den siebziger Jahren gibt es sie immerhin. Pathologe *Quincy* heiratet im Verlauf der Serie seine Freundin Lee. Des Anwalts *Petrocelli* bessere Hälfte heißt Maggie und hilft tatkräftig mit, die Unschuld von Klienten zu beweisen. Die wohl berühmteste Krimigattin aller Zeiten hat allerdings noch kein Zuschauer zu Gesicht bekommen. Es handelt sich um Inspektor Columbos Ehefrau »Mrs. Columbo«: nie im Bild, dafür oft präsent auf den Lippen des Gatten. Der Zuschauer konnte nicht umhin, sich zu fragen, ob es denn diese Frau wirklich gab, oder ob sie womöglich nur eine Erfindung des Inspektors war, der ihre Erwähnung bei seinen Ermittlungen psychologisch geschickt einsetzte. Das Mysterium der Mrs. Columbo beschäftigte das Publikum so sehr, daß amerikanische Serienmacher ihr endlich ein Gesicht gaben und sie zur Serienheldin machten. Den Erfolg ihres Mannes konnte sie aber nicht kopieren, und die Fangemeinde des Knautschpolizisten kaufte ihr den Part sowieso nicht ab. Es darf also weiter darüber spekuliert werden, ob der trotz eines gewissen Schmuddelquotienten durchaus nicht unattraktive Inspektor ohne Vornamen verheiratet ist oder nicht.Eine Serie, in der ein Ehepaar gleichberechtigt im Mittelpunkt stand, war *Hart, aber herzlich.* Jonathan und Jennifer Hart sind Millionäre und Hobbydetektive, die mit Butler Max und Hund Friedwart durch die Welt jetten und durch Zufall in Verbrechen hineingeraten.

Was sich liebt…

Die Harts stehen in einer Reihe von Krimiserien, in denen ein Pärchen gemeinsam Fälle löst. Die beiden anderen bekannten Serien, die sich in vielerlei Hinsicht ähnelten, waren *Remington Steele* und *Das Model und der Schnüffler*. In beiden Serien arbeiten eine Frau und ein Mann gemeinsam als Partner in einer Detektei. Der Reiz liegt darin, daß die Partner sich vordergründig ständig streiten, frei nach dem Motto »Was sich liebt, das neckt sich«. Das zänkische Pärchen in *Das Model und der Schnüffler* bestand aus dem ehemaligen Model Maddie Hayes und dem Privatdetektiv David Addison (Cybill Shepherd und Bruce Willis), dessen Kinokarriere durch diese Serie den entscheidenden Kick bekam. Maddie war, bevor sie ihr gesamtes Vermögen mit Ausnahme der Blue-Moon-Detektei verlor, Fotomodell und reich, gehört also in die Schublade »verwöhntes Playgirl«. Diese Rolle haftet ihr an, wenn sie in rosa Kostümchen und hochhackigen Schühchen zur Verfolgungsjagd ansetzt. Aber letztlich steht sie doch »ihren Mann« und hat dabei einen entscheidenden Machtvorteil: Ihr gehört die Detektei, die Produktionsmittel liegen also in weiblicher Hand.

Ein ganz ähnliches Szenario bietet *Remington Steele.* Privatdetektivin Laura Holt (gespielt von Stefanie Zimbalist, Tochter von *77-Sunset-Strip*-Star Efrem Zimbalist jr.) hat ihre eigene Detektei gegründet, dazu aber einen männlichen Chef namens Remington Steele (benannt nach der Schreibmaschine) erfunden, da sie weiß, daß eine Frau in dieser Branche keine Aufträge bekommen würde. Als ein Kunde darauf besteht, diesen Chef endlich einmal zu Gesicht zu bekommen, springt überraschend ein etwas zwielichtiger Charmeur ein (der neue James-Bond-Darsteller Pierce Brosnan). Diesen Unbekannten wird Laura fortan nicht mehr los, denn er erschleicht sich einen Platz in ihrer Detektei und ihrem Herzen. Laura hat nun einen Vorzeigechef, aber ihr Dilemma besteht darin, daß sie zwar die smartere Ermitt-

Charlies Engel Kelly, Jill und Sabrina

lerin ist und bei der Lösung der Fälle meistens die Nase vorn hat, der Filou Remington als Mann und vermeintlicher Chef aber die Lorbeeren einheimst. Die minderwertige Rolle von Frauen im Krimi wird durch diese Konstellation auf amüsante Weise gleichsam parodiert und kritisiert. Eine weitere Pikanterie im Machtgefüge zwischen Mann und Frau in dieser Serie ist, daß Remington einerseits immer die männliche Machtposition des »mystery man« behält, denn Laura und wir erfahren nie etwas über seine Vergangenheit und vor allem nie seinen richtigen Namen. Andererseits nimmt er aber einen Namen und eine Persönlichkeit an, die eine Frau ihm gegeben hat. Laura ist somit zur Schöpferin geworden, wenngleich ihre »Kreatur« oftmals eigene Wege geht.

Drei Barbies für Charlie

Starke Frauen im Team mit Männern waren schon ein Fortschritt, doch zumindest die weiblichen Krimifans wollten endlich eine Serie, in der weibliche Detektive sich ganz allein im Mittelpunkt sonnen. Diese brach in der geballten Trinität von *Drei Engel für Charlie* über das Fernsehpublikum herein: drei Privatermittlerinnen, für die Barbie Modell gestanden hatte und die für einen ominösen Auftraggeber namens Charlie Townsend arbeiteten. Am Anfang jeder Folge versammelten die drei Grazien sich bei Charlies trotteligem Gehilfen John Bosley, genannt »Bossie«, und dort wurden sie von Charlie angerufen, dessen Stimme über das Intercom erschallte und ihnen den neuesten Auftrag erteilte. Schnitt: Wir sehen den ältlichen und leicht angefetteten Körper eines Mannes, der, von Bikinischönheiten umringt, in Badehose an einem Pool sitzt und telefoniert – Charlie! Charlie war eindeutig ein Lebemann mit Zuhältereinschlag. Am Ende, nach gelöstem Fall, versammelte man sich wieder und erhielt von Charlie Gratulationen. Seine Mädels machten noch eine kleine Anspielung auf Charlies Lebenswandel, und die Folge endete mit fröhlichem Gelächter. Der Wunsch der Engel, ihrem Charlie einmal leibhaftig zu begegnen, wurde stets verweigert. Der interessierte Zuschauer fragte sich, warum, da sie sich nahtlos in die Riege der Bikinigrazien einreihen würden. Zur Auflösung der Fälle schleusten sich die drei stets undercover in verschiedenen Rollen am Ort des Geschehens ein. Dabei trugen zwei der Engel, Kelly und Jill, möglichst knappe Verkleidungen, während Sabrina eher zugeknöpft war, wodurch sie eindeutig als das

»Gehirn« des Trios identifiziert werden konnte. Jill wurde übrigens von Farrah Fawcett-Majors (Ex-Ehefrau von Lee Majors, dem Colt Seavers in *Ein Colt für alle Fälle*) gespielt, die zur Pin-up-Heroine wurde und recht bald aus der Serie ausstieg. Sie wurde durch eine andere Blondine ersetzt, was an dem Charakter der Figur nichts änderte, da sie keinen Charakter hatte. *Drei Engel für Charlie* trug durchaus gewisse emanzipatorische Züge, denn schließlich lösten darin drei Frauen mit Geschick und Teamgeist alle Fälle selbständig ohne männliche Hilfe. Die Fäden behielt aber der Mann in der Hand.

Meine persönliche Krimihitliste: ❶ Elizabeth George: Mein ist die Rache ❷ Dashiell Hammett: Der gläserne Schlüssel ❸ Tony Fenelly: Die Matty Sinclair Trilogie ❹ Shulamit Lapid: Lokalausgabe ❺ Dick Francis: Banker

Selbst ist die Frau

Eine eindeutige Steigerung erfuhr das Frauenbild durch die Rolle von Kate Jackson, des intelligenten »Engels« Sabrina, in der Serie *Agentin mit Herz*. Hier durfte endlich einmal eine alleinerziehende Mutter knallharte Fälle lösen. Eine Frau älteren Jahrgangs kam in *Mord ist ihr Hobby* zum Zuge. Jessica Harper, ihres Zeichens aparterweise Krimiautorin, ermittelte dort ganz in der Tradition ihrer britischen Vorgängerin Miss Marple. Am Ende jeder Folge waren, wie bei Agatha Christie, alle Verdächtigen zum großen, von Jessica orchestrierten Enthüllungsfinale in einem Raum versammelt.

Weibliche Repräsentation im amerikanischen Fernsehkrimi erreichte ihren vorläufigen Höhepunkt mit dem Erscheinen von Christine Cagney und Mary-Beth Lacey. *Cagney und Lacey* ist ein Beispiel für jene intelligenten Polizeirevierserien der Achtziger und Neunziger, in denen der Polizeialltag eher unspektakulär und realistisch dargestellt wurde, mit Gewichtung auf dem Privatleben der Figuren. Cagney ist die Tochter eines Ex-Cops, trockene Alkoholikerin, alleinstehend. Ihre Partnerin im 14. Polizeirevier, Lacey, ist verheiratete Mutter von zwei Kindern. Die rebellische Cagney und die höfliche Lacey werden Freundinnen und trotzen gemeinsam der Frauenfeindlichkeit auf dem Revier, wo sie die einzigen Frauen sind. Private Gespräche führen sie auf dem Klo, dort sind sie ungestört. Jenes Klo entwickelt sich zu einem *Running Gag*, da es dringend renovierungsbedürftig ist, die Beschwerden der Benutzerinnen aber ungehört verhallen. Schließlich – selbst ist die Frau – greifen die beiden eigenhändig zu Pinsel und Farbe. Oft stehen private Probleme der beiden Frauen im Vordergrund, z. B. Christines Pech mit Männern oder die Arbeitslosigkeit von Mary-Beth' Mann Harvey. Ihre Ermittlungsarbeit ist unspektakulär, aber spannend, da es eher um menschliche Schicksale als um wilde Verfolgungsjagden geht. In *Cagney und Lacey* ist es den Serienmachern endlich gelungen, realistische Frauenfiguren zu schaffen. Bleibt zu hoffen, daß es statt der weiblichen Version von *Knight Rider* in Zukunft noch mehr solcher Serien geben wird.

Der Fall Fitz

Von Fritz Wolf

Normalerweise können wir vor lauter Krimi nicht mehr aus den Augen gucken. Jeden Sonntag jagt *Tatort* den *Polizeiruf 110*, *Derrick* und *Der Alte* gehören immer noch zum festen Inventar, Schimanski und Thanner betätigen sich als televisionäre Wiedergänger, und auch die Frauen erobern die TV-Kommissariate.

Ganze Generationen von Polizisten und Detektiven lassen sich überblicken. Die besten Exemplare agieren immer auch als Spiegel der Gesellschaft, ein halb blinder freilich. Man fragt sich, wer überhaupt sonst in den vergangenen Jahren Geschichten aus dieser Gesellschaft und über sie erzählt hat. So ziemlich jeder emotional bewegende Stoff, der in unserer Gesellschaft umgeht, wird in Krimistoff umgeformt und – was inzwischen schon kaum noch bemerkt wird – aus der Perspektive von Ordnungshütern erzählt. Gewiß: Die ganz klaren Gestalten, die Draufgänger und Alleswisser, die Walnußmänner (harte Schale, weicher Kern) und die behenden Alleswisser, all diese Perfektionisten eines fiktiven Handwerks sind seit einiger Zeit auf dem Rückzug. Die gebrocheneren Figuren geben den Ton an, die nachsichtigen, die zweifelnden, die irritierbaren. Aber immer agieren sie als die Herren oder die Damen des Geschehens. Am Ende haben sie alle Fäden in der Hand und sind auf das nächste Mal vorbereitet. Der nächste *Tatort* kommt bestimmt.

Und dann kommt Fitz und wirft alles über den Haufen, was wir über TV-Detektive zu wissen meinen. Sieht aus wie Franz Josef Strauß, nicht gerade sympathisch, und wirft alles, was an Widersprüchen möglich ist, auf den gedeckten Fernsehtisch. Dr. Fitzgerald, genannt »Fitz« und Held der britischen TV-Serie (die im Original *Cracker* heißt und hierzulande idiotischerweise *Für alle Fälle Fitz*), ist vital und böse, versoffen und wehleidig, einfühlsam und roh, hellsichtig und beleidigend, intelligent und zugleich ein Gefühlskrüppel. Robbie Coltrane spielt diesen Typen wie ein Naturereignis. Auf die Gefahr hin, sich der Blasphemie schuldig zu machen: Fitz ist eine Fernsehfigur, an der man zumindest erkennen kann, daß seine Erfinder ihren Shakespeare studiert haben. Robbie Coltrane, theatergeschult, spielt ihn mit sichtlichem Vergnügen an Widersprüchen und Spannung, nuschelnd, aufbrausend, verquer, boshaft, widerborstig, verletzend, intelligent.

Aber schließlich hat er auch was zu spielen. Drehbuchautor Jimmy McGovern hat seiner Fernsehfigur viele Konturen und Schattierungen mitgegeben. Fitz, der Psychologe, den die Kriminalisten immer dann holen, wenn ihre herkömmlichen Methoden versagen: Er kann Spuren sichern, sie interpretieren. Fitz, der bei seinen Vorlesungen an der Uni erst mal die einschlägige Literatur ins Auditorium wirft, um seine Studenten daran zu erinnern, daß vor den Büchern das Leben kommt. Fitz, der Kotzbrocken, der sich mit seinem massigen Körper durchs Leben wälzt, qualmt, zockt, säuft und gelegentlich selbst einen Psychiater braucht. Fitz, der vitale Fettwanst, dessen Schwüre literarische Qualität haben: »In meine Leber bohrt sich ein Korkenzieher, über meine Lungen schleift Sandpapier, und durch meinen Magen frißt sich ein Schweißdraht - aber ich liebe dich.« Fitz, der den anderen auf den Grund der Seele schauen kann, weil er die Abgründe selbst in sich trägt.

Dr. Fitzgerald, genannt Fitz

Als vitaler Kraftbolzen wurde die Fernsehfigur Fitz auch hierzulande rezipiert, stets begleitet vom Bedauern, daß dergleichen Entwürfe deutscher Autoren nicht gelängen. Die Serie war nicht nur in Großbritannien ein großer Erfolg. Auch in Deutschland erreichte sie bei Krimiliebhabern beinahe so etwas wie Kultstatus. Der Erfolg widerfuhr dem ZDF aber mehr, als daß es ihn plante. Nico Hofmann, selbst renommierter Krimiregisseur *(Der Sandmann)*, vermutet wohl zu Recht: Hätte Autor Jimmy McGovern seine Bücher am Lerchenberg eingereicht, wären sie wahrscheinlich abgelehnt worden. Man hätte ihre Qualität nicht erkannt. Den Erfolg der Serie bei den Zuschauern erklärt Nico Hofmann mit dem kälter gewordenen Zeitgeist, der die Nahrung liefert für ein breitgestreutes Interesse am Bösen und für eine spürbare Lust auf Abgründe.

Geliebt wurde *Für alle Fälle Fitz* hierzulande vor allem wegen dieser Hauptfigur. Angesichts der ärmlichen Persönlichkeitsausstattung einheimischer Kommissare (von Ausnahmen wie *Bella Block* einmal abgesehen) ist die Begeisterung durchaus verständlich. Aber sie greift auch zu kurz. Denn die Abgründe bei Fitz sind zwar bodenlos, aber auch adressierbar. Jedenfalls handelt es sich nicht nur um Abgründe der Seele.

Liebesfalle zum Beispiel, die letzte Folge. Eine kleine, fast unscheinbare Szene am Ende. Janice, die kleine Mörderin mit dem Engelsgesicht. Sie wollte Liebe, lieben wollte sie Fitz, und um das zu erreichen, mordete sie drei Menschen. Junge Männer, Studenten, hoffnungsvoll, aber nicht sehr bedeutend, laufen ihr fast zufällig über den Weg. Eine Liebesnacht wollten die Typen, ein wenig Spaß nur, einen One-Night-Stand. Aber Janice, der Todesengel, spannte sie aufs eiserne Liebeslager und bereitete ihnen den elektrischen Stuhl. Und dann hat Fitz die Mörderin endlich soweit, ist ihr auf den Grund der Seele gekommen, hat ihre Motive ausgegraben, die Liebesverweigerung durch den Vater herausgefunden, den sexuellen Mißbrauch der Schwestern entdeckt, all das verkorkste Leben hinter Lächeln und Gardinen – und statt eine wohlfeile Moral draufzukleben, sagt er: »Gegen Maggie Thatcher bist du eine Null.«

Eine kleine Bemerkung nur, mit Understatement gesprochen, ohne Zeigefinger. Sehr britisch, sehr sophisticated. Aber auch sehr brechtisch. Was für eine Tat – und welch ein Hintergrund. Was ist diese Janice gegen die Eiserne Lady? Was ihr privater elektrischer Stuhl gegen die tödlichen Stromstöße einer neoliberalen Wirtschaftspolitik? Wie lächerlich nehmen sich die Verbrechen der Kleinen und Verlorenen aus gegen die ehrenwerten Raubzüge der Großen? Den jungen Männern, hält Fitz der Mörderin in zynischer Ehrlichkeit vor, wurde die Zukunft schon genommen, ehe sie ihr Leben verloren. Mit dieser beiläufigen Bemerkung zerfetzt er die Kulisse des Psychodramas und macht dahinter eine Landschaft sozialer und seelischer Verwüstungen sichtbar. Er redet sonst nie von Politik, er hat ja »nur« mit ihren Folgen zu tun. Aber wann hätte je ein deutscher TV-Kommissar solche Klarsicht aufgebracht?

Aber Fitz ist ja auch nicht Detektiv, sondern Psychologe, Spezialist für Innenleben. Eine solche Figur in den Mittelpunkt zu stellen, war jedenfalls ein glänzender Einfall. Er gibt den Autoren Gelegenheit, sich eingehend mit den Motiven der Täter zu beschäftigen. Und so sind Fitz' Gespräche, pendelnd zwischen Verhör und Analyse, vor allem eines: unerbittliche Zweikämpfe, in denen nur einer gewinnen kann. »Ich verstehe dich«, sagt er, wenn er den Täter endlich vor sich hat. Aber das heißt nur, daß der andere keine Chance mehr hat.

Wichtiger noch als diese berufliche Disposition der Figur ist ihre Haltung zur Wirklichkeit. Genaugenommen ist Fitz als Psychologe nicht Analytiker, sondern Katalytiker. Er sucht nicht den Ausweg, sondern den Grund. Er agiert ohne erkennbar ausgespielte Moral. Damit bringt er nicht nur die Täter, sondern auch die gesellschaftlichen Verhältnisse zum Sprechen. Therapie ist nicht seine Sache. Nicht die individuelle, nicht die soziale. Er hat keine Vorschläge zu machen und keine Hilfe anzubieten. Er ist ein Meister der Diagnose. Er hat den bösen, den wissenden Blick. Einmal erkennt er in einem stotternden Mann den Killer schon, als der noch gar keinen Mord begangen hat. Dagegen ist Fitz als Seelenfachmann in eigener Sache eher ein Versager, »verkaterter Seelenklempner« und »ignoranter Doktor der Psychologie«.

Als »Caliban in der Sozialwüste« hat *Der Spiegel* die Figur Fitz zutreffend charakterisiert. Die Fitz-Geschichten spielen auf beiden Ebenen. Wer aus dem Inneren einer sozial verwüsteten Gesellschaft erzählt, kann die Polizei nicht ausklammern. All die Konflikte und Brüche werden von den Autoren auch in sie hineingespiegelt. Die im TV-Krimi sonst so sorgfältig beachteten Grenzen zwischen Gut und Böse verschwinden. Diese Gesetzeshüter sind wie andere auch. Jähzornig, von Konkurrenzdenken getrieben, gelegentlich miese Kollegen, die ziemlich primitiv denken. Notfalls schicken sie auch wissentlich den Falschen hinter Gitter, weil es bequemer ist. Was ihnen in ihrer Arbeit begegnet – Rassismus, Gewalt gegen Frauen –, darin sind auch sie verwickelt. Undenkbar für einen *Tatort*: Die Verfolger werden selbst zu Tätern und zu Opfern. In *Männerphantasien* geht es um eine Serie von Vergewaltigungen, einen maskierten schwarzen Täter – und plötzlich auch um die Polizei selbst. Jimmy Beck, der meistgehaßte, weiße Sergeant auf dem Revier, vergewaltigt maskiert seine Kollegin, die schöne Jane Panhaligon, mit der wiederum Fitz ein Liebesverhältnis hat.

Geliebt wurde »Für alle Fälle Fitz« hierzulande vor allem wegen der Hauptfigur. Angesichts der ärmlichen Persönlichkeitsausstattung einheimischer Kommissare (von Ausnahmen wie Bella Block einmal abgesehen) ist die Begeisterung durchaus verständlich. Aber sie greift auch zu kurz. Denn die Abgründe bei Fitz sind zwar bodenlos, aber auch adressierbar. Jedenfalls handelt es sich nicht nur um Abgründe der Seele.

Ein kluger dramaturgischer Schachzug: Die Verhältnisse holen die Polizisten selbst ein. Sie erleben selbst, was sie im TV-Krimi sonst nur von außen und als Gesellschaft mit beschränkter Haftung erleben dürfen. Panhaligon erleidet all die Qualen und Selbstzweifel, denen vergewaltigte Frauen ausgesetzt sind. Sie empfindet ebenso wie andere Opfer Furcht davor, die Tat öffentlich zu machen und darüber zu reden. Fitz gerät plötzlich in die Lage eines Mannes, sich zu seiner Geliebten verhalten zu müssen und ihr nicht helfen zu können, als Mann jedenfalls nicht.

Das könnte alles konstruiert und willkürlich aussehen, beherrschten die Autoren, Drehbuch und Regie ihr Handwerk nicht so exzellent. Davon profitieren vor allem die Akteure. Neben Robbie Coltrane agieren erstklassige Schauspieler, die ihre Figuren jenseits der Klischees entwickeln dürfen. Das gilt vor allem für die Täter: hochintelligente, besessene, vereinsamte, selbsthassende, gedemütigte Menschen. Sogar eine so tückische und unangenehme Figur wie Jimmy Beck hat noch Aspekte, die uns am Ende nicht gleichgültig lassen. Selbst die kleinsten Nebenfiguren sind sorgfältig gearbeitet, eingebettet in kleine Geschichten, die sich zu einem Mosaik fügen.

Die gleiche Sorgfalt verwenden Buch und Regie auf die Schauplätze. Ort und Zeit sind genau bezeichnet, im schönsten Sinne realistisch. Die Serie spielt in Manchester und nicht in seinen schönsten Vierteln. Glänzende Malls sind nicht zu sehen, keine architektonischen Ekstasen, keine Stadtansichten für den Fremdenverkehrsverein. Statt dessen viel Stadteingeweide. Hinterhöfe, Sozialwohnungen, Kneipen. In halbdokumentarischer Weise streift die Kamera durch die Gegend, sorgfältig fotografiert, aber auch nicht sich vor Ekel schüttelnd. That's life. Ganz ohne den im deutschen TV-Krimi oft gepflegten Lebensstil eines imaginären Mittelstandes mit seinem geruch- und geschmacklosen Interieur.

Von großer Qualität sind die Drehbücher. Geschliffene Dialoge, scharfe, pointierte Sprache, mit viel schwarzem Humor. Die einzelnen Plots sind sorgfältig gebaut, genau recherchiert und daher glaubwürdig. Die Geschichten werden von Folge zu Folge weitergereicht, verwoben, komplettiert. Natürlich konzentrieren sie sich auf die Schlüsselfigur Fitz, dessen lange Kämpfe mit den Tätern den Filmen die Tiefe geben und es erlauben, ihre Motive auszuleuchten. Aber Tiefe erreichen die Geschichten auch durch Variation, virtuos exekutiert durch parallel geführte Handlungsstränge. Die *Liebesfalle* spielt ihr Thema bei fast allen tragenden Figuren durch, erzählt von Liebe in vielen Facetten: die scheiternde, die kleine, die ärmliche und, natürlich, die große tödliche Liebe.

Dafür ist »Für alle Fälle Fitz« nun wirklich zu schade. Auch das schönste Erzählkonzept hat Grenzen. Hier ist es ausgereizt und auf jenen Stand gebracht worden, den der literarische Kriminalroman weltweit schon lange erreicht hat und den einzuholen das Fernsehen sich so schwertut, weil die Fesseln der abendlichen Unterhaltung so eng sind.

Dennoch ist *Für alle Fälle Fitz* nicht in jeder Hinsicht außergewöhnlich. Die Dramaturgie hält sich an Regeln und Muster. Ein Mord geschieht, eine Frau wird vergewaltigt, ein Kind verschwindet – das muß aufgeklärt werden. Die klassische Figur des Thrillers: Die Zuschauer sind klüger als die Ermittler, wissen über die Täter Bescheid oder werden vom Autor ahnungsvoll mit reichlich Hinweisen eingedeckt. Nicht der Whodunit bestimmt den Gang der Handlung, sondern das Interesse am Wie und vor allem am Warum. Zugleich aber dehnen die Autoren den erwartbaren Horizont der Geschichten überraschend dort, wo es darauf ankommt.

Das Motiv der mordenden Janice in ihren Kindheitserlebnissen zu suchen, mit dieser landläufigen Erklärung hätten sich wohl die meisten Autoren begnügt. Doch Paul Abbot, der Autor dieser Sendung, dreht die Schraube noch um eine kleine Windung und eine entscheidende Pointe weiter. Er bedient die Erwartungen der Zuschauer und erweitert sie zur Chance, die grauen Zellen zu bewegen. Denn Janice, so führt er die Geschichte zu Ende, ist eben gerade nicht von ihrem Vater mißbraucht worden. Anders als ihre Schwestern hat der Pascha sie übergangen, ahnend, daß sie sich irgendwann wehren und ihn verraten würde. Nicht einmal diese entfremdetste, gemeinste Form väterlicher Liebe und Zuneigung ist dieser jungen Frau widerfahren. Wäre selbst das Entsetzlichste noch besser gewesen als diese Leere? Was können Nichtbeachtung und Verachtung in einem Menschen anrichten? Janice wählt, um ihrer Qual zu entgehen, das äußerste Mittel und will entgangene Liebe durch Mord erzwingen. Ein aussichtsloses Unterfangen. Zu therapieren gibt es da nichts mehr. Fitz, der sich unter anderen Umständen sehr wohl in diese junge Frau hätte verlieben können, wäre ein Idiot, wenn er es versuchte. Denn manchmal macht das Leben aus den Menschen große tragische Figuren und verwandelt eine kleine Mörderin in einen metaphysischen Todesengel. Und ein Stück herkömmlicher Fernsehunterhaltung bekommt plötzlich Dimensionen von Schuld und Sühne.

Danach ist Ende für Fitz. Die *Liebesfalle* bedeutet auch für ihn das Äußerste an persönlicher Verwicklung. Die Figur ist am Ende angekommen und nicht mehr weiterzuentwickeln. Nur einmal noch tritt Fitz in Aktion. *White Ghost* (Weiße Gespenster) ist der letzte, abschließende Film der Serie. Man kann ihn auch als Nachruf lesen. Noch einmal wird der Psychologe geholt, diesmal weit weg vom vertrauten Manchester, nach Hongkong. Noch einmal variieren die Autoren die zentralen Themen, nehmen indirekt politische, soziale und kulturelle Verhältnisse ins Visier. Sie erzählen vom Seelenzustand einer weißen Mittelschicht, jetzt, da die Ära der britischen Kronkolonie zu Ende geht. Ein weißer Yuppie gerät in die Krise, seine schnellen Geschäfte platzen wie ungedeckte Wechsel. Von einem Tag zum anderen ist der Traum (»kam, sah, siegte«) am Ende. Da will der Mann sein privates Glück erzwingen und zerstört es dabei endgültig. Verstand und Moral lösen sich auf wie Zyankali im Wasser, waren wohl schon vorher zersetzt. Das ist noch einmal genau und schonungslos beobachtet. Aber ganz gegen die Sehgewohnheiten, die uns *Für alle Fälle Fitz* beigebracht hat, verendet diese Episode in einem flachen Showdown und verabschiedet sich mit Action und Pyrotechnik.

Dafür ist *Für alle Fälle Fitz* nun wirklich zu schade. Auch das schönste Erzählkonzept hat Grenzen. Hier ist es ausgereizt und auf jenen Stand gebracht worden, den der literarische Kriminalroman weltweit schon lange erreicht hat und den einzuholen das Fernsehen sich so schwertut, weil die Fesseln der abendlichen Unterhaltung so eng sind.

Für alle Fälle Fitz jedenfalls vibriert vor Ambivalenzen. Nichts ist, wie es scheint. Jeder trägt gelegentlich den Gedanken an Mord in seinem Herzen. Gut und Böse sind kaum auseinanderzuhalten. Der Weg vom Opfer zum Täter kann kurz sein. Verfolger und Verfolgte sehen sich manchmal verdammt ähnlich. Auch wenn der Täter gefaßt wurde, ist längst nicht alles geklärt. Eine Rückkehr zu dem Gedanken, die Welt sei im Grunde in Ordnung und das Gute werde schon siegen, ist nicht möglich. Mit Moral und guten Absichten ist den Verhältnissen nicht beizukommen. Es wird so weitergehen. Nichts hilft als der schonungslose Blick, den Fitz lehrt, nichts als sein rabenschwarzer Pessimismus, der nur deshalb nicht in puren Zynismus umschlägt, weil er das, was geschieht, dem verstehenden Blick freigibt. Mehr kann man nicht verlangen.

Auf keine Fälle Stefanie
Aus dem Tagebuch der Stationsschwester im Feierabendheim für alte Kommissare

Von Reinhard Jahn

7. AUGUST

Mein erster Tag auf der Station. Keine besonderen Vorkommnisse. Die Herren haben den ganzen Nachmittag lang wieder im Aufenthaltsraum über ihre alten Fälle diskutiert. Daß ich neu bin, hat zuerst der Herr Trimmel gemerkt. »He!« sagte er plötzlich. »Wir haben eine neue Stationsschwester.«

Auf einmal haben mich alle angesehen: der Kommissar Mannhardt, der seit ein paar Monaten regelmäßig herkommt, um sich hier einzuleben, der alte Kommissar Keller in seinem Rollstuhl, der Kommissar Sommerfeld. Und natürlich auch die Herren Veigl und Haferkamp, die hinten im Wintergarten Schach spielten. Nachher kam noch die Frau Kommissarin Ledermacher dazu und hat mich begrüßt. Allesamt sehr freundlich, die Herrschaften. Ich glaube, es wird mir auf der Station gefallen.

8. AUGUST

Keine besonderen Vorkommnisse, wenn man mal davon absieht, daß die Oberschwester feststellt, daß ein Fünfzigmarkschein aus unserer Kaffeekasse im Wachzimmer fehlt. Einige der Herren sind schrecklich redselig. Trimmel hat mich heute zur Seite genommen und gesagt, ich solle die anderen nicht so ernst nehmen, mit Ausnahme von dem Sommerfeld vielleicht.

Wegen der fehlenden 50 Mark hat er Mannhardt in Verdacht. Trimmel sagt, Mannhardt habe 1985 in seiner Dienststelle in Berlin mal beinahe seinen Chef mit einem Briefbeschwerer erschlagen. Kurzschlußreaktion, unverzeihlich für einen Kripobeamten. Trotzdem habe Mannhardt damals in den Siebzigern ausgezeichnete Arbeit geleistet. So ausgezeichnete Arbeit, daß sogar ein Schriftsteller Bücher über ihn und seine Fälle geschrieben hat – ein gewisser -ky.

Zu jener Zeit wäre auch bei ihm, dem Trimmel, einer aufgetaucht und hätte sich nach seinem Fall mit dem *Taxi nach Leipzig* erkundigt, um einen

Roman daraus zu machen. Ein Kriminalreporter, Werremeier, der vorher Tatsachenberichte über Jürgen Bartsch und solche Sachen veröffentlicht hatte. Nach dem Essen hat Trimmel seine Mittagsruhe geschwänzt und mir auf seinem Zimmer die Bücher über sich gezeigt. Ist ins Reden gekommen, wie er seine Fälle damals alle geknackt hat. Zusammen mit seinen Kollegen, Kriminalobermeister Petersen, Kriminalmeister Höffgen und dem Staatsanwalt Portheine. Viele von den Geschichten sind auch als *Tatort*-Filme im Fernsehen gelaufen. Bei den Herren Veigl und Haferkamp wär das genauso, bloß über den Haferkamp hätte keiner Bücher geschrieben. Trimmel hat versprochen, daß er sich um den Fall mit der Kaffeekasse kümmern will.

8. AUGUST

Nachtwache. Keine besonderen Vorkommnisse. Der alte Kommissar Keller hat noch bis weit nach Mitternacht in der Bibliothek gesessen und Briefe geschrieben. Die Oberschwester sagt, daß er regelmäßig seinem Kollegen Maigret in Paris schreibt, obwohl Maigret schon lange tot ist. Bloß hat es hier niemand übers Herz gebracht, Keller das zu sagen. Deswegen fangen wir auf der Station die Briefe ab, wenn Keller sie uns zum Einwerfen in den Briefkasten gibt. Vorhin, als er mir einen der Briefe gebracht hat, ist er mit einem Rollstuhl noch ein bißchen hier im Wachzimmer stehengeblieben und hat erzählt, wie er in den Siebzigern in München gearbeitet hat. Sie seien ein gutes Team gewesen, sagt er, seine Assistenten und seine Sekretärin Rehbein. Einer seiner damaligen Mitarbeiter arbeitet jetzt sogar noch für Kellers Nachfolger, den Oberinspektor Derrick. Viele Fälle aus der besseren Gesellschaft hätten sie gehabt, sagt Keller. Industrielle, die ihre Frauen umgebracht hatten; junge, lebenshungrige Mädchen, die von zwielichtigen Barbesitzern in dunkle Geschäfte verwickelt worden waren. Söhne von Millionären, die auf die schiefe Bahn geraten waren. Keller ist ein bedächtiger Mann, er sagt, er wäre im Krieg gewesen und hätte in die tiefsten Abgründe der menschlichen Seele geblickt. Er wirkt so gemütlich, aber ich weiß nicht, ob ich ihn wirklich nett finden kann. Für das Porto hat er mir einen Fünfzigmarkschein gegeben. Vom Rest soll ich mir was Schönes kaufen.

Kommissar Keller

9. AUGUST

Keine besonderen Vorkommnisse, wenn man mal davon absieht, daß die Herren Haferkamp und Veigl sich ein bißchen mit den Herren Trimmel und Sommerfeld darüber gestritten haben, ob nun ein Fernsehkommissar etwas Besseres ist als ein Romankommissar oder umgekehrt. Der Haferkamp ist sehr nett, zurückhaltend wie ein schüchterner Junge. Er hat im Ruhrgebiet gearbeitet, mehr als fünf Jahre. Manchmal läßt er sich hier von unserem Zivi ein paar Buletten mit Senf vom Imbiß gegenüber holen, aus reiner Sentimentalität. Wegen der verschwundenen fünfzig Mark hat er einen Verdacht, will ihn mir aber nicht verraten, ehe er nicht mit seiner geschiedenen Frau darüber gesprochen hat.

Horst Schimansky

Hintenrum auf dem Gang hat mir der Veigl gesteckt, der Haferkamp hätte die Scheidung nie ganz verwunden. Seine Ex hat ihm nach der Scheidung sogar noch manchmal bei seinen Fällen geholfen. Solche Probleme, sagt der Veigl, hat er nicht gehabt: Er habe ja seinen Dackel gehabt, der auch, gegen jede Dienstvorschrift, im Büro immer unter seinem Schreibtisch lag.

Nachmittags ist dann so ein Rüpel zu Besuch gekommen. Schimski oder so ähnlich, graue Jacke, Jeans, unrasiert und ein unmögliches Benehmen am Leib. Er wär aus Duisburg, sagte er. Hat versucht, mich anzubaggern. Ob wir mal einen Zug durch die Gemeinde machen und dann weitersehen. Wegen der geklauten fünfzig Mark soll ich nicht so ein Wesen machen, meint er. So 'was käm doch alle Tage vor. Später hat er mit Haferkamp zusammengehockt und gewürfelt, dazu haben sie sich vom Zivi Buletten holen lassen. Habe gesehen, wie Haferkamp dafür beim Veigl einen Hunderter gegen zwei Fünfziger gewechselt hat.

10. AUGUST

Keine besonderen Vorkommnisse, obwohl es hier wie in einem Taubenschlag zugegangen ist. Sonntags kommen die meisten Besucher. Familie, alte Kollegen und so weiter. Ein älterer Herr mit Brille und riesigen Tränensäcken hat Kommissar Keller besucht. Ist mit einem BMW vorgefahren und wiederholt jeden Satz zweimal, als ob er es mit Idioten zu tun hat: »Ich möchte zu Kommissar Keller. – Ist Herr Keller da? Ich möchte zu ihm.« Hat dann mit Keller in der Bibliothek lange über die Schlechtigkeit der Welt philosophiert.

Die Ex-Kommissarin Ledermacher hat Besuch von ihrer Tochter bekommen. Mannhardt war auch wieder da und hat schon mal in seinem späteren Zimmer die Wände ausgemessen, weil er Buchregale für seine Fontane-Romane anbringen will. Die Ledermacherin, sagt er, hat in den siebziger Jahren genau wie er in Berlin gearbeitet. Schwere Fälle: Mord am Lietzensee, Engelmacher und so weiter. Immer im Streß mit dem Behördenwirrwarr. Den Engelmacher-Fall hat ihr dann der Staatsschutz abgenommen. Klingt sehr viel Sympathie durch, bei dem Mannhardt, wenn er von ihr spricht. Er bewundert ihre Konsequenz: Sie hat 1980 den Polizeidienst quittiert. Fünf Jahre später hat Mannhardt versucht, seinen Chef zu erschlagen, und ist daraufhin als Dozent an eine Fachhochschule abgeschoben worden. Auch privat ein schweres Schicksal: Ehe kaputt, Scheidung.

Kommissar Veigl

Nachtrag: Nachtwache. Lese den Brief, den Keller an Maigret geschrieben hat. Zitat: »Mein ganzes Leben lang habe ich nur im Müll herumgekramt, im menschlichen Abfall. Da verliert sich der Glaube, daß es überhaupt noch etwas Unversehrtes gibt.« Und: »Ich habe fast vierzig Jahre im Kriminaldienst zugebracht, ich bin voll von Bildern, nicht von Gedanken, ich sehe das Gewesene an Fällen, an Mördern, an Opfern in Bildsplittern, stets gegenwärtig, dicht unter der Oberfläche. (...) Das Gedächtnis ist wie eine Kommode, in die man die Bilder der Vergangenheit ablegt.«

13. AUGUST

Keine besonderen Vorkommnisse. Nach meinen freien Tagen wieder Tagesdienst. Kommissar Trimmel bullert herum, weil er wegen der geklauten fünfzig Mark noch nicht weitergekommen ist, und erzählt, wie er sich früher mit Organhändlern, Flugzeugentführern, Gerichtsgutachtern und der Müllmafia herumgeschlagen hat. Dann hat er sich unseren Zivi vorgenommen und ihm auf den Kopf zugesagt, daß er das Geld geklaut hat. Der Zivi hat alles abgestritten, und Trimmel fing so an zu toben, daß ich ihm eine Beruhigungstablette geben wollte. Hat er abgelehnt und statt dessen einen Schnaps getrunken.

Danach hat er mit Sommerfeld konferiert, wie der Fall mit den fünfzig Mark in den Griff zu kriegen sei. Meinte, vor allem dürfe nichts zur Presse durchdringen. Er habe da seine Erfahrungen.

14. AUGUST

Keine besonderen Vorkommnisse. Kommissarin Ledermacher hält sich auffallend von den Herren fern, spricht aber lange mit dem Zivi. Vermute, es geht um die geklauten fünfzig Mark.

Mannhardt hat die ersten Bücherkisten mit seiner Fontane-Gesamtausgabe und seinen Kriminalistikhandbüchern gebracht. Danach saß er mit Sommerfeld im Wintergarten und hat ihn über seine Zeit in der Kriminaldirektion Ährenfurth und seine Beziehung zu diesem Journalisten ausgefragt, mit dem Sommerfeld oft zu tun gehabt hat: Jack Nestor. Ob dieser Nestor so ähnlich gewesen wäre wie der Schriftsteller Michael Molsner, der dann später Romane geschrieben hat, in denen Sommerfeld auftauchte. Sommerfeld hat nur gesagt, daß ihm von allen Presseheinis der Nestor noch der angenehmste gewesen sei, auch wenn sie politisch manchmal nicht auf der gleichen Linie gewesen seien. Mannhardt erzählt, daß er mal eine Phase hatte, in der -ky, der eigentlich Romane über ihn geschrieben hat, auch behauptete, zugleich Reporter zu sein. Sommerfeld hat sich das angehört und nichts dazu gesagt, aber hinterher hat er Trimmel davon erzählt.

Kommissarin Ledermacher hat sich noch lange mit der Oberschwester unterhalten. Soweit ich hören konnte, wollte sie wissen, wo ich herkomme und was ich früher gemacht habe und so weiter.

15. AUGUST

Keine besonderen Vorkommnisse, wenn man davon absieht, daß die Kommissare mich zur Rede gestellt haben. Gleich nach dem Mittagessen, wo eigentlich Mittagsruhe ist, kamen sie in das Wachzimmer. Der Fall sei geklärt – ich hätte die fünfzig Mark aus der Kaffeekasse geklaut. Wußte zuerst nicht, wie ich reagieren sollte. Trimmel bullert gleich los: »Nun gib's zu, Mädel! Hinterher fühlste dich dann besser!« Mannhardt sagt, daß er mich versteht. Bei meinem Hintergrund. Mutter geschieden, Einzelkind, früh mit Verantwortung konfrontiert, dann eben jetzt eine Kurzschlußhandlung. Er könne das wirklich verstehen, und er hasse sich auch dafür, daß er mich bei der Heimleitung melden muß, aber so wär das nun einmal.

Haferkamp und die Ledermacher haben als einzige gesehen, wie fertig ich war. Ja, ich hab die fünfzig Mark genommen, weil ich klamm war und mir das Geld gerade noch zu der schicken Lederjacke aus der Boutique ge-

Meine all-time-favorites ❶ **Eric Ambler: Die Maske des Dimitrios** ❷ **Georges Simenon: Maigret in Holland** ❸ **Thomas Harris: Roter Drache und Das Schweigen der Lämmer** ❹ **Pieke Biermann: Violetta** ❺ **James Ellroy: Die schwarze Dahlie**

fehlt hat. Sommerfeld knurrt: »Hab ich gleich gewußt, ist doch immer so.« Kommissar Keller sieht mich mit seinen traurigen Augen an, als wäre er ganz fassungslos, und der Veigl meint nur: »Na, da hast' aber eine Riesendummheit gemacht, was, Mädel?«

Ich kriege einen Weinkrampf, weil ich rausfliege, wenn die jetzt damit zur Heimleiterin gehen. Haferkamp und die Ledermacherin schicken die anderen in den Wintergarten, weil sie mal mit mir reden wollen.

16. AUGUST

Keine besonderen Vorkommnisse, wenn man mal davon absieht, daß der Haferkamp und die Ledermacherin die Sache mit den fünfzig Mark hingebogen haben. Ich bin den beiden wirklich dankbar dafür. Gestern haben sie mir noch lange zugehört, als ich erzählt habe, wie das alles gekommen ist. Haferkamp hat gemeint, seine Ex-Frau hätte ihm den Tip gegeben, daß ich etwas mit dem Diebstahl zu tun haben könnte. Die Ledermacherin sagte, ich würde sie an ihre Tochter erinnern, deswegen sei sie intuitiv dem Verdacht nachgegangen. Dann haben die beiden sich angesehen und kurz beratschlagt. Daß meine Klauerei ja nun wirklich nicht an die große Glocke gehängt werden müßte, wo's doch überall viel größere Verbrechen geben würde. Sie haben mir versprochen, sich mit den anderen zu beraten und irgendwie eine Lösung zu finden.

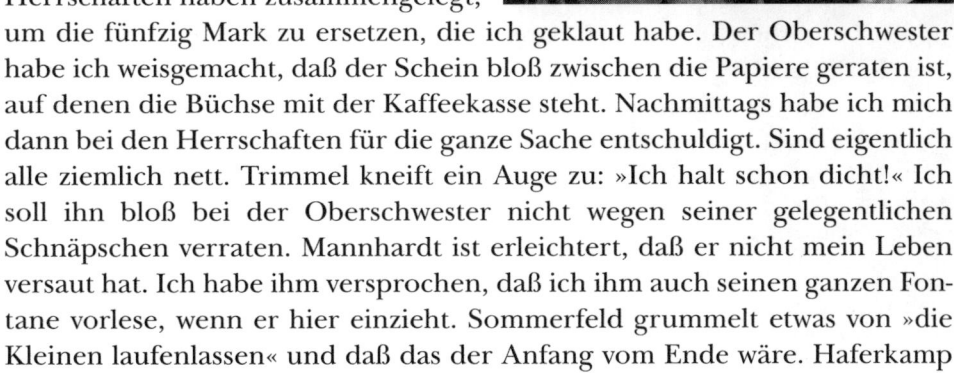

Kommissar Haferkamp mit seiner Exfrau

17. AUGUST

Keine besonderen Vorkommnisse. Die Herrschaften haben zusammengelegt, um die fünfzig Mark zu ersetzen, die ich geklaut habe. Der Oberschwester habe ich weisgemacht, daß der Schein bloß zwischen die Papiere geraten ist, auf denen die Büchse mit der Kaffeekasse steht. Nachmittags habe ich mich dann bei den Herrschaften für die ganze Sache entschuldigt. Sind eigentlich alle ziemlich nett. Trimmel kneift ein Auge zu: »Ich halt schon dicht!« Ich soll ihn bloß bei der Oberschwester nicht wegen seiner gelegentlichen Schnäpschen verraten. Mannhardt ist erleichtert, daß er nicht mein Leben versaut hat. Ich habe ihm versprochen, daß ich ihm auch seinen ganzen Fontane vorlese, wenn er hier einzieht. Sommerfeld grummelt etwas von »die Kleinen laufenlassen« und daß das der Anfang vom Ende wäre. Haferkamp kneift nur ein Auge zu. Ich werde ihm ganz bestimmt ein paar Buletten spendieren, und für den Veigl drücke ich eine Sondergenehmigung durch, daß er einen neuen Dackel bekommt. Frau Ledermacher lächelt still vor sich hin, und Kommissar Keller schreibt in der Bibliothek einen Brief an Maigret. Schluß für heute. Der Rüpel von neulich hat angerufen. Heißt eigentlich Schimanski und scheint doch ein netter Kerl zu sein. Holt mich ab. Wollen einen Zug durch die Gemeinde machen. Mal sehen, was sich ergibt.

(Zitate aus: Herbert Reinecker: Die Mädchen vom Café Leopold. -ky: Einer will's gewesen sein)

DIE ROMANE DER KOMMISSARE:

HANS-JOACHIM MANNHARDT (VON -KY):

1971 – Zu einem Mord gehören zwei
1974 – Ein Toter führt Regie
1976 – Mitunter mörderisch (Stories)
1978 – Einer will's gewesen sein
1978 – Mitunter mörderisch (Stories)
1982 – Feuer für den Großen Drachen
1985 – Friedrich der Große rettet Oberkommissar Mannhardt
1988 – Da hilft nur noch beten
1990 – Nieswand kennt Tag und Stunde
1992 – Ein Deal zuviel
1993 – Blut will der Dämon
1994 – Fendt hört mit

PAUL TRIMMEL (VON FRIEDHELM WERREMEIER): FERNSEHSERIE »TATORT«

1968 – Ich verkaufe mich exklusiv
1970 – Taxi nach Leipzig
1971 – Ohne Landeerlaubnis
1971 – Der Richter in Weiß
1972 – Platzverweis für Trimmel
1972 – Ein EKG für Trimmel
1973 – Trimmel macht ein Faß auf
1974 – Trimmel und der Tulpendieb
1974 – Treff mit Trimmel (Stories)
1976 – Hände hoch, Herr Trimmel
1976 – Trimmel hält ein Plädoyer
1977 – Trimmel hat Angst vor dem Mond
1980 – Trimmel und Isolde
1982 – Trimmel und das Finanzamt
1986 – Trio unter Strom (Stories)

ERICH SOMMERFELD (VON MICHAEL MOLSNER):

1968 – Und dann hab ich geschossen
1969 – Harakiri einer Führungskraft
1973 – Rote Messe
1981 – Wie eine reißende Bestie (Stories)
1984 – Mit unvorstellbarer Brutalität

KOMMISSAR KELLER (VON HERBERT REINECKER): FERNSEHSERIE »DER KOMMISSAR«, ZDF, 97 EPISODEN

Vom 3. 1. 1969 bis 30. 1. 1976
Romane:
1971 – Der Kommissar läßt bitten (Stories)
1973 – Der Kommissar greift ein (Stories)
1973 – Der Kommissar und der Papierblumenmörder (Stories)
1975 – Der Kommissar und das Messer im Rücken (Stories)
1977 – Der Kommissar und die Tänzerin
1977 – Riskanter Alleingang
1977 – Der Kommissar und der Despot
1978 – Die Mädchen vom Café Leopold
1978 – Der Kommissar und die Zuhälter
1978 – Der Fall Quimper
1978 – Mann aus dem Jenseits
1978 – Das Tor zur Hölle
1978 – Ein Denkmal wird erschossen
1978 – Der Kommissar und die Süchtige
1978 – Die Wahrheit über den Mordfall Goos
1979 – Wie kriegen wir Bodetzki?

KATHARINA LEDERMACHER (VON RICHARD HEY):

1973 – Ein Mord am Lietzensee
1975 – Engelmacher & Co.
1980 – Ohne Geld singt der Blinde nicht

HAUPTKOMMISSAR VEIGL:

1979 – Michael Molsner: Das zweite Geständnis des Leo Koczyk
1980 – Michael Molsner: Tote brauchen keine Wohnung
1980 – Ernestine Wery: Als gestohlen gemeldet
1981 – Ernestine Wery: Sie hieß Cindy

KRIMIBAUKASTEN:
DIE TECHNO-THRILLER-VARIANTE »JAGD AUF GRÜNER NOVEMBER« (USA, 1980)

Nach Tom Clancy, Craig Thomas und Colin Forbes

Erster Satz:
Hauptmann Dimitri Gregorew konnte sich immer wieder an der stählernen Schönheit des Geschützturmes mit seiner mattschimmendern 25-Zentimeter-Zwillingskanone berauschen.

Was passiert:
Hauptmann Dimitri Gregorew, stellvertretender Kommandeur einer Panzerspezialeinheit der russischen Armee, bringt seine Geliebte Dana um. Der KGB hält seine Ehefrau Ludmilla für die Täterin und verhaftet sie. Aus Angst vor der brutalen Vorgehensweise des Geheimdienstes entschließt sich Hauptmann Gregorew zur Flucht in den Westen. Er stiehlt den Prototyp des Katjuscha-V-Superpanzers aus der Kaserne und bricht damit in Richtung Westen auf. Auf den restlichen 500 Seiten des Buches wird Gregorews Flucht beschrieben.

Letzter Satz:
Klirrend kamen die Ketten des Katjuscha-V-Superpanzers zur Ruhe.

13.

MENSCH MORDE MICH NICHT

Krimispiele

Wer kann sich daran erinnern, wo er an einem bestimmten Tag vor einem oder zwei Jahren war und was er oder sie damals gemacht hat? Das kann man nur dann, wenn sich etwas ganz Besonderes ereignete.

Als die Polizei Louis Fishhead auf die Schliche kam und ihn festnahm, weil er seine unverheiratete Tante Bessie mit dem Familieneispickel vor einem Jahr am 14. August in Spokane im Staat Washington ermordet haben sollte, zeigte ihnen Louis nur die nebenstehende Zeichnung. »Da war ich, als sie umgebracht wurde«, sagte er. »Mein Bruder Richard Fishhead, der berühmte Maler, machte diese Zeichnung, weil ich an diesem Tag einen neuen Hund bekommen hatte. Ich gab ihm den Namen Bessarabia, nach meiner Tante.«

Was würden Sie tun, wenn Sie der Staatsanwalt wären und Louis Ihnen diese Zeichnung als Alibi vorgelegt hätte?

FRAGEN

1. Ist das die Fishhead-Farm?
Ja – Nein
2. In welchem Staat liegt sie?
3. Ist Louis' Alibi auf den ersten Blick überzeugend?
Ja – Nein
4. Ist es ungewöhnlich, eine solche Zeichnung zu datieren?
Ja – Nein
5. Könnte das Datum ein glücklicher Zufall sein?
Ja – Nein
6. Ist das Datum ein überzeugender, unumstößlicher Beweis für die Entstehung der Zeichnung?
7. Könnte der Hund auch später in die ursprüngliche Zeichnung hineingezeichnet worden sein?
Ja – Nein
8. Ist an der Zeichnung irgendwann später etwas gefälscht worden?
Ja – Nein
9. Wenn Sie die letzte Frage mit Ja beantwortet haben, zeigen Sie bitte, was an der Zeichnung gefälscht wurde und wie Sie das beweisen können.

1. Ja, der Name steht auf dem Briefkasten.
2. In Pennsylvanien, wenn man sich das Straßenschild ansieht.
3. Ja. Erst mal zeigt das, daß er am Tag des Mordes am anderen Ende der Vereinigten Staaten war.
4. Nein. Zeichnungen sind oft datiert.
5. Klar, warum nicht?
6. Nein. Das Datum konnte natürlich später draufgesetzt oder gefälscht worden sein – ganz wie es der Unterzeichner wünschte.
7. Ja.
8. Ja.
9. Es läßt sich leicht beweisen, daß hier mit Täuschungsmanövern gearbeitet wurde, denn im August blühen in dieser Gegend gewöhnlich keine Gänseblümchen. Vielleicht mal ein einziges oder ein kleines Büschel, aber der August ist eigentlich keine Gänseblümchenzeit mehr. Diese Zeichnung stammt wahrscheinlich aus dem Juni, der Hund und das Datum wurden später hinzugefügt.

Alibi bye

Selber morden ist schöner
Von Detektivspielen und vom Detektivspielen

Von Stefan Wilfert

Ein erfahrener Spieler hat einmal gesagt: »Detektivspiele sind wie gute Krimis. Nur besser. Weil sie immer wieder neu enden!« (Daß der Satz von mir stammt, ist reiner Zufall.) Tatsache ist, daß die Detektivspiele immer neu enden. Nie ist ein Spielverlauf gleich. Das gilt natürlich für jede Art von Spiel.

Und das ist auch der Unterschied zum Kriminalfilm oder -roman und auch etwa zu einem Theaterstück. Haben Sie die *Mausefalle* von Agatha Christie gesehen, wissen Sie, wie's ausgeht. Beim zweiten Mal kann man sich nur noch an den schauspielerischen Leistungen ergötzen. Haben Sie den neuesten Dick Francis oder Philip Kerr gelesen, wissen Sie, wer's war. Und der war's auch beim zweiten und dritten Lesen des Romans.

Doch spielen Sie mal *Cluedo*. Sofort nach der ersten Partie können Sie eine zweite spielen, eine dritte, sooft Sie wollen. Es wird jedesmal ein anderes Spiel sein, jedesmal ein anderer Mörder, eine andere Mordwaffe und ein anderer Tatort. Und außerdem macht es Spaß, mal selbst zu morden bzw. mal auf eigene Faust den Mörder aufzuspüren.

Womit ich schon beim ersten Spiel bin, das ich vorstellen möchte. Und womit ich die Vorstellung auch gleich unterbreche. Denn zuerst sollte ich wohl sagen, wovon denn hier die Rede sein wird. Nun denn:

Bei diesen Detektiv- oder Krimispielen handelt es sich um Spiele mit einem deduktiven Spielmechanismus. Dabei sollen die Spieler das vorgegebene Rätsel durch logische Schlußfolgerungen lösen. So etwa nach dem Motto, das der ehrenwerte David Niven alias Phileas Fogg in dem Film *In 80 Tagen um die Welt* zum Detektiv Fix sagt: »Lösen wir doch das Problem durch Kombinieren. Das ist eine neue Methode, die von der britischen Polizei angewandt wird.« Im Gegensatz zu den Deduktionsspielen stehen die Glücksspiele, bei denen das Glück (oder das Pech) den Verlauf des Spieles bestimmt.

Die deduktiven Spiele haben als Spielgeschichte mörderische oder andere kriminelle Fälle zum Inhalt. Natürlich nutzen diese Attraktion auch andere Spielformen aus: Aktionsspiele, Glücksspiele oder Würfelspiele. Eine

Liste von Kriminalspielen des Deutschen Spiele-Archivs in Marburg umfaßt mehr als 100 Titel.

Bei den Deduktionsspielen jedenfalls muß man schön logisch denken, um die Rätsel zu lösen.

So schwierig sie oft sind, so aufregend (Jonas – 15 Jahre – meinte neulich: »Geil sind sie.« Hallo, Jonas!) sind sie auch, denn sie geben viel her an Spannung. Natürlich könnte man statt eines Juwelenraubes genausogut den Diebstahl einer Daunendecke nehmen. Aber würde Sie das reizen, einen Daunendeckendieb zu finden? Da ist es doch viel spannender, in *Scotland Yard* dem geheimnisvollen Mr. X in London hinterherzujagen, um ihn letztendlich zu schnappen ... oder eben nicht.

Und damit bin ich schon beim zweiten vorzustellenden Spiel. Und dabei habe ich noch nicht einmal das erste richtig eingeführt. Also zurück zu *Cluedo* von Anthony Pratt (Parker): Ich will es etwas ausführlicher beschreiben, da wir später noch mal auf den Mechanismus dieses Spieles stoßen werden.

Cluedo ist lateinisch und heißt soviel wie »Ich schlußfolgere«, »Ich vermute«. Wenn Sie so wollen, ist es das »Kombiniere« von Sherlock Holmes auf lateinisch. Das Spiel kam 1949 zuerst in England auf den Markt und wurde schnell ein Klassiker der Detektivspiele. Bei der älteren Ausgabe wurde der Hausherr gebunden und geknebelt auf der Treppe aufgefunden. Bei der neueren Ausgabe ist dieser Hausherr – es handelt sich um den Gra-

fen Eutin – in seinem Landhaus ermordet worden. Für die Spieler gilt es nun, den Täter, die Mordwaffe und den Tatort zu ermitteln.

Alle in Frage kommenden Personen, alle möglichen Tatwaffen und Tatorte gibt es in Form von Karten. Jeder Kartenhaufen wird getrennt gemischt, und daraus wird blind eine Karte gezogen. Das ist der sogenannte Tatbestand. Diese drei Karten werden in einen Extraumschlag getan. Darin stecken jetzt also der Name des Mörders, die Tatwaffe und der Tatort.

Die anderen Karten werden nun gemischt und an die Spieler verteilt. Gespielt wird auf einem Spielplan, der den Grundriß des Landhauses zeigt, in dem die einzelnen Räume eingezeichnet sind. Man geht nun als Spieler – mittels Würfel – in einen Raum (in den Salon etwa) und stellt dort eine Vermutung an: Zum Beispiel glaubt man, die Baronin von Porz hat den Grafen mit dem Leuchter im Salon umgebracht. Bitte keine Rücksicht auf den Adel nehmen! Mord kommt schließlich in den besten Familien vor.

Der vermutende Spieler fragt nun reihum, ob jemand eine von den drei gesuchten Karten in der Hand hält. Der erste Spieler, der bejaht, zeigt ihm eine dieser Karten, aber nur dem Frager. Zeigt er also die Karte vom Salon, so weiß der Frager ganz sicher, der Salon kann nicht der gesuchte Tatort sein. Auf einem dem Spiel beigefügten Zettel streicht er den Tatort Salon aus.

Die anderen Spieler dagegen wissen nur, daß eine der drei Verdächtigungen gegenstandslos war. Jetzt muß jeder für sich ein System entwickeln, wie er es anstellt, diese Halbinformation möglichst bald in eine Vollinformation zu verwandeln. Zum Beispiel, indem er – wenn er dran ist – auch in den Salon geht und dieselben Verdächtigungen ausstößt. Es kann aber sein, daß wegen des Reihumfragens ihm ein anderer Spieler eine ganz andere Karte zeigt. Ganz schön verzwickt. Aber welcher Krimifall ist schon einfach zu lösen!

Meine erste *Cluedo*-Partie mit Bernie (hallo, Bernie!) werde ich nie vergessen. Ich hatte ihm das Spiel in höchsten Tönen beschrieben: aufregend, fordernd, stark, Hirnknacker usw. Nach der Erklärung ging er mit seiner Figur auf dem Spielplan in die Küche und vermutete: Fräulein Ming mit dem Seil in der Küche. Die Frage ging reihum... aber keiner konnte ihm eine Karte vorzeigen. Mit seiner ersten Verdächtigung hatte Bernie ins Schwarze getroffen! »Und das soll dein gutes Spiel sein?« meinte er enttäuscht. Aber wir haben ihn dann doch zu einer zweiten Partie überredet, und ab da war auch er ein *Cluedo*-Fan, der oft und gerne seine kleinen grauen Hirnzellen an den kniffligen *Cluedo*-Fällen wetzt.

Eine Sache, die die Hirnzellen noch viel mehr beansprucht, ist das *Sherlock Holmes Criminal Cabinet*. »Spiel« ist hier fast schon nicht mehr das richtige Wort. *Sherlock Holmes Criminal Cabinet* ist eine Aufgabe. Eine Aufgabe in bezug auf die Kniffligkeit der Fälle und die Zeit. Davon braucht man nämlich viel. In der Version *Tatort London* von G. Grady, S. Goldberg und R. Edwards (bei Franckh) gibt es fünf Fälle zu lösen. Den *Tod des Tee-magnaten* zum Beispiel oder den *Sturz der Ballkönigin.* Der dicken Packung sind beigefügt: die Spielregeln, das Buch der Indizien, das Buch der Kriminalfälle und ein Stadtplan von London. Die Fälle kann man allein oder zu mehreren lösen. Man sucht sich einen Fall aus, liest eine Tatortbeschreibung durch, schaut im beiliegenden Zeitungsarchiv bei den erwähnten Personen nach, studiert die verschiedenen Pläne, etwa den des Herrenhauses oder den von London, und schaut dann im Adreßbuch nach, wo die entsprechenden Personen wohnen bzw. wo die erwähnten Tatorte oder anderen Adressen liegen.

Hat man einen Ort und eine Person ausgewählt, schlägt man unter einer entsprechenden Nummer im Buch der Indizien nach. Ist man gut, löst man den Fall »innert nützlicher Frist«, wie es Walter nannte (hallo, Walter!). Eine wunderschöne Aufgabe für die vielen langen und düsteren Herbst- oder Wintertage. Zu Recht wurde die erste Ausgabe von *Sherlock Holmes Criminal Cabinet* im Jahre 1985 zum »Spiel des Jahres« erklärt. Vielleicht aber war es für viele Spieler zu komplex. Leider, leider gibt es das Spiel nicht mehr im Handel. Nur auf Spielemärkten oder in Anzeigen in den entsprechenden Spielermagazinen wie der *Spielbox* oder der *Pöppel-Revue* wird es gelegentlich noch angeboten. Die Auszeichnung »Spiel des Jahres« hatte übrigens zwei Jahre vorher ein Spiel erhalten, das inzwischen ein Klassiker geworden ist: *Scotland Yard,* das von einem Projektteam des Otto Maier Verlages, Ravensburg, entwickelt wurde. Ein Detektivspiel für drei bis sechs Spieler, bei dem es darum geht, als Detektiv von Scotland Yard den mysteriösen »Mr. X« aufzuspüren, der sich im Londoner Verkehrsgewühl versteckt. Nur ab und zu taucht er auf, was er laut Spielregeln auch tun muß. Gelingt es einem Detektiv, mit dem unsichtbaren »Mr. X« auf einem Punkt zusammenzutreffen, muß dieser sich zeigen, und die Detektive haben gewonnen. Die andere Möglichkeit besteht darin, daß »Mr. X« schlauer ist und die Detektive zum Aufbrauchen all ihrer Bewegungstickets für Taxi, Bus und U-Bahn zwingt. Dann kann er lustig auftauchen, »Ätsch« rufen und hat gewonnen.

Nie werde ich eine Partie mit zwei damals 13jährigen vergessen. Wolfi und Michi (hallo, Wolfi! Hallo, Michi!) waren ziemlich clever, aber irgendwann doch von uns Detektiven eingekreist. Es war eine Frage von ein bis zwei Zügen, bis wir Mr. X hatten. Doch plötzlich tauchte der freiwillig auf. Das kann er und darf dann jedem der Detektive ein Bewegungsticket abnehmen. Mr. Wolfi-Michi-X tat das und nahm uns Detektiven unsere allerletzten Tickets ab, grinste laut und hatte gewonnen. Es macht eben doch Spaß – im Spiel geht das –, anderen weh zu tun, ohne ihnen weh zu tun! Und was sagen dann Londoner Bobbys von Scotland Yard? Shit! (hallo, Mike!)

Eine Reaktion, die dem geübten Spieler von Detektivspielen nur allzu bekannt ist: »Mist«, »Ich war mir ganz sicher«, »Das gibt's doch gar nicht« und dergleichen gehören zur Standardreaktion dessen, der spielerisch seinen detektivischen Spürsinn erprobt. Vielleicht ein bißchen weniger bei *Top Secret* von Alex Randolph (jumbo), bei dem zwei bis vier Agenten Staatsgeheimnisse in ihr eigenes Hauptquartier bringen müssen. Diese befinden sich in Koffern und werden natürlich auch von den gegnerischen Agenten gesucht. Treffen zwei Agenten in einer Stadt aufeinander, so kommt es zu einem Duell mit Karten. Ein nettes Spiel, das sicher nicht den Hirnknackerreiz anderer Detektivspiele entwickelt, aber das man wegen der Atmosphäre und der gelungenen Aufmachung immer wieder gerne spielt.

Apropos Aufmachung: Vom selben Autor, von Alex Randolph – übrigens einer der ganz großen Spieleautoren, die von ihren Spielen leben können –, ist in Zusammenarbeit mit Leo Collovini ein weiteres Agentenspiel erschienen: *Inkognito* (MB).

Im Karneval von Venedig tummeln sich fünf geheimnisvolle Personen: Lord Fiddlebottom, Colonel Bubble, Agent X, Madame Zsa Zsa und der Botschafter, der aber kein Agent ist, sondern der einem nur die Möglichkeit gibt, Informationen zu erfragen, wenn man auf ihn trifft. Zusätzlich gibt es eine große Figur, deren Gesicht von einer venezianischen Karnevalsmaske verdeckt ist. Es ist das maskierte Menetekel, das den Agenten dank eines ausgeklügelten Mechanismus jeweils angibt, welche Züge sie ausführen können.

Ziel ist es, unter anderen Agenten den eigenen Partner herauszufinden. Denn der hat die andere Hälfte der geheimen Botschaft, die dann beiden zusammen den Gewinn des Spieles ermöglicht.

Was sich bei *Inkognito* im Verlauf des Spieles an Abenteuern abspielt, läßt sich durchaus vergleichen mit dem schon erwähnten *Cluedo*. Der andere wird befragt, er zeigt Karten mit Botschaft und Identität. Hier aber muß nur eine Karte stimmen. Die andere darf falsch sein. Denn schließlich darf man seine wahre Identität ja nur dem eigenen Partner offenbaren, dem feindlichen Agenten muß sie also tunlichst verborgen werden.

Und wie finde ich meinen Partner, wenn ich keine Ahnung habe, wer es sein könnte? Nun, jeder Agent hat eine ungewöhnliche Angewohnheit: Lord Fiddlebottom zwinkert ständig mit seinem rechten Auge, Colonel Bubble zupft an seinem linken Ohrläppchen, Agent X hat ein zwanghaftes Stirnrunzeln, und Madame Zsa Zsa schürzt verächtlich die Lippen.

Was sich da im Verlaufe eines Spieles an Gesichtsmassage bei den Spielern tut, ist schon ganz beachtlich. Mein Freund Michael zwinkert immer noch mit dem rechten Auge (hallo, Michael!). Die Spieler werden zum dauernden Beobachten und/oder zum Lachen gereizt. Jedenfalls zum ständigen Mitmachen mit Hirn und Körper.

Genau wie bei der Krimiparty *Täter unter uns* von Anne und Robert Johnson (ASS). Ein Spiel, das weg von Tisch und Spielbrett führt. Es ist eine echte Party, die durch ein Hinweishandbuch, durch Spielregeln, Dossiers über die Personen und durch eine Audiokassette mit Informationen in Gang gebracht wird. Jeder spielt eine Rolle, muß auf eine bestimmte Weise auftreten und einiges über seine Mitspieler wissen. Einer von den achten (so viele müssen es sein) ist der Mörder.

Das Spiel wird als eine Art Konversation gespielt, in der Tatsachen in den Raum gestellt werden. Danach agieren die Spieler sozusagen unabhängig. Sie können Verdächtigungen ausstoßen, Fragen stellen oder Verwirrung stiften. Irgendwann, nach abgesprochenen Runden, darf dann jeder aufgrund seiner erhaltenen Informationen einen konkreten Verdacht aussprechen. Nach einer bestimmten, vorgegebenen Art werden dann das Lösungsbuch geöffnet und der wahre Mörder sowie der Sieger festgestellt.

Und da sich so eine Mordaufklärungsparty hinzieht, muß auch für das leibliche Wohl gesorgt werden. Also sind dem Regelbuch gleich ein paar Rezepte für den Mordshunger beigefügt.

Übrigens sind solche Krimiparties in England recht beliebt. Man kann Reisen buchen, um an einem Wochenende in einem original englischen Landhaus den Mord am Hausherrn oder am boy-friend der Tochter des Hauses aufzuklären. Hier agiert man sozusagen wie ein Schauspieler in einem Fernsehkrimi. Allerdings ohne den Ausgang zu kennen. So etwas kann schon hundsgemein enden, wenn man plötzlich merkt, daß man selbst der Mörder ist. Zehnmal besser als alle Derrick-Krimis zusammen!

Daß es auch *Täter unter uns* nicht mehr im Handel gibt, ist nicht so tragisch. Das *Mörderspiel* als Party ist eigentlich ein Spiel, zu dem man keinen Karton mit Regeln kaufen muß. Schon in älteren Spielebüchern wird es als einfach so zu spielendes Spiel beschrieben.

Man nimmt aus einem Kartenspiel so viele Karten, wie Mitspieler vorhanden sind. Herz-König, Herz-Bube und Pik-As müssen dabeisein. Wer ersteren zieht, wird Detektiv, der Bube wird der Mörder, das Pik-As das Opfer. Der Detektiv verläßt das Zimmer. Das Licht wird gelöscht, und der Mörder muß sich merken, wo sein Opfer steht. Nur er bewegt sich, die anderen bleiben stehen. Irgendwann schleicht er sich auf leisen Sohlen zu seinem Opfer, tippt es an und haut ab. Das Opfer schreit auf, das Licht wird wieder angemacht. Der Detektiv kommt herein und fängt mit der Befragung an. Ob jemand etwas gehört, gesehen oder gerochen hat. Alle müssen die Wahrheit sagen, nur der Mörder darf lügen.

Dreimal darf der Detektiv einen Verdacht aussprechen und jemanden um seinen »Ausweis«, sprich die Karte, bitten. Dreimal nicht erraten – noch mal raus, alles geht von vorne los. Erraten – gewonnen: Der Mörder darf es jetzt versuchen, er ist die nächste detektivische Spürnase.

Da ich gerade von Spürnasen rede: Natürlich gibt es auch *Kommissar Rex* von Peter Schurzmann (Braintrust) als Kriminalspiel. Für Spürnasen – wie es auf dem Karton heißt. Diese Spürnasen müssen mittels Karten Indizien für die Lösung des Falles suchen. Wichtige Informationen erhält man dabei von Kommissar Rex. Läßt einen die Spürnase nicht im Stich, kann man als erster den Mörder, das Tatwerkzeug und den Tatort nennen. Ein Spiel, das auch wieder ähnlich aufgebaut ist wie das anfangs erwähnte *Cluedo*.

Viele Spieldetektive werden einige Titel vermissen. Dies hier kann ja auch nur eine subjektive Auswahl sein. Eine Menge Spiele wäre noch zu nennen, weniger aufregende und sehr spannende: Das *Krimi-Puzzle, Sleuth, Die Mauer, 221 B Baker Street, Sherlock Holmes – the card game,* DuMonts *Criminalrätsel, Ingenuity* oder *Cover up*.

Schade, daß die Spielefirmen oft nicht durchhalten und die Spiele zu schnell aus dem Sortiment herausnehmen. Trösten wir uns mit denen, die erhältlich sind und die noch kommen werden.

Ganz zum Schluß noch schnell ein paar Zeilen:
Gerade eben habe ich etwas Verdächtiges gehört!
Es ist jemand in meiner Wohnung.
Rechts neben der Wohnungstür hat die Diele geknarrt.
Lärm darf ich auf keinen Fall machen.

Es gilt jetzt, unbedingt Ruhe zu bewahren.
Ganz ruhig bleiben und Hilfe holen.
Es ist zu spät, die Zimmertür geht schon auf!
Rasch den Namen des Mörders: es ist der ... PÄNGGGG!

LISTE DER ERWÄHNTEN SPIELE

❶ **CLUEDO** von Anthony Pratt/Parker, ab 8 J., 3–6 Spieler

❷ **SHERLOCK HOLMES CRIMINAL CABINET***, versch. Autoren und Titel/ Franckh, ab 10 J., 1 bis beliebig viele Spieler

❸ **SCOTLAND YARD**, Projektteam/Ravensburger, ab 10 J., 3–6 Spieler

❹ **TOP SECRET*** von Alex Randolph/jumbo

❺ **INKOGNITO** von Alex Randolph + Leo Collovini/ MB, ab 10 J., 3–4 Spieler

❻ **TÄTER UNTER UNS***, versch. Autoren und Titel/ ASS, ab 10 J., 8 Spieler

❼ **KOMMISSAR REX** von Peter Schurzmann/Braintrust (im Vertrieb bei noris), ab 8 J., 2–4 Spieler

❽ **KRIMI-PUZZLE**, versch. Autoren und Titel/F.X. Schmid, ab 10 J.

❾ **SLEUTH*** von Sid Sackson, 3M/Schmidt-Spiele (später auch als **DIAMANTENJAGD** bei Schmidt-Spiele), ab 10 J., 3–7 Spieler

❿ **DIE MAUER***, Amigo, ab 12 J., 2 Spieler

⓫ **221 B BAKER STREET****

⓬ **SHERLOCK HOLMES – THE CARD GAME****

⓭ **DUMONTS CRIMINAL-RÄTSEL*** (Buch) von D. Wheatley und J. G. Links

⓮ **INGENUITY***, Kybernetics, ab 10 J., 2 Spieler

⓯ **COVER UP****, Manik Game, ab 10 J., 2 oder 4 Spieler

* nicht mehr im Handel erhältlich. Teilweise gibt es die Spiele noch auf Flohmärkten oder auf Spielertreffs. Teilweise werden sie auch annonciert in Fachzeitschriften wie SPIELBOX oder PÖPPEL-REVUE.
** Import-Spiele, die es mit deutschen Regeln in einigen Spezial-Spieleläden gibt, z. B. DAS SPIEL, Rentzelstr. 4, 20146 Hamburg

Das rätselhafte Krimispiel »Ein 3ster Mord«

Von Stefan Wilfert

Die Villa lag in einer der Straßen, in denen die ganz Reichen wohnen. Riesige Einfahrten führten zu gigantischen Häusern, die von Garagen für mindestens vier Autos umsäumt waren. Kommissar Kurt Zerow lenkte seinen Wagen in die Einfahrt und fuhr zum Eingangsportal. Ein uniformierter Polizist wies ihm den Weg zum Tatort. Zerows Assistentin Maier war schon dort und begrüßte ihn.

»Tag, Herr Kommissar, mal wieder ein schöner, schnuckeliger Mord. Die Tote ist die Verlegerin Candy J. Dobemu. Afrikanischer Herkunft, aber seit zwei Jahren Deutsche.«

Kommissar Zerow schaute sich um. »Und was verlegte die Dame so?« fragte er.

»Rätselbücher«, antwortete Assistentin Maier. »Sie erbte den Verlag vor einigen Jahren von einem Verwandten, gab daraufhin ihre Stellung als Missionarin in Afrika auf und kam hierher.«

Kommissar Zerow schnaufte und nahm sich aus einem kleinen Döschen ein Pfefferminzbonbon. Ohne diese ging er nie aus dem Haus. Selbst Assistentin Maier hatte immer welche dabei. Als Notlösung. Denn hatte der Kommissar einmal keine mehr, dann wurde er unleidlich und ließ seinen ganzen Frust an ihr aus.

»So, so, Rätselbücher. Kann man damit so viel Geld verdienen?« fragte er mit einem Blick auf die teuren Bilder an den Wänden. Unter anderem drei Dürer-Bilder, darunter das berühmte Bild mit den Forellen.

»Und wie«, erklärte seine Assistentin. »Der Verlag läuft blendend. Sie glauben ja gar nicht, wie viel die Leute so für Rätselsachen ausgeben. Die kaufen jeden Mist. Und den verlegte eben Frau Dobemu in ihrem Art-Esel-Verlag.«

»Was? Wie heißt der Verlag?« fragte der Kommissar.

»Art-Esel. Das ist ein Anagramm aus dem Wort Rätsel«, erklärte die Assistentin.

Kommissar Zerow brummte nur: »Na, hoffentlich ist der Mord nicht auch noch ein Rätsel. Obwohl das ja zum Verlagsprogramm passen würde …«

Die Assistentin unterbrach ihn. »Ihr Hobby war übrigens die Fotografie. Hauptsächlich Stereofotografie. Deswegen auch die vielen alten Stereoapparate im Salon.«

Kommissar Zerow schaute aber kaum hin. »Jetzt will ich mir erst mal die Leiche und den Tatort ansehen.«

Sie gingen in den großen Salon und von dort aus in das Arbeitszimmer der Verlegerin.

Die Tote war in ihrem Arbeitsstuhl nach vorne auf den Schreibtisch gefallen. In ihrem Rücken steckten drei Dolche. »Hoppla«, murmelte der Kommissar, als er die drei Dolche sah. Hastig griff er zu seiner Pfefferminzdose. Ein Zeichen dafür, daß er höchst angespannt war.

»Die Spurensicherung war schon da. Sie dürfen sich ruhig umsehen«, meinte Assistentin Maier.

»Zeugen?« fragte Kommissar Zerow.

»Nur die alte Haushälterin. Aber die ist taub, halb blind. Und was noch erschwerend hinzukommt, sie war den ganzen Tag weg. Erst nachmittags hat sie die Tote entdeckt. Da war die aber schon zirka drei Stunden tot.«

Der Kommissar schaute wieder auf die drei Dolche. »Meistens steckt hinter so was Geld, Sex oder die Vendetta. Also, wer erbt?«

Assistentin Maier griff zu ihrem Notizblock. »Drei mögliche Erbinnen, alles weiter entfernte Verwandte. Mögliche deswegen, weil wir das Testament noch nicht kennen. Als erste käme da in Frage Anne Rindschli aus Zürich. Dann Vera Cessnagall aus Locarno und Witta N. Reffels aus Tel Aviv. Und jetzt kommt das Schönste: Alle drei sind gerade hier in der Stadt!«

Der Kommissar schaute auf. »Ach nee«, meinte er und griff schnell wieder zu seinen Pfefferminzbonbons. Dieses Mal bot er auch seiner Assistentin welche an. »Alibis?« fragte er.

»Ja, und wie«, antwortete die Assistentin. »Alle drei saßen in der in Frage kommenden Zeit zusammen bei Kaffee und Kuchen im Hotel. Übrigens, die Fotos von den dreien sehen Sie hier auf dem Sideboard. Das heißt, Sie müssen sie erst in den Apparat stecken, dann sehen Sie die Personen räumlich.«

Der Kommissar schüttelte nur seinen Kopf. »Nein, nein. Was brauch' ich einen Apparat, wenn ich die drei gleich live sehen werde. Sie haben sie doch hoffentlich schon holen lassen?«

Assistentin Maier nickte. »Sie warten im Eßzimmer.«

Bewaffnet mit seinem scharfen Verstand und zwei Pfefferminzbonbons im Mund, begab sich Kommissar Zerow zu den verdächtigen Anverwandten der toten Verlegerin. Die saßen einträchtig auf dem etwa fünf Meter langen Sofa und schauten auf, als der Kommissar das Eßzimmer betrat.

»Meine Damen ...« – er hielt kurz inne und dachte nach. Gerade war ihm etwas aufgefallen. »Ihre Alibis haben Sie ja schon meiner Assistentin gesagt. Was mich jetzt interessieren würde, warum sind Sie denn alle zur gleichen Zeit hier in der Stadt?«

Die mittlere der drei auf dem Sofa, Anne Rindschli – eine elegante Dame mittleren Alters –, antwortete: »Wir hatten alle denselben Grund, Herr Kommissar. Alle brauchten wir ein Darlehen für unsere Geschäfte.« Sie zündete sich eine Zigarette an.

»Und zwar ein dickes Darlehen von der guten Candy«, fuhr Witta Reffels fort. »Schließlich schwimmt die ja im Geld. Oder sollte ich besser sagen, schwamm?«

Auch Vera Cessnagall ergriff nun das Wort: »Vielleicht haben Sie ja schon bemerkt, Herr Kommissar, daß wir drei nicht allzu traurig sind über das Hinscheiden der armen reichen Candy. Wir mochten sie alle nicht sehr. Um ehrlich zu sein: Sie war ein Kotzbrocken.«

Kommissar Zerows Assistentin schaltete sich ein: »Wieso Kotzbrocken? Hat sie Sie denn nie unterstützt?«

Witta lachte auf. »Unterstützt? Die? Eher hat die noch Geld von uns gewollt. Wenn wir was bekamen, dann nur zu dreißig Prozent Zinsen. Zahlbar innerhalb von sechs Monaten. Es gab immer nur eine Möglichkeit, diese dreißig Prozent Zinsen zu umgehen.«

Der Kommissar horchte auf: »Und wie?« fragte er.

Anne Rindschli erklärte: »Sie wissen doch, daß sie diesen Rätselkrempel herausgab. Sie selbst hatte ja auch so einen Rätselfimmel. Sie gab uns ein Rätsel auf. Wenn wir es lösten, bekamen wir das Darlehen zinsfrei.« Wütend stieß sie den Rauch der Zigarette aus. »Und Sie können mir glauben, die Rätsel waren immer schwer bis unlösbar.« Sie schaute Vera Cessnagall an.

»Richtig«, meinte diese. »Mein letztes lautete: Welches Tier sieht der Katze am ähnlichsten? Wissen Sie's, Herr Kommissar? Ich sag's Ihnen gleich. Die richtige Antwort war: der Kater! So ein Blödsinn. Hätten Sie's gewußt?« Sie schaute zur Assistentin Maier, doch die reagierte nicht, da sie gerade von einem Wachtmeister hinausgerufen wurde.

Witta Reffels nickte heftig mit dem Kopf. »Sie war geradezu sadistisch darin, uns solche Rätsel mitzugeben. Meines ging so: Sie gab mir einen Zettel, da stand drauf: W + R. Und direkt darunter noch mal dasselbe. Die Frage lautete: Was ist das?«

Sie wurde unterbrochen von Vera Cessnagall, die ihrerseits von ihrem Rätsel berichtete: »Meines war besonders gemein: Wenn du es jagst, so flieht es dich, wenn du es fliehst, dann jagt es dich. Und was sollte das sein?«

»Der Schatten«, antwortete Kommissar Zerow.

Die drei Damen schauten ihn nur groß an.

»Bravo«, sagte Witta Reffels. »Und wissen Sie auch die Lösung von meinem Rätsel?«

Der Kommissar nickte. »Ja, ja, aber lassen wir das jetzt. Ich rekapituliere noch mal: Sie waren nicht direkt traurig, als Sie von dem Mord hörten. Und erben werden Sie wahrscheinlich auch. Also haben Sie doch das größte Motiv, die Verblichene dahin zu befördern, wo sie jetzt ist. Oder?«

Er schaute zur Tür, hinter der es laut wurde. Die Assistentin Maier stürzte herein und zog Kommissar Zerow in eine Ecke. »Etwas Unglaubliches ist geschehen. Die alte Haushälterin hat gestanden, die Verlegerin umgebracht zu haben. Wir haben in ihrem Zimmer auch die blutverschmierten Kleider gefunden. Sie soll sie unmenschlich behandelt haben, sagte sie aus. Nie hätte sie sich einen Tee machen dürfen, immer mußte sie mit der Verlegerin frühstücken und Marmeladenbrote essen. Und was sie am meisten haßt auf der Welt, sind Marmeladenbrote. Darum hat sie sie heute morgen im Affekt umgebracht.«

Der Kommissar nickte. »Und warum drei Dolche?« fragte er.

»Weil hier alles 3-D war, hat sie ausgesagt. 3-D-Fotografie, 3-Dürer-Bilder, 3-Damen, die sie allerdings auch als die 3-Dirnen bezeichnete, und 3-Darlehen. Und so wollte sie eben der Verlegerin auch 3-Denkzettel verpassen.«

Der Kommissar schaute dumm drein. »Na, dann werden wir ja gar nicht mehr gebraucht.«

Da ging die Tür auf, und die 3-Damen kamen herein. »Doch, Herr Kommissar, wir haben alles mitangehört. Wir brauchen Sie noch, weil das Testament noch nicht gefunden wurde«, sagte Anne Rindschli. »Es muß hier im Haus versteckt sein. Bei ihrem Rätseltick wird Candy das Versteck zwar irgendwie erklärt haben. Aber sicher so, daß es keiner kapiert.«

In diesem Moment kam ein Wachtmeister herein, der Kommissar Zerow einen Zettel übergab, den man in einem der Stereoskope gefunden habe.

Kurt Zerow schaute neugierig darauf und schob sich zwei Pfefferminz in den Mund.

Seine Assistentin blickte ihm über die Schulter. »Merkwürdig. Ich verstehe überhaupt nix. Sie?«

Der Kommissar blickte lange auf den Zettel, blickte noch länger darauf und blickte sie dann an und meinte: »Wieso verstehen? Das braucht man nicht zu verstehen. Man muß es nur lesen. Dann ist alles klar. Ich jedenfalls weiß, wo das Testament versteckt ist!« Und so sah der Zettel aus, auf den Kurz Zerow und seine Assistentin schauten:

ThR NL

Wo ist das Testament? Wissen Sie es nicht, so lösen Sie das folgende Kreuzworträtsel. In den numerierten Feldern finden Sie die Lösung.

Auflösung auf Seite 525.

Ein kriminalistisches Kreuzworträtsel

Von Stefan Wilfert

WAAGERECHT

1. Hier findet das Grauen statt. Auch im Fernsehen 7. Der Malteser Falkner 13. Zierden der Freunde und Helfer 14. Lateinischer Ortsbeweis 16. Dringlicher Gerichtsrat an Delinquenten 17. Männliche Nichte 19. Das steckt sogar in der männlichen Meise 20. So ist der Verdienst bei einem Raub 22. So muß man graben, wenn man ausbrechen will 23. Im ... wird mancher Ganove gefaßt 25. N'drangheta-Auto-Kennzeichen 26. Ab 0,8 wird's gefährlich (Abk.) 28. Sehr kaltes Ende einer begründeten Behauptung 30. Puzos Taufzeuge 32. So soll das Geständnis sein 34. Wenn der Dalí so ist, soll man ihn nicht kaufen 36. Sherlocks Ende 37. Ritual-Mörder werden oft als so bezeichnet 38. Abk. der beschr. engl. Hftg. 39. Belgischer Zellenarbeiter (Nachn.) 42. Nach dem Raub ist sie immer noch da 44. Ernte-Vorwort für Buch und Zirkel 47. Stern wird mit Unions-Silbe zu Unangenehmem 48. Er half vornämlich dem 65. waagerecht 51. Der klassische Hauptstadt-Ganove 52. Sie stellte Initiales hier zusammen 53. Bleicher du, zittre nicht, meinte Schiller 55. Mezzopiano ballert dieses abgekürzte Ding nicht 57. Kojak war einer 59. Dort lernen die angehenden Kriminologen 61. Verletzte Überfallene muß man so anpacken 63. Wurde einst aus dem Louvre gestohlen (Initialen) 64. Fehlermeldung beim Polizeicomputer (Abk.) 65. Detektivischer Orchideen-Liebhaber (Vorn.) 66. TV-Meisterdetektiv Mundys Vorname 67. So sind Polizisten-Gesichter beim Nachteinsatz 69. Gefangenen-Hilfs-Organisation (Abk.) 70. Entkam einst RAFfiniert internationaler Suche 72. Bei französischer Verfolgung quietscht er 73. Ihn leisten und brechen ist für Gangster eines 74. Baumwollgewebe

SENKRECHT

1. Auf sie wird bei der Flucht gedrückt 2. So sind zwei Verbrecher gefesselt 3. Steht auch auf Schmuggel-Laster hintendrauf 4. Feuer-Vernichtungsort für Beweismittel 5. Hinrichtungs-Stätte der Johanna 6. Mit Füßen gefahrenes, unnützes Flucht-Fahrzeug 7. Ruft der Polizist, wenn er einen anruft 8. Weibliches Ende des Despoten 9. Ehrenwerte Gesellschafter 10. Sie lebt im Ölfeuer 11. Höchste Gefahr für Unterwasser-Besucher 12. Krimis gibt es auch in dieser abgekürzten Form 15. So heißt Agnes in Spanien 18. Trotz Verfolgung gelangte es »nach Hause« 21. Es zu bringen ist schöner, als es zu sein 24. Weibliches Ende eines erfolgreichen Raubes 27. Der andere Teil der Sado-Szene 29. Cäsars Todestag 30. Manche Agenten BNDen hier ihre Karriere 31. Das Fälschen dieser Karten ist verboten 33. Sie geben gelegentlich Sterbehilfe 35. Englische PS 40. Zeitgemäßes Ende des Hansjörg-Krimi-Autors 41. Hier trieb der Frosch mit der Maske sein Unwesen 43. Ehemals Polizeigürtel 45. In Muschelmengen findet man diese Spaßvögel 46. Steigerung der Ehe 49. Nach geklärtem Fall ist der Polizist reif dafür 50. Wird in französischen Gefängnissen gekartelt 51. Diesen König sieht man nur bei Nacht und Nebel 54. In England wird man über dieses gehauen 56. Schimmys Markenzeichen 58. Stadtliche Nähe von Sapporo 60. Bei bösen sollte man nichts tun 62. Trägt ein 57. waagerecht meist bei sich 65. Wer keinen Platz hat für Nickel, schreibt das 67. Auch mit diesem fahren Fluchtautos 68. Das Zeichen von dem, das gerne geklaut wird 69. Initialistisch der Holmes-Vater ohne Conan 71. Biblisches Ende eines Anschlages

HINTEREI _ _ _ _ _

Auflösung siehe Seite 525

KRIMIBAUKASTEN: DIE EDGAR-WALLACE-VARIANTE »DER HENKER MIT DER ROTEN PEITSCHE« (ENGLAND, UM 1920)

Erster Satz:
Dichte Nebelschwaden wälzten sich von der Themse durch die Straßen bis vor die Tür des »Hangmans Pub«, einer verrufenen Kneipe im Stadtteil Soho.

Was passiert:
Die Londoner Unterwelt lebt in Furcht vor dem »einbeinigen Harry«, einem Phantom, das kaum jemand einmal gesehen hat und von dem man sagt, daß es ein durch einen Berufsunfall entstellter Henker aus dem Gefängnis Dartmoor sein soll. Zur gleichen Zeit tritt der junge Inspector Foxburger bei Scotland Yard seinen Dienst an und muß die hübsche, junge Mary Ellen Silverstone verhaften, die im Verdacht steht, ihren reichen Onkel getötet und in Säure aufgelöst zu haben, um an sein Erbe zu kommen. Schon bald erfahren wir, daß sich Inspector Foxburger in der Maske des »einbeinigen Harry« in die Unterwelt eingeschlichen hat, um den mysteriösen John Twilight zu entlarven, der im Verdacht steht, eine Mörderorganisation zu befehligen, die wohlhabende Geschäftsleute umbringt. Twilights Schergen entführen Mary Ellen, Foxburger schlüpft in die Maske des »einbeinigen Harry«, um sie zu befreien. Dabei tötet er Twilight und entdeckt im Keller von Twilights Haus einen Geheimgang, der zu einem Safe führt, in dem Unterlagen liegen, aus denen hervorgeht, daß Mary Ellens Onkel schon seit Jahren eine Doppelexistenz als Onkel und John Twilight geführt hat und seinen eigenen Tod inszenierte, um seine Nichte besser aus dem Weg schaffen zu können.

Letzter Satz:
»Jetzt ist alles vorbei«, jauchzte Mary Ellen erleichtert, ehe Foxburger ihre Lippen mit einem zärtlichen Kuß verschloß.

14.

WHO IS WHO BEIM WHODUNIT?

Wilbur Unisex besitzt ein fotografisches Gedächtnis von unbestechlicher Genauigkeit. Zufälligerweise spazierte er während der jährlichen Spielwarenmesse hier herum, als wenige Minuten später eine Rohrbombe explodierte. Zwei Hersteller starben, und sechs andere waren so erschrocken, daß sie die Preise senkten.

Wilbur zeichnete den Tatort, wie ihn diese Zeichnung zeigt. Er war davon überzeugt, daß der Bombenleger sich auf dieser Zeichnung befand, der die Bombe unter den Tisch vorn plazierte. Wie bereits erwähnt, hatte Wilbur natürlich wie immer recht. Doch selbst er hätte niemals das Motiv für diese Tat erraten, denn wer hätte schon einen Groll gegen Spielzeughersteller hegen können, die doch die Kinder beglückten? Dennoch ereignete sich diese Tragödie mit all ihren schrecklichen Folgen.

Können Sie sagen, wer von den hier gezeigten Personen die Bombe legte?

FRAGEN

1. Konnte der Mann im Rollstuhl eine Bombe versteckt haben?
Ja – Nein
2. Ist eine Rohrbombe eine hochkomplizierte technische Angelegenheit?
Ja – Nein
3. Hätte in der Tüte eine Rohrbombe versteckt sein können?
Ja – Nein
4. Wäre es leicht gewesen, dort eine Tüte abzustellen?
Ja – Nein
5. Hätte das Ticken einer Uhr Verdacht erregt?
Ja – Nein
6. Gab es auf der Messe einen Wachdienst?
Ja – Nein
7. Hatte der Wachmann das Recht, eine der hier gezeigten Personen anzuhalten und zu durchsuchen?
Ja – Nein
8. Kann man berechtigterweise annehmen, daß eine der hier gezeigten Personen eine Bombe mit sich führt?
Ja – Nein
9. Wer hat Ihrer Ansicht nach eine Bombe bei sich gehabt?
Der Mann im Rollstuhl
Der Mann mit dem Einkaufswagen
Die Frau mit den Päckchen

1. Ja. Er hätte es leicht unter der Zeitung verstecken können.
2. Nein. Nein. Jeder einigermaßen gut erzogene Terrorist kann aus einem Schlauch, ein wenig Dynamit, einer Sprengkapsel und einer Zeituhr eine Batterie explodieren lassen.
3. Ja, vorausgesetzt, der Schlauch ist nur so hoch wie eine Tüte – vielleicht zwanzig Zentimeter oder so.
4. Ja, die einfachste Sache der Welt.
5. Sollte es eigentlich. Wenn Sie jemals eine Tüte oder ein Paket ticken hören, dann rennen Sie (schnell!) zum nächsten Ausgang und teilen den Behörden Ihren Verdacht mit.
6. Ja. Einer von ihnen ist in Sicht.
7. Nein. Er darf einen Verdächtigen nicht mal berühren, nur wenn der gerade eine Straftat begeht.
8. Ja. In diesem Rätselspiel ist jeder schuldig, bis seine Unschuld bewiesen ist.
9. Das war der Mann, der das Kissen in seine Karre gestopft hat, um das Tickgeräusch zu dämpfen. Warum würde sonst jemand mit einem Kissen auf der Tagung der Spielzeughersteller herumgurken – es sei denn, er hätte Hämorrhoiden?

Aus lauter Spaß

Organisierte Schreibtischtäter und Preise für die besten Morde

Von Thomas Przybilka

Im Jahr 1996 wurden gut 1250 Krimis veröffentlicht, die an die Leser gebracht werden mußten. Seit zwölf Jahren ermittelt das Bochumer Krimi Archiv, kurz *BKA*, jeweils zum Jahresende diese Zahlen. Eingeschlossen sind natürlich auch Anthologien von Kriminalkurzgeschichten und Heftromane à la *Jerry Cotton*. Bezieht man sich ausschließlich auf Kriminalromane, so betrug das Angebot der Verlage in Deutschland, Österreich und der Schweiz für den eingefleischten Krimileser immer noch gut 680 Titel. Ein nicht unerheblicher Teil dieser Kriminalromane wurde von den Mitgliedern der Autorengruppe für deutschsprachige Kriminalliteratur das SYNDIKAT geschrieben.[1]

Das SYNDIKAT[2] ist ein Zusammenschluß deutschsprachiger Kriminalautorinnen und -autoren, vergleichbar mit z. B. *MWA* (Mystery Writers of America) in den USA, *CWA* (Crime Writers' Association) in Großbritannien, 813 – Les Amis de la Littérature Policière in Frankreich (eine AutorInnen- und Fanvereinigung) oder *SKS* (Skandinaviska Kriminalsällskapet) für die Länder Skandinaviens, um nur diese wenigen zu nennen. Inzwischen ist das SYNDIKAT – bislang eher den Verlagen als der breiten Leserschaft bekannt – auch ausgewählten NichtautorInnen offen. Diese Mitglieder – sie werden unter dem neubayerischen Namen »Amigos« geführt – haben kein Stimmrecht, sind von internen Sitzungen ausgeschlossen, sollten aber dem Krimi mehr als nur landläufiges Interesse entgegenbringen und dürfen daher einen wesentlich höheren Jahresmitgliedsbeitrag entrichten als die SYNDIKATLERINNEN selber. Gegründet wurde das SYNDIKAT im Jahr 1986; eines der Fotos aus den Anfangszeiten des SYNDIKATS zeigt ABS, Alberts, Göhre, Biermann, Breinersdorfer, Friesel, Kristan(s), Lens, Molsner, Murr(s) und P. Schmidt. An der Gründung beteiligt waren auch Horst Biber, Georg Feil, Reinhard Jahn, Detlef Wolff und andere. Für die Kommunikation innerhalb der Mitglieder sorgt der »Secret Service«, ein Newsletter über Ausschreibungen, Tagungen, neue Veröffentlichungen der Mitglieder und auf den Krimi bezogene Informationen. Langjähriger Sprecher der »ehrenwerten Gesellschaft« ist der Berliner Krimiautor und Soziologieprofessor Dr. Horst Bosetzky, der sich jahrelang erfolgreich hinter dem Kürzel -ky verbarg. Nachdem sich am 11. März 1989 Vertreter des SYNDIKATS mit Vertretern der »Sektion Kriminalliteratur des Schriftstellerverbandes der DDR« erstmals zu einem Meinungsaustausch in (Ost-)Berlin getroffen hatten, war abzusehen, daß sich auch die ostdeutschen Krimischriftsteller zu einer ähnlichen Gruppe zusammenschließen würden. So konnte der »Secret Service« in der Ausgabe 28 vom April 1990 die Gründung des SYNDIKAT 2 mitteilen. Am 30. Oktober 1990 schlossen sich dann, exakt um 15 Uhr 01 (später als die *historische* Minute beschrieben), das SYNDIKAT (West) und das SYNDIKAT 2 (Ost) im Pankower Literaturhaus zusammen.

Eine weitere Gesellschaft ist die *Raymond-Chandler-Gesellschaft Deutschland e. V.*[3], die sich im Jahr 1992 am Zentrum für Sprachen und Philologie der Universität Ulm konstituierte. Ziel dieser Gesellschaft ist in erster Linie die Pflege und Aneignung des Werkes von Raymond Chandler im deutschen Sprachgebiet sowie die Aufarbeitung des Chandler-Nachlasses, aber auch die wissenschaftliche Beschäftigung mit dem Kriminalroman im allgemeinen. Die *Raymond-Chandler-Gesellschaft Deutschland e. V.* vergibt jedes Jahr den »Marlowe«-Preis. Die Gesellschaft plant die Herausgabe einer (populär ausgerichteten) Vierteljahresschrift sowie eine kritische Gesamtausgabe des Werkes von Raymond Chandler und ein Jahrbuch für deutsche und internationale Krimikurzgeschichten. Das *Chandler-Jahrbuch* erschien erstmals 1996.

Eine späte Ehrung durch Gründung einer Gesellschaft erfuhr der Schweizer Autor und Kriminalschriftsteller Friedrich Glauser, dessen Name gleichzeitig als Synonym für den literarischen deutschsprachigen Kriminalroman steht. Offiziell wurde am 10. Juli 1995 die *Friedrich-Glauser-Gesellschaft e. V. (FGG)*[4] als Verein eingetragen und seit Beginn 1996 als gemeinnützig anerkannt. Die *FGG* mit Sitz in München möchte mit ihren Aktivitäten (z. B. »Hommage an Friedrich Glauser«, 12.–26. 10. 96, Broschüren, etc.) dem Publikum diesen sozialkritischen Schriftsteller, der mit seinen *Wachtmeister-Studer*-Kriminalromanen (Arche) populär wurde, näherbringen. Dazu will die *FGG* die Auseinandersetzung mit dem Schriftsteller Glauser fördern, zur künstlerischen Interpretation seines Werkes anregen und – letztendlich – durch verschiedene Veranstaltungen zu einem kontinuierlichen Glauser-Dialog beitragen.

Dem europäischen Übervater der Kriminalliteratur schlechthin, nämlich Conan Doyles Sherlock Holmes, ist die deutsche Holmes-Gesellschaft *Von Herder Airguns, LTD. (VHA)*[5] verbunden. Die Society, wie sie sich selbst gerne nennt, wurde 1988 mit dem Ziel gegründet, möglichst viele deutschsprachige Sherlockians zu erreichen. Inzwischen sind hier Mitglieder aus ganz Europa, den USA,

Kanada und Japan versammelt. Auch diese Society verfügt über ein Newsletter – »The Striking (T)Rifles« – und über ein Magazin, das sich *SNOB* (Soft-Nosed Bullet-in) abkürzt. Im Magazin wie im Newsletter werden vorzugsweise Nachrichten, Artikel und sogenannte »Pastiches« (Nachdichtungen) zu den Werken und Ereignissen von und um Arthur Conan Doyle, Dr. Watson, Sherlock Holmes etc. veröffentlicht.

Seit dem Spätsommer 1995 gibt es in Deutschland eine zweite Sherlock-Holmes-Gesellschaft: *221b-DSHC*, so das Kürzel für *221b-Deutscher Sherlock-Holmes-Club.*[6] *221b* steht, natürlich, für die in aller Welt bekannte Anschrift des Meisterdetektivs: Baker Street 221b in London. 221b-DSHC ist bisher ausschließlich ein Hobbyclub, hofft aber auf den Vereinsstatus, ähnlich den großen Holmes-Gesellschaften in den USA, Großbritannien oder Deutschland. Erfolgreiche Schritte in diese Richtung sind bereits unternommen worden. Die vierteljährliche Mitgliederzeitschrift ist nicht nur erstaunlich professionell gestaltet, sondern offeriert den Mitgliedern inzwischen auch internationale Beiträge.

An dieser Stelle sei ein Blick über die Grenze zu einem anderen deutschsprachigen Nachbarn gestattet. Auch die Eidgenossen gönnen sich seit einigen Jahren eine Sherlock-Holmes-Gesellschaft: *The Reichenbach Irregulars (RBI)*[7], benannt nach den Reichenbach-Fällen, wo Sherlock Holmes seinen ewigen Widersacher, Professor Moriaty, am 4. Mai 1891 im Zweikampf besiegte. *RBI* gibt, ebenso wie *VHA*, ein Magazin »The Reichenbach Journal« und ein Newsletter »The Young Swiss Messenger« heraus. Beide Publikationen erscheinen zweisprachig (deutsch/englisch). Der Sekretär der Schweizer Holmes-Gesellschaft ist übrigens ein Deutscher.

Am Totensonntag 1993 trafen sich in der Krimibuchhandlung »Alibi« gut 30 Leute, um eine Kölner Krimigesellschaft aus der Taufe zu heben. Dem Verein »Literarische Gesellschaft zur Förderung des guten und zur Bekämpfung des schlechten Kriminalromans« wurde der weniger sperrige Name Schwarze Dahlie gegeben, in Anlehnung an James Ellroys Krimi *The Black Dahlia* (Ullstein). Vierteljährliche Treffen gaben Gelegenheit, neue Krimis zu loben oder zu verdammen. Höhepunkt blieb der alljährliche Totensonntag, mit einem Essen zu Ehren eines/einer ausdrücklich von allen Mitgliedern für gut befundenen Krimiautors/-autorin. Auf eine Eigentümlichkeit, die ganz im Gegensatz zur (selbstverordneten) »Weitläufigkeit« stand, sei aber doch noch hingewiesen: »Nur eines wird man ganz sicher nicht finden: ein Mitglied, das sich für den deutschen Soziokrimi stark macht. Denn diese Gattung vom ›Alle-Probleme-dieser-Welt-verarbeitenden-Möchtegernkrimi‹ ... gehört eindeutig in die Kategorie ›bekämpfenswerter Kriminalliteratur‹. Mit der Konsequenz, daß deutsche AutorInnen von der Mitgliedschaft ausgeschlossen sind.« (Zitiert

aus dem Gründungsbericht) Bleibt nur noch anzumerken: Am Totensonntag 1994 wurde die *Schwarze Dahlie* begraben!

Seit Jahren gibt es eine lockere Verbindung von Jerry-Cotton-Lesern, -Sammlern und -Fans. Hieraus entstand im August 1992 der *Jerry-Cotton-Club Deutschland (JCCD)*[8], eine Vereinigung ohne allzu viele Regularien. Eines der Ziele des Clubs ist der Gedankenaustausch über die Heft- und Taschenbuchserie des berühmtesten G-man, des New Yorker FBI-Agenten Jerry Cotton. Wichtig bei der Fülle dieser Heft- und Taschenbuchserie ist der Romanhefte-Suchdienst, den der Club seinen Mitgliedern anbietet, um so dem eingefleischten Sammler die Möglichkeit zu geben, eventuelle Lücken in seiner Sammlung zu schließen. Nicht ganz uninteressant im Zusammenhang mit Jerry Cotton ist, daß der inzwischen leider verstorbene Krimiautor und SYNDIKATS-Mitglied Heinz Werner Höber Schöpfer des G-man gewesen sein soll.[9]

Der Name ist bereits Programm: Die *International Bond Community (IBC)*[10] existiert seit 1982 und ist nicht nur der »dienstälteste«, sondern auch der größte 007-Fanclub in Deutschland, mit Mitgliedern aus ganz Europa und den USA. Kontakt wird durch das Magazin »Casino Royal« gehalten, das zweimal jährlich erscheint. Hervorgegangen ist die *IBC* aus dem »James-Bond-Fanclub Geislingen« und der »James Bond German Fan Society«. Auf Grund der großen Mitgliederzahl und des nicht unerheblichen Medienechos veranstaltet die *IBC* in lockerer, loser Folge Clubfestivals mit Gästen wie zum Beispiel Desmond Llewelyn (Waffenmeister »Q« der 007-Filme) oder Bond-Regisseur Guy Hamilton.

Die älteste internationale Gesellschaft in Deutschland ist ein Kuriosum. Die *Edgar Wallace Society*[11] wurde von der Engländerin Penelope Wallace, Tochter des Krimivielschreibers, im Jahr 1969 gegründet. Penelope Wallace übt zwar immer noch das Amt der Präsidentin der Society aus, der Sitz der Organisation war allerdings bis Ende 1996 in Deutschland, jetzt ist er im niederländischen Kerkrade. Hier führt K. J. Hinz als *Organizer* die weltweiten Geschäfte und versorgt die Mitglieder in mehr als 20 Ländern mit dem vierteljährlich erscheinenden Magazin »The Crimson Circle«, das zur Zeit in der 120. Ausgabe (!) vorliegt. Ähnlich wie bei anderen Gesellschaften, findet auch bei der *Edgar Wallace Society* ein jährliches Treffen statt – natürlich im »Edgar Wallace Pub« in Londons Essex Street.

Eine vor Jahren zunächst in den USA gegründete Gesellschaft von Krimiautorinnen hat inzwischen weltweite Verbreitung gefunden: *Sisters in Crime*.[12] Ursprünglich wurde diese Gesellschaft 1989 ins Leben gerufen, um mehr oder weniger Druck auf Kritiker und Rezensenten der US-Feuilletons auszuüben. Nach Auffassung nordamerikanischer Krimiautorinnen waren deren Krimis und Thriller bei Kritiken und Rezensionen in den überregionalen und regionalen Zeitungen und Zeitschriften der USA und Kanadas absolut unterrepräsentiert. *SinC*, wie sie sich inzwischen abkürzen, hatten mit ihrer Idee durchschlagenden Erfolg. Inzwischen gibt es in fast jedem Land Mitglieder, die sich in sogenannten »Chapters« organisieren und über ihre Veröffentlichungen, Arbeiten und Aktivitäten im vierteljährlich erscheinenden »Sisters in Crime Newsletter« berichten. Eine Handvoll deutscher Mitglieder hat am 3. Februar 1996 in der Frankfurter Krimibuchhandlung »Die Wendeltreppe« auch ein »German Chapter« ins Leben gerufen. Dieses »German Chapter« ist damit die erste Unterorganisation von *SinC* in Europa. *SinC*-Mitglied kann jede Krimiautorin, aber auch jeder Krimiautor werden. Voraussetzung sind Veröffentlichungen von Krimis oder über Krimis. Die männlichen Mitglieder werden freundlich als »Brother in Crime« tituliert. Aber auch für Krimiliebhaber, die sich ernsthaft mit diesem Literaturgenre auseinandersetzen, besteht die Möglichkeit, die Mitgliedschaft bei *SinC* zu beantragen. Seit Gründung des »German Chapter« sind hier übrigens nicht nur deutsche AutorInnen vereint, sondern auch KollegInnen aus den europäischen Nachbarländern.

Mit über 250 Folgen ist *Derrick* nicht nur die bekannteste deutsche TV-Krimiserie, sondern gleichzeitig auch die erfolgreichste deutsche Produktion, die auf fast allen Fernsehkanälen der Welt Zuschauer vor die Mattscheibe zieht! Um die Belange von »Derrick«-Tappert und seinem Adlatus (Hol-schon-mal-den-Wagen-)»Harry« kümmert sich der einzige internationale Derrick-Fan-Club *Dem Mörder keine Chance*[13], der nicht, wie man annehmen sollte, seinen Sitz in Deutschland hat, sondern in Amsterdam! Viermal im Jahr wird dort von dem Journalisten Frans van Nijnatten das Newsletter »Mord inklusive« herausgegeben, in dem die Mitglieder alles, aber auch wirklich alles über Hauptdarsteller und Serie erfahren.

Mit Schrim, Charme und Melone[14] – dieser etwas sperrige Name steht für die Vereinigung eingefleischter John-Steed- und Emma-Peel-Fans. Am 7. Januar 1993, gut 32 Jahre nach der Erstausstrahlung der englischen Serie *The Avengers* im britischen TV, wurde dieser Fanclub in Deutschland gegründet. Auch hierzulande war *Mit Schirm, Charme und Melone* eine überaus erfolgreiche Serie. Insgesamt 187 Folgen zeugen davon, auch wenn nicht alle im deutschen Fernsehen ausgestrahlt wurden. Den bisherigen Höhepunkt konnte der Fanclub im Juni 1995 mit einer Open-air-Veranstaltung in Frankfurt/M. feiern. Über 2000 Fans fanden sich auf dem Frankfurter Lohrberg zusammen, um, mit Freßpaketen (natürlich Wassermelonen) des Veranstalters ausgerüstet, Leinwandabenteuer ihrer Helden zu sehen. Das Fanzine dieses Clubs trägt übrigens den Namen »Emmapeeler«, genannt nach dem Jumpsuit Emma Peels.[15]

Zuletzt wäre noch über eine Krimifanvereinigung der ehemaligen DDR zu berichten, übrigens die einzige, die ausfindig gemacht werden konnte. Der *Club der Krimifreunde Leipzig*[16] wurde im Jahr 1988 u. a. vom Leipziger Krimiautor Steffen Mohr ins Leben gerufen. Auf Anhieb fanden sich mehr als 120 Personen zusammen, die reges Interesse an der Kriminalliteratur des »einzigen Arbeiter- und Bauernstaates auf deutschem Boden« hatten. Der *Club der Krimifreunde Leipzig* verstand sich als Lese- und Diskussionsrunde. Dem Mitbegründer Mohr war es zu verdanken, daß dort in unregelmäßigen Abständen Vorträge und Lesungen seiner SchriftstellerkollegInnen stattfanden. Bezeichnenderweise wurden die »Krimifreunde« schon bald nach der Gründung ihrer Runde vom »Kulturbund der DDR« vereinnahmt.[17] Beitrittsgebühr war eine Ostmark im Tausch gegen einen Ausweis des »Kulturbundes der DDR«. Nach dem Untergang der DDR existierten die »Krimifreunde« zwar weiter, allerdings ist die Mitgliederzahl auf knapp 20 Enthusiasten um den Krimiautor Frank Augsburg geschrumpft.

PREISE

Literaturpreise »adeln« nicht nur die AutorInnen der Werke, sondern auch ein Genre der Literatur, und hier hat die deutsche Krimilandschaft einiges zu bieten. Glücklicherweise sind aber die in den deutschsprachigen Ländern vergebenen Preise überschaubar und nicht von einer inflationären Fülle, wie z. B. in den USA oder, erstaunlicherweise, in Frankreich.[18]

1980 und 1981 verlieh die AG Kriminalliteratur, eine lose Vereinigung von Kritikern und Fans mit Sitz in München, den *Krimipreis* für den besten deutschsprachigen Kriminalroman sowie weitere Sonderpreise. Dieses kurze Intermezzo hatte, soweit dem Autor bekannt ist, keine große Resonanz in der Krimiszene der Bundesrepublik Deutschland, zumal auch die Arbeitsgemeinschaft Kriminalliteratur bald die Flinte ins Korn warf. Angetreten war die AG mit einem wahren Mammutprogramm: Erarbeitung eines Nachschlagewerkes zum deutschen Krimi, Einflußnahme auf die deutschen Krimiverlage (!), Zusammenarbeit und Unterstützung der deutschen KrimiautorInnen. Dieses Konzept konnte nie verwirklicht werden, zudem ging der AG Kriminalliteratur, wohl auch durch mangelnde Kommunikation oder mangelnder Bereitschaft dazu, sehr schnell die Luft aus.

Der älteste Preis im Bereich der Kriminalliteratur dürfte der vom bereits erwähnten »Bochumer Krimi Archiv« vergebene *Deutsche Krimipreis* sein. Dieser Kritikerpreis – die unabhängige Jury setzt sich aus Literaturwissenschaftlern, Rezensenten, Kritikern und Krimibuchhändlern zusammen – wird jeweils im Januar für die besten drei Kriminalromane des Vorjahres verliehen, und zwar jeweils in den Gruppen »national« und »international« (1997 wurde dieser Preis zum 13. Mal vergeben). Nach (geheimer) Wahl der

Jury wird vom *BKA* den gewürdigten AutorInnen der Preis in Form einer individuell gestalteten Urkunde zugeschickt. Früher wurde zusätzlich eine massiv goldene, silberne bzw. bleierne Pistolenkugel überreicht. Da sich das *BKA* finanziell aber selbst tragen muß und auf Sponsoren angewiesen ist, sind die Mittel für die Veredelung von Pistolengeschossen längst erschöpft.

Ein weiterer bedeutender, wenn nicht der bedeutendste Krimipreis im deutschsprachigen Raum ist der *Glauser-Krimipreis der Autoren*, benannt nach dem Schweizer Krimischriftsteller und Begründer des deutschsprachigen (literarischen) Kriminalromans, Friedrich Glauser. Dieser Preis ist vergleichbar mit dem US-amerikanischen »Edgar«, den britischen »Daggers« oder dem französischen »Grand Prix de Littérature Policière«. Vergeben wird dieser Preis vom SYNDIKAT, der AutorInnengruppe deutschsprachiger Kriminalliteratur in der *AIEP/IACW* (Asociación Internacional de Escritores Policiacos/International Association of Crime Writers). Über diesen AutorInnenpreis befindet jährlich eine wechselnde Jury aus vier oder fünf Mitgliedern des SYNDIKATS. Auf dem jährlichen Treffen des SYNDIKATS, der *Criminale*, ist die Vergabe des Preises der Höhepunkt. Das Preisgeld beträgt immerhin DM 10.000 in kleinen und gebrauchten Scheinen. Eine Würdigung der Verdienste um den Kriminalroman oder für das Lebenswerk eines/einer Krimiautors/-autorin ist mit dem *Ehrenglauser* verbunden. Dieser Preis ist undotiert, dem Preisträger wird eine kleine Bronzestatuette, geschaffen von dem Künstler Waldemar Otto, überreicht.

Einen erst seit fünf Jahren existierenden Preis vergibt die *Raymond-Chandler-Gesellschaft (Deutschland) e. V.* Benannt nach dem Chandler-Protagonisten Philip Marlowe, wird der *Marlowe* in Form einer Plastik den jeweiligen Preisträgern für den besten deutschsprachigen und den besten internationalen Kriminalroman während des Chandler-Festes im Juni eines jeden Jahres überreicht.

Zu erwähnen wäre noch der *Blutige Pinsel*, ein Preis für die besten Covergestaltungen für Kriminalromane – ein ebenfalls relativ junger Preis, der erst dreimal in der Brecht-Stadt Augsburg verliehen wurde. Der erste von drei Preisträgern erhält eine Plastik in Form eines »blutigen Pinsels«, als Festessen gibt es Blutwurst mit blauen Bohnen, eine Kahnfahrt vom Restaurant zum Verleihungsort ist obligatorisch. Neben dem Preis für das bestgestaltete Cover werden noch diverse Sonderauszeichnungen vergeben, wie zum Beispiel für das »erotischste Cover«, für das »beste Reihencover« etc. Initiiert wurde dieser Preis vom Augsburger Verleger und Literatur-Marketing-Agenten Arno Löb (unverwechselbarer Slogan: »Macht Literatur löbendiger«).

Eine Marginalie unter den deutschen Krimipreisen war die *Seidene Schnur*, ebenfalls ein Preis des SYNDIKATS. Verliehen werden sollte dieser

Preis an Politiker und Personen des öffentlichen Lebens. Vergeben wurde dieser Preis allerdings nie. Als erster Preisträger wurde im Jahr 1987 der Ministerpräsident eines norddeutschen Bundeslandes nominiert.

Aber nicht nur Krimigesellschaften oder -vereinigungen vergeben Preise. Auch eine Anstalt des öffentlichen Rechts, nämlich der Sender Freies Berlin, vergibt jährlich einen Krimipreis. Von der Kulturredaktion *Pulp* werden mit dem *Walter-Serner-Preis* unveröffentlichte Kriminalstories von nicht mehr als 100 Zeilen Länge ausgezeichnet, und zwar unter dem Serner-Motto: »Wer das Leben als schön preist und die Menschen als gut, ist entweder ein Schwachkopf oder einer, vor dem du sehr lange auf der Hut sein mußt.«

Auch die Kulturpolitik einer Stadt läßt sich mit Preisen aufwerten. Aus diesem Grund veranstaltet das Kulturamt der Stadt Seelze (die »Stadt mit Schwung«, so die Eigenwerbung) seit 1993 Krimiwettbewerbe und belohnt die ersten drei Sieger mit dem *Krimiförderpreis der Stadt Seelze*. Wie man Lesernachwuchs und eventuelle spätere AutorInnen motivieren und fördern kann, zeigte im Frühjahr 1995 die Aktion *Gläserner Schlüssel* der Stadtbibliothek Bremen, unterstützt von Radio Bremen und dem Bertelsmann Club. Dieser Krimischreibwettbewerb an Bremer Schulen hatte eine überraschend große Resonanz. Von 150 Einsendungen kamen 23 Krimikurzgeschichten in die engere Wahl. Die beiden Hauptpreise wurden einmal mit DM 500 und einmal mit einer Fahrt zur Frankfurter Buchmesse honoriert. Die Gewinnerin des dritten Preises erhielt ein Bücherpaket. Diesen drei NachwuchsautorInnen überreichte der amerikanische Krimiautor Larry Beinhart jeweils einen »Gläsernen Schlüssel«, gestiftet vom *Krimiautorenverband Skandinaviens (SKS)*. Zusätzlich wurden weitere sieben der besten Geschichten in der Sendung »Art und Weise« bei Radio Bremen 2 vorgelesen und in einer Broschüre veröffentlicht.

Die Verleihung von Krimipreisen als Werbung und für die Imageförderung der Stadt hat sich ganz offensichtlich herumgesprochen. Im November 1995 vergab die Stadt Siegburg erstmals den *Rheinischen Literaturpreis Sieg-*

DAS JOURNAL FÜR DIE FREUNDE VON
SHERLOCK HOLMES
THE SOFT-NOSED BULLET-IN
DAS SYNDIKAT Autorengruppe deutschsprachige Kriminalliteratur
SECRET SERVICE
Nr 84
DAS SYNDIKAT
Dr. Horst Bosetzky (-ky)
Benediktiner Str. 54
13465 Berlin
Sprecher:
Arne Müller
Kieler Str. 8
26419 Schortens
Theodor J. Reisdorf
Am Mühlenstück 18
26524 Berum / Hage
Die Jury des
Bochumer Krimi Archivs
verleiht den
Deutschen Krimi Preis 1989
an
Willi Voss
für
Das Gesetz des Dschungels
Bochum, Januar 1989
Für das Bochumer Krimi Archiv
gez. Reinhard Jahn
gez. Werner Puchalla
The Crimson Circl
Magazine no. 107 of the
EDGAR WALLACE SOCIETY
The Edgar Wallace Society cannot accept any responsibility for the opinions expressed by its contributors.
Copyright © KJ Hinz, 08/1995
August 1995
The Reichenbach Journal
Das Sherlock Holmes-Magazin
The Sherlock Holmes magazine
Aus dem Inhalt /contents
Seite / page 2
Editorial
Seite / page 3
Die Memoiren des Sherlock Holmes-
Eine ausführliche Einführung
Seite / page 14
BoKAS - das Bonner Krimi Archiv
Sekundärliteratur-
Eine Selbstdarstellung
Collier's
A NEW SHERLOCK HOLMES STORY by A. CONAN DOYLE
Nr. 9 Winter 1997
No. 9 winter 1997
Sisters in Crime
Newsletter
Volume IX • Number 1
March 1997
Murder With a Lot of Class
by Carolyn Wheat
WHAT'S INSIDE
INO ROYALE
INE DER I.B.C. NR. 4
221b
Deutschen Sherlock-Holmes-Club
A STUDY IN SCARLET
CONAN DOYLE
HAYAKAWA'S MYSTERY MAGAZINE
THE DEADLY DIRECTORY 1997-1998
INTERNATIONAL EDITION

burg in der Sparte Kriminalroman an eine Autorin aus Nordrhein-Westfalen, und zwar nicht als sogenannten Förderpreis, sondern mit der runden Summe von DM 10 000 ausgestattet!

Auch der Berliner Stadtbezirk Reinickendorf vergibt im Zweijahresrhythmus den Berliner Krimipreis *Krimifuchs*. 1995 wurde dieser Preis erstmalig im Rahmen einer großen Kriminacht vergeben. Preisträger war -ky, einer der Doyens des deutschen Kriminalromans. Der *Krimifuchs* soll, so die Intention der Preisgeber (Bezirksbürgermeister und Stadtrat für Volksbildung), »den deutschsprachigen Krimi unterstützen und Berlin als Hochburg des deutschsprachigen Krimis manifestieren«. Der Preis besteht aus einer Urkunde und einer Federzeichnung des Buchillustrators und Künstlers Wolfgang Würfel, zudem ist der *Krimifuchs* mit DM 1500 dotiert.

Auch sogenannte »Regionalkrimis« erfahren jetzt die Ehre eines Preises. Erstmals am 17. November 1996 vergab der Geschichtsverein »Prümer Land« im Rahmen des *Eifel-Literaturfestivals* zum zweiten Mal den *Eifel-Literaturpreis*, in diesem Fall in der Sparte Kriminalroman an zwei Autoren der Region, und zwar einen Hautpreis, in Höhe von DM 5000 und einen Förderpreis in Höhe von DM 1500.

Weitere kurzlebige Krimipreise waren sogenannte Verlags- und/oder Manuskriptpreise, die hier nur der Vollständigkeit halber erwähnt werden sollen: *Edgar-Wallace-Preis* (Goldmann Verlag), *Frankfurter Krimipreis* (Heyne Verlag/Krimibuchhandlung »Die Wendeltreppe«), *Jerry-Cotton-Preis* (Bastei Lübbe Verlag), *Krimi-Preis der Deutschen Autoren* (Heyne Verlag) und *Mimi* (Werbegemeinschaft diverser Verlage und Buchhandlungen).

Sogar die ehemalige DDR vergab, wenn auch nur einmal und bereits auf dem Sterbebett liegend, einen Preis: den *Handschellenpreis* (1980 an Jan Eik). Dieser im wahrsten Sinne des Wortes einmalige Preis wurde von der Sektion Kriminalliteratur im Schriftstellerverband der DDR verliehen, und zwar in Form von Handschellen. Auch in der ehemaligen DDR gab es einen Manuskriptpreis, allerdings nur von den wenigsten Lesern und Sammlern wahrgenommen, da vom Verlag nicht öffentlich bekanntgegeben. Der sogenannte *Blaulichtpreis* wurde jedes Jahr für das beste Manuskript der *Blaulicht*-(Heft-)Krimiserie vergeben, die Serie erschien von 1958 bis 1990 im Verlag Das Neue Berlin. Am Rande sei noch erwähnt, daß die *Blaulicht*-Serie seit Ende 1994 im Helmuth-Block-Verlag eine Renaissance erfährt, und zwar als Neuausgabe mit Stories neuer und auch ehemaliger AutorInnen.

Inzwischen gibt es auch bei den Eidgenossen einen Preis für den besten deutschsprachigen Kriminalroman. Der *Burgdorfer Krimipreis* wurde erstmals vom Verein Burgdorfer Krimitage vergeben. Den Rahmen dazu bilden die »Burgdorfer Krimitage«, die den Lesern, aber auch den KrimiautorInnen eine Woche lang ein Programm mit Lesungen, Matinees, Filmvorführungen und sogenannten »literarischen Spaziergängen« bieten.

Meine Hitliste in streng alphabetischer Reihenfolge **1** **Detlef Blettenberg: Farang** **2** **James Lee Burke: Flamingo** **3** **Gisbert Haefs: Das Kichern des Generals** **4** **Carl Hiaasen: Große Tiere** **5** **Karr & Wehner: Rattensommer** **6** **Lynda la Plante: Heißer Verdacht 1–3** **7** **Robert B. Parker: Bodyguard für eine Bombe** **8** **Andrew Roberts: Das Aachen Memorandum** **9** **Ross Thomas: Die im Dunkeln** **10** **Elise Title: Romeo**

ANMERKUNGEN:

1. Eine gute Übersicht über Autorenvereinigungen, Fanclubs, Magazine etc. bietet: The Deadly Directory 1997–1998. International Edition. Deadly Serious Press, P. O. Box 1045, New York, N. Y. 10276-1045
2. Informationen zum SYNDIKAT von Helmut Eikermann, Moldaustr. 54, D-10319 Berlin
3. Raymond-Chandler-Gesellschaft (Deutschland) e. V., c/o Dr. William R. Adamson, Heidenheimer Str. 106 , D-89075 Ulm
4. Friedrich-Glauser-Gesellschaft e. V., c/o Dr. Angelika Jockers, Emil-Riedel-Str. 6, D-80538 München
5. Von Herder Airguns, Ltd., c/o Michael Ross, Bendheide 65, D-47906 Kempen
6. 221b-Deutscher Sherlock-Holmes-Club, c/o Olaf H. Maurer, Schweigener St. 2, D-67067 Ludwigshafen
7. The Reichenbach Irregulars, c/o Klaus Wörner, Törkelgasse 9, D-97980 Bad Mergentheim
8. Jerry-Cotton-Club Deutschland, c/o Herbert Kalbitz, Kurt-Schumacher-Str. 25, D-63073 Offenbach
9. Zur Entstehungsgeschichte des G-man Jerry Cotton sei folgendes Buch empfohlen: Jan Eik, Der Mann, der Jerry Cotton war. Erinnerungen des Bestsellerautors Heinz Werner Höber. Berlin: Das Neue Berlin, 1996
10. International Bond Community, c/o Klaus Grüner, Postfach 1216, D-73302 Geislingen
11. The Edgar Wallace Society, c/o Kai Jörg Hinz, Kohlbergsgracht 40, NL-6462 CD Kerkrade
12. Sisters in Crime – USA, c/o Beth Wasson, P. O. Box 442124, Lawrence, KS 66044-8933/USA
Sisters in Crime – German Chapter, c/o Annelie von Könemann, Kellinghusenstr. 10, D-20249 Hamburg
13. Dem Mörder keine Chance, c/o Frans van Nijnatten, Maasstrat 27 d, NL-1078 HC Amsterdam
14. Mit-Schirm-Charme-und-Melone-Fanclub, c/o Comica, Stiftstr. 39, D-60313 Frankfurt/M.
15. Die Geschichte dieser Serie, opulent mit Bildmaterial ausgestattet und mit einem umfangreichen Episodenführer versehen, beschreibt Franziska Fischer, »Mrs. Peel, wir werden gebraucht!« Mit Schirm, Charme und Melone. Das Buch zur Serie. Berlin: Bertz Verlag, 1996
16. Club der Krimifreunde Leipzig, c/o Frank Augsburg, Chemnitzer Str. 2, D-04289 Leipzig
17. Der »Kulturbund der DDR« war ursprünglich eine sowjetische Gründung in Ostberlin, mit der Zielsetzung, alle »Kulturschaffenden« (DDR-Jargon) zusammenzuschließen. Gedacht als kultureller Arm der Partei, sollte der Kulturbund »die Kultur der entwickelten sozialistischen Gesellschaft fördern«. Gegründet 1945 als »Kulturbund zur demokratischen Erneuerung Deutschlands«, seit Februar 1958 »Deutscher Kulturbund« und ab 1972 »Kulturbund der DDR«.
18. Eine Aufstellung zu internationalen Krimipreisen siehe: Thomas Przybilka, Krimipreise. In: Klaus-Peter Walter (Hg.), Lexikon der Kriminalliteratur (LKL), Meitingen: Corian-Verlag. 7. Ergänzungslieferung, Dezember 1994: Bundesrepublik Deutschland, Dänemark, Deutsche Demokratische Republik, Finnland, Norwegen, Schweden, Spezialpreise Skandinavien
11. Ergänzungslieferung, September 1995: Großbritannien, Italien, Kanda, Spezialpreise Großbritannien/Vereinigte Staaten von Amerika
16. Ergänzungslieferung, Dezember 1996: Frankreich, Japan, Niederlande geplant 1997: Australien, Schweiz, Vereinigte Staaten von Amerika, Ergänzungen zu den o. e.

KRIMIBAUKASTEN: DIE KLASSISCHE SCHNÜFFLER-VARIANTE »DAS EISKALTE FENSTER« (USA, 1940–50)

Nach Raymond Chandler, Dashiell Hammett und Ross Macdonald

❶ *Erster Satz:*
Mein Kopf war so leer wie die Whiskyflasche in der untersten Schublade meines Schreibtisches.

Was passiert:
Dick Malone, Schnüffler in L. A., soll Admiral Kernwoods verschwundene Hauskatze Fluffy suchen. Durch einen Tip stöbert Malone sie im Kitten-Club des Gangsterbosses Duke Robinson auf. Fluffy wird gezwungen, in einer abartigen »animal show« aufzutreten. Ehe er Fluffy nach Hause bringen kann, wird sie in Dukes Appartement ermordet. Lieutenant Ritchie vom L. A. Police Department sieht endlich die Chance, Duke als Mörder hinter Gitter zu bringen, doch Duke beteuert seine Unschuld und beauftragt Dick Malone, Fluffys Mörder zu finden. Malone entdeckt, daß Admiral Kernwood heimlicher Teilhaber von Dukes Kitten-Club ist und es zwischen den beiden immer wieder Streit wegen der Abrechnungen gab. Als der Admiral erfuhr, daß Fluffy in Dukes Hände gefallen war, brachte er sie um und versuchte, den Verdacht auf Duke zu lenken, um sich damit gleichermaßen der ungeliebten Hauskatze und des lästigen Geschäftspartners zu entledigen. Nachdem Dick Malone den Admiral mit dieser Wahrheit konfrontiert hat, begeht Kernwood mit einer giftigen Orchidee aus seinem Gewächshaus Selbstmord.

Letzer Satz:
Langsam fuhr ich raus nach Santa Monica.

DIE GRAND MASTERS

Die Mystery Writers of America haben seit 1954 aus ihren Reihen die GRAND MASTERS gewählt. Wer wird wohl der nächste sein?

1992 Donald E. Westlake
1991 Elmore Leonard
1990 Tony Hillerman
1989 Helen Mc Cloy
1988 Hillary Waugh
1987 Phyllis A. Whitney
1986 Michael Gilbert
1985 Ed McBain (Evan Hunter)
1984 Dorothy Salisbury Davis
1983 John le Carré
1982 Margaret Millar
1981 Julian Symons
1980 Stanley Ellin
1979 W. R. Burnett
1978 Aaron Marc Stein
1977 Daphne du Maurier
Dorothy B. Hughes
Ngaio Marsh
1976 Graham Greene
1975 Eric Ambler
1974 Kein Preis vergeben
1973 Ross Macdonald
1972 Judson Philips
1971 John D. Macdonald
1970 Mignon G. Eberhart
1969 James M. Cain
1968 John Creasey
1967 Kein Preis vergeben
1966 Baynard Kendrick
1965 Georges Simenon
1964 Kein Preis vergeben
1963 George Harmon Coxe
1962 John Dickson Carr
1961 Erle Stanley Gardner
1960 Ellery Queen
1958 Rex Stout
1957 Vincent Starrett
1954 Agatha Christie

Inspektor Bucket

ANHANG

Die 119 besten Kriminalromane aller Zeiten

JURY DES BOCHUMER KRIMI ARCHIVS

1.
James M. Caine: *Wenn der Postmann zweimal klingelt* (26 Nennungen)
2.
Raymond Chandler: *Der lange Abschied* (25 Nennungen)
3.
Raymond Chandler: *Der tiefe Schlaf* • Dashiell Hammett: *Der Malteser Falke* (jeweils 24 Nennungen)
4.
Eric Ambler: *Die Maske des Dimitrios* • Friedrich Glauser: *Wachtmeister Studer* • Dashiell Hammett: *Der dünne Mann* (jeweils 19 Nennungen)
5.
John le Carré: *Der Spion, der aus der Kälte kam* (17 Nennungen)
6.
Arthur Conan Doyle: *Der Hund von Baskerville* • Dashiell Hammett: *Der gläserne Schlüssel* (jeweils 16 Nennungen)
7.
Raymond Chandler: *Leb wohl, mein Liebling* • James Hadley Chase: *Keine Orchideen für Miss Blandish* • Dashiell Hammett: *Rote Ernte* (jeweils 15 Nennungen)
8.
Friedrich Dürrenmatt: *Der Richter und sein Henker* • Patricia Highsmith: *Der talentierte Mister Ripley* • Edgar Allan Poe: *Die Morde in der Rue Morgue* • Mickey Spillane: *Ich, der Richter* (jeweils 13 Nennungen)
9.
John Buchan: *Die neununddreißig Stufen* • Raymond Chandler: *Das hohe Fenster* • Dan Kavanagh: *Duffy* (jeweils 12 Nennungen)
10.
Raymond Chandler: *Die Tote im See* • Agatha Christie: *Alibi* • Len Deighton: *Ipcress – Streng geheim* • Umberto Eco: *Der Name der Rose* • Jörg Fauser: *Der Schneemann* • Brian Freemantle: *Charlie Muffin/Agentenpoker* • Friedrich Glauser: *Matto regiert* • Chester Himes: *Blind, mit einer Pistole* • Ross Thomas: *Umweg zur Hölle* (jeweils 11 Nennungen)

11.
Eric Ambler: *Der Levantiner* • E. C. Bentley: *Trents letzter Fall* • Dorothy Sayers: *Aufruhr in Oxford* • Sjöwall/Wahlöö: *Die Terroristen* (jeweils 10 Nennungen)

12.
Sir Arthur Conan Doyle: *Studie in Scharlachrot* • Fruttero/Lucentini: *Die Sonntagsfrau* • Patricia Highsmith: *Alibi für zwei + Zwei Fremde im Zug* • Harry Kemelman: *Am Freitag schlief der Rabbi lang* • Jim Thompson: *Der Mörder in mir* (jeweils 9 Nennungen)

13.
Eric Ambler: *Schirmers Erbschaft + Topkapi* • James M. Cain: *Den Haien zum Fraß* • Truman Capote: *Kaltblütig* • John le Carré: *Dame König As Spion* • Erskine Childers: *Das Rätsel der Sandbank* • Patricia Highsmith: *Ripleys Game + Der süße Wahn* • Chester Himes: *Lauf Nigger lauf* • Elmore Leonard: *Glitz* • Gregory McDonald: *Fletch* • Margaret Millar: *Liebe Mutter, es geht mir gut* • Sjöwall/Wahlöö: *Endstation für neun* (jeweils 8 Nennungen)

14.
Eric Ambler: *Doktor Frigo* • W. R. Burnett: *Der kleine Cäsar* • Wilkie Collins: *Monddiamant* • Joe Gores: *Dashiell Hammetts letzter Fall* • Graham Greene: *Der dritte Mann + Unser Mann in Havanna* • Hanswerner Kettenbach: *Minnie* • Gaston Leroux: *Das Geheimnis des gelben Zimmers* • Ross Thomas: *Schutzwall* • Andrew Vachss: *Kata* • Cornell Woolrich: *Die Braut trug Schwarz* (jeweils 7 Nennungen)

15.
John le Carré: *Eine Art Held* • Raymond Chandler: *Die kleine Schwester* • Agatha Christie: *Zehn kleine Negerlein* • Edmund Crispin: *Der Mond bricht durch die Wolken* • James Ellroy: *Die schwarze Dahlie* • Loren D. Estleman: *Detroit Blues* • Fruttero/Lucentini: *Wie weit ist die Nacht?* • Patricia Highsmith: *Ripley under ground + Tiefe Wasser + Das Zittern des Fälschers* • Chester Himes: *Harlem dreht durch* • Michael Innes: *Hamlets Rache* • Ross Macdonald: *Der Untergrundmann* • Michael Molsner: *Rote Messe* • Sjöwall/Wahlöö: *Das Ekel aus Säffle + Der Polizistenmörder* • Jim Thompson: *1280 Schwarze Seelen + Getaway* • Joseph Wambaugh: *Der Hollywood Mord* • Charles Willeford: *Miami Blues* (jeweils 6 Nennungen)

16.
Ingvar Ambjörnsson: *Stalins Augen* • Eric Ambler: *Die Angst reist mit* • Jakob Arjouni: *Happy Birthday Türke* • Larry Beinhart: *Zahltag für Cassella* • Pieke Biermann: *Potsdamer Ableben* • Boileau & Narcejac: *Aus dem Reich der Toten + Mensch auf Raten* • Howard Browne: *Der Geschmack von Asche* • John le Carré: *Smileys Leute* • G. K. Chesterton: *Pater Brown und das Blaue Kreuz* • Joseph Conrad: *Der Geheimagent* • Len Deighton: *Brahms vier* • Friedrich

Dürrenmatt: *Der Verdacht* • William Faulkner: *Der Springer greift an* • Ian Fleming: *Casino Royale* • Frederic Forsyth: *Der Schakal* • Nicolas Freeling: *Liebe in Amsterdam* • Emile Gaboriau: *Die Affäre Lerouge* • Friedrich Glauser: *Der Chinese* • Graham Greene: *Abgrund des Lebens + Der stille Amerikaner* • Dashiell Hammett: *Fracht für China* • Patricia Highsmith: *Der Stümper* • Richard Hoyt: *Castros Coup* • Hannswerner Kettenbach: *Glatteis* • Maurice Leblanc: *Arsène Lupin – Der Gentleman-Gauner* • Ross Macdonald: *Der blaue Hammer + Ein Grinsen aus Elfenbein + Unter Wasser stirbt man nicht* • Sara Paretsky: *Fromme Wünsche* • Mary Roberts Rinehart: *Die Wendeltreppe* • Leonard Schrader: *Yakuza* • Leonard Sciascia: *Der Tag der Eule* • Ross Thomas: *Am Rand der Welt* • Joseph Wambaugh: *Die Chorknaben* • Janwillem van de Wetering: *Ticket nach Tokio* • Charles Willeford: *Bis uns der Tod verbindet* (jeweils 5 Nennungen)

Die Jury

in alphabetischer Reihenfolge: Andreas Ammer (Kritiker; DLF) & Sönke Boldt (Badische Neueste Nachrichten) & Joachim Dörr (Kritiker) & Günther Grosser (Kritiker) & Heinz Jakubowski (Kritiker) & Martina I. Kischke (Frankfurter Rundschau) & Krimi-Buchhandlung Alibi, Köln & Krimi-Buchhandlung Crime Express, Hagen & Krimi-Buchhandlung Hammett, Berlin & Krimi-Buchhandlung Tatort, Berlin & Krimi-Buchhandlung Die Wendeltreppe, Frankfurt & Alf Mayer-Ebeling (Kritiker) & Gerhard Neumann (Kritiker) & Wolfgang Platzeck (WAZ) & Thomas Przybilka (Kritiker) & Wilhelm Roth (Kritiker) & Jochen Schmidt (Kritiker) & Erhard Schütz (Literaturwissenschaftler) & Willy Theobald (Kritiker) & Jürgen M. Thie (Kritiker) & Bettina Thienhaus (Kritikerin) & Karl Unger (Kritiker) & Karl Wegmann (Kritiker).

Glauser-Krimipreis der Autoren/Ehrenglauser 1987–1997

Eine Übersicht von Thomas Przybilka

Vor zehn Jahren, zu Beginn des Jahres 1986, wurde in Stuttgart von einer Handvoll deutscher Krimiautoren die Autorengruppe deutschsprachige Kriminalliteratur DAS SYNDIKAT gegründet. Seit dieser Zeit verleiht die »ehrenwerte Gesellschaft« zwei Preise: den mit einem nicht unbeachtlichen Preisgeld von DM 10.000 ausgestatteten *Glauser-Krimipreis der Autoren* (bis einschließlich 1994 trug dieser Preis den Namen *Autorenpreis Deutsche Kriminalliteratur – Der Glauser*) und den Anerkennungspreis *Ehrenglauser*.

Eine unabhängige und gewählte Jury aus Mitgliedern des SYNDIKATs hat die ehrenvolle, aber nicht immer leichte Aufgabe, den besten deutschsprachigen Kriminalroman des Vorjahres zu ermitteln. Aus der Fülle der Kriminalromane, die die Verlage den Jurymitgliedern zusenden, werden die nach Meinung der Jurorinnen und Juroren besten fünf Werke für den *Glauser* nominiert. Der beste Text aus diesem »Fünferpack« wird dann mit dem *Glauser-Krimipreis der Autoren* geehrt. Das Preisgeld von DM 10000 wird aus Mitgliedsbeiträgen des SYNDIKATs und aus Spenden an den »Förderverein deutschsprachige Kriminalliteratur e. V., Stuttgart« aufgebracht.

Der *Ehrenglauser* wird an eine Kriminalschriftstellerin oder an einen Kriminalschriftsteller verliehen, um deren oder dessen bisheriges Lebenswerk mit diesem Preis zu würdigen. Dieser Anerkennungspreis kann aber auch einer Person verliehen werden, die sich um das Genre in Deutschland besonders verdient gemacht hat.

Diese Würdigung ist nicht mit einem Geldpreis verbunden, sondern dem oder der Preisträger/in wird eine Bronzestatuette, geschaffen von dem Künstler Waldemar Otto, überreicht.

Beide Preise werden am letzten Abend der *Criminale*, dem Jahrestreffen des SYNDIKATs, verliehen.

Eine Marginalie unter den Krimipreisen des SYNDIKATs war der im Jahr 1987 ausgelobte Preis *Die seidene Schnur*. Dieser Preis sollte an Politikerinnen beziehungsweise Politiker oder andere Personen des öffentlichen Lebens verliehen werden. Allerdings ist dieser Preis nie vergeben worden, obwohl es 1987 eine Nominierung gegeben hat (in diesem einzigen Fall war es ein Politiker).

1995 wurde eine Koordinationsstelle für die Preise des SYNDIKATs eingerichtet. Geleitet wird diese Geschäftsstelle vom Autor dieses Beitrages.

Die nachfolgend aufgeführten Jahreszahlen geben immer das Jahr der Verleihung an.

1997

Glauser: Hartmut Mechtel, *Der unsichtbare Zweite* • Ehrenglauser: Richard Hey • Nominierungen: Doris Gercke, *Dschingis Khans Tochter*; Roger Graf, *Zürich bei Nacht*; Maria Gronau, *Weiberwirtschaft*; Norbert Klugmann/Peter Mathews, *Vorübergehend verstorben*; Hartmut Mechtel, *Der unsichtbare Zweite* • Juroren: Karin Burschik, Reinhard Jahn, Thomas Przybilka, Karl-Michael Stöppler, Regula Venske, Walter Wehner • Einsendungen: 137 Titel

1996

Glauser: H.-P. Karr/Walter Wehner, *Rattensommer* • Ehrenglauser: Peter Zeindler • Nominierungen: Jacques Berndorf, *Eifel-Filz*; Rebecca Gablé, *Jagdfieber*; Robert Hültner, *Inspektor Kajetan und Die Sache Koslowski*; H.-P. Karr/Walter Wehner, *Rattensommer*; Frank Schätzing, *Tod und Teufel* • Juroren: Jürgen Ehlers, Gisbert Haefs, Petra Hammesfahr, Thomas Przybilka, Peter-Paul Zahl • Einsendungen: 135 Titel

1995

Glauser: Peter-Paul Zahl, *Der schöne Mann* • Ehrenglauser: Herbert Reinecker • Nominierungen: Sabine Deitmer, *Dominante Damen*; Doris Gercke, *Ein Fall mit Liebe*; Christine Grän, *Mit Mord beginnt ein schöner Sommer*; H.-P. Karr/Walter Wehner, *Geierfrühling*; Peter-Paul Zahl, *Der schöne Mann* • Juroren: Jürgen Alberts, Renate Müller-Piper, Ingrid Noll, Thomas Przybilka, Susanne Thommes • Einsendungen: 113 Titel

1994

Glauser: Ingrid Noll, *Die Häupter meiner Lieben* • Ehrenglauser: Tom Wittgen • Nominierungen: Leo P. Ard/Michael Illner, *Flotter Dreier*; Frank Göhre, *St. Pauli Nacht*; Hartwig Liedtke, *Tod auf Rezept*; Ingrid Noll, *Die Häupter meiner Lieben*; Dagmar Scharsich, *Die gefrorene Charlotte*; Gabriella Wollenhaupt, *Grappas Treibjagd*; Gabriella Wollenhaupt, *Grappas Versuchung* • Juroren: Martin Grzimek, Reinhard Hillich, Wolfgang Kienast, Karen Meyer • Einsendungen: 55 Titel

1993

Glauser: Martin Grzimek, *Feuerfalter* • Ehrenglauser: Friedhelm Werremeier • Nominierungen: Leo P. Ard/Reinhard Junge, *Meine Niere, deine Niere*; Henning Boëtius, *Joiken*; Frank Goyke, *Grüße vom Boß*; Martin Grzimek, *Feuerfalter*; Petra Hammesfahr, *Am Ende des Sommers*; Ulrich Knellwolf, *Roma Termini*; Leenders/Bay/Leenders, *Königsschießen*; Conny Lens, *Silvi und Mokka* • Juroren: Edith Hartmann, Edith Kneifl, Hartmut Mechtel, Wolfgang Pauls • Einsendungen: 68 Titel

1992

Glauser: Edith Kneifl, *Zwischen zwei Nächten* • Ehrenglauser: -ky • Nominierungen: Leo P. Ard/Reinhard Junge, *Die Waffen des Ekels*; Lars Becker, *Amigo*; Sven Böttcher, *Gefährliche Aura*; Doris Gercke, *Kinderkorn*; Edith Kneifl, *Zwischen zwei Nächten*; Barbara Krause, *Das zweite Sektglas*; Ingrid Noll, *Der Hahn ist tot*; Jürgen Petschull, *Der Herbst der Amateure*; Wolfgang Schreyer, *Nebel*; Regula Venske, *Schief gewickelt* • Juroren: Bärbel Balke, Jürgen Breest, Reinhard Hillich, Gerhard Neumann, Elke zur Nieden
Einsendungen: 41 Titel

1991

Glauser: Jürgen Breest, *Schade, daß du ein Miststück bist* • Ehrenglauser: Jürgen Roland • Nominierungen: [Unterlagen leider nicht mehr vorhanden] • Juroren: Uwe Erichsen, Friedrich Hitzbleck, Heinz Werner Höber • Einsendungen: 55 Titel

1990

Glauser: Heinz Werner Höber, *Nun komm ich als Richter* • Ehrenglauser: Heinz Werner Höber • Nominierungen: [Unterlagen leider nicht mehr vorhanden] • Juroren: Sabine Deitmer, Reinhard Junge, Bernhard Schlink • Einsendungen: 44 Titel

1989

Glauser: Bernhard Schlink, *Die gordische Schleife* • Ehrenglauser: Hansjörg Martin • Nominierungen: ABS, *Déjà vu*; Reinhard Junge/Leo P. Ard, *Das Ekel von Datteln*; Norbert Klugmann, *Die Hinrichtung* • Juroren: Jürgen Alberts, Horst Bieber, Friedrich Hitzbleck, Wolfgang Menge, Werner Schmitz • Einsendungen: [Unterlagen leider nicht mehr vorhanden]

1988

Glauser: Jürgen Alberts, *Landru* • Ehrenglauser: Jörg Fauser • Nominierungen: [Unterlagen leider nicht mehr vorhanden] • Juroren: Peter Glotz, Frank Göhre, Ilse Hoffmann, Sam Jaun, Susanne Thommes • Einsendungen: ca. 25 Titel [Unterlagen leider nicht mehr vorhanden]

1987

Glauser: Sam Jaun, *Die Brandnacht* • Ehrenglauser: Richard K. Flesch • Nominierungen: [Unterlagen leider nicht mehr vorhanden] • Juroren: Bruno Kreisky, Alexander U. Martens, Hansjörg Martin, Stefan Murr, Astrid Schumacher • Einsendungen: 32 Titel

Deutscher Krimipreis 1985 – 1997

BOCHUMER KRIMI ARCHIV

N = Nationale Preisträger
I = Internationale Preisträger

1985

N1: Helga Riedel: *Einer muß tot + Wiedergänger* • N2: Werner Waldhoff: *Des einen oder des anderen Glück + Ausbruch* • N3: Frieder Faist: *Schattenspiele* • I1: Alan Furst: *Tödliche Karibik + Geschäfte im Schatten* • I2: Anthony Price: *Ein Spiel für Profis + Die Chandos-Falle* • I3: Thomas Perry: *Abrechnung in Las Vegas*

1986

N1: Peter Zeindler: *Der Zirkel* • N2: Peter Schmidt: *Erfindergeist* • N3: Norbert Klugmann & Peter Mathews: *Flieg, Adler Kühn + Ein Kommissar für alle Fälle* • I1: Ross Thomas: *Mördermission* • I2: Len Deighton: *Mexico Poker* • I3: Manuel Vázquez Montalbán: *Carvalho und der Mord im Zentralkomitee*

1987

N1: Horst Bieber: *Sein letzter Fehler* • N1: Peter Schmidt: *Die Stunde des Geschichtenerzählers* • N2: Frank Göhre: *Der Schrei des Schmetterlings* • N3: Michael Molsner: *Die Euro-Ermittler – Der ermordete Engel* • I1: Ross Thomas: *Schutzwall* • I2: Len Deighton: *London Match* • I3: John le Carré: *Ein blendender Spion*

1988

N1: Peter Zeindler: *Widerspiel* • N2: Hans Werner Kettenbach: *Schmatz oder Die Sackgasse* • N3: Michael Molsner: *Unternehmen Counterforce* • I1: Joseph Wambaugh: *Der Rolls-Royce-Tote* • I2: Ruth Rendell: *Herzsplitter + In blinder Panik* • I3: Stan Lee: *Dunn's Dilemma*

1989

N1: Detlef Blettenberg: *Farang* • N2: Michael Molsner: *Die Ehre einer Offiziersfrau + Die Euro-Ermittler – Urians Spur* • N3: Willi Voss: *Das Gesetz des Dschungels* • I1: James Ellroy: *Die schwarze Dahlie* • I2: Manuel Vázquez Montalbán: *Manche gehen baden* • I3: Julian Rathbone: *Grünfinger* • I3: Andrew Vachss: *Kata*

1990

N1: Peter Zeindler: *Der Schattenagent* • N2: Yaak Karsunke: *Toter Mann* • N3: Gisbert Haefs: *Schattenschneise* • I1: Ross Thomas: *Am Rand der Welt* •

I2: James Ellroy: *Blutschatten + Stiller Schrecken* • I3: Robert W. Campbell: *Glitzerland*

1991

N1: Pieke Biermann: *Violetta* • N2: Peter Schmidt: *Das Veteranentreffen* • N3: Kurt Bracharz: *Höllenengel* • I1: Derek Raymond: *Ich war Dora Suarez* • I2: Manuel Vázquez Montalbán: *Schuß aus dem Hinterhalt* • I3: Carl Hiassen: *Unter die Haut*

1992

N1: Peter Zeindler: *Feuerprobe* • N2: Jakob Arjouni: *Ein Mann, ein Mord* • N3: Uta-Maria Heim: *Das Rattenprinzip* • I1: James Ellroy: *Stadt der Teufel* • I2: Tom Kakonis: *Abgezockt* • I3: David L. Lindsey: *Abgründig*

1993

N1: Bernhard Schlink: *Selbs Betrug* • N2: Martin Grzimek: *Feuerfalter* • N3: Leo P. Ard & Michael Illner: *Gemischtes Doppel* • I1: Andreu Martín: *Bis daß der Tod euch scheidet* • I2: Batya Gur: *Denn am Sabbat sollst du ruhen* • I3: Jerome Charyn: *Paradise Man*

1994

N1: Pieke Biermann: *Herzrasen* • N2: Uta-Maria Heim: *Die Kakerlakenstadt* • N3: Jürgen Alberts: *Tod eines Sesselfurzers* • I1: Carl Hiassen: *Große Tiere* • I2: Michael Dibdin: *Schmutzige Tricks* • I3: John le Carré: *Der Nachtmanager*

1995

N1: Detlef Blettenberg: *Blauer Rum* • N2: Sabine Deitmer: *Dominante Damen* • N3: Günter Gerlach: *Kortison* • I1: Philip Kerr: *Das Wittgenstein-Programm* • I2: Peter Hoeg: *Fräulein Smillas Gespür für Schnee* • I3: James Lee Burke: *Weißes Leuchten*

1996

N1: Robert Hültner: *Inspektor Kajetan und die Sache Koslowski* • N2: Robert Brack: *Das Gangsterbüro* • N3: Regula Venske: *Rent a Russian* • I1: Ross Thomas: *Die im Dunkeln* • I2: Shulamit Lapid: *Lokalausgabe* • I3: William Marshall: *Die Ehre der Kämpfer*

1997

N1: Alexander Heimann: *Dezemberföhn* • N2: Gisbert Haefs: *Das Kichern des Generals* • N3: Wolf Haas: *Auferstehung der Toten* • I1: Philip Kerr: *Game Over* • I2: James Ellroy: *Ein amerikanischer Thriller* • I3: Donna Leon: *Venezianische Scharade*

Agatha-Krimipreise

1988

Best Novel

Something Wicked, Carolyn G. Hart • *The Widow's Club*, Dorothy Cannell • *Mischief in Maggody*, Joan Hess • *Paying the Piper*, Sharyn McCrumb • *Dead Crazy*, Nancy Pickard

Best First Novel

A Great Deliverance, Elizabeth George • *The Killings at Badger's Drift,* Caroline Graham • *The J. Alfred Prufrock Murders,* Corinne Sawyer • *Goodbye Nanny Grey,* Susannah Stacey • *Dead Men Don't Give Seminars,* Dorothy Sucher

1989

Best Novel

Naked Once More, Elizabeth Peters • *The Siren Sang of Murder,* Sarah Caudwell • *A Little Class on Murder*, Carolyn G. Hart • *Corpus Christmas*, Margaret Maron • *Philly Stakes,* Gillian Roberts

Best First Novel

Crime and Punishment, Jill Churchill • *Working Murder*, Eleanor Boylan • *A Question of Guilt*, Frances Fyfield • *The Mother Shadow*, Melanie Johnson Howe • *The Mark Twain Murders,* Edith Skom

Special Agatha for Lifetime Achievement: Phyllis Whitney

1990

Best Novel

Bum Steer, Nancy Pickard • *Real Murders*, Charlaine Harris • *Deadley Valentine,* Carolyn G. Hart • *The Face of a Stranger*, Anne Perry • *The Potter's Field,* Ellis Peters

Best First Novel

The Body in the Belfry, Katherine Hall Page • *Screaming Bones,* Pat Burden • *Catering to Nobody*, Diane Mott Davidson • *Sea of Troubles,* Janet L. Smith

1991

Best Novel

I. O. U., Nancy Pickard • *The Christie Caper*, Carolyn G. Hart • *An Owl Too Many,* Charlotte MacLeod • *The Last Camel Died at Noon*, Elizabeth Peters

Best First Novel

Zero at the Bone, Mary Willis Walker • *Carpool*, Mary Cahill • *Just Desserts,* Mary Daheim • *The Bulrush Murders*, Rebecca Rothenberg • *Flowers for the Dead*, Ann Williams

1992

Best Novel

Bootlegger's Daughter, Margaret Maron • *Southern Ghost,* Carolyn G. Hart • *The Hangman's Beautiful Daughter*, Sharyn McCrumb • *Defend and Betray*, Anne Perry • *The Snake, the Crocodile and the Dog*, Elizabeth Peters

Best First Novel

Blanche on the Lam, Barbara Neely • *All the Great Pretenders*, Deborah Adams • *Thyme of Death*, Susan Wittig Albert • *Decked*, Carol Higgins Clark • *The Seneca Falls Imberitance*, Miriam Grace Monfredo

1993

Best Novel

Dead Man's Island, Carolyn G. Hart • *O Little Town of Maggody*, Joan Hess • *Fair Game*, Rochelle Krich • *Southern Discomfort,* Margaret Maron • *To Live and Die in Dixie*, Kathy Hogan Trocheck

Best First Novel

Track of the Cat, Nevada Barr • *Goodnight, Irene*, Jan Burke • *A Share in Death*, Deborah Crombie • *Death Comes as Epiphany*, Sharan Neuman • *Child of Silence*, Abigail Padgett

1994

Sharyn McCrumb: *She Walks these Hills*

1995

Sharyn McCrumb: *If I'd killed him when I met him*

1996

Joan Hess: *Miracles in Maggody*

1997

Margaret Maron: *Up Jumps the Devil*

Dagger-Krimipreise

GOLD DAGGER

1996 Ben Elton: *Popcon* (-) = nicht übersetzt
1995 Val McDermid: *The Mermaids Singing* (-)
1994 Minette Walters: *The Scold's Bridle (Die Schandmaske)*
1993 Patricia Cornwell: *Cruel and Unusual (Vergebliche Entwarnung)*
1992 Colin Dexter: *The Way through the Woods (Finstere Gründe)*
1991 Barbara Vine: *King Solomon's Carpet (König Solomons Teppich)*
1990 Reginald Hill: *Bones and Silence* (-)
1989 Colin Dexter: *The Wench is dead (Mord im Oxford-Kanal)*
1988 Michael Dibdin: *Ratking (Entführung auf italienisch)*
1987 Barbara Vine: *A Fatal Inversion (Es scheint die Sonne noch so schön)*
1986 Ruth Rendell: *Live Flesh (In blinder Panik)*
1985 Paula Gosling: *Monkey Puzzle (Tod auf dem Campus)*
1984 B. M. Gill: *The Twelfth Juror (Der zwölfte Geschworene)*
1983 John Hutton: *Accident Crimes* (-)
1982 Peter Lovesey: *The False Inspector Dew (Abschied auf englisch)*
1981 Martin Cruz Smith: *Gorky Park (Gorki Park)*
1980 H. R. F. Keating: *The Murder of the Maharajah (Tod einer hochgestellten Persönlichkeit)*
1979 Dick Francis: *Whip Hand (Handicap)*
1978 Lionel Davidson: *The Chelsea Murders* (-)
1977 John le Carré: *The Honourable Schoolboy (Eine Art Held)*
1976 Ruth Rendell: *A Demon in my View (Dämon hinter Spitzenstores)*
1975 Nicholas Meyer: *The seven per cent solution (Kein Koks für Sherlock)*
1974 Anthony Price: *Other Parts of Glory (Umwege zum Ruhm)*
1973 Robert Litell: *The Defection of A. J. Lewinter (Der Springer)*
1972 Eric Ambler: *The Levanter (Der Levantiner)*
1971 James McClure: *The Steam Pig (Begräbnis inklusive)*
1970 Joan Fleming: *Young Man I think You're Dying (Einbahnstraße in den Tod)*
1969 Peter Dickinson: *A Pride of Heroes (Helden scharenweise)*
1968 Peter Dickinson: *Skin Deep {Glass sided Ants Nest} (Rächende Vergangenheit)*
1967 Emma Lathen: *Murder the Grain (Nicht ein Körnchen Wahrheit)*
1966 Lionel Davidson: *A Long Way to Shiloh (Das Geheimnis der Menora)*
1965 Ross Macdonald: *The Far Side of the Dollar (Die Kehrseite des Dollars)*
1964 H. R. F. Keating: *The Perfect Murder* (-)

1963 John le Carré: *The Spy Who Came in from the Cold (Der Spion, der aus der Kälte kam)*
1962 Joan Fleming: *When I Grow Rich* (-)
1961 Mary Kelly: *The Spoilt Kill (Zerschlagenes Porzellan)*
1960 Lionel Davidson: *The Night of Wenceslas (Die Nacht des Wenzel)*
1959 Eric Ambler: *Passage of Arms (Waffenschmuggel)*
1958 Margot Bennett: *Someone from the Past* (-)
1957 Julian Symons: *The Colour of Murder (Ein irres Leben)*
1956 Edward Grierson: *The Second Man* (-)
1955 Winston Graham: *The Little Walls* (-)

SILVER DAGGER

1996 Peter Lovesey: *Bloodhounds* (-)
1995 Peter Lovesey: *The Summons* (-)
1994 Peter Høeg: *Miss Smilla's Feeling for Snow (Fräulein Smillas Gespür für Schnee)*
1993 Sarah Dunant: *Fatlands (Fette Weide)*
1992 Liza Cody: *Bucket Nut (Schwere Geschütze)*
1991 Francis Fyfield: *Deep Sleep (Tiefer Schlaf)*
1990 Mike Phillips: *The Late Candidate* (-)
1989 Desmond Lowden: *The Shadow Run* (-)
1988 Sara Paretsky: *Toxic Shock* (-)
1987 Scott Turow: *Presumed Innocent (Aus Mangel an Beweisen)*
1986 P. D. James: *A Taste of Death (Der Beigeschmack des Todes)*
1985 Dorothy Simpson: *Last Seen Aliens* (-)
1984 Ruth Rendell: *The Three of Hands (Die Masken der Mütter)*
1983 William McIvaney: *The Papers of Tony Veitch* (-)
1982 S. T. Haymon: *Ritual Murder (Ritualmord)*
1981 Colin Dexter: *The Dead of Jericho (Die Toten von Jericho)*
1980 Ellis Peters: *Monk's Hood (Das Mönchskraut)*
1979 Colin Dexter: *Service of all the Dead (Eine Messe für all die Toten)*
1978 Peter Lovesey: *Waxwork* (-)
1977 William McIvaney: *Laidlaw (Im Grunde ein ganz armer Hund)*
1976 James McClure: *Rogue Eagle* (-)
1975 P. D. James: *The Black Tower (Der schwarze Turm)*
1974 Francis Clifford: *The Grosvenor Square Goodbye (Das Doppelmotiv)*
1973 Gwendoline Butler: *A Coffin for Pandora* (-)
1972 Victoria Canning: *The Rainbird Pattern (Auf der Spur)*
1971 P. D. James: *Shroud for a Nightingale (Tod im weißen Häubchen)*

1970 Anthony Price: *The Labyrinth Makers (Labyrinth)*
1969 Francis Clifford: *Another Way of Dying (Der feige Hund)*
1968 Nicholas Blake: *The Private Wolfe* (-)

JOHN CREASEY MEMORIAL DAGGER *(bester Erstlingsroman)*

1996 (-)
1995 Janet Ecanovich: *One for the Money (Einmal ist keinmal)*
1994 Doug J. Swanson: *Big Town* (-)
1993 (-)
1992 Minette Walters: *The Ice House (Im Eishaus)*
1991 Walter Mosley: *Devil in a Blue Dress (Teufel in Blau)*
1990 Patricia Cornwell: *Postmortem (Mord am Samstagmorgen)*
1989 Annette Roome: *A Real Shot in the Arm (Karriere mit Schuß)*
1988 Janet Neel: *Death's Bright Angel (Der leuchtende Engel des Todes)*
1987 Denis Kilcommons: *Dark Apostle* (-)
1986 Neville Steed: *Evil Angels* (-)
1985 Robert Richardson: *The Latimer Mercy* (-)
1984 Elizabeth Ironside: *A Very Private Enterprise* (-)
1983 Carol Clemeau: *The Ariadne* (-)/Eric Wright: *The Night the Gods Smiled (Die Nacht, in der die Götter lächelten)*
1982 Andrew Taylor: *Caroline Minuscule* (-)
1981 James Leigh: *The Ludi Victor* (-)
1980 Liza Cody: *Dupe (Video-Piraten)*
1979 David Serafin: *Saturday of Glory* (-)
1978 Paula Gosling: *A Running Duck (Töten ist ein einsames Geschäft)*
1977 Jonathan Gash: *The Judas Pair (Der Schuß aus dem Nichts)*
1976 Patrick Alexander: *Death of a Thin-Skinned Animal (Eine Kugel für den Teufel)*
1975 Sara George: *Acid Drop* (-)
1974 Roger L. Simon: *The Big Fix (Das Geschäft mit der Macht)*
1973 Cyril Bonfiglioli: *Don't Point That Thing at Me (Nimm das Ding da weg)*

LAST LAUGH DAGGER *(früher: The Punch Award)*

1996 Janet Evanovich: *Two For The Dough*
1995 Laurence Shame: *Sunburn (Stille Tage in Key West)*
1994 Simon Shaw: *The Villain of the Earth* (-)
1993 Michael Pearce: *The Mamur Zapt and The Spoils of Egypt* (-)

1992 Cal Hiaasen: *Native Tongue (Große Tiere)*
1991 Mike Ripley: *Angel in Arms* (-)
1990 Simon Shaw: *Killer Cinderella* (-)
1989 Mike Ripley: *Angel Touch* (-)
1988 Nancy Livingston: *Death in a Distant Land* (-)

SHORT STORY DAGGER

1996 Ian Rankin: *Herbert in Motion* (-)
1995 Larry Beinhart: *Funny Story* (-)

DAGGER IN THE LIBRARY

1996 Marian Babson
1995 Lindsey Davis
1994 Robert Barnard

Edgar-Krimipreise

1953 – Charlotte Jay: *Beat Not the Bones* • 1955 – Margaret Millar: *Beast in View* • Patricia Highsmith: *The Talented Mr. Ripley* • 1956 – Charlotte Armstrong: *A Dream of Poison* • Margot Bennett: *The Man Who Didn't Fly* • 1957 – Marjorie Carleton: *The Night of the Good Children* • 1958 – Dorothy Salisbury Davis: *A Gentleman Called* • 1959 – Celia Fremlin: *The Hours before Dawn* • 1961 – Anne Blaisdell: *Nightmare* • Suzanne Le Blanc: *The Green Stone* • 1962 – Ellis Peters: *Death and the Joyful Woman* • Jean Potts: *The Evil Wish* • Shelley Smith: *The Ballad of the Running Man* • 1963 – Elizabeth Fenwick: *The Make-Believe Man* • Dorothy B. Hughes: *The Expendable Man* • 1964 – Margaret Millar: *The Fiend* • Mary Stewart: *This Rough Magic* • 1965 – Dorothy Salisbury Davis: *The Pale Betrayer* • Mary Stewart: *Airs above the Ground* • 1966 – Ngaio Marsh: *Killer Dolphin* • 1967 – Charlotte Armstrong: *The Gift Shop* • Charlotte Armstrong: *Lemon in the Basket* • 1968 – Heron Carvic: *Picture Miss Seeton* • Dorothy Salisbury Davis and Jerome Ross: *God Speed the Night* • 1969 – Emma Lathen: *When in Greece* • Dorothy Salisbury Davis: *Where the Dark Streets Go* • 1970 – Maj Sjöwall and Per Wahlöö: *The Laughing Policeman* • Margaret Millar: *Beyond This Point Are Monsters* • Patricia Moyes: *Mary Deadly Returns* • 1971 – P. D. James: *Shroud for an Nightingale* • 1972 – Ngaio Marsh: *Tied up in Tinsel* • 1973 – Jean Stubbs: *Dear Laura* • P. D. James: *An Unsuitable Job for a Woman* • 1975 – Maggie Rennert: *Operation Alcestis* • 1978 – Ruth Rendell: *A Sleeping Life* • 1979 – Ruth Rendell: *Make Death Love Me* • 1980 – B. M. Gill: *Death Drop* • 1984 – B. M. Gill: *The Twelfth Juror* • 1985 – L. R. Wright: *The Suspect* • Ruth Rendell: *An Unkindness of Ravens* • Ruth Rendell: *The Tree of Hands* • 1986 – Ruth Rendell (als Barbara Vine): *A Dark-Adapted Eye* • P. D. James: *A Taste for Death* • 1987 – Charlotte MacLeod: *The Corpse in Oozak's Pond* • B. M. Gill: *Nursery Crimes* • Linda Barnes: *A Trouble of Fools* • 1989 – Frances Fyfield: *A Question of Guilt* • 1990 – Julie Smith: *New Orleans Mourning* • 1991 – Lia Matera: *Prior Convictions* • Nancy Pickard: *I. O. U.* • 1992 – Margaret Maron: *Bootlegger's Daughter* • Liza Cody: *Backhand* • 1993 – Minette Walters: *The Sculptress* • Marcia Muller: *Wolf in the Shadows* • 1994 – Mary Willis Walker: *The Red Scream* • 1995 – Dick Francis: *Come to Grief* • 1996 – Thomas A. Cook: *The Chatham School Affair*

DIE KRIMINALISTISCHEN LEBENSLÄUFE DER AUTORINNEN UND AUTOREN

Jürgen Alberts, geboren 1946 im halbseidenen Siegerland, studierte in Tübingen und Bremen, promovierte über die kriminelle BILD-Zeitung, verfaßte eine Serie von zehn Kriminalromanen, die hinter den Kulissen der Hansestadt spielen, sowie historische Romane über Frauenmörder, Kirchenheuchler und Bombenbastler. Einmal vorbestraft (Bauordnungsverfahren), sonst ist ihm manches ... illegal.

Helga Anderle lebt als freie Journalistin, Übersetzerin und Autorin in Wien. Ihre Erzählungen und Kurzkrimis wurden im In- und Ausland veröffentlicht. Herausgeberin der ersten internationalen Frauenkrimi-Anthologie *Da werden Weiber zu Hyänen*, dtv 1994; Mitherausgeberin der internationalen Anthologie *Weltkrimis – Krimiwelten*, Eisbär-Verlag 1994, und Autorin der Wiener Mordgeschichten *Sag beim Abschied leise Servus*, Fischer 1995.

Irmgard Behnke, geboren 1940. Beruf: Diplom-Bibliothekarin. Seit 1995 Leiterin der Stadtbiblitothek in Salzgitter. Seit Teenagertagen Interesse an Krimis und Geschichte; ausgiebige Lektüre, die zur Beschäftigung mit Sekundärliteratur führte, vor allem für den englischen Sprachraum. Vorträge über KrimiautorInnen und Krimis seit 1990, seit 1996 Rezensentin von Krimineuerscheinungen.

Lawrence Block hat 35 Kriminalromane, einige Schreibanleitungen und drei Sammlungen von Kurzgeschichten verfaßt. Er hat bereits zweimal den *Edgar-Allan-Poe-Preis* erhalten – 1992 für *A Dance in the Slaughterhouse* den Preis für den besten Roman – *Maltese Falcon Awards* und außerdem den *Nero Wolfe Award.* Seine Frau und er leben in einer kleinen Wohnung in Greenwich Village.

Wolfgang Bortlik, geboren 1952 in München, lebt seit langem in der Schweiz, momentan in Basel. Er war Langzeitstudent, Postbote und Buchhändler und verbringt momentan seine Zeit mit Lesen, Schreiben und Kinderhüten. Abnehmer seiner Produktion sind u. a. der *Nebelspalter* und das Comic-Magazin *Strapazin*.

Virginie Brac de la Perrière. Das erste Verbrechen von mir bestand darin, daß ich als »pied-noir« geboren wurde, also als Französin in Algerien, und das mitten im Unabhängigkeitskrieg. Dieser katastrophale Beginn zwang mich zu einem Doppelleben: Tagsüber studierte ich brav, und nachts schrieb ich. Nach zwei Kriminalromanen erschien noch ein Roman, und dann kam der Abstieg: Ich fing an, für das Fernsehen zu schreiben ... In letzter Zeit habe ich mich wieder aufgerappelt und einen neuen Krimi herausgebracht: *Cœur Caillou*.

Jon L. Breen erhielt bereits zweimal den *Edgar Award* und ist der Autor von *What About Murder: A Guide to Books about Mystery and Detective Fiction* und *Novel Verdicts: A Guide to Courtroom Fiction* und vieler anderer Bücher, u. a. von drei weiteren, die sich kritisch mit der Kriminalliteratur auseinandersetzen, und sechs Romanen. Er schreibt regelmäßig Kritiken für das *Ellery Queen's Mystery Magazine*.

Jerome Charyn wurde 1937 in der Bronx geboren. Er lebt abwechselnd in Paris und New York. Seit 1989 ist er »Chevalier de l'Ordre des Lettres et des Artes«. Er ist der Erfinder von Isaac Sidel, dem guten Menschen und Mörder, der bald Vizepräsident der USA sein wird. Die Saga von Sidel ist inzwischen auf neun Bände angewachsen.

Sabine Deitmer. Zwei Bände mit Mordgeschichten (*Bye-Bye Bruno/Auch brave Mädchen tun's*, Fischer), drei Kriminalromane (*Kalte Küsse/Dominante Damen/NeonNächte*, Fischer). Hauptfigur der Romane ist Beate Stein, grünäugige Emanze in Staatsdiensten. 1995 *Deutscher Krimipreis* für *Dominante Damen*. Verfilmungen, zuletzt *Kalte Küsse* (Regie: Carl Schenkel).

Gabriele Dietze, geboren und allerlei studiert in Frankfurt, arbeitet als Lektorin und Kritikerin und gibt die Reihe *Rotbuch-Krimis* heraus. Sie lebt in Berlin und betreibt an der Freien Universiät amerikanische Kulturwissenschaft. Letztes Ermittlungsergebnis: *Hardboiled Woman. Geschlechterkriege im amerikanischen Kriminalroman*, EVA 1997.

Jan Eik wurde 1940 im Berliner Osten geboren und hat es bis heute dort ausgehalten. Er war fast 30 Jahre als Rundfunkingenieur tätig, dann wagte er den Sprung in die freiberufliche Tätigkeit. Er beschäftigte sich in seinen Romanen und dem Report *Besondere Vorkommnisse* mit der Kriminalität in der DDR in all ihren Schattierungen. Geheimdienstliche Tätigkeit als Herausgeber des *Secret Service* im Auftrag des SYNDIKATS.

Gisbert Haefs, geboren 1950 in Wachtendone/Niederrhein, lebt und schreibt in Bad Godesberg. Als Übersetzer/Herausgeber verantwortlich u. a. für die neuen Werkausgaben von Borges, Bierce und Kipling, als Autor haftbar für historische Romane, Science-fiction, Erzählungen, bisher sechs »Matzbach«-Krimis sowie zwei Thriller.

Frederik Hetmann (d. i. Hans-Christian Kirsch) war Lehrer und Verlagslektor, unternahm ausgedehnte Reisen, auch mehrfach in die USA, und lebt als freier Schriftsteller im Westerwald. Für seine Che-Guevara-Biographie *Ich habe sieben Leben* (Beltz) erhielt er den Deutschen Jugendliteraturpreis, für den historischen Indianerroman *Der Rote Tag* den Friedrich-Gerstäcker-Preis.

Elisabeth Hohmeister. Schon als kleines Mädchen wußte ich, im Dunkeln ist gut munkeln, und fraß Buchstaben. Als ich größer wurde, stahl ich dreist bei Licht aus dem Bücherschrank meiner Vorfahren. In Bibliotheken lernte ich, das Diebesgut zu unterscheiden. Heute stehle ich geistiges Eigentum anderer Leute, um damit rezensionsverwandelt sauberes Geld zu machen.

Reinhard Jahn ist Mitbegründer des »Bochumer Krimi Archivs«. Unter seinem Pseudonym »H. P. Karr« ist er Autor von zahlreichen Kriminalstories, Radiokrimis und Romanen. Zuletzt schrieb er gemeinsam mit Walter Wehner die Gonzo-Krimis *Geierfrühling* (Heyne) sowie *Rattensommer* und *Hühnerherbst* (Haffmans Verlag).

Maxim Jakubowski ist Besitzer der Londoner Krimibuchhandlung *Murder one*, dem einzigen »Krimisuperladen« der Welt. Er schreibt Rezensionen für viele Zeitungen und Illustrierte in England. Außerdem ist er Herausgeber und Verleger von mehreren Büchern über Kriminalliteratur, Science-fiction, Fantasy, Film und Musik.

Ronit Jariv, geboren 1963, war zwar noch nicht bei vollem kriminalistischen Bewußtsein, als *77 Sunset Strip*, Francis Durbridge und Edgar Wallace zum ersten Mal gesendet wurden, doch dank eines Heimes mit ständig laufendem Fernsehapparat wurde sie schon in der frühkindlichen Phase einschlägig geprägt. Zum Krimi in Buchform kam sie erst, nachdem ein pubertäres Sherlock-Holmes-Trauma überwunden war.

Andrea Kluitmann, geboren 1966 in Emmerich, ist Übersetzerin und arbeitet freiberuflich für einen deutschen Verlag. Sie interessiert sich für sämtliche Literaturformen. Mit einem abgebrochenen Germanistikstudium zog sie vor fast zehn Jahren nach Amsterdam, um dort ein paar Monate zu leben. Sie ist nicht wieder weggegangen.

Edith Kneifl, Dr. phil., geboren 1954 in Oberösterreich. Lebt und arbeitet, nach längeren Auslandsaufenthalten in Griechenland und in den USA, als Psychoanalytikerin und freie Schriftstellerin in Wien. 1988 *Theodor-Körner-Preis für Literatur,* 1992 *Glauser-Preis* für *Zwischen zwei Nächten.*

Carmen Korn, geboren 1952, Autorin. Lebt mit ihrem Mann und ihren Kindern in Hamburg. In die Dunkelkammer ging sie zum ersten Mal mit *Thea und Nat.* Der Roman wurde 1992 verfilmt. Im gleichen Jahr erschien *Das singende Kind.* Jüngste Krimiveröffentlichung: *Der Karton,* in: *Gute-Nacht-Geschichten für Männer, die nicht einschlafen wollen,* Hamburg 1996. Carmen Korn schreibt auch für *Brigitte* und *Die Zeit.*

Marie-Josée Kuhn, geboren 1959 in Biel (Schweiz). Kleinbürgerlich erzogen, dann Aufbegehren und Phantasien in Richtung Revolution und Matriarchat. Heute: Journalistin und Redakteurin der linksalternativen *Wochen-Zeitung (WoZ)* im Bundeshaus (nationales Parlament). Wunsch nach Weltveränderung immer noch vorhanden.

Waldtraut Lewin. Ich bin 1937 geboren und brauchte ganze 57 Jahre, um zum Krimi zu kommen – Jahre, die ich mit so nebensächlichen Beschäftigungen wie dem Schreiben von Romanen, Erzählungen, Fantasystories und Rockopern, dem Texten von Opern, ihrer Inszenierung und dramaturgischen Betreuung an Theatern verbrachte. Seit 1994 endlich bin ich dann bei »Ariadne« kriminalistisch tätig geworden – vornehmlich mit der *Dicken Frau* und Marion Quade aus Berlin. Drei Bücher gibt's, die nächsten zwei erscheinen 1997.

Marion Lütke lebt und arbeitet als freie Übersetzerin in Madrid. Als Kunsthistorikerin ursprünglich eher den schönen Künsten als den Morden zugetan, verband sie erstmals beides in ihrem Übersetzungsdebüt von Andreu Martíns Roman *Aus Liebe zur Kunst.*

Susanne Martin, hauptberuflich in einer öffentlichen Bibliothek mit dem Auffinden und Vermitteln von Informationen beschäftigt, was mit und ohne Computereinsatz oft detektivischen Spürsinn fordert, und auch privat leidenschaftliche Nutzerin von Informationsmedien und Leserin von Krimis. Nebenberuflich in der Medienkritik und Erwachsenenbildung tätig.

Alf Mayer-Ebeling, geboren 1952, lebt als Journalist und Autor im angeblich ach so gefährlichen Frankfurt am Rande des Rotlichtviertels: Er ist Juror beim Deutschen Krimipreis und Mitglied der *Mystery Writers of America.*

John McCarty hat mehr als ein Dutzend Bücher über Filme und Filmemacher verfaßt, darunter *Thrillers: Seven Decades of Classic Film Suspense* und *Movie Psychos and Madmen*, die von den Kritikern der *Mystery Scene* sehr gelobt wurden.

Wolfgang Mittmann, 1939 in Trebnitz/Schlesien geboren, lebt in Beiersdorf/Südbrandenburg. Lokomotivschlosser, Abitur, Kriminalistikstudium. 34 Jahre im Polizeidienst, seit 1990 als Kriminalhauptkommissar im Ruhestand. Mitherausgeber der Bibliographie *Die Kriminalliteratur der DDR* (1991). Schreibt Hörspiele, Szenarien, Kriminalromane.

Ellen Nehr schreibt als Rezensentin für den *Columbus Dispatch* und *The Bloomsbury Review* und war früher Redakteurin der Zeitschrift *Mystery Scene*. Zur Zeit veröffentlicht sie regelmäßig ihren Überblick *Murder Ad Lib.* Sie ist eine der kompetentesten und geschätztesten Rezensentinnen der USA und eine begeisterte Sammlerin von Kriminalliteratur.

Ulla M. Nitsch, geboren 1946, Studium der Germanistik und Politik, zehn Jahre Lehrerin, dann – oft detektivische – Arbeit in einem Schulmuseum. Frühe Vorliebe für die englische Literatur des 18. und 19. Jahrhunderts, Interesse an Kriminalliteratur, weil dort Verstörungen der Welt oft so leicht repariert werden.

Ingrid Noll. Ich wurde 1935 in Shanghai geboren, aber das ist das einzig Exotische an mir. Mein Lebenslauf ist im übrigen langweilig. Ich haßte die Schule; die gute Note in Deutsch konnte das regelmäßige Versagen in Mathematik nur notdürftig ausgleichen. Halbherzig begann ich ein Studium der Germanistik und Kunstgeschichte. Die Heirat rettete mich vor dem Examen, drei Kinder in dreieinhalb Jahren dienten fortan als Ausrede für ein Leben hinter dem Kochtopf. Als der Nachwuchs erwachsen war, konnte ich mich nicht mehr verstecken. Inzwischen muß ich mich zu vier Kriminalromanen bekennen. Ich schreibe nicht mit Herzblut, sondern mit leidenschaftlichem Vergnügen, und es freut mich vor allem, daß viele meiner Leser einen ähnlichen Spaß bei der Lektüre haben.

Thomas Przybilka, geboren 1950, lebt und arbeitet als Buchhändler in Bonn. Er ist Mitglied im SYNDIKAT sowie bei *MWA*, *CWA*, *813*, *SKS*, *SinC* sowie in vielen internationalen Gesellschaften. Zahlreiche Artikel und Rezensionen in nationalen und internationalen Krimimagazinen, Zeitschriften und Jahrbüchern. Regelmäßige Veröffentlichungen im *LKL*, Erarbeitung von genrerelevanten Bibliographien. Letzte Veröffentlichung (zus. mit R. Jahn): *Ger-*

many – Tales of Two Capitals in King/Wings *Crimes of the Scene*, St. Martin's Press, New York. Er führt das *Bonner Krimi Archiv Sekundärliteratur, BoKAS.*

Dr. Lothar Pützstück, Ethnologe und Kulturwissenschaftler, Buch und Aufsatz (1988; 1995) zum Bild des Fremden im ethnologischen Detektivroman. Während der Promotion mit einem Thema zur Wissenschaftsgeschichte der Völkerkunde (*real true crime!*). Mitzecher beim legendären »Krimi-Stammtisch« im Café Bauturm in Köln. 1995 erstmals als staunender Teilnehmer beim 26. *Bouchercon. The World Mystery Convention*, in Nottingham, England. Z. Zt. wieder verstärkt »on the Upfield trail«.

Nina Schindler. Erfolgreiches Bekämpfen der Mordlust aus Eifersucht auf vier jüngere Geschwister durch Flucht ins Lesen – vom *Lore*-Roman (kriminell) bis zum *Kapital* (kriminalistisch). Rezensieren weckte die seinerzeit unterdrückte Mordlust erneut – diesmal auf gewisse Täter und Täterinnen aus dem literarischen Gewerbe – und sublimierte sie allmählich in die Produktion eigener Kinder und Bücher.

Claudia Schuller. Erste Annäherung an die Krimimaterie im Kindergartenalter durch Mörder- und Detektivspiele im Freundes- und Verwandtenkreis. Ausgeprägter Gerechtigkeitssinn fördert die Neigung zu *Law-and-order*-Krimis. Klassischer Einstieg in die Kriminalliteratur über die drei Ladys des englischen Kriminalromans: Agatha Christie, Dorothy L. Sayers und P. D. James. Seither – mit einer großen Ausnahme – keine ausgeprägten Vorlieben.

Ralf Schweikart, geboren 1964, erlebte eine detektivbandenfreie Kindheit, freute sich später diebisch darüber, mit einem frisierten Mokick durch die Stadt zu knattern, ohne erwischt zu werden. Studierte nach einer Ausbildung in der »Verbrecher«welt der Werbungsmanipulateure Germanistik, Soziologie und Kulturanthropologie in »Mainhattan«. Arbeitet zur Zeit als Redakteur bei einer Jugendzeitschrift und ist freier Autor und Rezensent im Bereich Kinder- und Jugendmedien.

Guntram Schwotzer, geboren 1962 in der schwäbischen Großstadt, aufgewachsen in der schwäbischen Provinz, dort erster Mundraub mit sechs Jahren in Nachbars Garten. Erwischt. Von nun an nur noch mit den Augen stibitzt, deswegen Bibliothekar geworden. Zur Zeit wohn-Haft in Bremen.

Georg Seeßlen, geboren 1948, studierte Malerei, Kunstgeschichte und Semiologie in München. Filmpublizistische Arbeiten u. a. für *Die Zeit, Tagesspiegel,*

Freitag, Frankfurter Rundschau, epd Film etc. Seminare und Gastvorlesungen an Hochschulen in München, Siegen und Marburg. Lehrauftrag für Filmanalyse und Populärkultur an der Universität Salzburg. Rundfunkfeatures zur Ethnologie des Alltagslebens. U. a. Autor einer auf 15 Bände angelegten *Geschichte und Mythologie des populären Films* (Marburg 1995 ff.)

Siggi Seuß, geboren 1950 in Helmbrechts/Frankenwald. 1958 erste Begegnung mit dem pfiffigen Reporter Tim. 1959 Prinzgemahl von Dornröschen. 1960–1961 Sanitäter der Nibelungenstraßen-Bande. 1961–1963 Reisebegleiter von Old Shatterhand. 1963–1965 Betreiber des »Detektivbüros Helmbrechts« (DBH), Schwerpunkt Mordfälle in den USA. 1966 Bekanntschaft mit Miss Marple. 1970 stiller Teilhaber in Sam Spades Detektei. 1972 Rückzug aus dem Profigeschäft. 1990–1993 Mentor in der kriminalistischen Elementarausbildung des Sohnes. Ab 1990 freier Kinder- und Jugenbuchkritiker. Ab 1996 regelmäßiger Erfahrungsaustausch mit Junior- und Seniordetektiven diesseits und jenseits des Atlantiks.

Regula Venske, geboren 1955, Dr. phil., freie Schriftstellerin in Hamburg. Windel-, Schnuller-, Milchzahn-Kriminalromantrilogie *Schief gewickelt, Kommt ein Mann die Treppe rauf* und *Rent a Russian* (1991–1995), Glücksprosa *Pursuit of Happiness oder Die Verfolgung des Glücks* (1993) und anderes mehr. Zuletzt erschien *Die alphabetische Autorin* im Literaturverlag Droschl (1997).

Philipp Wegenast, geboren 1960. Pseudonym für Bettina Wegenast. Seit einem Jahr flüchtiger Theologe. Wird der Mit- und Haupttäterschaft beim Verfassen diverser Bücher, Pamphlete bzw. Rezensionen bezichtigt. Lange unter der Obhut der Kirche und der Universität, versteckt er sich heute hinter dem sicheren Schutz des Schweizer Bankgeheimnisses. Zuletzt wurde er im Personalmanagement einer Schweizer Großbank gesehen. Als Personalchef getarnt, wirkte er dort als Mann für besondere Fälle.

Gabriela Wenke, geboren 1947, ist hauptberuflich Kritikerin von Kinder- und Jugendbüchern und Chefredakteurin der Fachzeitschrift für Kinder- und Jugendmedien *Eselsohr*. Krimis liest sie schon seit 40 Jahren und heute insbesondere, um sich von Mord und Totschlag im großen Maßstab der Nachrichten zu erholen. »Krimis sind Spannung zum Entspannen für mich.«

Stefan Wilfert, geborener Berliner, lebt seit dreißig Jahren in München, hält sich aber am liebsten in Italien auf: bei seiner Frau und den acht Katzen, die ihn in Ruhe arbeiten, spielen und lesen lassen. Nach 15 Jahren als Rundfunkredakteur arbeitet er seit 1988 freiberuflich als Autor, Herausgeber und Übersetzer.

Fritz Wolf, vor fünfzig Jahren in Wien geboren. Vorgesehen für eine bürgerliche Karriere. Nach hoffnungsvollen Anfängen in den Tempeln der Theaterkunst leider abgeglitten ins publizistische Milieu. Dort als einer der vielen Österreicher mit Unterwanderstiefeln in deutschen Medien unterwegs. Tarnt sich als TV-Kritiker und macht dabei zahlreiche fragwürdige Bekanntschaften mit TV-Kommissaren und Bildschirmtätern. Entwickelt seither eine wachsende Sympathie für gebrochene Figuren und zunehmende Abneigung gegen Ansichten in Schwarzweiß.

Gabriele Wolff, geboren 29. 11. 1955, studierte Rechtswissenschaften. 1974 trat sie der Karl-May-Gesellschaft bei. Sie ist Oberstaatsanwältin in Neuruppin und im Zweitberuf Autorin von bisher 13 Kriminalerzählungen und fünf Kriminalromanen um die Kölner Staatsanwältin Beate Fuchs; demnächst erscheint *Tote Oma* (Fischer).

Johan Wopenka, geboren 1952, Österreicher, der in Schweden lebt. Mitglied der Schwedischen Krimiakademie und in mehreren kriminalliterarischen Organisationen. Redakteur bei der Krimizeitschrift *Jury* sowie Mitarbeiter bei mehreren kriminalliterarischen Veröffentlichungen und Referenzwerken. Hat selbst drei Bücher in diesem Genre geschrieben.

Auflösung Krimikreuzworträsel
Waagerecht
1. TATORT 7. HAMMETT, 13. UNIFORMEN, 14. ALIBI, 16. BEREUE, 17. NEFFE, 19. (m)EI(se), 20. NETTO, 22. TIEF, 23.
NU, 25. NA(poli), 26. PM (=pro mille), 28. (bew)EIS, 30. PATE, 32. UMFASSEND, 34. UNECHT, 36. (holm)ES, 37.
IRRE, 38. LD (=limited), 39. POIROT, 42. BANK, 44. LESE, 47. (st)EU(ern), 48. ARCHIE (goodwin), 51. EDE, 52.
N(ina) S(chindler), 53. HENKER, 55. MP (=Maschinenpistole), 57. COP, 59. HOERSAAL, 61. SACHTE, 63. ML (=mona
lisa), 64. ERR, 65. NERO (wolfe), 66. AL, 67. BEMALT, 69. AI (=amnesty international), 70. (christian) KLAR, 72.
PNEU, 73. EID, 74. KATTUN

Senkrecht
1. TUBE, 2. ANEINANDER, 3. TIR, 4. OFEN, 5. ROUEN, 6. TRETAUTO, 7. HE, 8. (tyr)ANN, 9. MAFIOSI, 10.
(o)ELFE(uer), 11. TIEFENRAUSCH, 12. TB (=Taschenbuch), 15. INES, 18. ET, 21. OPFER, 24. (be) UTE, 27. MASO, 29.
IDEN, 30. PULLACH, 31. EC, 33. ERBEN, 35. HP (=horsepower), 40. (mart)IN, 41. THEMSE, 43. KOPPEL, 45.
(mu)SCHELME(ngen), 46. EHER, 49. INSEL, 50. EKARTÉ, 51. ERL, 54. EAR, 56. PARKA, 58. OTARU, 60. OMEN, 62.
COLT, 65. NI, 67. BP, 68. AU, 69. AD, 71. (attent)AT (=Altes Testament)

Auflösung Krimirätsel:
Nicht nur die ermordete Verlegerin war ein Rätselfan. Auch Kommissar Kurt Zerow ist ein solcher. Sind doch seine Fälle immer zunächst einmal ein Rätsel. So war es für ihn gar nicht einmal so schwer, in der verwirrenden Buchstabenkombination einen Rebus mit Buchstaben zu erkennen. Die drei Buchstaben THR bereiteten ihm keine Schwierigkeiten. H in TR wird zu HINTER. Aber das NL war schon ein schwieriger Fall. Aber er war dann doch noch daraus schlau geworden. Vor eL (ist ein) eN = Vor eLeN = Forellen. Die Lösung lautet also Hinter Forellen. Das Testament war also hinter dem Forellen-Bild von den Dürer-Bild von den Forellen versteckt. Man fand es, es wurde aufgemacht und was stand drin: die Verlegerin hatte ihre 3-Damen enterbt und alles der Deutschen Gesellschaft für Stereoskopie vermacht.

DIE HELDINNEN UND HELDEN

DIE GENANNTEN AUTORINNEN UND AUTOREN

KRIMI-BUCHHANDLUNGEN

BERLIN

tatort: Buchhandlung
Iris Schweigert-Saka
Motzstr. 65
10777 Berlin

Tel.: 030 / 211 55 99
Fax: 030 / 211 84 78

Hammett
Claudia Denker
& Kathrin Passing
Friesenstr. 27
10965 Berlin (Kreuzberg)

Tel.: 030 / 691 58 34
Fax: 030 / 693 35 65

FRANKFURT

Die Wendeltreppe
Jutta Wilkesmann
& Hildegard Gansmüller
Brückenstr. 54
60594 Frankfurt

Tel.: 069 / 611 341

FREIBURG

U.F.O. Buchhandlung GmbH
Robert Schekulin
Rathausgasse 46
79098 Freiburg

Tel.: 0761 / 33 316
Fax: 0761 / 24 516

HAGEN

Versandbuchhandlung
Crime-Express
Postfach 7039
58121 Hagen

HAMBURG

Heiner K.
Weidenallee 60
20357 Hamburg

Tel.: 040 / 459 254

HANNOVER

tatort Nr. 7
Silvia Engel
Eckerstr. 7
30161 Hannover

Tel.: 0511 / 343 007
Fax: dto.

KÖLN

Alibi
Barbara & Manfred Sarrazin
Hohenstaufenring 47-51
50647 Köln

Tel.: 0221 / 244 496
Fax: dto.

Kriminaltango
Schwertmergass 1
50667 Köln

Tel.: 0221 / 258 46 33
Fax: 0221 / 258 46 35

MANNHEIM

tatort Q3 15
Christa & Klaus Gümpel
Q3, 15
68161 Mannheim

Tel.: 0621 / 100 49
Fax: 0621 / 100 71

WIESBADEN

Mausefalle
Wellritzstr. 59
65183 Wiesbaden

Tel.: 0611 / 403 780
Fax: dto.

ZÜRICH

Am Rand
Barbara Schneider
Roeschibachstr. 73
CH-8037 Zürich

Tel.: 0041 / 1 / 271 21 51

QUELLENNACHWEISE:

Allen Verlagen, die ihre Bücher für Abbildungen zur Verfügung stellten, möchten wir herzlich danken. Leider war es uns nicht in allen Fällen möglich, die Rechteinhaber an einzelnen Abbildungen ausfindig zu machen; alle Ansprüche bleiben gewahrt. Weiterhin danken wir dem Marburger Krimi-Archiv für die »Galerie der Detektive«.

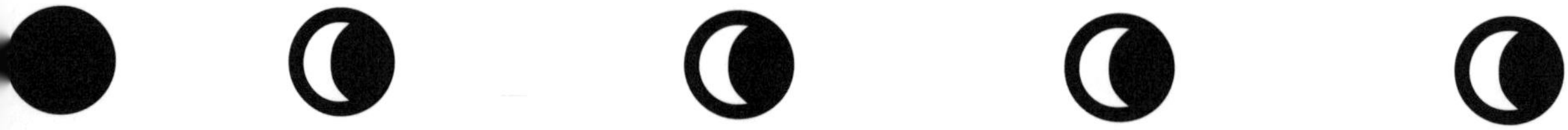

Jerome Charyn
Tödliche Romanze
AgendaKrimi

Mit Illustrationen von Loustal
Aus dem Amerikanischen von
Eike Schönfeld
144 Seiten, gebunden

Jocko (34) kriegt gerade noch mit, daß ihm eine Pistole an die Stirn gesetzt wird, dann explodiert sein Kopf. »Sterben ist wie ein Sprung ins kalte Wasser«, ist sein letzter Gedanke.
Sechs Monate später wacht er in einer Klinik wieder auf. Wie kam es zu dem Anschlag? Wollte jemand an Jockos Geld? Und was ist mit dem mysteriösen Mädchen, das er an einem Blizzardtag aus einer Schneewehe am Washington Square in New York gezogen hat und auf dessen Spur er in eine Welt von Gewalt, Rauschgift und Schiebereien großen Stils gerät? Ist Katinka ein Lockvogel? Er hat sich heillos verknallt, und er muß sie wiedersehen. L.A., New York, die Côte d'Azur und das Kölner Ganovenmilieu sind die Stationen von Jockos gefährlicher Suche nach der großen Liebe.
Charyn hat einen knallharten und bittersüßen Liebeskrimi in der Sprache und mit den Ingredienzien der amerikanischen Krimiklassiker der schwarzen Serie geschrieben, der Pariser Graphiker Loustal hat sie »jazzig« illustriert, und der Verlag hat sie in zweiundfünfzig Episoden unterteilt, denen jeweils ein Wochenkalendarium zugeordnet ist.

»Der schickste und intelligenteste Kalender des Jahres. Das Duo Charyn / Loustal harmoniert perfekt, und man vergißt, wie die Zeit vergeht.«
Nice-Matin

Claassen